合作研究

"一带一路"协同发展研究丛书

一带一路
区域与国别经济比较研究

THE BELT AND ROAD
Comparative Studies on
Regional and National Economic
Development

刘伟　刘勇／主编
张辉　唐毓璇　易天／著
北京大学中国金融研究中心

图书在版编目(CIP)数据

一带一路.区域与国别经济比较研究/张辉,唐毓璇,易天著.—北京:北京大学出版社,2017.10
("一带一路"协同发展研究丛书)
ISBN 978-7-301-28931-0

Ⅰ.①一… Ⅱ.①张… ②唐… ③易… Ⅲ.①区域经济合作—国际合作—研究—中国 Ⅳ.①F125.5

中国版本图书馆 CIP 数据核字(2017)第 267022 号

书　　　　名	一带一路:区域与国别经济比较研究 YI DAI YI LU:QUYU YU GUOBIE JINGJI BIJIAO YANJIU
著作责任者	刘　伟　刘　勇　主编　张　辉　唐毓璇　易　天　著
策划编辑	郝小楠
责任编辑	王　晶
标准书号	ISBN 978-7-301-28931-0
出版发行	北京大学出版社
地　　　　址	北京市海淀区成府路 205 号　100871
网　　　　址	http://www.pup.cn
电子信箱	em@pup.cn　　QQ:552063295
新浪微博	@北京大学出版社　@北京大学出版社经管图书
电　　　　话	邮购部 62752015　发行部 62750672　编辑部 62752926
印　刷　者	北京中科印刷有限公司
经　销　者	新华书店
	720 毫米×1020 毫米　16 开本　32.75 印张　659 千字 2017 年 10 月第 1 版　2017 年 10 月第 1 次印刷
定　　　　价	98.00 元

未经许可,不得以任何方式复制或抄袭本书之部分或全部内容。
版权所有,侵权必究
举报电话:010-62752024　电子信箱:fd@pup.pku.edu.cn
图书如有印装质量问题,请与出版部联系,电话:010-62756370

序　言

　　2013年,中国国家主席习近平在哈萨克斯坦和印度尼西亚提出共建"丝绸之路经济带"和"21世纪海上丝绸之路",即"一带一路"倡议。习近平主席表示:"可以用创新的合作模式,共同建设'丝绸之路经济带',以点带面,从线到片,逐步形成区域大合作。"① 东南亚地区自古以来就是海上丝绸之路的重要枢纽,"中国愿同东盟国家加强海上合作,互通有无、优势互补,共享机遇、共迎挑战,共同建设21世纪'海上丝绸之路',实现共同发展、共同繁荣"。② 2017年5月14日,习近平主席在"一带一路"国际合作高峰论坛开幕式上发表主旨演讲,高屋建瓴地指出:"古代丝绸之路绵亘万里,延续千年,积淀了以和平合作、开放包容、互学互鉴、互利共赢为核心的丝路精神。这是人类文明的宝贵遗产。"③

　　简单回顾历史可知,19世纪70年代德国地理学家李希霍芬首次提出了"丝绸之路"(Seidenstrassen)的概念,这是一条"自公元前114年至公元127年间连接中国、河中以及印度的丝绸贸易的西域道路"④。1903年,法国汉学家沙畹则将"陆地丝绸之路"和"海上丝绸之路"进行分别阐述:"丝路有陆海二道,北道出康居,南道为通印度诸港之海道,以婆庐羯泚为要港。又称罗马犹斯丁与印度诸港通市,而不经由波斯,曾于五三一年遣使至阿剌伯西南也门与希米亚提人约,命其往印度购丝,而转售之于罗马人,缘其地常有舟航至印度。"⑤

　　贸易和共赢从来就是人类文明历史的主题。《周易·兑卦》曰:"邦交,以和为贵。"《论语·学而》曰:"有朋自远方来,不亦乐乎。"500年前西方世界的大航海时代开启了寻找东方"赛里斯"的征程,500年后古老的东方文明举起"一带一路"的大旗,发出"和平、友谊、交往、繁荣"的时代强音。从张骞在西域的跋涉,到郑和在西洋中的求索,再到如今昂首阔步将东方的福音播撒到全球,这"一带一路"一走便是千年。今天的"一

---

① 习近平.弘扬人民友谊共创美好未来[N].人民日报,2013年9月8日.
② 习近平.携手建设中国—东盟命运共同体[N].人民日报,2013年10月04日.
③ 习近平.携手推进"一带一路"建设——在"一带一路"国际合作高峰论坛开幕式上的演讲[N].人民日报,2017年5月15日.
④ Richthofen F. V. China. Bd. 1. Berlin,1877,454 ff.
⑤ 沙畹,冯承钧译.西突厥史料[M].北京:中华书局,1958:167.

带一路"不仅镌刻着历史的纹路,也同样散发着时代的芬芳。

正所谓"志合者,不以山海为远",中国与"一带一路"沿线相关国家和地区发展目标相似、发展使命相通、发展利益相容,因而借助"一带一路"这条纽带可以使各国和地区各取所需、互利共赢,更加紧密地联系在一起,这也体现了习近平主席提出"一带一路"合作倡议的初衷。正所谓"物之不齐,物之情也",每个国家都有自己的国情和发展愿景,习近平多次强调,"一带一路"旨在通过加强国际合作,对接彼此发展规划,实现优势互补,促进共同发展。

"一带一路"自首次提出已有4年。4年以来,我国将"和平合作、开放包容、互学互鉴、互利共赢"的丝路精神转化为"一带一路"建设的实际行动,积累了丰硕的成果,得到了全球一百多个国家和国际组织的积极响应和参与。2016年11月17日,联合国大会首次在大会决议中写入"一带一路"倡议,并且得到了193个会员国的一致赞同。这表明推进"一带一路"是顺应世界经济发展需要,并且得到国际社会普遍支持的重要举措。

4年后的今天,我们可以自豪地告诉世界:"一带一路"是在新的时代节点上提出的一个引领新型全球化格局的理论和实践范式。在过去三十余年的全球化浪潮中,全球主要经济体呈现出"全球价值双环流"的经济模式,中国是这个循环模型的核心节点:中国从发达经济体进口的商品以最终品为主,而出口的商品则以中间品为主;中国与发展中经济体的贸易则相反,出口以中间品为主,进口则以最终品为主,并且在轻工业、重工业贸易中也表现出类似的特征。立足有统计数据的188个相关国家和地区,以中国向国外出口来看,最终消费品占统计国家和地区前五位的有123个,中间品占前五位的国家和地区有73个;以中国从国外进口来看,最终消费品占到统计国家和地区前五位的有60个,中间品占前五位的国家和地区有74个。迄今为止,全球1/3到2/3的国家通过中间品和最终消费品贸易与中国紧密地联系在一起,在整个循环体系当中,中国正处于枢纽的核心位置。同时,在全球价值链上,发展中经济体的出口贸易附加值仍比较低,发达经济体的则比较高,而中国则处于价值链中间的位置,联通着发达经济体与发展中经济体的经济合作,形成了双环流的全球价值分工体系。

在上一轮的全球化浪潮中,很多欠发达国家和地区逐渐被边缘化,表现为经济越来越落后、发展速度越来越慢。根据世界银行按购买力平价(PPP)统计的人均GDP数据,高收入经济体的人均GDP从1990年到2014年增长了26 780国际元,低收入经济体相应的增长仅有896国际元;1990年高收入经济体人均GDP是低收入经济体的24.5倍,到2014年,这一差距扩大到27.4倍。此外,我们看到发达经济体内部收入分配两极分化程度近30年间不断加剧,表现为基尼系数整体呈现上升趋势。根据WIID的数据,G7国家中,近30年来美国的基尼系数最高,从1983年的0.34上升到2010年的0.38,加拿大的基尼系数从1983年的0.30上升到2010年的0.32。OECD

在《收入不平等》(Income Inequality)一书中指出，OECD国家的收入不平等已经达到过去半个世纪的最高水平，其中最富有的10%人口的收入水平是最贫穷的10%人口的9倍，这一比例在25年前是7倍。

现有的国际经贸投资规则体系在一定程度上忽视了发展中经济体的利益，所制定的标准、门槛更多反映发达国家利益，发展中国家难以从中获益，并且发达国家又深陷内部由收入差距带来的各种社会矛盾和摩擦，已越来越难以维系旧有国际格局。针对传统国际经贸投资规则体系的弊病，世界各国更应当致力于构建推动世界经济的贸易引擎，开展多边贸易规则的建设，从而推进贸易投资的自由化和便利化，解决世界各国发展失衡的问题。21世纪进入第二个十年，国际局势风云诡谲，站在新的历史起点上，只有充分发挥中国这个枢纽的核心平台作用才能够把发展中经济体和发达经济体两个互相独立却又密不可分的经济圈紧密团结起来。正如习近平所言："中国愿意为周边国家提供共同发展的机遇和空间，欢迎大家搭乘中国发展的列车，搭快车也好，搭便车也好，我们都欢迎。"4年来，越来越多的国家和地区受惠于"一带一路"的理念和实践，越来越多的沿线国家和地区从中获得跨越式发展机遇。也正是各方合力共赢，让当代国际舞台变得更加鲜活多彩，让各国的愿景与行动紧紧相连。

4年后的今天，我们可以负责任地告诉世界：中国提出"一带一路"倡议，正是体现大国担当、发挥全球价值循环核心枢纽作用的表现。"一带一路"倡议的横空出世，就是针对世界经济的种种积弊，力图构建公正、合理、包容的国际经贸投资规则体系，形成更大范围的全球经济社会交往合作平台，改变以往仅由发达国家主导的经济贸易格局，打通发展中国家之间的经济交流与合作，从而为发展中国家带来更加公平与可持续的发展机会。中国需要充分发挥处于全球经济发展承上启下位置的作用，通过扩大全球范围之内的经济合作，促进资源更加有效的配置，为发展中国家争取更多的发展空间，缓解国家之间收入的两极分化。

"一带一路"倡议作为中国衔接世界经济循环核心节点重大构想的主要表现是：第一，从"一带一路"沿线六十多个国家和地区的经济发展水平看，中国也处于中间位置，将近一半的国家和地区的经济发展水平高于我国，又有近一半的国家和地区发展水平低于我国。基于各国发展水平，我国处于发展中国家与发达国家两个循环体系的衔接部位，呈"8"字形。"一带一路"倡议无疑是在全球大的"8字双循环"模式下又嵌套上一个小的"8字双循环"模式。第二，贸易与投资是一国参与世界经济的两大途径，贸易的往来伴随投资的增加。随着"一带一路"倡议的推进，中国对沿线国家直接投资规模不断增大，且占沿线各国吸引外商直接投资的比重在逐年增加。据商务部统计，4年来，我国对"一带一路"沿线国家的对外投资已超500亿美元，2016年总投资达140亿美元，占同期总额的8.5%。中国对"一带一路"沿线国家直接投资流量由2005年年末的9.1亿美元增长到2015年年末的195.6亿美元，是2005年的21.5倍。第三，从全球的产业分工来看,"一带一路"倡议旨在通过将上一轮全球化发展浪潮中被边缘化的经济体纳入新一轮全球分工中,扩大资源配置的空间,做大塔基面积,提升塔尖高度。正如习近平所讲:"'一带一路'是一条开放之路,我们希望全球贸易投资环境是包容开放的,这是中国经济的体现,也是中国对未来国际投资贸易规则的一种倡议,一种呼声,一种主张。"第四,"一带一路"倡议打造产业集群式"走出去"的平台,与沿线国家建立境外经贸合作区、跨双方边境的经济合作区、中国境内边境合作区,将中国企业"走出去"战略推向新高度,习近平在2017年"一带一路"高峰论坛上特别指出:"中国企业已经在20多个国家建设56个经贸合作区,为有关国家创造近11亿美元税收和18万个就业岗位。"第五,从基础设施建设来看,我们在基础设施互联互通方面取得了令人瞩目的成绩。根据基础设施建设与经济发展水平关系的测算,发达国家如美国、日本和德国均表现为基础设施"相对滞后",发展中国家如印度、巴西亦均表现为基础设施"相对滞后",同时,测算样本的8年期间(2005—2013年),发达国家与发展中国家的基础设施建设尚未有较大改进;而中国的基础设施建设在1995年表现为"协调",到2005年和2013年已经表现为"轻度超前"。"一带一路"使我国企业充分发挥在基础设施建设上的优势,呈现在"一带一路"沿线的交通、能源及公用事业等基建项目规模节节攀升,沿线国家成为中国企业承包工程的重要市场。2016年,沿线国家新签对外承包工程合同额3 049亿美元。"一带一路"投资项目,特别是部分基础设施项目,投入资金大、建设周期长、成本回收慢,但从长远看,对提升区域基础设施互联互通水平、造福沿线各国人民具有重大而深远的意义。

六大经济走廊的建设是"一带一路"倡议落实的重点方向,经济走廊是中国与周边国家或地区开展"一带一路"建设合作的重要载体,同时也是中国参与和融入区域、次区域经济合作的优先领域和重要依托。习近平在"一带一路"主旨演讲中亦提到"确立六大走廊基本框架",充分体现了我国在对"一带一路"沿线建设投入规划上的点面结合,根据各国情况各有侧重,与沿线各国自身的经济发展诉求对接的发展理念。

4年后的今天,我们可以自信地告诉世界:"一带一路"倡议,更是宣传中国经验、实现共享合作发展共赢的开放体系。中国欢迎任何志同道合的国家和地区加入新的发展理念当中去,构建一个新的世界治理秩序、发展秩序。从沿线国家总量上看,这些经济体的经济社会发展强烈影响着世界经济的格局,而中国又在其中占据着重要的地位。目前,"一带一路"沿线国家经济总量占世界经济总量的1/4以上,而其中中国又占40%。若刨除中国,"一带一路"沿线国家人均经济水平只有全球的1/4左右。由此可见,"一带一路"沿线国家和地区面临着巨大的发展转型诉求。

中国的发展经历了艰难的历程。根据Maddison数据库统计,我国在1950年人均GDP仅略高于撒哈拉以南非洲8个国家等的水平,在142个国家中排名133。[①] 改革开放后我国仍是一个低收入的发展中经济体,据联合国1978年统计,在188个国家和地区中,尽管我国GDP总量已进入世界前十,但我国人均收入水平仅排名第175,仍属于世界较落后经济体。然而,改革开放之后的30年间,我国经历了飞速的发展,1978年我国人均GDP仅为全球平均水平的7.8%,而2015年这一数值已经上升至79.3%。以沿线国家中的印度为例,以2005年不变价计算,1960年印度人均GDP为228.3美元,约是中国1981年的水平(229.81美元),2014年印度人均GDP为1 233.95美元,约是中国2001年的水平(1 212.47美元),而2014年中国人均GDP达3 862.92美元,是同期印度的3.13倍;人均GDP从220美元到1 230美元,印度花了54年,我国仅用了20年。

根据世界银行对国家和地区收入的分类,1987年,共有49个低收入国家和地区,其中26个在2015年仍是低收入经济体;19个在2015年晋升为下中等收入国家;只有中国、赤道几内亚、圭亚那、马尔代夫4个国家变为上中等收入国家。

根据联合国工业发展组织全球制造业增长报告,我国为全球制造业增加值的增长提供了重要动力,按照2000年不变价计算,我国制造业增加值占全球比重已从1995年的5.1%上升到2014年的20.8%,第一次超过占比19.30%的美国,成为全球制造业第一大国。在制造业产品产量方面,2014年,按照国际标准工业分类,在22个大类中,我国制造业占世界比重在7个大类中名列第一,其中,烟草类占比49.8%,纺织品类占比29.2%,衣服、皮毛类占比24.7%,皮革、皮革制品、鞋类占比33.4%,碱性金属占比23.8%,电力装备占比28.2%,其他交通工具占比34.1%;有15个大类名列前三;除机动车、拖车、半拖车1个大类外,其他21个大类所占份额均名列世界前六。全球近一半的水泥、平板玻璃和建筑陶瓷,一半左右的手机、个人电脑、彩电、显示器、程控交换机、数码相机都在中国生产。除上述劳动、资本和技术密集型产业之外,在近年兴起的知识密集型互联网经济领域,中国阿里巴巴、腾讯、百度和京东更是占据了全球互联网经济十强中的四席,中国成为全球互联网经济领域仅次于美国的第二大经济体。可以看出我国有着行业种类较为全面、相对完整的工业体系,这为"一带一路"产业分工合作奠定了坚实的基础。

除此之外,中国的城镇化事业也取得巨大成就。从数量层面看,1978—2015年,中国城市数量由1978年的193个增加至2015年的656个,建制镇数量由2 173个增加至20 515个,城镇人口由1.71亿增加至7.63亿,城镇化率也由1978年的17.9%上升至2015年的55.6%,2013年首次超过世界平均水平,增幅也远远高于同期世界

[①] 仅高于坦桑尼亚、埃塞俄比亚、厄立特里亚、布隆迪、莱索托、博茨瓦纳、马拉维和几内亚,以及两个亚洲国家蒙古和缅甸。

水平(38.5%—53.9%)。从结构层面看,100万人口以上的城市群的人口规模由1978年的7620万增加至2015年的3.37亿,占总人口比例从8.0%上升至24.6%,快于同期世界水平的增幅(16.3%—22.9%)。

根据世界银行的统计,从1960年以来世界进出口贸易总额占GDP比重的变化趋势可以得出,全球经济发展经历了1975年以前快速发展(平均增速2.0%)、1975—1989年缓慢增长(平均增速1.1%)、1990—2007年爆发式增长(平均增速2.2%)以及2008年后增长滞缓(平均增速-0.2%)四个阶段。第一阶段中,由于受益于第二次世界大战后到1975年这轮高速全球化浪潮,日本实现了二十多年的高速增长(包括三次持续时间较长的景气,即1954年12月至1957年6月的"神武景气"、1958年7月至1961年12月的"岩户景气"和1965年11月至1970年7月的"伊奘诺景气";两次短期景气,即1962年10月至1964年10月的"奥林匹克景气"、1971年12月至1973年11月的"列岛改造热"),一举越过中等收入阶段,成为世界一流发达经济体。第二阶段,全球化低迷时期,美国里根推行新自由主义,美国重新崛起,日本房地产泡沫危机爆发,同期苏东剧变,最终苏联解体。第三阶段,中国抓住了这轮全球化浪潮,不但维持了改革开放以来的高速增长态势,而且迎来了两个年均增长率过两位数的连续五年的景气周期(1992—1996年,2003—2007年)。第四阶段比低迷的第二阶段还要艰难得多,在当前全球经济转折点上,中国作为"一带一路"倡议的发起国,立足于建立一个大范围的国际交往平台,推进世界各国的经济交流与合作,同时通过这一平台的建立和发展,缓解世界劳动力配置、可持续发展、收入两极分化等方面出现的瓶颈,为全球经济发展注入新活力,为世界发展带来新机遇。

2017年1月,习近平主席在达沃斯论坛年会开幕式上曾说:"'一带一路'倡议来自中国,但成效惠及世界。"这意味着"一带一路"不应过度强调其中国元素,而应看到其承载的共同发展愿景与价值导向。《孟子·梁惠王下》中有这样一段千古流芳之问:"独乐乐,与人乐乐,孰乐乎?"中国将在"一带一路"倡议推进过程中不断向世界证明,中国不是追求"独善其身"的发展,更有古道热肠之诚恳、一言九鼎之诚信、身先士卒之承诺、兼善天下之承担。正所谓"千载驼铃,中西弦歌不辍;万里海涛,天下黎元与荣焉"。

目 录
CONTENTS

上篇　理论研究篇

千载驼铃，中西弦歌声不辍

万里海涛，天下黎元与荣焉

第一章　"一带一路"：全球价值双环流范式研究 / 3

第二章　中国对"一带一路"沿线国家或地区直接投资的贸易效应研究 / 62

第三章　"一带一路"经济走廊贸易协同发展研究 / 82

第四章　中国对"一带一路"沿线国家或地区投资形势分析 / 118

下篇　国别分析篇

茗旗斜挂，南洋舟头轻撷浪

胡琴轻弹，西域月下细数沙

第五章　东南亚地区 / 151

　　第一节　柬埔寨 / 153

　　第二节　印度尼西亚 / 163

　　第三节　老挝 / 171

　　第四节　马来西亚 / 178

　　第五节　缅甸 / 189

　　第六节　菲律宾 / 199

　　第七节　新加坡 / 207

　　第八节　泰国 / 216

第九节　东帝汶 / 224

第十节　越南 / 228

第六章　南亚地区 / 235

第一节　孟加拉国 / 236

第二节　印度 / 242

第三节　巴基斯坦 / 253

第四节　斯里兰卡 / 263

第七章　中亚地区 / 269

第一节　哈萨克斯坦 / 271

第二节　吉尔吉斯斯坦 / 280

第三节　塔吉克斯坦 / 285

第四节　土库曼斯坦 / 290

第五节　乌兹别克斯坦 / 293

第八章　西亚与北非地区 / 298

第一节　巴林 / 299

第二节　埃及 / 303

第三节　阿拉伯联合酋长国 / 313

第四节　伊拉克 / 318

第五节　以色列 / 322

第六节　约旦 / 333

第七节　黎巴嫩 / 339

第八节　巴勒斯坦 / 342

第九节　卡塔尔 / 348

第十节　沙特阿拉伯 / 354

第十一节　土耳其 / 363

第十二节　阿塞拜疆 / 373

第十三节　亚美尼亚 / 378

第十四节　格鲁吉亚 / 385

第九章　中东欧地区 / 390

第一节　捷克 / 391

第二节　爱沙尼亚 / 403

第三节　匈牙利 / 410

　　第四节　波兰 / 421

　　第五节　拉脱维亚 / 433

　　第六节　立陶宛 / 442

　　第七节　俄罗斯 / 450

　　第八节　乌克兰 / 464

第十章　南欧地区 / 473

　　第一节　阿尔巴尼亚 / 473

　　第二节　保加利亚 / 477

　　第三节　克罗地亚 / 485

　　第四节　希腊 / 491

　　第五节　斯洛文尼亚 / 500

参考文献 / 510

上篇　理论研究篇

千载驼铃，中西弦歌声不辍
万里海涛，天下黎元与荣焉

上篇作为理论研究,旨在建立符合当前世界经济格局的理论范式,即世界经济结构逐渐由以发达国家为核心的单循环模式转变为更复杂的双环流模式。具体来说,将从全球价值链的角度,量化研究世界主要经济体在国际分工中的角色,以及它们与中国的经济关系,进而明确中国与发达经济体和发展中经济体的价值循环体系,并分析基于当前世界经济格局下,"一带一路"中贸易与投资的相互作用、各大走廊的协同效应等。上篇的研究有助于加深对"一带一路"的贸易与投资相互关系的理解,拓宽其研究领域与范畴,展现中国在当前经济格局下的重要地位。

第一章 "一带一路"：全球价值双环流范式研究*

参差万国齐唱韵，悠悠丝路马行踪。

全球化的发展经历了快速发展、缓慢增长、爆发式增长和增长滞缓四个阶段。在当前全球经济总体放缓阶段，世界经济格局呈现出一系列新的发展态势。一方面，发达国家贸易额在世界总贸易额中占比近年来逐步下降，发展中国家扮演了越来越重要的角色。另一方面，典型中等收入国家阿根廷、巴西、智利等纷纷陷入比较优势陷阱，同时，在当前的国际产业和贸易体系中，后起国家面临许多问题，始终处于产业链相对低端的位置且长期面临产业天花板的限制，处于劣势地位。世界经济结构逐渐由以发达国家为核心的"中心—外围"单循环模式转变为更复杂的双环流模式。在双环流模式下，全球发达国家和发展中国家在全球价值链上的分工与参与度都有较大差别，从中间品和最终品看，发达国家进行的生产主要集中于附加值较高的生产部分，而发展中国家一方面参与度不足，一方面生产较多集中于资源消耗的生产部分。基于全球价值链展现出双环流模式特点而提出的"一带一路"能够使沿线产业结构高度各不相同的国家相互拉动，形成互补，实现价值链双环流上的产业协同发展。

一、全球经济合作发展历程

（一）产业贸易与全球化进程

经济发展和全球化都不必然是单向度的进程。中国经济的逆风飞扬和欧美经济的跌宕起伏，是当今世界变革潮流中的两股巨浪。追溯到源头，它们皆由全球化而起，也皆因全球化而兴。全球化是当代经济发展中一个显著的特点，然而，全球化从最初

---

* 本章的部分内容，张辉、易天、唐毓璇曾以《一带一路：全球价值双环流研究》为题发表于《经济科学》2017年第3期。

发展至今天并非始终处于快速上升的发展阶段。图 1.1 显示了自 1960 年以来世界进出口贸易总额占 GDP 比重的变化趋势图。可以看出，全球化的发展经历了快速发展、缓慢增长、爆发式增长和增长滞缓四个阶段。尤其是金融危机以来，全球化发展展现出停滞不前的趋势，这与世界各国的经济社会发展密切相关。

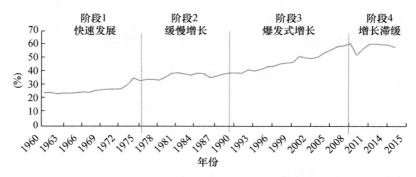

图 1.1　世界进出口总额占 GDP 比重

资料来源：世界银行数据库。

具体分析世界各国的贸易发展情况，可以看出发达国家贸易额在世界总贸易中占比近年来逐步下降，而发展中国家则在世界贸易中扮演着越来越重要的角色。图 1.2 展示了发达国家与发展中国家出口贸易占世界总出口贸易比重变化情况，可以看出从 20 世纪七八十年代起，发达国家出口对世界的贡献度就停滞不前，到了近年来尤其是金融危机之后，发达国家出口占比表现出了急剧下降的趋势；而发展中国家则恰恰相反，本世纪以来，出口贸易繁荣发展，在世界贸易中占比逐年提升。

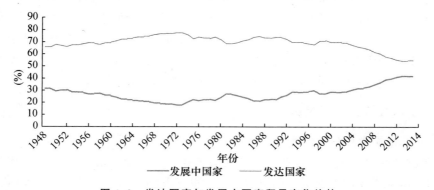

图 1.2　发达国家与发展中国家贸易变化趋势

资料来源：联合国贸易和发展会议数据库。

发达国家内部与发展中国家的贸易又表现出什么样的趋势呢？图 1.3 是主要发达国家和金砖五国出口额占世界总出口额比重变化趋势图。可以看出，各发达国家出口在世界总出口中占比逐年下降,尤其是金融危机后下降趋势更为明显。虽然危机过后各国都在缓慢恢复中,但除美国外,其出口仍表现为占比逐年下降。以日本为例,1990年日本出口额占世界比重为8.23%,2015年这一指标陡降至3.78%。与此同时,金砖国家出口占比急剧上升,从1990年的3.86%上升至2015年的19.06%。

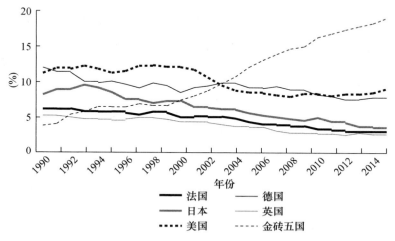

图1.3 主要发达国家和金砖五国出口占比变化趋势
资料来源:联合国贸易和发展会议数据库。

具体来看金砖五国各国贸易情况,如图1.4所示。可以看出除巴西外,金砖各国出口在世界占比都保持着上升趋势,其中中国上升最为显著,从20世纪90年代出口占世界比重1.78%上升至2015年的13.74%。

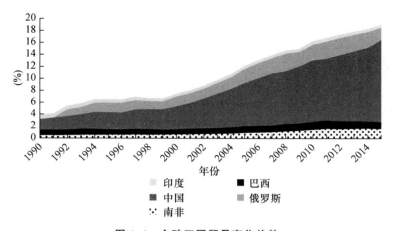

图1.4 金砖五国贸易变化趋势
资料来源:联合国贸易和发展会议数据库。

发展中国家中以金砖五国为代表的新兴经济体,经济发展状况较好,与欧美国家形成反差,贸易表现出逐年增长的态势。

(二)全球化历史重要时期的世界格局

1. 雁阵模式时期(20世纪70到90年代)

雁阵模式描述了20世纪70到90年代日本向东亚国家进行产业梯度转移的动态过程,即美国吸纳了东亚国家和地区输出的大量商品,从需求上带动了这些国家和地区的出口;而日本则从供给上支持了东亚国家和地区的工业化,成为生产资料和中间材料的最大供给者。美国—日本—东亚之间形成了一个有机的整体,日本以出口中间产品和投资的方式向东亚国家和地区提供新的垂直分工型产业的能力,东亚国家与地区则通过向美国出口最终品获得盈余,从而弥补对日本的贸易赤字,日本又通过购买美国国债等方式,将贸易盈余返还给美国,并扩大对东亚国家和地区海外直接投资和官方援助。日本作为雁阵的雁头,在引导东亚、东南亚经济发展过程中起到最为核心的作用;70年代经济迅速发展的亚洲新兴工业化国家或经济体主要包括亚洲"四小龙"的韩国、新加坡、中国台湾和中国香港,作为其雁身;雁阵尾部为中国内地和一些东盟国家,如缅甸、柬埔寨、老挝、越南等。

(1)经济格局

由表1.1可以看出,在雁阵模式中,作为雁头的日本在GDP方面具有绝对优势,在1979年,日本GDP占世界的比重为10.6%,是作为雁身的韩国、新加坡和中国香港GDP占比之和(即1.03%)的10倍。但是韩国、新加坡和中国香港的GDP占比均呈现上升趋势,这说明日本的发展对这些经济体的经济有一定拉动作用。

表1.1 各经济体GDP及占其世界GDP比重 (单位:亿美元,现价)

年份	日本		韩国		新加坡		中国香港		中国内地		美国	
	GDP	占世界比例(%)	GDP	占世界比例(%)	GDP	占世界比例(%)	GDP	占世界比例(%)	GDP	占世界比例(%)	GDP	占世界比例(%)
1965	910	4.7	30	0.15	10	0.05	24	0.13	704	3.6	7437	38.2
1966	1 056	5.0	38	0.18	11	0.05	25	0.12	767	3.6	8 150	38.6
1967	1 238	5.5	47	0.21	12	0.05	27	0.12	729	3.2	8 617	38.2
1968	1 466	6.0	60	0.25	14	0.06	27	0.11	708	2.9	9 425	38.8
1969	1 722	6.4	75	0.28	17	0.06	32	0.12	797	3.0	10 199	38.2
1970	2 091	7.1	94	0.32	19	0.06	38	0.13	926	3.2	10 759	36.6
1971	2 362	7.3	104	0.32	23	0.07	45	0.14	998	3.1	11 678	36.0
1972	3 127	8.3	114	0.30	27	0.07	57	0.15	1 137	3.0	12 824	34.2
1973	4 249	9.3	145	0.32	37	0.08	80	0.18	1 385	3.0	14 285	31.3
1974	4 716	9.0	204	0.39	52	0.10	94	0.18	1 442	2.7	15 488	29.5
1975	5 129	8.8	228	0.39	56	0.10	100	0.17	1 634	2.8	16 889	28.9
1976	5 764	9.1	314	0.49	63	0.10	129	0.20	1 539	2.4	18 776	29.6

(续表)

年份	日本 GDP	占世界比例(%)	韩国 GDP	占世界比例(%)	新加坡 GDP	占世界比例(%)	中国香港 GDP	占世界比例(%)	中国内地 GDP	占世界比例(%)	美国 GDP	占世界比例(%)
1977	7 094	9.9	403	0.56	66	0.09	157	0.22	1 749	2.4	20 860	29.1
1978	9 967	11.8	543	0.64	75	0.09	183	0.22	1 495	1.8	23 566	27.9
1979	10 375	10.6	697	0.71	93	0.09	225	0.23	1 783	1.8	26 321	26.8
1980	10 870	9.8	678	0.61	119	0.11	289	0.26	1 912	1.7	28 625	25.9
1981	12 015	10.6	762	0.67	142	0.12	311	0.27	1 959	1.7	32 110	28.3
1982	11 168	10.0	816	0.73	161	0.14	323	0.29	2 051	1.8	33 450	29.8
1983	12 181	10.5	905	0.78	178	0.15	299	0.26	2 307	2.0	36 381	31.4
1984	12 946	10.8	1 000	0.83	197	0.16	335	0.28	2 599	2.2	40 407	33.6

资料来源：世界银行数据库。

但是，雁阵模式典型国家和地区(本章指日本、韩国、新加坡和中国香港[①])的GDP占世界比重总和却远远低于美国。以1984年为例，日本、韩国、新加坡和中国香港GDP占世界GDP比重合计为12.07%，美国GDP占世界GDP比重为33.6%，约为2.8倍。因此雁阵模式时期亚洲经济在世界经济格局中的份额仍然较低。

（2）进出口结构

由表1.2可知，1965—1984年，日本、韩国、新加坡、中国香港和中国内地的出口额占世界的比重呈上升趋势，从1965年的6.78%增长到1984年的13.97%。而同一时期美国的出口额占世界出口额的比重呈下降趋势，由1965年的16.5%下降到1984年的13.5%。因此，在雁阵模式时期，亚洲的经济发展主要表现为出口驱动型，日本作为雁头在出口额上具有绝对优势。1965年，中国内地的出口额（25.6亿美元）分别高于中国香港、新加坡和韩国，但是到1984年，中国内地的出口额（247.7亿美元）分别低于中国香港、新加坡和韩国，说明作为雁身的中国香港、新加坡和韩国在日本的带动下实现了快速发展。

表1.2 各经济体出口额及其占世界出口额比重 （单位：亿美元，现价）

年份	日本	中国内地	中国香港	新加坡	韩国	合计 出口额	占世界比例(%)	美国 出口额	占世界比例(%)
1965	95.7	25.6	16.8	12.0	2.5	152.6	6.78	371.0	16.5
1966	111.7	26.8	18.9	13.5	3.8	174.8	7.07	409.0	16.5
1967	119.5	23.9	21.7	14.2	5.2	184.4	7.03	435.0	16.6
1968	148.2	23.4	24.5	17.9	7.3	221.4	7.61	479.0	16.5

[①] 在世界银行数据库中没有找到中国台湾的经济数据。

(续表)

年份	日本	中国内地	中国香港	新加坡	韩国	合计 出口额	合计 占世界比例(%)	美国 出口额	美国 占世界比例(%)
1969	181.8	24.3	30.3	21.9	9.7	268.0	8.16	519.0	15.8
1970	221.5	23.1	35.4	24.2	12.1	316.3	8.33	597.1	15.7
1971	271.1	27.8	40.0	27.0	14.7	380.8	8.95	629.6	14.8
1972	324.5	36.9	48.2	29.0	20.8	459.5	9.10	708.4	14.0
1973	418.0	58.8	68.6	43.7	39.3	628.4	9.10	952.7	13.8
1974	628.8	71.1	81.3	78.0	51.4	910.7	9.48	1 266.5	13.2
1975	643.4	76.9	83.8	77.2	57.7	939.0	9.21	1 387.1	13.6
1976	766.0	69.4	115.2	94.6	88.7	1 133.9	9.96	1 495.2	13.1
1977	910.7	75.2	131.0	107.7	115.2	1 339.8	10.39	1 593.5	12.4
1978	1 086.5	68.1	156.7	124.4	145.3	1 581.0	10.55	1 868.9	12.5
1979	1 176.4	92.0	201.9	171.7	174.3	1 816.4	9.62	2 301.3	12.2
1980	1 459.0	113.0	256.7	240.3	204.7	2 273.7	9.95	2 807.7	12.3
1981	1 730.0	145.9	282.8	280.9	244.9	2 684.5	11.77	3 052.4	13.4
1982	1 586.1	227.0	277.4	298.1	253.2	2 641.9	12.26	2 832.1	13.1
1983	1 660.6	222.8	286.8	296.8	278.7	2 745.6	12.93	2 770.0	13.0
1984	1 905.7	247.7	357.1	309.0	311.0	3 130.6	13.97	3 023.8	13.5

资料来源:世界银行数据库。

由表1.3可知,1965—1984年,日本、韩国、新加坡、中国香港和中国内地的进口额占世界的比重呈缓慢上升趋势,从1965年的6.25%增长到1984年的11.97%。而同期美国的进口额占世界出口额的比重呈高位增长趋势,由1965年的13.98%上升到1984年的17.53%。因此,在雁阵模式时期,亚洲的进口份额远低于美国。

表1.3　各经济体进口额及其占世界进口额比重　　（单位:亿美元,现价）

年份	日本	中国内地	中国香港	韩国	新加坡	典型国家合计 进口额	典型国家合计 占世界比例(%)	美国 进口额	美国 占世界比例(%)
1965	83.1	22.5	17.6	4.8	13.1	141.1	2.57	315.0	13.98
1966	95.4	24.8	19.8	7.7	14.3	162.0	2.67	371.0	14.88
1967	117.0	21.7	20.5	10.3	15.1	184.5	2.52	399.0	14.92
1968	132.1	20.7	23.0	15.1	18.7	209.6	2.63	466.0	15.83
1969	154.6	19.2	27.5	18.8	23.5	243.5	2.68	505.0	15.21
1970	196.2	22.8	32.5	21.2	27.9	300.5	2.74	557.6	14.66
1971	209.1	21.3	38.1	25.2	31.7	325.4	2.76	623.4	14.78
1972	254.9	28.5	43.7	26.0	33.3	386.3	2.64	742.2	14.90
1973	419.0	52.1	63.5	43.6	47.1	625.3	3.06	911.6	13.50

(续表)

年份	日本	中国内地	中国香港	韩国	新加坡	典型国家合计		美国	
						进口额	占世界比例(%)	进口额	占世界比例(%)
1974	666.6	77.9	76.8	72.9	85.9	980.1	3.26	1 274.7	13.26
1975	644.5	79.3	78.2	76.0	82.5	960.4	3.10	1 227.3	12.06
1976	724.4	66.6	101.4	94.6	99.0	1 086	3.15	1 511.5	13.15
1977	800.8	71.5	120.8	118.4	108.7	1 220.1	3.18	1 824.4	13.85
1978	921.2	76.2	154.9	164.4	127.3	1 443.8	3.44	2 122.5	13.98
1979	1 274.7	105.6	199.0	220.6	177.0	1 976.9	3.65	2 526.8	13.15
1980	1 562.2	124.5	258.2	255.1	248.5	2 448.5	3.80	2 938.3	12.61
1981	1 647.0	145.9	287.5	283.5	285.8	2 649.7	4.28	3 177.6	13.56
1982	1 515.7	177.9	275.6	272.5	301.1	2 542.7	4.60	3 031.8	13.57
1983	1 458.3	193.9	281.4	288.0	295.7	2 517.2	4.83	3 286.6	15.00
1984	1 569.2	247.1	330.3	313.6	309.4	2 769.6	5.19	4 051.1	17.53

资料来源：世界银行数据库。

进一步地，雁阵中所有成员的出口均有充足的市场需求；作为雁阵模式中雁头的日本，应当保持产业的不断升级，向"四小龙"和东盟提供机器设备和技术，并开展合作，使其产业竞争力不断提高；在当时的东亚地区中，日本、"四小龙"和东盟处于经济发展的不同阶段。而具体到 20 世纪 70 到 90 年代的日本和东亚，则有以下的动因。

第一，从当时参与东亚雁阵式发展的国家和地区来看，面积较小，人口也较少，不足以支撑其建立起完备的产业结构，因此不存在国内产业转移的可能性，当产业优势不存在时，便只能向外转移，从而带动相关国家和地区先后发展。这些国家和地区的地理位置接近，交通便利，容易通过直接投资、国际贸易和技术转移等实现产业结构的梯度转移；并且这些国家经济发展水平有高有低，可以形成互补，便于构造垂直分工体系和产业梯度转移。

第二，东亚当时的产业转移和经济发展虽然是以日本为主导的，但也有美国的影响。美国对日本的扶持和援助是日本成为"雁头"的重要原因，东亚雁阵模式是在"美国统治下的和平"环境下实现的。并且在东亚雁阵中进行转移的产业包括技术、知识等也是由美国传递给日本再传递到东亚其他国家和地区的。除此之外，美国为东亚各国和地区提供了巨大的市场容量，从而使得东亚雁阵的发展可以循环往复。

第三，对于雁头日本而言，有进行产业转移的必要性。首先，日本面临着国内劳动成本上升和污染严重的压力。纤维、电器组装等典型的劳动密集型产业开始向拥有廉价劳动力的亚洲其他各国转移。而对于石油、化工、钢铁和有色金属冶炼产业来说，由于污染严重，造成了水俣病、痛痛病、光化学烟雾等公害。其次，日本对美国的出口受到反倾销的影响,日本开始向周围发展中国家出资建厂,设立"迂回生产基地",利用美国对发展中国家的特惠关税,扩大在美国的市场占有率。最后,日元升值使得日本国内企业的生产成本提高,特别是在《广场协议》以后,日元大幅度升值,引发了一波产业向外转移的浪潮。其中,汽车等高级消费品转移到欧美发达国家,而电子产品和工业元件等产业则转移到了亚洲新兴工业化经济体(ANIES)和东盟国家(ASEAN)。

第四,对于雁身和雁尾的后发国家和地区来说,也有承接产业转移的可能性。从战后初期到六七十年代,东亚各国和地区(除我国香港地区外)都曾采取过进口替代或偏向于进口替代的发展战略。这是因为进口替代可以为欠发达国家提供国内制造业的发展基础,也为接受发达国家的产业转移提供了"重合产业"。而当进口替代的边际效率下降以后,东亚发展中国家和地区则开始转向出口导向。通过贸易自由化一系列吸引外资的优惠措施,吸引先进国家对其进行产业转移。在先进国家(地区)自身动力与后进国家(地区)拉力的双重作用下,通过以外商直接投资(FDI)为核心的动态产业梯次传递(包括技术转移),东亚各国、各地区之间形成了一种资金流与物流的良性循环,带动了产业结构升级与工业化水平的提高,并最终实现经济起飞和连锁型的经济高速增长。

(3)雁阵模式的终结

进入20世纪90年代以后,随着"泡沫经济"的破灭,日本经济陷入以通货紧缩为主要特征并伴随着阶段性衰退的长期停滞阶段。日本经历了1996年、1997年、1998年连续三年的负增长,即便在1999年恢复了正常的经济增长,此时的国内生产总值与之前的水平相比还是下降了。伴随着经济长时间停滞,日本对外贸易增长也有所减缓。由于作为雁头的日本经济萎靡不振,日本与东亚各国贸易额,特别是对经济有拉动作用的进口增长速度有减慢的趋势,对我国香港和台湾地区的进口额甚至出现了不同程度的减少。

雁阵模式存在的基础是各国产业梯度差的存在,动力来自雁头日本经济的持续增长。由于各国经济的发展和日本经济不景气的影响,这种产业梯度差正在逐步缩小,直接导致了雁阵模式的逐渐终结。日本作为雁阵的雁头,在20世纪90年代经历了持续十余年的萧条,日本的雁头地位也开始动摇。此外,由于东亚各国工业化过程的快速进行,雁阵形成的基础条件产业梯度也逐渐变得越来越不明显,产业转移的条件也越来越不具备,从而导致雁阵模式进入后雁阵时代。

2. 新自由主义全球化时期

新自由主义认为以国家干预为策略的凯恩斯主义虽然缓解了资本主义生产过剩的经济危机,但同时也限制了资本主义的自由发展,所以它极力反对任何形式的国家干预。新自由主义奉行的全球化是以资本主义为主导的、具有鲜明意识形态性的全球化,它会强化资本对劳动的支配、强国对弱国的统治,实质上是为推行资本主义全球化扫清障碍。资本的全球扩张要求新自由主义从西方走向全球,使之成为全球化的隐性逻辑。因此,在这一阶段,形成"中心外围"的格局,富者越富,穷者越穷,全球化造成了严重的两极分化。

(1)经济格局

1985—2008年,世界经济经历了一波雁阵之后的新自由主义全球化浪潮。从世界GDP构成来看,美国一直保持了世界经济龙头的地位,但是其GDP占世界的比例有所下降,从34.38%下降到23.32%,日本的经济则在振荡中前进,显示为从1985年的10.95%上升到1995年的17.36%,又下降到2008年的7.68%。中国经济占世界GDP的比重随着改革开放的进一步深化而逐渐提升,从1985年的2.45%上涨到2008年的7.28%,已经初步呈现出赶超日本的态势。

表1.4 新自由主义时期的GDP构成　　　　　　　　(单位:百万美元,现价)

年份	中国		美国		日本		欧盟	
	GDP	占世界比例(%)	GDP	占世界比例(%)	GDP	占世界比例(%)	GDP	占世界比例(%)
1985	309 486	2.45	4 346 734	34.38	1 384 532	10.95	3 162 057	25.01
1986	300 759	2.01	4 590 155	30.67	2 051 061	13.70	4 336 364	28.97
1987	272 973	1.60	4 870 217	28.60	2 485 236	14.59	5 365 622	31.50
1988	312 354	1.64	5 252 629	27.55	3 015 394	15.82	5 984 972	31.39
1989	347 767	1.74	5 657 693	28.27	3 017 052	15.08	6 110 947	30.54
1990	360 859	1.60	5 979 589	26.56	3 103 698	13.78	7 578 343	33.66
1991	383 373	1.61	6 174 043	25.88	3 536 801	14.83	7 864 846	32.97
1992	426 915	1.68	6 539 299	25.80	3 852 794	15.20	8 570 210	33.82
1993	444 731	1.72	6 878 718	26.68	4 414 963	17.12	7 814 538	30.31
1994	564 325	2.04	7 308 755	26.39	4 850 348	17.51	8 298 364	29.97
1995	734 548	2.39	7 664 060	24.94	5 333 926	17.36	9 610 436	31.27
1996	863 746	2.75	8 100 201	25.80	4 706 187	14.99	9 824 634	31.29
1997	961 603	3.07	8 608 515	27.48	4 324 278	13.81	9 273 327	29.61
1998	1 029 043	3.30	9 089 168	29.13	3 914 575	12.55	9 589 851	30.74
1999	1 093 998	3.38	9 660 624	29.86	4 432 599	13.70	9 576 747	29.60
2000	1 211 346	3.63	10 284 779	30.80	4 731 199	14.17	8 899 099	26.65
2001	1 339 395	4.03	10 624 824	31.99	4 159 860	12.53	9 000 493	27.11
2002	1 470 550	4.26	10 977 514	31.83	3 980 820	11.54	9 810 781	28.45
2003	1 660 288	4.29	11 510 670	29.72	4 302 939	11.11	11 945 411	30.84
2004	1 955 347	4.48	12 274 928	28.14	4 655 803	10.67	13 795 083	31.63
2005	2 285 966	4.84	13 093 726	27.74	4 571 867	9.68	14 426 313	30.56
2006	2 752 132	5.38	13 855 888	27.10	4 356 750	8.52	15 388 308	30.09
2007	3 552 183	6.17	14 477 635	25.14	4 356 348	7.56	17 780 816	30.87
2008	4 598 205	7.28	14 718 582	23.31	4 849 185	7.68	19 116 323	30.27

资料来源:世界银行数据库。

在新自由主义全球化期间,中等收入国家的人均GDP年涨幅明显高于中低等收入国家,而中低等收入国家的人均GDP涨幅也超过低收入国家,进一步印证了这一时期的两极分化趋势。1985年,美国的人均GDP达18 269美元,而这一数字到2008年已经接近50 000美元。同时,中国的改革开放深化等因素也使得中国的人均GDP有大幅提升,从1985年的294美元上涨至2008年的3 471美元。与此相对应的是低收入国家的情况,低收入国家的人均GDP在1985年开始的近20年的时间里并没有明显的涨幅,甚至在20世纪90年代初期产生了较大幅度的下降。到2008年金融危机前,低收入国家的人均GDP仅为483美元。

表1.5 各国人均GDP　　　　　　　　　　　　　　　　　　（单位:美元,现价）

年份	中国		美国		中高等收入国家		中低等收入国家		低收入国家	
	人均GDP	增长率（%）	人均GDP	增长率（%）	人均GDP	增长率（%）	人均GDP	增长率（%）	人均GDP	增长率（%）
1985	294		18 269		982		408			
1986	282	−4.25	19 115	4.63	1 011	2.93	414	1.71		
1987	252	−10.68	20 101	5.16	993	−1.74	446	7.58		
1988	284	12.60	21 483	6.88	1 074	8.14	450	0.93	294	
1989	311	9.64	22 922	6.70	1 149	7.02	441	−1.90	282	−4.08
1990	318	2.25	23 954	4.50	1 296	12.74	467	5.72	293	3.86
1991	333	4.80	24 405	1.88	1 412	9.00	439	−6.03	292	−0.07
1992	366	10.00	25 493	4.46	1 358	−3.85	458	4.35	251	−14.31
1993	377	2.98	26 465	3.81	1 457	7.30	455	−0.53	233	−6.88
1994	473	25.47	27 777	4.96	1 569	7.67	486	6.80	203	−13.10
1995	610	28.76	28 782	3.62	1 731	10.32	536	10.15	227	12.13
1996	709	16.36	30 068	4.47	1 861	7.54	576	7.59	247	8.48
1997	782	10.20	31 573	5.00	1 962	5.40	584	1.39	248	0.64
1998	829	5.99	32 949	4.36	1 913	−2.47	519	−11.19	244	−1.56
1999	873	5.40	34 621	5.07	1 793	−6.29	554	6.76	238	−2.54
2000	959	9.86	36 450	5.28	1 956	9.12	575	3.77	268	12.37
2001	1 053	9.77	37 274	2.26	1 963	0.31	570	−0.77	235	−12.13
2002	1 149	9.06	38 166	2.39	1 952	−0.52	601	5.38	247	5.08
2003	1 289	12.20	39 677	3.96	2 180	11.64	678	12.82	264	6.73
2004	1 509	17.07	41 922	5.66	2 597	19.17	761	12.29	293	11.01
2005	1 753	16.22	44 308	5.69	3 105	19.56	861	13.02	329	12.38
2006	2 099	19.72	46 437	4.81	3 669	18.16	1 003	16.57	355	7.95
2007	2 695	28.40	48 062	3.50	4 534	23.57	1 199	19.50	412	16.05
2008	3 471	28.79	48 401	0.71	5 511	21.54	1 320	10.08	483	17.21

资料来源:世界银行数据库。

（2）进出口结构

由数据可知，1985年到2008年的二十多年间，发达国家的进出口占到世界比例的60%到70%，尤其在90年代初期曾连续多年占比超过70%。而与之相对应的发展中国家的进出口贸易情况虽然随着经济全球化有所增加，但其占世界总进出口的比例仅保持在30%上下。

表1.6 发展中国家和发达国家的进出口结构 （单位：百万美元，现价）

年份	发展中国家				发达国家			
	进口数额	进口占世界比例(%)	出口数额	进口占世界比例(%)	进口数额	进口占世界比例(%)	出口数额	进口占世界比例(%)
1985	574 786	25	579 483	25	1 691 248	73	1 666 175	72
1986	560 792	22	537 582	21	1 918 609	75	1 930 267	76
1987	644 113	21	667 269	22	2 281 538	76	2 266 160	75
1988	756 628	22	767 937	22	2 586 364	75	2 581 088	75
1989	844 082	23	860 705	23	2 787 075	75	2 758 706	74
1990	951 617	22	988 655	23	3 189 561	75	3 158 981	74
1991	1 074 589	24	1 041 483	24	3 216 584	73	3 233 853	74
1992	1 205 391	25	1 156 507	24	3 425 689	72	3 484 161	73
1993	1 317 377	28	1 246 512	26	3 276 531	70	3 394 040	72
1994	1 468 973	28	1 421 979	27	3 671 931	70	3 786 940	71
1995	1 771 977	28	1 712 274	27	4 348 726	70	4 492 073	71
1996	1 915 926	29	1 878 154	28	4 550 618	69	4 669 504	70
1997	2 028 655	30	2 009 313	29	4 660 571	68	4 800 698	69
1998	1 842 614	27	1 869 172	27	4 796 611	71	4 854 561	71
1999	1 919 665	27	2 011 087	28	5 073 871	71	4 984 942	70
2000	2 285 911	29	2 440 573	31	5 540 883	70	5 328 325	67
2001	2 185 449	28	2 307 284	30	5 391 863	70	5 202 239	68
2002	2 302 138	29	2 475 211	31	5 534 490	69	5 357 054	67
2003	2 672 840	29	2 918 893	31	6 408 728	69	6 201 410	66
2004	3 387 438	30	3 687 547	32	7 626 506	68	7 362 283	65
2005	3 989 778	31	4 475 022	35	8 487 896	66	8 047 179	62
2006	4 656 113	32	5 316 981	36	9 574 456	66	9 057 739	61
2007	5 531 336	33	6 259 703	36	10 878 032	64	10 462 188	60
2008	6 676 603	34	7 381 516	37	12 151 070	62	11 637 225	59

资料来源：联合国贸易和发展会议数据库。

（3）FDI 流入

由数据可知,发展中国家的 FDI 流入存量占世界的比例在 1985 年到 2009 年有所下降,但是 FDI 流入流量占世界的比重却有所上升,这从一定程度上说明了 FDI 在发展中国家呈现出供不应求的状态,与发达国家的 FDI 流量及存量呈现出的供过于求状态形成鲜明对比。

表 1.7　发展中国家和发达国家的 FDI 流入　　　　（单位:万美元,现价）

年份	发展中国家					发达国家				
	FDI 流入存量	占世界比例（%）	FDI 流入流量	流量占世界比例（%）		FDI 流入存量	占世界比例（%）	FDI 流入流量	流量占世界比例（%）	
1985	370 369	37.54	14 070	25.20		616 241	62.46	41 744	74.77	
1986	386 715	34.09	15 832	18.26		747 693	65.91	70 897	81.78	
1987	414 046	31.03	21 763	15.90		920 469	68.97	115 108	84.10	
1988	437 166	28.67	30 558	18.61		1 086 151	71.23	133 641	81.38	
1989	467 400	25.51	30 388	15.43		1 363 181	74.40	166 543	84.57	
1990	509 470	23.19	34 657	16.91		1 685 876	76.74	170 195	83.06	
1991	547 272	22.14	39 318	25.53		1 922 379	77.77	114 480	74.35	
1992	604 753	24.24	53 458	32.81		1 889 391	75.74	107 868	66.21	
1993	681 577	25.25	75 691	34.39		2 015 828	74.67	141 404	64.24	
1994	757 251	25.54	102 383	40.16		2 200 912	74.24	150 599	59.08	
1995	843 341	23.65	117 761	34.48		2 711 006	76.04	219 764	64.35	
1996	982 029	23.75	147 078	37.83		3 136 646	75.86	236 343	60.79	
1997	1 089 641	23.07	185 401	38.50		3 605 801	76.36	286 294	59.46	
1998	1 197 495	20.23	176 632	25.51		4 690 698	79.25	508 532	73.45	
1999	1 540 158	21.72	216 290	20.09		5 509 553	77.71	852 939	79.24	
2000	1 644 215	21.96	232 390	17.10		5 791 254	77.34	1 120 508	82.46	
2001	1 735 815	23.79	215 794	31.56		5 481 062	75.12	459 715	67.23	
2002	1 672 700	22.72	166 739	28.27		5 583 664	78.85	413 025	70.03	
2003	1 929 613	21.05	195 584	35.52		7 097 819	77.41	337 172	61.24	
2004	2 252 606	21.29	263 718	38.32		8 145 333	76.99	395 518	57.47	
2005	2 635 508	23.00	331 752	34.92		8 565 673	74.76	587 710	61.86	
2006	3 267 898	23.10	402 983	28.74		10 513 463	74.32	940 318	67.06	
2007	4 353 591	24.33	525 525	27.63		12 915 495	72.17	1 289 494	67.79	
2008	4 006 097	26.14	578 482	38.62		10 929 902	71.32	801 909	53.54	

资料来源:联合国贸易和发展会议数据库。

3. 2008年金融危机后的世界经济格局

2008年以后,世界经济格局发生了重大变化,金融危机源头国美国经济遭受重创,其金融系统的危机迅速传导到实体经济。从表1.8中可以看出,在2008年和2009年美国人均GDP出现了负增长,并在之后的五年进入了艰难的调整期。受美国经济的拖累,以发达国家为主的中高等收入国家的人均GDP增长率持续下跌。而中国经济受美国金融危机的影响较小,在2008—2011年仍保持高速增长态势,受经济结构的影响,中国人均GDP增长率逐步放缓,经济发展逐渐进入"新常态",开始了以"供给侧改革"为主的结构性调整时期。而中低等收入国家的经济增长较为平稳,但增长率相较于中国等新兴经济体一直处于较低的水平,经济增长缺乏活力。低收入国家更是出现了人均GDP增长率逐年下降的趋势。

表1.8 按购买力平价计算的部分国家人均GDP及其增长率 （单位：国际元）

年份		2008	2009	2010	2011	2012	2013	2014	2015
中国	人均GDP	7 635.07	8 374.43	9 333.12	10 384.37	11 351.06	12 367.97	13 439.91	14 450.17
	人均GDP增长率(%)	9.09	8.86	10.10	9.01	7.33	7.23	6.76	6.37
美国	人均GDP	48 401.43	47 001.56	48 374.09	49 781.80	51 433.05	52 749.91	54 539.67	56 115.72
	人均GDP增长率(%)	−1.23	−3.62	1.68	0.83	1.45	0.93	1.57	1.79
中高等收入国家	人均GDP	10 749.72	11 052.39	11 971.41	13 035.11	13 827.81	14 489.36	15 321.66	15 883.88
	人均GDP增长率(%)	5.17	0.83	6.78	5.34	3.98	3.91	3.09	2.42
中低等收入国家	人均GDP	4 370.44	4 563.77	4 890.44	5 182.18	5 468.97	5 785.05	6 130.18	6 441.46
	人均GDP增长率(%)	3.18	3.41	5.79	3.82	3.63	4.06	4.02	3.79
低收入国家	人均GDP	1 230.97	1 273.43	1 336.88	1 404.59	1 446.16	1 514.23	1 591.41	1 635.94
	人均GDP增长率(%)	4.32	1.04	6.14	4.60	3.51	3.58	2.95	2.38

资料来源：世界银行数据库。

总的来说,自2008年以后,中高等收入国家与低收入国家的人均GDP的差距越拉越大,世界经济的贫富差距问题日趋严重。而发达国家的经济下行通过贸易、投资、跨国公司等途径波及全球,其对发展中国家的经济带动能力大幅下降。一方面,发达国家整体的市场需求下降,另一方面,大部分发展中国家落后的工业体系所生产的产品也无法满足发达经济体的需求。这也就推动世界经济格局向全球价值双环流架构转变,下环流国家层级较低的产品更多地流向以中国为主的新兴经济体,并借助新兴经济体较为完善的工业体系,实现品质升级后,流向以发达国家为主的上环流,从而实现经济运行的闭环。在整个双环流的架构中,新兴经济体的作用更为重要,其必须不断寻求与其他国家的产业互补,完善自己的工业体系和产业结构,从而更好地起到承上启下、推动全球经济稳健发展的作用。

从表1.9可以看出,受金融危机的影响,2008年之后发达国家的进出口贸易额占世界进出口贸易额的比例在逐年下降,相应地,发展中国家的进出口贸易额占世界进出口贸易额的比例有逐年微弱上升的趋势。但整体上,相较于发展中国家,发达国家的进出口贸易额所占比例较高,为净进口国家,而发展中国家为净出口国家。

表1.9 发达国家与发展中国家进出口对比 （单位:亿美元）

	年份	2008	2009	2010	2011	2012	2013	2014	2015
发展中国家	进口数额	57520.33	46477.97	60201.23	73423.41	76802.64	79629.36	79780.79	69717.29
	进口占世界比例(%)	34.93	36.63	39.04	39.87	41.24	42.11	42.00	41.98
	出口数额	63026.58	50061.61	64384.34	78994.70	82289.92	84240.55	84762.12	74110.99
	出口占世界比例(%)	39.03	39.87	42.08	43.07	44.49	44.48	44.62	44.78
发达国家	进口数额	101631.37	76717.19	89469.24	104862.15	103302.21	103296.99	104667.32	92539.15
	进口占世界比例(%)	61.72	60.46	58.02	56.94	55.46	54.63	55.10	55.72
	出口数额	91217.10	70828.19	82545.60	96288.60	94458.39	97072.59	97548.73	86145.41
	出口占世界比例(%)	56.49	56.41	53.94	52.50	51.07	51.25	51.35	52.05

资料来源:联合国贸易和发展会议数据库。

由表1.10可知,无论是发展中国家还是发达国家,其进出口内部贸易比例均高于外部比例,且发达国家进出口内部贸易比例与外部贸易比例的差值相较于发展中国家更大,这说明发达国家的贸易结构更偏向于发达国家内部之间的贸易。而自2008年开始,发展中国家的进出口内部贸易比例有上升的趋势,说明其在金融危机后贸易转向了发展中国家内部。

表1.10 发展中国家与发达国家贸易结构 （单位:%）

		年份	2008	2009	2010	2011	2012	2013	2014	2015
发展中国家	内部贸易比例	出口	50.62	53.39	54.75	55.55	56.83	58.41	58.21	57.95
		进口	56.30	55.90	57.24	58.04	58.73	58.71	59.38	59.13
	外部贸易比例	出口	49.38	46.61	45.25	44.45	43.17	41.59	41.79	42.05
		进口	43.70	44.10	42.76	41.96	41.27	41.29	40.62	40.87
发达国家	内部贸易比例	出口	72.14	70.98	68.57	68.12	66.54	66.02	67.18	67.29
		进口	62.47	63.03	60.40	59.63	58.46	59.64	59.93	60.24
	外部贸易比例	出口	27.86	29.02	31.43	31.88	33.46	33.98	32.82	32.71
		进口	37.53	36.97	39.60	40.37	41.54	40.36	40.07	39.76

资料来源:联合国贸易和发展会议数据库。

从表 1.11 可以看出,2008 年之后,发展中国家 FDI 流入无论是存量还是流量占世界的比例都具有逐年上升的趋势,这说明具有资源价格和劳动力成本优势的发展中国家仍然是世界资本的主要流向地,但从 FDI 流出量来看,发达国家 FDI 流出存量和流量是逐年下降的,这反映出世界经济 FDI 流动中的结构性问题,在 2008—2014 年间,发达国家处于经济调整期,其经济的衰退通过 FDI 流动传导到发展中国家的经济体系中,在一定程度上影响了发展中国家的经济发展。在过去的国际分工体系中,世界经济发展主要依靠处于工业价值链顶端的发达国家的带动,而从 FDI 的流动角度来看,目前发达国家的这一作用已经逐渐弱化。

表 1.11 发达国家 FDI 流出量与发展中国家 FDI 流入量对比　　(单位:亿美元)

	年份	2008	2009	2010	2011	2012	2013	2014	2015
发展中国家	FDI 流入存量	40 060.97	48 578.78	60 425.38	63 549.96	72 078.07	76 573.42	81 720.34	83 744.28
	占世界比例(%)	26.14	26.69	29.93	30.41	31.84	31.21	32.54	33.52
	FDI 流入流量	5 784.82	4 653.07	6 253.30	6 701.49	6 587.74	6 624.06	6 984.94	7 646.70
	流量占世界比例(%)	38.62	39.39	45.03	42.77	43.60	46.41	54.70	43.39
发达国家	FDI 流出存量	134 736.67	161 363.16	174 244.9	174 930.13	183 583.6	198 171.73	194 364.79	194 408.05
	占世界比例(%)	84.74	84.93	83.76	82.27	80.87	80.35	78.34	77.62
	FDI 流出流量	13 694.63	8 203.81	9 834.05	11 280.47	9 177.83	8 259.48	8 007.27	10 651.92
	占世界比例(%)	80.38	74.66	70.65	72.42	70.12	63.02	60.73	72.25

资料来源:联合国贸易和发展会议数据库。

(三) 世界贫富差距两极化与贸易保护主义

从上述分析中可以明显看出,全球化发展到今天,其未来趋势在不同类型国家之间发生了很大变化。美国等发达国家普遍感到敏感和不安,曾经的自由贸易倡导者纷纷走上向内的道路,从强调释放市场力量的新自由主义范式向主张社会保护转变。美国不断发出"废除美国贸易协定"、"取消《跨太平洋伙伴关系协定》(TPP)"等保护主义言论,表明了世界第一大经济体对经济全球化的复杂态度;英国脱欧暴露出欧盟增长缓慢、复苏乏力、就业低迷、难民危机的多重困境,给世界经济运行带来巨大不确定性。

这些现象存在着深层次的原因。第一,全球贫富差距在逐步增大。在经济全球化过程中,各国内部利益分配不均衡、贫富差距悬殊,底层群众和弱势群体获得利益少,大企业和精英阶层获得利益多,出现财富鸿沟。同时发达国家和发展中国家之间也存在着收入差距越来越大的现象。

图 1.5[①] 反映了发达国家(以 G7 为代表)内部收入分配两极分化程度加剧,表

---

① https://www.wider.unu.edu/project/wiid-world-income-inequality-database。

现在基尼系数近 30 年整体呈现上升趋势。根据 WIID 的数据，G7 国家中，近 30 年来美国的基尼系数最高，从 1983 年的 33.6 上升到 2010 年的 38，加拿大的基尼系数从 1983 年的 29.9 上升到 2010 年的 32(绝对不公的收入分配基尼系数是 100)。

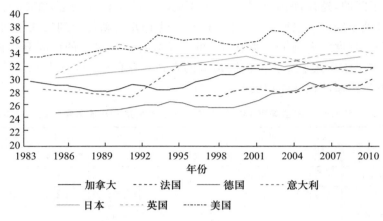

图 1.5　G7 国家基尼系数

资料来源：WIID。

图 1.6 反映了高收入与中低收入国家之间的两极化加深，根据世界银行按 PPP 统计的人均 GDP 数据，高收入国家的人均 GDP 从 1990 年到 2014 年增长了 26 780 国际元，低收入国家相应的增长仅有 896 国际元。1990 年高收入国家人均 GDP 是低收入国家的 24.5 倍，到 2015 年，这一差距扩大到 27.4 倍。

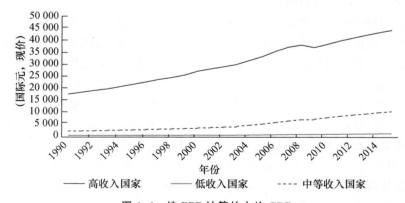

图 1.6　按 PPP 计算的人均 GDP

资料来源：世界银行数据库。

第二，各国失业问题凸显。由于全球价值链的分工布局，劳动密集型制造业主要分布在广大发展中国家，导致欧美发达国家制造业部门的失业工人增加。

第三,国家民族主义回潮。国与国之间最根本、最核心的关系是利益关系,全球化作为一种国家主权的让渡,从经济角度去国家化,会引起本国政府的不满,使得政治整体趋向保守、经济整体趋于内向。

(四)国际经济格局变化

工业革命的发生伴随着数次世界经济中心的转移,世界经济格局发生巨大变化。19世纪上半叶,英国首先完成工业革命,成为世界经济的中心。1830年,英国占世界贸易总额的21.5%,1870年上升到25%,但在1900年下降到19%,1938年进一步下降为14%。上述年份中,美国占世界贸易总额的比例分别为5.4%、7.5%、10.4%、10.7%,远在英国之下。但美国在第二次工业革命时期抓住了电气等主导生产部门的发展机会,在1894年实现工业产值占世界第一。此后经过半个多世纪的发展,1953年美国占世界贸易总额比例上升至16%,而此时英国只占10%,美国在世界贸易领域也超过了英国。20世纪50年代到70年代,日本大力推动出口政策,加上当时日本年轻劳动力资源丰富(1953年,日本人口为8750万,韩国2100万,泰国2120万,中国台湾880万),成为美国进口的主要来源国之一。美国国内市场的可观规模,推动了日本劳动生产率的快速提高。日本出口贸易从1948年占全球总额的0.44%,快速增加到1993年的9.9%。但在20世纪90年代中期,日本青年劳动力数量逐步减少,经济增长趋势放缓。此时,作为人口第一大国的中国,凭借大量的劳动力储备源源不断地吸引着外商直接投资。中国出口占世界出口总额从1980年的0.91%,上升至2015年的13.72%。中日在贸易、GDP、投资等方面的数据如表1.12所示,可以看出从21世纪初开始,中国在各领域逐步超过日本,货物和服务进口在2005年为日本的1.08倍,GDP在2010年为日本的1.1倍,外商直接投资已上升为日本的几十倍,从表1.13可以看出,同期工业增加值也保持着远远高于日本的快速增长速度,与世界经济的联系越来越紧密,接替了日本带动亚洲经济发展。在国内改革和外资、出口的带动下,中国实现了长期的高速增长。

表1.12 中日主要经济数据对比 (单位:亿美元)

年份	中国	日本	中国/日本
货物和服务进口(BoP)			
1996	1 541.27	4 421.39	34.86%
2005	6 487.12	6 030.31	107.58%
2010	13 809.20	7 917.93	174.40%
2015	20 446.52	8 035.74	254.44%

(续表)

年份	中国	日本	中国/日本
GDP			
1982	2 035.50	11 168.41	18.23%
1996	8 608.44	47 061.87	18.29%
2005	22 685.99	45 718.67	49.62%
2010	60 396.59	54 987.18	109.84%
2015	108 664.44	41 232.58	263.54%
外商直接投资净流入(BoP)			
1982	4.30	4.40	0.98
1996	401.80	2.08	193.51
2005	1 041.09	54.60	19.07
2010	2 437.03	74.41	32.75
2015	2 498.59	−0.42	−5 965.23

资料来源:世界银行数据库。

表 1.13　中国和日本工业增加率年对比(1982—2014)　　　(单位:%)

年份	中国	日本
1982	5.51	0.54
1996	12.11	2.75
2005	12.07	1.80
2008	9.80	−0.46
2014	7.30	1.49

资料来源:世界银行数据库。

图 1.7 是从 1700 年到 2012 年世界 GDP 占比情况。可以看出,作为 19 世纪上半期世界经济中心的英国,带领着欧洲经济从占世界 30% 左右的水平发展至 1913 年占世界总量的 47%。其后,美国带动了美洲经济从大约占世界 20% 的水平发展至 1950 年的约 40%。亚洲经济在日本的带动下从 20% 左右的水平发展到了 1990 年的 30% 左右。此后,在中国的快速发展期间,亚洲经济增长到了世界的 40% 左右。

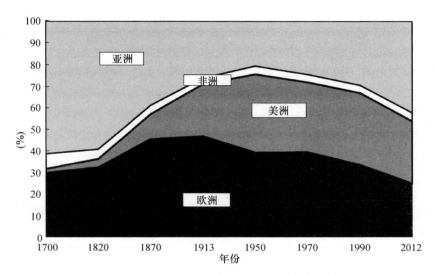

图 1.7 1700—2012 年世界 GDP 占比情况

资料来源：《21 世纪资本论》。①

表 1.14 是历次全球产业转移主要引领国家的人均 GDP 水平。可以看出，1850 年到 1900 年英国人均 GDP 占美国比重持续上升，此后开始下降，这表明这个阶段英国人均 GDP 增长速度较快，引领着欧洲经济发展。而美国人均 GDP 相较于日本，从 1960 年开始逐步下降，表明其增长速度慢于日本。日本人均 GDP 与中国相比，从 2000 年开始下降。这再次验证了前文全球经济中心转移的历史事实。

表 1.14 主要国家人均 GDP 历史数据   （单位：1990 年国际元）

年份	英国		美国		日本		中国
	人均 GDP	占美国人均 GDP 比例（%）	人均 GDP	占日本人均 GDP 比例（%）	人均 GDP	占中国人均 GDP 比例（%）	人均 GDP
1850	2 330	1.29	1 806	2.66	679	1.13	600
1870	3 190	1.31	2 445	3.32	737	1.39	530
1900	4 492	1.10	4 091	3.47	1 180	2.16	545
1913	4 921	0.93	5 301	3.82	1 387	2.51	552
1930	5 441	0.88	6 213	3.36	1 850	3.26	568
1938	6 266	1.02	6 126	2.50	2 449	4.36	562
1950	6 939	0.73	9 561	4.98	1 921	4.29	448
1960	8 645	0.76	11 328	2.84	3 986	6.02	662

---

① Piketty, T. Capital in the Twenty-First Century[M]. The Belknap Press, 2014. 由于资料来源不同，此处结果与前面部分使用世界银行数据得出的结论有所差异。

(续表)

年份	英国		美国		日本		中国
	人均GDP	占美国人均GDP比例（%）	人均GDP	占日本人均GDP比例（%）	人均GDP	占中国人均GDP比例（%）	人均GDP
1970	10 767	0.72	15 030	1.55	9 714	12.48	778
1980	12 931	0.70	18 577	1.38	13 428	12.66	1 061
1990	16 430	0.71	23 201	1.23	18 789	10.04	1 871
2000	20 353	0.71	28 467	1.37	20 738	6.06	3 421
2008	23 742	0.76	31 178	1.37	22 816	3.39	6 725

资料来源：Maddison 数据库。

自 20 世纪 50 年代以来，欧美经济占世界份额逐年下降，亚洲经济总量快速增长，这与世界各大洲人口的发展表现出相似的发展规律。图 1.8 是 1700 年至 2012 年世界人口分布，可以看到欧美占世界人口比重 2012 年已降至 10%。经济的发展离不开劳动力的支撑，欧美经济体中虽然大多数都是发达国家，但未来由于人口增长乏力，劳动力会越来越稀缺，不利于其长期发展。亚洲虽然一直是人口最多的大洲，但其占世界人口的比重仍在缓慢上升。作为人口第一大国的中国，虽然人口红利逐步减少，但在世界范围内来看，仍是劳动力资源相对丰富的国家。与人口第二大国印度相比，中国劳动力素质更高。2015 年，印度成人识字率仅为 72.22%，而中国则已达到 96.36%。同时，中国国内潜在的巨大市场需求、持续改革带来的经济增长新红利，都将为中国带动亚洲经济发展提供持续的动力。

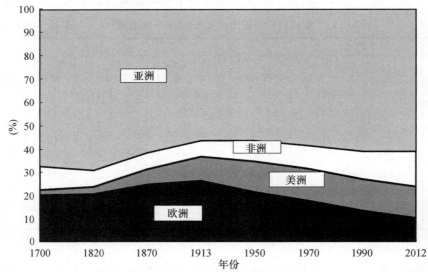

图 1.8　1700—2012 年世界人口分布

资料来源：《21 世纪资本论》。

自1978年改革开放以来,中国依靠对外开放政策以及廉价的劳动力成本,承接了大量的国际生产外包订单,充当了"世界工厂"的角色,获得了贸易和经济的快速增长,也从一个工业化部门完备的国家发展成为一个制造业大国。根据联合国工业发展组织《世界制造业发展报告》(见表1.15)测算,2015年全球制造业增加值的增长速度为1%,而中国尽管增长速度有所放缓,但预计仍能达到7.4%的增长率,还是全球制造业增长的重要动力。同时按照2010年不变价计算,中国制造业增加值占世界比重已从2005年的11.75%上升到2015年的23.84%,在世界上排名第一。

表1.15 2005年、2010年与2015年各国制造业增加值占世界比重 (单位:%)

国家	2005年	2010年	2015年
中国	11.75	18.69	23.84
美国	20.43	17.77	16.54
日本	11.14	10.43	8.93
德国	7.29	6.55	6.37
韩国	2.54	2.95	3.09
印度	1.74	2.36	2.45
意大利	3.70	2.94	2.42
法国	3.13	2.61	2.34
巴西	3.08	2.89	2.26
印度尼西亚	1.65	1.70	1.93
英国	2.66	2.15	1.93
俄罗斯	2.15	1.90	1.77
墨西哥	1.91	1.69	1.70
加拿大	2.20	1.57	1.45
西班牙	2.18	1.69	1.44

资料来源:联合国工业发展组织《世界制造业发展报告》。

表1.16列出了中国与上中等收入国家及世界平均水平在制造业相关指标上的变化情况。可以看出中国制造业增加值的增长速度趋于平稳,且人均制造业增加值已接近世界平均水平,并达到上中等收入国家水平。

表1.16 中国制造业与上中等收入国家及世界平均水平的对比情况

指标	时期	中国	上中等收入国家	世界
制造业增加值年均增长速率(%)	2005—2010	11.10	5.85	2.03
	2010—2014	7.89	4.43	2.24
人均制造业增加值(美元)	2005	914.36	884.80	1 201.63
	2014	1 218.99	1 066.46	1 276.66

资料来源:联合国工业发展组织《世界制造业发展报告》。

二、国际分工理论进程与发展中国家贸易

当前的国际分工与贸易体系是依据以李嘉图的比较优势原理为基础的当代国际分工理论建立的,虽然国际贸易与分工理论经历了现代一系列的拓展,但其核心依然是李嘉图模型的比较优势原理和赫克歇尔—俄林模型(H-O模型)的要素禀赋原理。

李嘉图在《政治经济学及赋税原理》中解释了通过国际分工和交换获得"交换所得"和"贸易所得"两部分净福利增加的情况,从而得出了一切国家都可以从国际分工和贸易中获得福利增长的结论。H-O模型中"各国发挥比较优势能够从分工与贸易中获得福利"的思想,由于其普适性与易操作性,成为当今许多国家,尤其是发展中国家制定对外贸易战略与政策的出发点,H-O模型为中国改革开放以来的经济发展做出了突出贡献。

然而,从当前国际贸易过程看,当前的国际分工与贸易体系存在着明显的问题。实际上,国际价格的制定决定了分工和贸易产生的福利增加的最终归属。由于当前的发展中国家数量众多且要素禀赋相近,加上力量相对分散和薄弱,因此在国际市场上议价能力很弱,面临的贸易条件很差,参与国际贸易的收益被压缩,在发展中一直处于不利位置并难有改观。部分起步较晚、竞争力较弱的后起国家甚至被当今的国际贸易体系边缘化,一直深陷贫困之中。因此,当前的体系在促进了部分国家经济发展和福利增加的同时,也造成国家间越来越显著的发展差异,对许多发展中国家有负面的影响。

此外,比较优势原理和H-O模型没有讨论生产率和要素禀赋的变化情况,但事实上从动态来看,发展中国家的发展与国际贸易分工体系存在内在矛盾:发展中国家发展初期的突出优势禀赋一般是充足的廉价劳动力或某项自然资源,相对稀缺的要素为资本和技术。但经济发展的过程本就是人均收入和GDP提高、资本积累和技术进步的过程,因此不断实现经济发展的过程也是不断消耗和弱化自身优势禀赋的过程。因此一味参照要素禀赋发展国际分工和贸易,会使得后起国家始终处于分工中的中低层地位,由此形成的国际分工也会阻碍国家内部的技术进步甚至工业发展。

早在李嘉图的国际分工与贸易学说提出二十多年后,以李斯特为代表的德国历史学派就形成了一系列的贸易保护思想。之所以要提到历史学派的贸易保护主义,是因为在当时的历史条件下,德国相对英国也属于后起国家,其工业体系的建立受到英国廉价工业品的严重冲击。历史学派提倡落后国家采用高关税等保护性政策扶植国内产业发展的论调,也阐释了当今一批国家和民众反对自由贸易的原因:为了培育国内产业发展,福利上的暂时牺牲是可以容忍的,而顾及眼前收益参与国际分工,对国家长期发展和人民生活水平的提高都有不利影响。按照这种理论建立的贸易保护主义和孤立主义,在历次危机之后都有抬头的趋势,然而将国际产业和贸易体系割裂开,无疑会对危机后的经济发展态势雪上加霜,因此,如何能够用更加公平的新规则修正当前国际秩序中的问题,使得各个国家能够从国际产业分工和贸易中获得切实好处,以降

低孤立主义的离心力，也是值得关注的问题。

这些理论上的问题在当今国际分工与贸易体系运行的过程中造成了一系列的问题，使得这一体系的运转在2008年金融危机后处于日渐艰难的境地，也使得国际产业分工和贸易中的许多发展中国家，尤其是被这一体系边缘化的国家身处困境，并力图改变这一形势。

与被当前国际分工及贸易体系边缘化的国家不同，以拉美和东南亚为代表的一批发展中国家抓住机会，进入了这一体系并获得了经济的初步高速发展，人均收入突破3 000—4 000美元，然而当前许多国家又陷入了长期的经济停滞，即中等收入陷阱的困扰。例如，包括马来西亚、泰国、菲律宾等国家在亚洲金融危机之后陷入长期的经济停滞状态。事实上，无论是初期的高速发展还是后期的停滞都与当前的国际分工贸易体系相关。经济的高速发展是自身禀赋与世界市场的差异带来的红利，而停滞与其在国际分工与贸易过程中深陷"比较优势陷阱"密切相关。

首先，发展中国家在经济发展初期，自然资源禀赋和劳动力禀赋相比资本具有优势，然而基于这一基础实现的经济发展在要素层面就是不断将资源和劳动力转化为资本的过程。因此随着经济的发展，三者的要素密集度会逐渐变化：GDP总量增长的过程也是资源减少的过程，人均GDP增长的过程也是资本增加、劳动力相对稀缺带来工资上升的过程。因此后起国家利用比较优势参与国际贸易获得的总福利增加具有内在矛盾且不可持续，最终可能会陷入不可逆转的经济停滞状态。这就是比较优势陷阱分类中"初级产品比较优势陷阱"提到的生产规模扩大带来贸易条件恶化和贫困化增长问题的背后成因。

其次，当某一国家积极开发和发挥某一方面的比较优势参与国际贸易时，会导致密集使用该要素的行业成本降低，规模扩张，从而使得其他要素和行业的国内价格相对上升，挤占其他行业的发展空间，典型案例如"荷兰病"等资源诅咒现象。扩展到其他要素也存在类似的现象，包括劳动力密集型行业的快速发展和规模经济带来的规模效益影响产业升级和更替速度及科研创新发展，等等。这也就是比较优势陷阱分类中"制成品比较优势陷阱"提到的科研创新能力不足问题的背后成因。

由于后起国家在经济理论和国际地位上的弱势地位，至今少有适合后起国家发展路径的国际贸易理论和路径。发展经济学中关于赶超行为的理论也少有成功的范例。因此发展中国家一般仍采取比较优势战略参与国际分工和贸易，而如何转变才能避免比较优势转化为陷阱是至今少有试验成功的普遍难题。

关于如何测度一个国家是否陷入比较优势陷阱和当今哪些国家已经陷入比较优势陷阱的问题，我们并没有找到当前研究给出的具体结论。理论上，一国陷入比较优势陷阱应当体现为产业结构调整升级的放缓，因为根据产品生命周期理论和当代国际产业更替理论，一个国家应该会在20年之内由于优势要素的转变和产业自身的兴衰而出现产业的更替。又由于一国参与国际贸易的出口产品和产业往往代表本国当前的比较优势,因此产业更替尤其表现为出口部门的产业种类和比例的变化。因此如果一国出口部门的产业种类和比例在较长时间内保持固定的状态,该国有很大可能性陷入了比较优势陷阱。

同时,当发展中国家在发挥比较优势参与国际贸易时,由于前文提到的内部矛盾,其比较优势会越来越小,获利也越来越少,贸易能够带来的经济动力也就越来越小,因此对于一个对外开放程度和对外依存程度高的国家,比较优势的动态变化会减弱其发展动力,在陷入比较优势陷阱时陷入经济波动甚至停滞。

在当前的国际产业和贸易体系中,后起国家面临许多问题。整体而言,后起国家在国际市场上处于劣势地位,始终处于产业链相对低端的位置且长期面临"产业天花板"的限制。分开来看,尚未取得发展的国家由于无法加入国际分工和贸易体系而陷入贫穷,进一步拉大与发达国家的差距;已经取得一定发展的后起国家面临产业结构升级停滞、贸易条件恶化导致经济长期停滞的风险。从产业转移的角度看,这一情况与之前日本带领的"东亚雁阵"正相反,由于金融危机和经济不景气,发达国家产业升级和更替速度放缓,从而形成了对后起国家的产业天花板。由于后起国家在资本和科技等要素上处于比较劣势的状态,在产业结构上处于低端位置,无法轻易实现赶超,往往随之陷入停滞,进一步阻碍了之后的国家产业升级进程。由此可见,当今国际分工和贸易体系能带动后起国家发展的基础是发达国家本身的稳定发展,而在发达国家经济不景气乃至陷入危机时,后起国家在这一体系中处于更加不利的地位。

由于资本和技术的客观差距以及当前的政治经济格局,在当前的国际体系下很难通过市场手段扭转后起国家的劣势。因此,许多国家采取产业政策扶植等一系列非市场手段实现产业升级和经济发展。而与此同时,特惠贸易安排等区域贸易协定同样可以发展区域内的工业,因此,在各国各自发展的基础上,成立区域贸易协定也是一项有利于本国产业发展的措施。

第二次世界大战后"北北贸易"和产业内贸易的迅速发展说明除了简单的要素禀赋外,还有更为复杂的因素在深刻影响着国际贸易情况。从生产角度看,产品生命周期理论是一种影响深远的解释。即一种产品在研发阶段、成熟阶段和标准化阶段会基于研发成本、运输成本、劳动力成本而在不同国家生产。一般是由技术先进的国家转移到市场规模较大的国家再到劳动力成本低廉的国家。中国由于劳动力成本低廉而在近几十年成为"世界工厂",随着经济的发展,中国庞大的市场也成为决定其"世界工厂"地位的一个要素。从当前的数据和发展情况看,未来中国在相当长的时间里,会进一步在收入和技术上靠拢技术先进国家,并凭借市场规模优势成为产品生产周期中的中间一环。因此,在产业转移过程中,中国还将处于衔接技术先进国家和廉价劳动力国家的中间一环。从需求角度看,偏好相似理论提出了收入水平影响消费者偏好的观点,认为收入水平接近的消费者对某一类商品会有类似的质量标准和偏好。从当前的贸易数据来看,中国制造的价格和对应的质量更有利于后起国家的市场的消费,而且中国东南地区的生产和消费水平已经逐步对接发达国家,所以中国制造业在需求满足层面也成为沟通发达国家和后起国家的枢纽。

三、发展中国家参与全球价值链

经济全球化仍是大潮流、大趋势,离开了国家之间的经济交流和合作,世界经济仍然无法摆脱增长乏力的命运。过去 30 年里经济全球化最大的一个现象是生产方式发生了变化,生产活动越来越集中,东亚地区内部贸易 70% 是供应链的贸易,日本、韩国和我国台湾地区提供高端零部件,运送到内地进行组装,然后再销售出去,这是一个非常突出的现象。供应链贸易是过去 30 年里国际贸易中增长最快的部分,其与全球价值链理论密不可分。

全球价值链(global value chain,GVC)理论根源于 20 世纪 80 年代国际商业研究者提出和发展起来的价值链理论。其理论主要包含全球价值链的驱动力、治理、全球价值链下的产业集群及升级等三个方面的内容。具体来说,全球价值链的驱动力基本来自生产者和采购者两方面。生产者驱动,指由生产者投资来推动市场需求,形成全球生产供应链的垂直分工体系,投资者可以是拥有技术优势、谋求市场扩张的跨国公司,也可以是力图推动地方经济发展、建立自主工业体系的本国政府。采购者驱动,指拥有强大品牌优势和国内销售渠道的经济体通过全球采购和原始设备制造商(OEM)等生产组织起来的跨国商品流通网络形成强大的市场需求,可以拉动那些奉行出口导向战略的发展中地区的工业化。其治理模式主要分为五种,即市场(market)、模块型价值链(modular value chains)、关系型价值链(relational value chains)、领导型价值链(captive value chains)和等级制(hierarchy)。五种治理模式中市场和等级制分别处于价值链中行为体之间协调能力的最低端和最高端。在现实世界全球价值链的治理中,五种模式的选择基本上是在动态平衡外部采购和纵向一体化之间的利益和风险中得出的,因而现实世界中该五种治理模式不但总是相互交错存在的,而且之间存在着一个动态的转换机制。全球价值链中各个价值环节在形式上虽然可以看作是一个连续的过程,不过在全球化过程中这一完整连续的价值链条实际上是被一段段分开的(片断化),在空间上离散性地分布各地,其地理分布特征为"大区域离散小地域集聚"。全球价值链下的产业升级主要包括四个具体方面:工艺流程升级、产品升级、产业功能升级和价值链的升级。工艺流程升级是通过提升价值链中某环节的生产加工工艺流程的效益,由此达到超越竞争对手的目的。产品升级是通过提升引进新产品或改进已有产品的效率来达到超越竞争对手的目的。产业功能升级是通过重新组合价值链中的环节来获取竞争优势的一种升级方式。价值链的升级是从一条产业链条转换到另外一条产业链条的升级方式。

20世纪80年代以来,经济全球化进程促使国际分工发生巨大变化,以产品为界限的传统国际分工发展到一定阶段,就演变为同一产品内某个环节或某道工序的专业化分工,即全球价值链分工。全球价值链囊括了从产品概念到最终使用的全过程,包括国内外企业参与制造、销售的所有活动(UNCTAD,2013)。全球价值链有时也被称作全球供应链(global supply chain),包括持续的投资、技术、专家、组装货物和商务服务的流动。在全球制造模式中,产品不再是"德国制造"、"美国制造",甚至也非"中国制造",而实际上是"世界制造"。目前全世界50%的制成品进口、70%的服务进口是中间品,绝大多数产品和服务实际都是"世界制造"(UNCTAD,2013)。

目前,从世界范围来看,大多数发展中国家已经越来越多地参与到全球价值链中。发展中国家在全球增加值贸易中所占份额从1990年的20%增加到2000年的30%,到2012年已经超过了40%。一国进入全球价值链的好处是巨大的,特别是对于发展中国家而言。如图1.9所示:平均来看,截至2013年,增加值贸易对各发展中国家经济体GDP的贡献率约为30%,而对于发达国家,这一比例为18%。参与全球价值链与人均GDP增长率呈正相关。在全球价值链参与程度增长最快的经济体,人均GDP增速要高出平均水平约两个百分点。此外,参与全球价值链往往可促使发展中国家创造就业机会和实现更高的就业率增长。

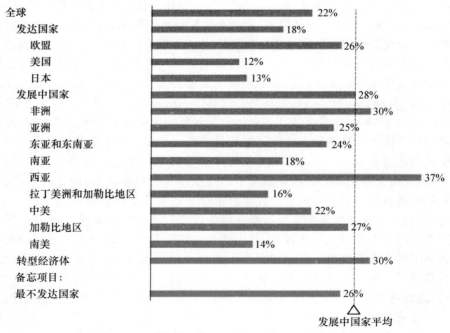

图1.9 增加值贸易对各发展中国家经济体GDP的贡献率
资料来源:UNCTAD-Eora GVC数据库。

21世纪以来,尤其是全球金融危机以来,美国经济由于产业空心化和长期过度举债、过度消费,持续处于低迷状态,欧盟经济由于成本居高不下、福利制度的拖累等原因也酿成了欧债危机,日本则陷于十余年无法摆脱的经济停滞,与此同时,中国等新兴大国迅速崛起。

联合国贸发会议《世界投资报告:投资与贸易发展》显示,亚洲国家高度参与全球价值链。全球价值链参与度平均为57%,年均增长4.5%。发达经济体59%,年均增长3.7%,其中美国、日本参与度分别为45%和51%,年均增长4.0%和1.9%。发展中国家迅速融入全球价值链,参与度为52%,年均增长6.1%;其中,东亚和东南亚参与度最高,达56%,年均增长5.1%;最不发达国家和南亚增长最快,分别增长9.6%和9.5%,但参与全球价值链起点较低,为45%和37%;转型经济体参与度为52%,年均增长8.0%;印度、巴西、阿根廷、土耳其等发展中大国参与度相对较低;中国全球价值链参与度59%,在全球前25出口经济体中排名第11位,排除欧盟成员和转口国,仅在马来西亚和韩国之后居世界第三,是大国中参与度最高的。

四、基于全球价值链理论的全球价值双环流

根据前文结论,虽然发达国家的贸易表现出发展停滞的状况,但发展中国家在整体全球产业分工中的参与度却未见加强。由此可见,全球价值链的表现形式与以往相比,表现出了新的特点,世界经济结构逐渐由以发达国家为核心的"中心—外围"这一单循环模式转变为更为复杂的双环流。一方面,中国等亚洲新兴国家与欧美发达国家保持着传统的经济往来关系,形成了价值链的上环流;另一方面,中国等随着经济的高速发展,成为新兴工业化地区和全球制造中心,与资源丰富、工业化程度相对较低的亚非拉发展中国家开展经济合作,通过直接投资带动各国工业化发展,以贸易扩展当地市场,形成价值链的下环流。"一带一路"正是基于全球价值链展现出的这种新特点而提出的。但是"一带一路"更加强调开放、包容的各国经济、社会发展合作关系。

从全球欧盟、北美和东亚三大经济体的贸易角度来看,2002年中国对欧盟进出口总额为1185.473亿美元,第一次超过日本对欧盟进出口总额(1107.711亿美元)。之后,中国与日本对欧盟的贸易差距进一步拉大,截止到2014年,中国对欧盟进出口贸易总额是日本的4.3倍。1991年中国对北美进出口总额仅为日本的18.7%,但2003年中国对北美(美国和加拿大)进出口总额达2083.917亿美元,第一次超过日本对北美进出口总额(1890.308亿美元)。之后,中国与日本对北美的贸易差距进一步拉大,截止到2015年,中国对北美进出口贸易总额是日本的3.2倍。2000年中国对东南亚七国(越南、柬埔寨、菲律宾、泰国、马来西亚、新加坡、印度尼西亚)进出口总额仅为日本的27.9%,2007年中国对东南亚七国进出口总额达到1721.821亿美元,第一次超过日本对东南亚七国进出口总额(1721.179亿美元)。之后,中国与日本对东南亚七

国的贸易差距进一步拉大,截止到 2014 年,中国对东南亚七国进出口贸易总额是日本的 1.6 倍。

近年来,国家之间的贸易越来越表现为全球价值链上的贸易,因而从投入产出角度分析各国在全球价值链上所承担的角色便可看出当今世界所表现出的全球价值双环流。接下来对通过整理 Eora 投入产出表测算得出的各经济体中间品进口、出口的比例情况进行分析,包括了全球 188 个国家和地区作为样本。

(一) 全球各经济体最终消费品进出口情况

1. 全球各经济体最终消费品出口情况

从全球各经济体最终消费品出口情况来看,中国内地是多数经济体最终消费品出口的主要目的地。图 1.10 直观地表现了各经济体向中国内地出口最终消费品的比例及中国内地在各经济体最终消费品出口结构中所处的名次,在统计的 188 个国家和地区中,178 个向中国内地出口最终消费品的比例在 0.00% 到 15.00% 之间,虽然多数经济体向中国内地出口最终消费品的比例在 15.00% 以下,但中国内地在其最终消费品出口结构中占据重要地位,中国内地在 121 个经济体最终消费品出口结构中所处的名次在 0—15 之间,其排名多在 20 以前,由此可见中国内地是全球多数经济体最终消费品出口的主要目的地。

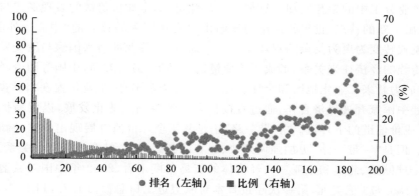

图 1.10 各经济体最终消费品向中国内地出口比例及排名情况

表 1.17 列示了向中国内地出口最终消费品的比例在该经济体所有出口目的地中排名前五的经济体的情况。出口给中国内地的最终消费品比例在该经济体所有出口目的地中排名第一的共 9 个,排名第二的共 11 个,排名第三的共 13 个,排名第四的共 15 个,排名第五的共 12 个,合计 60 个,占 188 个样本经济体的比重接近 1/3。中国内地是多数经济体重要的最终消费品出口目的地。

表 1.17 中国内地在该经济体最终消费品出口目的地中排名前五位的
经济体情况(中国内地作为进口方)

排名	个数	经济体(出口比例)
第一	9	AGO(57.86%);MNG(51.15%);GAB(31.25%);MMR(25.01%);PRK(22.56%);CUB(22.26%);KOR(19.97%);HKG(19.65%);FIN(12.92%)
第二	11	COG(22.15%);YEM(19.62%);OMN(18.66%);JPN(14.66%);LAO(11.46%);AUS(10.53%);KAZ(9.63%);CMR(9.29%);ISL(9.29%);NZL(9.19%);CAN(3.99%)
第三	13	MYS(11.08%);MRT(10.66%);SGP(9.06%);CHE(8.50%);RUS(8.23%);VNM(8.15%);PAK(7.45%);SWE(7.20%);DEU(6.76%);THA(6.62%);URY(5.06%);LIE(1.76%);USR(0.79%)
第四	15	IRQ(10.25%);IDN(8.46%);MAC(6.61%);PHL(6.54%);USA(6.33%);GRL(6.26%);PER(5.59%);TWN(4.70%);PNG(4.35%);ISR(3.29%);SDS(2.86%);MCO(2.11%);SMR(1.97%);ERI(1.85%);STP(1.84%)
第五	12	IRN(6.31%);NOR(5.78%);ITA(5.71%);AUT(5.47%);LUX(4.62%);GBR(4.37%);LBR(4.31%);QAT(3.72%);RWA(2.74%);SRB(1.62%);DJI(1.59%);TJK(0.94%)

2. 全球各经济体最终消费品进口情况

从各经济体最终消费品进口情况来,中国内地是多数经济体最终消费品进口的主要来源地。图 1.11 直观地表现了各经济体从中国内地进口最终消费品的比例及中国内地在其最终消费品进口结构中所处的名次,在统计的 188 个经济体中,168 个从中国内地进口最终消费品的比例在 0.00% 到 15.00% 之间,中国内地在 182 个经济体最终消费品进口结构中所处的名次在 0—15 之间,中国内地在所有经济体最终消费品进口结构中所处的名次在 25 及以下。

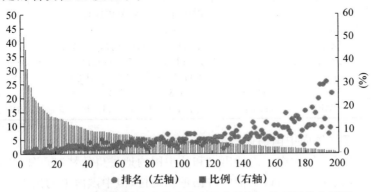

图 1.11 各经济体最终消费品从中国内地进口比例及排名情况

表 1.18 列示了从中国内地进口最终消费品的比例在该经济体所有进口来源地中排名前五的经济体情况。从中国内地进口最终消费品的比例在该经济体所有进口来

源地中排名第一的共 17 个,排名第二的共 29 个,排名第三的共 26 个,排名第四的共 26 个,排名第五的共 25 个,合计 123 个,占 188 个样本经济体的比重接近三分之二。中国内地是多数经济体重要的最终消费品进口来源地。

表 1.18　中国内地在该经济体最终消费品进口来源地中占据前五位的情况(中国内地作为出口方)

排名	个数	经济体(进口比例)
第一	17	HKG(48.74%);MAC(43.37%);PRK(35.34%);MNG(28.72%);JPN(28.00%);PAK(23.93%);YEM(21.65%);KOR(19.82%);KHM(19.80%);NPL(18.99%);USA(17.49%);LSO(16.64%);JOR(15.81%);THA(15.51%);SYR(15.41%);NGA(14.91%);EGY(14.88%)
第二	29	MDG(23.52%);BGD(22.58%);DJI(18.40%);IRQ(15.11%);AUS(14.63%);CUB(13.94%);GHA(13.91%);ARE(13.55%);PER(12.15%);SGP(11.96%);LBN(11.50%);IDN(11.34%);CAN(10.22%);IND(9.97%);LAO(9.86%);CIV(9.82%);SLE(9.53%);ZAF(9.49%);TTO(9.33%);COL(9.32%);SEN(9.03%);BEN(8.66%);NER(8.61%);CMR(8.31%);DEU(8.08%);MEX(6.67%);JAM(6.66%);ZWE(5.43%);MMR(4.15%)
第三	26	PSE(15.86%);PRY(12.48%);ETH(12.40%);SUR(12.05%);VNM(11.71%);CHL(10.69%);SAU(10.60%);ARG(9.49%);NZL(9.40%);PYF(8.54%);MLI(8.37%);GIN(8.32%);RUS(8.13%);GMB(7.78%);IRN(7.30%);POL(7.21%);NLD(6.97%);URY(6.70%);ROU(6.48%);PNG(5.62%);KAZ(5.52%);CRI(5.45%);HTI(4.85%);AUT(4.00%);NAM(1.56%);BWA(1.03%)
第四	26	DZA(9.62%);MYS(9.03%);TZA(8.97%);MUS(8.16%);MAR(8.14%);KGZ(7.73%);GBR(7.41%);PHL(7.26%);AZE(7.22%);TUR(7.06%);ESP(6.56%);TGO(6.52%);SLV(6.29%);COD(5.75%);FIN(5.68%);CZE(5.58%);FJI(5.33%);BRB(5.26%);HUN(5.07%);SVK(5.00%);DOM(4.96%);VUT(4.81%);ERI(4.66%);MWI(4.63%);MOZ(3.53%);LBR(3.42%)
第五	25	BOL(9.15%);QAT(7.29%);KWT(7.07%);CYP(6.90%);UKR(6.27%);BRA(6.26%);ECU(6.18%);ITA(5.75%);LTU(5.52%);NOR(5.42%);GUY(5.33%);BGR(5.23%);TUN(4.95%);GRC(4.95%);KEN(4.84%);MLT(4.77%);BDI(4.73%);TWN(4.70%);ALB(4.64%);ABW(3.89%);ZMB(3.37%);BLZ(3.14%);MDA(2.66%);USR(2.56%);LIE(2.51%)

3. 全球各经济体向中国内地进出口最终消费品情况对比

比较全球各经济体对中国内地出口和从中国内地进口的情况可知,中国内地在全球各经济体最终消费品进出口结构中占据重要地位,但中国内地的出口商角色更为突出,即全球各经济体将中国视为本国最终消费品进口的主要来源地。从表 1.17 和表 1.18 可知,向中国内地进口最终消费品的比例在该经济体所有进口来源地中排名前五的共 123 个,出口给中国内地的最终消费品比例在该经济体所有出口目的地中排名前五的共 60 个,中国对各经济体的出口商优势更明显,这与中国内地当前贸易顺差的进出口结构相匹配。

(二)全球各经济体中间品进出口情况

1. 全球各经济体中间品出口情况

从各经济体中间品出口情况来看,中国内地是各经济体中间品出口的主要对手方,图 1.12 直观地展示了各经济体中间品的出口情况,188 个样本经济体中,有 177 个对中国内地出口中间品占该经济体中间品出口总额的比例在 15.00% 以下,出口比例最高的是安哥拉(AGO),为 50.86%,出口比例最低的是海地(HTI),为 0.01%。从各经济体对中国内地中间品出口比例在该经济体所有出口对手方中的排名来看,排名在 15 以内的经济体共 148 个。全球化格局下,各经济体贸易对手方日益增加,贸易对象趋于多元化,但中国内地仍是各经济体重要的中间品出口对手方。

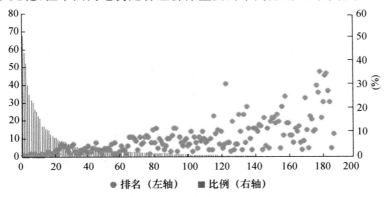

图 1.12 各经济体中间品向中国内地出口比例及排名情况

表 1.19 列示了向中国内地出口中间品的比例在该经济体所有出口对手方中排名前五的经济体的情况。中国在 74 个经济体中是排名前五的中间品出口方,其中在 9 个经济体排名第一,在 19 个经济体排名第二,在 13 个经济体排名第三,在 19 个经济体排名第四,在 14 个经济体排名第五。

表 1.19 中国内地在该经济体中间品出口方中排名
前五位的情况(中国内地作为进口方)

排名	个数	经济体(出口比例)
第一	9	AGO(50.86%);COG(43.90%);YEM(39.46%);VNM(30.07%);ZMB(22.90%);SGP(19.04%);KHM(17.07%);RWA(15.98%);RUS(12.61%)
第二	19	GAB(26.15%);HUN(24.09%);AUS(19.96%);BRA(12.75%);PAN(11.67%);MAR(11.44%);ZAF(9.28%);SDS(8.68%);OMN(8.18%);BOL(6.95%);CAN(4.77%);JOR(3.93%);TTO(3.51%);IRQ(2.91%);GHA(2.50%);CYP(2.39%);PNG(2.39%);POL(2.33%);MDG(1.61%)

(续表)

排名	个数	经济体（出口比例）
第三	13	CHL(11.06%);MDV(8.05%);AUT(4.90%);SMR(4.04%);FJI(3.89%); KEN(3.28%);STP(3.25%);LVA(3.22%);NER(2.38%);NPL(1.23%); IDN(1.16%);MKD(0.84%);THA(0.49%)
第四	19	CMR(7.02%);SYR(3.43%);IRN(3.30%);SRB(3.14%);CPV(3.10%); SOM(2.78%);LAO(2.66%);CHE(2.55%);PER(2.35%);MDA(2.33%); BLR(1.95%);BTN(1.35%);USA(0.67%);URY(0.65%);COD(0.45%); NAM(0.41%);SLV(0.27%);MOZ(0.21%);LTU(0.08%)
第五	14	EST(6.82%);PRT(5.36%);GMB(3.29%);ARG(3.21%);BRN(3.18%); MRT(2.72%);WSM(2.61%);JAM(1.43%);GRC(0.76%);MCO(0.58%); ANT(0.19%);MNE(0.14%);GEO(0.07%);SUR(0.01%)

2. 全球各经济体中间商品进口情况

图1.13列示了各经济体从中国内地进口中间品占该经济体中间品进口总额的比例，以及该比例在所有中间品进口方中的名次。从中可知，183个经济体向中国进口中间品的比例在15.00%以下，179个经济体向中国进口中间品的比例在该国所有进口方中排名在15以内。中国是各经济体重要的中间品进口方。

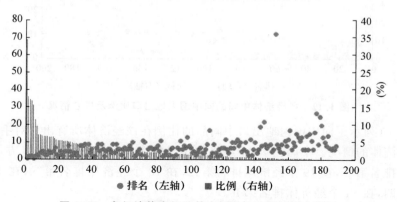

图1.13 各经济体中间品从中国进口比例及排名情况

表1.20列示了从中国内地进口中间品的比例在该经济体所有进口方中排名前五的经济体的情况。从中可知，中国内地是73个经济体排名前五的中间品进口方，超过1/3。其中在2个经济体排名第一，在19个经济体排名第二，在17个经济体排名第三，在17个经济体排名第四，在18个经济体排名第五。中国内地作为重要中间品出口方的地位十分显然。

表 1.20　中国内地在该经济体中间品进口方中排名
前五位的国家情况（中国内地作为出口方）

排名	个数	经济体（进口比例）
第一	2	HKG(34.48%);YEM(15.63%)
第二	19	BGD(17.99%);VNM(17.23%);KHM(16.76%);AUS(11.56%);CAN(7.27%);BEN(5.53%);MAC(5.38%);MNG(4.82%);LSO(4.58%);ZWE(3.93%);THA(3.70%);KOR(3.68%);BDI(3.24%);NPL(2.32%);JPN(2.13%);PRK(1.79%);IRQ(1.65%);IND(1.15%);PAK(1.03%)
第三	17	SGP(9.59%);SAU(6.82%);COL(6.74%);GMB(5.53%);SEN(5.43%);SLE(4.66%);MDG(2.55%);MEX(2.26%);JOR(2.19%);IDN(1.78%);DJI(1.72%);CUB(1.72%);ARE(1.64%);GHA(1.31%);USA(1.00%);CIV(0.74%);LAO(0.74%)
第四	17	ZAF(7.26%);ARG(6.60%);BRA(6.57%);MUS(4.69%);MYS(4.64%);BTN(3.75%);PSE(2.89%);NGA(2.83%);SUR(1.34%);POL(1.30%);EGY(1.27%);SYR(1.24%);NZL(1.13%);IRN(1.03%);PRY(0.94%);MLI(0.65%);KAZ(0.46%)
第五	18	ETH(7.04%);DZA(6.86%);BOL(6.64%);CHL(6.15%);RUS(5.52%);CMR(5.36%);PYF(5.11%);ROU(4.91%);CRI(3.31%);HUN(3.14%);LBN(2.25%);KGZ(1.84%);DEU(1.75%);GIN(1.33%);URY(0.80%);FJI(0.76%);MWI(0.54%);PNG(0.48%)

（三）全球各经济体向中国内地进出口最终消费品、中间品进出口情况对比

综合来看，中国内地无论是作为中间品进口方、中间品出口方、最终消费品进口来源地还是最终消费品出口目的地，其在各国贸易结构中的地位都十分显然。作为世界贸易大国，中国庞大的贸易体量和广泛的网络布局是其处于全球价值双环流体系中心地位的坚实基础。

表 1.21　中国内地作为各经济体中间品、最终消费品进出口对手方排名情况总结

排名	中国内地作为			
	中间品进口方	中间品出口方	最终消费品进口来源地	最终消费品出口目的地
第一	9个	2个	9个	17个
第二	19个	19个	11个	29个
第三	13个	17个	13个	26个
第四	19个	17个	15个	26个
第五	14个	18个	12个	25个
合计	74个	73个	60个	123个

(四)"全球价值链双环流模型"的实证数据验证

在这一部分,资料来源为世界银行数据库以及 Eora 多区域投入产出表(MRIO)。根据贸易物资的用途,将国际贸易活动中的物品分为中间品和最终消费品。中间品是指为了再加工或者转卖用于供别种产品生产使用的物品,如原材料、燃料等。而最终消费品是一定时期内生产的而在同期内不再加工、可供最终消费和使用的产品。

从中国的视角来看,又可以将指标具体分为中国进口/出口的中间品,中国进口/出口的最终消费品,出口/进口到中国的中间品,出口/进口到中国的最终消费品。

1. 验证的思路

全球价值链的表现形式与以往相比,表现出了新的特点,世界经济结构逐渐由以发达国家为核心的"中心—外围"这一单循环模式转变为更为复杂的双环流模式。一方面,中国等亚洲新兴国家与欧美发达国家保持着传统的经济往来关系,形成了价值链的上环流;另一方面,中国等随着经济的高速发展,成为新兴工业化地区和全球制造中心,与资源丰富、工业化程度相对较低的亚非拉发展中国家开展经济合作,通过直接投资带动各国工业化发展,以贸易扩展当地市场,形成价值链的下环流。

为了通过数据对双环流模型进行验证,我们从两个视角分别对双环流模型进行数据层面的验证,具体内容依据视角的不同,可以进行两个角度的阐述,两个角度可作为相互验证。

(1) 双环流模型 Ⅰ

从中国的角度来看,世界贸易流动的方向为:中国向发展中国家进口中间品并出口最终消费品,而相似的循环也发生在中国与发达国家之间。具体如图 1.14 所示,在此过程中,中国起到了国际贸易流动关键节点的作用。

图 1.14 基于中国视角的双环流模型示意

(2) 双环流模型 Ⅱ

从世界其他经济体的角度来看,贸易流动体现的特点为:发展中国家向中国净出口中间品而净进口最终消费品,相似地,中国与发达国家之间也存在类似的贸易方向环流,如图 1.15 所示。同样地,中国在这一过程中起到了国际贸易流动关键节点的作用。

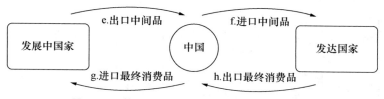

图 1.15　基于其他国家视角的双环流模型示意

下文将对上述两种基于不同视角而构建的双环流模型中资源的流向（a—h）逐个进行数据分析和验证工作。

2. 比率的说明

本章构建了四个指标对双环流模型进行数据层面上的验证，四个指标分别如下所示。

（1）以中国视角构建了两个比率，分别为 C_1，C_2：

$$C_1 = \frac{中国进口的中间品}{中国出口的中间品}; \quad C_2 = \frac{中国进口的最终消费品}{中国出口的最终消费品}$$

（2）以世界其他经济体为视角构建了两个比率，分别为 W_1，W_2：

$$W_1 = \frac{出口到中国的中间品}{出口到中国的最终消费品}; \quad W_2 = \frac{进口自中国的中间品}{进口自中国的最终消费品}$$

下面将针对以上四个指标，使用世界范围内 189 个国家和地区的国际贸易数据，进行基于经验数据的验证工作。

3. 验证过程

在对经验数据的验证中，本章分别采用了中国视角和世界其他经济体视角的数据对全球价值链双环流模型进行了验证。两种方法内在思想相似，计量角度不同，在此可作为相互印证。

（1）以中国为视角

这一节在中国视角下，对国际贸易数据进行统计分析。首先分析中国相对于其他经济体的"进出口中间品"贸易情况。为了更好地刻画中国相对于每一个经济体的"进出口中间品"净流量方向，本章构建了 C_1 指标进行衡量。若其大于1，则代表中国净进口该经济体中间品；若小于1，则代表中国向该经济体净出口中间品。图 1.16 为指标 C_1 的计算结果。横轴国家顺序依照世界银行数据库 2013 年人均 GDP 由高到低排列分析，因此横轴左边为较发达国家，而右侧则大多为发展中国家。之后的图 1.17、图 1.18、图 1.19 等横轴均按此排列，不再赘述。

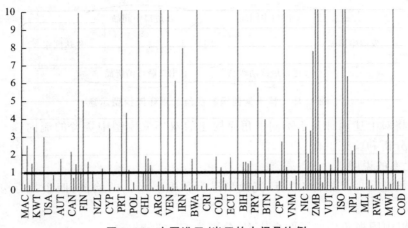

图1.16 中国进口/出口的中间品比例

从以上的图形中大致可以看出两方面的直观规律。首先,从超过$y=1$这一条标准线来看,横轴方向右端相比于左端,有更多的国家样本比值大于1。因此可以认为对于发展中国家(横轴右侧)而言,中国净进口该国的中间品。因此验证了图1.14的箭头a,也就是说,发展中国家与中国的中间品贸易,表现为对中国的净流入。

其次,也可以发现横轴方向左端相比于右端,有更多的国家样本比值小于1。因此对于发达国家而言(横轴左侧),中国向该国净出口中间品。因此验证了图1.14的箭头b,也就是说,中国与发达国家之间的中间品贸易,表现为对发达国家的净流入。

接下来,分析中国相对于其他经济体的"最终消费品"贸易情况。同样,为了刻画最终消费品的净流向,本章构建了C_2这一指标进行衡量。若其大于1,则代表中国净进口该经济体最终消费品;若小于1,则代表中国向该经济体净出口最终消费品,图1.17为指标C_2的计算结果。

同样,从图中也可以发现两个直观规律。首先,从超过$y=1$这一条标准线来看,横轴方向左端相比于右端,有更多的国家样本比值大于1。因此可以认为对于发达国家(横轴左侧)而言,中国净进口该国的最终消费品。因此验证了图1.14的箭头d,也就是说,发达国家与中国的最终消费品贸易,表现为对中国的净流入。

其次,也可以发现横轴方向右端相比于左端,有更多的国家样本比值小于1。因此对于发展中国家而言(横轴右侧),中国向该国净出口最终消费品。因此验证了图1.14的箭头c,也就是说,中国与发展中国家之间的最终消费品,表现为对发展中国家的净流入。

因此,通过以上两张条形图、四个方面的讨论,逐一验证了图1.14中箭头a—d的合理性,表明从中国视角上来看的"全球价值链双环流模型"是符合实际数据规律的。

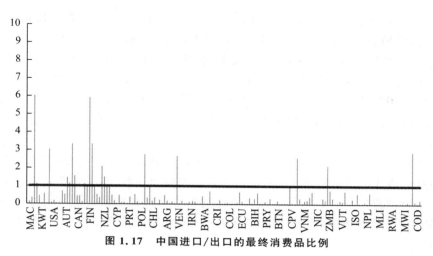

图 1.17　中国进口/出口的最终消费品比例

(2) 以世界其他经济体为视角

与上一节对应,本节在世界其他经济体视角下,对国际贸易数据进行了统计。首先分析"出口到中国的中间品"与"出口到中国的最终消费品"的比例关系。为了更好地估计中间品或最终消费品的净流动方向和关系,本章构建了 W_1 这一指标来进行刻画。若其大于1,则代表该经济体向中国净出口中间品;若小于1,则代表该经济体向中国净出口最终消费品。图 1.18 为 W_1 这一指标的统计图。

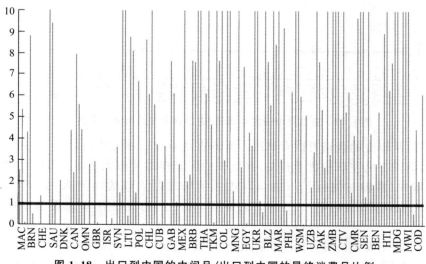

图 1.18　出口到中国的中间品/出口到中国的最终消费品比例

从图 1.18 中大体可以看到两方面的直观规律。首先,从超过 $y=1$ 这条标准线来看,横轴方向右端相比于左端,有更多的国家样本比值大于1。因此可以认为对于发展中国家(横轴右侧)而言,有更多国家向中国净出口中间品,验证了图1.15的箭头e,也就是说,发展中国家与中国的中间品贸易,表现为发展中国家的净流出。

其次,也可以发现横轴方向左端相比于右端,有更多的国家样本比值小于1。因此对于发达国家而言(横轴左侧),有更多国家向中国净出口最终消费品,验证了图1.15的箭头h,也就是说,发达国家与中国的最终消费品贸易,表现为发达国家的净流出。

接下来分析"进口自中国的中间品"与"进口自中国的最终消费品"的比例关系。为了更好地估计中间品或最终消费品的净流动方向和关系,本章构建了W_2这一指标来进行刻画。若其大于1,则代表该经济体进口自中国的中间品表现为净流入;若小于1,则代表该经济体进口自中国的最终消费品表现为净流入。图1.19为W_2的计算结果图。

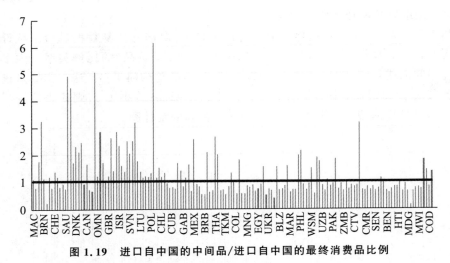

图1.19　进口自中国的中间品/进口自中国的最终消费品比例

同样,从以上的表格可以看到两方面的直观规律。首先从超过$y=1$这一条标准线来看,横轴方向左端相比于右端,有更多的国家样本比值大于1。因此可以认为对于发达国家(横轴左侧)而言,进口自中国的中间品表现为净流入,验证了图1.15的箭头f,也就是说,对这些发达国家而言,与中国的贸易往来表现为中间品的净流入。

其次,容易发现横轴方向右端相比于左端,有更多的国家样本比值小于1。因此对于发展中国家而言(横轴右侧),进口自中国的最终商品表现为净流入,验证了图1.15的箭头g,也就是说,对于这些发展中国家而言,与中国的贸易往来表现为最终消费品的净流入。

因此,与上节以中国为视角的讨论类似,本节以世界其他经济体为视角的讨论,通过以上两张条形统计图、四个方面的逐一讨论,验证了图 1.15 中的箭头 e—h 的合理性。表明从世界其他经济体的视角来看,全球价值链双环流模型是符合实际数据规律的。

(3) 小结

本章以实证数据验证了全球价值链双环流模型。通过两个视角、四个指标、八种贸易方向,逐一讨论了双环流模型在实际数据中的适用性。双环流模型认为,一方面,中国与发达国家之间形成了以产业分工、贸易、投资、资本间接流动为载体的循环体系;另一方面,中国又与亚非拉发展中国家之间形成了以贸易、直接投资为载体的循环体系。实证数据结果亦均支持了双环流模型对于中国处在全球贸易体系中关键节点地位的论断。

(五) 双环流模型的贸易结构分析

在上一节中,我们根据对近些年来国际贸易模式中的变化观察,提出了"双环流"的理论,并采用 Eora 多区域投入产出表的数据从贸易数据的角度印证了我们的理论。双环流模型认为,一方面,中国与发达国家之间形成了中国向发达国家主要出口中间品、发达国家主要向中国出口最终消费品的商品贸易循环体系;另一方面,中国又与发展中国家之间形成了中国向其主要出口最终消费品、发展中国家主要向中国出口中间品的循环体系。

双环流理论实际上是当前全球化中国际分工在贸易数据上的体现。不同经济体根据自身禀赋的不同,在全球价值链中处于不同的位置。拥有核心技术及知识产权等禀赋的发达国家处在价值链首端,而拥有廉价劳动力或丰富自然资源的发展中国家处于价值链末端。中国经过改革开放 30 年的发展,逐渐凭借其人口红利、完备的工业体系以及逐渐累积的技术优势处在全球价值链的中间位置。向下进口发展中国家的初级产品,进行加工后承接发达国家完成高端最终消费品的制造。

进一步拆分贸易数据有利于我们更深入地探究在中国与发展中国家及发达国家双环流背后隐含的全球价值链。

1. 贸易结构分析思路

在我们的理论中,双环流模型反映的是各个国家因禀赋的不同而在全球价值链中处于不同的地位。如果我们将贸易数据根据其生产对自然资源、劳动力、资本及技术的需求程度不同进行剥离,应该能够从贸易结构的角度印证这个观点。

我们将 Eora 多区域投入产出表数据中 26 个行业划分成了四个子类,如表 1.22 所示。

表 1.22　投入产出表行业划分

产业划分	包含子行业
第一产业	农业、渔业
第二产业_轻工业	食品饮料、纺织、木材纸业
第二产业_重工业	其他第二产业（钢铁、电力等）
第三产业	零售业、酒店旅游等

由于第三产业商品形态较为模糊，因此本章主要分析第一产业与第二产业贸易结果的特征。在上表的划分中，从上至下不同产业对技术以及资本的依赖程度依次上升。

延续上一节的思路，我们将贸易进一步拆解成第一产业、第二产业（轻工业/重工业）三个子部门。在每一个子部门中，我们仍然从中国的角度与其他经济体的角度分析国际贸易，印证是否符合双环流。

$$C_1 = \frac{中国进口的中间品}{中国出口的中间品}; \quad C_2 = \frac{中国进口的最终消费品}{中国出口的最终消费品}$$

C 代表的是中国相对于贸易对手国在某种商品中的贸易比较优势。若其大于 1，则代表中国净进口该国中间品；若小于 1，则代表中国向该国净出口中间品。

$$W_1 = \frac{出口到中国的中间品}{出口到中国的最终消费品}; \quad W_2 = \frac{进口自中国的中间品}{进口自中国的最终消费品}$$

W 代表的是贸易对手国相对于中国在进出口中主要贸易的商品品种。若其大于 1，则代表该国向中国净出口中间品；若小于 1，则代表该国向中国净出口最终消费品。

2. 双环流中的贸易解构分析

（1）第一产业

第一产业，又称一级产业或初级生产，是直接从自然界获取产品的产业，如当地自然资源以及部分劳动密集型的农渔产品等，相对来说对技术要求较低。

我们沿袭上一节的分析思路，在三个产业部门中分析贸易情况。横轴国家顺序依照世界银行数据库 2013 年人均 GDP 由高到低排列分析，因此横轴左边为较发达国家，而右侧则大多为发展中国家。余下的图中横轴均按此排列，不再赘述。

A. 以中国为视角

我们对比中国进出口第一产业中中间品与最终消费品的情况。从图 1.20 和图 1.21 大致可以看出两方面的直观规律。图中线 $y=1$ 是标准线，当该比值在 1 左右时，则代表两国在该产品的贸易中基本处于一个均衡的状态。不难发现，无论是中间品还是最终消费品，横轴方向右端相比于左端，有更多的国家样本比值大于 1。因此可以认为对于发展中国家(横轴右侧)而言,从第一产业来看,中国净进口该国的中间品或者最终消费品,也就是说,不管是中间品还是最终消费品,在发展中国家与中国的贸易中,发展中国家都是更有优势的一方。而对于中国与发达国家在第一产业的贸易来说,中国是净出口方,更具有优势。

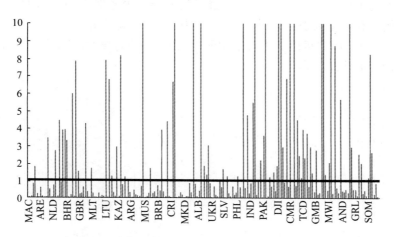

图 1.20 中国进口/出口的中间品比例(第一产业)

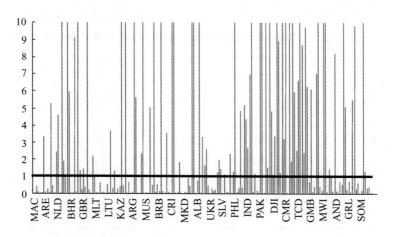

图 1.21 中国进口/出口的最终消费品比例(第一产业)

B. 以其他经济体为视角

我们对比进出口到中国的中间品与最终消费品的比例,来分析对于其他经济体在与中国的贸易中是以中间品还是最终消费品为主。对比图 1.22、图 1.23 大体可以看到两方面的直观规律。图中 $y=1$ 是标准线,当该比值在 1 左右时,则代表该经济体在该产业与中国的贸易中中间品与最终消费品基本对等。观察图 1.22 发现,从其他经济体对中国的出口来说,无论是发达国家还是发展中国家对中国出口的中间品、最终消费品比例没有明显区别。然而在图 1.23 中,横轴右端相比于左端,有更多的经济体样本比值大于 1。因此可以认为对于发展中国家(横轴右侧)而言,有更多经济体向中国净进口最终消费品。

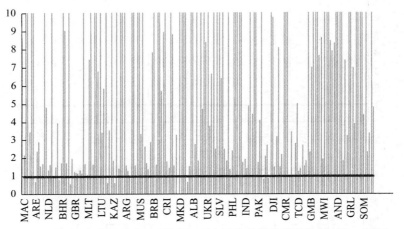

图 1.22　出口到中国的中间品/出口到中国的最终消费品比例(第一产业)

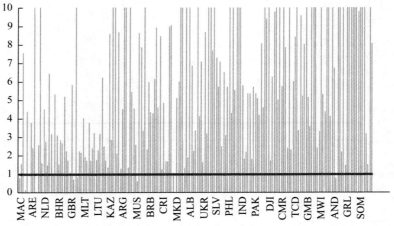

图 1.23　进口自中国的中间品/进口自中国的最终消费品比例(第一产业)

因此从其他经济体的视角出发,在第一产业的贸易中,中国广泛地向各个经济体进口初级产品,发达国家与发展中国家都是中国进口第一产业中间品的来源国;而中国第一产业最终消费品主要出口至发展中国家。

(2) 轻工业

A. 以中国为视角

我们来看中国在轻工业中中间品与最终消费品的进出口情况。从图 1.24 和图 1.25 大致可以看出两方面的直观规律。图中 $y=1$ 是标准线,当该比值在 1 左右时,则代表两国在该产品的贸易中基本处于一个均衡的状态。不难发现,无论是中间品还是最终消费品,也无论是发达国家还是发展中国家,中国都在轻工业上表现出巨大贸易优势。在轻工业的中间品中,仅有 21.2% 的国家对中国保持顺差,而在轻工业的最终消费品中,这一比例更是降到了 8.4%。因此可以看到,在轻工业领域,中国是不折不扣的"世界工厂"。

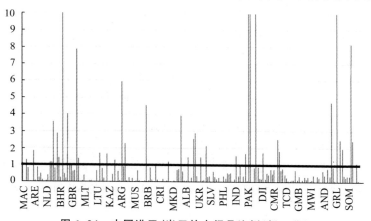

图 1.24 中国进口/出口的中间品比例(轻工业)

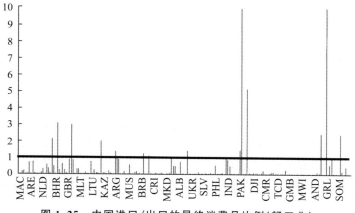

图 1.25 中国进口/出口的最终消费品比例(轻工业)

B. 以其他经济体为视角

我们对比进出口到中国的中间品与最终消费品的比例,来分析对于其他经济体在与中国的贸易中是以中间品还是最终消费品为主。对比图 1.26、图 1.27 大体可以看到两方面的直观规律。图中 $y=1$ 是标准线,当该比值在 1 左右时,则代表该经济体在该产业与中国的贸易中中间品与最终消费品基本对等。观察图 1.26 发现,其他经济体基本上是出口轻工业的中间品到中国,总体来说,以出口中间品为主的经济体占到样本的 88.4%。在图 1.26 中,横轴方向右端相比于左端,有更多的国家样本比值大于 1,说明发展中国家相较与发达国家而言,有更多的经济体向中国出净出口中间品。

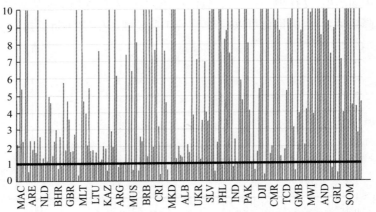

图 1.26 出口到中国的中间品/出口到中国最终消费品比例(轻工业)

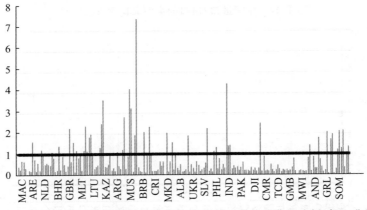

图 1.27 进口自中国的中间品/进口自中国的最终消费品比例(轻工业)

在图 1.27 中,总体来说,以进口最终消费品为主的经济体占到样本的 72.5%。横轴方向左端相比于右端,有更多的经济体样本比值大于 1。因此可以认为对于发展中国家(横轴右侧)而言,有更多经济体向中国净进口最终消费品。

因此从其他经济体的视角出发,在轻工业的贸易中,发展中国家更多地是向中国出口轻工业中间品;而中国轻工业最终消费品更多地出口至发展中国家。

(3) 重工业

A. 以中国为视角

我们对比中国进出口重工业中间品与最终消费品的情况。从图 1.28、图 1.29 中不难发现,与轻工业的情况类似,在重工业贸易中我国也表现出了"世界工厂"的特性。图中 $y=1$ 是标准线,当该比值在 1 左右时,则代表两国在该产品的贸易中基本处于一个均衡的状态。无论是中间品还是最终消费品,也无论是发达国家还是发展中国家,中国在重工业上也表现出巨大贸易优势。在重工业的中间品中,仅有 35.9% 的经济体对中国保持顺差,而在重工业的最终消费品中,这一比例为 12.7%。因此可以看到,在重工业领域,中国也在世界范围内表现出巨大的优势。

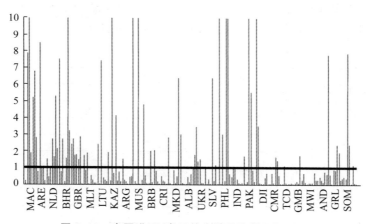

图 1.28　中国进口/出口的中间品比例(重工业)

观察图 1.29 不难发现,在最为发达的几个国家(最左侧)中,有较多的国家在重工业领域对中国保持顺差。在技术与资本依赖最大的重工业贸易中,发达中国家相较于发展中国家而言,有更多的国家向中国净出口最终消费品。这也在贸易结构的角度上印证了双环流模型。

B. 以其他经济体为视角

我们对比进口到中国的中间品与最终消费品的比例,来分析对于其他经济体在与中国的贸易中是以中间品还是最终消费品为主。对比图 1.30、图 1.31 大体可以看到

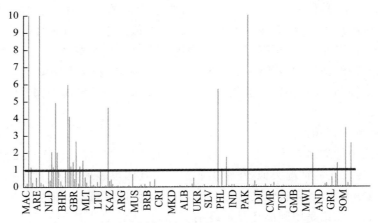

图 1.29　中国进口/出口的最终消费品比例(重工业)

两方面的直观规律。图中 $y=1$ 是标准线,当该比值在 1 左右时,则代表该国在该产业与中国的贸易中中间品与最终消费品基本对等。观察图 1.30 发现,其他经济体基本上是出口重工业的中间品到中国,总体来说,以出口中间品为主的经济体占到样本的 97.9%。这说明,基本上中国向全世界进口重工业产品的中间品。

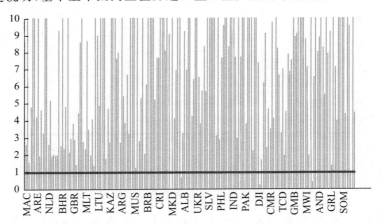

图 1.30　进口到中国的中间品/进口到中国的最终消费品比例(重工业)

在图 1.31 中,总体来说,以进口最终消费品为主的经济体占到国家的 64.6%。横轴方向左端相比于右端,有更多的国家样本比值大于 1。因此可以认为对于发展中国家(横轴右侧)而言,有更多国家向中国净进口最终消费品。

因此从其他经济体的视角出发,在重工业的贸易中,主要进口中国重工业最终消费品而不是中间品的发展中国家比例要高于发达国家。

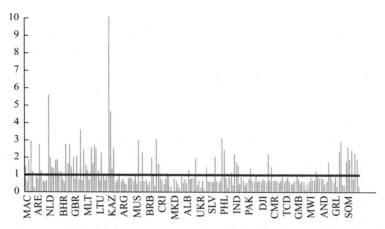

图 1.31　出口到中国的中间品/出口到中国的最终消费品比例(重工业)

3. 小结

本节根据不同产业对技术及资本的依赖程度将国际贸易数据分成了第一产业与第二产业的轻工业和重工业三个部门。从中国自身的贸易比较优势来看,中国在轻工业领域展现了巨大的贸易顺差。在轻工业的中间品中,仅有 21.2% 的国家对中国保持顺差,而在轻工业的最终消费品中,这一比例更是降到了 8.4%。中国广泛地向全球出口轻工业的中间品与最终消费品,这表现了中国在劳动力密集型产业商品贸易中仍然有巨大的比较优势。在对于技术与资本依赖最重的重工业贸易领域,中国也表现了广泛的比较优势。在重工业的中间品中,仅有 35.9% 的国家对中国保持顺差,而在重工业的最终消费品中,这一比例为 12.7%。在第一产业,中国的进出口没有表现出绝对的优势。

从其他经济体的角度来说,中国在第二产业中的贸易数据印证了我们双环流模型的存在。不管是在轻工业还是重工业领域,都体现了这样的贸易模式,中国广泛地从全世界进口中间产品,并将最终品出口至发展中国家,完成了上一节中 e、g 的循环;并且相对于发展中国家,有较大比例的发达国家向中国进口中间品,并且出口最终品至中国,完成了 f、h 的循环。而在对技术要求不高的第一产业,中国则没有表现出这样的贸易模式。

(六)全球价值双环流与"一带一路"

在原有全球治理体系下,根据全球价值链理论,发展中国家在参与全球价值链时,很多是以代工方式加入的,这被视为发展中国家实现工业化道路的有效战略,然而借助这种基于全球价值链代工体系的发展道路,仅仅有助于发展中国家实现初级阶段的工业化进程,到了工业化后期,发展中国家广泛地表现出"被俘获"的现象(Schmitz, 2004),即发展中国家在参与全球价值链后,可以实现工艺流程和产品的升级,但产业功能及价值链的升级发展则会受到发达国家来自购买方或者大跨国公司供应方的严重阻力,从而难以继续实现升级发展,局限于低附加值价值链低端的生产制造环节。

联合国贸发会议《世界投资报告:投资与贸易发展》显示,相较于发展中国家,发达经济体在全球价值链中获益更为明显。根据 UNCTAD 数据,就相对增值贸易比重(一国的全球增值贸易份额与全球出口份额的比值)看,俄罗斯(1.25)、印度(1.23)、美国(1.22)、澳大利亚(1.20)、巴西(1.20)、沙特(1.18)、日本(1.13)、意大利(1.00)等大于 1;而中国相对增值贸易比重则为 0.98。同时,在国内增值率(国内增值/GDP,衡量一国贸易对经济增长的贡献)方面,扣除出口中的外国增值部分,全球国内增值率为 72%。发达经济国内增值较高,美国为 89%,日本为 82%。一般来讲,大国经济国内价值链较长,依赖外国投入较少,国内增值率往往较高,但中国、德国和英国较为例外。中国既有不断延长的国内供应链,也存在大量加工贸易,国内增值率仅为 70%。

在发展中经济体中,全球价值链增加值的很大一部分是由跨国公司的子公司创造的,这可能会导致"价值俘获"相对较低。从长期来看,全球价值链可以成为发展中国家建设生产能力的一个重要途径,包括通过技术传播和技能培养,为产业升级开创机会。不过,全球价值链的潜在长期发展收益不是自动获得的。当前的国际分工体系在一定程度上导致了参与全球价值链的发展中国家过度依赖于狭窄的技术基础和加入发达经济体跨国公司协调下的价值链,因此仅能获得有限的附加值,产业结构迟迟难以升级。

总之,在当前的全球价值链分工中,大多数发展中经济体主要处于价值链生产的中下游,许多较贫困的发展中国家仍然处于自然资源出口的底端全球价值链上。发展中国家主要通过出口各国的资源、原材料及中间产品加入全球化。大多数的发展中国家由于历史原因或者各自资源禀赋的不同而缺乏完善的工业基础,难以在当前的国际分工体系下顺利实现产业升级,进入全球价值链的上游,进而加速实现自己国内的经济增长。因此,如何通过建立一个更为合理的国际分工体系,让世界上处于各发展阶段的国家都能公平、合理地获益,促进各国经济的均衡协调发展,就成为摆在世界人民面前的一道难题。

在全球化进程的瓶颈期,以中国为代表的新兴发展中国家异军突起,世界经济的循环从传统的"中心—外围"的单一循环变为以中国为枢纽点的"双环流"体系,如

图 1.32 所示,其中一个环流位于中国与发达国家或地区之间,另一个环流存在于中国与亚非拉等发展中经济体或地区之间。一方面,中国与发达国家之间形成了以产业分工、贸易、投资、资本间接流动为载体的循环体系,另一方面,中国又与亚非拉发展中国家之间形成了以贸易、直接投资为载体的循环体系。

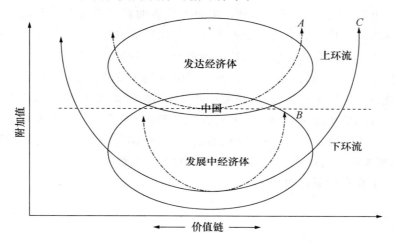

图 1.32　全球价值双环流与价值链曲线

从全球价值链的角度来看,如前文分析,发展中经济体的生产始终处于价值链低端环节,由于发达国家高速的技术进步,一些发展中经济体提供的中间品技术环节达不到整体产业中片段化生产的需求,导致在价值链曲线 C 上的直接参与度降低,产业升级空间缩小,出口创造的附加值无法提高,社会整体福利下降。而双环流体系下,世界经济循环的两个部分将可能分别形成内部的价值链分工,即上环流价值链曲线 A 与下环流曲线 B。发展中国家尤其是处于最低端的欠发达国家可以通过下环流内部的分工,重新参与到一定的片段化生产,通过在曲线 B 上的产业升级逐步在全球化进程中获得更大的福利和附加值。中国作为世界,特别是东亚地区最大的发展中国家,其产业结构既是国际分工体系中的组成部分,又保持着相对独立性和完整性。中国各地自然资源和人力资源条件不尽相同,因此各区域的生产力发展存在不平衡性,而生产的不平衡性又决定了中国产业结构的多样化。与此同时,中国在参与国际分工的过程中,全方位吸纳来自全世界的技术资本,进而全面提升自身的产业结构,正成为东亚地区产业结构最齐全的国家。齐全的产业结构使得中国不但拥有处于垂直分工体系下的劳动密集型和资本密集型的产业,而且拥有处于水平分工体系下的现代技术产业,因此,在发展的过程中,中国既可以发展垂直分工关系,也可以发展水平分工关系。因此,我们在两个循环中的参与程度都相对较高,即同时高度参与价值链曲线 A 和 B 上的生产环节。在上环流内部,中国的工业化生产程度达到参与技术和知识密集型的的产业分工,在曲线 A 上为发达国家高附加值行业提供附加值较高的中间产品及服务。处于价值链曲线 B 的下环流国家通过中国间接参与到上环流曲线 A 的生产,从而重新回到全球价值链 C 的国家分工体系。

从经济合作的角度来看,在上环流,发达国家通过资本、技术等生产要素输出,将大部分加工制造、生产服务等转移到以中国为代表的新兴发展中国家,新兴发展中国家则向发达国家输出高端中间品制成品和生产性服务,以此带动本国经济发展,并将贸易盈余和资本流入带来的外汇储备以债务和间接投资形式回流至发达国家。下环流是在发展中国家之间展开的经济环流。中国等较为发达的发展中国家通过到资源丰富的其他发展中国家直接投资,开发并进口所需的资源和初级产品,输出制成品,形成资源与制成品的贸易流;同时,将本国的一些产业转移到亚非拉等发展中国家,形成投资等生产要素的流动和产业转移(见图 1.33)。中国等新兴国家一方面通过资源进口、产品和资本输出与产业转移,带动了当地的工业化和经济发展,另一方面也在一定程度上解决了自身所面临的难题。

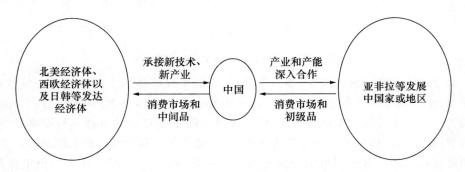

图 1.33　全球价值双环流下的经济合作模式

双环流体系再次将陷入全球经济停滞状态的世界两极,通过以中国为"枢纽"带入全球产业梯度中。自全球金融危机之后,发达国家作为世界经济增长引擎的作用已大大降低,贸易保护主义与逆全球化趋势逐渐显现,而新兴发展中经济体特别是以中国为代表的"金砖国家"日益成为世界经济合作与发展的重要推动力量。以往的单一依赖发达国家为世界经济增长引擎的模式变为发达国家与发展中国家双引擎。

全球价值双环流架构下,"一带一路"国家产业梯度各不相同,需要中国去充分挖掘与"一带一路"沿线国家经济的互补性,建立双赢、合理的国际分工体系,打造欧亚区域经济一体化新格局,而这也正是"一带一路"倡议提出的主旨。

工业化进程实际上就是现代化进程,在这个现代化进程当中,工业起到了核心的作用,特别是产业结构不断地转化,从劳动密集型、资源密集型,到资本密集型、技术密集型和知识密集型,整个转换过程推动了经济的发展。

在雁阵模式解体之后,各国均在思考如何整合本地区的资源,通过双边或多边区域合作建构新的分工模式。随着中国的对外开放,在原来的雁阵中突然挤入了一个拥有14亿人口的经济增长势头迅猛的发展中大国,失去了雁阵模式的亚洲经济处在歧路彷徨的重要转折点。中国依靠在国际分工中的独特地位,成为全世界最重要的制造业生产基地,全面而直接地融入全球化进程中,这时中国的发展状况早已在整个亚洲乃至世界产业分工体系中脱离原来的雁阵模式。中国的出口增长首先是由于其出口结构向机电产品升级,尤其是电脑、电信和辅助产品的出口大幅度增加。2001年上半年中国出口最多的产品是显示器和手机,超过了传统的出口强项如玩具和鞋子。中国国内的家电企业在激烈的竞争中不断提高质量,同时价格大幅度下调,基本上打垮了原本在东南亚组装的日本家用电器,并在1998年之后开始大量出口。而作为发展中国家中引进外资最多的国家,中国的崛起对东亚其他发展中国家吸引外资带来了巨大的竞争压力。这些新的变化都冲击了原有的雁阵模式。

"一带一路"倡议的核心是整体经济生产网络的形成,需要根据各国的发展阶段进行产业整合。"一带一路"沿线国家处于不同的工业化阶段,有着不同的经济发展水平,并形成了不同的优势产业类型。而这些产业也形成了三种不同的梯度,即技术密集与高附加值产业(工业化后期国家)、资本密集型产业(工业化中期国家)、劳动密集型产业(工业化初期国家)。

随着中国廉价劳动力时代的终结,劳动密集型产业(如纺织品、玩具等)有望向以东南亚部分国家为代表的工业化初期国家转移,资源密集型产业(如能源产品、化工产品、金属制品)可以向以中东欧部分国家为代表的油气丰裕国家及以中亚部分国家为代表的矿产资源丰裕国家转移,而中国可以扩大对这些国家资本、技术及高附加值产品的出口。部分技术密集和高附加值产业(如机电产品、部分装备制造产品)则向以中东欧部分国家为代表的工业化后期国家转移,实现技术的互通有无。

如此一来,第一产业梯度国家的产业升级会带动第二产业梯度国家的相应升级,第二产业梯度国家的产业升级也势必会带动第三产业梯度国家的相应升级,进而实现"一带一路"国家产业链的有效转移和分工明确的生产网络的构建,形成下环流分工和合作模式。

五、双环流架构下的经济发展高度比较分析

中国与"一带一路"沿线国家的发展有很多内在的一致性,这种内在的一致性决定了中国和这些国家的发展具有互补和相互拉动的作用。中国在推动沿线各国发挥地缘优势的过程中同时也可以实现自身的产业升级与调整。在向上循环的国家提供产品时,中国通过贸易拉动发展处于较低阶段的国家出口产品,进而推进自身城市化与工业化生产。通过梳理各国工业化程度,我们可以发现"一带一路"能够将沿线第二产业产业结构高度各不相同的国家拉动、互补起来,实现价值链双环流上的产业协同。

借鉴钱纳里等(Chenery et al.,1977,1986)对经济发展阶段的分类,用以下公式将人均GDP标准化。

$$\text{GDP}pc_t^n = \frac{\text{GDP}pc_t - \text{GDP}pc_{\text{begin}}}{\text{GDP}pc_{\text{finished}} - \text{GDP}pc_{\text{begin}}}$$

其中$\text{GDP}pc_t^n$是经济体N中标准化的t时间内人均经济总量阶段变化指数,$\text{GDP}pc_{\text{begin}}$是工业化开始时的人均GDP,$\text{GDP}pc_{\text{finished}}$是工业化完成时的人均GDP,$\text{GDP}pc_t$是原始的、直接计算的$N$经济体的人均GDP(按照2005年美元计价)。[①] 当$H=0$时,经济体N开始进入工业化初步阶段,而当H越大时,表示距离完成工业化的目标越近。

(一)各国经济发展高度

中国作为一个大国,在新中国成立之初就建立了较为完善的工业体系,根据我们的研究,"一带一路"沿线多国工业化程度不高,总体上仍处于工业化进程中。因此,中国一方面可以在拥有较为完善的产业结构的基础上,通过与其余发展程度更低的国家一起发挥制造业水平逐步提升的优势,在全球产业分工体系中与产业结构高的国家逐渐缩小差距,输出更富附加价值的工业加工品;另一方面可以在下环流中输出自身技术和知识,以及工业化进程的经验,并获取快速发展所需的资源和能源。

若从各大板块来看"一带一路"沿线国家工业化水平的特征,如表1.23和表1.24所示,可以发现南亚国家处于工业化初期尾部位置,西亚地区资源密集型国家和部分欧洲国家处于工业化后期。东南亚和南亚的国家大部分处于工业化初期。而中东欧和西亚、中东的国家大部分处于工业化后期阶段。

[①] 这里的数据以2005年的不变价格计量,将钱纳里(Chenery,1986)标准结构模型中的人均收入1 141—2 822美元作为工业化的起点,而将人均收入5 645—10 584美元作为工业化的终点(原文以1970年美元计算,本章将它折算成2005年美元;本章中所有其他美元数据都以2005年美元计算),在这一终点之后,经济将跨入发达经济阶段(世界银行2005年划分的发达和不发达国家的人均收入的标准为10 725美元,与本章10 584美元的差异很小,可以忽略)。

表1.23 各国工业发展高度（按收入）

（根据2014年计算值排序）

收入水平	国家	2010年	2015年	收入水平	国家	2010年	2015年
高收入国家	科威特	8.671	6.568	中低收入国家	阿尔巴尼亚	0.648	0.617
	卡塔尔	16.628	17.549		埃及	0.311	0.546
	新加坡	10.837	12.379		斯里兰卡	0.348	0.623
	阿联酋	7.847	9.313		格鲁吉亚	0.380	0.586
	巴林	4.535	5.263		乌克兰	0.381	0.172
	捷克	4.404	3.789		菲律宾	0.182	0.368
	沙特阿拉伯	4.159	4.579		乌兹别克斯坦	0.000	0.190
	斯洛伐克	3.632	3.489		摩尔多瓦	0.060	0.112
	波兰	2.689	2.664		老挝	−0.056	0.111
	爱沙尼亚	3.174	3.820		巴基斯坦	−0.083	0.011
	匈牙利	2.775	2.594		吉尔吉斯斯坦	−0.122	−0.067
	阿曼	4.447	3.408		叙利亚	−0.333	−0.333
	克罗地亚	2.900	2.422		塔吉克斯坦	−0.154	−0.109
	保加利亚	1.290	1.306	低收入国家	柬埔寨	−0.145	−0.053
中高收入国家	俄罗斯	2.239	1.842		孟加拉国	−0.151	−0.040
	哈萨克斯坦	1.861	2.218		阿富汗	−0.196	−0.191
	立陶宛	2.541	3.074		尼泊尔	−0.190	−0.156
	罗马尼亚	1.661	1.827				
	白俄罗斯	1.067	1.047				
	中国	0.761	1.624				
	拉脱维亚	2.380	2.953				
	土耳其	2.089	1.851				
	黑山	1.274	1.208				
	黎巴嫩	1.771	1.597				
	土库曼斯坦	0.752	1.375				
	塞尔维亚	0.965	0.899				
	马尔代夫	1.189	1.521				
	马来西亚	1.844	2.014				
	伊朗	1.185	−0.333				
	亚美尼亚	0.419	0.511				
	蒙古	0.309	0.643				
	约旦	0.641	0.858				
	波黑	0.740	0.672				
	泰国	0.896	1.068				

资料来源：根据世界银行数据库计算。

表 1.24　各国工业发展高度（按区域）

（根据 2014 年计算值排序）

地区	国家	2010 年	2015 年	地区	国家	2010 年	2015 年
	中国	0.761	1.624	高加索地区	亚美尼亚	0.419	0.511
	新加坡	10.837	12.379		格鲁吉亚	0.380	0.586
	马来西亚	1.844	2.014		捷克	4.404	3.789
东南亚	泰国	0.896	1.068		斯洛伐克	3.632	3.489
	菲律宾	0.182	0.368		波兰	2.689	2.664
	老挝	−0.056	0.111		爱沙尼亚	3.174	3.820
	柬埔寨	−0.145	−0.053		匈牙利	2.775	2.594
	马尔代夫	1.189	1.521	中东欧	立陶宛	2.541	3.074
	斯里兰卡	0.348	0.623		罗马尼亚	1.661	1.827
	巴基斯坦	−0.083	0.011		波兰	2.689	2.664
南亚	孟加拉国	−0.151	−0.040		拉脱维亚	2.380	2.953
	阿富汗	−0.196	−0.191		俄罗斯	2.239	1.842
	尼泊尔	−0.19	−0.156		白俄罗斯	1.067	1.047
	印度	—	—		摩尔多瓦	0.060	0.112
	哈萨克斯坦	1.861	2.218		克罗地亚	2.900	2.422
	土库曼斯坦	0.752	1.375		保加利亚	1.290	1.306
中亚	乌兹别克斯坦	0.000	0.19		黑山	1.274	1.208
	吉尔吉斯斯坦	−0.122	−0.067	南欧	塞尔维亚	0.965	0.899
	塔吉克斯坦	−0.154	−0.109		波黑	0.740	0.672
	科威特	8.671	6.568		阿尔巴尼亚	0.648	0.617
	卡塔尔	16.628	17.549		塞浦路斯	—	—
	阿联酋	7.847	9.313		希腊	—	—
	巴林	4.535	5.263				
西亚北非	沙特阿拉伯	4.159	4.579				
	阿曼	4.447	3.408				
	土耳其	2.089	1.851				
	黎巴嫩	1.771	1.597				
	伊朗	1.185	−0.333				
	约旦	0.641	0.858				
	埃及	0.311	0.546				

资料来源：根据世界银行数据库计算。

(二)中国经济发展与沿线国家的互补性分析

中国的产业结构自20世纪90年代以后发生了巨大的变迁。通过直接从发达国家获得投资和技术,中国直接跨越了雁阵模式中"从劳动密集型到资本密集型再到技术密集型"的梯度产业转移过程,短时间内,不仅在劳动密集型行业依然存在一定优势,而且在技术密集型产业领域也已经积累了一定经验。

由于中国各地资源禀赋不尽相同,区域生产力发展不平衡,产业结构多样化。一方面,中国工业体量庞大,增长迅猛,产能过剩与产能不足并存;另一方面,中国的产业结构既是国际分工体系中的组成部分,又保持着一定的独立性和完整性。齐全的产业结构使中国拥有垂直分工体系下的劳动密集型和资本密集型产业,也拥有水平分工体系下的现代技术产业,因而在国际产业链中处于承上启下的位置。

从表1.25可以看出,从2010年到2015年,中国处于工业化加速阶段,整体产业结构提升将近30个百分点。中国的产业高度在"一带一路"沿线各国中,基本上处于中游偏上的位置。按照全球价值链双环流体系,中国在衔接沿线各国经济发展中起着

表1.25 "一带一路"沿线各国与国内各省发展阶段对比(按人均GDP排序)

(按2015年计算值排序)

收入水平	国家	2010年	2015年	国内	2010年	2015年
高收入国家	卡塔尔	16.628	17.549	天津	1.838	3.557
	新加坡	10.837	12.379	上海	2.173	3.258
	阿联酋	7.847	9.313	北京	1.894	2.871
	科威特	8.671	6.568	江苏	1.001	1.774
	巴林	4.535	5.263	浙江	1.063	1.733
	沙特阿拉伯	4.159	4.579	广东	0.924	1.557
	爱沙尼亚	3.174	3.820	内蒙古	0.715	1.358
	捷克	4.404	3.789	福建	0.682	1.355
	斯洛伐克	3.632	3.489	山东	0.737	1.344
	阿曼	4.447	3.408	辽宁	0.716	1.193
	波兰	2.689	2.664			
	匈牙利	2.775	2.594			
	克罗地亚	2.900	2.422			
	保加利亚	1.290	1.306			

(续表)

收入水平	国家	2010年	2015年	国内	2010年	2015年
中高收入国家	立陶宛	2.541	3.074	吉林	0.437	0.871
	拉脱维亚	2.380	2.953	重庆	0.301	0.826
	哈萨克斯坦	1.861	2.218	河北	0.406	0.777
	马来西亚	1.844	2.014	黑龙江	0.399	0.758
	土耳其	2.089	1.851	湖北	0.292	0.709
	俄罗斯	2.239	1.842	新疆	0.291	0.707
	罗马尼亚	1.661	1.827	陕西	0.231	0.620
	中国	0.761	1.624	河南	0.265	0.614
	黎巴嫩	1.771	1.597	湖南	0.242	0.611
	马尔代夫	1.189	1.521	海南	0.250	0.583
	土库曼斯坦	0.752	1.375	山西	0.275	0.557
	黑山	1.274	1.208	青海	0.198	0.553
	泰国	0.896	1.068	宁夏	0.202	0.523
	白俄罗斯	1.067	1.047			
	塞尔维亚	0.965	0.899			
	约旦	0.641	0.858			
	波黑	0.740	0.672			
	蒙古	0.309	0.643			
	亚美尼亚	0.419	0.511			
	伊朗	1.185	−0.333			
中低收入国家	斯里兰卡	0.348	0.623	江西	0.172	0.497
	阿尔巴尼亚	0.648	0.617	四川	0.162	0.493
	格鲁吉亚	0.380	0.586	西藏	0.139	0.487
	埃及	0.311	0.546	广西	0.152	0.451
	菲律宾	0.182	0.368	安徽	0.137	0.450
	乌兹别克斯坦	0.000	0.190	云南	0.062	0.335
	乌克兰	0.381	0.172	甘肃	0.033	0.272
	摩尔多瓦	0.060	0.112	贵州	−0.073	0.137
	老挝	−0.056	0.111			
	巴基斯坦	−0.083	0.011			
	吉尔吉斯斯坦	−0.122	−0.067			
	塔吉克斯坦	−0.154	−0.109			
	叙利亚	−0.333	−0.333			
低收入国家	孟加拉国	−0.151	−0.040			
	柬埔寨	−0.145	−0.053			
	尼泊尔	−0.190	−0.156			
	阿富汗	−0.196	−0.191			

资料来源:根据世界银行数据库计算。

重要的枢纽作用。因此,中国可以借助制造业水平不断提升的优势,一方面不断缩小在全球产业分工体系中与高产业结构国家的差距,提升工业品附加值;另一方面则可以向低产业高度国家输出资本与技术,并获取经济发展所需资源。

根据国际贸易的比较优势理论,中国劳动密集型行业和资本密集型行业可以向周边的工业化程度较低的国家转移,化解自身某些行业存在的过剩产能,带动这些国家的产业升级。同时,中国可以吸收各发达国家的技术密集型行业,优化和提升自身的产业结构。而且在后金融危机时代,西方发达国家对广大发展中国家的原材料、初级产品的吸收能力下降,导致很多发展中国家转向中国寻求市场。因此中国逐渐成为对接发达国家与发展中国家的重要枢纽。

"一带一路"沿线国家处于不同的工业化阶段,有着不同的经济发展水平,并形成了不同的优势产业类型。而这些产业也形成了三种不同的梯度,即技术密集与高附加值产业(工业化后期国家)、资本密集型产业(工业化中期国家)、劳动密集型产业(工业化初期国家)。不同国家的产业梯度各不相同,可以与中国各省发展水平形成联合匹配。可以看出,中国各省产业结构高度呈现出明显的梯度特征,这正好与沿线各国表现出的发展阶段各不相同可以良好匹配。寻找比沿线各国产业结构高度稍高的省份进行对接,将国内省份在相似发展阶段时处理特定经济发展困境与问题时的具体做法推广至相应国家,同时国内省份也可以在沿线国家进行有针对性的投资、合作。在匹配后的定向合作中,由于发展阶段相似,因而经济合作的推行将更为顺利,同时能够帮助沿线国家解决其发展中遇到的瓶颈,带动沿线国家实现经济增长和产业升级。

六、小结

"一带一路"倡议的提出是站在时代节点的眺望。在 20 个世纪七八十年代新自由主义全球化浪潮下,全球经济发展两极分化越来越严重,发展中经济体越来越边缘化,发达经济体国内两极分化加剧,中国在新的时代节点倡导在"团结互信、平等互利、包容互鉴、合作共赢,不同种族、不同信仰、不同文化背景的国家可以共享和平,共同发展"的丝路精神指引下,依托"五通"(政策沟通、设施联通、贸易畅通、资金融通、民心相通)和"三同"(利益共同体、命运共同体、责任共同体)构建一个更加包容、公正、和平和互惠共赢的全球化新格局。

通过对世界经济历史数据的回顾和分析,可以发现世界经济经历几次大的变革和转移后,当前正处于重大转换的关键节点。从大航海特别是工业革命以来,亚洲越来越远离世界经济中心,而第二次世界大战之后,随着日本的快速崛起,特别是日本经过 20 世纪 50—70 年代二十多年的高速增长,又把亚洲带回了全球经济中心,按 2005 年不变价格计算,亚洲 1970 年占全球 GDP 为 16.53%。随着中国改革开放的不断深入,特别是 2001 年加入世贸组织以来,中国经济实现了持续三十多年年的高速增长,中国在全球经济中的地位快速提升，也将亚洲重新推升到了世界经济第一的位置，截止到2013年，亚洲占全球GDP为30.69%，超过欧洲成为全球经济第一大洲。此外，随着全球和发达经济体内部两极分化的加重，曾经的自由贸易倡导者纷纷走上向内的道路，从强调释放市场力量的新自由主义范式向主张社会保护转变。英国脱欧暴露出欧盟增长缓慢、复苏乏力、就业低迷、难民危机等多重困境；美国不断发出"废除美国贸易协定"、"取消《跨太平洋伙伴关系协定》"等保护主义言论，表明世界第一大经济体对经济全球化的复杂态度，给世界经济运行带来巨大不确定性。

从欧盟、北美和东亚三大经济体的贸易角度来看，2002年中国对欧盟进出口总额第一次超过日本对欧盟的进出口总额。之后，中国与日本对欧盟的贸易差距进一步拉大，截止到2014年中国对欧盟进出口贸易总额是日本的4.3倍。2003年中国对北美（美国和加拿大）进出口总额第一次超过日本对北美进出口总额。之后，中国与日本对北美的贸易差距进一步拉大，截止到2014年对北美进出口贸易总额是日本的3.2倍。2007年中国对东南亚七国（越南、柬埔寨、菲律宾、泰国、马来西亚、新加坡、印度尼西亚）进出口总额第一次超过日本。之后，中国与日本对东南亚七国的贸易差距进一步拉大，截止到2014年中国对东南亚七国进出口贸易总额是日本的1.6倍。由此中国在2002年至2007年期间逐步成为日本之后对接北美、欧盟和东亚内部的第一大全球产业分工国。2010年中国又超越日本成为世界第二大经济体，而且是目前全球经济体中除美国之外，第二个经济规模上10万亿美元的国家。随着中国综合国力的逐渐增强，中国宏观经济发展转型也将会更多地影响亚洲乃至世界的经济进程。

根据世界银行对国家收入的分类，1987年，共有49个低收入国家，其中26个国家在2015年仍是低收入国家，而中国、赤道几内亚、圭亚那、马尔代夫4个国家变为上中等收入国家，19个国家在2015年晋升为下中等收入国家。这些国家大多与中国相毗邻，属于亚非交界处的国家。2015年，低收入国家仍主要位于非洲和亚洲南部。中国作为一个大国在工业化、城镇化、国际化和信息化等方面的发展经验对其他国家的发展也具有参考和借鉴性。从当前的国际产业和贸易体系分工来看，后起国家整体在国际市场上处于劣势地位，始终处于产业链相对低端的位置且长期面临产业天花板的限制。特别是那些尚未取得发展的国家由于无法加入国际分工和贸易体系而陷入贫穷，进一步拉大了与发达国家的差距；已经取得一定发展的后起国家面临产业结构升级停滞、贸易条件恶化导致的经济长期停滞风险。由于后起国家在资本和科技等要素上处于比较劣势的状态，在产业结构上处于低端位置，无法轻易实现赶超，往往随之陷入停滞，进一步阻碍了之后的国家产业升级进程。由此可见，当今的国际分工和贸易体系能带动后起国家发展的基础是发达国家本身的稳定发展，而在发达国家经济不景气乃至陷入危机时，后起国家在这一体系中处于更加不利的地位。

从全球价值链的角度来看，全球经济表现出一个明显的价值上的双环流。发达国家在中间品、最终消费品的进出口贸易表现都较为活跃,而发展中国家则仅仅在若干行业中表现出较高的中间品和最终消费品的高进出口行为,但是发展中国家与中国之间则存在较为活跃的价值链上的贸易往来。总的来看,在上环流,发达国家通过资本、技术等生产要素输出,将大部分加工制造、生产服务等转移到以中国为代表的新兴发展中国家,新兴发展中国家则向发达国家输出高端中间品制成品和生产性服务,以此带动本国经济发展,并将贸易盈余和资本流入带来的外汇储备以债务和间接投资形式回流至发达国家。下环流是在发展中国家之间展开的经济环流。中国等经济发展迅速、制造业较为发达的发展中国家通过到资源丰富的其他发展中国家直接投资,开发并进口所需的资源和初级产品,输出制成品,形成资源与制成品的贸易流;同时,将本国的一些产业转移到亚非拉等发展中国家,形成投资等生产要素的流动和产业转移。中国等新兴国家一方面通过资源进口、产品和资本输出与产业转移,带动了当地的工业化和经济发展,另一方面也在一定程度上解决了自身所面临的难题。

  在当前全球化进程的瓶颈期,发达国家对于全球化迟疑不定之时,中国适时发出"一带一路"的倡议,就是希望借助于全球价值双环流的体系,试图构建一个全球经济能够共享发展成果的更加开放和包容的全球治理机制。目前,不管是从经济发展阶段还是产业结构来看,中国都处于发达国家与发展中国家之间的中间水平,这决定了中国将在这个体系中起到上下承接的作用,承接来自北美、西欧的新技术、新产业,同时与亚非拉等发展中国家进行产能合作,实现全球价值链的双环流。在"一带一路"的体系中,一方面中国与发达国家之间形成了以产业分工、贸易、投资、资本间接流动为载体的循环体系,另一方面中国又与亚非拉发展中国家之间形成了以贸易、直接投资为载体的体系。从目前"一带一路"沿线 67 个国家或地区的发展阶段和分工关系来看,其内部本身也有着一个类似全球价值双环流的小环流或小"8"字循环体系。通过"一带一路"的建设,可以加速全球经济的上下循环(全球价值双"8"字环流模式),将更多国家纳入全球价值链分工体系,实现更大区域内的经济协作共赢与共同繁荣。

第二章 中国对"一带一路"沿线国家或地区直接投资的贸易效应研究[*]

万国车马形自胜,千年往来尽吾豪。

"一带一路"倡议的推进不仅需要高屋建瓴的设计和思考,而且也需要脚踏实地的分析与建设。"一带一路"沿线国家大部分属于具有悠久历史的发展中国家或地区,一方面我们对于这些经济体在经济建设领域的具体状貌了解有限,另一方面这些国家和地区的经济发展脉络与中国息息相关。因此,充分了解沿线国家或地区的发展状况对于推动"一带一路"政策的落实有着重要意义,本章将直接投资作为研究中国与沿线国家或地区贸易发展状况的入手点,以期能够了解"一带一路"倡议对中国与周边国家或地区贸易往来的影响。

国际贸易和国际直接投资是一国参与世界经济的两个重要途径。从经济全球化的历史进程来看,国际直接投资的起步较晚,且早期主要由英、美等一小部分发达国家主导,大部分国家并没有足够的对外投资能力;而国际贸易则长期作为全球各国跨越国界,与别国经济相互关联的主要手段。

自20世纪90年代以来,国际贸易作为全球经济增长的重要推动力,其年均增速在2008年金融危机前高达6.9%。不过,此次金融危机成为全球贸易发展的分水岭,据世界贸易组织发布的《世界贸易报告》显示,2008—2015年间,全球贸易年均增速仅为3.1%,并有持续低迷的态势。

相较于国际贸易,起步较晚的国际直接投资则展现出了更为强劲的增长态势。20世纪末,随着区域经济一体化与金融自由化的发展,国际直接投资高速增长。据联合国贸易和发展会议在《世界投资报告》中的统计,1996—1999年,外商直接投资流入量的年均增速高达40.8%,流出量年均增长37%。虽然2008年金融危机也在一定程度

---

* 本章作者:郭科琪,北京大学经济学院硕士研究生;张辉,北京大学经济学院教授、博士生导师;易天,北京大学经济学院博士研究生。

上影响了国际直接投资的活跃度,但危机后的国际直接投资强势复苏,2015年的外商直接投资流入量年增长率为38%,流出量年增长12%,并有望继续恢复性增长。

与此同时,越来越多的国家逐渐参与到对外直接投资的队伍中,中国在其中表现抢眼。我国于2002年建立了官方的对外直接投资统计制度,并在2008年首次进入吸引外资额全球排名的前三位;四年后,中国成功进入全球对外直接投资国前三名的行列,并即将成为国际直接投资净流出国,真正实现从"引进来"到"走出去"的战略性转变。

不过,中国的对外贸易却在国内"新常态"和国际贸易大环境下面临较大的下行压力,严重影响中国经济的整体发展。新形势下,我国急需新的经济增长点,"一带一路"战略构想正是在此时应运而生,政府通过全面推进"一带一路"工程建设,不断加强与周边国家的投资与贸易互动。在这一大背景下,对外直接投资能否带动多边贸易,投资与贸易间能否实现良性互动,是直接关系到"一带一路"战略成效的重要问题。

企业的对外直接投资行为往往并非只有一种动机,所以其贸易效应是不确定的,需要具体问题具体分析。不过,虽然从企业的微观个体层面来看有不同的投资动机,但从国家层面来讲,仍旧有规律可循。以中国的视角来说,其对发达经济体的直接投资以市场寻求型和创新资产寻求型动机为主,对石油矿产类资源大国的直接投资以资源导向型动机为主,而对新兴经济体及其他发展中国家的直接投资则是以市场寻求型和效率寻求型动机为主。这也为我们研究中国在"一带一路"框架下对外直接投资贸易效应的国别、区域差异提供了突破口。

一、"一带一路"沿线国空间经济格局、直接投资与贸易概况

(一)"一带一路"沿线国空间经济格局

"一带一路"以中国为辐射中心,横跨西太平洋、印度洋和亚欧大陆,辐射的国家和地区范围极广,具有极大的发展潜力。

世界银行2015年的数据显示,除中国外,"一带一路"沿线的66个国家的人口总数为32.08亿,约占全球总人口的43.66%;GDP总量达11.67万亿美元,占全球经济规模的15.7%。根据世界银行的国家收入划分标准,"一带一路"沿线国家中,高收入国家有20个,中高收入国家和中低收入国家均为22个,低收入国家为阿富汗和尼泊尔两国。具体分组如表2.1所示:

表2.1 "一带一路"沿线国家人均国民收入水平划分

收入水平	国家
高收入国家 (20国)	巴林、文莱、塞浦路斯、以色列、科威特、阿曼、卡塔尔、沙特阿拉伯、新加坡、阿联酋、希腊、匈牙利、波兰、爱沙尼亚、拉脱维亚、克罗地亚、捷克、斯洛伐克、立陶宛、斯洛文尼亚

(续表)

收入水平	国家
中高收入国家 （22国）	伊朗、伊拉克、约旦、黎巴嫩、马来西亚、蒙古、泰国、土耳其、哈萨克斯坦、土库曼斯坦、阿尔巴尼亚、保加利亚、罗马尼亚、格鲁吉亚、阿塞拜疆、波黑、塞尔维亚、黑山、白俄罗斯、俄罗斯、马尔代夫、马其顿
中低收入国家 （22国）	孟加拉国、缅甸、柬埔寨、印度、印度尼西亚、老挝、巴基斯坦、菲律宾、也门共和国、越南、吉尔吉斯斯坦、塔吉克斯坦、乌兹别克斯坦、埃及、亚美尼亚、乌克兰、不丹、巴勒斯坦、东帝汶、斯里兰卡、叙利亚、摩尔多瓦
低收入国家 （2国）	阿富汗、尼泊尔

不过，不少石油输出国虽然人均国民收入较高，但考虑到其综合国力，通常不被划入发达国家的行列。根据联合国出版的2015年《世界投资报告》中使用的经济体类型划分标准，"一带一路"沿线属于发达经济体的共有14个，属于从发展中经济体向发达经济体转型的有17个，发展中经济体有35个，具体名单见表2.2。大部分的"一带一路"沿线国属于发展中经济体或转型期经济体，其经济发展的后发优势强劲。

表2.2 "一带一路"沿线经济体发展水平划分

经济发展水平	国家
发达经济体 （14国）	以色列、拉脱维亚、立陶宛、爱沙尼亚、保加利亚、罗马尼亚、克罗地亚、斯洛文尼亚、匈牙利、斯洛伐克、捷克、波兰、塞浦路斯、希腊
转型期经济体 （17国）	塞尔维亚、马其顿、黑山、阿尔巴尼亚、波黑、摩尔多瓦、白俄罗斯、格鲁吉亚、亚美尼亚、俄罗斯、阿塞拜疆、乌克兰、土库曼斯坦、乌兹别克斯坦、塔吉克斯坦、吉尔吉斯斯坦、哈萨克斯坦
发展中经济体 （35国）	斯里兰卡、不丹、尼泊尔、阿富汗、孟加拉国、巴基斯坦、印度、东帝汶、缅甸、菲律宾、文莱、印度尼西亚、新加坡、马来西亚、埃及、蒙古、马尔代夫、泰国、柬埔寨、老挝、越南、巴勒斯坦、约旦、也门、阿曼、黎巴嫩、科威特、阿联酋、伊拉克、叙利亚、伊朗、土耳其、巴林、卡塔尔、沙特阿拉伯

总体而言，"一带一路"战略辐射的地区范围极广，国家类型多样，为中国的国际投资与国际贸易发展带来良好契机。

（二）中国对"一带一路"沿线国的直接投资概况

2003—2015年中国对"一带一路"沿线各国的直接投资情况有以下几个特点：

1. 投资持续高增长，上升空间仍较大

21世纪以来，中国政府不断深化与周边各国的互利合作，完善"走出去"工作体系，加快对外投资便利化进程。在这一大背景下，中国对"一带一路"沿线各国的直接投资快速增长。图2.1描绘了2003—2015年中国对"一带一路"沿线国的直接投资概况,柱状图部分为直接投资流量及存量变化,折线图部分表示中国对沿线国直接投资存量(或流量)占对世界直接投资总存量(或流量)的比重。

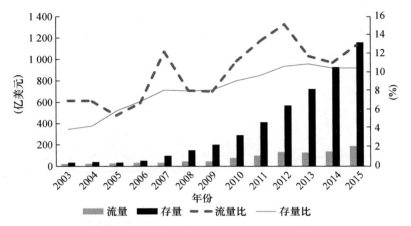

图 2.1　2003—2015 年中国对"一带一路"沿线国直接投资走势图
资料来源:商务部与国家统计局联合发布的《2008 年度中国对外直接投资统计公报》和《2015 年度中国对外直接投资统计公报》。

从上图的柱状图部分可以看出,中国在"一带一路"区域内的直接投资活动不断增强,2003 年的直接投资流量仅为 2 亿美元,而 2015 年的这一数据已接近 200 亿美元,年均增长率高达 46%;直接投资存量也由 2003 年年末的 13 亿美元提升为 2015 年年末的 1 159 亿美元,年均增长 45%,增势迅猛。

从上图的折线图部分可以看出,2003 年,中国对沿线国直接投资流量仅占对世界直接投资总流量的 7.02%,之后周期性振荡上升,至 2012 年达到历史高点 15.18%。2015 年,中国对"一带一路"沿线国直接投资流量占中国对世界直接投资总流量的 12.97%。存量方面,2003 年,中国对沿线国直接投资存量占中国对世界直接投资总存量的 3.96%,之后稳步上升为 2015 年的 10.56%。

值得一提的是,虽然中国对"一带一路"沿线国的直接投资一直保持着高增长态势,但不论是流量还是存量,都不及"一带一路"沿线国吸收外资总量的 5%。[①] 这也说明,中国在该区域内的直接投资水平仍偏低,还有较大的增长空间。

2. 投资对象以发展中经济体为主

中国对"一带一路"沿线不同发展水平的国家的直接投资存量有较大差异。根据联合国贸易和发展会议《世界投资报告》对经济体的划分标准(表 2.2),我们将 2003—2015 年中国对沿线发达经济体、转型期经济体和发展中经济体直接投资存量占中国

---

① 王苏琰. 中国对"一带一路"沿线国直接投资的贸易效应研究[D]. 天津师范大学,2016.

对沿线全部国家直接投资存量的比重表示如图 2.2 所示：

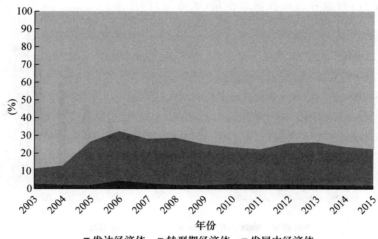

图 2.2　中国对"一带一路"沿线不同经济体直接投资存量比重
资料来源：商务部与国家统计局联合发布的《2008 年度中国对外直接投资统计公报》和《2015 年度中国对外直接投资统计公报》。

由上图可知,中国对沿线发达经济体的直接投资存量占比在 2003—2015 年间始终保持在 3% 左右的较低水平,且自金融危机后不断下降;中国对沿线转型期经济体的直接投资存量占比在 2003 年较低,仅为 8.07%,2006 年大幅上升至 27.49%,此后有缓慢下降的态势;而中国对沿线发展中经济体的直接投资存量占比始终保持在 76% 左右的高位,可见"一带一路"区域内中国的直接投资对象以发展中经济体为主。

3. 投资主要集中于东南亚,蒙俄增势迅猛

如前所述,"一带一路"沿线国可从地理分布上被划分为东南亚、南亚、中亚、西亚中东、中东欧和蒙俄六大区域。中国对"一带一路"沿线不同地区直接投资存量走势和占比如图 2.3 和图 2.4 所示。

从中国对沿线国直接投资存量的地区分布来看,东南亚地区在 2003—2015 年间始终处于首位,存量额由 2003 年年末的 6 亿美元上升为 2015 年年末的 627 亿美元,年均增长 48%。近年来,中国在东南亚地区的直接投资存量占据了中国在"一带一路"区域内总存量的一半以上。2015 年,中国对该地区直接投资存量最大的前三个国家依次为新加坡、印度尼西亚和老挝,存量依次为 320 亿美元、81 亿美元和 48 亿美元。

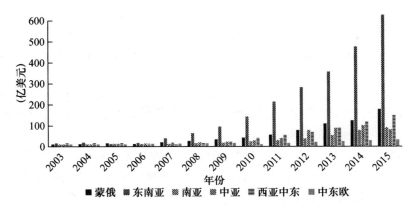

图 2.3 中国对"一带一路"沿线不同地区直接投资存量

资料来源:商务部与国家统计局联合发布的《2008年度中国对外直接投资统计公报》和《2015年度中国对外直接投资统计公报》。

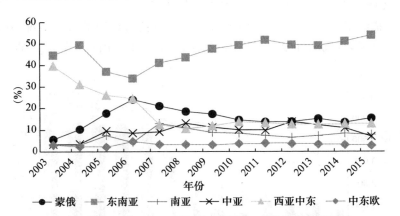

图 2.4 中国对"一带一路"沿线不同地区直接投资存量比重

资料来源:商务部与国家统计局联合发布的《2008年度中国对外直接投资统计公报》和《2015年度中国对外直接投资统计公报》。

2003年,中国对西亚中东地区的直接投资存量位居第二,为5亿美元,但其年均增长率仅为32.3%,增长速度在六个地区中排名垫底。至2015年年末,中国对该地区的直接投资存量上升为150亿美元,占中国对沿线地区直接投资总存量的13%,位列第三,仅次于蒙俄地区。

蒙俄地区则是直接投资存量增长最为迅速的地区。2003—2015年,中国对该地区的直接投资存量从最开始的不足1亿美元上升至2015年年末的178亿美元,年均增长率高达57.7%。

南亚和中亚地区的增长速度也非常强劲。2003—2015年,中国对南亚的直接投资存量从最开始的 0.45 亿美元上升至 2015 年年末的 90.6 亿美元,年均增长 55.5%;中国对南亚的直接投资存量从 2003 年年末的 0.44 亿美元上升至 2015 年年末的 80.9 亿美元,年均增长 54.4%。两个地区无论是从存量还是从增长速度来看都非常相近。

中国对中东欧地区的直接投资一直不够活跃。2003 年年末,中国对该地区的存量为 0.4 亿美元,仅占当时总量的 3.1%;至 2015 年年末上升为 33 亿美元,占比下滑至 2.8%。

总体而言,中国对"一带一路"沿线国的直接投资主要集中于东南亚地区,但蒙俄地区的增势迅猛。从 2015 年的最新数据来看,六个地区的存量排名依次为东南亚、蒙俄、西亚中东、南亚、中亚和中东欧。

(三) 中国对"一带一路"沿线国的进出口贸易概况

2003—2015 年中国与"一带一路"沿线各国的进出口贸易情况有以下几个特点:

1. 沿线国重要性不断攀升,中国对外贸易遇困局

图 2.5 描绘了 2003—2015 年中国与"一带一路"沿线国的贸易概况,柱状图部分为进口与出口额,折线图部分表示中国与沿线国贸易占中国对外贸易总额的比重。

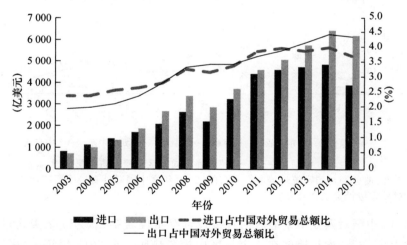

图 2.5　2003—2015 年中国与"一带一路"沿线国进出口贸易状况
资料来源:国家统计局。

从上图的柱状图部分可以看出,中国与"一带一路"沿线国家的进口贸易和出口贸易在 2003—2008 年分别以年均 26% 和 36% 的速度高速增长;但受金融危机影响,2008 年国际贸易环境恶化,中国在"一带一路"区域内的进出口额双双下滑;之后的六年里,中国在这个区域内的贸易额出现恢复性增长,于 2014 年达到历史最高点,进口

额达4 838.5亿美元,出口额达6 420.4亿美元,年均增长率为17.1%和17.7%。但值得一提的是,受全球贸易持续低迷的影响,中国与"一带一路"沿线国的进出口贸易增速也在放缓,且在2015年出现负增长,中国陷入对外贸易困局。

另一方面,从上图的折线图部分可以看出,中国与沿线国的进口贸易和出口贸易占中国对外贸易总额的比重不断上升,从2003年的2.41%和1.98%提升至2014年的4.02%和4.46%,"一带一路"区域内的国家对于中国贸易的重要性不断攀升。不过,2015年的这两个指标均有小幅下降。

2. 与东南亚贸易频繁,其次为西亚中东

中国与沿线不同地区的进口贸易和出口贸易概况如图2.6和图2.7所示。

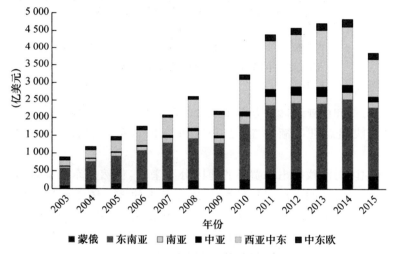

图2.6 中国与"一带一路"沿线不同地区进口额

资料来源:国家统计局。

从中国与沿线国进口贸易的地区分布来看,东南亚地区与我国的关系始终最为紧密,中国与其的进口贸易额由2003年年末的473亿美元上升为2015年年末的1 945亿美元,年均增长率高达36%,远高于其他地区。从2015年的数据来看,中国与东南亚地区的进口额占中国与"一带一路"沿线国总进口额的50%。

其次是西亚中东地区,中国与其的进口贸易额由2003年年末的152亿美元上升为2015年年末的1 059亿美元,年均增长17.6%。2015年,中国与西亚中东地区的进口额占中国与沿线国总进口额的27%。

之后是蒙俄地区,中国与其的进口贸易额由2003年年末的100亿美元上升为2015年年末的371亿美元,年均增长11.5%。2015年,中国与蒙俄地区的进口额占中国与"一带一路"沿线国总进口额的9.5%。

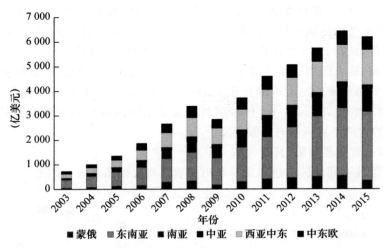

图 2.7 中国与"一带一路"沿线不同地区出口额

资料来源:国家统计局。

中东欧、南亚和中亚地区的差距不大,2015 年中国与这些地区的进口额占中国与"一带一路"沿线国总进口额的 5%、4.4% 和 3.9%,年均增长率依次为 16%、11% 和 18%。

同时,从中国与沿线国出口贸易的地区分布来看,仍然是东南亚地区与我国的关系最为紧密,中国与其的出口贸易额由 2003 年年末的 309 亿美元上升为 2015 年年末的 2 774 亿美元,年均增长 20%。从 2015 年的数据来看,中国与东南亚地区的出口额占"一带一路"区域内中国总出口额的 45%。

其次是西亚中东地区,中国与其的出口贸易额由 2003 年年末的 165 亿美元上升为 2015 年年末的 1 422 亿美元,年均增长 20%。2015 年,中国与西亚中东地区的出口额占"一带一路"区域内中国总出口额的 23%。

之后是南亚地区,中国与其的出口贸易额由 2003 年年末的 72 亿美元上升为 2015 年年末的 941 亿美元,年均增长 24%。2015 年,中国与蒙俄地区的出口额占"一带一路"区域内中国总出口额的 15%。

中东欧和蒙俄地区的差距不大,2015 年中国与这两个地区的出口额占中国与"一带一路"沿线国总出口额的 8% 和 6%,年均增长率依次为 15% 和 16%。

中国与中亚地区的出口贸易最小,2015 年年末仅为 176 亿美元,占中国与"一带一路"沿线国总出口额的 3%,2003—2015 年年均增长率为 20%。

总体而言,中国与"一带一路"沿线国的进出口贸易额约有一半来自于东南亚,且中国对其的进口额增势非常迅猛;西亚中东地区则贡献了中国与"一带一路"区域约四分之一的贸易量;中国与中亚地区无论是进口额还是出口额都是最小的,不过中亚地区仅有五国,中国对其的出口贸易增长率还是不错的。

二、实证分析

（一）模型设定和变量选取

本章的模型构建来源于传统的引力模型,其基本表达式为:

$$T_{ij} = AY_i^{\alpha}Y_j^{\beta}D_{ij}^{\gamma} \tag{2.1}$$

其中,T_{ij}表示物体i和物体j之间的相互作用大小,A为引力系数,Y_i和Y_j表示i和j的质量,D_{ij}为摩擦,衡量除质量以外的影响两物体相互作用的因素,α、β、γ均为参数。

本章的实证分析将分为两部分:首先进行总样本整体回归,考察中国对"一带一路"沿线国家直接投资的整体贸易效应;其次利用变参数模型考察效应的国别和区域差异。

1. 总样本分析模型

这部分将考察"一带一路"框架下中国对沿线国家直接投资的整体贸易效应。模型表达式如下:

$$\ln EX = \alpha_1 + \beta_1 \ln OFDIS + \gamma_1 \ln GDP + e_1 \tag{2.2}$$

$$\ln IM = \alpha_2 + \beta_2 \ln OFDIS + \gamma_2 \ln GDP + e_2 \tag{2.3}$$

$$\ln EX = \alpha_3 + \beta_3 \ln OFDIF + \gamma_3 \ln GDP + e_3 \tag{2.4}$$

$$\ln IM = \alpha_4 + \beta_4 \ln OFDIF + \gamma_4 \ln GDP + e_4 \tag{2.5}$$

其中,EX和IM为中国对沿线国的出口额和进口额,OFDIS和OFDIF为中国对沿线国直接投资的存量和流量,GDP为沿线国国内生产总值,α_i、β_i和γ_i($i=1,2,3,4$)均为待估计参数,e_i($i=1,2,3,4$)为随机扰动项。模型对所有变量均取对数形式,以加强变量的可比性和模型的稳定性。

我们将重点关注估计参数β_i($i=1,2,3,4$)的正负号及大小:如果β_1(或β_3)为正,则说明对外直接投资存量(或流量)拥有出口创造效应;为负,则说明有出口替代效应。如果β_2(或β_4)为正,则说明对外直接投资存量(或流量)拥有进口创造效应;为负,则说明有进口替代效应。且β_i($i=1,2,3,4$)值越大,贸易效应越强。

此处设定四个方程,目的是通过比较β_1、β_2、β_3和β_4的大小,一方面可以比较直接投资对进口和出口的影响差异,另一方面可以比较直接投资存量和流量对贸易的影响力差别。而直接投资流量是存量的差分,两者的相关性较高,故放在不同模型中进行回归分析。

2. 国别差异分析模型

考虑到样本数据的观测时间有限,为保证模型的可估计性,本部分以中国对沿线国的出口额(EX)和进口额(IM)分别作为被解释变量,以中国对沿线国对外直接投资的存量(OFDIS)和流量(OFDIF)分别作为解释变量,按照贸易引力模型的基本表达式设定回归模型,以期描绘出中国对沿线各国进出口贸易的直接投资弹性全貌。此处同样对所有变量取对数形式,模型表达式如下:

$$\ln EX = \alpha_5 + \beta_5 \ln OFDIS + e_5 \quad (2.6)$$

$$\ln IM = \alpha_6 + \beta_6 \ln OFDIS + e_6 \quad (2.7)$$

$$\ln EX = \alpha_7 + \beta_7 \ln OFDIF + e_7 \quad (2.8)$$

$$\ln IM = \alpha_8 + \beta_8 \ln OFDIF + e_8 \quad (2.9)$$

同样地,$\alpha_i(i=5,6,7,8)$为模型的截距项,$e_i(i=5,6,7,8)$为随机扰动项,β_5和β_6分别表示出口和进口的对外直接投资存量弹性,β_7和β_8分别表示出口和进口的对外直接投资流量弹性。$\beta_i(i=5,6,7,8)$值越大,贸易效应越强。

(二) 资料来源与处理

本部分的研究范围为"一带一路"沿线国。截至2016年年底,"一带一路"已覆盖除中国之外的66个国家,具体名单见表2.1。

在资料来源方面,中国对"一带一路"沿线国的直接投资流量及存量数据来自商务部与国家统计局发布的历年《中国对外直接投资统计公报》,中国对各国的进口额及出口额数据来自国家统计局颁布的历年《中国统计年鉴》,沿线各国的GDP数据来自世界银行官方网站的统计。由于马尔代夫、不丹、巴勒斯坦、马其顿、波黑、塞尔维亚、东帝汶和黑山八国的相关数据缺失严重,本章将选取剩余58个国家作为样本构建数据。

由于中国对外直接投资的起步较晚,本章选取2003年至2015年这13年的面板数据进行研究。

(三) 研究方法

建立面板数据模型可以解决样本量不足的问题,并能结合时间序列和横截面这两个维度对直接投资的贸易效应进行综合分析。参照规范的面板数据分析步骤,本章的研究方法如下。

在总样本分析中,首先需对数据进行平稳性检验,以防止数据非平稳而造成的伪回归现象。本章将选择较为常用的LLC和ADF单位根检验方法,如果结果表明各变量均为零阶单整,则可直接进行回归;如果变量不是零阶单整但为同阶单整,则继续进行协整检验,检验通过即可进行回归;如果各变量之间不是同阶单整,就需要在回归之前对变量进行差分处理。其次需根据数据特征,从混合效应模型、固定效应模型和随机效应模型这三种模型中判定出最为合适的效应模型。具体地,可通过F检验判断混合效应模型和固定效应模型,并可通过Hausman检验判断固定效应模型和随机效应模型。最后进行回归分析。

在国别差异分析中,首先对数据进行平稳性检验,其次需对面板数据的模型形式进行检验。面板数据模型有不变系数模型、变截距模型和变参数模型三种形式,为研究直接投资贸易效应的国别差异,此处需检验样本数据是否适合变参数模型。

不变系数模型的表达式为:

$$\ln EX_{it} = \alpha_5 + \beta_5 \ln OFDIS_{it} + e_{5it} \qquad (2.10)$$

$$\ln IM_{it} = \alpha_6 + \beta_6 \ln OFDIS_{it} + e_{6it} \qquad (2.11)$$

$$\ln EX_{it} = \alpha_7 + \beta_7 \ln OFDIF_{it} + e_{7it} \qquad (2.12)$$

$$\ln IM_{it} = \alpha_8 + \beta_8 \ln OFDIF_{it} + e_{8it} \qquad (2.13)$$

变截距模型的表达式为:

$$\ln EX_{it} = \alpha_{5it} + \beta_5 \ln OFDIS_{it} + e_{5it} \qquad (2.14)$$

$$\ln IM_{it} = \alpha_{6it} + \beta_6 \ln OFDIS_{it} + e_{6it} \qquad (2.15)$$

$$\ln EX_{it} = \alpha_{7it} + \beta_7 \ln OFDIF_{it} + e_{7it} \qquad (2.16)$$

$$\ln IM_{it} = \alpha_{8it} + \beta_8 \ln OFDIF_{it} + e_{8it} \qquad (2.17)$$

变参数模型的表达式为:

$$\ln EX_{it} = \alpha_{5it} + \beta_{5it} \ln OFDIS_{it} + e_{5it} \qquad (2.18)$$

$$\ln IM_{it} = \alpha_{6it} + \beta_{6it} \ln OFDIS_{it} + e_{6it} \qquad (2.19)$$

$$\ln EX_{it} = \alpha_{7it} + \beta_{7it} \ln OFDIS_{it} + e_{7it} \qquad (2.20)$$

$$\ln IM_{it} = \alpha_{8it} + \beta_{8it} \ln OFDIS_{it} + e_{8it} \qquad (2.21)$$

其中,$i(i=1,2,\cdots,N)$表示横截面上的各样本国家,$t(t=1,2,\cdots,T)$表示年份。

具体来看,式(2.10)至式(2.13)为不变系数模型,表示截距项α和斜率参数β对于每个样本国家来说都是相同的,横截面上无国别差异和结构变化;而式(2.14)至式(2.17)为变截距模型,表示斜率参数β对于每个样本国家来说都是相同的,但α_i各不相同,说明国别差异由截距项α体现;式(2.18)至式(2.21)为变参数模型,表示截距项α和斜率参数β对于每个样本国家来说均不相同,说明横截面上的个体差异由α和β共同体现,β_i的各不相同可以理解为各国经济结构的差别。

(四)模型估计及实证结果分析

本章采用 EViews 7.2 数据分析软件对数据进行检验和处理。

1. 总样本分析

F 检验和 Hausman 检验的结果均在 1% 显著性水平上拒绝原假设,故本部分将使用固定效应模型进行回归分析,结果如下:

$$\ln EX = \underset{(-13.0315)}{-8.5157} + \underset{(11.2540)}{0.1248\ln OFDIS} + \underset{(27.1530)}{1.2560\ln GDP} \qquad (2.22)$$

$$\ln IM = \underset{(-6.4782)}{-8.0317} + \underset{(7.6469)}{0.1608\ln OFDIS} + \underset{(12.8495)}{1.1276\ln GDP} \qquad (2.23)$$

$$\ln \text{EX} = -12.8508 + 0.0118\ln \text{OFDIF} + 1.5974 \ln \text{GDP} \quad (2.24)$$
$$(-25.0512) \quad (3.1981) \quad (48.3400)$$
$$\ln \text{IM} = -13.4716 + 0.0142\ln \text{OFDIF} + 1.5597\ln \text{GDP} \quad (2.25)$$
$$(-6.4782) \quad (7.6469) \quad (12.8495)$$

式(2.22)至式(2.25)回归结果中调整后的 R^2 依次为 0.96、0.94、0.95 和 0.94，表示四个模型的拟合度均较高；F 检验的 p 值均为 0.00，表明模型整体是统计显著的。

通过回归结果可知，在"一带一路"区域内，中国对沿线国家的直接投资存量每增加 1%，则对"一带一路"区域的出口额将相应上升 0.1248%，进口额上升 0.1608%；中国对沿线国家的直接投资流量每增加 1%，则对"一带一路"区域的出口额将相应上升 0.0118%，进口额上升 0.0142%。

总体而言，一方面，中国对"一带一路"沿线国的直接投资具有贸易创造效应，且对进口的创造效应整体大于出口；另一方面，贸易的直接投资流量弹性仅为贸易的直接投资存量弹性的 1/10，说明流量的贸易效应大幅小于存量对贸易额的影响，这表明我国对外直接投资对贸易的作用长期大于短期，即效应具有一定的滞后性，可能是因为直接投资无法立即转化为生产力，需要一定的时间。

2. 国别及地区差异分析

直接投资贸易效应的国别差异回归结果如表 2.3 至表 2.6 所示，为方便进一步的观察与分析，表 2.3 至表 2.6 均按各国 β 值由大至小进行排序，且将 p 值大于 0.1 的非显著性结果放在了各表格的最后。

(1) 出口与直接投资存量

表 2.3 对外直接投资存量与出口额回归结果

国家	β_5	t 值	p 值	国家	β_5	t 值	p 值
塔吉克斯坦	0.92	11.93	0.00	巴林	0.61	5.89	0.00
格鲁吉亚	0.85	9.19	0.00	乌兹别克斯坦	0.58	8.06	0.00
越南	0.73	7.99	0.00	罗马尼亚	0.58	3.47	0.00
孟加拉国	0.70	5.67	0.00	文莱	0.57	10.85	0.00
吉尔吉斯斯坦	0.64	7.50	0.00	埃及	0.57	6.30	0.00
马来西亚	0.62	5.29	0.00	卡塔尔	0.56	8.90	0.00
泰国	0.62	5.79	0.00	尼泊尔	0.56	7.08	0.00
立陶宛	0.62	2.46	0.01	蒙古	0.54	7.59	0.00
约旦	0.61	4.46	0.00	柬埔寨	0.52	6.64	0.00

(续表)

国家	β_5	t 值	p 值	国家	β_5	t 值	p 值
也门	0.49	4.42	0.00	捷克	0.30	5.44	0.00
老挝	0.48	8.23	0.00	斯洛文尼亚	0.30	4.80	0.00
阿尔巴尼亚	0.48	4.29	0.00	阿曼	0.30	6.11	0.00
波兰	0.45	6.10	0.00	乌克兰	0.29	4.65	0.00
印度尼西亚	0.44	5.78	0.00	土库曼斯坦	0.29	8.29	0.00
摩尔多瓦	0.43	2.19	0.03	新加坡	0.28	4.13	0.00
阿联酋	0.43	5.23	0.00	白俄罗斯	0.27	5.52	0.00
俄罗斯	0.39	5.19	0.00	土耳其	0.26	5.30	0.00
伊朗	0.39	5.72	0.00	沙特阿拉伯	0.25	5.80	0.00
菲律宾	0.38	5.41	0.00	阿富汗	0.23	6.16	0.00
缅甸	0.38	6.78	0.00	克罗地亚	0.22	1.66	0.10
斯里兰卡	0.36	5.12	0.00	科威特	0.21	4.44	0.00
斯洛伐克	0.36	8.46	0.00	保加利亚	0.20	3.44	0.00
巴基斯坦	0.35	4.93	0.00	叙利亚	0.20	1.69	0.09
印度	0.35	7.44	0.00	匈牙利	0.18	2.91	0.00
黎巴嫩	0.35	4.33	0.00	希腊	0.12	2.37	0.00
亚美尼亚	0.33	2.05	0.04	拉脱维亚	−1.11	−5.06	0.00
阿塞拜疆	0.32	3.73	0.00	爱沙尼亚	0.26	1.46	0.15
哈萨克斯坦	0.32	5.22	0.00	伊拉克	0.08	0.87	0.38
以色列	0.32	5.00	0.00	塞浦路斯	0.07	1.19	0.23

调整后的 $R^2 = 0.94$ F 检验的 p 值 $= 0.00$

由上表可知,调整后的 R^2 为 0.94,表示模型的拟合度很高;F 检验的 p 值为 0.00,表明模型整体是统计显著的。从回归结果来看,仅拉脱维亚的 β_5 值为负,其余国家的回归结果均为正数,其中,塔吉克斯坦、格鲁吉亚和越南的数值位列前三。

(2) 出口与直接投资流量

表 2.4 对外直接投资流量与出口额回归结果

国家	β_7	t 值	p 值	国家	β_7	t 值	p 值
越南	0.75	5.23	0.00	老挝	0.42	4.93	0.00
塔吉克斯坦	0.54	4.61	0.00	柬埔寨	0.42	3.76	0.00
俄罗斯	0.51	3.13	0.00	印度尼西亚	0.42	3.61	0.00
埃及	0.51	3.62	0.00	阿联酋	0.39	3.29	0.00
吉尔吉斯斯坦	0.50	4.07	0.00	缅甸	0.39	3.52	0.00

(续表)

国家	β_7	t 值	p 值	国家	β_7	t 值	p 值
孟加拉国	0.39	3.30	0.00	摩尔多瓦	0.10	0.95	0.34
泰国	0.35	3.11	0.00	立陶宛	0.09	1.02	0.31
格鲁吉亚	0.34	2.65	0.01	蒙古	0.09	1.41	0.16
沙特阿拉伯	0.32	3.61	0.00	阿富汗	0.07	1.26	0.21
伊拉克	0.30	5.81	0.00	菲律宾	0.06	1.04	0.30
波兰	0.28	3.09	0.00	科威特	0.06	1.17	0.24
尼泊尔	0.25	3.10	0.00	希腊	0.06	0.62	0.53
卡塔尔	0.21	3.58	0.00	保加利亚	0.05	0.98	0.33
土耳其	0.21	2.76	0.01	亚美尼亚	0.05	0.47	0.64
印度	0.19	3.39	0.00	约旦	0.05	0.56	0.58
罗马尼亚	0.19	1.57	0.12	捷克	0.05	0.54	0.59
斯洛伐克	0.18	2.81	0.01	也门共和国	0.05	0.81	0.42
白俄罗斯	0.17	2.65	0.01	黎巴嫩	0.04	0.38	0.70
巴林	0.17	1.92	0.05	阿塞拜疆	0.03	0.45	0.65
乌克兰	0.15	1.69	0.09	伊朗	0.03	0.60	0.55
斯里兰卡	0.14	2.62	0.01	哈萨克斯坦	0.03	0.59	0.56
匈牙利	0.14	1.66	0.10	阿尔巴尼亚	0.03	0.27	0.79
以色列	0.14	2.10	0.04	叙利亚	0.02	0.30	0.76
新加坡	0.14	2.59	0.01	塞浦路斯	0.01	0.14	0.89
马来西亚	0.13	2.12	0.03	克罗地亚	−0.01	−0.05	0.96
文莱	0.13	1.92	0.06	斯洛文尼亚	−0.01	−0.19	0.85
乌兹别克斯坦	0.12	2.27	0.02	阿曼	−0.03	−0.41	0.68
巴基斯坦	0.12	2.11	0.04	爱沙尼亚	−0.13	−1.20	0.23
土库曼斯坦	0.10	2.44	0.01	拉脱维亚	−0.18	−1.83	0.07

调整后的 $R^2 = 0.84$　　F 检验的 p 值 $= 0.00$

由上表可知,有将近一半国家的 p 值大于 10%,说明直接投资流量对同一年出口额影响的解释力度较差。对比表 2.3 的情况,我们将主要使用存量的回归结果进行后续分析。

(3) 进口与直接投资存量

表 2.5 对外直接投资存量与进口额回归结果

国家	β_6	t 值	p 值	国家	β_6	t 值	p 值
摩尔多瓦	1.71	5.13	0.00	科威特	0.36	4.39	0.00
立陶宛	1.41	3.30	0.00	哈萨克斯坦	0.33	3.20	0.00
亚美尼亚	1.31	4.73	0.00	伊朗	0.33	2.88	0.00
孟加拉国	1.00	4.77	0.00	印度尼西亚	0.33	2.55	0.01
老挝	0.85	8.66	0.00	乌兹别克斯坦	0.32	2.63	0.01
罗马尼亚	0.71	2.52	0.01	巴林	0.31	1.77	0.08
阿尔巴尼亚	0.71	3.76	0.00	巴基斯坦	0.31	2.55	0.01
土库曼斯坦	0.70	11.78	0.00	阿富汗	0.31	4.78	0.00
柬埔寨	0.69	5.26	0.00	土耳其	0.30	3.53	0.00
越南	0.68	4.40	0.00	俄罗斯	0.29	2.21	0.03
卡塔尔	0.61	5.71	0.00	黎巴嫩	0.27	2.00	0.05
埃及	0.60	3.91	0.00	斯洛文尼亚	0.25	2.40	0.02
阿联酋	0.60	4.32	0.00	沙特阿拉伯	0.25	3.33	0.00
缅甸	0.53	5.57	0.00	以色列	0.24	2.19	0.03
阿塞拜疆	0.53	3.62	0.00	希腊	0.22	2.57	0.01
蒙古	0.52	4.32	0.00	爱沙尼亚	0.22	0.71	0.48
保加利亚	0.49	4.91	0.00	克罗地亚	0.21	0.94	0.35
斯里兰卡	0.49	4.10	0.00	乌克兰	0.20	1.91	0.06
马来西亚	0.47	2.34	0.02	新加坡	0.17	1.50	0.14
塞浦路斯	0.46	4.70	0.00	阿曼	0.16	1.97	0.05
约旦	0.45	1.92	0.06	印度	0.15	1.90	0.06
尼泊尔	0.43	3.19	0.00	菲律宾	0.14	1.18	0.24
斯洛伐克	0.42	5.94	0.00	也门共和国	0.11	0.57	0.57
匈牙利	0.41	3.88	0.00	白俄罗斯	0.06	0.76	0.45
泰国	0.41	2.25	0.03	伊拉克	0.04	0.26	0.79
格鲁吉亚	0.40	2.52	0.01	文莱	−0.01	−0.10	0.92
波兰	0.38	3.10	0.00	吉尔吉斯斯坦	−0.10	−0.72	0.47
塔吉克斯坦	0.37	2.85	0.00	叙利亚	−0.12	−0.60	0.55
捷克	0.36	3.81	0.00	拉脱维亚	−0.95	−2.56	0.01

调整后的 $R^2 = 0.92$ F 检验的 p 值 $= 0.00$

由上表可知,调整后的 R^2 为 0.92,表示模型的拟合度很高;F 检验的 p 值为

0.00,表明模型整体是统计显著的。从回归的显著结果来看,仅文莱与拉脱维亚仍然是 β_6 值为负的国家,其余国家的回归结果均为正数,其中,摩尔多瓦、立陶宛和亚美尼亚的数值位列前三位。

（4）进口与直接投资流量

表 2.6　对外直接投资流量与进口额回归结果

国家	β_8	t 值	p 值	国家	β_8	t 值	p 值
老挝	0.78	7.35	0.00	马来西亚	0.11	1.36	0.18
越南	0.68	3.81	0.00	巴基斯坦	0.10	1.43	0.15
孟加拉国	0.55	3.78	0.00	以色列	0.10	1.26	0.21
埃及	0.54	3.09	0.00	印度	0.09	1.30	0.20
柬埔寨	0.54	3.88	0.00	新加坡	0.08	1.22	0.22
阿联酋	0.53	3.59	0.00	亚美尼亚	0.07	0.55	0.58
缅甸	0.50	3.66	0.00	巴林	0.07	0.65	0.51
伊拉克	0.37	5.78	0.00	科威特	0.07	1.06	0.29
俄罗斯	0.37	1.79	0.07	也门共和国	0.06	0.92	0.36
印度尼西亚	0.32	2.25	0.02	哈萨克斯坦	0.06	1.06	0.29
沙特阿拉伯	0.30	2.77	0.01	蒙古	0.05	0.66	0.51
匈牙利	0.30	2.90	0.00	阿富汗	0.05	0.73	0.47
摩尔多瓦	0.27	2.09	0.04	土库曼斯坦	0.05	0.92	0.36
卡塔尔	0.27	3.60	0.00	菲律宾	0.05	0.62	0.53
尼泊尔	0.26	2.60	0.01	伊朗	0.04	0.73	0.47
塔吉克斯坦	0.26	1.74	0.08	阿尔巴尼亚	0.04	0.33	0.74
斯洛伐克	0.25	3.16	0.00	白俄罗斯	0.04	0.47	0.64
土耳其	0.25	2.66	0.01	文莱	0.03	0.40	0.69
泰国	0.24	1.71	0.09	捷克	0.03	0.25	0.80
阿塞拜疆	0.23	2.72	0.01	乌兹别克斯坦	0.03	0.38	0.71
波兰	0.23	2.04	0.04	叙利亚	0.02	0.28	0.78
格鲁吉亚	0.21	1.35	0.18	克罗地亚	0.01	0.11	0.91
保加利亚	0.20	2.92	0.00	黎巴嫩	0.01	0.05	0.96
斯里兰卡	0.19	2.84	0.00	阿曼	0.00	−0.01	0.99
希腊	0.18	1.67	0.10	斯洛文尼亚	0.00	−0.04	0.97
塞浦路斯	0.15	2.14	0.03	拉脱维亚	−0.04	−0.35	0.72
立陶宛	0.15	1.27	0.21	乌克兰	−0.07	−0.65	0.52
约旦	0.12	1.10	0.27	吉尔吉斯斯坦	−0.11	−0.73	0.47
罗马尼亚	0.11	0.71	0.48	爱沙尼亚	−0.12	−0.89	0.37

调整后的 $R^2 = 0.89$　　F 检验的 p 值 $=0.00$

由上表可知,有将近一半国家的 p 值大于10%,说明直接投资流量对同一年出口额影响的解释力度较差。

综合以上分析,我们将主要使用存量的回归结果(表2.3和表2.5)进行后续分析。为更加清晰地展现中国对沿线国进出口的直接投资存量弹性全貌,根据 β_5 和 β_6 值的排列顺序,我们将中国对"一带一路"沿线国贸易的对外直接投资存量弹性在空间上进行描图。这些东道国可以按出口的对外直接投资存量弹性 β_5 和进口的对外直接投资存量弹性 β_6 这两个指标进行分类,将显著的 β_5 和 β_6 值的数学平均值分别作为高出口效应与低出口效应、高进口效应与低进口效应的分界值。因此,可将国家分为四类:与中国有高出口效应和高进口效应的国家、与中国有高出口效应和低进口效应的国家、与中国有低出口效应和低进口效应的国家。

四类国家的点位可以在一个坐标轴的四个象限中表示出来,横坐标轴代表出口效应的高低,纵坐标轴代表进口效应的高低。由此,可以较为直观地比较贸易效应的国别和区域差异。需要指出的是,对于出口效应显著、进口效应不显著的国家,我们将其点位标在横坐标轴上;对于进口效应显著、出口效应不显著的国家,将其描点在纵坐标轴上。

具体描图如图2.8所示:

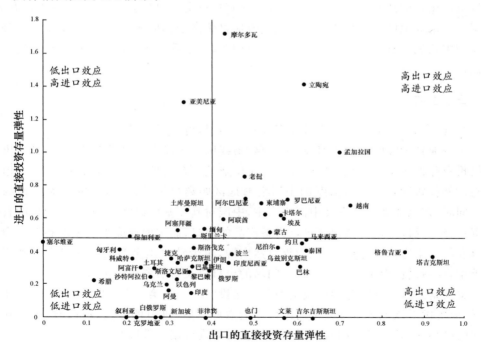

图2.8 中国对"一带一路"沿线国直接投资贸易效应的散点分布

注:由于篇幅有限,出口效应和进口效应均为负值的拉脱维亚未在图中显示。

3. 地区差异分析

从散点图大致可以看出,"一带一路"区域内中国对沿线国直接投资的贸易效应具有一定的国别和地区差异,接下来我们将基于"一带一路"六大地区的划分进行具体分析。

我们对表 2.3 和表 2.5 的显著性结果进行整理,并分别计算"一带一路"六大地区出口的直接投资存量弹性值和进口的直接投资存量弹性值的算术平均数,得出表 2.7。

表 2.7 中国对"一带一路"不同地区贸易的直接投资弹性

	东南亚	蒙俄	西亚中东	中亚	南亚	中东欧
出口的直接投资存量弹性	0.5159	0.4660	0.4159	0.5503	0.4261	0.2705
进口的直接投资存量弹性	0.5670	0.4015	0.4674	0.4316	0.4470	0.4645

由上表可见,贸易的直接投资弹性确实呈现出一定的区域差异。出口方面,中国对中亚和东南亚地区直接投资的出口创造效应较高,对蒙俄、南亚和西亚中东地区直接投资的出口创造效应中等,对中东欧地区直接投资的出口创造效应最低;进口方面,中国对东南亚地区直接投资的进口创造效应显著高于其他地区,对西亚中东、中东欧、南亚和中亚地区直接投资的进口创造效应中等,对蒙俄地区直接投资的进口创造效应较低。

三、小结

综合中国对六大地区的直接投资和贸易情况,可以看出:

东南亚作为吸收了中国对"一带一路"沿线国一半以上直接投资的地区,其进出口直接投资弹性也是六个地区中较高的。东南亚地区在地理上与中国毗邻,是六大地区中与对外投资和贸易最为活跃的中国沿海地区距离最近的区域,占据极大的地缘优势。同时,东南亚地区以发展中国家为主,中国对其在基础设施、建筑工程领域的直接投资将极大促进中国对该地区机械设备产品的出口;而东南亚廉价的土地和劳动力资源以及较为丰富的天然橡胶、能源等自然资源,也带动中国企业的效率寻求型和资源寻求型直接投资,促进生产设备和中间品的出口以及自然资源的进口。

蒙俄是"一带一路"范围内吸引中国直接投资存量的第二大地区,且年均增速非常迅猛,但中国对该地区直接投资的出口创造效应一般,进口的直接投资弹性则是在六个地区中垫底,尤其是中国对俄罗斯直接投资的进口创造效应非常低。造成这一结果的可能原因是,在中国与俄罗斯的进口贸易中,能源占比高达 70%[①],而俄罗斯在 2008 年开始对资源开发的国外股权进行限制,导致中国对俄直接投资的出口引致效应较低。

西亚中东是"一带一路"范围内吸引中国直接投资存量的第三大地区,中国对其直接投资的进出口创造效应处于中等水平。西亚中东地区拥有丰富的石油及天然气储备,企业的对外直接投资以资源寻求型动机为主。中亚地区也同样拥有丰富的油气资源,但轻工业相对落后。因此,中国对该地区的直接投资主要集中在石油勘探与开采及轻工业领域。同时,中国对中亚国家的出口以纺织服装和机械设备为主,进口以能源为主,可见中国与该地区的直接投资和进出口贸易结构非常相似,直接投资对贸易产生影响的途径较为通畅。

南亚与中国在地理上相邻,人口众多,中国对其直接投资的进出口创造效应均处于中等水平。该地区人力资源丰富,市场容量大,是转移国内劳动密集型产业的合适目的地,企业的投资多以市场寻求型和效率寻求型为主。

中东欧与中国相隔最远,多以发达国家为主。中国对中东欧地区的直接投资行为一直不够活跃,对该地区的直接投资存量和出口的直接投资弹性均在六个地区中垫底。不过,中国对其直接投资的进口创造效应处于中等水平,可能的原因是企业的直接投资以创新资产寻求型为主,可促进大量技术密集型产品对我国的进口。

---

① 资料来源:中国海关信息网。

第三章 "一带一路"经济走廊贸易协同发展研究[*]

儒商西向连百漠,华贾南走下五洋。

"走廊"(Corridor)作为一种空间经济集聚现象,在区域经济学和区域合作实践中,通常被定义为特定跨国区域范围内将生产、投资、贸易和基础设施建设等有机地联系为一体的经济合作机制。[①] 经济走廊是中国与周边国家或地区开展"一带一路"建设合作的重要载体,同时也是中国参与和融入区域、次区域经济合作的优先领域和重要依托。"一带一路"倡议正在进入具体落实阶段,六大经济走廊的建设必然是"一带一路"倡议落实的重点方向。在推进各经济走廊建设时既可同步发展,也可从实际情况出发重点加快一两个经济走廊建设先行先试的步伐。[②]

如表 3.1 所示,六大经济走廊沿线涵盖 38 个国家或地区,其中俄罗斯和哈萨克斯坦分别同时属于两个经济走廊。

表 3.1 "一带一路"经济走廊涵盖国家或地区

经济走廊	国家或地区
中巴经济走廊	巴基斯坦
孟中印缅经济走廊	孟加拉国、印度、缅甸
中蒙俄经济走廊	蒙古、俄罗斯
中国—中南半岛经济走廊	越南、老挝、柬埔寨、泰国、马来西亚、新加坡

---

[*] 本章作者:范雯琪,北京大学经济学院硕士研究生;张辉,北京大学经济学院教授、博士生导师。
[①] 刘稚,卢光盛. 孟中印缅经济走廊建设的理论与实践[M]. 北京:社会科学文献出版社,2017.
[②] 何茂春,田斌. "一带一路"的先行先试:加快中蒙俄经济走廊建设[J]. 国际贸易,2016,12:59—63.

(续表)

经济走廊	国家或地区
中国—中亚—西亚经济走廊	哈萨克斯坦、吉尔吉斯斯坦、塔吉克斯坦、土库曼斯坦、乌兹别克斯坦、土耳其、以色列、沙特阿拉伯、伊拉克、伊朗、阿富汗、塞浦路斯、黎巴嫩、叙利亚、约旦、巴勒斯坦、阿曼、也门、科威特、巴林、卡塔尔、阿联酋
新亚欧大陆桥	哈萨克斯坦、俄罗斯、白俄罗斯、波兰、德国、荷兰

一、关于贸易的竞争性与互补性的指数分析

本节将运用贸易指数来分析"一带一路"六大经济走廊的贸易状况。资料来源为联合国贸易统计数据库(UN Comtrade),以《国际贸易标准分类》(SITC)为商品种类选择依据。根据 SITC 标准,国际贸易商品可分为 SITC 0—9 十大类商品,具体分类如表3.2所示。

表3.2 国际贸易标准分类(SITC)

产品分类	代码	商品种类
资源密集型初级产品	SITC 0	食品及活动物
	SITC 1	饮料及烟类
	SITC 3	非食用原料(燃料除外)
	SITC 4	动、植物油脂及蜡
资本与技术密集型制成品	SITC 5	化学产品及有关产品
	SITC 7	机械及运输设备
劳动密集型制成品	SITC 6	按原料分类的制成品
	SITC 8	杂项制品
	SITC 9	未分类产品

由于在 UN Comtrade 数据库中,老挝、乌兹别克斯坦、缅甸、塔吉克斯坦、土库曼斯坦、阿富汗、叙利亚缺少大部分数据,因此本节计算时除特别说明外均未包含老挝、

乌兹别克斯坦、缅甸、塔吉克斯坦、土库曼斯坦、阿富汗和叙利亚。[①]

（一）出口相似性指数

两个国家或地区 i 和 j 在世界市场的出口相似性指数（ESI）的计算公式为：

$$\text{ESI}_{ij} = \left[\sum_k \text{Min}\left\{\frac{X_i^k}{X_i}, \frac{X_j^k}{X_j}\right\}\right] \times 100 \quad (3.1)$$

X_i^k、X_j^k 表示 i 国和 j 国第 k 类产品出口到世界的总额，X_i、X_j 表示 i 国和 j 国出口到世界的产品总额。若 i 国和 j 国出口到世界的商品结构完全相同，则出口相似性指数为 100，这意味着这两国的出口竞争非常激烈；当 i 国和 j 国出口的商品结构完全不相同时，则该指数为 0。该指数在 0—100 之间变动，指数下降意味着两国在世界的竞争逐步减少，两国的专业分工程度正在上升。[②]

表 3.3 为中国与六大经济走廊内其他国家在世界市场中的出口相似性指数。首先进行横向比较，如表 3.3 所示，在六大经济走廊中，中国与蒙俄出口到世界市场的商品结构差异最大，在世界市场的竞争最低，持续开展双边贸易的潜力较大；中国与中亚—西亚的出口竞争也较低，贸易互补性较强；中国与中南半岛国家出口到世界市场的商品结构相似性最高，2015 年出口相似性指数为 77.40，该地区与中国的出口竞争最为激烈，新亚欧大陆桥国家次之，与中国的出口竞争也较为激烈。其次从时间维度来看，1996—2015 年，中国与中南半岛国家的出口结构趋同，在世界市场的竞争愈发激烈；中国与蒙俄、中亚—西亚的贸易相似性指数先减小后增加，即均于 2011 年达到最低点后开始小幅上升，说明中国与这两个经济走廊的国家间的贸易竞争性先减弱后增强；中国与巴基斯坦、孟印缅在世界市场的竞争逐步减弱，专业分工程度逐步上升，出口产品的结构差异不断加大。

表 3.3 中国与六大经济走廊内其他国家出口相似性指数

年份	中巴经济走廊	孟中印缅经济走廊	中蒙俄经济走廊	中国—中南半岛经济走廊	新亚欧大陆桥经济走廊	中国—中亚—西亚经济走廊
1996	56.80	67.47	41.23	59.76	68.18	46.83
1998	56.24	68.09	39.06	61.64	69.76	51.53

---

① 其他国家缺少贸易数据的情况如下：孟加拉国缺少 1999 年和 2012—2015 年数据；蒙古缺少 2008—2012 年数据；柬埔寨只有 2000—2015 年的数据；越南缺少 1996 年数据；白俄罗斯缺少 1996 年和 1997 年数据；吉尔吉斯斯坦缺少 1997 年和 2014 年数据；黎巴嫩缺少 1996 年和 2015 年数据；伊朗缺少 1996 年、2007—2009 年和 2012—2015 年数据；沙特阿拉伯缺少 1997 年数据；约旦缺少 1996 年数据；巴勒斯坦缺少 1996—1999 年数据；巴林缺少 1997—1999 年数据；伊拉克的出口数据只有 2000—2002 年、2004—2015 年，进口数据只有 2000—2002 年、2007 年、2008 年和 2014 年；科威特出口数据缺少 2012 年，进口数据缺少 2005 年、2009 年、2012 年；卡塔尔出口数据缺少 1997 年，进口数据缺少 1997 年、2009 年和 2011 年；阿联酋缺少 1996—1998 年数据；也门缺少 1996—2000 年数据。

② 李艳芳，李波. 孟中印缅次区域合作中的经贸关系分析[J]. 亚太经济，2014，6：80—85.

(续表)

年份	中巴经济走廊	孟中印缅经济走廊	中蒙俄经济走廊	中国—中南半岛经济走廊	新亚欧大陆桥经济走廊	中国—中亚—西亚经济走廊
2000	57.90	66.37	36.42	65.62	70.18	32.22
2002	57.24	62.06	35.66	71.21	75.09	36.89
2004	56.18	61.70	33.26	74.83	71.96	34.32
2006	52.61	59.40	27.71	74.79	68.72	29.68
2008	53.43	59.38	25.48	70.00	64.84	30.80
2010	51.22	57.76	22.82	73.65	64.26	31.48
2011	51.98	59.59	21.27	69.94	65.20	28.41
2012	52.47	55.46	24.95	69.65	62.75	31.34
2013	51.30	51.99	24.46	71.61	62.89	30.95
2014	53.21	56.42	25.33	72.70	64.67	33.42
2015	52.87	58.91	29.83	77.40	67.87	35.55

(二) 显性比较优势指数

显性比较优势指数(RCA)的计算公式为：

$$\text{RCA} = \frac{X_a^i / X_a}{X_w^i / X_w} \tag{3.2}$$

式(3.2)中，X_a 表示 a 地区的总出口额，X_a^i 为 a 地区第 i 类商品的出口额，X_w^i 表示在世界范围内第 i 类商品的出口额，X_w 表示世界出口贸易总额。[①]

一般来说，如果 RCA>2.5，则表明 a 地区具有极强的出口竞争力；如果 1.25<RCA<2.5，则表明具有较强的国际竞争力；0.8<RCA<1.25 表示该地区该类商品出口具有中度的国际竞争力；如果 RCA<0.8，则表明竞争力弱。[②]

根据式(3.2)计算出中国和六大经济走廊(除中国以外)的显性比较优势指数，从表 3.4 至表 3.10 可得如下结论。

如表 3.4 所示，中国 SITC 8 类产品的 RCA 在 1996—2015 年始终大于 2，是中国比较优势最强的产品。中国 SITC 6 类产品的 RCA 长期在 1.25 左右(2002 年除外)，也具有较强的国际竞争力。这也印证了 1996—2015 年中国最具竞争力的产品一直是劳动密集型制成品(SITC 6、8 类产品)。不过 SITC 8 类产品的比较优势有减弱的趋势，这反映出近年来中国纺织品在国际市场上竞争力有所下滑。中国 SITC 7 类产品的比较优势指数整体呈上升趋势，说明中国的资本密集型制成品的国际竞争力逐渐增

[①] 韩永辉，罗晓斐，邹建华. 中国与西亚地区贸易合作的竞争性和互补性研究——以"一带一路"战略为背景[J]. 世界经济研究，2015，3:89—98.

[②] 岳云霞. 中墨经贸竞争力比较研究[J]. 拉丁美洲研究，2008，30(3):48—54.

强,中国的机械及运输设备制造水平不断上升。SITC 5 类产品的 RCA 基本没有变化,始终小于 0.8,说明中国化学产品的国际竞争力较弱。中国 SITC 0—4 类产品的显性比较优势指数从 1996 年到 2015 年逐年下降,说明中国初级产品的国际竞争力在减弱,几乎没有比较优势。

表 3.4 中国显性比较优势指数

SITC	0	1	2	3	4	5	6	7	8	9
1996	0.96	0.77	0.72	0.54	0.53	0.63	1.21	0.59	2.93	0.04
1998	0.89	0.49	0.58	0.51	0.32	0.57	1.16	0.65	2.91	0.00
2000	0.94	0.34	0.59	0.32	0.15	0.54	1.25	0.80	2.81	0.05
2002	0.80	0.32	0.46	0.29	0.08	0.46	0.68	0.96	2.48	0.05
2004	0.60	0.24	0.32	0.24	0.06	0.42	1.21	1.15	2.23	0.04
2006	0.55	0.16	0.24	0.13	0.10	0.45	1.28	1.25	2.22	0.06
2008	0.45	0.15	0.24	0.14	0.08	0.56	1.39	1.43	2.36	0.03
2010	0.46	0.16	0.21	0.11	0.05	0.50	1.23	1.45	2.19	0.02
2011	0.47	0.16	0.18	0.10	0.05	0.56	1.30	1.47	2.28	0.02
2012	0.44	0.16	0.17	0.09	0.05	0.53	1.32	1.44	2.39	0.01
2013	0.43	0.15	0.17	0.09	0.05	0.52	1.35	1.44	2.37	0.01
2014	0.41	0.15	0.18	0.10	0.06	0.54	1.38	1.35	2.26	0.02
2015	0.41	0.17	0.18	0.12	0.06	0.51	1.37	1.28	2.04	0.02

如表 3.5 所示,巴基斯坦 SITC 6 类产品的 RCA 一直在 3.5 左右,是巴基斯坦比较优势最强的产品。巴基斯坦 SITC 8 类产品的 RCA 一直在 2.0—2.5 之间,也具有较强的国际竞争力,说明 1996—2015 年劳动密集型制成品(SITC 6、8 类产品)一直是巴基斯坦最具竞争力的产品。但是 2008—2015 年,巴基斯坦 SITC 0 类产品的比较优势指数已超过 SITC 8 类产品,而且 1996 年以来 SITC 0 类产品的 RCA 整体呈上升趋势,说明巴基斯坦食品及活动物的国际竞争力逐渐增强,成为巴基斯坦具有国际竞争力的第二大类产品。巴基斯坦 SITC 1、3、5、7、9 类产品的 RCA 始终小于 0.8,基本没有比较优势,说明巴基斯坦资本密集型制成品(SITC 5、7 类产品)的国际竞争力很弱。

表 3.5 巴基斯坦显性比较优势指数

SITC	0	1	2	3	4	5	6	7	8	9
1996	1.25	0.02	1.74	0.10	0.00	0.08	3.61	0.01	2.06	0.05
1998	2.03	0.07	0.67	0.06	0.20	0.07	3.52	0.02	2.18	0.05
2000	1.93	0.08	1.07	0.14	0.82	0.18	3.84	0.03	2.43	0.04
2002	1.84	0.09	0.61	0.21	0.46	0.20	2.19	0.03	2.39	0.01
2004	1.73	0.19	0.76	0.26	1.02	0.20	3.53	0.10	2.49	0.01
2006	2.25	0.25	0.55	0.36	1.60	0.25	3.45	0.05	2.57	0.02
2008	3.32	0.13	0.79	0.38	1.56	0.34	3.20	0.09	2.54	0.00

(续表)

SITC	0	1	2	3	4	5	6	7	8	9
2010	2.81	0.20	0.94	0.37	0.76	0.34	3.34	0.08	2.33	0.00
2011	3.22	0.31	0.92	0.30	1.25	0.39	3.23	0.05	2.26	0.00
2012	2.76	0.24	1.28	0.08	1.51	0.36	3.42	0.05	2.57	0.22
2013	3.19	0.17	1.13	0.13	1.18	0.42	3.61	0.05	2.18	0.00
2014	2.95	0.13	1.04	0.17	0.91	0.40	3.51	0.05	2.15	0.00
2015	3.05	0.07	0.89	0.12	0.55	0.36	3.41	0.04	2.21	0.00

如表3.6所示，SITC 6类产品是孟印缅比较优势最强的产品。1996年以来，孟印缅 SITC 0、2、8类产品的RCA也较大，具有较强的国际竞争力。说明1996—2015年孟印缅最具竞争力的产品以劳动密集型制成品（SITC 6、8类产品）和初级产品为主。不过SITC 0、8类产品的比较优势有减弱的趋势。孟印缅 SITC 3、7类产品的比较优势指数整体呈上升趋势。SITC 1、9类产品的比较优势指数基本没有变化，始终小于0.8，基本没有比较优势。

表3.6 孟印缅显性比较优势指数

SITC	0	1	2	3	4	5	6	7	8	9
1996	2.28	0.53	1.52	0.19	1.12	0.90	2.24	0.19	1.84	0.54
1998	2.25	0.49	1.13	0.07	0.87	0.84	2.23	0.15	2.27	0.77
2000	2.07	0.47	1.15	0.31	1.64	1.03	2.68	0.16	2.24	0.42
2002	1.98	0.44	1.40	0.47	0.80	0.98	1.46	0.19	1.95	0.57
2004	1.66	0.44	1.82	0.71	1.01	1.00	2.31	0.23	2.04	0.25
2006	1.54	0.42	1.95	0.98	0.69	1.04	2.07	0.27	1.89	0.25
2008	1.67	0.58	1.88	1.06	0.61	1.05	1.97	0.38	1.74	0.34
2010	1.20	0.59	1.89	1.07	0.63	0.90	2.09	0.39	1.62	0.37
2011	1.30	0.44	1.21	1.02	0.60	0.90	1.85	0.40	1.73	0.87
2012	1.62	0.50	1.62	1.11	0.61	1.13	1.88	0.42	1.37	0.17
2013	1.69	0.50	1.22	1.24	0.63	1.11	2.03	0.42	1.05	0.39
2014	1.65	0.47	1.08	1.29	0.62	1.09	1.95	0.45	1.14	0.22
2015	1.58	0.52	1.02	1.17	0.77	1.22	2.06	0.45	1.19	0.50

如表3.7所示，蒙俄最具国际竞争力的产品是SITC 3类（矿物燃料、润滑油及原油），其RCA一直大于4.0；其次是SITC 2类产品（除燃料外的非食用原料），这与俄罗斯丰富的油气资源有关。SITC 9类产品的比较优势有明显减弱的趋势。SITC 0、4类产品的RCA有上升的趋势，但始终小于1.0。SITC 1、5、7、8类产品在国际市场中始终缺乏比较优势。由此看出蒙俄的比较优势产品主要是以原料（SITC 3、2类产品）为主的初级产品，产品结构不均衡。

表 3.7　蒙俄显性比较优势指数

SITC	0	1	2	3	4	5	6	7	8	9
1996	0.14	0.19	1.58	5.89	0.09	0.63	1.27	0.18	0.12	5.23
1998	0.18	0.07	2.41	7.04	0.08	0.56	1.67	0.18	0.16	4.01
2000	0.18	0.09	1.59	5.06	0.25	0.67	1.30	0.15	0.17	2.76
2002	0.32	0.17	1.57	5.82	0.12	0.42	0.66	0.19	0.15	2.80
2004	0.21	0.17	1.59	5.30	0.14	0.41	1.21	0.15	0.10	2.51
2006	0.26	0.23	1.24	4.51	0.38	0.37	1.07	0.10	0.06	2.19
2008	0.28	0.26	1.06	4.17	0.32	0.48	0.91	0.10	0.06	1.92
2010	0.28	0.20	0.89	4.38	0.28	0.37	0.87	0.08	0.05	2.08
2011	0.32	0.19	0.77	3.92	0.31	0.39	0.76	0.07	0.04	2.14
2012	0.43	0.29	0.79	4.16	0.67	0.44	0.88	0.11	0.08	0.62
2013	0.40	0.30	0.88	4.21	0.72	0.42	0.84	0.12	0.10	0.63
2014	0.49	0.32	1.04	4.55	0.81	0.44	0.84	0.12	0.11	0.61
2015	0.58	0.40	1.27	6.12	0.95	0.51	0.99	0.15	0.13	0.63

如表 3.8 所示,中南半岛国家最具国际竞争力的产品是 SITC 4 类(动、植物油脂及蜡),其次是 SITC 7 类产品(机械及运输设备)。1996 年以来,中南半岛国家 SITC 4 类产品(动、植物油脂及蜡)的比较优势一直很大,其 RCA 长期在 2.5 以上,具有极强的国际竞争力。但是 2008 年以来 SITC 4 类产品的比较优势有减弱的趋势。1996 年以来,中南半岛国家 SITC 7 类产品的 RCA 长期在 1.25 左右,具有较强的国际竞争力。SITC 0、8 类产品的比较优势指数一直处于 0.8—1.25 之间,说明中南半岛国家的食品及活动物类产品、杂项制品有一定的比较优势。SITC 1、2、6、9 类产品的比较优势指数基本没有变化,始终小于 1.0,几乎没有比较优势,在国际市场中长期处于竞争劣势。

表 3.8　中南半岛国家显性比较优势指数

SITC	0	1	2	3	4	5	6	7	8	9
1996	0.82	0.77	0.93	1.02	4.20	0.47	0.52	1.43	0.80	0.37
1998	0.99	0.76	0.71	1.11	4.55	0.51	0.47	1.34	0.84	0.86
2000	1.00	0.57	0.70	0.80	3.86	0.61	0.48	1.40	0.87	0.58
2002	1.01	0.55	0.73	0.84	4.34	0.65	0.28	1.34	0.94	0.69
2004	0.93	0.51	0.76	0.95	4.09	0.78	0.50	1.33	0.94	0.53
2006	0.93	0.52	0.79	0.88	3.59	0.82	0.52	1.33	0.92	0.81

(续表)

SITC	0	1	2	3	4	5	6	7	8	9
2008	1.10	0.63	0.74	1.00	4.44	0.76	0.60	1.24	1.01	1.64
2010	1.01	0.68	0.78	0.86	4.15	0.79	0.60	1.28	1.04	0.88
2011	1.08	0.74	0.80	0.88	4.32	0.89	0.61	1.22	1.07	0.85
2012	1.05	0.82	0.66	0.89	3.75	0.92	0.63	1.23	1.03	0.83
2013	0.98	0.85	0.67	0.87	3.45	0.88	0.66	1.27	1.07	0.70
2014	1.03	0.86	0.59	0.91	3.40	0.89	0.65	1.22	1.08	0.76
2015	1.03	0.93	0.67	0.95	2.94	0.83	0.66	1.23	1.10	0.50

如表3.9所示，新亚欧大陆桥沿线国家在SITC 3、5两类产品上具有较强的国际竞争力，其次是SITC 0、1两类产品。1996年以来，SITC 9类产品的比较优势指数呈下降趋势，其他各类产品的比较优势指数基本没有变化，但是基本上处于0.8—1.25之间，具有中度的国际竞争力。由此可以看出，新亚欧大陆桥国家的产业结构比较平衡，初级产品、劳动密集型产品和资本密集型产品均衡发展，总体水平较高。

表3.9 新亚欧大陆桥沿线国家显性比较优势指数

SITC	0	1	2	3	4	5	6	7	8	9
1996	0.92	0.94	0.76	1.05	0.75	1.35	0.99	0.96	0.72	2.03
1998	0.91	0.86	0.85	1.07	0.78	1.30	1.05	1.00	0.73	1.31
2000	0.91	0.98	0.80	0.94	0.79	1.27	0.97	0.94	0.70	2.34
2002	0.91	1.09	0.83	0.96	0.78	1.15	0.56	0.99	0.73	1.94
2004	0.92	1.00	0.84	1.00	0.63	1.14	0.99	0.99	0.71	1.99
2006	0.96	1.10	0.81	1.05	0.68	1.17	0.98	0.97	0.74	1.71
2008	0.99	1.09	0.79	1.09	0.71	1.20	0.98	1.01	0.75	1.97
2010	0.97	1.13	0.77	1.08	0.60	1.12	0.94	0.97	0.74	1.69
2011	1.00	1.19	0.70	1.11	0.65	1.15	0.97	1.03	0.77	0.99
2012	1.03	1.12	0.70	1.21	0.76	1.18	0.98	0.99	0.72	0.89
2013	1.07	1.11	0.68	1.26	0.86	1.20	0.98	0.99	0.75	0.59
2014	1.07	1.09	0.71	1.27	0.75	1.21	0.95	0.99	0.74	0.68
2015	1.06	1.08	0.73	1.44	0.75	1.23	0.95	0.99	0.74	0.64

如表3.10所示，中亚—西亚的SITC 3类产品（矿物燃料、润滑油及有关原料）具有极强的国际竞争力，RCA一直大于3.5，竞争力与蒙俄接近，这也印证了1996—2015年，中亚—西亚国家最具竞争力的产品一直是石油等自然资源。1996年以来，中亚—西亚SITC 9类产品（SITC未分类产品）的RCA呈上升趋势，2002年来一直大

于 1.25,也具有较强的国际竞争力。除 SITC 3、9 类产品以外,中亚—西亚国家其他各类产品在国际市场中基本没有比较优势。由此可以看出中亚—西亚国家的贸易结构存在极度的不平衡,贸易收入主要来源于原油出口。

表 3.10 中亚—西亚显性比较优势指数

SITC	0	1	2	3	4	5	6	7	8	9
1996	0.64	1.02	0.43	7.67	0.50	0.73	0.90	0.21	0.58	0.03
1998	0.81	0.95	0.62	8.67	0.58	0.82	1.01	0.26	0.69	0.13
2000	0.43	0.64	0.31	6.60	0.32	0.46	0.70	0.16	0.40	1.19
2002	0.46	0.60	0.41	6.23	0.34	0.48	0.49	0.20	0.45	2.26
2004	0.43	0.37	0.36	5.67	0.31	0.44	0.77	0.20	0.42	2.21
2006	0.44	0.32	0.34	4.67	0.35	0.43	0.64	0.19	0.34	1.86
2008	0.40	0.28	0.36	4.07	0.23	0.48	0.74	0.23	0.34	1.58
2010	0.50	0.31	0.39	4.00	0.19	0.59	0.74	0.22	0.33	1.63
2011	0.39	0.25	0.32	3.78	0.24	0.56	0.65	0.19	0.29	1.59
2012	0.37	0.47	0.33	3.44	0.25	0.61	0.70	0.26	0.37	1.84
2013	0.36	0.50	0.31	3.58	0.28	0.57	0.66	0.28	0.35	1.63
2014	0.38	0.58	0.31	3.71	0.28	0.58	0.68	0.30	0.38	2.12
2015	0.48	0.40	0.37	4.10	0.33	0.63	0.80	0.27	0.43	3.68

(三) 贸易互补性指数

贸易互补性指数(TCI)包含了同一产品的进出口两方面优势,是 RCA 指数的一种补充,可以考察两国经济的匹配度和贸易互补性。

单个产品(或产业)的 TCI 计算公式为:

$$\text{TCI}_{ij}^k = \text{RCA}_{xi}^k \times \text{RCA}_{mj}^k \qquad (3.3)$$

其中,TCI_{ij}^k 表示 i 国和 j 国在产品(或产业)k 上的贸易互补性指数。RCA_{xi}^k 表示用出口衡量的国家 i 在产品 k 上的比较优势,RCA_{mj}^k 表示用进口衡量的国家 j 在产品 k 上的比较劣势。[①] 其公式可分解为两部分:一部分是 RCA_{xi}^k,即 i 国第 k 类产品或产业的显性比较优势指数,其计算原理同上文式(3.2),具体公式为:

$$\text{RCA}_{xi}^k = \frac{X_i^k / X_i}{X_w^k / X_w} \qquad (3.4)$$

另一部分是 RCA_{mj}^k,其计算公式如下:

$$\text{RCA}_{mj}^k = \frac{M_j^k / M_j}{M_w^k / M_w} \qquad (3.5)$$

---

① 于津平. 中国与东亚主要国家和地区间的比较优势与贸易互补性[J]. 世界经济,2003,5:33—40.

其中，M_j^k、M_w^k 分别表示 j 国和世界进口贸易中第 k 类产品的进口额，M_j、M_w 分别代表 j 国和世界进口贸易总额。① RCA_{xi}^k 值越大，说明 i 国在产品 k 上比较优势越大；RCA_{mj}^k 值越大，说明 j 国在产品 k 上比较劣势越大。所以，当 RCA_{xi}^k 和 RCA_{mj}^k 的乘积越大时，即 TCI_{ij}^k 越大时，两国在产品 k 上的贸易互补性越强。②

综合贸易互补性指数计算公式如下：

$$\text{TCI}_{ij} = \sum_k (\text{RCA}_{xi}^k \times \text{RCA}_{mj}^k) \times \frac{X_w^k}{X_w} \qquad (3.6)$$

其中，TCI_{ij} 表示 i 国和 j 国的综合贸易互补性指数，它是以每类产品在全球贸易中所占份额为权重，加权计算所有产品贸易互补性指数的平均值。TCI_{ij} 值越大，说明 i 国出口和 j 国进口匹配程度越高，两国的贸易互补性越强。

一般认为，若贸易互补性指数大于 1，说明两国贸易互补性较强；反之，则较弱。③

分析表 3.11 和表 3.12 可知，中巴的综合 TCI 长期小于 1，可见中巴的贸易互补程度一直较低。但以巴基斯坦为出口国的 TCI 来看，SITC 6、8 类产品（按原料分类的制成品、杂项制品）一直大于 1，尤其是 SITC 6 类产品的 TCI 长期大于 2，说明劳动密集型产品的贸易互补性较强；SITC 0 类产品（食物及活动物）的 TCI 近三年来也大于 1，具有较大的贸易互补性。以中国为出口国、巴基斯坦为进口国的 TCI 来看，SITC 6 类产品的 TCI 自 2010 年以来一直大于 1，且呈现增大的趋势，贸易互补性增强。

表 3.11　中巴贸易互补性指数（中国出口、巴基斯坦进口）

SITC	0	1	2	3	4	5	6	7	8	9	综合
1996	1.14	0.05	0.87	1.26	7.04	1.17	0.81	0.41	0.59	0.04	0.73
1998	1.29	0.00	0.90	1.26	6.82	1.18	0.44	0.37	0.57	0.00	0.69
2000	1.45	0.01	0.95	1.01	2.14	1.05	0.71	0.37	0.57	0.03	0.64
2002	0.67	0.01	1.11	0.83	1.09	0.77	0.49	0.57	0.56	0.01	0.60
2004	0.49	0.01	0.76	0.46	0.68	0.71	0.91	0.82	0.45	0.03	0.68
2006	0.66	0.01	0.43	0.23	0.85	0.56	1.06	1.02	0.53	0.03	0.72
2008	0.56	0.01	0.45	0.27	0.65	0.73	0.92	0.94	0.65	0.00	0.68
2010	0.53	0.01	0.39	0.22	0.45	0.68	1.03	0.87	0.61	0.00	0.65
2011	0.37	0.01	0.30	0.19	0.49	0.81	1.08	0.79	0.62	0.00	0.62
2012	0.36	0.01	0.27	0.18	0.45	0.72	1.11	0.82	0.64	0.00	0.61
2013	0.34	0.01	0.27	0.18	0.48	0.68	1.21	0.80	1.00	0.00	0.65
2014	0.39	0.01	0.33	0.19	0.51	0.73	1.32	0.79	0.81	0.00	0.67
2015	0.40	0.01	0.39	0.24	0.02	0.74	1.53	0.82	0.63	0.00	0.72

---

① 李艳芳，李波. 孟中印缅次区域合作中的经贸关系分析[J]. 亚太经济，2014，6：80—85.
② 于津平. 中国与东亚主要国家和地区间的比较优势与贸易互补性[J]. 世界经济，2003，5：33—40.
③ 同上。

表 3.12　中巴贸易互补性指数(中国进口、巴基斯坦出口)

SITC	0	1	2	3	4	5	6	7	8	9	综合
1996	0.71	0.01	3.10	0.06	0.00	0.11	5.42	0.02	0.97	0.01	1.15
1998	0.83	0.00	1.35	0.04	0.42	0.11	3.12	0.03	0.99	0.01	0.73
2000	0.76	0.01	2.73	0.13	1.15	0.25	5.24	0.03	1.10	0.01	1.02
2002	0.56	0.01	1.43	0.15	0.68	0.25	2.65	0.03	1.24	0.00	0.92
2004	0.52	0.02	2.09	0.20	1.87	0.22	3.40	0.12	1.84	0.00	0.89
2006	0.58	0.04	1.55	0.28	2.15	0.26	2.77	0.06	2.06	0.00	0.79
2008	0.78	0.03	2.78	0.33	2.75	0.33	2.26	0.10	2.12	0.00	0.77
2010	0.77	0.05	3.18	0.33	0.95	0.32	2.49	0.09	1.75	0.00	0.79
2011	0.93	0.09	3.10	0.27	1.38	0.36	2.21	0.06	1.62	0.00	0.76
2012	0.95	0.08	4.25	0.07	1.97	0.32	2.34	0.05	1.88	0.18	0.80
2013	1.18	0.05	3.79	0.12	1.29	0.37	2.35	0.05	1.50	0.00	0.75
2014	1.17	0.04	3.36	0.17	0.87	0.35	2.56	0.06	1.42	0.00	0.77
2015	1.47	0.03	2.82	0.12	0.51	0.31	2.26	0.05	1.49	0.00	0.73

由表 3.13 和表 3.14 可以看出,无论是以中国为出口国还是进口国,中国与孟印缅的综合 TCI 都小于 1,两国的贸易互补性较低,但以孟印缅为出口方的综合 TCI 高于以中国为出口方的综合 TCI,表明孟印缅向中国出口比进口的商品贸易互补性更显著。以孟印缅为进口方,SITC 6 类产品(按原料分类的制成品)的 TCI 长期大于 1,贸易互补性较强。以孟印缅为出口方,SITC 2、6 类产品,即非食用原料(燃料除外)、按原料分类的制成品的 TCI 长期大于 1,特别是非食用原料(燃料除外)的 TCI 一直大于 2,贸易互补性很强。

表 3.13　中国与孟印缅贸易互补性指数(中国出口、孟印缅进口)

SITC	0	1	2	3	4	5	6	7	8	9	综合
1996	0.44	0.05	1.04	1.65	3.37	0.79	1.68	0.29	0.73	0.09	0.77
1998	0.56	0.01	0.89	1.38	2.93	0.69	0.98	0.26	0.85	0.01	0.71
2000	0.41	0.04	1.01	1.02	1.63	0.53	1.77	0.30	0.90	0.09	0.69
2002	0.41	0.03	0.80	0.85	0.77	0.41	0.92	0.44	0.93	0.12	0.60
2004	0.26	0.02	0.50	0.62	0.44	0.36	1.48	0.63	0.76	0.10	0.68
2006	0.23	0.01	0.42	0.30	0.50	0.39	1.21	0.80	0.72	0.14	0.66
2008	0.15	0.01	0.30	0.28	0.24	0.58	1.35	0.88	0.61	0.06	0.67
2010	0.18	0.01	0.24	0.22	0.21	0.44	1.60	0.78	0.63	0.05	0.65
2011	0.16	0.01	0.20	0.18	0.21	0.47	1.64	0.77	0.68	0.08	0.63
2012	0.10	0.02	0.20	0.19	0.20	0.43	1.24	0.71	0.87	0.04	0.57
2013	0.10	0.02	0.20	0.21	0.23	0.44	1.42	0.70	0.68	0.03	0.57
2014	0.11	0.02	0.23	0.23	0.27	0.50	1.48	0.64	0.68	0.05	0.58
2015	0.15	0.02	0.25	0.29	0.02	0.52	1.62	0.71	0.67	0.04	0.65

表 3.14 中国与孟印缅贸易互补性指数(中国进口、孟印缅出口)

SITC	0	1	2	3	4	5	6	7	8	9	综合
1996	1.30	0.19	2.71	0.11	3.02	1.22	3.36	0.20	0.87	0.10	1.04
1998	0.92	0.01	2.27	0.05	1.85	1.22	1.97	0.15	1.03	0.14	0.77
2000	0.81	0.09	2.95	0.27	2.32	1.48	3.66	0.16	1.02	0.08	0.99
2002	0.60	0.06	3.26	0.33	1.19	1.21	1.77	0.23	1.01	0.08	0.94
2004	0.50	0.05	4.97	0.54	1.85	1.08	2.22	0.27	1.51	0.02	0.96
2006	0.39	0.07	5.53	0.76	0.93	1.08	1.66	0.33	1.52	0.02	0.95
2008	0.39	0.13	6.60	0.91	1.07	1.03	1.39	0.45	1.45	0.03	0.97
2010	0.33	0.13	6.41	0.95	0.78	0.84	1.56	0.45	1.22	0.12	0.98
2011	0.38	0.12	4.07	0.92	0.67	0.83	1.27	0.45	1.24	0.63	0.92
2012	0.56	0.16	5.39	1.05	0.79	1.01	1.29	0.46	1.00	0.14	0.96
2013	0.62	0.15	4.07	1.14	0.69	0.98	1.32	0.46	0.72	0.44	0.91
2014	0.66	0.14	3.48	1.29	0.58	0.95	1.42	0.49	0.75	0.24	0.91
2015	0.76	0.22	3.24	1.23	0.72	1.06	1.37	0.49	0.80	0.51	0.89

由表3.15和表3.16可以看出,以蒙俄为进口国、中国为出口国的综合TCI从2006年以来一直大于1,以蒙俄为出口国、中国为进口国的综合TCI在2014年和2015年也开始大于1,说明近年来中蒙俄经济走廊的贸易互补性较强,特别是中国出口蒙俄的商品贸易互补性显著。中国出口蒙俄的SITC 8类产品,即杂项制品的TCI在1996年以来长期大于1,在2008—2015年甚至一直大于2;SITC 6类产品(按原料分类的制成品)的TCI自2004年以来也一直大于1,说明资本密集型制成品的贸易互补性很强。中国出口蒙俄的机械及运输设备(SITC 7类产品)的TCI从2004年起也一直大于1,贸易互补性较强。从以中国为进口国的TCI分析,蒙俄出口中国的SITC 2、3类产品的TCI一直保持在1以上,其中SITC 3类产品(矿物燃料、润滑油及有关原料)的TCI长期大于3,SITC 2类产品(燃料除外的非食用原料)的TCI长期大于2,贸易互补性极强。结合起来看,中国主要向蒙古和俄罗斯出口资本密集型制成品和机械及运输设备,蒙俄主要向中国出口矿物燃料和非食用原料等。

表 3.15 中国与蒙俄贸易互补性指数(中国出口、蒙俄进口)

SITC	0	1	2	3	4	5	6	7	8	9	综合
1996	1.98	1.93	0.63	0.18	0.72	0.47	0.86	0.31	1.56	0.41	0.71
1998	2.37	0.29	0.68	0.28	0.65	0.56	0.54	0.46	1.67	0.00	0.82
2000	2.72	1.32	1.21	0.14	0.57	0.68	1.28	0.49	1.63	0.13	0.86
2002	2.22	0.99	0.62	0.08	0.29	0.51	0.62	0.75	1.62	0.12	0.82
2004	1.47	0.69	0.37	0.05	0.12	0.45	1.19	1.07	1.40	0.11	0.90
2006	1.32	0.37	0.20	0.02	0.16	0.51	1.18	1.44	1.53	0.11	1.00
2008	0.83	0.29	0.17	0.01	0.11	0.52	1.22	2.05	2.05	0.03	1.17

(续表)

SITC	0	1	2	3	4	5	6	7	8	9	综合
2010	0.96	0.31	0.10	0.01	0.06	0.56	1.16	1.65	2.24	0.04	1.08
2011	0.83	0.28	0.08	0.01	0.05	0.58	1.20	1.90	2.24	0.06	1.12
2012	0.81	0.30	0.11	0.01	0.05	0.58	1.45	2.05	2.75	0.00	1.24
2013	0.80	0.29	0.11	0.01	0.05	0.59	1.48	1.94	2.77	0.00	1.22
2014	0.75	0.30	0.13	0.01	0.05	0.62	1.45	1.74	2.57	0.00	1.17
2015	0.71	0.34	0.17	0.02	0.00	0.65	1.40	1.43	2.04	0.00	1.07

表 3.16　中国与蒙俄贸易互补性指数（中国进口、蒙俄出口）

SITC	0	1	2	3	4	5	6	7	8	9	综合
1996	0.08	0.07	2.82	3.40	0.25	0.86	1.91	0.18	0.06	0.94	0.85
1998	0.08	0.00	4.82	5.29	0.17	0.81	1.48	0.18	0.07	0.75	0.87
2000	0.07	0.02	4.06	4.55	0.35	0.96	1.77	0.15	0.08	0.51	1.00
2002	0.10	0.02	3.67	4.04	0.18	0.52	0.80	0.22	0.08	0.42	0.84
2004	0.07	0.02	4.36	4.05	0.26	0.44	1.16	0.18	0.07	0.19	0.85
2006	0.07	0.04	3.53	3.47	0.51	0.39	0.86	0.12	0.05	0.16	0.82
2008	0.07	0.06	3.73	3.58	0.57	0.47	0.65	0.12	0.05	0.18	0.88
2010	0.08	0.05	3.02	3.88	0.35	0.34	0.65	0.09	0.04	0.67	0.89
2011	0.09	0.05	2.60	3.53	0.34	0.36	0.52	0.08	0.03	1.54	0.94
2012	0.15	0.09	2.61	3.92	0.87	0.40	0.60	0.12	0.06	0.52	0.97
2013	0.15	0.09	2.94	3.89	0.79	0.37	0.54	0.14	0.07	0.71	0.98
2014	0.19	0.10	3.35	4.52	0.77	0.38	0.62	0.13	0.07	0.67	1.03
2015	0.28	0.17	4.03	6.43	0.89	0.45	0.66	0.16	0.09	0.65	1.06

由表 3.17 和表 3.18 可以看出，以中国为进口国、中南半岛国家为出口国的综合 TCI 从 1996 年以来基本保持在 0.95—1.05 之间，围绕临界值 1 小幅波动，以中国为出口国、中南半岛国家为进口国的综合 TCI 从 2004 年到 2015 年也基本在 0.95—1 之间小幅波动，处于临界值附近，说明近年来中国—中南半岛经济走廊的贸易互补性处于临界状态。中国出口中南半岛国家的 SITC 6、7、8 类产品的 TCI 在长期大于 1，说明劳动密集型制成品和机械及运输设备的贸易互补性较强。从以中国为进口国的 TCI 分析，中南半岛国家出口中国的 SITC 2、4、7 类产品的 TCI 一直保持在 1 以上，特别是 SITC 4 类产品（动、植物油脂及蜡）的 TCI 在 2014 年之前长期大于 3，1996 年时曾高达 11.37，贸易互补性极强，不过 SITC 4 类产品的 TCI 有逐渐下降的趋势。结合表 3.17 和表 3.18 来看，中国主要向中南半岛出口 SITC 7 类和劳动密集型制成品，中南半岛主要向中国出口初级产品中的动植物油脂及蜡、非食用原料（燃料除外）和机械及运输设备。

表 3.17　中国与中南半岛国家贸易互补性指数(中国出口、中南半岛进口)

SITC	0	1	2	3	4	5	6	7	8	9	综合
1996	0.47	0.60	0.39	0.46	0.23	0.47	1.03	0.86	1.75	0.03	0.85
1998	0.50	0.05	0.31	0.53	0.20	0.47	0.55	0.90	1.77	0.00	0.87
2000	0.52	0.23	0.35	0.32	0.09	0.45	1.01	1.12	1.67	0.02	0.91
2002	0.47	0.20	0.30	0.31	0.06	0.35	0.60	1.32	1.35	0.03	0.88
2004	0.36	0.14	0.20	0.26	0.05	0.33	1.10	1.55	1.27	0.02	0.99
2006	0.33	0.09	0.13	0.15	0.07	0.34	1.20	1.64	1.28	0.05	0.99
2008	0.30	0.10	0.14	0.17	0.06	0.42	1.41	1.70	1.35	0.03	1.00
2010	0.33	0.11	0.12	0.14	0.05	0.40	1.27	1.78	1.31	0.01	1.01
2011	0.33	0.12	0.11	0.13	0.06	0.46	1.34	1.72	1.41	0.02	0.97
2012	0.32	0.12	0.10	0.11	0.05	0.42	1.40	1.73	1.50	0.01	0.98
2013	0.31	0.12	0.10	0.12	0.04	0.41	1.48	1.70	1.48	0.01	0.98
2014	0.31	0.12	0.11	0.13	0.05	0.44	1.53	1.54	1.40	0.01	0.96
2015	0.33	0.14	0.11	0.16	0.00	0.42	1.60	1.48	1.30	0.01	0.99

表 3.18　中国与中南半岛国家贸易互补性指数(中国进口、中南半岛出口)

SITC	0	1	2	3	4	5	6	7	8	9	综合
1996	0.47	0.28	1.66	0.59	11.37	0.64	0.78	1.48	0.38	0.07	1.01
1998	0.40	0.01	1.43	0.83	9.74	0.73	0.42	1.34	0.38	0.16	0.93
2000	0.39	0.11	1.79	0.72	5.45	0.88	0.65	1.42	0.40	0.11	0.97
2002	0.31	0.07	1.71	0.59	6.44	0.80	0.34	1.59	0.49	0.10	1.02
2004	0.28	0.06	2.07	0.73	7.49	0.84	0.48	1.56	0.69	0.04	1.04
2006	0.24	0.09	2.24	0.68	4.84	0.85	0.42	1.64	0.73	0.06	1.05
2008	0.26	0.15	2.59	0.86	7.84	0.74	0.42	1.45	0.84	0.16	0.98
2010	0.28	0.15	2.64	0.76	5.17	0.73	0.44	1.47	0.78	0.28	0.99
2011	0.31	0.21	2.68	0.79	4.79	0.81	0.42	1.35	0.76	0.61	0.99
2012	0.37	0.26	2.19	0.84	4.86	0.82	0.43	1.34	0.75	0.69	0.98
2013	0.36	0.25	2.23	0.81	3.78	0.78	0.43	1.39	0.74	0.79	0.98
2014	0.41	0.26	1.90	0.90	3.23	0.77	0.47	1.32	0.71	0.83	0.96
2015	0.50	0.39	2.12	1.00	2.76	0.72	0.44	1.35	0.74	0.51	0.98

由表3.19和表3.20可以看出,以中国为进口国、新亚欧大陆桥国家为出口国的综合TCI从1996年以来基本保持在0.9—1.0之间,以中国为出口国、新亚欧大陆桥国家为进口国的综合TCI也基本在0.9—1.05之间小幅波动,处于临界值附近。中国出口新亚欧大陆桥国家的SITC 6、7、8类产品的TCI自2004年以来长期大于1,特别是SITC 8类产品(杂项制品)的TCI在基本上一直大于3,说明劳动密集型制成品和机械及运输设备的贸易互补性较强。从以中国为进口国的TCI分析,新亚欧大陆桥国家出口中国的SITC 2、5、7类产品的TCI一直保持在1以上,说明资本密集型制成品和非食用原料(燃料除外)的贸易互补性较高。另外,SITC 3类产品的TCI有逐

渐上升的趋势,从1996年的0.61上升至2015年的1.51,说明矿物燃料、润滑油及有关原料的贸易互补性在增强。

表 3.19 中国与新亚欧大陆桥沿线国家贸易互补性指数(中国出口、新亚欧大陆桥进口)

SITC	0	1	2	3	4	5	6	7	8	9	综合
1996	1.24	0.90	0.69	0.48	0.52	0.63	1.20	0.50	3.07	0.10	1.00
1998	1.08	0.08	0.60	0.48	0.33	0.60	0.70	0.59	2.86	0.00	0.98
2000	1.05	0.38	0.60	0.28	0.16	0.55	1.15	0.70	2.53	0.14	0.92
2002	0.96	0.38	0.47	0.27	0.10	0.48	0.65	0.89	2.28	0.09	0.89
2004	0.71	0.27	0.29	0.20	0.06	0.43	1.11	1.09	1.92	0.11	0.93
2006	0.68	0.18	0.23	0.11	0.13	0.49	1.27	1.24	1.94	0.10	0.96
2008	0.54	0.16	0.19	0.10	0.08	0.59	1.37	1.42	2.16	0.06	1.00
2010	0.57	0.18	0.16	0.09	0.05	0.54	1.18	1.40	2.15	0.04	0.98
2011	0.58	0.19	0.15	0.08	0.05	0.62	1.36	1.49	2.40	0.03	1.03
2012	0.58	0.19	0.14	0.07	0.05	0.59	1.41	1.46	2.52	0.01	1.02
2013	0.57	0.18	0.13	0.08	0.07	0.59	1.45	1.44	2.57	0.01	1.03
2014	0.53	0.18	0.15	0.08	0.06	0.61	1.44	1.34	2.48	0.02	1.02
2015	0.51	0.20	0.15	0.11	0.00	0.58	1.42	1.21	2.19	0.01	1.00

表 3.20 中国与新亚欧大陆桥沿线国家贸易互补性指数(中国进口、新亚欧大陆桥出口)

SITC	0	1	2	3	4	5	6	7	8	9	综合
1996	0.53	0.34	1.36	0.61	2.03	1.83	1.49	1.00	0.34	0.37	1.00
1998	0.37	0.01	1.70	0.80	1.67	1.88	0.93	1.00	0.33	0.24	0.93
2000	0.36	0.19	2.03	0.84	1.12	1.82	1.33	0.96	0.32	0.43	0.97
2002	0.28	0.15	1.94	0.67	1.15	1.43	0.67	1.17	0.38	0.29	0.98
2004	0.28	0.11	2.29	0.76	1.16	1.23	0.91	1.16	0.53	0.15	0.95
2006	0.25	0.19	2.30	0.81	0.91	1.21	0.79	1.19	0.59	0.12	0.96
2008	0.23	0.25	2.79	0.93	1.25	1.18	0.69	1.18	0.63	0.19	0.93
2010	0.27	0.26	2.59	0.96	0.75	1.04	0.70	1.12	0.56	0.54	0.93
2011	0.29	0.33	2.37	1.00	0.73	1.05	0.66	1.14	0.55	0.72	0.96
2012	0.36	0.36	2.34	1.14	0.98	1.05	0.67	1.08	0.53	0.74	0.96
2013	0.40	0.36	2.28	1.17	0.94	1.05	0.63	1.09	0.51	0.67	0.95
2014	0.43	0.33	2.30	1.26	0.71	1.05	0.69	1.07	0.48	0.74	0.97
2015	0.51	0.45	2.33	1.51	0.70	1.06	0.63	1.09	0.50	0.66	0.97

由表3.21和表3.22可以看出,无论是以中国为出口国还是进口国,中国与中亚—西亚的综合TCI都小于1,但以中亚—西亚为出口国的综合TCI自2002年以来呈现出上升趋势,说明中亚—西亚出口、中国进口的贸易互补性在逐渐增强。中国出口中亚—西亚国家的SITC 6、7、8类产品的TCI自2004年起长期大于1,说明劳动密

集型制成品和机械及运输设备的贸易互补性较强。从以中国为进口国的 TCI 分析，中亚—西亚国家出口中国的 SITC 3 类产品（矿物燃料、润滑油及有关原料）的 TCI 一直保持在 3 以上，贸易互补性极强；SITC 2 类产品（燃料除外的非食用原料）的 TCI 在 2008 年以来均大于 1；SITC 9 类产品（SITC 未分类产品）的 TCI 从 1996 年的 0.01 大幅上升到 2015 年的 3.78，贸易互补性明显提升。

表 3.21 中国与中亚—西亚贸易互补性指数（中国出口、中亚—西亚进口）

SITC	0	1	2	3	4	5	6	7	8	9	综合
1996	1.15	1.05	0.73	0.46	0.86	0.67	1.71	0.55	1.98	0.03	0.95
1998	1.14	0.08	0.60	0.44	0.76	0.64	0.93	0.61	1.97	0.00	0.94
2000	1.46	0.47	0.58	0.22	0.34	0.58	1.73	0.69	1.93	0.08	0.94
2002	1.05	0.35	0.45	0.23	0.13	0.42	0.92	0.82	1.61	0.14	0.81
2004	0.71	0.23	0.33	0.17	0.10	0.38	1.66	1.00	1.38	0.13	0.89
2006	0.62	0.13	0.21	0.09	0.14	0.37	1.77	1.07	1.44	0.26	0.90
2008	0.58	0.11	0.21	0.06	0.09	0.46	2.18	1.39	1.69	0.07	1.03
2010	0.63	0.13	0.18	0.05	0.06	0.43	1.78	1.30	1.55	0.06	0.94
2011	0.62	0.13	0.16	0.04	0.06	0.48	1.88	1.31	1.66	0.09	0.94
2012	0.54	0.16	0.15	0.04	0.05	0.44	1.88	1.40	1.94	0.04	0.98
2013	0.53	0.15	0.13	0.05	0.05	0.43	1.89	1.41	1.95	0.05	0.98
2014	0.53	0.17	0.15	0.04	0.06	0.47	1.85	1.34	1.95	0.06	0.99
2015	0.49	0.15	0.14	0.05	0.00	0.40	1.71	1.09	1.52	0.06	0.88

表 3.22 中国与中亚—西亚贸易互补性指数（中国进口、中亚—西亚出口）

SITC	0	1	2	3	4	5	6	7	8	9	综合
1996	0.37	0.37	0.77	4.43	1.36	0.99	1.35	0.22	0.28	0.01	0.81
1998	0.33	0.02	1.24	6.51	1.23	1.19	0.90	0.26	0.31	0.02	0.83
2000	0.17	0.12	0.80	5.94	0.46	0.66	0.96	0.17	0.18	0.22	0.92
2002	0.14	0.08	0.96	4.33	0.51	0.59	0.59	0.23	0.23	0.33	0.77
2004	0.13	0.04	0.98	4.33	0.57	0.47	0.74	0.24	0.31	0.16	0.78
2006	0.11	0.05	0.98	3.60	0.48	0.45	0.51	0.24	0.27	0.13	0.78
2008	0.09	0.06	1.26	3.50	0.41	0.47	0.52	0.27	0.29	0.15	0.84
2010	0.14	0.07	1.31	3.54	0.24	0.55	0.55	0.25	0.25	0.52	0.86
2011	0.11	0.07	1.09	3.40	0.27	0.51	0.45	0.21	0.20	1.15	0.90
2012	0.13	0.15	1.10	3.25	0.33	0.55	0.48	0.29	0.27	1.53	0.93
2013	0.13	0.15	1.03	3.31	0.31	0.50	0.43	0.31	0.24	1.84	0.94
2014	0.15	0.18	1.01	3.69	0.26	0.51	0.50	0.32	0.25	2.30	0.98
2015	0.23	0.16	1.17	4.31	0.31	0.55	0.53	0.29	0.29	3.78	0.99

如表3.23所示,将六大经济走廊TCI大于1的产品类别进行总结,可以看出以中国为出口方时,贸易互补性较强的产品主要是劳动密集型制成品(SITC 6、8)和资本密集型制成品当中的机械及运输设备(SITC 7);以中国为进口方时,贸易互补性较强的产品主要是资源密集型的初级产品(SITC 0—4),特别是非食用原料(燃料除外)。

表3.23 中国与六大经济走廊沿线国家贸易互补性指数对比

	以中国为出口方	以中国为进口方
中巴经济走廊		SITC 6、8
孟中印缅经济走廊	SITC 6	SITC 2、6
中蒙俄经济走廊	SITC 6、7、8	SITC 2、3
中国—中南半岛经济走廊	SITC 6、7、8	SITC 2、4、7
新亚欧大陆桥经济走廊	SITC 6、7、8	SITC 2、5、7
中国—中亚—西亚经济走廊	SITC 6、7、8	SITC 2、3

（四）贸易结合度指数

a国对b国的贸易结合度指数的计算公式为：

$$\text{TCD} = \frac{X_{ab}/X_a}{M_b/M_w} \tag{3.7}$$

其中,X_{ab}表示a国对b国的出口总额,X_a表示a国对世界的出口总额,M_b表示b国从世界的进口总额,M_w表示世界进口总额。TCD>1代表两国贸易联系紧密,TCD<1代表两国贸易联系松散;TCD=1代表两国贸易联系处于平均水平。[①]

中国作为出口国的贸易结合度指数如表3.24所示：

表3.24 中国与六大经济走廊沿线国家贸易结合度指数（中国出口）

年份	中巴经济走廊	孟中印缅经济走廊	中蒙俄经济走廊	中国—中南半岛经济走廊	新亚欧大陆桥经济走廊	中国—中亚—西亚经济走廊
1996	1.77	1.02	1.00	0.56	0.90	1.00
1998	1.64	0.99	1.26	0.61	1.09	1.00
2000	1.58	1.06	1.77	0.65	1.09	1.00
2002	2.24	1.12	1.59	0.64	1.24	0.99
2004	2.15	1.11	1.91	0.72	1.21	0.98
2006	1.78	1.14	1.46	0.75	1.25	1.11
2008	1.61	1.20	1.43	0.79	1.31	1.39

---

① 王丝丝.一带一路背景下中国与中亚五国主要农产品贸易潜力研究[D].浙江工业大学,2015.

(续表)

年份	中巴经济走廊	孟中印缅经济走廊	中蒙俄经济走廊	中国—中南半岛经济走廊	新亚欧大陆桥经济走廊	中国—中亚—西亚经济走廊
2010	1.77	1.20	1.30	0.81	1.29	1.19
2011	1.84	1.10	1.29	0.79	1.28	1.23
2012	1.87	1.00	1.30	0.77	1.36	1.20
2013	2.10	1.04	1.35	0.74	1.53	1.15
2014	2.19	1.13	1.51	0.75	1.63	1.23
2015	2.64	1.30	1.37	0.56	1.71	1.15

中国作为进口国的贸易结合度指数如表3.25所示：

表3.25 中国与六大经济走廊沿线国家贸易结合度指数（中国进口）

年份	中巴经济走廊	孟中印缅经济走廊	中蒙俄经济走廊	中国—中南半岛经济走廊	新亚欧大陆桥经济走廊	中国—中亚—西亚经济走廊
1996	0.48	0.65	1.70	1.04	0.56	0.25
1998	0.70	0.48	1.79	1.23	0.51	0.41
2000	0.77	0.45	1.54	1.15	0.50	0.52
2002	0.53	0.62	1.46	1.24	0.52	0.27
2004	0.37	0.82	0.95	1.24	0.46	0.39
2006	0.46	0.99	0.85	1.34	0.45	0.35
2008	0.51	0.73	0.64	1.29	0.45	0.42
2010	0.73	0.80	0.54	1.19	0.50	0.42
2011	0.68	0.54	0.69	1.19	0.56	0.44
2012	1.06	0.51	0.68	1.13	0.53	0.34
2013	1.00	0.46	0.70	1.13	0.50	0.31
2014	0.86	0.40	0.79	1.10	0.52	0.44
2015	0.84	0.35	0.88	1.17	0.50	0.41

结合表3.24和表3.25可以看出，当中国作为出口方时，除中国—中南半岛经济走廊以外，其他五个经济走廊的贸易结合度指数均大于1；当中国作为进口方时，只有中国—中南半岛经济走廊的贸易结合度指数大于1，其他五个经济走廊均小于1。这说明中国与中巴经济走廊、孟中印缅经济走廊、中蒙俄经济走廊、新亚欧大陆桥经济走廊、中国—中亚—西亚经济走廊的贸易联系在出口方面较为紧密，而与中南半岛国家的贸易联系在进口方面较为紧密。

（五）产业内贸易指数

G-L指数有如下形式：

产品组 i 的产业内贸易指数的计算公式为:

$$\text{IIT}_i = \left(1 - \frac{|X_i - M_i|}{X_i + M_i}\right) \times 100\% \tag{3.8}$$

其中 X_i、M_i 分别表示产品组 i 的出口额与进口额。

一国总的产业内贸易水平的计算公式为:

$$\text{IIT} = \frac{\sum_{i=1}^{n} \text{IIT}_i (X_i + M_i)}{\sum_{i=1}^{n}(X_i + M_i)} \times 100\% = \left[1 - \frac{\sum_{i=1}^{n}|X_i - M_i|}{\sum_{i=1}^{n}(X_i + M_i)}\right] \times 100\% \tag{3.9}$$

但是式(3.9)没有考虑到总量不平衡的问题,当贸易处于不平衡状态时,G-L 指数可能发生向下偏斜。针对这一问题,Grubel and Lloyd(1971)提出了一种纠正方法,即:

$$\text{IIT}_{adj} = \frac{\sum_{i=1}^{n}(X_i + M_i) - \sum_{i=1}^{n}|X_i - M_i|}{\sum_{i=1}^{n}(X_i + M_i) - \left|\sum_{i=1}^{n}(X_i - M_i)\right|} \times 100\% \tag{3.10}$$

G-L 指数在 0—1 之间,值越大则产业内贸易比重就越大。G-L 指数大于 0.5 时产业内贸易占优势,小于 0.5 时产业间贸易占优势。[①]

根据式(3.8)计算的特定产品组的产业内贸易指数如表 3.26 至表 3.31 所示。

表 3.26 数据显示,中国与巴基斯坦在 SITC 0、2、6 类产品上的产业内贸易水平较高,其中 SITC 0、2 类产品的 G-L 指数逐年递增,预测未来中巴在食品及活动物、非食用原料(燃料除外)上长期保持产业内贸易占优势的局面。中国与巴基斯坦在 SITC 1、3、4、5、7、8、9 类产品上的产业内贸易水平很低,以产业间贸易为主。

表 3.26　中国与巴基斯坦 G-L 指数　　　　　　　　　　　(单位:%)

SITC	0	1	2	3	4	5	6	7	8	9
1996	25.39	0.00	5.84	35.38	0.00	1.49	56.11	0.03	1.80	0.00
1998	63.33	0.00	17.97	79.95	0.00	0.55	37.27	0.18	0.11	—
2000	30.11	0.00	24.61	0.00	0.00	33.67	43.39	0.06	6.09	0.00
2002	28.40	0.00	67.18	86.03	0.00	29.44	55.84	1.41	8.15	0.00
2004	33.22	0.00	39.48	0.05	0.00	8.10	99.94	0.11	1.98	0.02
2006	38.06	0.00	55.47	0.00	0.51	10.82	81.87	0.12	0.67	0.00
2008	50.93	36.82	53.71	0.00	21.28	5.97	56.67	0.06	0.96	0.24

---

① 丁匡达. 中韩贸易结构与趋势特征及其对 FTA 谈判的启示[J]. 国际经济合作,2013,6:69—74.

(续表)

SITC	0	1	2	3	4	5	6	7	8	9
2010	52.82	0.00	74.16	11.16	16.83	6.45	67.09	1.11	3.32	1.15
2011	51.41	61.02	86.37	58.07	0.02	9.31	69.15	0.29	3.80	26.36
2012	69.49	0.00	71.36	0.02	0.00	6.83	81.60	0.03	5.88	0.00
2013	77.34	51.36	66.55	0.02	0.00	5.46	72.84	0.02	7.07	79.03
2014	79.03	0.42	89.70	75.46	0.00	3.88	56.29	0.01	7.94	0.00
2015	98.85	9.65	99.71	0.62	0.00	13.14	44.55	0.01	6.23	0.00

表3.27数据显示,中国与孟印缅在SITC 0、6、8、9类产品上的产业内贸易水平较高,其中SITC 6、8类产品的G-L指数都是先上升后下降的趋势,预测未来中国与孟印缅在劳动密集型制成品(SITC 6、8)上会逐渐由产业内贸易占优势变为产业间贸易占优势。中国与孟印缅在SITC 1、2类产品上的G-L指数在2000—2012年间很低,但2013—2015年明显上升。

表3.27 中国与孟印缅G-L指数　　　　　(单位:%)

SITC	0	1	2	3	4	5	6	7	8	9
1996	15.05	5.78	52.45	24.53	1.95	23.21	61.89	3.85	25.56	0.50
1998	10.49	0.00	56.94	27.86	17.63	34.89	49.95	5.19	35.29	89.46
2000	72.85	0.01	5.73	12.07	23.05	68.69	62.55	22.85	42.78	0.00
2002	41.02	0.03	2.67	7.13	1.58	74.58	80.72	32.97	52.91	19.75
2004	57.28	0.11	0.46	5.24	5.22	51.79	87.46	46.29	57.90	94.09
2006	95.17	0.06	0.61	4.44	3.25	30.34	66.11	55.25	61.09	31.69
2008	96.82	0.09	0.99	7.37	3.81	13.50	50.96	38.82	56.77	94.65
2010	89.42	0.09	0.93	9.00	6.01	12.53	61.76	37.68	60.75	95.16
2011	86.19	0.07	1.38	3.03	6.24	15.29	74.36	38.48	77.08	0.02
2012	91.26	0.40	3.03	9.26	8.77	17.68	70.29	35.36	72.30	47.61
2013	44.64	21.75	36.09	10.72	36.12	42.41	27.47	34.21	50.07	77.93
2014	77.93	47.03	43.66	30.03	22.37	19.99	41.76	92.80	68.86	89.33
2015	89.33	35.11	52.83	68.86	0.89	24.24	16.06	33.07	51.17	14.87

表3.28数据显示,中国与蒙俄在SITC 0、5、6类产品上的产业内贸易水平总体较高,以产业内贸易为主。SITC 1、5类产品的G-L指数呈现上升趋势,说明近年来中国与蒙俄在饮料及烟类、化学产品及有关产品上由产业间贸易占优势变为产业内贸易占优势。中国与蒙俄在SITC 2、3、4、7、8、9类产品上的产业内贸易水平很低,以产业间贸易为主。

表 3.28　中国与蒙俄 G-L 指数　　　　　　　　　　　　　（单位：%）

SITC	0	1	2	3	4	5	6	7	8	9
1996	63.02	0.94	17.01	18.78	37.76	6.08	14.70	20.65	29.37	0.00
1998	96.86	0.19	11.18	65.64	0.00	10.02	30.58	19.55	26.60	—
2000	53.60	1.78	6.44	13.82	18.78	14.86	20.25	84.14	12.19	0.00
2002	73.48	1.66	5.84	7.34	1.53	15.15	40.98	49.40	6.05	1.40
2004	76.62	4.31	5.87	3.97	0.00	26.53	73.92	54.11	1.82	1.48
2006	77.65	7.94	3.62	3.21	0.00	58.50	60.36	8.36	0.85	12.53
2008	98.99	21.87	4.23	5.07	0.69	79.98	43.37	5.89	0.96	50.08
2010	98.33	14.17	4.30	3.38	0.00	72.67	70.36	5.80	1.36	64.63
2011	95.95	11.84	4.78	3.12	11.21	81.58	62.92	2.72	1.34	51.75
2012	90.16	12.63	4.94	2.00	61.11	86.27	47.04	2.39	1.73	23.15
2013	86.02	68.86	4.52	3.24	68.71	93.45	41.46	2.04	1.35	15.24
2014	80.70	88.29	4.58	2.21	84.69	78.23	37.53	3.81	1.21	4.63
2015	92.96	94.39	3.99	3.03	9.18	88.69	73.84	8.69	2.16	0.00

　　表 3.29 数据显示，中国与中南半岛国家在 SITC 0、1、3、5、7 类产品上的产业内贸易水平较高，说明中国与中南半岛国家在资源密集型初级产品和资源密集型制成品方面以产业内贸易为主。中国与中南半岛国家 SITC 2、4 类产品的产业内贸易水平较低，说明非食用原料（燃料除外）和动植物油脂及蜡以产业间贸易为主。

表 3.29　中国与中南半岛国家 G-L 指数　　　　　　　　　（单位：%）

SITC	0	1	2	3	4	5	6	7	8	9
1996	88.45	3.93	34.31	18.96	14.02	87.87	70.89	91.88	31.12	16.43
1998	70.23	4.75	37.38	41.27	12.06	63.34	78.08	89.85	41.79	0.01
2000	77.97	28.00	26.72	59.59	3.46	56.58	82.48	89.26	44.08	13.06
2002	73.36	11.72	22.60	59.90	1.57	46.98	74.55	87.79	50.07	31.60
2004	99.62	10.34	15.52	42.45	2.76	56.03	58.28	78.87	63.06	44.89
2006	98.46	36.74	15.95	61.47	3.08	58.40	42.77	89.82	57.01	75.51
2008	84.80	56.23	20.18	48.50	4.99	82.25	37.30	98.36	46.50	56.61
2010	90.56	68.53	19.76	61.56	3.15	72.82	49.28	85.66	48.31	55.68
2011	85.91	58.49	17.03	42.98	2.75	73.50	46.54	85.89	49.90	53.10
2012	98.17	53.41	21.63	46.55	3.53	75.06	40.11	91.72	42.67	29.49
2013	92.15	59.92	20.99	63.25	3.55	74.69	33.74	98.00	35.10	61.15
2014	92.10	59.62	26.01	70.07	4.64	80.32	31.33	96.48	37.61	67.11
2015	89.58	70.22	26.21	73.85	5.77	90.21	27.12	94.55	41.62	0.00

　　表 3.30 数据显示，中国与新亚欧大陆桥沿线国家在 SITC 0、1、5、6、7 类产品上的

产业内贸易水平较高,说明中国与新亚欧大陆桥沿线国家在食品及活动物、饮料及烟类和工业制成品方面以产业内贸易为主。中国与新亚欧大陆桥沿线国家在SITC 2、3、8类产品的产业内贸易水平较低,以产业间贸易为主。

表3.30　中国与新亚欧大陆桥沿线国家G-L指数　　　　　　　（单位:%）

SITC	0	1	2	3	4	5	6	7	8	9
1996	44.81	47.09	91.94	62.18	27.83	62.34	76.98	58.70	20.83	1.49
1998	61.56	62.58	83.87	98.00	14.54	86.23	93.48	86.51	18.58	16.87
2000	88.22	72.13	43.76	33.83	39.90	64.38	84.76	99.33	26.38	0.17
2002	84.00	95.47	38.53	23.79	34.47	56.87	76.04	91.43	34.75	1.54
2004	83.25	61.00	37.76	20.55	80.86	58.03	95.63	90.64	30.39	24.59
2006	80.36	52.49	39.84	9.92	9.35	71.87	76.42	71.23	22.65	72.20
2008	68.07	75.29	35.54	14.43	74.99	84.21	63.89	69.30	19.87	78.32
2010	67.65	68.87	25.93	7.27	31.61	73.03	76.17	77.77	23.92	78.76
2011	72.33	90.04	22.82	7.14	31.66	75.05	71.36	83.06	26.48	50.64
2012	79.46	73.94	22.76	6.11	74.87	71.17	67.47	81.07	27.37	53.36
2013	83.59	61.17	22.17	6.02	23.93	72.04	66.07	82.24	26.10	23.32
2014	84.70	41.29	26.90	5.23	91.63	74.94	63.50	85.75	25.89	5.35
2015	98.53	35.18	25.92	6.04	60.74	70.45	69.12	82.11	28.18	0.00

表3.31数据显示,中国与中亚—西亚国家只在SITC 5类产品上的产业内贸易水平较高,总体以产业间贸易为主。

表3.31　中国与中亚—西亚国家G-L指数　　　　　　　（单位:%）

SITC	0	1	2	3	4	5	6	7	8	9
1996	3.92	0.00	17.31	2.88	14.63	62.67	47.06	25.14	2.49	0.06
1998	4.34	28.99	25.33	3.66	0.00	84.85	37.24	15.78	2.45	—
2000	17.90	57.17	17.94	2.61	0.01	67.63	48.94	17.12	3.52	0.03
2002	13.99	44.16	29.45	4.02	14.93	56.21	60.10	10.89	5.68	38.00
2004	18.52	16.97	16.86	4.01	12.49	54.14	49.19	13.07	5.82	22.73
2006	14.96	0.03	16.83	2.96	1.94	65.58	29.61	7.86	4.34	14.94
2008	12.89	1.74	13.09	2.26	19.91	78.99	19.46	6.04	2.47	35.51
2010	24.44	2.48	12.76	2.30	34.91	50.30	27.56	7.37	3.41	16.92
2011	13.86	12.34	16.25	1.29	38.26	48.07	25.06	5.17	3.83	9.92
2012	20.32	6.20	16.11	1.44	13.83	49.81	24.03	5.78	3.14	24.49
2013	17.02	12.66	15.42	1.56	11.16	51.43	21.44	6.47	3.32	26.27
2014	23.71	17.51	23.22	2.21	19.75	55.81	16.15	5.55	3.25	5.78
2015	24.45	16.51	34.96	2.89	26.55	55.62	16.29	5.62	3.97	0.00

注:该计算中包含乌兹别克斯坦数据。

根据表 3.32 可得,中国与六大经济走廊之间以产业内贸易为主的商品主要集中于 SITC 0、5、6,即食品及活动物、化学产品及有关产品和按原料分类的制成品。在六大经济走廊中,中南半岛、新亚欧大陆桥与中国之间以产业内贸易为主的商品种类最多,而中亚—西亚经济走廊与中国之间以产业间贸易为主的商品种类最多。

表 3.32　中国与六大经济走廊沿线国家产业内贸易指数对比

	以产业内贸易为主
中巴经济走廊	SITC 0、2、6
孟中印缅经济走廊	SITC 6、8
中蒙俄经济走廊	SITC 0、5、6
中国—中南半岛经济走廊	SITC 0、1、3、5、7
新亚欧大陆桥经济走廊	SITC 0、1、5、6、7
中国—中亚—西亚经济走廊	SITC 5

根据公式(3.9)计算的区域内总的 G-L 指数如表 3.33 所示。

表 3.33　中国与六大经济走廊内其他国家 G-L 指数对比　　　　　　　　（单位:%）

年份	中巴经济走廊	孟中印缅经济走廊	中蒙俄经济走廊	中国—中南半岛经济走廊	新亚欧大陆桥经济走廊	中国—中亚—西亚经济走廊
1996	23.44	35.15	20.86	65.18	55.12	21.26
1998	21.13	32.94	30.75	70.04	71.10	19.50
2000	28.28	40.34	19.72	73.32	71.60	16.15
2002	28.27	43.75	26.26	71.71	70.18	22.67
2004	36.95	33.44	25.81	66.54	71.79	18.79
2006	37.01	25.40	18.86	72.86	57.76	13.84
2008	23.84	15.26	19.38	74.90	55.13	10.95
2010	36.83	19.99	23.41	70.67	60.18	12.55
2011	38.36	24.49	20.02	67.66	60.72	10.90
2012	44.90	28.85	15.97	69.87	58.22	10.54
2013	42.33	33.30	15.55	70.51	58.16	10.55
2014	32.10	47.69	13.42	70.53	60.76	10.58
2015	26.06	32.09	22.31	70.67	61.70	12.46

注:该计算中包含乌兹别克斯坦数据。

根据公式(3.10)计算的区域内总的修正后的 G-L 指数如表 3.34 所示。

表 3.34 中国与六大经济走廊内其他国家修正的 G-L 指数对比　　　　　（单位:%）

年份	中巴经济走廊	孟中印缅经济走廊	中蒙俄经济走廊	中国—中南半岛经济走廊	新亚欧大陆桥经济走廊	中国—中亚—西亚经济走廊
1996	33.05	54.76	41.62	68.63	60.02	21.59
1998	24.78	52.94	46.27	77.30	80.98	22.99
2000	33.39	60.41	35.03	84.20	73.83	19.38
2002	45.63	61.66	44.08	83.65	73.24	22.80
2004	95.08	35.27	30.31	82.43	77.06	20.01
2006	96.40	35.32	20.27	77.58	72.34	14.27
2008	83.55	21.48	22.68	76.41	73.47	11.04
2010	92.22	33.16	24.48	75.98	71.96	13.56
2011	95.60	42.58	20.61	73.29	67.61	13.07
2012	88.76	56.67	16.20	70.75	64.39	12.56
2013	88.35	70.64	17.14	77.87	65.45	12.22
2014	93.20	80.16	14.74	83.02	69.73	11.21
2015	99.73	83.23	22.50	85.89	72.30	14.23

注:该计算中包含乌兹别克斯坦数据。

结合表 3.33 和表 3.34 可以看出,中国与中南半岛和新亚欧大陆桥的 G-L 指数和修正后的 G-L 指数都较高,说明贸易总量基本平衡而且产业内贸易水平较高;中国与巴基斯坦的 G-L 指数较低但修正后的 G-L 指数很高,说明贸易总量存在极大的不平衡,实际产业内贸易水平较高;中国与中亚—西亚国家和蒙俄的 G-L 指数和修正后的 G-L 指数都较低,说明主要以产业间贸易为主。

(六) 小结

从贸易的竞争性、互补性、产业内贸易水平三方面对本节的结论进行综合分析,可以得出如下结论。

1. 贸易的竞争性

在贸易的竞争性方面,在六大经济走廊中,中国与蒙俄出口到世界市场的商品结构差异最大,在世界市场的竞争最低,持续开展双边贸易的潜力较大;中国与中亚、西亚的出口竞争也较低,贸易互补性较强;中国与中南半岛国家出口到世界市场的商品结构相似性最高,新亚欧大陆桥国家次之,这两个地区与中国的出口竞争都较为激烈。从时间维度来看,1996—2015 年,中国与中南半岛国家在世界市场的竞争愈发激烈;中国与巴基斯坦、孟印缅在世界市场的竞争逐步减弱。

从产品的细分种类来看,1996—2015 年,中国、巴基斯坦、孟印缅最具竞争力的产品一直是劳动密集型制成品(SITC 6、8 类产品)。蒙俄、中亚—西亚国家最具国际竞争力的产品都是 SITC 3 类(矿物燃料、润滑油及原油),这与俄罗斯、中亚—西亚国家丰富的油气资源有关。中南半岛国家最具国际竞争力的产品是SITC 4类(动、植物油脂及蜡),其次是SITC 7类产品(机械及运输设备)。新亚欧大陆桥国家各类产品的竞争力总体较高。中国SITC 8类产品的比较优势有减弱的趋势。中国初级产品的国际竞争力在减弱,在国际市场中长期处于竞争劣势。巴基斯坦的SITC 0类初级产品(食品及活动物)也具有较强的竞争力。

2. 贸易的互补性

在贸易的互补性方面,中国与蒙俄的贸易互补性较强,特别是中国出口蒙俄的商品贸易互补性显著。中国与巴基斯坦、中国与孟印缅的贸易互补性较低。中国与中南半岛、新亚欧大陆桥的贸易互补性一般。中亚—西亚国家出口、中国进口的SITC 3类产品(矿物燃料、润滑油及有关原料)的贸易互补性极强;SITC 2类产品(燃料除外的非食用原料)的互补性也较强;SITC 9类产品(SITC未分类产品)的贸易互补性逐年增强。

综合六大经济走廊来看,从贸易结合度指数的角度,中国与中巴经济走廊、孟中印缅经济走廊、中蒙俄经济走廊、新亚欧大陆桥经济走廊、中国—中亚—西亚经济走廊的贸易联系在出口方面较为紧密,而与中南半岛国家的贸易联系在进口方面较为紧密。在细分产品种类方面,以中国为出口方时,贸易互补性较强的产品主要是劳动密集型制成品(SITC 6、8)和资本密集型制成品当中的机械及运输设备(SITC 7);以中国为进口方时,贸易互补性较强的产品主要是资源密集型的初级产品(SITC 0—4),特别是非食用原料(燃料除外)(SITC 2)。

3. 产业内贸易水平

总体来看,中国与巴基斯坦、中南半岛国家和新亚欧大陆桥国家以产业内贸易为主;中国与中亚—西亚国家和蒙俄以产业间贸易为主。中国与六大经济走廊之间以产业内贸易为主的商品主要集中于食品及活动物、化学产品及有关产品和按原料分类的制成品。在六大经济走廊中,中南半岛、新亚欧大陆桥与中国之间以产业内贸易为主的商品种类最多,而中亚—西亚经济走廊与中国之间以产业间贸易为主的商品种类最多。

从细分商品种类来看,中国与巴基斯坦的食品及活动物、非食用原料(燃料除外)以产业内贸易为主。预测未来中国与孟印缅在劳动密集型制成品上会逐渐由产业内贸易占优势变为产业间贸易占优势。中国与蒙俄在食品及活动物、化学产品及有关产品和按原料分类的制成品上以产业内贸易为主。中国与中南半岛国家在资源密集型初级产品和资源密集型制成品方面以产业内贸易为主,而非食用原料(燃料除外)和动植物油脂及蜡以产业间贸易为主。中国与新亚欧大陆桥沿线国家在食品及活动物、饮料及烟类和工业制成品方面以产业内贸易为主。中国与中亚—西亚国家只在化学产品及有关产品上的产业内贸易水平较高。

二、基于引力模型的贸易潜力实证研究

（一）扩展的贸易引力模型

根据万有引力定律，两物体之间的万有引力与两者的质量成正比，与两者之间的距离成反比。[①] 牛顿万有引力定律公式为：

$$F_{ij} = \frac{m_i m_j}{d_{ij}^2} \quad (3.11)$$

贸易引力模型是由式（3.11）发展而来的。贸易引力模型的基本形式是：

$$T_{ij} = A(Y_i Y_j) / D_{ij} \quad (3.12)$$

其中，T_{ij} 表示两国的进出口贸易流量总额，A 表示常数项，Y_i 和 Y_j 表示两国的国内生产总值，D_{ij} 表示两国的空间距离。模型两边取自然对数可得：

$$\ln T_{ij} = c + \beta_1 \ln Y_i + \beta_2 \ln Y_j + \beta_3 \ln D_{ij} + u_{ij} \quad (3.13)$$

其中，$\ln T_{ij}$、$\ln Y_i$、$\ln Y_j$、$\ln D_{ij}$ 分别是 T_{ij}、Y_i、Y_j、D_{ij} 的对数形式，c 是常数项，β_1、β_2、β_3 是回归系数，u_{ij} 是随机误差项。

在结合前人研究的基础上，加入人口以及共同边界、同属于某经济组织等虚拟变量，同时将第一节测算的衡量贸易竞争性与互补性的指数也作为解释变量，得到拓展后的贸易引力模型为：

$$\begin{aligned}\ln T_{it} = & c + \beta_1 \ln \text{GDP}_t + \beta_2 \ln \text{GDP}_{it} + \beta_3 \ln \text{POP}_t + \beta_4 \ln \text{POP}_{it} \\ & + \beta_5 \ln D_i + \beta_6 \text{ADJ}_i + \beta_7 \text{APEC}_i + \beta_8 \text{WTO}_i \\ & + \beta_9 \ln \text{ESI}_{it} + \beta_{10} \ln (\text{TCDEX}_{it} \times \text{TCDIM}_{it}) + \beta_{11} \ln \text{GL}_{it} + u_{ij} \end{aligned} \quad (3.14)$$

其中，因变量 T_{it} 是指中国与 i 国在 t 年时的进出口贸易总额，资料来源于联合国贸易统计数据库（UN Comtrade）。解释变量的具体说明和资料来源详见表3.35。

本节选取 1996—2015 年中国与"一带一路"六大经济走廊沿线国家的贸易数据作为样本。由于叙利亚、巴勒斯坦、阿富汗、卡塔尔和缅甸缺少部分数据，本节的样本中不包含这五个国家，因此样本里除中国之外共有 33 个国家。由于中国于 2001 年 12 月 11 日正式成为世界贸易组织成员、于 1991 年 11 月成为亚太经济合作组织成员（APEC），因此本章希望考察这两个虚拟变量对中国与六大经济走廊沿线国家的贸易流量是否具有显著影响。

---

① 牛顿. 自然哲学的数学原理[M]. 北京：商务印书馆，2006.

表 3.35　解释变量具体说明

解释变量	含义	预期符号	理论分析	资料来源
GDP_t	中国在 t 年的实际国内生产总值（2010 年价格）	+	国内生产总值与潜在进出口能力存在正相关性，因此与双边贸易流量呈现正相关关系	世界银行
GDP_{it}	i 国在 t 年的实际国内生产总值（2010 年价格）	+		
POP_t	中国在 t 年的人口总数	+（−）	人口多则生产能力强，但人口多会扩大内部市场而降低对外贸易的需求，二者对贸易流量的作用相反	世界银行
POP_{it}	i 国在 t 年的人口总数	+（−）		
D_i	中国与 i 国的地理距离	−	距离越远，运输成本越大，阻碍贸易发展	CEPII 数据库①
ADJ_i	虚拟变量，中国与 i 国是否有共同边界，若是则取 1，否则取 0	+	若两国接壤，则运输成本较低，有利于增加贸易流量	中华人民共和国地图
$APEC_i$	虚拟变量，中国与 i 国在 t 年是否同属于 APEC，若是则取 1，否则取 0	+	两国同属 APEC，贸易壁垒减少，促进双边贸易流量增加	APEC 官方网站
WTO_i	虚拟变量，中国与 i 国在 t 年是否同属于 WTO，若是则取 1，否则取 0	+	两国同属 WTO，贸易壁垒减少，促进双边贸易流量增加	WTO 官方网站
ESI_{it}	出口相似性指数	−	该指数越大，两国之间的贸易竞争愈发激烈，两国之间的贸易流量减少	前文测算所得
$TCDEX_{it} \times TCDIM_{it}$	分别以中国为出口方和进口方的贸易结合度指数的乘积	+	该指数越大，两国之间的贸易联系越紧密，两国之间的贸易流量增多	前文测算所得
GL_{it}	修正的 G-L 指数，衡量产业内贸易水平	+（−）	产业内贸易和产业间贸易对贸易流量的影响不确定	前文测算所得

采用 EViews 8.0 软件对 1996—2015 年中国与"一带一路"六大经济走廊沿线国家的进出口贸易流量进行多元线性回归。

首先考察解释变量是否存在严重的多重共线性，相关系数矩阵如表 3.36 所示。除 $\ln D$ 与 ADJ、$\ln GL$ 与 $\ln ESI$、$\ln GDP_t$ 与 $\ln POP_t$ 的相关系数大于 0.6 以外，其他变量的相关系数均在 0.6 以下。而且，由于后文在筛选变量时最终删除了人口变量（即 $\ln POP_t$ 与 $\ln POP_{it}$）、G-L 指数和 ADJ，因此由人口变量、G-L 指数和 ADJ 导致的相关系数较高的问题得到了解决，故模型中不存在共线性问题。

---

① 该数据库官方网站为 http://www.cepii.fr/CEPII/en/bdd_modele/bdd.asp。

表 3.36 相关系数矩阵

相关性	ADJ_i	$APEC_i$	$\ln D_i$	$\ln ESI_{it}$	$\ln GDP_t$	$\ln GDP_{it}$	$\ln GL_{it}$	$\ln POP_t$	$\ln POP_{it}$	$\ln(TCDEX_{it} \times TCDIM_{it})$	WTO_i
ADJ_i	1										
$APEC_i$	0.252***	1									
$\ln D_i$	−0.630***	−0.218***	1								
$\ln ESI_{it}$	0.132***	0.392***	−0.113***	1							
$\ln GDP_t$	0.000	0.026	0.000	−0.226***	1						
$\ln GDP_{it}$	−0.147***	0.251***	0.364***	0.137***	0.427***	1					
$\ln GL_{it}$	0.262***	0.471***	−0.280***	0.832***	−0.160***	0.182***	1				
$\ln POP_t$	0.000	0.031	0.000	−0.235***	0.989***	0.423***	−0.148***	1			
$\ln POP_{it}$	0.254***	0.189***	−0.091**	0.268***	0.092***	0.594***	0.345***	0.091**	1		
$\ln(TCDEX_{it} \times TCDIM_{it})$	0.456***	0.620***	−0.590***	0.394***	0.116***	−0.007	0.438***	0.111***	0.185***	1	
WTO_i	−0.024	0.087**	−0.018	0.003	0.554***	0.368***	0.027	0.569***	0.036	0.161***	1

注:***表示 $p<1\%$,**表示 $p<5\%$,*表示 $p<10\%$。

针对本节的面板数据,在尚未确定用随机效应模型、混合回归和固定效应模型之中的哪种估计方法更合适之前,笔者运用三种方法分别进行了估计,回归结果如表 3.37 所示。

表 3.37 引力模型回归结果(无滞后项)

解释变量	随机效应模型	混合回归	固定效应模型①
c	−146.0718	51.70166	−158.3765
	(−1.836308)*	(0.391350)	(−1.961093)*
$\ln GDP_t$	−0.336460	0.935451	−1.302017
	(−1.222533)	(2.239428)**	(−3.773654)***
$\ln GDP_{it}$	1.363592	0.913930	1.971350
	(15.71809)***	(27.43158)***	(11.95174)***
$\ln POP_t$	8.021017	−2.652211	7.917129
	(2.027192)**	(−0.402483)	(1.973282)**
$\ln POP_{it}$	−0.358031	−0.151753	−0.353437
	(−4.117008)***	(−4.898241)***	(−1.910152)*
$\ln D_i$	−1.629897	−0.802919	
	(−4.093296)***	(−6.017926)***	
ADJ_i	0.442316	0.293239	
	(1.318450)**	(3.148590)***	
$APEC_i$	−0.057897	0.885654	−0.334739
	(−0.269739)	(6.718713)***	(−1.319102)
WTO_i	0.014137	0.464693	0.043455
	(0.220767)	(5.604059)***	(0.659340)
$\ln ESI_{it}$	−0.973337	−0.413521	−1.123726
	(−5.695995)***	(−2.197922)**	(−6.294307)***
$\ln(TCDEX_{it} \times TCDIM_{it})$	0.503681	0.127890	0.509223
	(6.458829)***	(1.479961)	(6.305255)***
$\ln GL_{it}$	−0.186960	0.230134	−0.254682
	(−2.229142)**	(2.425725)**	(−2.882213)***
R^2	0.890580	0.866427	0.958541
调整后的 R^2	0.888723	0.864160	0.955790
F 统计值	479.4678	382.1179	348.4948
概率(F 统计值)	0.000000	0.000000	0.000000
Durbin-Watson 统计值	1.003005	0.449004	1.121772

注:括号内为 t 统计值;*** 表示 $p<1\%$,** 表示 $p<5\%$,* 表示 $p<10\%$。

---

① 用固定效应模型进行回归时,加入变量 lnD 或者 ADJ 均会显示奇异矩阵,因此在固定效应模型的回归中均剔除了这两个变量。

表 3.37 的回归分析结果显示，Durbin-Waston 检验值[①]偏小（DW 值分别为 1.003005、0.449004 和 1.121772），说明数据存在一阶自相关。因此在模型中加入变量 $\ln T_{it}(-1)$，拓展的贸易引力模型方程变为：

$$\ln T_{it} = c + \beta_1 \ln GDP_t + \beta_2 \ln GDP_{it} + \beta_3 \ln POP_t + \beta_4 \ln POP_{it} + \beta_5 \ln D_i + \beta_6 ADJ_i \\ + \beta_7 APEC_i + \beta_8 WTO_i + \beta_9 \ln ESI_{it} + \beta_{10} \ln(TCDEX_{it} \times TCDIM_{it}) \\ + \beta_{11} \ln GL_{it} + \beta_{12} \ln T_{it}(-1) + u_{ij} \quad (3.15)$$

回归结果如表 3.38 所示。可以看出加入变量 $\ln T_{it}(-1)$ 之后 DW 值显著增大并接近于 2（DW 值分别为 1.724861、1.724861 和 1.491162），基本解决了一阶自相关问题。

表 3.38 引力模型回归结果（含滞后项）

解释变量	随机效应模型	混合回归	固定效应模型[②]
c	−53.16672	−53.16672	−134.7929
	(−0.664104)	(−0.575432)	(−1.558625)
$\ln GDP_t$	−0.137351	−0.137351	−1.164171
	(−0.561240)	(−0.486302)	(−3.627863)***
$\ln GDP_{it}$	0.168180	0.168180	1.170797
	(7.457913)***	(6.462117)***	(8.116463)***
$\ln POP_t$	2.727011	2.727011	6.909018
	(0.684050)	(0.592714)	(1.608590)
$\ln POP_{it}$	−0.018185	−0.018185	−0.219876
	(0.2158)	(−1.073707)	(−1.433844)
$\ln D$	−0.095640	−0.095640	
	(−1.506478)	(−1.305330)	
ADJ_i	0.039974	0.039974	
	(0.920365)	(0.797476)	
$APEC_i$	0.111864	0.111864	−0.195370
	(1.722710)*	(1.492690)	(−0.714597)
WTO_i	0.139799	0.139799	0.122167
	(3.586569)***	(3.107683)***	(2.231805)**
$\ln ESI_{it}$	−0.185129	−0.185129	−0.803865
	(−2.137067)**	(−1.851721)*	(−5.340995)***

---

① Durbin-Watson 值检验残差序列的自相关性，其值在 0—4 之间，在 2 附近说明无自相关，越趋近于 0 表明正的自相关性越强，越趋近于 4 表明负的自相关性越强。

② 用固定效应模型进行回归时，加入变量 $\ln D$ 或者 ADJ 均会显示奇异矩阵，因此在固定效应模型的回归中均剔除了这两个变量。

(续表)

解释变量	随机效应模型	混合回归	固定效应模型
$\ln(\text{TCDEX}_{it} \times \text{TCDIM}_{it})$	0.102659	0.102659	0.454721
	(2.479426)**	(2.148368)**	(6.474890)***
$\ln \text{GL}_{it}$	0.052511	0.052511	−0.108457
	(1.194178)	(1.034729)	(−1.516503)
$\ln T_{it}(-1)$	0.800356	0.800356	0.462704
	(44.47357)***	(38.53536)***	(14.84300)***
R^2	0.961744	0.961744	0.972681
调整后的 R^2	0.960996	0.960996	0.970716
F 统计值	1286.297	1286.297	495.0732
概率(F 统计值)	0.000000	0.000000	0.000000
Durbin-Watson 统计值	1.724861	1.724861	1.491162

注:括号内为 t 统计值;*** 表示 $p<1\%$,** 表示 $p<5\%$,* 表示 $p<10\%$。

然后运用 EViews 8.0 软件对面板数据的混合回归模型和固定效应模型进行 F 检验,检验结果如表 3.39 所示,由于 p 值显著为 0,拒绝原假设,故认为固定效应模型优于混合回归。

表 3.39　F 检验结果

冗余固定效应检验 截面固定效应检验			
效应检验	统计量	自由度	概率
截面 F	7.444833	32584	0.0000
截面 Chi-square	214.512272	32	0.0000

至于对采用固定效应模型还是随机效应模型的选择,需要通过豪斯曼检验予以判断。如表 3.40 所示,豪斯曼检验的 p 值等于 1,显著大于 0,说明选用随机效应模型将更加有效。[①] 而且,固定效应模型中不能包含非时变变量,因为固定效应模型是默认非时变的自变量不会对因变量造成影响的,但本章中的非时变变量——距离在引力模型中具有重要的理论意义,所以明显看出本章不适合采用固定效应模型。[②] 综上,本章的回归分析采用随机效应模型。

[①] 当豪斯曼检验的 p 值等于 1 时,接受采用随机效应的原假设。
[②] 张海英.基于引力模型的中国农产品出口贸易潜力研究[D].大连理工大学,2013.

表 3.40　豪斯曼检验结果

豪斯曼随机效应检验
截面随机效应检验

检验总结	Chi-Sq. 统计量	Chi-Sq. 自由度	概率
截面随机	0.000000	10	1.0000

根据表 3.38 第一列随机效应模型回归结果，方程中 GDP_{it}、D_i、虚拟变量 $APEC_i$、虚拟变量 WTO_i、出口相似性指数 ESI_{it}、贸易结合度指数 $TCDEX_{it} \times TCDIM_{it}$ 和一阶滞后项 $T_{it}(-1)$ 均通过显著性检验，但中国 GDP、中国与伙伴国人口 POP 以及虚拟变量共同边界 ADJ、G-L 指数这 5 个变量未通过显著性检验，因此在拓展的回归方程的基础上剔除变量 GDP_t、POP_t、POP_{it}、GL_i 和 ADJ_i，得到最终较为合理的拓展回归模型如下：

$$\ln T_{it} = c + \beta_1 \ln GDP_{it} + \beta_2 \ln D_i + \beta_3 APEC_i + \beta_4 WTO_i + \beta_5 \ln ESI_{it}$$
$$+ \beta_6 \ln (TCDEX_{it} \times TCDIM_{it}) + \beta_7 \ln T_{it}(-1) + u_{ij} \quad (3.16)$$

修正后的随机效应贸易引力模型的回归结果如表 3.41 所示。

根据表 3.41 的回归分析结果，得出模型如下：

$$\ln T_{it} = 1.635895 + 0.151711 \ln GDP_{it} - 0.115975 \ln D_i + 0.139127 APEC_i$$
$$+ 0.158212 WTO_i - 0.124719 \ln ESI_{it} + 0.090359 \ln (TCDEX_{it} \times TCDIM_{it})$$
$$+ 0.810527 \ln T_{it}(-1) + u_{ij} \quad (3.17)$$

表 3.41　随机效应贸易引力模型的回归结果

方法：面板广义最小二乘法估计（界面随机效应）
Swamy and Arora 方差估计

变量	系数	标准误差	t 统计值	概率
C	1.635895	0.417318	3.920024	0.0001
LNGDPI	0.151711	0.017623	8.608874	0.0000
LND	-0.115975	0.051837	-2.237285	0.0256
APEC	0.139127	0.060848	2.286453	0.0226
WTO	0.158212	0.035594	4.444899	0.0000
LNESI	-0.124719	0.048816	-2.554891	0.0109
LOG(TCDEX×TCDIM)	0.090359	0.040041	2.256674	0.0244
LNT(-1)	0.810527	0.016061	50.46520	0.0000

(续表)

		效应分析	
		标准差	总体相关系数
截面随机效应		0.000000	0.0000
特质随机		0.370011	1.0000
R^2	0.961524	因变量均值	21.59217
调整后的 R^2	0.961089	因变量标准差	2.132907
回归标准误差	0.420735	残差平方和	109.5739
F 统计值	2209.856	Durbin-Watson 统计值	1.734270
概率(F 统计值)	0.000000		

从回归结果来看，调整后的 R^2 为 0.961089，模型整体显著且拟合优度很高，各变量的回归系数均在 5% 的水平上显著，而且与预期的符号一致。贸易伙伴的国内生产总值、与中国的距离、与中国的出口相似性指数、从出口和进口两方面衡量的贸易结合度指数以及同属于 APEC 或者 WTO 均对中国与"一带一路"六大经济走廊沿线国家的进出口贸易流量有显著影响。走廊沿线国家的国内生产总值每增加 1%，中国与沿线国家的贸易流量增加 0.15%。距离每增加 1%，中国与沿线国家的贸易流量减少 0.12%，这也符合我们的理论预期。虚拟变量 APEC 和 WTO 的系数均为正，与中国在同一年度同属于亚太经济合作组织或世贸组织的国家与中国的贸易流量分别增加 0.14% 和 0.16%。特别值得注意的是，衡量贸易竞争性的出口相似性指数每增加 1%，中国与沿线国家的贸易流量减少 0.12%；衡量贸易互补性的进口贸易结合度指数与出口贸易结合度指数的乘积每增加 1%，中国与沿线国家的贸易流量增加 0.09%。

在模型调整的过程中，中国的 GDP、人口、伙伴国人口、共同边界和产业内贸易指数的回归系数不显著。该回归模型讨论的是中国与"一带一路"沿线国家之间的贸易流量，因此每个国家所对应的当年度的中国 GDP 和人口数均相等，因此中国的 GDP 和人口对贸易流量没有显著影响，故回归系数不显著。伙伴国的人口数影响不显著可能是因为人口对贸易流量有正反两方面的效应，这两种相反的效应导致各国的人口数对贸易流量产生不同方向的影响，正负效应相互抵消。共同边界的回归系数不显著可能是因为该变量与空间距离有一定的正相关关系，而空间距离比共同边界这一虚拟变量更能表现影响的差异性。衡量产业内贸易水平的 G-L 指数不显著可能是由于产业内贸易和产业间贸易主要是影响贸易的种类和利润，对贸易流量的影响方向不确定。

(二) 贸易潜力测算

本节采用刘青峰、姜书竹 (2002) 的方法来测算贸易潜力，即用真实的双边贸易额

(T)与模型拟合值(T^*)求比值,根据比值的大小可以将国家间的双边贸易潜力分为三种类型:潜力巨大型($T/T^* \leqslant 0.8$),贸易流量提升空间很大;潜力开拓型($0.8 < T/T^* < 1.2$),双边贸易提升的空间较大,也可以培养新的贸易形态;潜力再造型($T/T^* \geqslant 1.2$),表示要想提升贸易流量需要培养新经济要素。[①]

根据回归结果中的参数估计值计算"一带一路"六大经济走廊沿线国家与中国在2000年、2005年、2010年、2015年的贸易潜力。

如表3.42所示,从横向来看,在2015年,伊朗、也门、乌兹别克斯坦、土库曼斯坦、土耳其、塔吉克斯坦、塞浦路斯、蒙古、老挝、科威特、俄罗斯、巴林、阿曼、哈萨克斯坦的贸易属于潜力巨大型,与中国的双边的贸易流量还有很大的提升空间;越南、约旦、印度、以色列、伊拉克、新加坡、泰国、沙特阿拉伯、孟加拉国、马来西亚、黎巴嫩、柬埔寨、吉尔吉斯斯坦、荷兰、德国、波兰、白俄罗斯、巴基斯坦、阿联酋的贸易属于潜力开拓型。

表3.42 中国对"一带一路"六大经济走廊沿线国家的贸易潜力

国家/地区	实际值/拟合值				国家/地区	实际值/拟合值			
	2000年	2005年	2010年	2015年		2000年	2005年	2010年	2015年
越南	1.42	1.14	1.20	1.01	马来西亚	1.20	1.04	1.14	0.86
约旦	0.91	1.09	0.87	0.95	黎巴嫩	0.82	0.88	1.09	0.85
印度	0.96	1.12	1.16	0.84	老挝	0.97	0.76	1.06	0.55
以色列	1.05	0.87	1.12	0.92	科威特	1.34	0.68	0.69	0.77
伊朗	0.78	1.08	1.66	0.73	柬埔寨	1.46	0.95	1.22	1.04
伊拉克	1.30	1.53	1.52	0.96	吉尔吉斯斯坦	1.08	1.57	1.00	0.97
也门	1.03	1.73	1.04	0.45	荷兰	1.32	1.40	1.38	1.04
新加坡	1.35	1.28	1.20	0.99	哈萨克斯坦	1.17	1.56	1.58	0.60
乌兹别克斯坦	0.74	0.90	0.65	0.72	俄罗斯	0.97	1.04	1.13	0.52
土库曼斯坦	0.74	0.71	0.50	0.67	德国	1.17	1.16	1.37	0.92
土耳其	1.08	0.99	1.03	0.74	波兰	0.91	1.00	1.02	0.89
泰国	1.18	1.00	1.11	0.85	白俄罗斯	0.87	1.21	2.14	0.84
塔吉克斯坦	1.31	1.92	1.25	0.72	巴林	1.36	0.93	1.19	0.58
沙特阿拉伯	0.94	1.16	0.95	0.83	巴基斯坦	0.89	1.04	0.96	0.92
塞浦路斯	1.18	1.12	0.97	0.47	阿曼	3.90	1.20	1.67	0.75
孟加拉国	1.11	0.91	1.17	1.03	阿联酋	1.18	1.10	1.05	0.94
蒙古	1.08	0.92	1.07	0.67					

从纵向来看,2015年与2000—2010年相比,走廊沿线的大部分国家都呈现出贸易潜力提升的趋势,这说明中国在与走廊国家的贸易中逐渐形成了新的贸易形态,促

[①] 张英. 基于引力模型的中俄双边贸易流量与潜力研究[J]. 国际经贸探索, 2012, 28(6): 25—35.

进了贸易流量的增加。

将表 3.42 中的 33 个国家归类到六大经济走廊来看,2015 年,中蒙俄经济走廊、中国—中亚—西亚经济走廊总体来看属于贸易潜力巨大型,而孟中印缅经济走廊、中巴经济走廊、新亚欧大陆桥经济走廊、中国—中南半岛经济走廊总体上属于贸易潜力开拓型。2010 年新亚欧大陆桥经济走廊沿线国家与中国的贸易一度表现为潜力再造型,但是到 2015 年发展成潜力开拓型,这说明中国与新亚欧大陆桥国家近年来培养出新的经济要素,提高了双边贸易流量。在"一带一路"倡议逐渐落实以来,中国与六大经济走廊沿线国家的贸易潜力有提升的趋势,说明"一带一路"倡议发挥出促进贸易发展的积极作用。

根据上述分析,从贸易潜力的角度来看,中国可以优先开拓中蒙俄经济走廊和中国—中亚—西亚经济走廊,因为中国与这两大走廊的贸易流量还有很大的提升空间。

三、结论与启示

综上所述,我们可以得出以下几点结论。第一,在贸易的竞争性方面,在六大经济走廊中,中国与蒙俄、中亚—西亚出口到世界市场的商品结构差异较大,在世界市场的竞争较低;中国与中南半岛、新亚欧大陆桥国家出口到世界市场的商品结构相似性较高,出口竞争较为激烈。从时间维度来看,1996—2015 年,中国与中南半岛国家在世界市场的竞争愈发激烈;中国与巴基斯坦、孟印缅在世界市场的竞争逐步减弱。从产品的细分种类来看,1996—2015 年,中国、巴基斯坦、孟印缅最具竞争力的产品一直是劳动密集型制成品。蒙俄、中亚—西亚国家最具国际竞争力的产品都是矿物燃料、润滑油及原油,这与俄罗斯、中亚西亚国家丰富的油气资源有关。中南半岛国家最具国际竞争力的产品是动、植物油脂及蜡和机械及运输设备。新亚欧大陆桥国家的产业结构比较平衡,初级产品、劳动密集型产品和资本密集型产品均衡发展,总体水平较高。中亚—西亚国家的贸易结构存在极度的不平衡,贸易收入主要来源于原油出口。

第二,在贸易的互补性方面,中国与蒙俄的贸易互补性较强,特别是中国出口、蒙俄进口的商品贸易互补性显著。中国与巴基斯坦、中国与孟印缅的贸易互补性较低。中国与中南半岛国家、新亚欧大陆桥国家的贸易互补性一般。中亚—西亚国家出口、中国进口的矿物燃料、润滑油及有关原料的贸易互补性极强。综合六大经济走廊来看,中巴经济走廊、孟中印缅经济走廊、中蒙俄经济走廊、新亚欧大陆桥经济走廊、中国—中亚—西亚经济走廊的贸易联系在出口方面较为紧密。在细分产品种类方面,以中国为出口方时,贸易互补性较强的产品主要是劳动密集型制成品和资本密集型制成品当中的机械及运输设备;以中国为进口方时,贸易互补性较强的产品主要是资源密集型初级产品,特别是非食用原料(燃料除外)。

第三,从产业内贸易的角度来看,总体上,中国与巴基斯坦、中南半岛国家和新亚欧大陆桥国家以产业内贸易为主;中国与中亚—西亚国家和蒙俄以产业间贸易为主。中国与六大经济走廊之间以产业内贸易为主的商品主要集中于食品及活动物、化学产品及有关产品和按原料分类的制成品。在六大经济走廊中,中南半岛、新亚欧大陆桥国家与中国之间以产业内贸易为主的商品种类最多,而中亚—西亚经济走廊与中国之间以产业间贸易为主的商品种类最多。

第四,从贸易流量的角度来看,伙伴国的经济规模、与中国的距离、与中国的出口相似性指数、从出口和进口两方面衡量的贸易结合度指数以及同属于 APEC 或者 WTO 均对中国与"一带一路"六大经济走廊沿线国家的进出口贸易流量有显著影响。在这些影响因素中,除了距离和出口相似性指数外,均为正向影响。衡量贸易竞争性的出口相似性指数每增加1%,中国与沿线国家的贸易流量减少0.12%;衡量贸易互补性的进口贸易结合度指数与出口贸易结合度指数的乘积每增加1%,中国与沿线国家的贸易流量增加0.09%。

第五,在贸易潜力方面,2015 年中蒙俄经济走廊、中国—中亚—西亚经济走廊总体来看属于贸易潜力巨大型,而孟中印缅经济走廊、中巴经济走廊、新亚欧大陆桥经济走廊、中国—中南半岛经济走廊总体上属于贸易潜力开拓型。在"一带一路"倡议逐渐落实以来,中国与六大经济走廊沿线国家的贸易潜力有提升的趋势,说明"一带一路"倡议发挥出促进贸易发展的积极作用。

笔者得出以下几点启示和建议。

第一,用指数分析法测算出的贸易竞争性、互补性与用引力模型估计的贸易潜力在本质上是一致的。根据扩展的引力模型,贸易竞争性越弱,贸易流量越多;贸易互补性越强,贸易流量越多。因此当两国贸易竞争性弱、贸易互补性强时,贸易潜力往往较大。

第二,基于本章对贸易数据的分析,建议我国可以优先开拓中蒙俄经济走廊和中国—中亚—西亚经济走廊。因为中国与这两大经济走廊的贸易竞争性较低、贸易互补性较强,总体来看属于贸易潜力巨大型,双边贸易流量还有很大的提升空间。不过这只是基于贸易的角度得出的建议,从国家政策角度来看,中巴经济走廊起步早进展快,这主要是基于国家战略的需要,而非纯粹市场化的决策。所以经济走廊建设需要考虑国家战略与市场状况两方面的因素。

第三,我国应通过制度性安排保障和推进贸易关系的协同发展。比如新亚欧大陆桥经济走廊沿线国家与中国的贸易在 2010 年表现为潜力再造型,但是到 2015 年发展成潜力开拓型,说明"一带一路"倡议、建立自由贸易区、制定区域贸易协定等政策刺激对贸易有促进作用。

第四章 中国对"一带一路"沿线国家或地区投资形势分析[*]

千金日利为之贾,一纸风行通有无。

随着一带一路"走出去"倡议的推进,中国对"一带一路"沿线国家直接投资规模不断增大,投资区域由紧邻中国的周边国家,不断向中亚、西亚扩展,且占其吸引外商直接投资的比重逐年增加。在结构特征的区位分布上,中国对"一带一路"沿线国家直接投资分布是以新兴经济体和产能合作潜力较大的国家为主,对东南亚直接投资存量规模最大。产业分布上,以产能合作和基础设施建设为主,并日趋多元化。投资企业类型,依然以国有大中型企业为主,民间资本所起的作用也日益增大。此外,收购少数股权成为中国企业对外直接投资的主要模式。在总体形势向好的情况下,中国"一带一路"沿线投资也依然存在着东道国政治环境风险、企业自身层面障碍和国内协调机制不明等有待解决的问题。

一、中国对"一带一路"沿线国家直接投资的总体情况

(一) 中国对"一带一路"沿线国家投资自身的规模及其增速

从图 4.1 中可以看出,中国对"一带一路"沿线国家直接投资规模不断增大,对沿线国家直接投资存量由 2005 年年末的 33.9 亿美元增长到 2015 年年末的 1 159.1 亿美元,是 2005 年的 34 倍。对外直接投资存量一直保持 20% 以上的高增速。

如图 4.2 所示,中国对"一带一路"沿线国家直接投资流量由 2005 年年末的 9.1 亿美元增长到 2015 年年末的 195.6 亿美元,是 2005 年的 21.5 倍。对外直接投资流量的增速波动很大,2013 年增速为 -12.46%,2014 年为 5.27%,2015 年为 10.22%,这也说明 2013 年年末正式提出的"一带一路"倡议有效拉动了对外直接投资的增长。

---

[*] 本章作者:朱智彬,北京大学软件与微电子学院硕士研究生;唐毓璇,北京大学经济学院博士后。

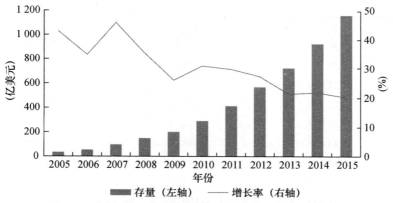

图 4.1　中国对"一带一路"沿线国家直接投资存量及增速

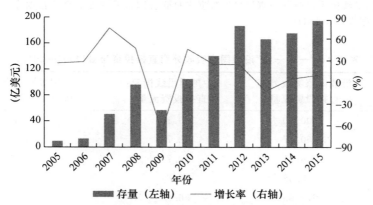

图 4.2　中国对"一带一路"沿线国家直接投资流量及增速

虽然中国对"一带一路"沿线国家直接投资增长较快,但是与"一带一路"沿线国家吸收外资的总量相比,规模仍然较小。截至 2015 年年末,中国对"一带一路"沿线国家的直接投资存量占其吸收 FDI 总量的 2.61%,直接投资流量占"一带一路"沿线国家当年吸收 FDI 的 6.62%,未来有很大的发展空间。

表 4.1　"一带一路"沿线国家吸收外商直接投资存量(2005—2015)（单位:亿美元）

年份	沿线国家吸收外商直接投资存量	中国对沿线国家直接投资存量	中国投资占沿线国家吸收外资的比重(%)
2005	13 794.69	33.92	0.25
2006	18 709.85	51.99	0.28
2007	26 766.73	96.10	0.36

(续表)

年份	沿线国家吸收外商直接投资存量	中国对沿线国家直接投资存量	中国投资占沿线国家吸收外资的比重(%)
2008	26 361.77	148.47	0.56
2009	31 903.89	200.71	0.63
2010	37 493.52	290.32	0.77
2011	37 936.25	413.30	1.09
2012	43 018.43	568.57	1.32
2013	45 400.77	723.05	1.59
2014	44 671.44	925.16	2.07
2015	44 338.07	1159.05	2.61

资料来源:沿线国家吸收外商直接投资数据来自联合国贸易和发展会议数据库,中国对沿线国家直接投资数据来自WIND。

表 4.2 "一带一路"沿线国家吸收外商直接投资流量(2005—2015) (单位:亿美元)

年份	沿线国家吸收外商直接投资流量	中国对沿线国家直接投资流量	中国投资占沿线国家吸收外资的比重(%)
2005	1 900.50	9.12	0.48
2006	3 060.47	12.78	0.42
2007	3 746.31	50.71	1.35
2008	4 028.58	95.84	2.38
2009	2 672.95	56.88	2.13
2010	3 582.10	104.97	2.93
2011	3 051.09	140.50	4.60
2012	3 370.80	187.12	5.55
2013	3 216.15	166.38	5.17
2014	3 155.57	175.64	5.57
2015	2 952.87	195.63	6.62

资料来源:沿线国家吸收外商直接投资数据来自UNCTADstat,中国对沿线国家直接投资数据来自WIND。

由表4.1和表4.2可以看出,无论是从流量还是存量的角度,中国对"一带一路"沿线国家的直接投资占其吸引外商直接投资的比重都在逐年增加,2005—2015年流量比重增速高于存量比重增速,且每一年的流量比重均高于存量比重,未来增长潜力很大。

如图 4.3 和图 4.4 所示,在"一带一路"沿线国家中,2013—2015 年中国对尼泊尔、沙特阿拉伯、东帝汶、科威特、马其顿、波黑、土耳其、以色列、捷克这 9 个国家的直接投资流量分别占该国吸收外商直接投资流量的比重逐年增加且增速较快,2014 年增

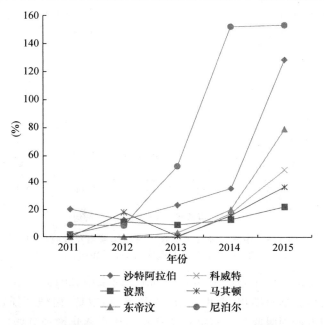

图 4.3　中国对外直接投资流量占该国当年吸收外资比重
　　　　增速较快的国家(2011—2015)其一

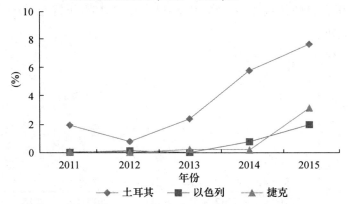

图 4.4　中国对外投资流量占该国当年吸收外资比重
　　　　增速较快的国家(2011—2015)其二

资料来源:联合国贸易和发展会议数据库。

幅最大的是尼泊尔,2015年增幅最大的是沙特阿拉伯和东帝汶。捷克地处欧洲心脏,地缘优势决定了其在欧亚大陆桥中占据着重要的战略通道地位,目前多条欧亚铁路经过或直达捷克。经济及地缘的多重因素决定了捷克可以在"一带一路"倡议中发挥推动中国和中东欧经贸合作的重要抓手作用。但是,如图4.5所示,老挝、缅甸和柬埔寨的该比重却在2012—2015年逐年下降,其中老挝降幅最大。

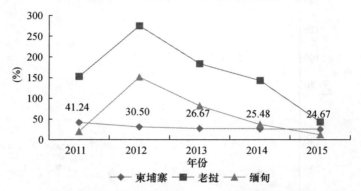

图4.5 中国对外投资流量占沿线国家当年吸收外资
比重持续下降的国家(2012—2015)

如图4.6和图4.7所示,在"一带一路"沿线国家中,2013—2015年中国对也门、尼泊尔、东帝汶、乌兹别克斯坦、斯里兰卡、阿联酋、科威特、白俄罗斯这8个国家的直接投资存量分别占该国吸收外商直接投资存量的比重逐年增加且增速较快。其中,尼泊尔、东帝汶和科威特也是流量增速较快的国家。对伊拉克直接投资存量占伊拉克吸收外商直接投资存量的比重逐年下降,从2011年的6.15%下降至2015年的1.46%。

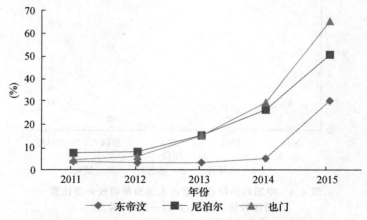

图4.6 中国对外投资存量占沿线国家当年吸收外资比重
增速较快的国家(2011—2015)其一

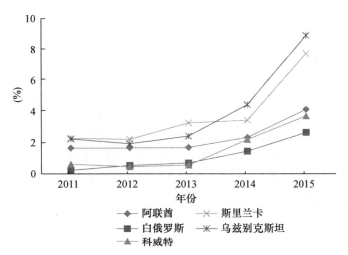

**图 4.7　中国对外投资存量占沿线国家当年吸收外资比重
增速较快的国家(2011—2015)其二**

综上,中国对外直接投资过去主要集中于邻近国家,自"一带一路"倡议实施以来,投资重点逐渐向西亚、中东欧等地区转移。

(二) 中国对"一带一路"投资排名前十的国家及其特征

2015 年,中国对"一带一路"沿线直接投资流量达 1 亿美元以上的国家共有 24 个,占据 66 个国家的 36.3%;存量达 1 亿美元以上的国家有 44 个,占据 66 个国家的 66.7%。

如图 4.8 所示,2015 年投资存量排名前十的国家分别是新加坡、俄罗斯、印度尼西亚、哈萨克斯坦、老挝、阿联酋、缅甸、巴基斯坦、印度、蒙古(按流量从大到小排列)。在这十个国家中,俄罗斯、哈萨克斯坦、老挝、缅甸、巴基斯坦、印度、蒙古都是中国的

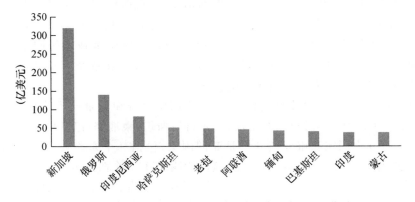

图 4.8　2015 年中国对"一带一路"沿线国家直接投资存量前十名

资料来源:WIND。

陆上邻国,印度尼西亚是与中国隔海相望的邻国,只有新加坡和阿联酋不与中国接壤。新加坡华人众多,占总人口的比重超过50%,并且新加坡海陆交通便利,经济发展水平高,因此成为中国对外直接投资存量最大的国家。另外,这十个国家除了俄罗斯横跨欧亚两大洲外,其他全都是亚洲国家,且东南亚国家占据四席。综上,中国在"一带一路"沿线的对外直接投资过去主要是集中在紧邻中国的周边国家。

如图4.9所示,2015年投资流量排名前十的国家分别是沙特阿拉伯、也门、俄罗斯、印度尼西亚、土耳其、印度、土库曼斯坦、乌兹别克斯坦、老挝、马来西亚。其中,沙特阿拉伯、土耳其、也门属于西亚,土库曼斯坦、乌兹别克斯坦属于中亚,印度尼西亚、老挝、马来西亚属于东南亚。由此可见,随着"一带一路"战略的推进,我国对中亚、西亚的投资力度逐渐加大。

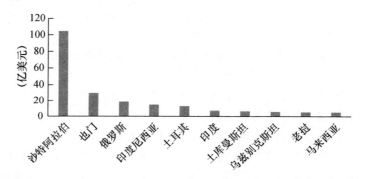

图4.9　2015年中国对"一带一路"沿线国家直接投资流量前十名
资料来源:WIND。

中国—中亚—西亚经济走廊从新疆出发,抵达波斯湾、地中海沿岸和阿拉伯半岛,主要涉及中亚五国(哈萨克斯坦、吉尔吉斯斯坦、塔吉克斯坦、乌兹别克斯坦、土库曼斯坦)以及西亚的伊朗、土耳其等国。尽管中亚、西亚地区自然资源丰富,但制约其经济社会发展的影响因素很多,其中基础设施建设落后、缺乏资金技术等问题较为突出。通过中国—中亚—西亚经济走廊建设,打通对外经贸合作和资金流动通道,无疑对于促进相关国家经济社会发展具有重要的促进作用。

由表4.3可得,中国对外直接投资占该国FDI存量和流量比重均位居前列的国家有老挝、尼泊尔、塔吉克斯坦、东帝汶、吉尔吉斯斯坦、柬埔寨、巴基斯坦、乌兹别克斯坦、俄罗斯,这9个国家除俄罗斯外都是亚洲国家,包括3个东南亚国家、3个中亚国家、2个南亚国家。除此之外,存量占比较高的国家还有3个西亚国家(也门、阿富汗、伊朗)、1个南亚国家(斯里兰卡)以及中国的两个邻国(蒙古、缅甸)。流量占比排在前15名的国家还包括3个西亚国家(沙特阿拉伯、科威特、卡塔尔)和3个中东欧国家(马其顿、波黑、爱沙尼亚),这意味着我国未来对西亚和中东欧国家的投资规模有望大幅提升。

表4.3　2015年中国对"一带一路"沿线国家直接投资占该国FDI比重前十五名

(单位:%)

排名	存量占比		流量占比	
1	老挝	99.82	尼泊尔	153.35
2	也门	65.08	沙特阿拉伯	128.39
3	尼泊尔	50.39	塔吉克斯坦	117.76
4	塔吉克斯坦	43.04	东帝汶	78.64
5	东帝汶	30.18	乌兹别克斯坦	52.43
6	吉尔吉斯斯坦	27.54	科威特	49.21
7	柬埔寨	24.94	老挝	42.40
8	阿富汗	24.00	卡塔尔	37.80
9	蒙古	22.44	吉尔吉斯斯坦	37.47
10	缅甸	20.80	巴基斯坦	37.09
11	巴基斯坦	12.77	马其顿	36.36
12	乌兹别克斯坦	8.92	柬埔寨	24.67
13	斯里兰卡	7.75	波黑	21.73
14	伊朗	6.54	爱沙尼亚	21.17
15	俄罗斯	5.43	俄罗斯	18.81

资料来源:沿线国家吸收外商直接投资数据来自联合国贸易和发展会议数据库,中国对沿线国家直接投资数据来自WIND,占比根据计算得出。

在亚欧经济带中,中东欧处在连通最发达的欧盟一体化市场和最主要的能源产地间的结合部,其东联西通的地缘优势明显,是欧盟市场的重要接入口。和西欧市场相比,它有成本低和新兴经济体增速快的优势;和俄罗斯中亚地区相比,它有市场发育更成熟、经济更发达、产品竞争力更强的相对优势。作为亚欧大陆经济带的重要组成部分,中东欧地区具有的产业及区位优势决定了其可在"一带一路"倡议中发挥重要的区域性支点作用。

(三)中国对"一带一路"沿线国家投资与中国对外投资整体情况比较

中国对外直接投资在2006—2015年持续增长,2006—2013年外商直接投资流量金额和对外直接投资流量金额的差距不断缩小,2014年对外直接投资流量金额首次超过外商直接投资流量金额。2015年,对外直接投资流量创下了1456.7亿美元的历史新高,占到全球流量份额的9.9%,同比增长18.3%,金额仅次于美国(2999.6亿美元),首次位列世界第二(第三位是日本1286.5亿美元),并超过同期中国实际使用外资(1 356 亿美元),实现资本项下净输出,具体如图 4.10 所示。①

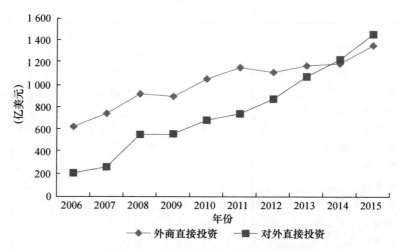

图 4.10　中国外商直接投资与对外直接投资

资料来源:WIND。

由图 4.11 可以看出,中国对"一带一路"沿线国家直接投资存量的增长率在 2011—2013 年和 2015 年均高于非沿线国家,2015 年增长率为 20.18%。

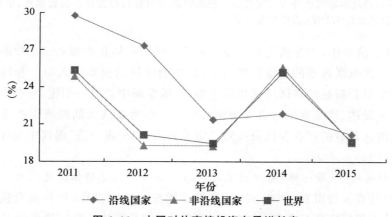

图 4.11　中国对外直接投资存量增长率

如图 4.12 所示,2012—2015 年对沿线国家直接投资流量的增长率低于非沿线国家。这是由于中国对"一带一路"沿线多个国家的直接投资是负值,说明中国相对这些国家而言是资本净流入国,负值抵消了一部分资本净流出值,使得对沿线国家直接投

---

① 资料来源:《2015 年度中国对外直接投资统计公报》。

资流量数额的增长率较低;非沿线国家包含很多拉丁美洲国家和非洲国家,其中大部分非洲国家相对于中国来说都是资本净流入国,即中国对非洲国家直接投资为正值。

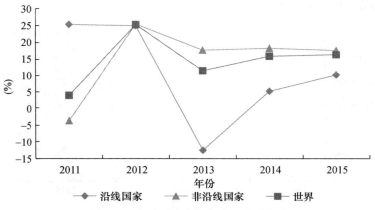

图 4.12 中国对外直接投资流量增长率

中国对"一带一路"沿线国家直接投资存量占中国对外投资存量的比重由 2005 年年末的 5.93% 提高到 2015 年年末的 10.56%,2012—2015 年基本保持 10.5% 的占比,可见表 4.4。

表 4.4 2005—2015 年中国对"一带一路"沿线国家直接投资存量和流量

(单位:亿美元)

年份	存量			流量		
	沿线国家	世界	占比(%)	沿线国家	世界	占比(%)
2005	33.92	572.06	5.93	9.12	47.59	19.16
2006	51.99	750.26	6.93	12.78	78.91	16.20
2007	96.10	1 179.11	8.15	50.71	177.83	28.52
2008	148.47	1 839.71	8.07	95.84	440.56	21.75
2009	200.71	2 457.55	8.17	56.88	436.03	13.04
2010	290.32	3 172.11	9.15	104.97	510.40	20.57
2011	413.30	4 247.81	9.73	140.50	531.70	26.43
2012	568.57	5 319.41	10.69	187.12	711.51	26.30
2013	723.05	6 604.78	10.95	166.38	803.21	20.71
2014	925.16	8 826.42	10.48	175.64	954.41	18.40
2015	1 159.05	10 978.65	10.56	195.63	1 140.65	17.15

注:"一带一路"沿线国家中缺少马尔代夫和不丹两国的数据(所有邻中,不丹是唯一一个未与中国建交的国家)。

资料来源:WIND。

如图 4.13 所示，2011—2015 年，中国对外直接投资总额存量逐年增长，对"一带一路"沿线国家直接投资存量占对外直接投资总额的比重始终高于 9.5%，且总体呈平稳增长趋势，2015 年占比为 10.56%。

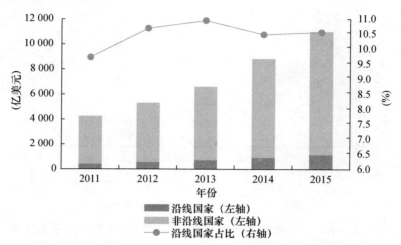

图 4.13 中国对外直接投资存量及其占对外直接投资总额的比重

如图 4.14 所示，2005—2015 年，中国对"一带一路"沿线国家直接投资流量占对外直接投资流量总额的比重略有下降，但占比依然较高，2015 年占比为 17.15%。

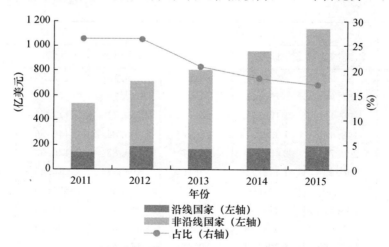

图 4.14 中国对外直接投资流量及其占对外直接投资流量的比重
资料来源：WIND。

二、中国对"一带一路"沿线国家直接投资的结构特征

中国对"一带一路"国家直接投资整体呈上升趋势,并具有较为明显的结构特征。截止到2014年,中国对"一带一路"沿线国家直接投资存量达到898.38亿美元。

(一)"一带一路"沿线投资区位分布

从区位分布上看,中国对东南亚国家直接投资存量规模最大,直接投资存量为476.53亿美元,占总直接投资存量的53.0%,其中对新加坡直接投资规模最大,为206.4亿美元,占总直接投资存量的22.3%,国际生产折衷论(Dunning,1977)提到,当某一东道国具有区位优势时,企业就具备了对外直接投资的充分条件,对外直接投资成为企业最佳的选择。新加坡政局稳定、社会和谐,文化氛围与中国相似,经济发展快,2015年新加坡人均国内生产总值超6万美元,外资准入政策宽松,对外资企业实行无差别的国民待遇:外汇自由进出,监管一视同仁,享受扶持政策,此外,2009年中新双方签订了《中新自由贸易协定》,促进了双方经贸合作的长足发展。

中国对西亚北非国家直接投资存量为114.13亿美元,占总直接投资存量的12.7%;其中,伊朗、阿联酋和阿拉伯是中国直接投资额最大的三个国家,投资额分别为34.84亿、23.33亿、19.87亿美元。伊朗天然气储量世界第一、石油储量全球第四,2013年起务实改革的鲁哈尼成为伊朗总统,积极建设"抵抗型经济",促进外国投资,放宽外资投资准入政策,随着伊朗核问题全面协议的达成,伊朗对外资的吸引力也逐步提升。阿联酋地处海湾地区的交通中心,政治稳定、经济发达,是世界最富裕国家之一,阿联酋经济新增长领域可再生能源、航天、核电、基础设施建设、通信、金融和教育领域等,是中国投资的主要方向,对推进中国产业转型有着关键作用。中国与沙特阿拉伯经贸关系紧密,签订了《投资促进与保护协定》、《中华人民共和国政府和沙特阿拉伯王国政府关于石油、天然气、矿产领域开展合作的议定书》等多个双边经贸合作协定,且沙特阿拉伯政治稳定,经济增长迅速,具有较大的合作投资价值。总体上,西亚北非地区国家具有丰富的石油、矿产资源,投资合作潜力大,中国投资集中在石油勘探开发、基础设施建设。但由于部分国家政局不稳,中国直接投资受到一定的限制。

中国对中东欧国家直接投资存量为109.25亿美元,占总直接投资存量的12.2%,其中对俄罗斯、土耳其直接投资规模最大,分别为86.95亿、8.82亿美元。俄罗斯与中国毗邻,是世界上国土面积最大的国家,拥有丰富的能源、矿产、森林资源,俄罗斯经济发展水平高,财政赤字低,航天、核能、军工等领域技术先进,实力雄厚,中俄历来外交关系密切,中国对其投资领域主要集中在能源、矿产勘探与开发、林业、建筑和建材生产、轻纺、通信服务等领域。目前,中国对土耳其直接投资领域为通信、能源、采矿业、交通运输、纺织业等,投资企业有华为、中兴、中国通用技术集团、中国钢铁工业集团、中国机械设备工程有限公司、中国航空技术国际有限公司、中国铁道建筑、中

国天成国际工程、中电电气、中国中车、中国国际航空、中国工商银行等公司。土耳其的第三产业是外国投资者的投资重点,2013年土耳其制造业吸引外资仅为20亿美元,金融业吸引外资37亿美元,增长了79%,房地产30亿美元,增长16%,土耳其是欧洲复兴发展银行最大的投资目的地国家,投资金额超过10亿欧元,但中国对土耳其第三产业投资占比小,有巨大的投资合作潜力。总体而言,对欧盟国家投资,中国一直受到限制,但近年来中东欧国家在金融危机、欧债危机后鼓励非欧盟国家投资,在2003—2013年期间,中国对中东欧直接投资存量增长了28倍。[①]

中国对中亚地区国家直接投资存量为100.94亿美元,占总直接投资存量的11.2%,其中中国对哈萨克斯坦直接投资比重最大。哈萨克斯坦是中国对外投资第三大目的地国家,直接投资存量为75.41亿美元,与中国经贸关系良好,2014年两国签订了《双边本币结算与支付协议》,续签了《双边本币互换协议》,目前已有2 945家中资企业在哈萨克斯坦注册,在中资对外投资企业数量中排名第三。哈萨克斯坦石油天然气储量丰富、开采潜力大,目前已探明石油储量为80亿吨,天然气储量超过1万亿立方米,因此石油勘探开发与加工、石油天然气工程建设是中国对哈萨克斯坦主要投资领域,两国主要经贸合作项目是由中石油公司、中石化公司、中信集团公司、北方工业振华石油等公司承担的石油天然气勘探、开采、加工等。

中国对南亚地区国家直接投资存量为53.64亿美元,占总直接投资存量的6.0%,建立了中巴经济走廊、孟中印缅经济走廊,其中中国对巴基斯坦直接投资最大,为37.37亿美元,占南亚地区的69.7%。巴基斯坦基础设施落后,中国投资领域主要涉及通信、电力水利、交通设施建设、房地产、资源开发等,并在巴基斯坦设立首批中国境外经济贸易合作区"巴基斯坦中国经济特区"。南亚国家与中国相邻,人口众多,但经济较为落后,且受政治局势影响大,因而投资规模较小,投资领域集中在水电、矿产、能源、加工制造业和建筑业。

中国对南欧八国直接投资较少,直接投资存量为6.27亿美元,占比为0.7%。蒙古是中国直接投资的第七大国,对蒙古直接投资存量为37.62亿美元,占总直接投资存量的4.2%。2013年,蒙古废止了《战略领域外国投资协调法》,执行《新投资法》,对外商投资企业实施统一待遇,简化注册程序,取消外商投资领域限制。

表4.5列出了中国对"一带一路"国家直接投资的区位分布情况。总体上看,中国对"一带一路"沿线国家直接投资分布是以为新兴经济体和产能合作潜力较大的国家为主。[②]

---

① 郑蕾,刘志高. 中国对"一带一路"沿线直接投资空间格局[J]. 地理科学进展,2015,34(5):563—570.
② 上述数据的原始数据来自《对外投资合作国别(地区)指南》。

表 4.5　中国对"一带一路"国家直接投资区位分布　　　（单位:亿美元）

	直接投资额	占比
东南亚(马来西亚、印度尼西亚、泰国、菲律宾、新加坡、文莱、东帝汶、越南、老挝、缅甸和柬埔寨)	4 765 330	53.04%
南亚(印度、巴基斯坦、孟加拉国、斯里兰卡、尼泊尔、不丹、马尔代夫、阿富汗)	536 381	5.97%
中亚(土库曼斯坦、吉尔吉斯斯坦、乌兹别克斯坦、塔吉克斯坦、哈萨克斯坦)	1 009 400	11.24%
西亚北非(伊朗、伊拉克、土耳其、叙利亚、约旦、黎巴嫩、以色列、巴勒斯坦、沙特阿拉伯、也门、阿曼、阿联酋、卡塔尔、科威特、巴林、埃及、利比亚)	1 141 272	12.70%
中东欧(波兰、立陶宛、爱沙尼亚、拉脱维亚、捷克、斯洛伐克、匈牙利、斯洛文尼亚、克罗地亚、波黑、俄罗斯、乌克兰、白俄罗斯、格鲁吉亚、阿塞拜疆、亚美尼亚、摩尔多瓦)	1 092 452	12.16%
南欧(黑山、马其顿、保加利亚、阿尔巴尼亚、罗马尼亚、塞尔维亚、希腊、塞浦路斯)	62 785	0.70%
蒙古	376 200	4.19%

注:以上数据的原始数据来自《对外投资合作国别(地区)指南》。

东盟与中国经贸关系密切,是"一带一路"沿线国家中吸引中国直接投资最多的地区。许多东盟国家劳动力资源丰富,劳动力成本较低,且矿石资源储量较大,但电力基础设施薄弱,电力供应短缺现象较为普遍,中国对其投资主要集中在电力、矿业资源开发和制造业等行业。

如图 4.15 所示,2015 年,中国对东盟直接投资流量首次突破了百亿美元达到 146.04 亿美元,同比增长 87%,创历史最高值。

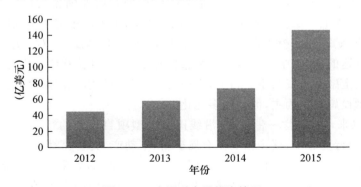

图 4.15　中国对东盟投资情况

资料来源:《2015 年度中国对外直接投资统计公报》。

西亚、中亚是中国直接投资规模较大的两个地区。西亚地区资源丰富,是中国能源资源的主要供给地之一。中国对西亚的投资主要集中于能源、基础设施和制造业等行业,主要分布于伊朗、沙特、也门、阿联酋和土耳其等国。中亚地区油气资源丰富,而轻工业相对落后,中国对中亚投资集中在石油勘探与开采、交通及通信设施建设、化工、农副产品加工等领域。

蒙古是中国的邻国,矿石资源丰富,是中国一个重要的海外投资目的地。2013年,中国对蒙古的投资存量为28.3亿美元,占中国对"一带一路"沿线国家投资额的4.8%。中国对独联体和南亚的投资规模较低。2013年,中国对独联体的投资存量为54.8亿美元,占"一带一路"投资存量的9.4%,主要分布在俄罗斯,重点配置于森林、能源开采和加工制造业。受国际地缘政治因素的影响,中国在南亚地区的直接投资较为滞后。2013年,中国在南亚的投资存量仅为37.2亿美元,占"一带一路"投资规模的6.4%。中国对南亚的投资主要分布于印度和巴基斯坦,投资集中在机械设备制造、纺织、能源开采、基础设施等行业。中国对中东欧的投资规模最低,2013年的投资存量仅为9.5亿美元,占中国对"一带一路"投资额的1.6%。

(二)"一带一路"沿线投资产业分布

从产业分布上看,截止到2015年,中国对外直接投资按非金融行业统计中,租赁和商务服务业比重最大,达到了29.9%,制造业、批发和零售业、采矿业、房地产业其次,分别为16.5%、15.8%、9.3%、6.4%。中国对"一带一路"沿线国家直接投资包括了能源类投资、运输类投资、矿产类投资、技术类投资、金融类投资、房地产投资等。对于中东地区,该地区国家有着丰富的石油油气资源、矿产资源,缺乏完善的通信、基础设施,因而中国对其能源类、矿产类、通信类、基础设施建设类投资较多。对于东南亚地区,主要以能源类、矿产类、基础设施建设为主,东南亚有着丰富的石油与天然气资源,有助于保障中国的能源安全,但同时约有20%的东南亚国家人口缺乏电力供应,而中国在水电、火电领域技术先进。截止到2013年,中国对东南亚地区国家在电力热力生产供应业、矿产类的投资在其总投资中占了17%和15%。[①] 对于中东欧、东盟地区经济较为发达的国家,中国直接投资增长依托于金融危机、欧债危机背景,主要以房地产、技术类、金融类投资为主。目前,中国对"一带一路"沿线国家直接投资还是以产能合作和基础设施建设为主,但日趋多元化。

2005年以来,中国对"一带一路"沿线国家大型项目投资的行业结构呈现多元化态势,先由能源行业起步,逐步拓展至金属矿石、不动产、交通、高科技、农业、金融和化学等行业。如图4.16所示,2005年,中国在"一带一路"的大型项目投资仅涉及能源行业,以石油为主,天然气和煤炭为辅。2006—2008年,中国大型项目投资涵盖的行

---

① 郑蕾,刘志高. 中国对"一带一路"沿线直接投资空间格局[J]. 地理科学进展,2015,34(5):563—570.

业延伸至金属矿石、不动产和交通等行业。金属矿石业先是以铝、铜为主,后以钢铁为主。交通业包括飞机、造船、汽车和火车,以造船业为主,近年来汽车业比重逐渐上升。不动产以财产和建筑为主。2009—2013年期间,中国企业投资所涉及的行业进一步拓展至高科技、农业、金融和化学等行业。这反映了中国企业对"一带一路"沿线国家的投资能力经历了一个稳步提升的过程。

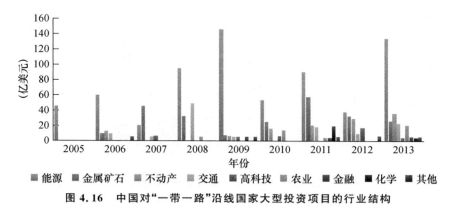

图4.16 中国对"一带一路"沿线国家大型投资项目的行业结构

(三)对外投资企业特征

近年来,响应"走出去"战略的号召,对外投资的中国企业不断增加,截止到2015年,中国境外企业达到了3万余家,已覆盖188个国家(地区),覆盖率达到了80.3%,并且投资领域日益广泛,以批发零售业、制造业、租赁和商务服务业、建筑业、采矿业为核心,其他行业也均有涉及,大型投资项目不断涌现。[①] 对"一带一路"沿线国家,中国投资企业数量快速增长,如在乌兹别克斯坦注册的中资企业约482家,代表处71家,在吉尔吉斯斯坦注册企业约260家,在驻俄罗斯使馆登记企业216家。投资范围由起步阶段的大部分从事工程承包项目,扩大到贸易、通信服务、矿产资源勘探和开发、制造业、农业种植、养殖业、运输、房地产开发、建筑、餐饮、旅游、娱乐等领域。投资企业类型以国有大中型企业为主,民营企业和个体户亦有参与,其中在民营与个体户中,主要注册独资或合资公司。企业投资方式也呈现多样化趋势,在实施大型工程承包、合作开发资源等项目中,为增强获利能力,股权投资开始出现,部分投资项目采用BOT或产品分成合同PSC方式运营。总体而言,中国企业对"一带一路"沿线地区呈投资规模快速增长、领域宽泛化、方式多样化等特点。

从投资规模来看,中央级国有企业是中国对"一带一路"沿线国家开展投资的主力军,地方企业只能发挥补充性作用。如图4.17所示,截至2014年上半年,中央级企业

---

① 资料来源:WIND资讯。

对"一带一路"沿线国家大型项目投资的存量为 864.5 亿美元,占中国对"一带一路"大型项目投资总量的 67.4%。其中,隶属国资委的央企的投资量为 782.2 亿美元,占中央级企业投资量的 90.5%,中投公司的投资量为 59.1 亿美元,占比为 4.6%,而以四大国有银行为代表的金融央企的投资存量较低,仅为 23.2 亿美元,占 1.8%。

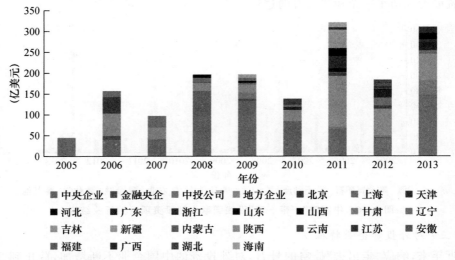

图 4.17 中国对"一带一路"沿线国家开展大型投资的企业结构与地区分布

地方企业对"一带一路"国家大型项目的投资存量为 419 亿美元,占中国对"一带一路"大型项目投资存量的 32.6%。中国地方企业对"一带一路"沿线国家的投资主要来源于经济较为发达的东部地区。上海企业对"一带一路"的投资存量最大,达 99 亿美元,占地方企业投资量的 23.6%;北京企业的投资量居次位,为 58.1 亿美元,占 13.9%;浙江、广东、吉林和山东的企业的投资规模较为接近,分别为 42.1 亿美元、39.6 亿美元、39.2 亿美元、37.5 亿美元,其占地方企业对"一带一路"投资存量的比例依次为 10.0%、9.5%、9.4%、8.9%。

随着"一带一路"进程的进一步推进,大型国企已不再是"走出去"中单一的主力军,一直在国内市场起到中流砥柱作用的民间资本,也将会逐渐挑起中国对外投资的大梁。

(四)投资模式

1. 中国对"一带一路"沿线国家兼并收购投资活动分析

跨境并购是企业对外直接投资的重要手段之一。作为中国企业走出去的更高阶段,主动进行生产要素在更广阔领域的配置,是"一带一路"产能合作的真正内涵。兼并与收购不仅是个别企业间的动态博弈,而且是推动产业转移、产能合作的重要动力。在全球化竞争的今天,大量企业在某一时期频繁发生的并购行为,可在一定程度上反

第四章 中国对"一带一路"沿线国家或地区投资形势分析

映国际产业调整的规律。本章通过对 Zephyr 全球并购数据库中 1997 年以来的 5 623 笔中国作为收购方参与的跨境交易数据进行研究,分析中国对"一带一路"沿线国家投资的特点。

根据 Zephyr 数据库中有完整兼并收购金额与完成时间记录的数据整理,中国对外兼并收购规模从 1997 年有记录以来呈现螺旋式增长,如图 4.18 所示。

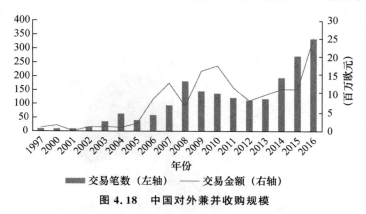

图 4.18 中国对外兼并收购规模

观察中国跨境兼并收购活动的发展趋势,可以发现中国企业在 2008 年金融危机之前,跨境并购规模都处在一个稳步增长的阶段,在金融危机发生之后增速减缓。直至 2013 年,在人民币贬值预期的环境下,跨境并购又出现了快速地增长。根据中国商务部的数据统计,2015 年,中国企业海外投资并购快速增长的势头得到延续。2015 年前 8 个月,中国企业海外并购项目 486 个,共涉及 67 个国家和地区的 16 大行业,实际交易金额 617 亿美元,已经超过 2014 年全年并购金额。①

从区位分布上来看,中国对"一带一路"沿线不同地区的兼并收购活动热衷度有所不同,如图 4.19 所示。

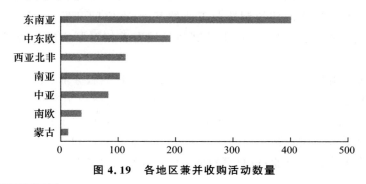

图 4.19 各地区兼并收购活动数量

---

① 资料来源:http://www.mofcom.gov.cn/article/i/dxfw/nbgz/201609/20160901399593.shtml。

135

中国对东南亚地区的兼并收购活动最频繁,1997年以来一共发生了401笔,其次对中东欧国家191笔,西亚北非地区113笔,对其他地区的兼并收购活动相对不活跃。

由于不同地区有着不同的资源禀赋与技术环境,中国对不同地区兼并收购的企业行业类型也不尽相同。东南亚地区兼并收购目标公司的产业分布较为广泛,其中最为主要的投资产业是其他服务、装备制造,以及批发零售业,三个行业相加占总投资笔数的53%。其他服务主要包括信息技术、互联网服务和金融服务,占总体笔数的28%,如图4.20所示。

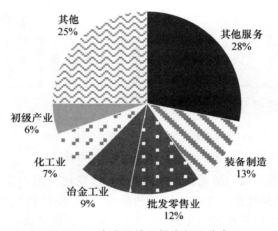

图4.20 东南亚地区投资行业分布

中东欧地区兼并收购目标公司的产业集中分布在装备制造业、初级产业[①]、化工业以及其他服务业。其中装备制造业占总投资笔数的22.2%,初级产业占总投资笔数的16.9%,其他服务业(主要为金融服务业)占15.3%,石油化工产业占9%。中东欧国家主要是以前的苏联国家,如乌克兰、白俄罗斯、立陶宛、拉脱维亚及爱沙尼亚。这些国家有着相对坚实的传统制造业工业的基础,在空间开发、电力工程、机动车工程、航空工业、农业、光学和激光技术及其他领域有着相对厚实的传统研发及制造的能力。

西亚北非兼并收购目标公司的产业集中分布在其他服务业(主要是信息技术、互联网服务业)、装备制造、化工以及初级产业,分别占总投资笔数的32.7%、17.7%、10.6%和6.2%。从交易金额上看,石油化工产业交易规模大于其他产业。

南亚地区兼并收购目标公司的产业主要为装备制造业和其他服务业。其中装备制造业集中在电力设备行业,占总笔数的39.3%,其他服务业主要为通信与信息技术

---

① 初级产业包含农业、矿业等。

业,占总笔数的18.1%。

中亚五国兼并收购目标公司的产业集中分布在初级产业、装备制造、冶金工业以及其他制造业,分别占总笔数的34.9%、19.8%、14%、12.8%。南欧地区兼并收购目标公司的产业集中在电力天然气等能源业、装备制造业、其他服务业以及冶金业,分别占总投资笔数的22.5%、20%、15%、12.5%。

跨国并购按其功能划分,可以分为横向跨国并购、纵向跨国并购和混合跨国并购。横向跨国并购发生在同一行业的竞争性企业之间。例如,两个钢铁厂之间的并购就是一种横向并购。通过横向并购,将资源整合,兼并后的公司可以获得协同效应。协同效应是指合并后的整体大于各个个体的简单加总,即 $1+1>2$ 的效应。除了协同效应之外,横向并购还可以获得更大的市场力量。这类横向跨国并购出现最多的行业有制药业、石化、汽车制造以及一些服务行业。

纵向跨国并购发生在客户和供应商之间以及买主和卖主之间。通过生产链的前后向联系,减少不确定性和减少交易成本。另外,合并后的企业由于有更大的规模,还可以从规模经济中获益。零部件供应商和他们的客户(如最终的电子产品制造商以及最终的汽车制造商)之间的并购是纵向跨国并购的典型例子。

混合跨国并购是指发生在不相关产业间的并购。这类跨国并购的主要目的是分散风险和深化规模经济。例如财务投资并购是指并购方不是来自产业资本,而是纯粹为了获得财务投资回报的并购行为。

接下来对中国对"一带一路"沿线国家兼并收购最活跃的东南亚地区进行分析。在401比对东南亚的兼并收购活动中,主要的投资集中在新加坡、越南、印度尼西亚、马来西亚这几个人口或经济体量较大的国家。

中国对东南亚地区的兼并收购的进行,如图4.21所示,主要是横向收购,占比75%,超过了国际横向收购占比50%—60%[①]的平均水平,这说明中国大部分的跨境并购活动还是以扩大市场、增加产能为目的。随着中国外汇储备的不断攀升,财务投资类型的跨境并购大幅增加,占全部投资笔数的16%。这类收购大多集中在互联网传媒通信行业,投资主体大多为大型的私募股权基金和国家主权财富基金。

在跨国并购中,真正意义上的跨国兼并在整个跨国并购中的比例很低,大多数的跨国并购属于跨国收购。其可能的原因是:这种不改变被收购方法律实体的形式使得被并后的公司继续属于东道国,因而在东道国纳税;从民族感情的角度来看,这种方式更容易为东道国所接受;兼并方也可以减少风险。

所以,从中国对东南亚地区的收购形式来分析,收购方对被收购方的收购方式喜好较为平均。我们将收购企业占50%以上股份的交易方式定义为多数股权收购,将

---

① 黄中文,李玉曼,刘亚娟.跨国并购实务[M].北京:中华工商联出版社,2006:121—122.

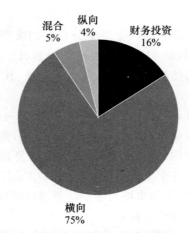

图 4.21 中国对东南亚地区兼并收购类型分布

50%以下股份的交易方式定义为少数股权收购。有时获得不到 51%的股权也可以说是获得了控制权;甚至有时候,只要获得了 10%以上的股权就是跨国收购。其中能够获得被收购公司控制权的交易占大多数。但是与国际上全面收购占绝对优势的情形不同,中国企业在走出去的时候对合资以及少数股权投资相对来说更有兴趣,这体现了缺乏经验的中国企业在跨境并购方面的谨慎态度。少数股权收购的活动也是降低关注度、减少投资流程的一个方法,有一些企业会采用先收购少数股权,通过资本增加的方式逐渐完成完全收购的方法。比如,根据德国外商投资法律,只有当非欧盟或欧盟自由贸易协定成员国的投资者收购某些特定行业的德国公司(如军工、航天、特定行业产品等),且获得目标公司 25%或以上投票权时,才必须向德国经济部申报。根据英国《金融时报》特约撰稿人张钰函的研究,2003—2013 年制造业海外并购 1 800 余个案例表明,中国企业在近 3 年开始寻求少数股权投资。十年前 90%的制造业海外并购寻求全额或多数股权并购,但 2012 年该数据下降到 67%左右。在能源行业,中国石油和清洁能源企业的绝大多数海外并购都是进行少数股权投资。[1] 这一趋势说明中国企业吸取前车之鉴,意识到自身在国外名声不大、信誉不高或管理经验不足,为防止监管机构阻止或管理不善导致收购失败,更多企业选择收购少数股权。

如图 4.22 和表 4.6 所示,中国对"一带一路"所有地区的收购类型形式数据基本印证了中国企业对参与合资以及少数股权收购的偏爱。

---

[1] 《对中国企业海外并购的建议》,http://www.ftchinese.com/story/001048581?full=y。

第四章　中国对"一带一路"沿线国家或地区投资形势分析

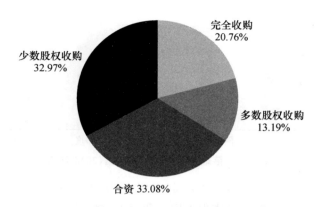

图 4.22　中国对"一带一路"地区收购类型分布

表 4.6　中国对"一带一路"所有地区的收购类型形式　　　　　　（单位：%）

	东南亚	南亚	中亚	西亚北非	中东欧	南欧
完全收购	25.44	9.71	14.46	18.02	20.42	25.00
多数股权收购	9.73	14.56	18.07	10.81	17.28	22.22
合资	28.68	48.54	57.83	24.32	30.37	22.22
少数股权收购	36.16	27.18	9.64	46.85	31.94	30.56

2. 中国对"一带一路"沿线国家落地投资活动分析

中国的对外直接投资正在从净流入转变成净流出，2015 年以 590 亿美元的总量位居亚太地区第一名①，2016 年 1 至 4 月，中国首次超过美国成为全球最大落地投资来源国。根据新华社报道，2016 年 1 至 4 月，中国企业在海外的落地投资项目达 126 个，投资总额达 294.8 亿美元。美国企业同期推出 661 个落地项目，但投资总额仅 228.1 亿美元，按投资金额计算，中国位居全球第一。据落地投资监测机构 fDi Markets 的数据，在截至 2016 年 6 月的一年半时间里，中国投资者宣布了 315 项"一带一路"沿线国家落地投资，总价值达 759 亿美元，比此前一年半高出一倍。

如图 4.23 所示，在中国海外落地投资选择的目的地国中，发展中国家一直占比较重。

落地投资在中国对外投资中的占比不断下降，总体金额规模目前已被对外并购投资超越。中国商务部数据显示，2016 年前 7 个月，中国企业共实施海外并购项目 459 个，涉及 63 个国家和地区，涵盖信息传输、软件和信息服务及制造业等 15 个行业，实际交易金额 543 亿美元，占同期对外投资总额的 52.8%。根据 CCG 收录的 2000—

---

① 资料来源：fDi Markets。

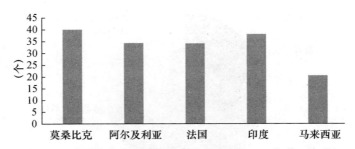

图 4.23 中国企业落地投资的最大目的国(2014 年前 4 个月)

2016 年上半年中国企业对外投资 2 858 起案例,跨国并购案例数为 2 515 起,占总案例数的 88%,可见跨国并购已经成为中国企业对外直接投资的主流。①

对于中国企业来说,在对外投资时,选择跨国并购的优势在于,可以短时间内进入国外市场,而通过落地投资建厂,在初期可能难以打入当地市场。但是随着企业的发展,落地投资新建企业的绩效会不断提升,两种进入模式的差距会不断缩小,最终各自形成优势。Wang and Sunny(2009)通过对全球 84 个国家和地区数据的研究发现,落地投资可以显著地促进东道国经济增长。从印尼到中东,"中国制造"的热电厂在欧亚大陆各地拔地而起。仅在巴基斯坦一国,中国投资者已宣布价值约 85 亿美元的新电厂,潜在为巴基斯坦电网新增 5 260 兆瓦装机容量。电商集团阿里巴巴、家电品牌海尔也在成为对外投资大户,它们将生产业务迁往海外,准备服务印度这类大型消费市场。②

从地域分布上看,2016 年前 4 个月,中国企业在"一带一路"沿线国家中落地投资的最大目的地国是是印度(38 亿美元)和马来西亚(20.5 亿美元)。就项目数量而言,吸引中国落地投资最多的"一带一路"国家是印度(20 个项目)。③ 相对于跨国并购,中国企业在海外的落地投资主要是劳动密集型和资源密集型企业选择在新兴国家进行投资,以获得原材料和劳动力。在"一带一路"倡议构想下,中国企业投资非洲多以落地投资为主。另外,正在寻求转型升级的"中国制造"也把目光投向了德国。

对于落地投资与兼并收购两种直接投资的方式选择偏好。林莎等(2012)对 223 家中国企业进行了问卷调查,得出两点结论:第一,对于中国企业而言,跨国并购需要的程序更为复杂,风险更高,挑战也更大。因此,只有在海外市场拥有丰富投资经验的

---

① 企业国际化蓝皮书——中国企业全球化报告(2016),http://www.ccg.org.cn/dianzizazhi/qiye2016.pdf。
② 一带一路:好故事能否有好结局? http://m.ftchinese.com/story/001068864。
③ 中国坐上世界落地投资头把交椅,http://paper.people.com.cn/rmrbhwb/html/2016-06/28/content_1690828.htm。

中国企业,才倾向选择跨国并购的直接投资方式。第二,对于市场寻求动机的中国企业而言,由于企业可能处于成长初期,因此经常定位于新的产品市场,更倾向于选择落地投资的直接投资方式。所以相比落地投资,选择跨国并购的中国企业表现出较高程度的产品差异化,较大的市场份额,同时也拥有较大的规模和较高的资本强度。

如图4.24所示,2015年德勤中国对54家追寻国际化的中国国企进行了问卷调查发现:国企国际化的形式呈多元化,随着"一带一路"项目的开展,落地项目的数量将逐渐增加。①

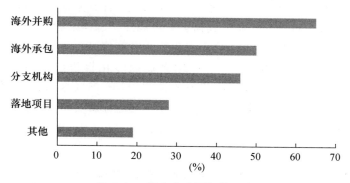

图4.24 国有企业国际化形式

资料来源:德勤中国。

受访国企中采用最多的国际化形式是到海外并购项目,其次是到海外承包工程建设以及设立海外分支机构联系和推广国内业务产品。在海外并购中,绝大多数国企更倾向于全资持有或控股,偏好少数股权并购方式的国企是少数。另外,也有一些国企选择海外贸易或与国外机构合作等方式国际化。"一带一路"项目中许多将采用PPP(Public Private Partnership,即东道国政府与中国企业合作)等方式,国企将去海外投资办厂或投资与工程建设同时进行,落地项目的数量将大量增加。

三、"一带一路"沿线投资的主要障碍

(一)东道国风险

根据中国信保发布的"一带一路"沿线国家风险分析报告,与2014年评级相比,2015年,国家风险水平下降、参考评级调升的国家有14个,占比7.3%;国家风险水平不变、参考评级保持稳定的国家有159个,占比82.8%;国家风险水平上升、参考评级调降的国家有19个,占比9.9%。

---

① 借力"一带一路"国企国际化迈进新时代,https://www2.deloitte.com/content/dam/Deloitte/cn/Documents/process-and-operations/deloitte-cn-soe-transformationseries-issue3-zh-151020.pdf.

从调整结果看,评级调升的国家主要是国内结构性改革较为顺利,经济发展前景相对良好的印度、印度尼西亚、墨西哥、坦桑尼亚等国;评级调降的国家主要是受地缘政治紧张局势冲击较为严重的乌克兰、也门等热点国家。中国信保对2015年全球国家风险特征概括为:热点地区地缘政治冲突加剧;世界经济呈现不平衡温和复苏的"新常态"。

1. 东道国政治风险

一般认为,政治风险指国际投资中由于东道国政局变动、政策不连续、地缘政治冲突、民族主义与宗教意识形态冲突、地区和局部战争、官僚体制、恐怖袭击等因素,以及外国投资者本身行为给投资企业造成损害的可能性。总体来看,东道国政治风险主要包括政局变动以及发生骚乱、恐怖袭击或武装冲突等情况。①

中国第一本企业国际化蓝皮书《中国企业国际化报告(2014)》中的数据显示,2005—2014年发生的120起"走出去"失败案例中,有25%系政治原因所致,其中有17%是在运营过程中受东道国政治动荡、领导人更迭等影响而遭受损失。

表4.7至表4.13为根据世界银行WGI指标,按2015年排序各地区政治稳定指数。

表4.7 东南亚政治稳定指数

国家	2013年	2015年
新加坡	1.34	1.24
文莱	1.08	1.21
老挝	0.06	0.48
马来西亚	0.05	0.19
越南	0.22	0.01
柬埔寨	−0.17	−0.10
东帝汶	−0.39	−0.22
印度尼西亚	−0.50	−0.60
菲律宾	−1.06	−0.84
泰国	−1.31	−0.96
缅甸	−1.15	−1.17

---

① 陈立泰.中国企业海外直接投资的风险管理策略研究[J].中国流通经济,2008(7):48—51.

表 4.8 南亚政治稳定指数

国家	2013 年	2015 年
不丹	0.80	1.10
马尔代夫	0.22	0.48
斯里兰卡	−0.59	−0.03
印度	−1.18	−0.92
尼泊尔	−1.11	−0.93
孟加拉国	−1.63	−1.15
阿富汗	−2.50	−2.50
巴基斯坦	−2.60	−2.54

表 4.9 西亚北非政治稳定指数

国家	2013 年	2015 年
阿联酋	0.89	0.76
阿曼	0.45	0.69
科威特	0.14	−0.11
沙特阿拉伯	−0.41	−0.54
约旦	−0.62	−0.58
伊朗	−1.26	−0.91
巴林	−1.35	−1.08
以色列	−1.09	−1.12
土耳其	−1.20	−1.28
埃及	−1.65	−1.34
黎巴嫩	−1.69	−1.72
伊拉克	−2.02	−2.29
也门	−2.35	−2.63
叙利亚	−2.68	−2.94

表 4.10 高加索地区政治稳定指数

国家	2013 年	2015 年
亚美尼亚	0.07	−0.29
格鲁吉亚	−0.43	−0.40
阿塞拜疆	−0.41	−0.69

表 4.11 中亚政治稳定指数

国家	2013 年	2015 年
塔吉克斯坦	－1.13	－0.87
哈萨克斯坦	－0.38	－0.10
吉尔吉斯斯坦	－0.91	－0.87
土库曼斯坦	0.17	－0.11
乌兹别克斯坦	－0.55	－0.42

表 4.12 中东欧政治稳定指数

国家	2013 年	2015 年
捷克	1.05	0.96
斯洛伐克	1.10	0.96
波兰	0.96	0.87
匈牙利	0.78	0.73
立陶宛	0.94	0.70
爱托尼亚	0.73	0.62
拉脱维亚	0.59	0.45
罗马尼亚	0.16	0.20
白俄罗斯	－0.04	0.00
摩尔多瓦	－0.02	－0.39
俄罗斯	－0.74	－1.05
乌克兰	－0.76	－1.93

表 4.13 南欧政治稳定指数

国家	2013 年	2015 年
斯洛文尼亚	0.87	0.92
克罗地亚	0.61	0.58
塞浦路斯	0.55	0.54
塞尔维亚	－0.08	0.23
黑山	0.46	0.13
保加利亚	0.15	0.02

（续表）

国家	2013 年	2015 年
马其顿	−0.37	−0.20
希腊	−0.17	−0.23
波黑	−0.38	−0.45

随着未来"一带一路"建设的全面铺开，各国间的经济合作投资与地区内不稳定因素的碰撞将是不可避免的，因此，对基础设施建设与开发的成本可能远远超过单纯的经济角度的考虑因素。在经济合作中，这个环节有可能出现诸多问题，即将成为"一带一路"面临的重要挑战。

2．东道国政府管理障碍

世界银行发布的国家风险指数中有关于政府管理的指数，"一带一路"沿线国家的数据如表 4.14 所示。该指数分为四方面：政府效率、监管质量、控制腐败、法律法规。其中政府效率即公共管理绩效，指政府从事公共管理过程中以较低的成本、较少的资源实现政府最优产出，达到预定行政目标的水平和能力。监管质量指数反映了政府是否有能力制定和实施健全的政策和法规，允许和促进私营部门的发展。这些指数数据越小，则表明政府管理效率越低。

3．东道国环境风险

基础设施建设的投入是"一带一路"实际运营的先导。基础设施建设得好，则沿线地区能够发挥后发优势，经济建设能够取得长足进展，基础设施构建不利，则不可避免地会造成浪费，并且拖累地区经济的进一步发展。

基础设施的建设与投入主要是政府应该承担的责任。基础设施一般具有投资大、周期长、回报率低的特点。因此，虽然它可能带来较大的社会效益，但其建设与运营对一般的企业而言，既缺少承受的能力又缺少推进的动力，即便要引入民间资金参与，也要由政府给出足够的补贴。

4．东道国政府干预

（1）利用国家安全因素干预

在双边投资协议中设置例外条款是平衡和协调投资者，保护东道国国家安全、公共利益的"安全阀"，国家安全例外条例已经为《世界贸易组织协定》及众多双边投资协定所接受。

表 4.14 各国政府管理指数

地区	国家	2013 年	2015 年	地区	国家	2013 年	2015 年
南亚	阿富汗	−1.40	−1.34	高加索	亚美尼亚	0.09	−0.14
	孟加拉国	−0.80	−0.73		阿塞拜疆	−0.46	−0.23
	印度	−0.17	0.10		格鲁吉亚	0.58	0.40
	不丹	0.40	0.41	中东欧	白俄罗斯	−0.93	−0.48
	马尔代夫	−0.31	−0.38		摩尔多瓦	−0.39	−0.63
	斯里兰卡	−0.16	0.01		波兰	0.72	0.80
	尼泊尔	−0.93	−1.04		罗马尼亚	−0.06	−0.04
	巴基斯坦	−0.79	−0.66		俄罗斯	−0.35	−0.18
东南亚	文莱	0.87	1.05		捷克	0.89	1.05
	柬埔寨	−0.91	−0.69		爱沙尼亚	1.00	1.09
	印度尼西亚	−0.19	−0.22		匈牙利	0.66	0.49
	老挝	−0.73	−0.50		乌克兰	−0.64	−0.51
	马来西亚	1.01	0.96		斯洛伐克	0.79	0.84
	菲律宾	0.12	0.11		拉脱维亚	0.89	1.10
	新加坡	2.09	2.25		立陶宛	0.84	1.20
	越南	−0.27	0.08	南欧	斯洛文尼亚	1.01	0.97
	泰国	0.24	0.36		黑山	0.17	0.16
	缅甸	−1.51	−1.24		保加利亚	0.16	0.22
	东帝汶	−1.21	−1.05		波黑	−0.43	−0.54
中亚	土库曼斯坦	−1.31	−0.87		希腊	0.46	0.25
	塔吉克斯坦	−1.07	−0.82		克罗地亚	0.70	0.51
	乌兹别克斯坦	−0.94	−0.68		塞浦路斯	1.36	1.04
	哈萨克斯坦	−0.53	−0.05		塞尔维亚	−0.09	0.11
	吉尔吉斯斯坦	−0.64	−0.90		马其顿	−0.05	0.13
西亚北非	巴林	0.60	0.57		蒙古	−0.54	−0.40
	伊朗	−0.69	−0.20				
	伊拉克	−1.12	−1.27				
	以色列	1.23	1.38				
	约旦	−0.04	0.14				
	科威特	−0.06	−0.02				
	沙特阿拉伯	0.07	0.21				
	阿联酋	1.18	1.54				
	埃及	−0.89	−0.76				
	阿曼	0.22	0.09				
	叙利亚	−1.43	−1.63				
	土耳其	0.39	0.23				
	也门	−1.21	−1.64				
	黎巴嫩	−0.40	−0.47				

在经济全球化的今天,国家安全不仅包括传统的军事安全,还包括国家经济安全。鉴于其性质,国家安全条款本质上属于国家自行判断条款,尽管国际习惯法要

求国家在履行条约时必须善意,但在缺乏明确标准的情况下,国家安全条款时常被滥用。①

(2) 政策干预

东道国担心本国产业受到外来企业的冲击,因而采取一些政策干预以保护本国产业的发展和生存,如当地原材料零部件适用比例政策、资金回流政策、特别污染法等,都会给境外企业的投资活动带来风险。而同时,丝绸之路沿线国家对跨境贸易征收高额关税,各国边界管理机关效率低、不作为甚至存在贪腐行为,这些都严重阻碍了丝绸之路复兴。②

(二) 企业层面投资障碍

1. 运营障碍

(1) 人力障碍

境外投资企业的国际化管理能力不足,国际化人力资源不足。进入东道国的企业中高层管理人员多为母公司外派,对当地工作环境、相关业务的法律、市场情况、文化习俗等不够了解,容易导致冲突和经营决策失误。此外,还有劳动力成本变动的风险。如劳工签证以及由于项目时间很长还需要重新办签证的费用成本,当地劳工雇佣要求符合当地的劳动法、工作时间限定、工伤保险等的规定而导致的用工成本上升,以及各设备与材料采购的价格的不确定性。

(2) 供应链障碍

供应链障碍分为生产供应链和生产需求链两方面:生产供应链风险主要表现在企业在东道国的生产所需资源受上游供应商制约较大,生产成本不稳定;生产需求链风险指由于对消费者行为研究失误,竞争者的替代品作用等造成的风险。③

(3) 风险管理障碍

一方面,风险信息预警机制缺失,企业尚未建立相应的风险预警机制或风险预警机制不完善,以及缺少国际化经营人才,使得企业对可能引起突发事件的信息意识不足,应对措施采取缓慢。④

另一方面,风险信息预警能力有限,尽管有的企业试图建立风险信息预警机制,但是由于企业对风险管理机制缺乏战略性的设置,缺乏东道国的人脉关系,获取信息的渠道有限,数据收集效率低,风险信息预警能力受限。⑤ "一带一路"沿线国家对于经营投资等方面的各国法律要求差异较大,若不加以防范,企业就会陷入危险境地。

---

① 余劲松. 国际投资条约仲裁中投资者与东道国权益保护平衡问题研究[J]. 中国法学,2011(2):132—143.
② 何茂春. "一带一路"战略面临的障碍与对策 [J]. 新疆师范大学学报,2015(3):36—45.
③ 韩师光. 中国企业境外直接投资风险问题研究[D]. 吉林大学,2014.
④ 于吉. 一带一路战略中的企业风险防控[J]. 企业管理,2015(12):6—8.
⑤ 刘国栋. 企业风险防控管理浅析[J]. 企业改革与管理,2015(12):40.

2. 市场风险

企业刚进入新市场,在品牌、知名度、客源、业务关系等方面与本土企业相比处于劣势。在竞争中,若遇到本行业市场领导者的反击,一旦竞争策略失败,企业将承担竞争成本和丢失市场份额的双重损失。上游原材料的供应商议价能力会造成原材料价格风险,市场供求关系会造成需求价格风险,融资、渠道和资产结构等会造成资金价格风险。

四、小结

中国目前已经成长为世界主要的对外投资国家之一。近十年来,中国对外直接投资持续增长,FDI 流入流量金额和 FDI 流出流量金额的差距不断缩小,并于 2014 年 FDI 流出流量金额首次超过 FDI 流入流量金额,成为对外投资净输出国。2015 年,对外直接投资流量创下了 1 456.7 亿美元的历史新高,占到全球流量份额的 9.9%,金额仅次于美国。

"一带一路"沿线国家是中国资本重要的目的地。无论是从流量还是存量的角度,中国对"一带一路"沿线国家的直接投资占其吸引 FDI 的比重都在逐年增加。虽然中国对该地区的直接投资增长较快,甚至成为部分国家的主要 FDI 存量来源国,但是与该地区吸收外资的总量相比,规模仍有很大的增长空间。截至 2015 年年末,中国对"一带一路"沿线国家的直接投资存量占其吸收 FDI 总量的 2.70%,流量占"一带一路"当年吸收 FDI 的 6.72%,蕴含着巨大的潜力。

无论是从地域、产业还是投资方式上看,中国在"一带一路"沿线国家的对外直接投资都日趋多元化。从地域上看,中国对该地区的 FDI 过去主要是集中在紧邻中国的周边国家,其中对东南亚国家的 FDI 存量规模最大,为 476.53 亿美元,占总直接投资存量的 53.0%,其他地区也分别在不同产业上吸引着中国的对外投资。从产业上看,中国对该地区的直接投资活动包括了能源类投资、运输类投资、矿产类投资、技术类投资、金融类投资、房地产投资等。从投资方式上看,中国对该地区的直接投资还是以产能合作和基础设施建设为主,但日趋多元化。中国已由落地投资为主的模式转向落地、并购双头并进。落地投资在对外投资中的占比不断下降,总体金额规模目前已被对外并购投资超越。在实施大型工程承包、合作开发资源等项目中,股权投资开始出现,部分投资项目采用建设、经营、转让(BOT)或产品分成合同(PSC)方式运营。

在对"一带一路"沿线投资互惠共赢的道路上,中国还面临着一系列的障碍。主要的障碍包括东道国风险、市场风险以及行业等风险。中国国内目前也面临着政府部门之间、政府部门与非政府部门之间协调机制模糊的挑战。

下篇　国别分析篇

茗旗斜挂，南洋舟头轻撷浪
胡琴轻弹，西域月下细数沙

"一带一路"沿线涉及诸多国家,各国发展各具特色,跨越了多样的民族、文化、经济、政治综合体,对于"一带一路"相关国家的了解程度一定意义上决定了与其合作的深度和广度。下篇从横向的国别角度对"一带一路"相关各国进行经济指标测算、社会历史回溯等方面的梳理归纳,从而对各国社会经济发展状况进行相对完整的分析,并深度发掘在"和平、发展、合作、共赢"的宗旨下我国与"一带一路"沿线国家最为匹配、最有潜力的合作方式与领域。我们为"一带一路"提供一幅宽广丰富的经济文化地图,以期对"一带一路"战略的顺利推进提供一定的参考和帮助。

第五章 东南亚地区

位于亚洲东南部的东南亚地区由越南、老挝、柬埔寨、泰国、马来西亚、新加坡、缅甸、印度尼西亚、文莱、菲律宾和东帝汶11个国家组成。

东南亚地处沿海，热带的气候和自然环境使该区域总体经济发展具有鲜明特征。绝大部分国家拥有丰富的水资源与肥沃的土壤，多为传统的农业国。缅甸被誉为亚洲粮仓，泰国为亚洲唯一的粮食净出口国。东南亚森林和矿产资源丰富，能源在其经济发展中也具有重要的作用：文莱为东南亚第三大产油国，为世界第四大天然气生产国；印度尼西亚也拥有丰富的石油、天然气、煤、金、银矿产资源；位于环太平洋地震带上的菲律宾，其独特的地理环境和地质构造，更是有利于矿床的形成。

东南亚国家多为传统农业国，工业基础均较薄弱，柬埔寨、老挝、缅甸、东帝汶和越南等国家表现尤为突出。缅甸工业发展缓慢，工业总产值在国内生产总值份额中占34.6%。老挝更是世界上工业最不发达的国家之一，重工业发展滞后，尚未形成完整的工业体系，工业产值占GDP比重较小且基础薄弱，近5年维持在30%—35%左右。对东南亚绝大部分国家而言，能源产业依然是国民经济发展的支柱产业，经济结构亟待转型和提升。石油和天然气的生产和出口已经成为文莱国民经济的主要支柱，而随着石油工业的发展，其经济结构过于单一的弊端日趋显露。

对于东南亚国家而言，经济发展两极分化严重。部分国家经济落后，贫困人口占比较高，城镇化率低。工业基础薄弱的柬埔寨，被世界银行评为世界上最不发达的国家之一，其贫困人口占总人口的26%。而根据世界银行数据，东帝汶2015年的GDP总量为14.1亿美元，在世界220余个国家和地区中排名第167，人均GDP为1130美元，2011年生活在贫困线以下的人口占37%。菲律宾人均收入在2015年为3112美元，被世界银行定义为中低等收入国家。至2015年，柬埔寨的城镇化率仅有20.72%，缅甸仅为34.1%，20年间涨幅不大，而同期2015年的中国已经超过50%。

相比而言，新加坡、马来西亚、泰国、文莱则经济发展较为突出。新加坡是一个转型成功的经济体,经济实现持续增长,根据世界银行数据,2015年新加坡国内生产总值2 870.2亿美元,比上年增长2.1%,人均GDP比上年增长0.81%至51 855美元。马来西亚属于发展中国家,经济发展在东盟国家中位于前列,服务业与工业在马来西亚的国民经济份额中占比较高。马来西亚也是东亚地区最城市化的国家之一,城镇化率接近75%。泰国是东盟成员国、曾经的亚洲"四小虎"之一,是世界的新兴工业国家、世界天然橡胶最大出口国、世界五大农产品出口国之一,为东南亚仅次于印尼的第二大经济体,人均GDP为5 814.77美元,在东盟中位列新加坡、文莱和马来西亚之后,属于中等偏上收入国家。2015年文莱的GDP总值达154.92亿美元,人均为36 607.9美元,被归入高收入国家行列,城镇化率为77.2%。

从表5.0.1中同样可以看出,在东南亚国家中经济发展两极分化问题十分严重,按照世界银行在2010年公布的标准:低收入经济体为1 005美元或以下者;下中等收入经济体在1 006—3 975美元之间;上中等收入经济体在3 976—12 275美元之间;高收入经济体为12 276美元或以上者。在东南亚"一带一路"沿线的11个国家中,有两个高收入国家(新加坡和文莱),两个上中等收入国家(马来西亚和泰国),印度尼西亚、菲律宾、越南、老挝、缅甸、柬埔寨和东帝汶属于下中等收入国家,同时人均GDP越高的国家拥有越高的城镇化率,进一步说明不同国家之间经济发展状况差异较大。

表 5.0.1　东南亚国家发展概况

国家	GDP总值(亿美元)	人均GDP(美元)	城镇化率(%)
新加坡	2 870.20	51 855.00	
文莱	154.92	36 607.90	77.2
马来西亚	3 299.00	10 877.00	接近75
泰国	3 952.00	5 814.77	超过50
印度尼西亚	8 619.34	3 346.49	超过50
菲律宾	2 919.70	3 112.00	44.37
越南	1 936.00	2 111.14	33.6
老挝	123.27	1 812.33	接近40
缅甸	649.00	1 204.00	34.1
柬埔寨	180.00	1 158.00	20.72
东帝汶	14.10	1 130.00	

第五章　东南亚地区

第一节　柬埔寨

一、地理历史背景

柬埔寨是东南亚历史悠久的古国,是一个连接内陆和海洋的国家,并且地处印度和中国两大文明板块之间,地理位置优势明显,从历史的黎明时期就成为东西方交通的要道。[①] 柬埔寨国土面积181 035平方千米,面积在东南亚国家中排名第8。地形地貌特点明显,境内有高山,位于菩萨省与磅士卑省之间的克佐山脉的奥拉山,海拔1 813米,是柬埔寨最高峰;有平原,中部地区原来是一个大海湾,由于上游湄公河的常年泥沙淤泥,形成了境内最大的平原;背靠山川,主要由豆蔻山脉和象山山脉两大山系组成;也有湖泊,境内拥有东南亚地区最大的淡水湖——洞里萨湖(也称金边湖);又有河流,中部地区以湄公河为核心。总之,柬埔寨土地肥沃,水资源丰富,拥有得天独厚的发展种植业的条件。

自然资源方面,柬埔寨境内由于降水及洞里萨湖和湄公河水系构成的河流湖泊网络,水利资源丰富,其中,地表水750亿立方米(不包括积蓄雨水),地下水176亿立方米,平均每年降雨量1 400—3 500毫米,湄公河每年的流量约为4 750亿立方米。[②] 全国有可耕地面积约670万公顷,但目前实际耕种面积仅约为260万公顷。[③] 由于长期战乱、兼并、占有不平衡、纠纷等问题,土地资源利用率有很大的提升空间。农业资源丰富,主要农产品有稻谷、玉米、薯类、花生、豆类等,经济作物有橡胶、胡椒、棉花、烟草、棕糖、甘蔗、咖啡、芝麻等。渔业资源丰富,其中,洞里萨湖是世界上著名的天然淡水渔场和东南亚最大的渔场。矿产资源是柬埔寨社会经济发展的重要资源,潜力巨大,目前已探明的矿藏有二十余种,主要有金、铁、磷矿、石灰石和石油,盛产柚木、铁木、紫檀、黑檀、白卯等高级木材,并有多种竹类,全国森林覆盖率61.4%,木材储量11亿多立方米。[④]

柬埔寨全国共有二十多个民族和部落。华侨华人侨居柬埔寨的历史悠久,在宋代就有华人在柬埔寨定居,清代以后移民更多。佛教是柬埔寨的国教,其他宗教包括伊斯兰教、天主教和婆罗门教等。

---

① 王士录.当代柬埔寨经济[M].昆明:云南大学出版社,1999.
② 柬埔寨水资源开发现状、问题及对策[N].国际商报/中国—东盟商务周刊,2015-12-21.
③ 资料来源:中华人民共和国驻柬埔寨王国大使馆经济商务参赞处.
④ 中国外交部:柬埔寨国家概况,http://www.fmprc.gov.cn/web/gjhdq_676201/gj_676203/yz_676205/1206_676572/1206x0_676574/.

二、经济发展状况

由于柬埔寨是传统的农业国家,工业基础较为薄弱,被世界银行评为世界上最不发达的国家之一,其贫困人口占总人口的26%。因此,柬埔寨政府把发展经济、消除贫困作为首要的任务。柬埔寨实行自由开放的市场经济政策,经济活动的各方面高度自由化,经济私有化和贸易自由化程度较高。美国、欧盟、日本等28个国家都给予柬埔寨普惠制待遇。

近年来,柬埔寨的政局稳定,政策连续性较强,经济稳步增长,固定资产的投资大幅增加,社会硬件设施也有很大的改善。据世界银行的报告称,柬埔寨20年来经济的年均增长率达到7.7%,经济增速排名世界第六。[①]

1993年,经选举后人民党和奉欣比克党联合执政,正式确定了"市场经济"模式,以及"发展经济、消除贫困"的发展目标。2008年获选的新政府宣布进一步深化改革,加强金融和财政监管,健全财政税收及行政管理体制,继续推行"四角战略"。

(一)国内经济

2015年,柬埔寨保持了相对稳定的政治环境,政府实施以优化行政管理为核心,加快农业建设、基础设施建设、发展私营经济和增加就业、提高素质和加强人力资源开发的"四角战略",把农业、加工业、旅游业、基础设施建设及人才培训作为优先发展领域。目前是深化实施"四角战略"的第三阶段,政府深化改革,加大对外交往的力度,积极融入区域一体化和东盟一体化建设,国内的农业、制衣制鞋业和建筑业为主导的工业、旅游业为主导的服务业以及外商直接投资四大经济支柱继续稳步拉动宏观经济前行,保持了宏观经济的稳定增长。

2015年,柬埔寨宏观经济稳定增长,国内生产总值达180亿美元,实际增长6.9%,人均GDP为1158美元,同比增长9.4%,通货膨胀率为3%。[②] 国内经济指标及发展情况如图5.1.1和图5.1.2所示。

自从1993年柬埔寨完成和平进程后,政府就把注意力集中在经济发展和社会转型上,通过采取自由开放的经济政策,经济等各方面都有较大的发展,并且由于其本身具有丰富的自然资源和廉价的劳动力等得天独厚的有利因素,投资、对外贸易和官方发展援助已成为柬埔寨重要的经济发展源泉和支柱,经济发展潜力较大。

1. 产业结构

近几年来,柬埔寨产业结构持续优化,农业产值在GDP中占比持续下降。2015

---

① 资料来源:中华人民共和国驻柬埔寨王国大使馆经济商务参赞处。
② 同上。

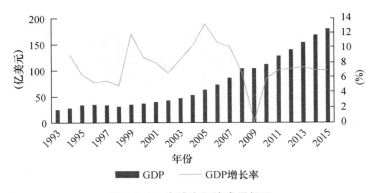

图 5.1.1　柬埔寨经济发展概况

资料来源：世界银行数据库。

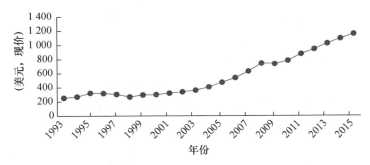

图 5.1.2　柬埔寨人均 GDP

资料来源：世界银行数据库。

年，农业、工业及服务业的增加值分别为 47.98 亿、49.96 亿及 71.9 亿美元，占比分别为 28.25%、29.42% 及 42.33%，如图 5.1.3 所示。

（1）第一产业

农业是柬埔寨整个国家的经济基础，长期以来一直是整个国家的支柱产业，也是国家经济发展战略的重中之重。独立后，柬埔寨的农业有了长足的发展，产值逐渐提高，农产品产量持续增加。

柬埔寨阳光充足，雨水充沛，土地肥沃，年均气温介于 29—30℃ 之间，适合多种农作物尤其是水稻的种植。1994 年，柬埔寨颁布《投资法》，将农产品加工等列为政府重点扶持领域。在 1996—2000 年，老挝政府还专门为农业制订了第一个五年发展计划。2008 年后，柬埔寨政府将大米种植与出口作为重点项目进行扶持。2010 年，柬埔寨政府对灌溉系统的投入增加至 5 920 万美元。

2000 年后，第一产业产值在柬埔寨的 GDP 总占比保持在 30% 左右，至 2015 年占

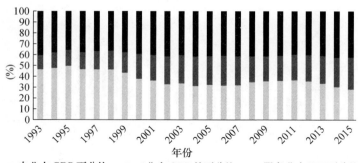

图 5.1.3 柬埔寨近年来的产业结构变迁

资料来源：世界银行数据库。

比降至 28.25%，首次跌破 30%。从细分领域具体来看，农业值整个第一产业占比 60%，林业产值占比 7%，渔业占比 22%，畜牧业占比 11%。农业全国稻谷种植面积为 305.1 万公顷，同比下降 0.13%，每公顷稻谷产量 3.085 吨，同比增长 0.22%。全年稻谷产量达到 933.5 万吨，同比增长 0.12%，实现大米出口 290 万顿。农产品的全年出口额 415.7 万吨。① 目前，柬埔寨农业面临的主要问题包括：《土地法》不健全，基础设施薄弱且技术落后，资金匮乏，土壤肥力降低，农作物品种较少等。② 这些不足也提供了和其他国家合作的空间。

(2) 第二产业

长期战乱严重影响了柬埔寨的工业化进程。总体来说，柬埔寨工业基础薄弱、门类较少，主要是轻工业和食品加工业。1953 年独立后，柬埔寨在美国和苏联等国的援助下，开始了工业建设。到 1970 年左右，其工业产值 GDP 占比约为 19%。之后战乱不断，直到 1993 年实现和平并推经济改革，才允许民营资本进入工业。至 2000 年，工业产值达到 8 亿美元，GDP 占比约为 23%。

2000 年后，柬埔寨工业开始快速发展。2005 年，工业产值的 GDP 占比达到 26.4%。其中增长最快的是制衣行业，GDP 占比达到 15.4%。2008 年，柬埔寨 GDP 突破百亿美元，工业产值 GDP 占比达到 27%。其中制衣行业 GDP 占比为 11.2%，相比 2005 年下降明显，背后原因在于金融危机带来的国际需求大幅缩减。2009 年，柬埔寨工业增长几乎为零。2010 年，柬埔寨新开了 50 家制鞋厂和制衣厂，其中超过 40% 从中国搬迁而来。2011 年，柬埔寨的制衣行业明显好转，与建筑业一起成为工业

---

① 资料来源：中国驻菲律宾经参处。
② 毕世鸿等. 柬埔寨经济社会地理[M]. 广州：世界图书出版广东分公司，2014.

的两大支柱。

进入 2015 年,柬全国共新注册 160 家工业企业,并带来 85.95 万个就业岗位。其工业产值达到 88.73 亿美元,GDP 占比为 29.42%,为新中国成立后最高水平。其中,制衣制鞋新增大量企业,并创造了超过 75 万个就业岗位,出口额达到 71.7 亿美元,增幅为 18%。衣服和鞋制品的主要出口目的地包括欧盟和美国,占比分别为 45.6% 和 30%。[①] 在未来数年,柬埔寨还将继续承接来自中国等国家的制造业转移。

此外,柬埔寨为了解决能源短缺问题,制定了 2008—2021 年国家发展规划,规划将电力产能提升至 1 539 兆瓦,并建设 29 个水电站,其中 7 个需要优先发展的水电站资金需求超过 11 亿美元。至 2014 年,中国以 BOT 方式参与了 6 个水电站项目,总投资为 28.21 亿美元。

(3) 第三产业

整体来说,柬埔寨的国家经济水平相对落后,但其服务业发展情况却要比其他两大产业要好,尤其是旅游业。2000 年后,第三产业的产值超过农业成为最重要的产业。至 2015 年,整个服务业 GDP 占比达到 42.33%。其服务业中的旅游业占比最大,和旅游相关的酒店和餐饮业多年来也发展快速。1993 年柬埔寨市场化改革后,丰富的旅游资源加上充足的劳动力,为旅游业的发展奠定了基础。至 2012 年,旅游业收入为 22.1 亿美元,增幅超过 10%。2015 年,柬埔寨外国入境游客为 477.52 万人次,同比增长 6.1%,增速放缓,但其中来自中国的游客达到 69.5 万,增幅为 24%。整个旅游业为柬埔寨创收 30.1 亿美元,并带来了 62 万个就业岗位。同年,柬埔寨的前五大游客来源国包括越南、中国、老挝、韩国和泰国。

交通运输方面,由于基础设施较差,长期发展缓慢,柬埔寨至今仍需要大量的资金投资和改善。2007—2013 年,在亚开行等帮助下,柬埔寨进行了全国性的铁路网修复。而医疗和教育,仍给柬埔寨政府带来严峻挑战。

2. 城镇结构

至 2015 年,柬埔寨的城镇化率仅有 20.72%,而同期的中国已经超过 50%。1975 年 4 月,当时的柬埔寨"红色高棉"在夺取政权时,每攻下一个城市,便在短时间内将市民全部驱散至农村。该事件导致柬城镇人口出现断崖式掉落,同期的农村人口比例则急剧上升。1982 年后,柬城镇化率缓慢回升,持续至今,如图 5.1.4 所示。较低的城镇化水平是柬埔寨经济欠发达的一个侧影,但同时也意味着巨大的投资和发展空间。

---

① 资料来源:菲律宾国家统计局。

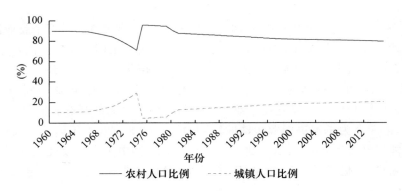

图 5.1.4　柬埔寨城镇化率

资料来源:世界银行数据库。

柬埔寨人口超过 50 万的城市只有两个,其中一个是首都金边。这里简要介绍下柬埔寨的主要城市。

金边是柬埔寨首都,也是最大的城市,同时是全国的政治、经济、文化、交通、贸易和宗教中心。金边位于湄公河与洞里萨河间的三角洲地带,全市面积约为 375 平方千米,2015 年的人口的 220 万左右,90% 以上为高棉族,且超过 90% 的市民信奉佛教。金边聚集着全国主要的大企业,是全国银行等金融机构的中心。金边拥有相对较为发达的陆路和航空运输能力,是印度支那的一个重要交通枢纽,作为重要的内河港口,金边的船只沿湄公河顺流而下可经越南南方进入南中国海。作为全国教育中心,金边拥有 38 所大学。此外,金边是一座风光美丽的历史名城,拥有皇宫、塔仔山、银殿、独立碑、国家博物馆等著名旅游目的地。

西哈努克市位于磅逊湾东南岸,距金边 232 千米,是柬埔寨的一个经济特区以及四个直辖市之一。西哈努克总面积大约为 868 平方千米,港口面积为 10 平方千米。该市原名为磅逊市,1960 年在法国援助下建成了磅逊港,并于 1993 年根据时任国王西哈努克名字更名。该海港天然条件优越,是全国最重要的贸易出入口。西哈努克市是柬埔寨唯一的海港城市,同时和金边、吴哥窟一起是全柬埔寨的三大旅游胜地。西哈努克市北部是柬埔寨重要的工业区。西哈努克市和中国的南宁市是友好城市。

3. 政府财政

自独立后,柬埔寨的财政状况表现一直较差。从 20 世纪 70 年代初开始,柬一半的财政来源于美国、苏联和一些东欧国家的援助。随着 1993 年联合政府的成立,财政状况有所好转。随着经济和社会结构不断改变,其经济发展达到新的阶段。从

2003年开始,柬政府开始进入财政盈余状态。2014年,柬埔寨税务总局税收收入超过10.6亿美元,与2013年相比上升了17.7%。与此同时,柬埔寨海关与货物税务总署报告称2012年共征收进出口关税13.4亿美元,与2013年相比增加了10亿美元。

2015年柬埔寨外汇储备49.26亿美元,可以满足4.5个月的产品和服务进口需要。国家全年的预算收支结余4.62亿美元,预算执行收入约合29.16亿美元,同比增长12.1%,占GDP的15.76%,预算执行支出38.76亿美元,同比增长10.8%,财政赤字38 869.99亿瑞尔,约合9.6亿美元,占GDP的5.19%。①

根据柬埔寨2016年国家财政预算案,财经部计划把2016年的财政预算提高到43.5亿美元,与2015年相比上升了11.1%,意在为政府的发展政策提供支持,以保证柬埔寨7%的经济增长率。图5.1.5是柬埔寨2002—2014年的财政情况。

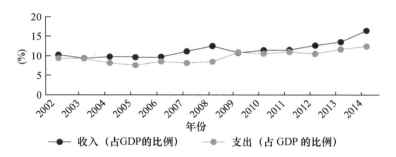

图 5.1.5 柬埔寨历年财政情况

资料来源:世界银行数据库。

4. 国民收入水平

作为传统的农业国家,柬埔寨的人均收入水平长期处于较低水平,其人均收入水平和人均GDP发展几乎同步。至2015年,柬人均GNI为1 070美元,被世界银行归入中低等收入国家行列,具体可见图5.1.6。财富分配方面,从近几年公布的数据看,基尼系数在2007年达到0.41后逐年下降,到2012年降至约0.31,处于较良好的水平,如表5.1.1所示。

如图5.1.7所示,柬埔寨的国民储蓄在2008年达到最高值,达11亿美元,但随后可能受全球金融危机等情况的影响,2009年出现大幅下降,并且之后几年一直处于低迷状态,直到2014年才有所回升,但仍然无法达到最好的状态。

---

① 资料来源:中华人民共和国驻柬埔寨王国大使馆经济商务参赞处。

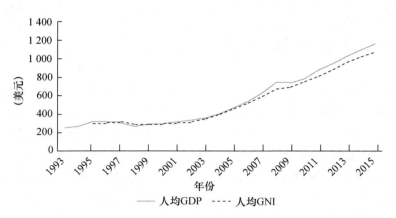

图 5.1.6 柬埔寨的人均收入概况

资料来源:世界银行数据库。

表 5.1.1 柬埔寨近年来的贫富差距 (单位:%)

年份	1994	2004	2007	2008	2009	2010	2011	2012
基尼系数	38.15	35.46	41.14	35.1	34.65	33.44	31.7	30.76

资料来源:柬埔寨国家统计局。

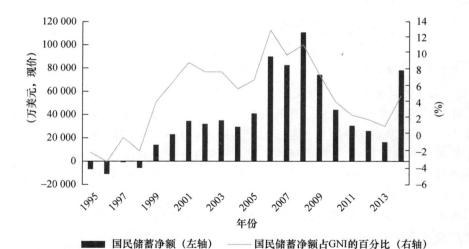

图 5.1.7 柬埔寨国民储蓄状况

资料来源:世界银行数据库。

5. 人口结构

长期的战乱和贫困,导致独立初的柬埔寨人口稀少,1953 年柬埔寨全国人口不到 400 万。独立之后,政府开始鼓励生育,人口才开始有了持续的快速增长。其中 1975 年柬埔寨共产党执政的"红色高棉"时期,大屠杀导致了约 200 万人的非正常死亡,人口数量大幅下降。由于医疗设备落后和疾病泛滥等影响,柬埔寨人均寿命一直不高。预期寿命较低、生育率和出生率较高,则使得柬埔寨国内人口以青壮年为主。如图 5.1.8 所示,至 2015 年,柬埔寨人口 1558 万,男女比例分别为 48.8%、51.2%。年龄结构方面,如图 5.1.9 所示,15—64 岁的人口在 1996 年落到最低点后持续上升,到 2015 年该年龄段人口占比达到 64.28%。[①]

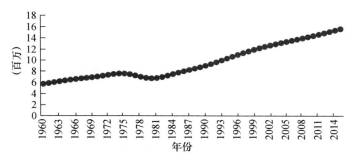

图 5.1.8　柬埔寨人口增长概况

资料来源:世界银行数据库。

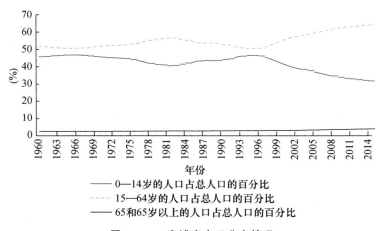

　　——0—14 岁的人口占总人口的百分比
　　-- 15—64 岁的人口占总人口的百分比
　　——65 和 65 岁以上的人口占总人口的百分比

图 5.1.9　柬埔寨人口分布情况

资料来源:世界银行数据库。

---

① 资料来源:柬埔寨国家统计局。

（二）对外经济

1. 国际贸易

长期以来，柬埔寨是一个初级产品出口国以及制成品进口国。市场化改革之前，柬埔寨的主要贸易伙伴包括苏联、越南、东欧、日本和印度。[①] 1992 年，美国取消对柬埔寨的贸易禁运。1993 年柬埔寨改革后，国内市场逐渐对外打开，贸易自由化程度逐渐提高。基于丰富的自然及人力资源，对外贸易和投资、国际援助一起，逐渐发展起来并成为柬埔寨经济发展的重要动力。随着柬埔寨 1999 年加入东盟，2007 年正式加入 WTO，关税逐渐放开，贸易自由化程度进一步提高。至今，柬埔寨已是大湄公河次区域合作（GMS）、东盟自由贸易区（AFTA）和中国—东盟自由贸易区（CAFTA）的成员国。

2001—2005 年，柬埔寨的外贸总额保持着每年高达 16% 的增速。2007 年，柬埔寨共进口 60 亿美元，出口 44.8 亿美元，逆差 15.2 亿美元。2008 年国际金融危机爆发，柬埔寨的贸易逆差进一步扩大为 24.7 亿美元，但进出口总额突破了 100 亿美元。2010 年，贸易总额达到 110 亿美元，增幅达到 26.67%。

2015 年，柬埔寨外贸总额突破 200 亿美元大关，达到 205.34 亿美元，增幅为 12.6%。其中出口 89.9 亿美元，进口 115.44 亿美元，贸易逆差为 25.43 亿美元。服装、鞋类、大米、橡胶和木薯等为柬埔寨的主要出口商品。其中最主要的是服装和鞋类，占比接近 80%。另外出口大米 54.48 万吨，较上年增长了 48.1%。柬埔寨主要进口的商品包括服装原材料、建材、汽车、燃油、机械、食品、饮料、药品和化妆品等。其主要贸易伙伴包括美国、中国、欧盟、日本、韩国、泰国、越南和马来西亚等。[②]

2015 年，中国和柬埔寨的双边贸易总额达到 44.3 亿美元，增幅为 18%。其中增速最快的是柬埔寨向中国出口的商品总额，达到了 6.7 亿美元，增长 38.1%。

2. 国际投资

在 1989 年市场化改革之前，由于冷战导致的紧张局势，柬埔寨几乎得不到任何的国外直接投资。1993 年，柬埔寨通过新的投资法案，并于 2003 年修改，以促进和保护外资投资。2008 年，柬埔寨的 FDI 项目数量达到新高。具体的投资项目包括中国水电发展项目、中国香港海岸发展项目和韩国国际金融发展项目。2009 年，柬埔寨获得的 FDI 项目接近 1 500 个，总金额达到 250 亿美元。

至 2015 年，柬埔寨全国总投资额为 46.4 亿美元，增幅达到 18%。其中外国投资占 30.7%，投资额为 14.73 亿美元。外国投资中来自中国的投资额达到 8.65 亿美元，排名第一，比其他国家对柬投资的总和还多。具体来说，中国对柬埔寨非金融类直

[①] 毕世鸿等. 柬埔寨经济社会地理[M]. 广州：世界图书出版广东分公司，2014.
[②] 资料来源：中华人民共和国驻柬埔寨王国大使馆经济商务参赞处.

接投资 3.9 亿美元,新签承包工程合同额 14.2 亿美元,累计合同额 121.1 亿美元,完成营业额 76.6 亿美元。[①] 国内投资总额为 32.17 亿美元,占比 69.3%。其中 31.3 亿美元投向了基础设施建设,9.2 亿美元投向工业领域,另外农业及旅游业的投资额分别为 4.83 亿和 1.1 亿美元。

目前,柬埔寨的外资来源国家或地区主要包括中国内地、日本、韩国、美国、欧盟、新加坡和中国香港。总的来说,柬埔寨吸引外资的优势条件有:政治环境良好,投资体制逐渐完善;各行业发展潜力巨大且发展迅速;人力及自然资源丰富;市场开发程度较高。此外,世界银行、IMF 等国际机构,也给柬埔寨提供了持续的援助。

第二节 印度尼西亚

一、地理历史背景

印度尼西亚,简称印尼,位于亚洲东南部,是东盟成员国、曾经的亚洲"四小虎"之一。由于扼守马六甲海峡,印度尼西亚战略位置十分重要。从地理条件看,印尼约由 17 508 个岛屿组成,号称"千岛之国",主要岛屿有爪哇岛(拥有 60% 左右的人口)、苏门答腊岛、加里曼丹岛(与文莱和马来西亚共有)、新几内亚岛(与巴布亚新几内亚共有)等,巽他海峡、马六甲海峡、龙目海峡等是沟通太平洋和印度洋的重要通道。印尼陆地面积为 1 904 443 平方千米,海洋面积(不包括专属经济区)3 166 163 平方千米,海岸线长 54 716 千米。从自然条件看,印尼地处热带,全年温暖湿润;但位于环太平洋地震带,境内多地震。

截至 2015 年,印尼有 2.555 亿人口,仅次于中国、印度、美国,居世界第四位,有爪哇族、巽他族、马都拉族、马来族等一百多个民族,官方语言为印尼语。印尼有约 87% 的人口信奉伊斯兰教,是世界上穆斯林人口最多的国家。在政治和司法方面,印尼为单一共和制国家,行政、立法、司法三权分立,实行多党制、总统制;总统由全民直选,每任五年,总统任命内阁,内阁对总统负责。

印尼矿产资源丰富,包括石油、天然气以及煤、锡、铝矾土、镍、铜、金、银等。矿业在印尼经济中占有重要地位,产值占 GDP 的 10% 左右。印尼石油储量 97 亿桶 (13.1 亿吨),2013 年日产原油 85.7 万桶,天然气储量 4.8 万亿—5.1 万亿立方米,煤炭已探明储量 193 亿吨,潜在储量可达 900 亿吨以上。印尼自然资源丰富,有"热带宝岛"之称,棕榈油、天然橡胶生产数量分别居世界第一、第二位。

---

① 资料来源:中华人民共和国驻柬埔寨王国大使馆经济商务参赞处。

二、经济发展状况

(一) 国内经济

印尼作为东盟最大的经济体和亚洲"四小虎"之一,在20世纪90年代经历了一段经济腾飞时期,GDP年均增长达6%,跻身中等收入国家。但1997年受亚洲金融危机重创,经济严重衰退,货币大幅贬值,1999年年底才开始缓慢复苏。2004年,苏希洛总统执政,积极采取措施吸引外资、发展基础设施建设、整顿金融体系、扶持中小企业发展,经济增长一直保持在5%以上。在2008年全球金融危机中,印尼政府应对得当,经济仍保持较快增长。但2014年以来,受全球经济不景气和美联储调整货币政策等影响,印尼盾快速贬值,2015年第一季度印尼经济增长率首次低于5%,经济增长压力加大。2015年,印尼GDP为8 619.34亿美元,通货膨胀率为6.36%,人均GDP为3 346.49美元,属于中等偏下收入国家,更多关于GDP的信息可见图5.2.1、图5.2.2和图5.2.3。

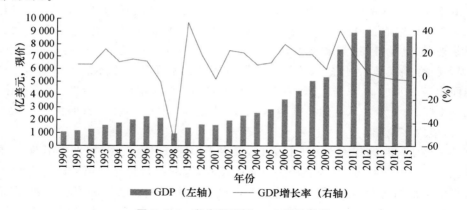

图 5.2.1　印度尼西亚 GDP 增长情况

资料来源:世界银行数据库。

1. 产业结构

从三次产业结构的变化来看,如图5.2.4所示,印尼在过去20年间产业结构较为稳定。服务业与工业是印尼最为重要的两个产业部门。工业在2014年之前一直略高于服务业,在2015年被服务业赶超。印尼农业占比相对于其他东南亚国家较高,但过去20年一直呈现缓慢下降趋势。

(1) 第一产业

印尼农业比较发达,占比相对其他东南亚国家高。盛产经济作物,棕榈油、橡胶、咖啡、可可产量均位居世界前列。渔业资源丰富,政府估计潜在捕捞量超过800万吨/年。森林覆盖率超过60%,自2002年起禁止出口原木。

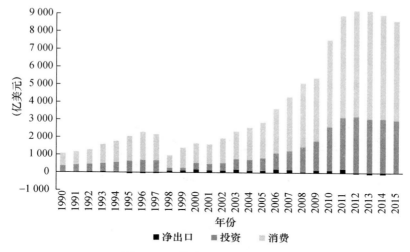

图 5.2.2　印度尼西亚 GDP 组成

资料来源：世界银行数据库。

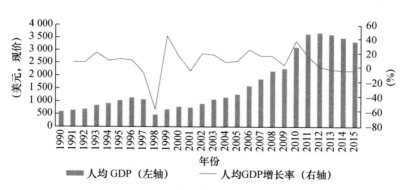

图 5.2.3　印度尼西亚人均 GDP

资料来源：世界银行数据库。

(2) 第二产业

工业是印尼的支柱产业之一，主要部门有采矿、纺织、轻工等，锡、煤、镍、金、银等矿产产量居世界前列。2012 年开始，工业增加值增长率超过 GDP 增长率，如表 5.2.5 所示。

印尼较为发达的工业细分产业有食品、家用品、纺织服装，比较薄弱的工业细分产业有机械设备、模具、电机、电子、金属与塑料加工。印尼轻工业比较发达，大部分民生用品均为印尼本地生产，食品、家用品、纺织成衣业一直是印尼制造业的支柱，是其解决就业及赚取外汇的重要产业。印尼政府在简化投资程序、税收激励、财政补贴等方面不断加大对这些产业的支持。

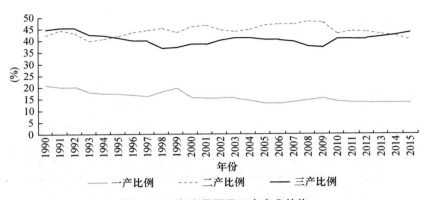

图 5.2.4 印度尼西亚三次产业结构

资料来源：世界银行数据库。

图 5.2.5 印度尼西亚第二产业增长率与 GDP 增长率对比

资料来源：世界银行数据库。

印尼基础工业薄弱，模具、电机、电子、金属与塑料加工产业较为落后，生产设备老旧，大部分的原料、零组件及模具均依赖进口。印尼的工业制成品进口主要来源地为日本、中国台湾、韩国、中国大陆、欧洲。以纺织成衣机械为例，纺织成衣是印尼第一大外销出口加工产业，但印尼纺织成衣机械主要依赖进口，进口来源地有日本、中国大陆、德国、中国台湾、韩国、印度、瑞士及意大利。其中，日本机械商提供最优惠的付款条件，中国大陆机械则以价格取胜，中日合计占有 40% 以上的纺织机械市场；欧洲机械以意大利品质最受印尼推崇，但因价格和渠道劣势而少有市场。近年来，中国纺织机械行业正在努力扩展在印尼市场的影响力。每年 4 月，印尼雅加达举办国际纺织及服装机械展览会，该展会的规模和影响力越来越大，是各国企业竞相展示自身产品、获取客户资源的良好平台，中国企业也借此不断深入印尼市场。

未来，印尼工业的发展将朝着提高技术、创新和人力资源水平等方向发展，印尼政府将继续推动工业优化战略，对以农林产品（油棕、可可、橡胶、藤条等）、矿物资源（铁、铝、镍、铜等）和油气为基础的工业进行下游化发展，从而提高国内附加值。同时，通过加强研发能力建设、鼓励资源深度开发、科技创新、实施印尼国家标准、产品认证、培训人力资源等方式，重点发展以人力资源和工艺为基础的工业。此外，印尼政府将大力发展工业建设配套的基础设施，确保电力、水、天然气等原料供应和公路、港口、铁路等基础设施建设，并将重点通过工业园区等平台和载体推动工业发展。此外，印尼政府将配套出台一系列税收减免、简化投资审批程序等支持措施。

（3）第三产业

近15年来，印尼第三产业发展迅速，成为三次产业中贡献GDP最多以及提供就业最多的部门。消费服务业的发展带动了印尼整体经济增速，并在经济危机期间保障印尼经济增速仍然维持高位。如何发展现代服务业从而解决第三产业内部结构落后的现状将成为印尼第三产业发展面临的主要问题。

旅游业是印尼非油气行业中仅次于电子产品出口的第二大创汇行业，政府长期重视发展旅游业，不仅努力加强配套措施建设，而且大力宣传并与周边国家开展合作。印尼的主要景点有巴厘岛、雅加达缩影公园、日惹婆罗浮屠佛塔、普拉班南神庙、苏丹王宫、北苏门答腊多巴湖等。

在交通运输方面，公路和水路是印尼的重要运输手段，其中公路担负着国内近90%的客运和50%的货运。铁路设施相对落后，仅爪哇和苏门答腊两岛建有铁路。空运近年发展迅速，建有雅加达国际机场、万隆国际机场等多个大型机场。据《印尼政府2015—2019年中期发展规划》，在这5年印尼将加强在12个领域的大型基础设施项目建设，其中就包括建设3650千米的公路、15个机场、24个大型港口、3258千米的铁路、60个码头等。

在城市建设方面，印尼城镇化进程稳步推进，2015年城镇化率超过50%，大型城市主要有首都雅加达市以及泗水市、万隆市等，更多信息可参见图5.2.6和表5.2.1。

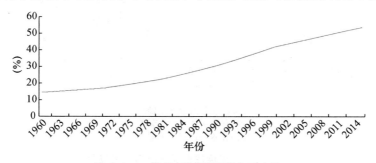

图5.2.6　印度尼西亚城镇人口占比

资料来源：世界银行数据库。

表 5.2.1　印尼十大城市

城市	城市描述
雅加达	首都,在全世界 200 大城市中排名第 17 位。金融业和工商业为重要产业。目前人口密度已经达到每平方千米超过 14 400 人
泗水	印尼最重要港口,进出口商品大部分通过该港口出入
万隆	被称为"爪哇的巴黎",有覆舟火山和万隆温泉,是著名旅游城市,建有万隆国际机场
棉兰	苏门答腊岛第一大城市
勿加泗	靠近首都,制造业发达
三宝珑	第五大城市、重要港口
坦格朗	有超过 1 000 座工厂,爪哇岛制造业中心之一
德波	雅加达卫星城市,印尼大学所在地
巨港	重要河港、海运便利、贸易频繁
南唐格朗	雅加达卫星城市

资料来源:根据公开资料整理。

在教育方面,印尼实行九年制义务教育,著名大学有印度尼西亚大学、加查马达大学、艾尔朗卡大学、万隆工学院等。劳动力素质有待提高,接受过高等教育的劳动力占比只有 8.5%。

(二) 对外经济

1. 国际贸易

外贸在印尼国民经济中占重要地位,政府采取一系列措施鼓励和推动非油气产品出口,简化出口手续,降低关税。如图 5.2.7 所示,1990 年以来,印尼进出口发展总体态势良好,但 2012 年以来受全球贸易低迷影响,进出口均有所下降。2014 年出口 1 762.9 亿美元,同比下降 3.4%,进口 1 781.8 亿美元,同比下降 4.5%,贸易逆差为 18.9 亿美元。

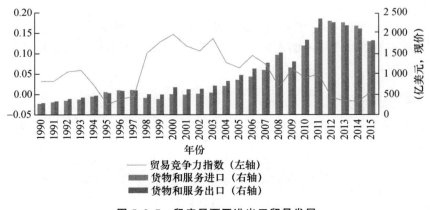

图 5.2.7　印度尼西亚进出口贸易发展

资料来源:印度尼西亚统计局。

印尼主要出口产品有石油、天然气、纺织品和成衣、木材、藤制品、手工艺品、鞋、铜、煤、纸浆和纸制品、电器、棕榈油、橡胶等;主要进口产品有机械运输设备、化工产品、汽车及零配件、发电设备、钢铁、塑料及塑料制品、棉花等。主要贸易伙伴为中国、东盟国家、美国、欧洲各国、日本等,如图5.2.8和图5.2.9所示。

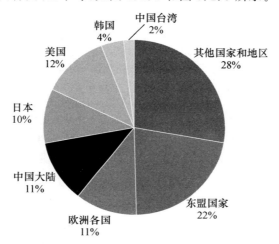

图 5.2.8　印度尼西亚主要出口国家和地区
资料来源:印度尼西亚统计局。

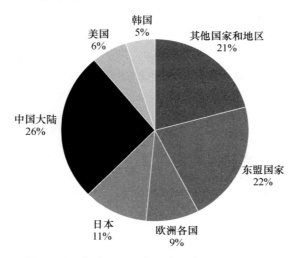

图 5.2.9　印度尼西亚主要进口来源国家和地区
资料来源:印度尼西亚统计局。

从各行业的贸易竞争力来看,农产品贸易竞争力指数始终保持在 0.3 以上,产品国际竞争力相对较强;燃料与矿产品贸易竞争力指数一直在 0 以上,但产品国际竞争力有下降趋势;工业制成品贸易竞争力指数一直在0以下,钢铁、化学制品、药品、机械与运输设备的贸易竞争力指数均为负值,缺乏竞争力,不过机械与运输设备中的办公与电信设备、电子数据处理与办公设备、电信设备与电子元器件在2008年以前曾有一定的国际竞争力,服装是工业制成品中贸易竞争力指数唯一保持正值的细分产成品。①

2. 国际投资

外国资本对印尼经济发展有重要促进作用。印尼政府重视改善投资环境,吸引外资。2007年印尼《投资法》规定国外投资者可以自由投资除法令限制和禁止外的任何部门,并在随后几年内不断放宽对投资电影服务业、信息通信、矿产和煤炭业、基础设施项目等部门的限制,推出一系列税收优惠政策。如图5.2.10所示,2004—2016年,印尼外商直接投资规模总体呈上升态势,但2009年和2015年分别因受到了金融危机和印尼盾大幅贬值的影响而锐减。印尼的主要外资来源国有新加坡、日本、中国、美国、英国等,其中新加坡的投资规模最大且数额增长很快,如图5.2.11所示。中国企业近年来也逐渐对其进行投资,但规模仍然较小,具有很大发展空间。

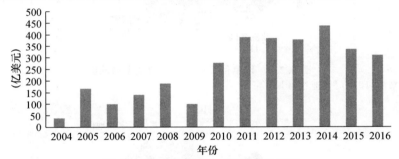

图 5.2.10 印度尼西亚外商直接投资

资料来源:印度尼西亚央行。

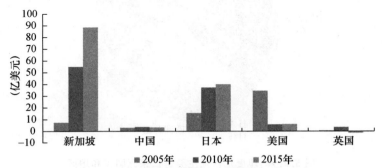

图 5.2.11 主要投资国对印度尼西亚投资的变化

资料来源:印度尼西亚央行。

---

① 张其仔等."一带一路"国家产业竞争力分析(上册)[M].北京:社会科学文献出版社,2017.

第三节 老 挝

一、地理历史背景

老挝处于中南半岛的北部,是中南半岛上唯一没有出海口的内陆国。依次与中国云南省、越南、柬埔寨、泰国、缅甸接壤,国土面积23.68万平方千米,以山地和高原为主,地势北高南低。

老挝的自然资源十分丰富。老挝独特的中生代褶皱地形,使其含有丰富的金属矿和非金属矿,其中有色金属矿和玉石矿不仅种类丰富,而且存储量十分巨大。老挝还有充沛的水资源,并且由于其具有的储量丰富、河床稳定、水能集中、沿岸植被优良等特点,开发条件极为优越。由于老挝气候温热,降雨丰富,植被覆盖面广,使其具有极为丰富的动植物资源,有"天然的动物园"之称。

老挝与中国山水相连,自古以来交往密切、和睦相处。早在公元3世纪,孙吴就派出使者前往当时中南半岛大国扶南。公元227年,扶南属国派出使者访问中国,标志着两国正式开始交往。至8世纪初,当时的文单国和唐朝交往频繁,先后四次使人向唐朝贡并受到隆重接待。1403—1613年,当时的澜沧王国共向中国遣使34次,明朝向其遣使9次,交往频繁程度前所未有。1729—1893年,当时的琅勃拉邦王国先后向清朝遣使20次,清朝向琅勃拉邦遣使1次。[①] 1893年后,老挝沦为法国殖民地,与清朝的宗属关系终结。第二次世界大战后,两国关系稍显曲折。1989年后,两国关系开始全面恢复和发展。由于同是社会主义国家,老挝和中国关系密切,相互支持。

二、经济发展状况

(一)国内经济

老挝长期以来都是一个欠发达的农业国,且由于历史上长期受制于封建制度及殖民主义的掠夺与压榨,经济发展缓慢,国民生活水平低下。1893年后,老挝的经济大致历经了几个主要阶段[②]:

① 1893—1975年,殖民地经济,农业产值占比持续超过90%;
② 1976—1985年,社会主义计划经济,农业产值占比持续超过80%;
③ 1986—1995年,社会主义市场经济,农业产值比重逐渐下降;
④ 1996年至今,深化改革和开放阶段。

作为一个典型的农业国,老挝的农村人口约占总人口的61.4%(2015年年底),农

---

① 郝勇,黄勇,覃海伦. 老挝概论[M]. 广州:世界图书出版广东有限公司,2012.
② 李小元,李锷. 老挝社会文化与投资环境[M]. 广州:广东国际战略研究院,2012.

业产值GDP占比较大,达到27.2%。第二产业基础薄弱,发展不平衡,重工业发展滞后,尚未形成完整的工业体系。1986年老挝人民革命党召开了第四次代表大会,标志着老挝从此进入了"革新开放"时期。此后老挝经济开始快速发展,至今一直保持着平稳的增长速度。1991年至亚洲金融危机前,老挝GDP年均增速达到7%。1997年,老挝经济受到严重冲击。随后,老挝政府加强对宏观经济的调控、整顿金融市场及推动农业发展,使得经济社会基本恢复了稳定。进入21世纪,前5年老挝GDP年均增速为6.8%;2006年至2010年,老挝GDP年均增幅达到7.9%,增速进一步提升。[1]

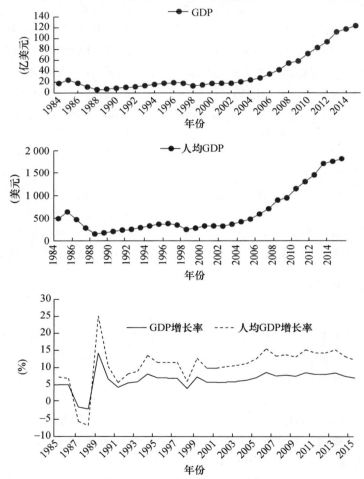

图 5.3.1　老挝总体经济发展概况

资料来源:世界银行数据库。

---

① 中国外交部网站,老挝概况。

2015年,老挝的GDP总额达到123.27亿美元,人均为1812.33美元,更多信息可参见图5.3.10。虽然经济快速发展了十多年,但是由于基础较为薄弱且改革开放时间较晚,老挝经济发展至今仍处于较低水平。2015年是老挝"七五"计划(2011—2015年)最后一年,其经济总体表现好坏参半。好的是经济增速仍高达7.5%,贫困家庭比例已减少至6.59%;坏的是财政状况依然堪忧,不仅无法完成税收计划,且预算赤字、对外负债和贸易逆差均有所扩大,面临的挑战与困难增多。[①]

1. 产业结构

(1) 第一产业

老挝是一个典型的农业大国,2010年的农业就业人口占就业总数的71.3%,2013年上湾耕地面积占总面积的6.5%,而且土地肥沃。[②] 老挝属于热带季风气候,日照时间长且降雨量大,可以说老挝具有发展农业的得天独厚的地理条件。森林面积占国土面积的52%。老挝农业总体仍属于自给自足的传统农业,机械化程度较低。其主要农作物包括粮食作物、经济作物、果类作物和药类作物,占比重较大的有玉米、水稻、咖啡、橡胶及各种珍贵药材。近年来,农业占GDP比重虽然伴随第二、三产业的发展有所下降,但实际占比依然很高,如图5.3.2所示。

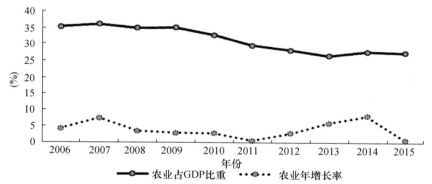

图5.3.2　老挝农业增加值占GDP比重及年增长率

资料来源:世界银行数据库。

(2) 第二产业

老挝是工业最不发达的国家之一。工业产值占GDP比重较小且基础薄弱,近5年维持在30%—35%,但工业增长速度较快,近5年基本都超过了10%,如图5.3.3所示。工业主要以农林牧产品加工和服饰加工为主。虽然近年来老挝工业发展较快,但是大多数工业产品的生产能力较弱,进口依赖性较强,导致近5年的经常账户余额全部为负。

---

① 陈定辉. 老挝:2015年回顾与2016年展望[J]. 东南亚纵横,2016,1.
② 资料来源:世界银行数据库。

未来老挝工业发展的主力集中在能源矿产方面,努力将其作为经济发展的支柱产业。

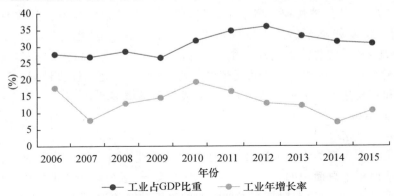

图 5.3.3　老挝工业增加值占 GDP 比重及年增长率

资料来源:世界银行数据库。

(3) 第三产业

老挝的服务业起步较晚,整体发展水平不足,GDP 占比最高只有 36%,如图 5.3.4 所示。但老挝拥有如湄公河、巴色、石缸平原、琅勃拉邦和占巴塞瓦普寺古都等大量的自然景观和历史文物古迹,加上东盟等一些区域组织都很重视区域内国家旅游业的发展,这些都为老挝旅游业的发展创造了重要条件,预计未来旅游业会拉动老挝第三产业的整体发展。[①]

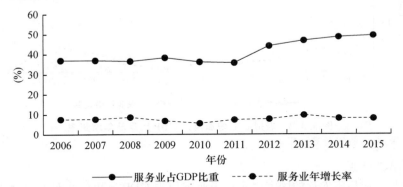

图 5.3.4　老挝服务业增加值占 GDP 比重及年增长率

资料来源:世界银行数据库。

总的来说,自老挝 1986 年开始推行社会主义市场经济之后,经济保持高速增长。农业比重逐步下降,工业和服务业稳步上升(图 5.3.5),整体发展速度在东南亚各国

---

① 郝勇,黄勇,覃海伦. 老挝概论[M]. 广州:世界图书出版广东有限公司,2012.

中名列前茅。2015年是老挝"七五"计划的最后一年,从图5.3.5可以看出老挝实行五年计划提升产业结构的效果是非常显著的。

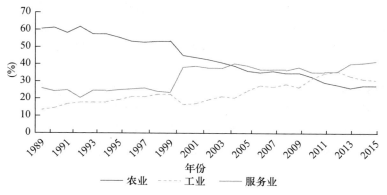

—— 农业　---- 工业　—— 服务业

图 5.3.5　老挝三次产业结构变化情况

资料来源:世界银行数据库。

2. 城镇结构

老挝是一个传统的农业大国,由图5.3.6可以看出,老挝的城镇化率最高仍未超过44%。就整个东盟而言,老挝仍然是城镇化水平最低的国家之一。与之对比,同时期同为农业大国的我国的城镇化率已经达到了57.1%,美国更是达到了82.4%。不过,得益于老挝的"革新开放"政策、可行的五年规划以及其他国家对老挝的援助,其城镇化的速度逐渐加快。尤其是在最近几年,伴随着高速的经济增长,城镇化也在迅速扩张。至2015年,老挝的城镇化率接近40%,仍存在很大的发展空间。

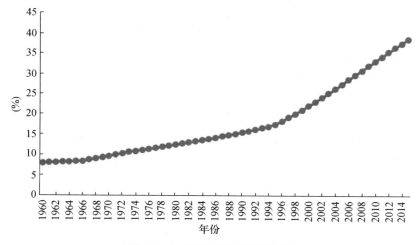

图 5.3.6　老挝城镇化发展概况

资料来源:世界银行数据库。

老挝的投资和居民消费GDP占比近10年来基本保持在1∶2,其中2013年投资占GDP的29%,居民消费占GDP的65%;2014年投资占GDP的30%,消费占GDP的65%;2015年投资占GDP的32%,居民消费占GDP的62%,如图5.3.7所示。相比于中国由于投资拉动GDP增长而导致的产能过剩问题,老挝的经济结构则显得更为合理。老挝的投资主要为外国在老挝的投资,投资的形式按颁发的经营许可证性质的不同可以分为三种:第一种是由工业和商业部颁发经营执照的一般商业;第二种是由计划投资部颁发特许经营证的特许经营;第三种是由国会的经济特区秘书处颁发经营证书的经济特区和特别的经济区域发展活动。1980年的"革新开放"后,经济援助逐渐转变为对老挝的投资。近几年来外国对老挝投资的主要领域包括工业、服务业、交通、水电站、通信、林业牧业、手工业和旅游业等,主要投资国有中国、日本、澳大利亚及越南等。

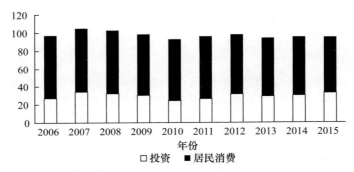

图 5.3.7　老挝的投资和居民消费情况

资料来源:世界银行数据库。

2012年,老挝暂停审批矿业、橡胶及桉树种植领域的新特许经营项目,国外投资一度出现下滑。随后老挝做出一些积极调整,2014年吸引国内外投资项目共2 073个,投资总额达到97.23亿美元,增幅高达216.7%,其中政府投资的项目共有5 169个,投资总额为7.8亿美元。[①]

政府财政方面,2006年后伴随经济的快速发展,老挝政府的收入和支出都在稳步增长,且收入一直略高于支出。到2013年,由于老挝开始加大基础设施、工业等领域的投资,支出较2012年出现明显上涨,到2014年及2015年则只是略有增长。另外一个方面是财政负债额上升至30亿美元,触及警戒线。老挝2015年的预算赤字总额为51 840亿基普,GDP占比5.07%。老挝国家审计署审计发现2014年共有118个国家

---

① 中国驻老挝大使馆经济商务参赞处:2014年老挝经济发展简况,http://la.mofcom.gov.cn/article/zt-dy/201506/20150601009466.shtml。

投资项目在未经国会批准的情况下实施;58个批准项目和43个未经批准的项目都未经过正规投标程序;36个政府投资项目的执行步骤与初始规划不一致;382个国家投资项目(涉及金额超过154 580亿基普)未经可行性评估便被批准。[①] 此外,老挝银行贷款的不良率从2014年的约2.16%上升至2015年的3.11%,令人担忧。

3. 国民收入水平

自2000年后,老挝的国民收入出现快速增长。至2012年,老挝人均收入达到约1 000美元。2011年,老挝人均国民收入上升至1 130美元,之后连续4年以超过10%的速度增长;2015年增幅变缓,人均国民收入为1 730美元。2015年,老挝国民总收入为110.90亿美元,国家总储蓄为10.43亿美元,维持在较小的规模水平,更多信息可参见图5.3.8。[②] 贫富差距方面,自2002年后伴随经济高速发展开始出现明显涨幅,2012年基尼系数为0.38,未超过0.4的警戒线水平(也有观点认为0.5是警戒线),贫富差距仍在可以接受的范围,可参见图5.3.9。

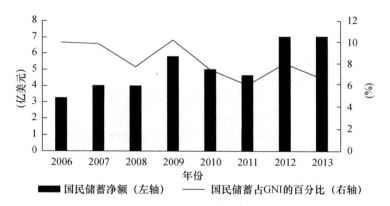

图5.3.8 老挝国民储蓄概况

资料来源:世界银行数据库。

(二) 对外经济

国际贸易尤其是商品出口,推动着老挝的经济发展。从1995年到2010年,其平均出口年增长率超过30%。2014年,老挝进出口贸易总额达到81.35亿美元,增幅为5%;其中进口45.53亿美元,同比增幅为11.4%;出口35.82亿美元,降幅为1.75%,贸易逆差达到9.71亿美元,增幅为6%。出现贸易逆差的原因在于出口乏力,不增反降。老挝主要进口基础设施建设物资及消费品,主要出口自然资源金、铜等,而此类商

---

① 陈定辉. 老挝:2015年回顾与2016年展望[J]. 东南亚纵横,2016,1.
② 资料来源:老挝国家统计局。

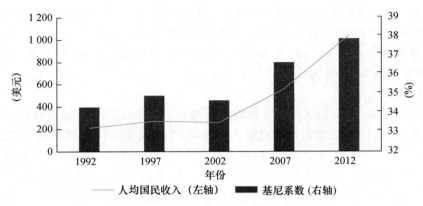

图 5.3.9 老挝国民收入及贫富差距水平

资料来源：世界银行数据库。

品受国际市场价格波动影响较大。[①]

老挝对外贸易主要面向周边国家，前五大贸易伙伴包括泰国、中国、越南、日本和瑞士，其中泰国因为地缘优势长期位于首位。老挝对外经贸还包括劳务输出，其输出的主要是低层次的劳动服务，输入国主要是周边比较发达的国家或地区，比如泰国、日本等。同时，老挝对外积极引进高层次人才，包括新兴产业和特殊技能人员、高新技术人员及高级经营管理人员等。

由于长期经济落后，老挝在历史上长期得到其他国家的援助，其主要援助来源国包括中国、日本、美国和苏联等。2014年，老挝共获得官方发展援助项目多达784个，总金额达到7.95亿美元，其中超过一半是无偿援助项目(644个)，金额为4.71亿美元，各类贷款项目共58个，金额为2.42亿美元，人力资源项目共82个，金额为8191万美元，占受援总额的10.3%。[②] 老挝的主要援助国还包括欧盟的德国、瑞典、法国以及亚洲的韩国。

第四节 马来西亚

一、地理历史背景

马来西亚联邦由"西马来西亚"(西马)和"东马来西亚"(东马)组成，首都吉隆坡就位于西马的中部。马来西亚属于发展中国家，经济发展水平在东盟国家中位于前列，1997年金融危机前曾被誉为亚洲"第五小龙"。马来西亚位于亚洲大陆和东南亚群岛

[①] 资料来源：中国驻老挝经商参处。
[②] 同上。

的衔接部,亚洲、大洋洲大陆与太平洋、印度洋的交汇处,地处东南亚地区的中心位置,面积33.24万平方千米。西马北与泰国接壤,南隔柔佛海峡与新加坡相望,西部与西南部隔着著名的海上重要通道——马六甲海峡。

二、经济发展状况

(一)国内经济

近30年是马来西亚经济发展的重要时期。1991年2月,马哈蒂尔总理宣布了《2020愿景》,其主要目标是到2020年使马来西亚成为全面发达国家。具体指标是通过不断提高制造业在国内生产总值中的比例,使国内生产总值每10年翻一番,年均经济增长率达到7%,30年后人均国民收入增长4倍,达到1.2万美元左右。1991年6月,政府颁布了《1991—2000年经济发展纲要》,又名《第二个远景计划纲要》,包括2个五年计划("六五"、"七五"计划)。纲要规定,要以"新发展政策"替代原先的"新经济政策",主要目标是在今后10年内使国民经济总产值翻一番,国内生产总值年均增长率达7%,"六五"计划期间,马来西亚经济高速增长,国内生产总值年均增长率达8.6%,1990年经济增长率为9.4%,人均国民收入超过2 000美元。1995年,人均国民收入已达到5 000美元。对外贸易由1991年的1 953.277亿林吉特增加到1995年的3 793.31亿林吉特。然而,正当马哈蒂尔总理向国会提交"七五"计划建议实行"高增长、低通胀"的经济方针时,一场突如其来的金融危机席卷东南亚,重创马来西亚经济。1998年马来西亚国内生产总值增长率由上年的7.7%骤降至－6.7%,制造业增长率由1997年的12.5%减少至－10.2%,与此同时,进出口总额也分别下降25.9%和6.9%。1998年7月,政府颁布《振兴经济方案》,致力于发展性的宏观经济政策和宽松的货币政策。1999年,马来西亚经济逐步复苏,国内生产总值达3 003.40亿林吉特,比上年增长6.1%。2000年,经济保持稳定增长势头,国内生产总值增加至3 407.06亿林吉特。

2000年后,马来西亚经济进入《第三个远景计划纲要》时期。该纲要的阶段性目标是,马来西亚要发展一个以知识经济为基础的经济,保持持续性的经济增长,并加强行业的活力;提倡国内私人的投资、鼓励外商直接投资,实施谨慎的财政政策和货币政策;加强银行业;广化和深化资金市场;加强企业组织的监管。2001年启动"八五"计划,但受美国经济放缓和日本经济恶化的影响,马来西亚经济再次面临挑战,当年国内生产总值仅增长0.3%,商品出口额和进口额均负增长超过10%。为顺利实现"八五"计划,政府采取了一系列调整措施:刺激内需,调整外贸,吸引外资,重整金融业。2002年,马来西亚经济开始回升,国内生产总值增长率为4.2%,其中农业增幅0.3%,矿业领域增幅4.5%,制造业领域增幅4.1%,建筑业增幅2.3%,服务业领域增幅4.5%。

据马来西亚中央银行统计,截至 2002 年年底,马来西亚外债总额为 1 853 亿林吉特(约 487.63 亿美元),其中短期外债额为 252.7 亿林吉特(约 66.5 亿美元)。2004 年 3 月,巴达维带领国阵赢得大选并正式执政后,采取各种措施提高经济竞争力。一是通过稳定汇率、重组银行企业债务、扩大出口、引进外资、调整基础建设规模等政策,使经济保持健康中速增长。二是高度重视财政赤字问题,取消了一批耗资巨大的形象工程,将重点转向农业等基础产业建设,带动乡村发展。积极推动消费和投资,把私营经济作为国家经济增长的新支柱。三是确立新的发展领域,特别是教育、电信、旅游等服务领域和高附加值农业,重视发展生物技术产业,实施"生物谷"计划,实现经济多元化。四是调整基础设施建设规模,防止经济过热。五是扶持中小企业发展,提高技术创新。六是改善投资环境,加速引进外资。七是推动对外经济合作,争取创造双赢和多赢局面。上述政策取得一定成效,马来西亚经济保持较快增长,2005 年"八五"计划结束时,国内生产总值增长 5.6%,2006 年,经济继续保持强劲增长势头,经常账目盈余显著上升,公营事业转亏为盈,民间部门的投资和国内消费也双双上扬。2006 年 1 月林吉特升值 0.67%,创下自 2005 年 8 月以来单月最大升值幅度,而 2006 年上半年林吉特对美元上涨 3.2%。出口持续带动经济成长,2006 年 2 月的贸易活动更进一步支撑林吉特走强,年增率上升 13.3%。全球对原材料的需求增加,使原材料出口比重高的马来西亚经济增长较快。林吉特升值减少了进口成本,减轻了油价上涨带来的影响。政府鼓励发展以本国原料为主的加工工业,重点发展电子电器产业。马来西亚成为东南亚地区主要的半导体组件的产销国和汽车装配、钢铁、石油化工生产国。经济结构逐步改变,农业比重下降,制造业比重上升。

2008 年,在席卷全球的美国金融危机的冲击下,东盟国家经济普遍放缓,国内金融市场动荡加剧。2008 年马来西亚经济增长率仅 4.6%,比原定 5.0% 的官方预测减少 0.4 个百分点,与 2007 年 6.3% 的经济增长率相比有明显下降。总体看来,2008 年上半年经济形势尚好,从第三季度开始经济增长明显放缓。1—6 月经济增长率 6.7%,比上年同期上升 1.1%,7—12 月经济增长率仅为 2.4%。政府提出实施扩张性的财政政策,注重扩大内需和私人投资,并相继宣布多项稳定经济的措施,包括注资 5 亿林吉特回购被低估的上市公司股票、开放服务业,以及检讨外资委员会条例。随后,政府又宣布了 7 亿林吉特的振兴经济配套计划,其中包括建造廉价住房、维修学校和医院等设施以及提升主要城市的公共交通系统等基础设施建设。还宣布废除水泥和钢材的进口税,允许外国人购买价值 50 万林吉特的房地产。12 月 24 日,中央银行宣布将商业银行的法定准备金利率从 4% 降为 3%,还降低隔夜政策利率 25 个基点至 3.25%,这也是马来西亚央行自 2003 年以来首次降息。与此同时,马来西亚积极拓宽与东亚和伊斯兰国家的经济合作,缓解经济危机,并加强与越南、印尼的经济合作。8月,越南工贸部部长武辉煌与马来西亚贸工部部长慕尤丁会晤,越马政府同意在短期内重新修订两国于1992年签署的《投资保证协定》,鼓励马来西亚前往越南投资,为两国有效应对经济危机提供保障。10月,印尼和马来西亚政府也同意重新审议1970年签署的《边境贸易协定》,加强双边贸易交流。2009年2月8日,中国人民银行和马来西亚国民银行签署80亿元双边货币互换协议,旨在推动双边贸易及投资来促进两国经济增长。马来西亚与印度、澳大利亚和新西兰签署自贸协定,马印澳新自贸协定将大大促进多边贸易与经济发展,为衰退的经济注入活力。马来西亚还将与海湾合作理事会成员国商讨签署自贸协议。马来西亚致力于积极打造全球伊斯兰金融中心。目前,马来西亚伊斯兰金融资产占国内金融总资产的17.8%,拥有东南亚最大的伊斯兰债券市场。截至2008年6月,马来西亚共发行660亿美元的伊斯兰债券,占全球伊斯兰债券的62.6%,成为国际上一个重要的伊斯兰金融市场。伊斯兰金融市场的发展在很大程度上缓解了马来西亚国内金融市场的压力,为其摆脱危机奠定了基础。

2011年,马来西亚政府开始执行马来西亚"十五"规划,主题是"经济繁荣与社会公正",拟将私营经济和创新行业作为推动经济发展的主要动力,提升政府服务效率及透明度,进一步改善社会环境,加强人力资源开发,继续培养高素质人才,提高生产力和国家竞争力,以确保社会整体经济的可持续发展,从而实现2020年使马来西亚成为高收入国家的"2020愿景"。2015年,马来西亚国内生产总值为3 299亿美元(按2005年不变价格计算),同比增长4.95%,人均GDP达10 877美元,同比增长3.47%,如图5.4.1、图5.4.2和图5.4.3所示。

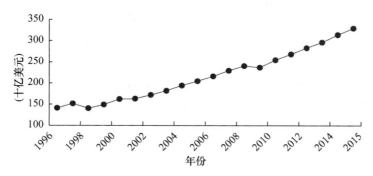

图 5.4.1　马来西亚国内生产总值

资料来源:世界银行数据库。

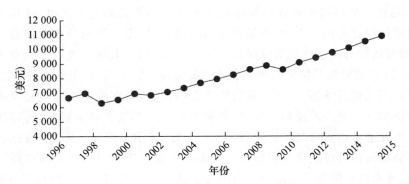

图 5.4.2 马来西亚人均 GDP

资料来源:世界银行数据库。

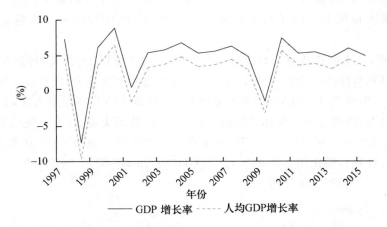

图 5.4.3 马来西亚 GDP 和人均 GDP 增长率

资料来源:世界银行数据库。

如图 5.4.4 所示,马来西亚经济结构稳定,以消费为主导,2012 年以来投资在 GDP 中的比重逐渐上升,净出口顺差常年稳定。

1. 产业结构

如图 5.4.5 所示,2015 年马来西亚的 GDP 构成中,农业占 8.43%,制造业及其他工业产业占 39.12%,服务业占 44.3%。从三次产业结构的变化来看,服务业与工业一直在马来西亚的国民经济份额中占比较高,1996 年以来,工业增加值与服务业增加值占比不相上下,2007 年之后工业开始下滑,服务业占比平均领先工业 10%。马来西亚的农业增加值占比一直较为平稳,稳定在 10% 左右。

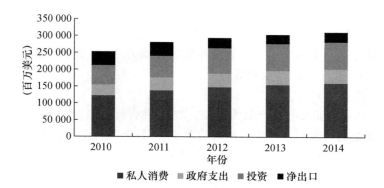

图 5.4.4 马来西亚 GDP 结构(支出法)

资料来源:马来西亚国家统计局,Bloomberg。

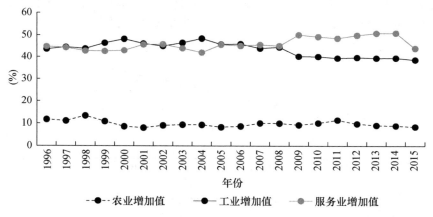

图 5.4.5 马来西亚产业结构

资料来源:联合国数据库。

(1) 第一产业

2014 年,马来西亚农业产值为 575.28 亿林吉特,同比增长 2.6%,占 GDP 的 6.9%;农业出口总值为 692 亿林吉特,同比增长 0.6%,占出口总值的 9.0%。马来西亚农产品以经济作物为主,主要有棕榈油、橡胶、可可、稻米、胡椒、烟草、菠萝、茶叶等。马来西亚棕榈油委员会数据显示,2014 年,马来西亚油棕种植面积为 539 万公顷,同比增长 3.1%;原棕油产量为 1 967 万吨,同比增长 2.3%,截至 2014 年年底,棕油储量为 201 万吨,同比增长 1.3%。马来西亚棕油产量和出口量都仅次于印尼,为世界第二大生产国和出口国。马来西亚橡胶委员会数据显示,马来西亚 2014 年天然橡胶产量为 66.9 万吨,进口量为 90.5 万吨,其中 48.7%来自于泰国,出口 72.2 万吨,其中 45.9%出口到中国。

(2) 第二产业

2014年，马来西亚制造业产值为2 052.00亿林吉特，同比增长6.2%，占GDP的24.6%。制造业是马来西亚国民经济发展的主要动力之一，主要产业部门包括电子、石油、机械、钢铁、化工及汽车制造等行业。

(3) 第三产业

2014年，马来西亚服务业产值为4 620.27亿林吉特，同比增长6.3%，占GDP的55.3%。服务业是马来西亚经济中最大的产业部门，吸收就业人数占马来西亚雇佣员工总数的60.3%，其中旅游业是服务业的重要部门之一。

2. 城镇结构

马来西亚是东南亚地区城镇化程度最高的国家之一，城镇化人口在20年间稳步增长，有着显著提高，城镇化率已经到达一个较高的水平，接近75%，如图5.4.6所示。然而，马来西亚城市地区的人口密度在东亚地区来看最小。吉隆坡市区是该地区人口最密集的区域。表5.4.1列出了马来西亚主要城市的概况。

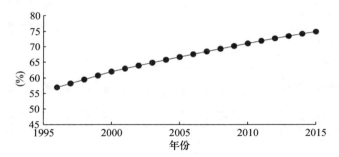

图5.4.6 马来西亚城镇化率

资料来源：世界银行数据库。

表5.4.1 马来西亚主要城市

城市	人口（万）	城市描述
吉隆坡	158.90	首都，马来西亚的经济、文化和政治中心
新山	49.71	海港城市，南方门户，毗邻新加坡
乔治市	74.02	旅游城市，北马区的政治、旅游、文化中心
怡保	75.79	州首府，工商业及交通中心
沙亚南	17.44	州首府，非常发达的公路网
八打灵再也	19.79	首都卫星城，毗邻吉隆坡

资料来源：联合国数据库。

吉隆坡是马来西亚的首都兼最大城市,也是东南亚地区的文化与经济重心。

新山市是马来西亚联邦的第二大城市,是一座对马来西亚非常重要的工业、运输与商业城市。它的大型企业涉及电子、资源和石油化学精炼以及造船工业等。

乔治市是马来西亚槟城重要港口,是首都吉隆坡和新山市之后的全国第三大城市。

3. 人口结构

马来西亚在东南亚属于人口较少的国家。在人口的地域分布上,全国80%以上的人口都集中在西马地区,而西马3/4的人口又都集中在土地肥沃、资源丰富的西海岸地区。劳动力人口中,男性比例高达87.2%,且保持上升趋势,女性比例近年来保持不变。20世纪90年代初期,马来西亚的人口结构仍属年轻化,14岁以下的人口占全国总人口的37%。近年,马来西亚人口继续呈年轻化趋势,2008年,65岁以上老人占总人口的4%,如图5.4.7所示。

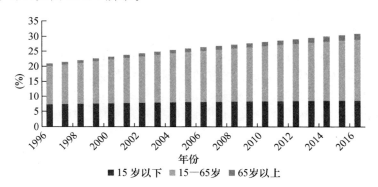

图 5.4.7　马来西亚人口年龄结构

资料来源:美国人口普查局。

(二) 国外经济

马来西亚独立之后到20世纪70年代,经济以农业为主,依赖初级产品出口。70年代马来西亚通过利用本国相对廉价的劳动力资源吸引外资和技术,大力发展劳动密集型产业,推行出口导向型经济,电子业、制造业、建筑业和服务业发展迅速。1997年东南亚金融危机后,马来西亚依赖工业和农业产品出口来带动经济恢复,因而八九十年代出现的以农业比重下降和工业比重上升为主要特征的产业结构调整趋于停滞。21世纪以来,经济中农业、工业、服务业的相对结构基本稳定。

总体上看,由国际市场占有率反映的马来西亚具有竞争力的产品大体分为三类:一是借助当地动植物资源的产品;二是借助石油天然气资源的初级化工产品;三是少量初级工业加工品。马来西亚大多数优势出口产品的国际市场占有率呈上升趋势,这反映了马来西亚近年来贸易状况整体趋好。

1. 国际贸易

2014年,马来西亚粗羊毛和动物毛发废料、毛皮(整块或碎片)和气态烃类等三类产品的贸易竞争力指数均达到1.00,鸟蛋和碎木料的贸易竞争力指数均达到0.99。在2014年出口的产品中,食用面粉、鱼肉和鱼丸、新鲜或冷冻鱼片、其他鱼肉鱼、卤鱼等产品显示出的比较优势指数均较高。从贸易竞争力指数反映的情况来看,马来西亚具有较强竞争力的产品集中为依托于当地动植物和矿产资源且加工程度较低的产品。马来西亚的电视接收器的贸易竞争力指数也较高,但此类产品属于发达国家淘汰的产品,其产品市场已经开始向发展水平较落后的国家转移。此外,半成品铁和非合钢的贸易竞争力指数较高,主要是由马来西重工业和基础设施建设相对滞后造成的,并不说明此类产品在国际市场上具有竞争力。蓄电池是马来西亚具有较强显示性比较优势的工业产品,但出口产品主要集中为电动车使用的蓄电池,技术含量较低,附加值有限。

2. 国际投资

近年来马来西亚的外商直接投资大体平稳,维持在每年新增100亿美元的水平,如图5.4.8所示。截至2014年年底,马来西亚吸收外资存量为1 337.7亿美元。根据马来西亚投资发展局(MIDA)公布的数据,2014年批准的制造业投资总额是718.53亿林吉特(约合205.29亿美元),其中,内资322.60亿林吉特(约合92.17亿美元),外资395.93亿林吉特(约合113.12亿美元)。2015年,马来西亚吸收外资流量为113.0亿美元。

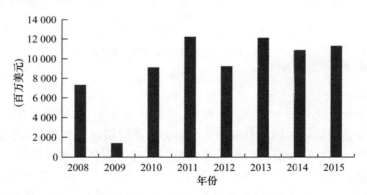

图 5.4.8 马来西亚外商直接投资

资料来源:马来西亚央行,Bloomberg。

如图5.4.9所示,在2008年,各地区对马来西亚的直接投资较为平均,但在之后的10年间,马来西亚外商直接投资的来源主体发生了较大的变化,主要体现在其外商直接投资的投资地区从欧美地区转成了与其邻近的亚洲。东北亚地区对马来西亚的直接投资迅猛增长,到了 2015 年已经发展成为马来西亚最重要的外商直接投资来源地区,中南美洲地区对马来西亚的投资逐渐减少。目前,东南亚国家以及东北亚国家是马来西亚最为重要的投资者,这一定程度上体现了亚洲国家的经济一体化。

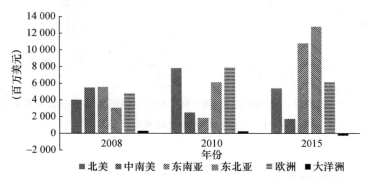

图 5.4.9　马来西亚外商直接投资来源地区统计

资料来源:Bloomberg。

马来西亚的主要投资来源国为日本和新加坡等。中国企业对马来西亚的外商直接投资规模较小,甚至有些年份为负值,具体可见图 5.4.10。

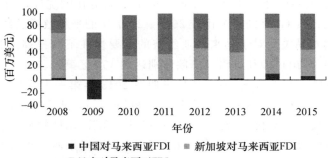

图 5.4.10　部分国家对马来西亚外商直接投资的贡献

资料来源:马来西亚央行,Bloomberg。

外商对马来西亚的直接投资在过去 10 年间主要集中于采掘业、制造业与服务业。其中外商对马来西亚制造业和服务业的直接投资一直处于较大的规模,对采掘业的直接投资在过去 10 年间快速增加,在 2015 年超过了对服务业的直接投资,对制造业的直接投资从 2008 年以来稳步增长,一直处于吸收外商直接投资最大的部门,更多信息可见图 5.4.11。

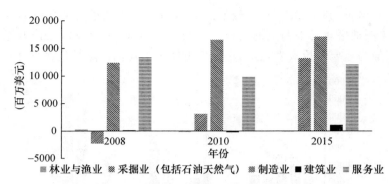

图 5.4.11　马来西亚外商直接投资主要行业分布

资料来源：Bloomberg。

三、中马未来合作方向

马来西亚目前是中国在亚洲的第三大贸易伙伴，同时也是中国在东盟国家中的第一大贸易伙伴，中国则连续多年为马来西亚最大贸易伙伴。2000 年，马来西亚与中国进出口总额保持增长，且马来西亚始终保持对中国的贸易顺差。据国际货币基金组织 2000—2011 年亚洲各国经济体对中国出口占 GDP 百分比的统计，2010—2011 年马来西亚对中国出口占其 GDP 的百分比较 2000—2007 年的平均数增长约 6 个百分点，这反映了中马双边贸易关系对于马来西亚经济的重要性在不断提高。2013 年，马来西亚对中国的进口额、出口额和进出口总额分别达到 459 亿美元、602 亿美元和 1 061 亿美元。根据 WTO 公布的数据，中国是马来西亚 2013 年第一大进口国和第二大出口国，分别占马来西亚进口额和出口额的 13.5% 和 16.4%。从产品结构来看，中国自马来西亚进口的主要产品有机电产品、矿产品、塑料和橡胶、动植物油脂、贱金属及制品、化工产品、光学钟表医疗设备、食品饮料和烟草；中国向马来西亚出口的主要产品有集成电路、贱金属及制品、化工产品、塑料和橡胶、光学钟表医疗设备、运输设备、纺织品及原料。

邓洲(2015)采用中马进出口贸易数据对两国的贸易互补性做了研究。

使用中国出口、马来西亚进口的贸易数据进行互补性指数分析，两国综合互补性指数呈不断上升的趋势，并于 2004 年首次超过 1，表明中国出口、马来西亚进口的商品互补性不断增强；而且两国在杂项制品方面的互补性指数从 1995 年开始一直大于 1，在机械运输设备方面的互补性指数不断增大，表明中国和马来西亚在机械运输设备方面存在很强的贸易互补性。

从马来西亚出口、中国进口的贸易互补性指数来看，其指数从 1995 年起至 2009 年始终大于 1，表明马来西亚出口、中国进口的商品具有较强的互补性；在动植物油脂和蜡方面的互补性指数超过20,说明两国此类商品的互补性极强,中国对此类商品的需求非常大;在非食用原料方面的互补性指数也基本维持在2以上,在机械及运输设备方面的互补性指数一直大于1,表明马来西亚和中国在非食用原料和机械及运输设备商品上的贸易互补性很强。总之,无论是从中国出口、马来西亚进口的贸易互补性指数看,还是从马来西亚出口、中国进口的贸易互补性指数看,两国之间的商品贸易都具有较强的互补性,既有产业间的贸易互补性,也有产业内的贸易互补性,且互补性不断增强,特别是动植物油脂和蜡、非食用原料、机械及运输设备、杂项制品等产业。

第五节 缅 甸

一、地理历史背景

缅甸地处亚洲的东南部、中南半岛的西部,领土面积总共约为67.66万平方千米,在东南亚国家中位居第二,仅次于印度尼西亚。缅甸国土轮廓南北狭长,连接了东亚、南亚和东南亚,分别是东亚的中国,南亚的印度、孟加拉国以及东南亚的泰国、老挝,具有重要的战略地位。缅甸地形较为复杂,以山地和高原为主,地势北高南低,山脉和河流皆呈南北走向。缅甸在东南亚各国中位置最为偏北,北回归线穿过国土的大部分地区,由于东、北、西三面高山和高原的阻挡,冬季亚洲大陆寒冷空气难以南下,南部临海深受潮湿的印度洋西季风的影响,全境基本上属于热带季风性气候和亚热带季风性气候,沿海地区全年炎热、湿润、多雨,内地则因地势不同,差异较大。

缅甸是一个历史悠久的文明古国,经历了蒲甘、东坞和贡榜三个封建王朝后被英国殖民,1948年脱离英联邦宣布独立,成立缅甸联邦,1974年1月改称缅甸联邦社会主义共和国。根据世界银行统计数据,2015年缅甸总人口为5390万,人口增长率为0.9%,人口密度为82.5人/平方千米,0—14岁人口占27.5%,15—64岁人口占67.1%,65岁及以上人口占5.3%,人口年龄结构相对年轻。缅甸是一个多民族国家,共有50多个民族,135个支系,其中缅族约占总人口的69%,少数民族占31%。缅甸还是一个宗教意识很浓的国家,信仰的宗教主要有佛教、原始拜物教、神灵崇拜、伊斯兰教、印度教和基督教,其中影响最为广泛和深入的是南传上座部佛教,俗称小乘佛教,佛教徒约占人口的88%,占缅族人口的98%,基督教徒约占全国人口的5%,伊斯兰教约占4%。

缅甸是水资源极其丰富的国家,河流密布,主要河流大部分发源于我国的西藏高原或者缅甸北部的山地,主要水系有伊洛瓦底江和萨尔温江两大水系,10条主要河流流域面积约 73.78 万平方千米①,这些河流联系着南北交通,灌溉着千百万亩良田,同时也蕴藏着丰富的水利资源。缅甸曾被誉为亚洲的粮仓,土地资源丰富,绝大部分地区雨量充足,全国适合进行农业生产的土地有 4 478.7 万英亩,占国土面积的 37%,一年可以种植三季水稻。同时,植物种类繁多,是中南半岛生物多样性最为丰富的国家。缅甸作为东南亚天然资源最为丰富的国家之一,天然气和石油领域一直是其最重要的外汇来源,根据《BP 世界能源统计》的数据,截至 2014 年年底,缅甸已探明天然气储量为 18.7 万亿立方英尺,占世界总量的 0.3%,石油储量达到 32 亿桶,排名在世界第十位左右,现已探明的矿产资源包括锡、钨、铜、锌、铝、锑、金、银、锰、铁以及玉石、宝石等,其中已探明的望濑矿床中铜矿石储量约为 1.33 亿吨,平均品位为 0.72%,缅甸所出产的石油、天然气、矿物、宝石和木材为国内生产总值做出了巨大贡献。

二、经济发展状况

(一)国内经济

缅甸曾是一个封建专制的国家,经济基本上处于自给自足的小农经济,英国入侵后,缅甸近千年的传统封建小农经济模式就被彻底瓦解,殖民经济开始蔓延,商品生产获得较大发展。独立后的缅甸在政治发展方面经历了吴努执政和奈温执政时期,其中,吴努政府对私人民族资本采取鼓励政策,针对外国资本采取国有化政策,对外资和外援持欢迎态度,对外实行开放政策;但吴努时期经济发展较慢,计划的目标未能实现,国外资本在缅甸仍占有重要的地位;奈温将军执政后缅甸经济政策发生了重大变化,希望通过民族资本国有化、兴建新的国营企业、严格限制私人经济发展、进行土地改革和农业合作化等政策达到由缅甸政府掌握国民经济命脉、配置国内资源和劳动力、全面控制经济的目的。

1988 年在改革大潮的推动下,缅甸新政府逐渐奉行较为灵活和务实的政策,推进将计划经济向市场经济改革的政策,实行对外开放。1997 年亚洲金融危机爆发之后,缅甸政府又出台了一些新政策和措施,重视农业发展,大力发展工业,加强与周边国家的经贸关系,不断调整发展结构,努力吸引外资,扩大对外贸易,1997 年以来缅甸经济形势总体上有所好转。

2015 年大选顺利结束,整体来看,缅甸政局逐渐稳定,并且随着西方解除对缅甸的经济制裁,以及缅甸离岸天然气田的发现及开采,大量外资纷纷涌入,经济发展势头较好,虽近期有小幅度波动,但已经进入较快发展时期。2015 年缅甸 GDP 总值为 649 亿美元,GDP 增长率为 7.5%,人均 GDP 为 1204 美元,人均 GDP 增长率 6.08%,更多具体信息可参见图 5.5.1 到图 5.5.3。

---

① 廖亚辉等. 缅甸经济社会地理[M]. 广东:世界图书出版广东有限公司,2014.

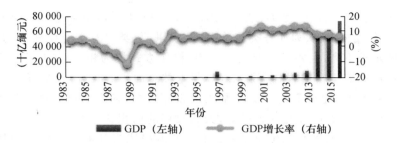

图 5.5.1 缅甸 GDP 及其增长率

注:2016 年 4 月 2 日,1 美元兑换 1 911 缅元。
资料来源:世界银行数据库。

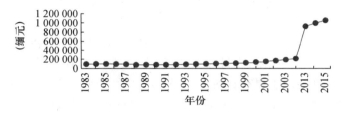

图 5.5.2 缅甸人均 GDP

资料来源:世界银行数据库。

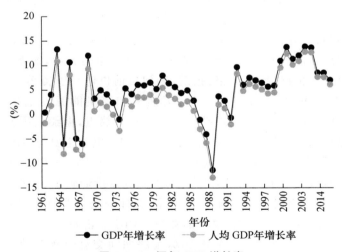

图 5.5.3 缅甸 GDP 增长率

资料来源:世界银行数据库。

1. 产业结构

(1) 第一产业

缅甸是一个传统的农业国,农业占 GDP 的 30.9% 左右。农作物主要有水稻、小麦、玉米、花生、芝麻、棉花、豆类、烟草、咖啡等,其中,水稻占主导地位,种植面积占全部播种面积的 45%,其次为油籽类作物、蔬菜水果、豆类以及工业原料作物。缅甸农业机械发展水平不高,主要以小型农机为主,耕作方式较为粗放,机耕面积仅占 15% 左右。缅甸也有着丰富的森林资源,2015 年森林总面积 290 410 平方千米,占土地面积的 44%,木材出口是外汇的主要来源之一,除了木材,还有丰富的竹林和藤类植物。缅甸畜牧业也比较发达,基础条件较好,天然牧场的面积达 40 多万公顷,主要品种有鸡、鸭、牛、羊、猪。除此之外,缅甸 2 832 千米的海岸线为其渔业提供了优越的环境,且浅海海域面积达 22.87 万平方千米,辽阔的内陆水域和河流也提供了丰富的资源,渔业成为农业的主要创汇产业之一,2015 年缅甸渔业出口额为 5.03 亿美元。农业的生产状况直接关系到缅甸整个国家的经济发展,2015 年农村人口占总人口的 65.9%。

(2) 第二产业

缅甸的工业基础薄弱,发展缓慢,工业总产值在 GDP 份额中占 34.6%,主要有小型机械制造、纺织、印染、碾米、木材加工、制糖等,工业门类不全,大部分依赖进口。能源工业方面,商业性能源主要有石油、天然气、电力和煤炭。其中,石油和天然气在能源消费量中占绝大部分,截至 2014 年年底,缅甸已探明天然气储量为 18.7 万亿立方英尺,占世界总量的 0.3%,石油储量达到 32 亿桶。2014 年天然气租金占 GDP 比重 2.94%,石油租金占比 0.64%,但缅甸国内的天然气人均使用量低,大量天然气用于出口,目前天然气已经是缅甸的最大出口产品之一。截至 2016 年 6 月末,外商投资的石油和天然气项目共计 96 个,总投资额为 210 亿美元,排在投资领域的首位。[①] 缅甸煤炭利用率较低,在国内能源总构成中仅占 0.03%。电力方面,缅甸一直以来都是一个电力匮乏的国家,根据《缅甸时报》报道,缅甸目前供电只能覆盖 1/3 的人口,给生产、生活带来许多不便。2013 年,石油、天然气和煤炭能源发电量占总发电量的 25.3%。水电开发合作已成为外资投资缅甸的新兴热点,据缅甸国家投资委员会透露,电力行业是缅甸吸引外资的主要行业之一,缅甸的电站主要与中国、泰国、印度、孟加拉国等邻国开展合作。原材料工业方面,缅甸矿产资源丰富,矿业由国有企业经营,矿业占 GDP 比重 6.1%,截至 2015 年年底,外商直接投资矿业 28.68 亿美元,建筑材料工业也发展较快。制造工业方面,由于资金、人才缺乏以及技术和基础设施落后等原因,缅甸机械工业、电子电器、信息产品业较为弱小。消费品工业方面,缅甸素以盛产珠宝玉石而蜚声全球,2016 年第 53 届珠宝展期间交易金额合计 5.3349 亿欧元。纺织工业以成衣制造为主,2003 年以前,缅甸成衣主要出口到美国,2010 年起变为日本,2015 年日本订单数量最多,达 5.8 亿美元。

---

① 资料来源:中华人民共和国驻缅甸联邦共和国大使馆经济商务参赞处。

(3) 第三产业

缅甸的第三产业主要包括运输流通和服务两大部分,发展比较不均衡,其中,酒店行业、旅游业、交通运输以及电信业发展较为迅速,而教育、文化广播电视、金融业等发展较为缓慢,2015年服务业占GDP的34.5%。缅甸自独立以来,经过几十年的发展,交通基础设施形成了一定的规模,内河航运在国内交通运输中起到重要作用,由于地理位置优势,港口运输业也发展较快,使缅甸有可能成为东盟地区的贸易和运输中心,但公路运输发展相对滞后。缅甸有着丰富的旅游资源,主要旅游景点有仰光大金塔、文化古都曼德勒、万塔之城蒲甘以及额布里海滩等,经过多年努力,旅游业已形成一定规模并取得了较好的成绩,2013—2014年,进入缅甸的国际游客约为200万人次,2014—2015年,国际游客达到300万人次,经济效益达11亿美元。到缅甸旅游的国际游客中,泰国游客最多,其次是中国游客,接着是日本和韩国游客。旅游业已成为缅甸吸引外资的新亮点,吸引外资量大幅提升,在缅吸引外资行业排名中上升至第七位。

2. 城镇结构

如图5.5.4所示,缅甸的城镇化率较低,20年间涨幅不大,2015年为34.1%。原因可能如下:虽然随着工业和服务业的发展,农业在整个国民经济中的比重出现下降,但农业依然是国民经济的重要产业,农产品出口仍然是缅甸财政收入和创汇的重要来源,农村人口达3552万;并且由于经济落后和政局动荡等多方面的原因,缅甸城镇的交通基础设施比较薄弱,设备陈旧,技术和规格较低,人口在20万以上的城市只有仰光、曼德勒、内比都、勃生等(可参见表5.5.1)。

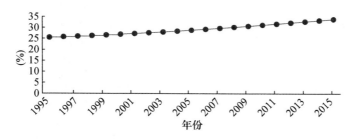

图 5.5.4 缅甸城镇化率

资料来源:世界银行数据库。

表 5.5.1 缅甸 14 个省、邦的首府、面积和人口占比

邦、省	首府	面积（平方千米）	人口占比（%,2014 年人口普查）	描述
仰光省	仰光	10 171	14.30	缅甸最大城市,交通枢纽,政府机构、大学院校、工业企业集中的城市。
伊洛瓦底省	勃生	35 138	12.01	第五大城市,大部分居民为缅族和克伦族,农业商品集散地,勃生港向国外出口大米、木材和水泥等。
曼德勒省	曼德勒	37 024	11.95	第二大城市,95% 的人口为缅族,是缅甸中部偏北的一个重要城市,贸易与工业城市。
掸邦	东枝	155 801	11.31	缅甸面积最大的一个邦,约占全国总面积的 1/4,下辖 11 个县、55 个镇区,少数民族众多。
实皆省	实皆	94 625	10.35	位于西北部,缅甸面积最大的一个省,下辖 8 个县、38 个镇区和 198 个村组；主要民族有缅族、掸族、钦族。
勃固省	勃固	39 404	9.46	位于中南部,缅甸第四大城市,贸易和工业较发达,主要为缅族,有少量的克伦族、孟族。
马奎省	马奎	44 820	9.46	位于缅甸中部,是一个商品集散的大城镇,大部分为缅族。
若开邦	实兑	36 778	6.20	位于西部,西临孟加拉湾,西北部与孟加拉国毗邻,是一个港口城市,有机场,主要民族是若开族和缅族。
孟邦	毛淡棉	12 297	3.99	位于东南部,东南角与泰国交界,缅甸的第三大城市,港口城市,工业和贸易均较发达,民族大部分为缅族和孟族。
克钦邦	密支那	89 041	3.06	位于缅甸东部,全邦下辖 2 个县和 7 个镇区,民族为可耶邦族及其支系。
德林达依省	土瓦	43 343	2.74	位于东南部,东部和南部与泰国接壤,西临安达曼海,是周围地区出产大米、橡胶、水果、木材、锡、钨的集散地,主要民族有缅族、克伦族等。
内比都	内比都	7 054	2.25	位于中部的山区,北依山望,南望平川,具有重要战略地位,农业和林业为支柱产业,主要有稻米、黄麻、柚木等。
钦邦	哈卡	36 019	0.93	位于西部,北部和西北部与印度接壤,西部与孟加拉国交界,下辖 2 个县、9 个镇区和 505 个村组,主体为钦族。
克伦邦	垒固	11 753	0.56	位于东南部,东接泰国,其中的妙瓦底是泰贸易的一个重要边境城镇,大部分为克伦族。

资料来源:《缅甸经济社会地理》,廖亚辉等;世界人口网。

内比都是缅甸的新首都,缅甸第三大城市,属缅甸中部地区,坐落在勃固山脉与本弄山脉之间锡唐河谷的狭长地带,北依山势,南望平川,具有重要的战略地位。全市总面积2725平方英里,人口约92万,主要居民为缅族,主要作物有稻米、黄麻、柚木、蔬菜和水果等。目前,内比都基础设施逐渐完善。

仰光市区总面积约598平方千米,是缅甸最大的城市,第一大经济中心,主要工业城市,全国经济、文化、交通中心,人口约600万,其中华人华侨约20万。[①] 地处伊洛瓦底江三角洲东部,仰光河下游,土地肥沃,是全缅甸最发达和最富庶的地区,自然条件优越,主要出口稻米、柚木和宝石。仰光河距出海口34千米,地势低平,为缅甸最大港口,也是东南亚最大港口之一。

曼德勒位于缅甸中部偏北的内陆,是缅甸第二大城市和第二大工业城市,中部地区的经济、文化中心,人口约80多万,工业有茶叶包装、丝绸纺织、酿酒、玉石琢磨、铸铜和金箔工艺等,还有造船、食品、木刻、金银饰等。曼德勒还是缅甸佛教圣地之一,被列为联合国世界文化遗产。城市街道呈"井"字形布局,以数字作为街道名称。曼德勒还是缅甸中部物资集散地和内地最大的交通运输中心。

3. 政府支出与消费

2011年,缅甸财政收入为5.5万亿缅币,其中税收收入为1.68万亿缅币,约占财政收入的1/4;2012年,缅甸财政收入剧增为13.2万亿缅币,税收收入所占比例变化不大;2013年,缅甸财政收入为14万亿缅元,税收总额为4.46万亿缅元,所占比例上升31.5%;2014年,政府财政收入为16.9万亿缅元,其中税收总额为5.94万亿缅元,占比继续上升至35.1%;2015年,估计的财政收入约为17万亿缅元,税收收入部分约为5.95万亿缅元,占比在35%左右。[②] 总的来说,缅甸政府近几年来财政收入增幅明显,且税收收入越来越重要。

缅甸政府税收收入的大幅提高得益于外资的大量进入,以及国内税基的拓宽。据《缅甸时报》报道,缅财政部长吴温欣在2015年4月公开表示,目前缅税收占GDP比重仅为8%,虽然增幅明显,但仍在东盟国家中垫底,未来缅甸力争将税收占GDP比重提高至10%。此外,缅甸有望在新财年获得1860亿缅元(约合1.43亿美元)国际贷款及3500亿缅元(约合2.7亿美元)国际援助。

4. 人口结构

根据世界银行数据库,2015年缅甸总人口5389万,劳动力约占人口总数的2/3,人口增长率为0.86%,劳动力丰富,且大部分人都受过中等以上的教育,一般都通晓英语,但由于大学教育水平低下,高素质人才缺乏,更多信息可参见图5.5.5和

---

① 资料来源:中华人民共和国驻缅甸联邦共和国大使馆经济商务参赞处。
② 资料来源:中国商务部。

图 5.5.6。

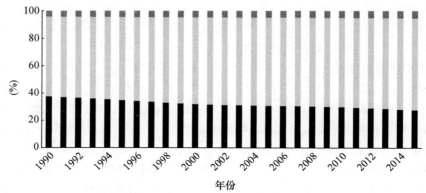

图 5.5.5　缅甸年龄结构

资料来源:世界银行数据库。

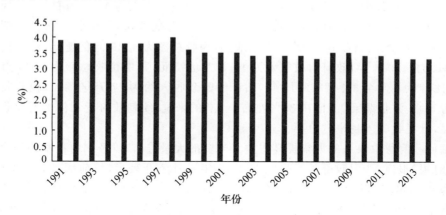

图 5.5.6　缅甸失业率

资料来源:世界银行数据库

(二) 国外经济

1. 国际贸易

在缅甸的国际贸易中,90%的对外贸易都是与亚洲国家进行的,主要有东南亚、南亚和东亚三个地区,其中与东盟国家的贸易往来占一半以上。具体可见图 5.5.7 和图 5.5.8。1988 年以来,外国对缅甸的投资大多来自亚洲地区和一些欧美国家。其中,亚洲的投资来自中国内地、日本、韩国、中国香港以及东盟国家,如新加坡、泰国、马来西亚、印尼、菲律宾；欧美国家主要有美国、英国、荷兰和法国。

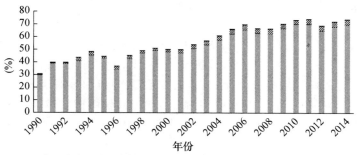

■ 东亚和太平洋地区的商品进口　■ 中东和北非地区的商品进口
■ 南亚地区的商品进口　■ 撒哈拉以南非洲地区的商品进口

图 5.5.7　缅甸进口额占比

资料来源：世界银行数据库。

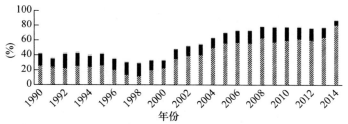

■ 东亚和太平洋地区的商品出口　■ 拉丁美洲和加勒比地区的商品出口
■ 中东和北非地区的商品出口　■ 南亚地区的商品出口
■ 撒哈拉以南非洲地区的商品出口

图 5.5.8　缅甸出口额占比

资料来源：世界银行数据库。

据缅甸计划财政部官网数据，2015年4月至2015年12月，缅甸对外贸易总额为204.9亿美元，其中出口80.6亿美元，进口124.3亿美元，逆差43.7亿美元。缅甸对外出口的产品以农产品、动物产品、矿产品、林产品及工业成品为主，具体包括天然气、大米、玉米、各种豆类、水产品、橡胶、皮革、木材、珍珠、宝石等。据缅甸官方统计，2011年，缅甸天然气出口量占产出总量的78%，2014年，缅甸天然气出口额达41.8亿美元，同比增长18.6%，占缅出口总额的37.9%，2015年占81%，为缅第一大出口产品，其中，国内的天然气中大部分用于发电，2013年发电用天然气占缅国内消耗天然气总量的68%，2014年上升至78%。2014年，缅甸玉石出口额达10.7亿美元，同比增长11.7%，占缅出口总额的9.7%，为缅第二大出口产品。近年来成衣出口也是外国投资明显增多的产业,是继天然气出口后发展最快的出口产品。[1] 缅甸的主要进口产品以日用品、工业原料、投资类设备等为主,具体有燃油、工业原料、化工产品、机械设备、零配件、五金产品和消费品等。

2015年4月至12月,缅甸和中国的贸易总额为84.4亿美元,缅对华出口33.5亿美元,从华进口50.9亿美元,贸易逆差17.4亿美元,占比41%,排名第一。2015年前9个月外国对缅投资合计49.2亿美元,其中新加坡对缅投资近30亿美元,占比61%,排名第一位。中国对缅投资8.2亿美元(含中国香港1.5亿美元),占比16.7%,排名第二位。荷兰对缅投资4.3亿美元,占比8.7%,排名第三位。[2]

2. 国际投资

据缅甸投资与企业指导司消息,截至2016年6月末共有41个国家的投资商来缅甸投资,投资项目总计837个,投资总额达533.48亿美元。其中以来自中国和新加坡的投资最多,具体可见表5.5.2。

表5.5.2 各国对缅甸投资情况

国家和地区	投资项目数(个)	投资总额(亿美元)	地位
中国内地	108	179.28	排名第一
新加坡	173	126.46	排名第二
中国香港	107	72.54	排名第三
荷兰	11	7.55	排在欧盟国家首位
法国	3	5.37	
卢森堡	3	0.45	
瑞士	3	0.28	
德国	2	0.06	

资料来源:中国驻缅甸经商参处。

按照投资领域来划分,截至2016年6月末,外商投资的石油和天然气项目共计96个,总投资额为210亿美元,排在首位;其他能源方面共投资9个项目,总投资额为130亿美元,排在第二位;产品生产方面投资项目达544个,总投资额为52.71亿美元,排在第三位。

---

[1] 资料来源:驻缅甸经商参处。
[2] 资料来源:缅甸计划财政部官网。

第六节 菲　律　宾

一、地理历史背景

菲律宾处于西太平洋及亚洲东南部,海岸线长约1.85万千米,国土总面积约为30万平方千米。由于菲律宾坐落在环太平洋地震带上,常年饱受地震与台风等自然灾害,但是其地理环境和地质构造特点有利于矿床的形成,故拥有相当丰富的矿产资源。已探明储量的矿藏中,主要分为六大类矿:肥料矿、宝石和装饰石、工业矿、铁矿、贵金属矿及贱金属矿。其中的黄金、铜、镍和铬,分别位居全球第3、第4、第5和第6。截至2010年,菲律宾未开采矿藏总价值约为8 400亿美元以上。石油方面,潜在石油储量为89亿桶,在东南亚国家中排名靠前,不过事实上目前菲律宾仍是一个依赖石油进口的国家。另外,菲还拥有20.9亿桶原油级别的地热资源,以及3.48万亿立方英尺储量的天然气。①

由于菲律宾地处热带,土地肥沃且阳光雨水充足,非常有利于动植物的生长和繁衍。全国森林覆盖率达53%,总面积近1 600万公顷。菲律宾的花卉有近万种,单是兰花就多达900多种——其中的蝴蝶兰、鹤顶兰和蜘蛛兰尺寸较大,为热带花卉的典型代表。此外,菲律宾生产各种水果,以椰子(世界产量第一)、芒果、榴莲、香蕉和木瓜为代表,其中香蕉在国际尤其亚洲市场相当受欢迎。菲律宾的兽类动物种类较少,而鸟类种类有850多种。由于四面环海且岛屿众多,菲律宾的水产资源相当丰富,鱼类有2 400多种。

菲律宾的种族与文化众多,尼格利陀人可能是菲律宾的原住民,随着人口迁徙、宗教与贸易发展形成了印度文化、华夏文化和伊斯兰文化交融的氛围。菲律宾自古和中国有着密切的商贸来往。1417年,当时的苏禄国的三位国王都前来中国进行友好访问。1405年郑和下西洋,奉永乐帝诏书封旅菲侨领许柴佬为"吕宋总督",治理吕宋地区长达二十多年。1726年,苏禄国王再次派遣使者到清廷朝贡。目前,天主教是菲律宾的最主要宗教,信徒占人口比例约83%,其他主要宗教包括基督教和伊斯兰教。

二、经济发展状况

根据世界银行的数据,2015年菲律宾的经济增长率为5.8%,GDP总值达2 919.7亿美元,排在全球第40名,人均为2 875美元。5.8%的增长速度低于年初设定的7%—8%的增长目标,且是2012年来最低,但是相对于其他亚洲国家,其增速仅低于印度、中国和越南,在东盟国家中紧随越南排第二。菲人均收入在2015年为

---

① 资料来源:菲律宾国家矿业局。

3 112 美元,被世界银行定义为中低等收入国家。此外,菲律宾在 2015 年全球竞争力报告中名列第 47 位。①

（一）国内经济

菲律宾拥有丰富的自然资源和人力资源,且具有良好的区位优势,是天然的商业和贸易中转站。从 20 世纪 60 年代开始,菲律宾开始对外开放、引进外资,经济开始快速发展。到 1982 年,菲被世行评为中等收入国家。1997 年爆发的亚洲金融危机并未对菲律宾造成太大冲击。最近十多年来经济增长虽有起伏,但也一直维持在 5% 左右。2009 年,菲律宾经济受国际金融危机冲击较大,增长率一度掉至 1.1%。到 2010 年,在全球经济复苏及大选支出的背景下,其经济增长反弹到 7.3%。2016—2017 年,菲律宾有望成为东盟 11 国中经济增长最快的经济体。②

1. 产业结构

菲律宾的经济模式主要以出口为导向。至 2010 年,菲律宾电子产品(主要为半导体产品)占出口总额超过 60%。如图 5.6.1 所示,至 2012 年,三大产业的占比分别为 11.89%、31.05% 和 57.06%,其中服务业为支柱产业。至 2015 年,农业的产值变为 10.27%,工业为 30.89%,服务业为 58.84%。其中农业和工业占比都略有下降,服务业显得越来越重要。

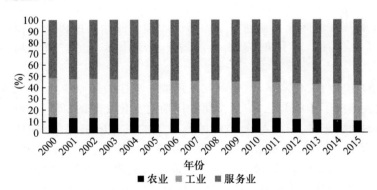

图 5.6.1　菲律宾三大产业结构

资料来源:世界银行数据库。

（1）第一产业

菲律宾全国大部分地区雨量较为充沛,2000 年以来农用耕地面积逐年上升并在 2009 年超过总国土面积的 40%。农产品的出口带动了土地要素的投入量,促进了农

---

① 资料来源:世界经济论坛。
② 参考来源:IMF 2016 年《亚太地区经济展望》。

机装备的需求,这也给中国制造带来很好的出口契机,双方在这一领域有很大的合作空间。2015年,菲律宾农业总产值为299.7亿美元,增长率仅为0.2%(亚洲其他发展中国家平均增速为3%),且农业产出依然受天气影响较大,受厄尔尼诺、干旱等天气影响,占农业产值过半的谷物产值下降了1.95%。

(2) 第二产业

菲律宾2015年工业总产值为901.88亿美元,增长率为5.97%。制造业、建筑业、能源和矿业的产值占工业总产值分别为65.05%、22.3%、10.2%和2.5%。其中制造业的制成品主要为电子、食品等轻工产品,占比约为60%。菲律宾2015年的平均生产指数为-4.42%,且制造业增长率仅为2.5%,相对2014年的10.5%差距较大,这些都是国际经济的不景气造成需求不足对菲律宾的制造业带来的消极影响。工业中的建筑业则继续发展迅速,增长率仍保持超过10%(连续第4年),成为工业领域的亮点。

(3) 第三产业

作为三产中的主导产业,服务业在菲律宾的总体经济发展中影响显著。2015年,服务业总增加值为1718.03亿美元,同比增长6.7%。其中服务贸易进出口总额为554.4亿美元,增速达到17.5%,而同年的货物贸易减少1.7%。服务外包是菲律宾服务业中的最大特色,超过1000家服务外包公司在2015年创造的产值约为220亿美元,同比增长16.4%,带动就业超过120万。旅游业方面,2015年菲外国游客达到536万人次,增长了10.9%,旅游收入则因此达到50亿美元,GDP占比约为8%,同比增长5.9%。

2. 城镇结构

如图5.6.2所示,至2015年,菲律宾的城镇化率为44.37%,仍然拥有很大的发展空间。菲律宾城镇化率有一点比较特殊的是在1990年达到48.95%之后不升反降,且一直延续到最近。投资方面,2015年菲律宾建筑业和固定设备投资增长均超过10%,其社会资本形成达到609亿美元,增幅为4.8%,GDP占比达到23.5%,对经济增长的驱动愈显重要,更多信息可参见图5.6.3。外资主要流向制造业和能源领域。

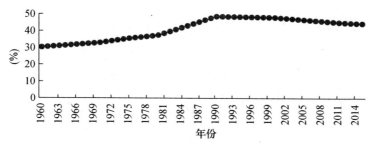

图 5.6.2 菲律宾城镇化率

资料来源:世界银行数据库。

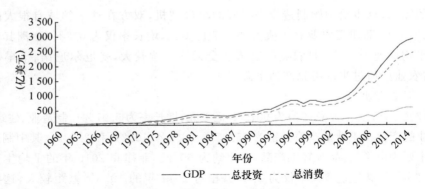

图 5.6.3　菲律宾总投资与总消费情况

资料来源：世界银行数据库。

3. 政府财政

由于菲律宾近年来经济持续强劲增长、金融危机后财政赤字幅度逐步收小，其主权信用评级被世界三大评级机构上调至 BBB 级。国际收支方面，2014 年，菲律宾的财政赤字为 28.58 亿美元，2015 年国际收支出现 26.16 亿美元的盈余。同年年底，菲律宾外汇储备超越 800 亿美元，是短期外债的 6 倍，可覆盖最近 10 个月的进口总额。2015 年菲律宾财政赤字剧增至 1217 亿比索，增幅为 66.5%，GDP 占比为 1.6%，基本还属于可控范围，具体可参见图 5.6.4。对内债务余额 GDP 占比为 36.8%，相对 2010 年减幅明显；外债总额达到 774 亿美元，GDP 占比 26.5%，延续了金融危机后逐年下降的趋势。①

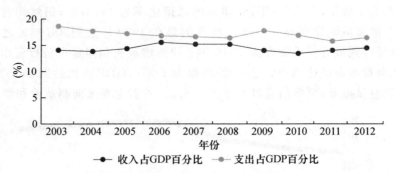

图 5.6.4　菲律宾政府收支占 GDP 比例

资料来源：世界银行数据库。

---

① 资料来源：驻菲律宾经商参处。

4．收入水平

得益于菲律宾经济的快速发展,其人均可支配收入自2003年后开始增幅明显,在2014年达到3 112美元,比同期的人均GDP(2 873美元)要高。菲律宾的基尼系数在2000年达到峰值0.46后稳步下降,到2012年为0.43,仍超出国际公认警戒线0.4,具体可见图5.6.5。菲律宾的国民储蓄在2011年出现大幅下降,之后稳步回升。同期的国民储蓄率表现类似,但是仍然无法恢复到2000年到2010年的水平,如图5.6.6所示,2014年国民储蓄占GNI的比例为29.3%。2015年,菲律宾被世界银行评为中低等收入国家。

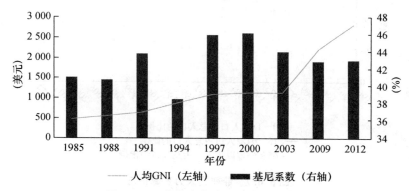

图5.6.5　菲律宾人均GNI与基尼系数

资料来源:世界银行数据库。

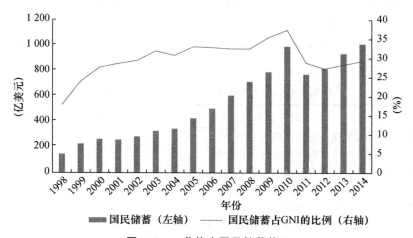

图5.6.6　菲律宾国民储蓄状况

资料来源:世界银行数据库。

5. 人口结构

2015年,菲律宾的人口总数为1.007亿,全球排第12位。年龄结构方面,如图5.6.7所示,庞大的劳动人口基数为菲律宾提供了充足的人力资源供给。但随着人口的快速增长,也加重了菲国内教育、就业、社保等负担,同时增加了贫困人数及社会不稳定因素。

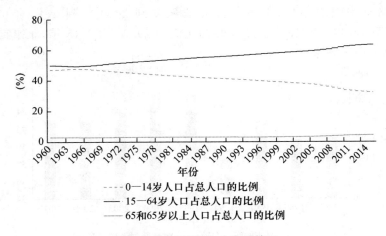

图 5.6.7　菲律宾人力资源情况

资料来源:世界银行数据库。

劳动力的受教育程度方面,菲律宾接受过中学教育的劳动力占劳动力总数73.30%,接受过高等教育的比例约为25%,更多信息可参见表5.6.1。由于长期受欧美国家殖民,菲律宾人容易接受不同的外来文化,且有超过70%的国民能讲一口流利的英语。

表 5.6.1　2015年菲律宾人力资源与受教育程度

劳动力类别	占比/数量
接受过中学教育的女性占女性劳动力的百分比	66.60%
接受过中学教育的男性占男性劳动力的百分比	77.60%
接受过中学教育的劳动力占劳动力总数的百分比	73.30%
接受过高等教育的女性占女性劳动力的百分比	31.80%
接受过高等教育的男性占男性劳动力的百分比	20.70%
接受过高等教育的劳动力占劳动力总数的百分比	25%
女性劳动力占劳动力总数的百分比	39.09%
劳动力总数	4 202.77万
人口总数	1.01亿

资料来源:菲律宾国家统计局。

下面具体分析菲律宾主要城市的产业特点及城市功能,如表5.6.2所示。

表5.6.2　2015年菲律宾主要大城市

城市	人口	城市描述
奎松	2 936 116	首都马尼拉的卫星城,菲律宾第一大城市
马尼拉	1 780 148	首都,经济、工业、文化、教育中心,最大港口
达沃	1 632 991	港口,对外交通中心,蕉麻加工中心
宿务	922 611	中部航运中心,全国第二大经济中心
三宝颜	861 799	南部重要国际转运港,旅游胜地

资料来源:菲律宾国家统计局。

奎松市为菲律宾第一大都市、前首都,建城于1939年,名字源于菲律宾前总统曼努埃尔·奎松。1948年,菲律宾国会通过决议将其定为新首都,一直到1976年奎松都扮演首都角色,至今仍为国会所在地。之后,首都重新定回马尼拉。1975年,奎松和马尼拉、帕西格一起组成大马尼拉首都区,其中奎松占整个首都区地域的近1/4。奎松拥有两所名校:菲律宾大学及马尼拉大学,市民主要信奉天主教,市长由市民直选产生。奎松市政府相当富有,基础设施在菲国内首屈一指。

马尼拉是现今菲律宾首都,位于菲律宾吕宋岛马尼拉湾的东岸,由西班牙殖民者建城于1571年,为菲律宾第二大城市。由于历史悠久,马尼拉拥有大量的地标性名胜和建筑,同时也是全菲律宾的经济、文化、教育和工业中心,是人口过千万的马尼拉首都区的发展核心。马尼拉地小人多,人口密度达到4.2万/平方千米[①],为全球第一。马尼拉的国际化程度很高,是位于西太平洋海上贸易路线的中心,被称为"东方之珠"。

达沃是菲律宾第三大城市,1936年起成为中央特别市(直辖市),位于棉兰老岛的东南及达沃湾的北边。达沃城市面积达到2 400平方千米,位居全球第一。此外,达沃是菲律宾重要的旅游、港口城市,拥有大型的海港及飞机场,为菲律宾通往外界的交通中心。

宿务和达沃同为中央特别市,是宿务省的首府,米沙鄢群岛的经济、文化中心,有"南方皇后市"之称。宿务建城于1565年,为麦哲伦登陆菲律宾的第一个地点,市内至今仍保留有很多西班牙时期的古城堡、教堂和街道。位于宿务市西北边的宿务港是个天然良港,为菲律宾第二大港口。今天的宿务已发展为菲律宾中南部的航运及空运中心。宿务市民多数信奉天主教。

三宝颜也是中央特别市,始建于1635年,位于棉兰老岛西南,是菲律宾南部重要的国际转运港,主要产业包括旅游、可可油生产、渔业捕捞等。市民中超过64%为天

---

① 资料来源:2015年菲律宾人口普查。

主教徒,此外有24%的穆斯林。由于同时受到两大宗教的影响,三宝颜众多的天主教堂与清真寺交相辉映,显示出欧洲文化与伊斯兰文化的融合。由于接近文莱、印度尼西亚及马来西亚,三宝颜与别国通商往来比较频繁。

(二) 国外经济

在全球贸易超过10%负增长的负面背景下,菲律宾2015年货物贸易进出口总额达1253.3亿美元,减幅为1.7%;其中出口总额为586.48亿美元,减少5.6%,进口总额为666.85亿美元且增幅达到了2%,整体表现可圈可点。表现不好的是,菲律宾外贸继续多年出现逆差,2015年的逆差更是猛增至80.37亿美元,增幅高达143.8%。

1. 国际贸易

2015年菲律宾与前十大贸易国的贸易总额为1 019.28亿美元,占全国外贸总额将近八成。菲律宾三大进口来源地为中国内地、美国及日本,三大出口目的地为日本、美国及中国香港。

综合进出口,2015年菲第一大贸易伙伴为日本(贸易总额186.7亿美元),占全部外贸总额的14.4%,菲对日本贸易顺差为59.3亿美元(123.0亿美元出口,63.7亿美元进口)。菲律宾向日本出口的最主要产品为电子商品(占30.2%),其次是木雕和家具。电子产品和交通运输设备则是最主要的进口商品。

菲律宾的第二大贸易伙伴为中国,双边贸易总额达到176.5亿美元,和日本差距较小。2015年菲律宾向中国共出口61.75亿美元,进口共114.71亿美元商品。和日本相反,菲律宾与中国贸易结果是逆差,金额为52.96亿美元。其对中国出口商品主要包括电子产品及矿产,主要进口商品包括电子产品和钢铁。

菲律宾第三大贸易伙伴为美国,双边贸易额总额为164.9亿美元,且顺差15.54亿美元。菲主要向美国出口电子产品和服装,主要进口电子产品和动物饲料。接下来的最大贸易伙伴依次是新加坡(贸易额为88.1亿美元)、中国香港(贸易额为82.3亿美元)、中国台湾、泰国、韩国、德国和马来西亚。如果将中国内地和中国香港的外贸加总,中国和菲律宾的贸易总额要比现在排名第一的日本多出很多。

2. 国际投资

菲律宾国家统计局的数据显示,2015年菲吸收协议外资的增速达到31.2%,总金额为53.9亿美元。荷兰、日本、韩国、美国、新加坡为前五大外资来源国,占比分别为33.7%、22.3%、9.4%、8.9%和6.9%。而令人意外的是,该年来自中国的投资总额同比锐减87.3%,仅占0.6%,背后原因可能在于两国外交关系的波动起伏。具体说来,制造业、电力、燃气、蒸汽和空调供应行业吸引的外资最多,这些领域既和中国存在竞争,也存在较大的合作空间。

在外国股本投资领域,2015年菲律宾共吸收投资25.9亿美元,增幅为4.5%。新增股本投资 18.4 亿美元,增幅为 15.1%;再投资额为 7.5 亿美元,降幅为 14.8%。[①] 2015 年中国对菲律宾直接投资流量 3 142 万美元,截至 2015 年年底,直接投资存量为 4.32 亿美元。全年中国企业在菲营业额总值 8.57 亿美元,相比 2014 年增长 35.6%,新签立合同金额达到 13.16 亿美元。我国全年派出各类劳务人员 1 255 人,年末在菲律宾劳务人员 1 665 人,规模比较小。[②]

第七节 新 加 坡

一、地理历史背景

新加坡是东南亚中南半岛的一个城邦岛国,位于马来半岛南端,扼守马六甲海峡最南端出口,其南面有新加坡海峡与印尼相隔,北面有柔佛海峡与西马来西亚相隔。由于特殊的地理位置,新加坡在第二次世界大战以前一直是英国在东南亚最重要的战略据点。1965 年 8 月 9 日,新加坡脱离马来西亚联邦独立,1965 年 9 月 21 日,新加坡加入联合国,同年 10 月,新加坡加入英联邦,1967 年 8 月 8 日,新加坡又协助成立了东盟组织。自 1965 年独立后,总理李光耀领导新加坡迅速发展,使其转变成为生活富裕的亚洲"四小龙"之一。新加坡作为移民国家,汇聚多元种族和文化,也跻身全球最国际化的国家行列。

二、经济发展状况

(一)国内经济

新加坡是个转型成功的经济体。20 世纪 70 年代,新加坡的经济虽然得到迅速发展,但是在发展过程中也遇到不少难题和挑战,如西方国家的经济停滞、市场的萎缩、贸易保护主义抬头等,都影响了新加坡的进出口贸易。而且周边国家的经济发展较快,推行出口导向型经济,走向工业化,使新加坡原有的优势逐渐消失。此时的新加坡必须审时度势,积极迎接挑战,制定新形势下的经济发展战略。20 世纪 70 年代末期,新加坡政府开始着手研究制定 80 年代的经济发展规划,为此,新加坡积极与世界发达国家接触,考察它们的经济状况,并向它们介绍新加坡的经济状况,以便加强内外之间的合作。以李光耀为首的政府领导人还多次专程出访日本、韩国、美国及欧洲各国。此后,新加坡经济发展局在西欧各国、美国、加拿大、日本等国设立了 17 个办事处,并特意选派优秀人才驻扎办事处,积极向各个国家介绍新加坡的投资环境,吸引外商前来投资,并着重开发高科技产品。

---

① 资料来源:菲律宾央行。
② 资料来源:中国商务部。

1979年7月,新加坡政府适时提出了新的经济发展战略,被称为"第二次工业革命",亦称经济重组战略。对于此项经济发展方针,李光耀说:"旧的方法已不适用于新经济策略势在必行。重组经济战略只许成功,不许失败。""过去15年我们在工业化进程中,成绩卓越。我们的工业产值已增长到国民生产总值的35%,达到了发达国家的标准。新加坡的进出口贸易总额超过东南亚各国。但是,我们需要第二次工业革命,从劳动密集型工业进入高科技工业,即实行机械化、自动化、电脑化向高度精密工业迈进。"为了达到上述目标,政府详细制定了一系列具体措施,如修改工资政策,从低工资转向高工资:要想使产业结构更加合理,大幅提高员工工资是必要选择,因为提高工资会迫使企业进行技术改造,淘汰劳动密集型工业,从而使人才向技术和资金密集型工业转换;继续大力鼓励外资投入高科技工业,向新兴工业提供各种优惠待遇:具体列出11个产品项目,作为十年发展重点,其中主要项目是自动化器材元件、机械设备、医疗器材、化学药品、电脑软硬件、光学仪器、电子设备、水电控制产品等。鼓励科研,开发新产品:根据政府建议,新加坡国会又修改了《所得税法案》,规定用于科研、开发项目的支出可获得双重减税,为了给科研工作创造良好的工作环境,政府决定在新加坡国立大学附近特设科学技术工业园,成立国家电脑委员会,引进国外先进专家学者,进行科技人才培训和技术开发。加强技术培训,提高人力资源素质:新加坡自然资源缺乏,人力资源丰富,要发挥人力资源优势,就必须首要提高人才素质,为此,新加坡政府积极采取了多项措施,如改革教育制度,调整和扩充高等学院,提高教学水平,举办各种大专学校培训班,培养专业人才,与国外跨国公司联合举办培训中心等。

1997年从泰国开始蔓延的亚洲金融危机,严重冲击了新加坡的发展,其电子工业在世界范围内的需求普遍下降,再加上新加坡劳动力成本过高,使得许多跨国企业纷纷关闭或转移了本地的工厂。到1998年,亚洲金融危机持续恶化,新加坡的经济受到严重影响,经济增长率降到1.5%,甚至一度出现负增长。部分企业亏损,企业的倒闭和转移造成了3万多员工失业,失业率上升到3.2%。国家财政收入减少了7.8%,外汇市场交易额下降了16%,对外贸易总额下降了75%。当时,著名的裕廊工业园一夜之间空置许多厂房。生产磁盘驱动器的大型跨国公司希捷科技一下子就往中国搬迁了两间工厂,使得新加坡从原来占据世界磁盘驱动器总产量的73%跌到50%。面对恶劣的金融环境和新兴工业国低劳动力成本的挑战,新加坡开始积极着手调整经济结构和产业结构:减少对低端电子业的依赖,吸引和增加高端电子产业和产品;不断瞄准世界新兴产业,通过引入新兴产业和本地培育,使产业结构不断调整升级;引进和发展生命科学和环境保护产业,打破新加坡的制造业只能局限在电子、精密机械、炼油、石化、造船等领域的瓶颈;充分发挥新加坡洁净的空气和一流的生态环境的优势,引进并下大力气推动和促进生命科学、环境保护产业;发展和扩大水务产业,把新加坡打造成全球污水处理技术和产业的中心,把新加坡水资源的劣势转变成为优势;发展教育产业,建立区域教育中心;继续用高薪政策吸引人才,希望把各界精英都吸收到政府担任高级领导人,包括医生、律师、会计师、大学教授、企业家、银行家等有能力并且诚实和品德优秀的杰出人物。2002年,新加坡开始了新一轮的经济大转型,以求新、求变、实用主义的治国理念,促进新加坡继续保持全球领先的竞争力:全方位检讨发展策略;引进和发展生命科学和环境保护产业,打破刻板形象;兴建两个赌场,首次举办F1夜间赛事;成功申办2010年世界首届青年奥运会;成功运作主权财富基金;与世界主要经济强国签订自由贸易协定。同时,新加坡以本国为圆心,以7小时的飞行距离为半径,制定了"7小时经济圈的发展战略",在成功实现"总部经济"战略的基础上,在该经济圈内继续巩固和打造若干区域中心,即世界贸易中心、海港转运中心、航空中心、会议中心、教育中心、医疗保健中心、国际医药中心、金融理财中心。(7小时的飞行半径覆盖了东南亚各国,以及香港、台北、北京、上海、东京、首尔、新德里、孟买、毛里求斯、柏斯、墨尔本、悉尼等城市。)因为首次提出了具有创意的"双边自由贸易协定"概念,新加坡获得WTO的高度赞赏和各国的积极响应。截至目前,新加坡已经和美国、中国、日本、韩国、欧盟等十多个国家和地区签订了自由贸易协定。超前的经济政策、灵活的应对谋略、高效的行政手段、广泛的世界联系,为新加坡继续成为全球竞争力领先的经济体奠定了坚实的基础。2009年以来,新加坡经济实现持续增长。根据世界银行数据,2015年新加坡国内生产总值2870.2亿美元,比上年增长2.1%,人均GDP比上年增长0.81%至51 855美元。

新加坡是发达经济体中经济增长较快的国家,金融危机之前经济一直处于5%—10%的增长速度。2010年受到全球增长乏力的影响,新加坡GDP增速放缓,近三年已经下降到5%以下,更多信息可参见图5.7.1到图5.7.3。

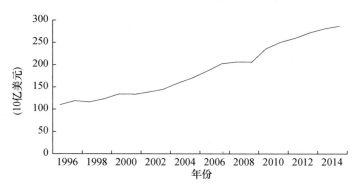

图5.7.1 新加坡国内生产总值

资料来源:世界银行数据库。

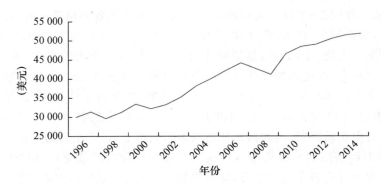

图 5.7.2 新加坡人均 GDP

资料来源:世界银行数据库。

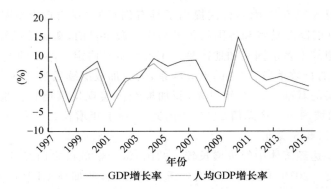

图 5.7.3 新加坡 GDP 与人均 GDP 增长率

资料来源:世界银行数据库。

如图 5.7.4 所示,得益于新加坡贸易中心的地位,新加坡是一个明显的出口导向型国家,GDP 构成中净出口占重要部分,并且占比逐渐上升,进出口规模在世界范围内也是较为靠前的。

1. 产业结构

如图 5.7.5 所示,从三次产业结构的变化来看,服务业一直在新加坡的国民经济份额中占主导地位,从 1996 年的 66.2% 缓慢上升到 2014 年的 70%,可以说服务业是新加坡绝对主导的产业。工业在新加坡经济中也占据较为重要的位置,在过去的 20 年中比重从 33.6% 下降到 25.9%。新加坡几乎没有农业。

在 2014 年新加坡的 GDP 中,制造业占 17.4%,批发零售业占 16.5%,商业服务业占 14.9%,金融保险业占 11.8%,运输仓储业占 6.5%。

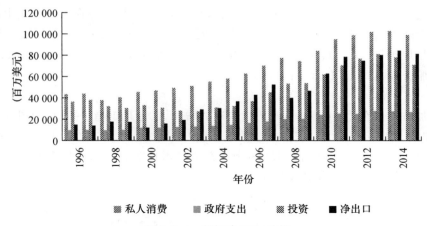

图 5.7.4　新加坡 GDP 结构

资料来源：新加坡贸易及工业部，Bloomberg。

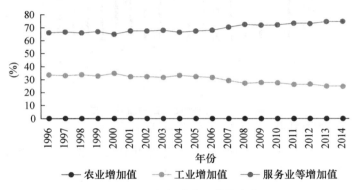

图 5.7.5　新加坡产业结构变化

资料来源：世界银行数据库。

(1) 第二产业

新加坡是世界第三大炼油中心、石油贸易枢纽之一，同时也是亚洲石油产品定价中心，日原油加工能力超过 130 万桶。2014 年新加坡石化工业总产值为 1034.8 亿新元，占制造业总产值的 34.1%，就业人数 2.62 万。作为新加坡传统产业之一，电子工业 2014 年总产值 826.9 亿新元，占制造业总产值的 27.2%。精密工程业 2014 年总产值 371.8 亿新元，占制造业总产值的 12.2%。作为新加坡近年重点培育的战略性新兴产业，生物医药业 2014 年总产值为 214.7 亿新元，占制造业总产值的 7.1%。世界十大制药公司等国际著名医药企业主要落户在启奥生物医药研究园区和大士生物医药园区。

(2) 第三产业

新加坡是全球第四大金融中心、第三大外汇交易中心和第六大财富管理中心，还是亚洲美元中心市场和离岸人民币第二大清算中心,金融服务业在第三产业中占重要比重。金融保险业2014年产值460.3亿新元,占GDP的11.8%。新加坡主要商业银行为星展银行(DBS)、大华银行(UOB)和华侨银行(OCBC)。此外,批发零售业和商业服务业也占GDP重要比重。

2. 人口结构

新加坡人口在2004年之后经历过快速的增长,在近几年趋于平稳,如图5.7.6所示,新加坡2014年6月总人口546.97万,其中居民387.1万(包括334.3万公民和52.8万永久居民),非本地居民159.9万。总人口增长率1.3%,人口密度7 615人/平方千米。新加坡全国均为城镇人口。

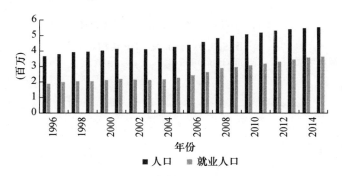

图5.7.6 新加坡人口与就业人口

资料来源:新加坡统计局,新加坡人力部,Bloomberg。

2013年新加坡政府公布人口政策白皮书指出了该国的人口老化现象,其生育率与其他已发展的国家和地区如日本、中国香港、中国台湾等一样持续偏低,更多信息可参见图5.7.7。

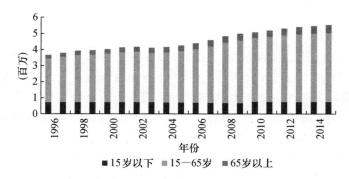

图5.7.7 新加坡人口年龄结构

资料来源:美国人口普查局。

(二) 对外经济

由新加坡国际企业发展统计局统计数据可知,2014 年新加坡货物进出口额为 7 760.6 亿美元,较上年(下同)下降 0.9%。其中,出口 4 097.9 亿美元,下降 0.1%;进口 3 662.7 亿美元,下降 1.8%;贸易顺差 435.2 亿美元,增长 16.8%。2005—2014 年新加坡国家的出口增长率除 2008 年前后受金融危机的影响降至 2.25% 以下,其余均在 2.3% 左右,整体出口情况相对稳定,但 2014 年出现了较为明显的增长,增长至 2.58%。

从商品种类来看,新加坡的主要出口商品是机电产品、矿产品和化工产品。2014 年这三类商品的出口额为 1 787.5 亿美元、689.4 亿美元和 380.5 亿美元,分别占新加坡出口总额的 43.6%、16.8% 和 9.3%,机电产品和矿产品分别下降 3.6% 和 2.7%,化工产品增长 2.7%。同时,机电产品和矿产品是新加坡进口的前两大类商品,2014 年进口额分别占新加坡进口总额的 38.1% 和 31.4%,为 1 393.6 亿美元和 1 148.5 亿美元,下降 3.0% 和 2.8%。

1. 国际贸易

贸易竞争力指数反映的是贸易顺差和进出口总额的相对值。2005—2014 年,新加坡矿产品的贸易竞争力指数一直是负值,说明这类产品的进口额始终大于出口额,同时资源密集型产品的贸易逆差不断加大;而化工产品和机电产品的贸易竞争力指数一直为正值,并且都处于较小幅的波动之中,以机电产品为例,其每年的出口和进口差额始终保持相对稳定,贸易竞争力指数保持在 0.1 左右。

2. 国际投资

吸引外资是新加坡的基本国策。根据联合国贸发会议发布的 2015 年《世界投资报告》显示,2014 年新加坡吸收外资流量达到 1 024 585 亿新加坡元,如图 5.7.8 所示。截至 2014 年年底,新加坡吸收外资存量达到了 9 123.6 亿美元。外资主要来源于欧盟(26.1%)、美国(13.4%)、日本(8.4%)以及英属维尔京群岛、开曼群岛、百慕大等离岸金融中心。我国对新加坡的直接投资规模较小。

新加坡的外商直接投资行业反映了其经济结构的特点。其投资主要分布于制造业、消费服务业、金融业以及科技与教育服务业,其中金融保险业 47.85%,制造业 17.67%,批发零售业 17.14%,专业和行政服务业 6.05%,运输仓储业 4.32%,房地产业 3.47%,更多信息可参见图 5.7.9。金融业在新加坡的外商投资中有着举足轻重的地位,从 2005 年 1 000 亿新加坡元的规模到 2015 年突破 6 000 亿,证明了新加坡亚洲金融中心的地位。但是新加坡的制造业、广义消费服务业吸引的直接投资也在稳步增加,值得注意的是,新加坡的科技与教育服务业吸引的外商直接投资规模在 2015 年已经达到 1 000 亿新加坡元的规模。

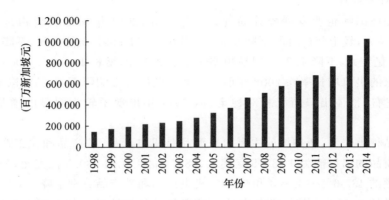

图 5.7.8　新加坡外商直接投资

资料来源:新加坡统计局,Bloomberg。

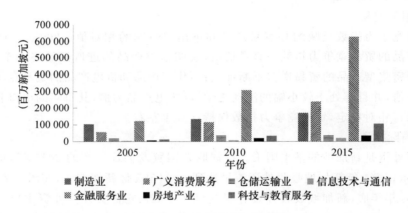

图 5.7.9　新加坡外商直接投资行业分布

资料来源:Bloomberg。

新加坡外商投资的来源地区较为稳定,如图 5.7.10 所示,来自欧洲的投资一直占据主要份额,并且逐年增长。东盟国家、中国、日本、美国在过去的十几年间都对新加坡增加了直接投资。中国在 2005 年几乎没有参与对新加坡的投资,但这一情况正在发生变化。

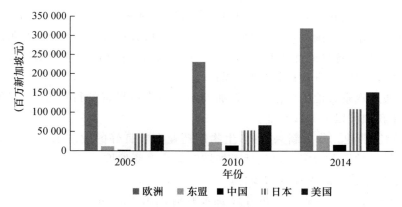

图 5.7.10 新加坡外商直接投资来源地区

资料来源：Bloomberg。

三、与中国未来的产业合作方向

杨晓琰(2015)在《中国产业竞争力蓝皮书》中使用 WTO 的中新进出口贸易数据进行了贸易互补性指标的测算。[①] 一般认为，该指数越大，则两国商品的产业内贸易比重越大，其互补性就越高。

从中国与新加坡的主要大类别商品的贸易互补指数来看，两国在一些产业存在比较明显的互补性。具体来说，如表 5.7.1 所示，从基于中国出口、新加坡进口主要商品贸易互补性指数来看，中国与新加坡贸易中机电产品的互补性较大，纺织品和服装也存在一定的互补优势，但是互补性不断减弱。从基于中国进口、新加坡出口主要商品贸易互补性指数来看，两国在矿产品、化工产品、机电产品上都有互补性，尤其是机电产品互补性最为明显。

表 5.7.1 基于中国出口、新加坡进口主要商品贸易互补性指数

商品类别	2000 年	2005 年	2010 年	2014 年
农产品	0.32	0.18	0.14	0.14
矿产品	0.38	0.27	0.21	0.22
钢铁制品	0.45	0.49	0.49	0.76
化工产品	0.33	0.26	0.29	0.33
机电产品	1.22	1.90	2.01	1.76
运输设备	0.09	0.13	0.21	0.16
纺织品	1.05	0.73	0.58	0.47
服装	2.19	1.52	0.94	0.80

---

① 杨晓琰. 新加坡与中国的产业互补性[R]. 中国产业竞争力蓝皮书，2015.

总体上,中新之间具有很强的产业互补性,最为明显的是机电产品,不论是中国出口、新加坡进口还是中国进口、新加坡出口,互补性指数都在 1.5 以上,说明两国在此类商品出口上均有各自的优势产品。在今后的合作中,中新两国应该继续注重出口各自的比较优势产品,而进口比较劣势产品。

此外,通过观察其他主要国家对新加坡的外商直接投资的行业分布,我们建议中国重点关注新加坡以下一些行业。

① 生物制药业。作为新兴产业,生物制药业有着良好的发展前景和蓬勃的生命力,从而引起了世界上众多国家包括新加坡的关注。新加坡采取一系列措施吸引国外资本投资包括生物制药业在内的多种产业。

② 信息技术与通信业。2006 年新加坡政府提出了为期十年的"智慧国 2015"发展蓝图,其中资讯通信业被列为驱动职能化过渡和全球化都市的关键行业。

③ 物流仓储业。自 18 世纪以来,新加坡就是中印和东南亚区域贸易的主要航运中转站,其物流仓储业发达,同时需求量也大。

④ 广义消费服务业,包括零售业、旅游业、食品业。新加坡拥有独特的自然风光,并且是航运中心,吸引了大量的外国游客,旅游市场巨大。

第八节　泰　　国

一、地理历史背景

泰国位于中南半岛中部,是东盟成员国、曾经的亚洲"四小虎"之一,是世界的新兴工业国家、世界天然橡胶最大出口国、世界五大农产品出口国之一、亚洲唯一的粮食净出口国,也是著名的旅游胜地。从地理条件看,泰国东临太平洋泰国湾,西南濒临印度洋安达曼海,西部与缅甸交接,东部和北部与老挝、柬埔寨毗邻,南接马来西亚,国土面积为 513 120 平方千米,50% 以上为平原和低地,海域辽阔,拥有 2 705 千米的海岸线。从自然条件看,泰国属于热带季风气候,全年分为热、雨、旱三季,年均气温 20—30℃,平均湿度为 66%—82%。

截至 2016 年,泰国有 6 450 万人口,其中 40% 为泰族,官方语言为泰语。90% 以上的人口信奉佛教。在政治和司法方面,泰国实行君主立宪制,国王、政府、军队实行三权分立。

泰国矿产资源丰富,包括钾盐、锡、褐煤、油页岩、天然气、锌、铅、钨、铁、锑、铬、重晶石、宝石和石油等。其中钾盐储量 4 000 亿吨,居世界第一;锡储量约 120 万吨,占世界总储量的 12%。森林总面积 1 440 万公顷,覆盖率 25%。渔业资源丰富,有泰国湾和安达曼湾等天然海洋渔场,还有 1 100 多平方千米的淡水养殖场,是位于日本和中国之后的亚洲第三大海洋渔业国。

二、经济发展状况

(一) 国内经济

泰国是东南亚仅次于印尼的第二大经济体,是一个新兴工业化国家。泰国实行自由经济政策,属外向型经济,依赖美、日、中等外部市场。20世纪90年代,泰国在1998年亚洲金融危机前一直保持着较高的增速,被列为亚洲"四小虎"之一,后在金融危机中受到重创。进入新世纪,泰国经济恢复了较好的发展态势,2003年7月提前两年还清金融危机间国际货币基金组织提供的172亿美元贷款。后来,泰国经济受2008年全球金融危机影响发生波动,2010年后再次复苏。2013年以来,受政治动荡和全球经济复苏乏力影响,泰国经济增长回落,逐渐出现负增长。目前,泰国政局已恢复稳定,泰国政府将要启动20年的国家发展战略——"泰国4.0",向高附加值产业全面进军。

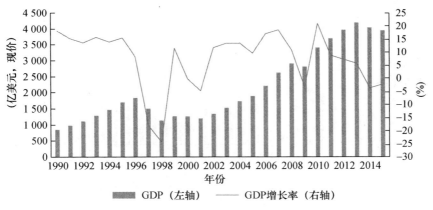

图 5.8.1 泰国 GDP

资料来源:世界银行数据库。

泰国人均生活水平相对较高。2015年,泰国人均GDP为5 814.77美元,在东盟中位列新加坡、文莱和马来西亚之后,属于中等偏上收入国家,更多信息可见图5.8.1至图5.8.3。

1. 产业结构

从三次产业结构的变化来看,如图5.8.4所示,泰国的产业结构一直比较稳定。服务业占比最高,基本在一半以上;其次为工业,常年稳定在40%左右;农业占比稳定在10%左右。

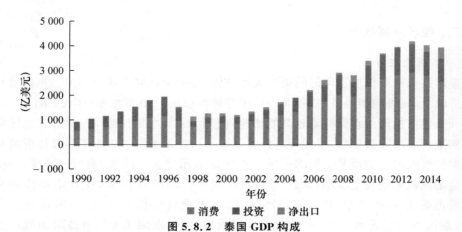

图 5.8.2 泰国 GDP 构成

资料来源:世界银行数据库。

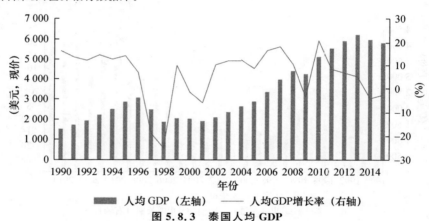

图 5.8.3 泰国人均 GDP

资料来源:世界银行数据库。

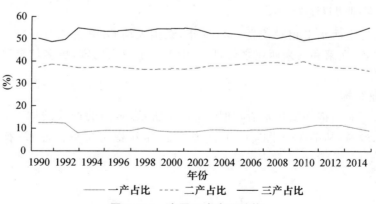

图 5.8.4 泰国三次产业结构

资料来源:世界银行数据库。

(1) 第一产业

泰国是一个传统农业国,农产品是外汇收入的主要来源之一。主要农产品包括稻米、天然橡胶、木薯、玉米、甘蔗、绿豆、麻、烟草、咖啡豆、棉花、棕油、椰子等。泰国的天然橡胶出口量世界领先。

泰国海域辽阔,渔业资源丰富,有泰国湾和安达曼湾等天然海洋渔场,还有1 100多平方千米的淡水养殖场。曼谷、宋卡、普吉等地是重要的渔业中心和渔产品集散地。泰国是世界市场主要鱼类产品供应国之一,也是位于日本和中国之后的亚洲第三大海洋渔业国。全国从事渔业人口约50万。

(2) 第二产业

泰国的工业是出口导向型,工业基础较好,主要门类有采矿、纺织、电子、塑料、食品加工、玩具、汽车装配、建材、石油化工、软件、轮胎、家具等。

泰国的汽车行业比较发达。2015年,泰国的汽车产量为191万辆,其中,商用车33万辆,是东盟最大的汽车生产国和出口国,比马来西亚、越南、菲律宾三国总和还多,也是全球第十二大汽车生产国,全球第六大商用车生产国。此外,泰国还是世界第二大硬盘出口国和亚洲第五大石化中心。

在"泰国4.0"战略下,有十大目标产业已被确定为泰国经济发展的新引擎。其中,既有五大泰国原有优势产业,包括新一代汽车制造、智能电子、高端旅游与医疗旅游、农业和生物技术、食品深加工,还有五大未来产业,包括工业机器人、航空和物流、生物能源与生物化工、数字经济、医疗中心。

(3) 第三产业

旅游业是泰国最重要的第三产业。泰国旅游资源丰富,旅游业持续稳定发展,贡献了外汇收入的重要部分。境内有500多个景点,主要旅游点包括曼谷、普吉、帕塔亚、清迈、清莱、华欣、苏梅岛。受国内政治动荡影响,2014年国际旅游入境人数和国际旅游收入均下降,如图5.8.5所示。

在交通运输方面,泰国以公路和航空运输为主。泰国各府、县都有公路相连,四通八达。全国共有57个机场,其中国际机场8个,国内航线遍布全国21个大中城市,国际航线可达各大洲40多个城市。此外,泰国铁路系统相对落后,只有63%的府通铁路。水运方面,湄公河和湄南河为泰国两大水路运输干线,全国还有47个港口,其中廉差邦港、曼谷港、清盛港、清孔港和拉农港是最重要的港口。2014年,泰国国家维安委员会批准了2015—2022年交通基础设施战略规划,将投资近800亿美元更新铁路、公路等基础设施,其中在高铁方面已确定同中国展开合作并签订政府间铁路合作框架协议。

图 5.8.5　泰国旅游业发展

资料来源：世界银行数据库。

2. 城镇结构

在城市建设方面，泰国城镇化进程稳步推进，2015 年城镇化率超过 50%，如图 5.8.6 所示。大型城市主要有首都雅加达市、泗水市、万隆市等，如表 5.8.1 所示。根据世界银行的报告：最近十年，泰国城市人口的增长主要来自曼谷，曼谷已成为东南亚地区的第五大面积的城市和第九大人口的城市。[①]

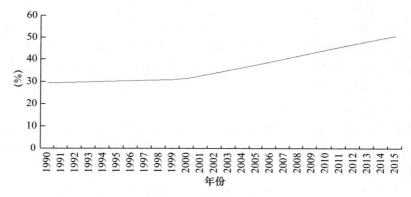

图 5.8.6　城镇人口占比

资料来源：世界银行数据库。

---

① East Asia's Changing Urban Landscape：Measuring a Decade of Spatial Growth.

表 5.8.1　泰国五大城市

城市	城市描述
曼谷	首都,泰国的经济中心,经济占全泰国的44%。湄南河处港口发达,旅游业发达
清迈	第二大城市,清迈府首府,泰国北部的政治、经济、文化中心。2006年东盟"10+3"于清迈签订《清迈协定》,同时是2020年泰国大城府世界博览会展场之一
呵叻	边陲重镇,泰国的东北大门,是东北的主要交通枢纽和经济中心
暖武里	位于湄南河左岸,首都卫星城,暖武里府首府,农产品贸易中心
芭堤亚	旅游城市,海滩度假胜地

资料来源:根据公开资料整理。

在教育方面,泰国的教育在第二次世界大战后经历了恢复、整顿和发展三个阶段,实行12年制义务教育,著名大学有朱拉隆功大学、法政大学、玛希敦大学、农业大学、清迈大学等。目前,"泰国4.0"战略面临高素质人才不足的尴尬。2015年,接受过高等教育的劳动力占比只有12.8%。根据经济合作与发展组织最近的国际学生评估项目(PISA)的研究结果,泰国学生阅读水平、数学水平和科学水平的排名都很靠后,且泰国功能性文盲(缺乏生活工作常识)的学生比例从2012年的33%上升到了2015年的50%。在此背景下,泰国政府不仅在想方设法提高劳动力素质,还在为引进外国人才制定各项便利措施。

(二)国外经济

1. 国际贸易

泰国是以贸易立国的外向型经济发展国家,与主要大国贸易关系融洽,市场辐射范围较大,外贸重点辐射地区包括中日韩、东盟、欧美、澳新和印度。泰国是WTO的正式成员,与澳大利亚、新西兰、日本、印度、秘鲁等国家有双边优惠贸易安排,并通过东盟与中国、韩国、日本、印度、澳大利亚和新西兰等国签订有自贸区协议。1990年以来,泰国进出口发展总体态势良好,但2012年以来受国内政治动荡和全球贸易低迷影响,进出口均有所下降。2014年出口2 729.0亿美元,同比下降2.58%,进口2 281.8亿美元,同比下降9.95%,贸易顺差为447.2亿美元,更多信息可参见图5.8.7。

中国内地、日本和美国是泰国前三大贸易伙伴,三地合计占泰国出口总额的31.7%和进口总额的42.5%。中国香港是泰国最大的贸易顺差来源地,2015年顺差额为100.7亿美元,同比下降10.7%。此外,对美国的贸易顺差为98.6亿美元,增长9.1%。泰国的贸易逆差主要来自中国和日本,2015年逆差额分别为176亿美元和113.8亿美元。

泰国的主要出口商品是工业制成品、农产品、农业加工品和矿产品,2015年以上

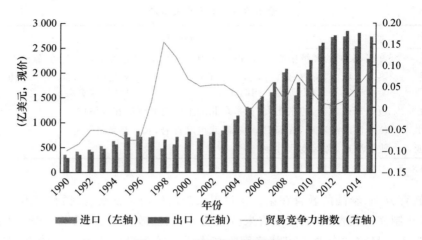

图 5.8.7　泰国对外贸易情况

资料来源：世界银行数据库。

各项分别占出口总额的 68.7%、14.3%、9.3% 和 7.7%。泰国的主要进口商品是原料及半成品、资本商品和燃料，2015 年以上各项分别占出口总额的 38.4%、28.6% 和 15.6%。更多信息可参见图 5.8.8 和图 5.8.9。

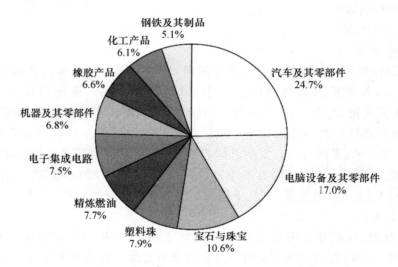

图 5.8.8　2015 年泰国十大出口产品占比

资料来源：世界银行数据库。

未来，伴随着东盟共同体的建成以及东盟"10+3"、东盟"10+6"以及亚太地区各项贸易安排的推进，泰国的市场地位和经济发展有望进一步提升。

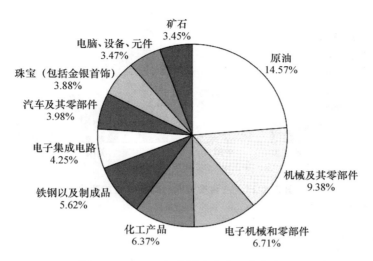

图 5.8.9　2015 年泰国十大进口产品占比

资料来源:世界银行数据库。

2. 国际投资

外商直接投资方面,泰国的投资环境优良,建立了"引进外资的外向型经济",吸引外资数量连年增加。泰国主要的投资来源国为日本、欧盟国家和新加坡等。其中,经合组织成员国的投资占较大比重,并主要集中在工业制造领域。中国企业近年来也逐渐对其进行投资,但规模仍然较小,具有很大发展空间。更多信息可参见图 5.8.10 至图 5.8.12。

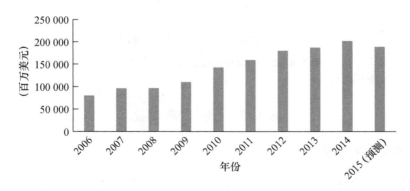

图 5.8.10　泰国的外商直接情况

资料来源:泰国央行。

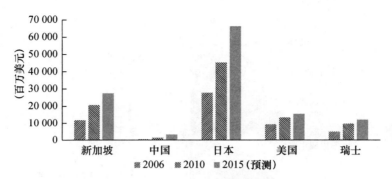

图 5.8.11　主要投资国对泰国投资的变化

资料来源：泰国央行。

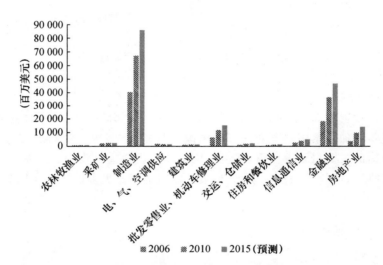

图 5.8.12　泰国外商直接投资部门结构变化

资料来源：泰国央行。

第九节　东　帝　汶

一、地理历史背景

东帝汶民主共和国是一个位于东南亚地区帝汶岛东端的国家。国土面积 14 874 平方千米，首都帝力是全国政治、经济和文化中心，东帝汶约 80% 的经济活动在帝力进行。东帝汶人口 116.7 万[①]，78% 为土著人（巴布亚族与马来族或波利尼西亚族的

---

① 资料来源：2015 年东帝汶人口普查结果。

混血人种),20%为印尼人,2%为华人。国内超九成人口信奉天主教。[①]

地理位置上,东帝汶东南临澳大利亚,北面被印度尼西亚环绕,西部与印尼西帝汶相接。历史上,东帝汶曾是葡萄牙的殖民地,于1999年通过独立公投,并于2002年正式建国,同年加入联合国。东帝汶的独立过程并不是一帆风顺的,在与印尼冲突的二十多年中,双方不断发生斗争运动。由于独立与和平来之不易,东帝汶一直期待与国际社会一道为国内的和平发展而共同努力。早在郑和下西洋的时候该地就已经和中国有成功的经济往来,因而东帝汶在我国提出"21世纪海上丝绸之路"伊始就积极赞赏并全力支持。在2014年的博鳌论坛上,东帝汶总理凯·拉拉·夏纳纳·古斯芒就表示:"所有这条线路上的国家都应该对这个倡议表示欢迎。"

二、经济发展状况

东帝汶是一个东南亚地区较为贫困的国家。根据世界银行的数据,如图5.9.1所示,东帝汶2015年的GDP总量为14.1亿美元,在世界220余个国家和地区中排名第167,人均GDP为1 130美元,2011年生活在贫困线以下的人口占37%。[②] 作为一个年轻国家,该国经济基础薄弱,各行各业百废待兴,目前石油产业构成了国民经济的绝对支柱,国家财政也较依赖澳大利亚、欧盟、世界银行等国家和组织的援助支持。

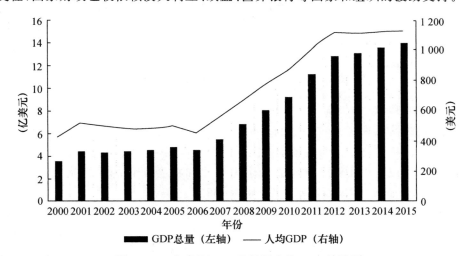

图 5.9.1　东帝汶 GDP 总量及人均 GDP 统计图

资料来源:世界银行数据库。

---

① 资料来源:外交部东帝汶国家概况。
② 资料来源:美国中情局,The World Factbook 2015。

产业部门方面。全国64%的劳动力集中在农业,10%的劳动力人口在工业部门工作,服务业集中了26%的劳动力。然而在对GDP的贡献方面,农业却只占了5.9%,工业占据了77.4%,服务业则贡献了16.8%,如图5.9.2所示。这主要源于该国经济对石油产业的严重依赖以及农业生产方式的落后。从图5.9.1可以看出,自2004年伊拉克战争及2005年墨西哥产油区遭飓风袭击引致国际油价飙升以来,2006年至2011年东帝汶GDP涨势迅猛,年GDP增长率在9%以上。而作为劳动力主力军的农业,在东帝汶国内并不发达,粮食不能自给自足,生产效率低下,农业资源浪费较为严重。

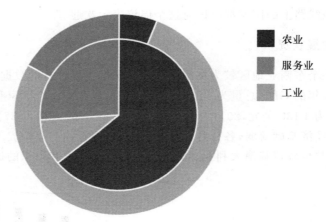

图5.9.2　东帝汶三大产业部门劳动力比例

注:外层为各部门对GDP贡献比例,内层为劳动力占比。
资料来源:根据美国中情局《The World Factbook 2015》相关内容制图。

基础设施方面,该国现有公路约6 000千米,但全国仅8%的公路路况相对较好。全国无高速公路、铁路。帝力机场是该国唯一国际机场,帝力港是唯一的集装箱码头。该国于2005年成立"国家石油基金",作为基建和社会项目的主要资金来源,截至2015年6月,东帝汶"国家石油基金"余额为168.6亿美元。[①]

外贸及投资方面,由于严重依赖进口食品及机械,加上油价大跌,近几年东帝汶的贸易赤字不断扩大。该国的主要贸易伙伴是印度尼西亚、澳大利亚、中国、新加坡、马来西亚和葡萄牙。国际货币基金组织指出,东帝汶参与葡语国家共同体,以及加强与澳洲和欧盟的联系,有利于该国在全球和区域一体化发展中获益。

根据联合国贸易和发展会议的资料,2014年,东帝汶的累计外商直接投资总额达3.16亿美元,较2013年增加11.3%。根据中国商务部的数据,2010—2014年,中国

---

① 资料来源:Macauhub(澳门"泛珠三角"地区及葡语国家经济信息中心)东帝汶频道。

对东帝汶的累计投资额倍增,由 750 万美元增加至 1 580 万美元。在各个领域中,该国的石油及天然气领域吸引最多外商直接投资,东帝汶政府亦鼓励外商投资于农业、基建以及旅游业。[①]

东帝汶已表明欲加入世界贸易组织,而该国加入东盟的申请亦在审批中。与此同时,该国对大部分进口货物征收 2.5%的关税和 2.5%的营业税,酒类、烟草及汽车另外征收消费税。

综上,该国经济主要面临以下两个突出问题:基础设施落后,经济结构单一。为改变当前的局面,东帝汶政府于 2011 年制定通过了《2011—2030 年国家发展战略规划》,将经济发展的重点放在基础设施重建和改善农业、开发油气资源方面,并逐步扩大公共支出,鼓励外来投资,以拉动非油气经济增长。从以上两点出发,围绕"一带一路"倡议,我国可与东帝汶展开充分的经贸合作,图 5.9.1 列出了两国近年来的贸易统计数据。来自中国的进口大多是服装、机械及建筑材料。中资企业对东帝汶的基建及公用事业市场较为感兴趣。

表 5.9.1　近年中国—东帝汶双边贸易统计

项目	2010 年	2011 年	2012 年	2013 年	2014 年
进出口总额	4 308	7218	6 316	4 778.3	6 044.8
中国出口	4 283	7 044	6 247	4 738.6	6 034.8
中国进口	250	174	68	39.7	10

资料来源:《对外投资合作国别(地区)指南——东帝汶》。

2002 年 8 月,中国石油天然气股份有限公司与东帝汶政府就东帝汶油气勘探开发签署了合作谅解备忘录,迈出了中国与东帝汶合作的第一步。2010 年 7 月,中方决定对东帝汶输华产品逐步实施零关税待遇。两国政府签署了贸易协定和多项经济技术合作协定。中方支持东帝汶建设多个办公楼项目,向东帝汶赠送农机、渔具等物资,为东帝汶公务员提供培训,向东帝汶长期派遣医疗队。2014 年,中国与东帝汶正式建立睦邻友好、互信互利的全面合作伙伴关系。

中国对东帝汶投资主要以民营企业和个体为主,国有大中型企业亦有参与,主要领域为餐饮、酒店、百货、建材、服务业等。山东高速集团是其中的国企代表。集团在东帝汶因高质量完成了总统府办公楼、国防部和国军司令部办公楼、外交部办公楼、外交部学习中心等援外工程建设,依靠品牌和信誉,又成功中标了东帝汶电厂、司法部大楼、LOT1 道路升级改造项目、首都市政项目,共计合同额超过 10 亿元人民币。

---

① 资料来源:香港贸发局。

在引领企业对接方面,湖南省是其中的代表。根据《湖南省对接"一带一路"战略行动方案(2015—2017年)》,湖南省将鼓励企业前往东帝汶等工业程度欠发达地区投资资源密集型产业如建材、服装、纺织、食品等。目前,湖南在东帝汶投资设立了东帝汶湖南农业高新技术开发区。

第十节 越 南

一、地理历史背景

越南位于中南半岛东南端,是东盟成员国、社会主义国家。从地理条件看,越南北与中国接壤,西与老挝、柬埔寨交界,三面环海,地形狭长,国土面积为329 556平方千米,海岸线长3 260多千米,河流密布,有红河、湄公河(九龙江)、沱江(黑水河)、泸江和太平河等河流。从自然条件看,越南属于热带季风气候,高温多雨,年均气温24℃左右,北方分四季,南方分雨旱两季。

截至2015年,越南有9 170万人口,其中86%为京族,主要语言为越南语。主要宗教有佛教、天主教、和好教和高台教。在政治和司法方面,越南坚持共产党的领导,走社会主义道路。

越南矿产资源丰富,主要有煤、铁、钛、锰、铬、铝、锡、磷等。渔业资源丰富,有6 845种海洋生物,其中鱼类2 000种、蟹300种、贝类300种、虾类75种,中部沿海、南部东区沿海和暹罗湾等海域年海鱼产量可达数十万吨。

二、经济发展状况

(一)国内经济

自1986年起实行"革新开放"以来,越南经济保持较快增长,三产结构趋向协调,对外开放水平不断提高,基本形成了以国有经济为主导、多种经济成分共同发展的格局。近几年,受国内经济动荡和全球经济复苏乏力的影响,越南GDP增速出现一定下滑,但表现依然较好。2015年,越南人均GDP为2 111.14美元,属于中等偏下收入国家,但增长率居全球第二,仅次于中国。更多信息可参见图5.10.1至图5.10.3。

1. 产业结构

如图5.10.4所示,从三次产业结构的变化来看,一产方面,越南是传统农业国,虽然伴随着经济的发展农业占比不断下降,但农业不仅自给自足,而且大量出口稻米、茶叶、渔产、咖啡、腰果等;二产方面,工业从1996年以来一直比重快速上升;三产方面,服务业在越南的国民经济份额中一直占比较高。

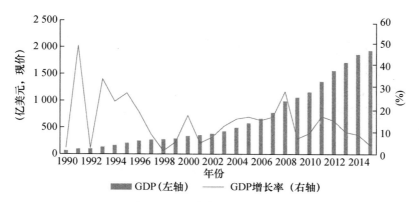

图 5.10.1　越南 GDP 变化情况

资料来源：世界银行数据库。

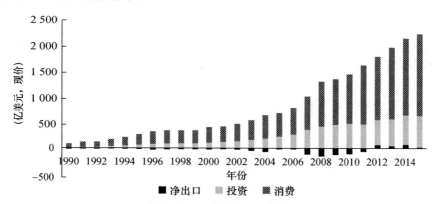

图 5.10.2　越南 GDP 结构

资料来源：世界银行数据库。

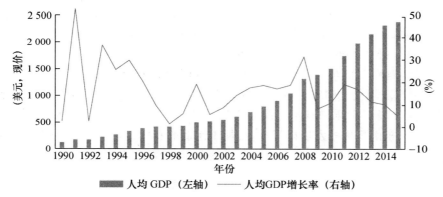

图 5.10.3　越南人均 GDP

资料来源：世界银行数据库。

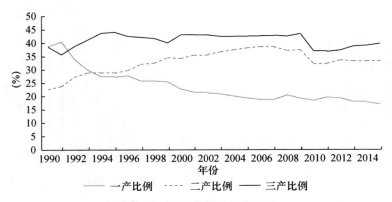

图 5.10.4　越南三次产业比例

资料来源:世界银行数据库。

(1) 第一产业

越南是传统农业国,农业人口约占总人口的 75%,耕地和林地占国土总面积的 60%。越南的粮食作物包括稻米、玉米、马铃薯、番薯和木薯等,经济作物有咖啡、橡胶、胡椒、茶叶、花生、甘蔗等。越南政府对外国投资者提供一系列土地资金税赋奖励优惠措施,以吸引外商投资农业部门。

(2) 第二产业

越南工业基础比较薄弱,但近年来发展迅猛。2015 年,越南工业指数增长 9.8%。目前,越南日渐成为服装和鞋类、木制加工等劳动密集产业的生产基地。而且,越南日渐受到电子产品制造商的欢迎,三星、英特尔、微软、诺基亚等跨国公司都已扩大在越南的生产规模,还有很多海外电子企业也不断涌入,共同推动越南电子产品业总产值节节上升,2008—2013 年年均复合增长率达 59%,高于越南制造业总产值的增长率 (24%)逾一倍。自 2013 年起,电子产品成为越南最大的出口货物。[①] 此外,越南还是世界第五大水泥生产国,仅次于中国、印度、伊朗和美国,随着最新的 6 条水泥生产线投入运营,这一排名或将升至第三或第四。

2016 年,越南工商部门提出工业生产指数同比增长 9%—10% 的目标,力争至 2020 年成为工业现代化国家。越南将对工业行业各项重点投资项目加大检查监察力度,研究制定发展工业群、工业区、辅助工业、高科技工业、服务发展农业和农村经济的工业等政策。越南将优先发展以下行业:加工制造业和化工业,包括机械和冶金业、化工业、农林水产加工业、纺织和鞋业;电子通信业;新能源和再生能源。

---

① http://mt.sohu.com/20160914/n468399435.shtml。

(3) 第三产业

近年来,越南服务业保持较快增长,2015年,越南服务业增长5.82%,但还不够成熟,缺乏系统的产业链。越南旅游资源丰富,旅游业增长迅速、经济效益显著,主要客源国(地区)为中国大陆、韩国、日本、美国、中国台湾、马来西亚、澳大利亚、泰国、法国。

在交通运输方面,越南的公路和高速公路四通八达,是越南的主要运输方式。内河运输的货运量和客运量仅次于公路运输,各码头年吞吐量月700万吨。海运发展也较快,有海港49个,全年吞吐量约4亿吨。铁路基础设施落后且时速不足90千米,不具有吸引力。空运发展迅速,2008—2013年客运量上升96%。近年来,越南在财政困难的情况下仍将加大基础设施投入,以改善投资环境。越南政府计划到2020年共投入1300亿美元改善基础设施现状,年均投入近102亿美元。届时,越南的铁路、公路、航空、港口的运输能力将有明显的提升。

在城市建设方面,越南城镇化水平虽然较低,但发展速度较快,如图5.10.5所示。越南建设部提出了2012—2020年国家城镇化发展目标,争取到2015年实现38%的城镇化率,2020年实现45%的城镇化率。越南政府还会投入500亿美元用于升级基础设施和民生工程,以确保城镇化目标的实现。但事实上,2015年,越南城镇化的目标没有实现,主要原因是人口过度集中和农业国家的现实国情带来的挑战较大。

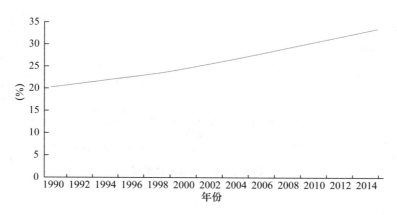

图5.10.5 越南城镇人口比例

资料来源:世界银行数据库。

越南几个主要城市的基本信息如表5.10.1所示。

表 5.10.1　越南主要城市

城市	城市描述
河内	首都，拥有一千多年的历史，自古就是越南的政治、经济和文化中心
海防	北部港口城市、中央直辖市，是越南第三大城市和越南北部的第二大工业中心
胡志明市	越南最大的城市、中央直辖市，越南的经贸、交通和文化中心
岘港	港口城市、海军基地，旅游资源丰富
下龙市	越南的煤都，旅游城市，是世界自然遗产

资料来源：根据公开资料整理。

在教育方面，越南实行九年制义务教育，并形成了一套包括幼儿教育、初等教育、中等教育、高等教育、师范教育、职业教育及成人教育在内的教育体系，著名大学有河内国家大学、胡志明市国家大学、顺化大学、岘港大学等。

（二）国外经济

1. 国际贸易

越南对外贸易呈高速增长态势，出口结构逐渐改善，出口商品的技术含量和附加值有所提高，电子产品和普通机械设备出口比重增加。更多信息可参见图 5.10.6 至图 5.10.8。

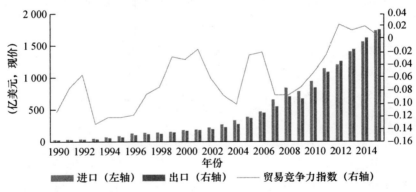

图 5.10.6　越南对外贸易

资料来源：世界银行数据库。

2. 国际投资

外商直接投资方面，由于越南坚持革新开放、经济高增长且潜力大、不断完善投资政策，其吸引外资数量连年增加，如图 5.10.9 所示。主要投资来源国为韩国、马来西亚、美国、日本等，如图 5.10.10 所示。中国企业近年来也逐渐加大了对其投资，但规模仍然较小，具有很大发展空间。

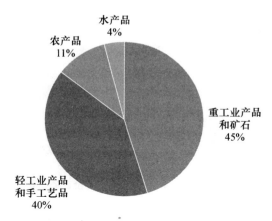

图 5.10.7　2015 年越南出口商品结构

资料来源：越南统计局。

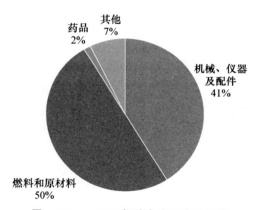

图 5.10.8　2015 年越南进口商品结构

资料来源：越南统计局。

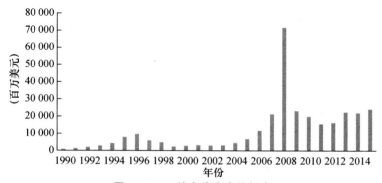

图 5.10.9　越南外商直接投资

资料来源：越南统计局。

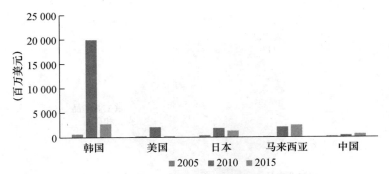

图 5.10.10　主要投资国对越南投资的变化

资料来源：越南央行。

越南政府非常重视引进外资。2015 年，越南加大外资引进力度，尤其强调将进一步简化税务、海关、社会保险等部门的工作流程，加强有关部门的巡查、监察力度，并督促中央及地方政府建立与之配套的现代化市场体系，营造良好的外商投资环境。此外，越南还是亚洲基础设施投资银行的创始国之一，伴随着亚投行业务的开展，越南在基础设施投资领域存在的缺口将更快得到解决。

第六章 南亚地区

南亚指位于亚洲南部的喜马拉雅山脉中、西段以南及印度洋之间的广大地区，南亚既是世界四大文明古国发源地之一，又是佛教、印度教等宗教的发源地。该地区矿物资源以铁、锰、煤最为丰富，主要作物是小麦和水稻。加入"一带一路"倡议的南亚国家主要有阿富汗、孟加拉国、不丹、印度、马尔代夫、尼泊尔、斯里兰卡、巴基斯坦，这些国家普遍经济不发达，正面临经济结构的转型。

阿富汗是一个位于亚洲中南部的内陆国家，人口为3 000多万。经济主要支柱是农牧业，农牧业人口占总人口的85%。工业产值仅占GDP的20%，以轻工业和手工业为主，政府将能矿产业作为国家战略重点产业打造。阿富汗战后依赖金融、通信、物流等服务业发展迅速。2015年城镇化率为26.7%。阿富汗主要贸易伙伴是其邻国，伊朗和巴基斯坦是其主要进口伙伴国，巴基斯坦和印度是主要出口伙伴国。

孟加拉国位于南亚次大陆东北部的恒河和布拉马普特拉河下游冲击而成的三角洲上，大部分为肥沃、平坦的冲积平原，河道纵横密布，土地肥沃，非常适合农业和渔业。孟加拉国经济发展仍处于较低水平，以外向型经济为主导，纺织服务业是支柱产业，皮革业是传统优势行业。孟加拉国重工业薄弱，制造业欠发达，从业人口约占全国总劳动力的8%。21世纪初，孟加拉国的城镇人口比例才突破20%。

不丹位于亚洲南部，是喜马拉雅山东段南坡的内陆国家。农业是不丹的支柱产业。工业在不丹的国民经济份额中占比越来越高，从1980年的11.7%缓慢上升到2014年的42.9%。过去三十多年间，不丹的城镇化率有显著提高，从1980年的10%左右增长到2015年的38.7%左右，但城镇化指数依然不高，未超过40%。不丹对外贸易主要在南盟成员间进行，印度是其最大贸易伙伴，与不丹签有自由贸易协定。

印度是世界四大文明古国之一，资源丰富，矿藏近一百种。21世纪以来，印度经济增长迅速，连续多年出现7%以上的增速。印度是一个传统的农业国家，但由于耕作技术较落后，主要是人工耕种，且人口过多，粮食严重不足，依赖于进口。2014年，印度工业总产值占国民经济的比重为30%。第三产业在印度国民经济中占有主导地位,2014年第三产业产值占国民经济的比重达到了72.4%。

马尔代夫是一个位于南亚印度洋上的岛国,由1 200余个小珊瑚岛屿组成,面积300平方千米(不计算领海),是亚洲最小的国家,是世界上最大的珊瑚岛国。旅游业、船运业和渔业是马尔代夫经济的三大支柱。农业、工业均非常落后。主要交通方式为船舶,民航不发达,2015年城镇化率为45.5%,马尔代夫的主要出口市场是亚洲、欧洲地区,出口前几位国家为泰国、法国、斯里兰卡、意大利和英国。

尼泊尔是南亚山区内陆国家,地势北高南低,北部为喜马拉雅地区,中部山区占国土面积一半以上,南部为平原区,尼泊尔的矿产资源、水力资源最为丰富,是一个多民族国家。尼泊尔属于农业国,80%人口从事农业生产,农业总产值约占GDP的40%。服务业在尼泊尔的国民经济份额中占比越来越高。旅游业是尼泊尔的支柱产业,产值约占国民生产总值的29%。赴尼泊尔旅游的主要为亚洲游客。尼泊尔的城镇化率近20年来实现了大幅的增长,但城镇化指数依然很低,未超过20%。

巴基斯坦位于南亚次大陆,独立前与印度同为一个国家。巴基斯坦面积有80多万平方千米,人口达1.5亿,大多信仰伊斯兰教。巴基斯坦矿产、动植物资源丰富。农业产量占世界总产量的5%,是世界第五大产棉国。工业基础薄弱。在国际市场上,巴基斯坦出口产品的市场占有率较低,且主要出口未经加工或者经过简单加工的农业产品和纺织产品,技术含量较低。

斯里兰卡是一个位于亚洲西南部的内陆国家,人口为2 000多万。以种植园为基础的农业是经济主要支柱,工业基础薄弱,几乎无重工业。斯里兰卡国际收支长期不平衡,国际劳务收入和旅游收入是其主要的外汇来源,斯里兰卡重视南亚区域合作,积极支持和参与南盟各项活动。

第一节 孟加拉国

一、地理历史背景

孟加拉人民共和国,简称孟加拉国,位于孟加拉湾之北,其东南山区一小部分与缅甸为邻,东、西、北三面与印度毗连,全国总面积为147 570平方千米。孟加拉族是南亚次大陆古老民族之一,最早的居民是亚澳人。1757年,孟加拉国沦为英属印度的一个省,1947年印巴分治后,归属巴基斯坦,称为东巴基斯坦。1971年,孟加拉国正式脱离巴基斯坦成为一个独立的国家。孟加拉国属于亚热带季风气候,沿海属于季风型热带草原气候。境内河道纵横密布,河运发达,土地肥沃,有利于农业和渔业的发展,但是同时雨季极易泛滥,常出现热带飓风。矿藏有天然气、煤、钛、锆等,黄麻是孟加拉国主要的经济来源。孟加拉国是全世界人口密度最高的人口大国,同时也是世界最贫穷国家之一。

二、经济发展状况

（一）国内经济

孟加拉国 2015 年实际 GDP 总量达到 1 738.2 亿美元。以外向型经济为主导，以经济纺织服务业为支柱产业，2014 财年出口成衣 163.84 亿美元，约占孟加拉国总出口额的 81%；皮革业是孟加拉国传统的优势行业，年均皮革产量约为 1.5 亿平方英尺，约占世界总产量的 2%—3%，2013 财年皮革及皮革制品出口额为 6.91 亿美元，占孟加拉国总出口额的 3.4%。综合来看，孟加拉国经济发展仍然处于较低水平，基础设施有待完善，土地较为匮乏，能源相对短缺。

虽然孟加拉国目前处于最不发达国家行列，但是其经济持续获得稳定增长（图 6.1.1），GDP 年均增速近九年维持在 6% 以上，政府计划在 2017 年实现 GDP 年均增速 10%。未来，孟加拉国政府将继续坚持以外向型经济为主导，结合其劳动力资源充足且价格低廉等优势，加快基础设施建设，大力吸引外资，鼓励出口贸易，希冀于 2021 年脱离最不发达国家行列，进入发展中国家行列。

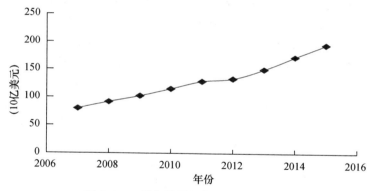

图 6.1.1　孟加拉国近年 GDP 增长情况

资料来源：世界银行数据库。

1. 产业结构

孟加拉国处于世界上最不发达的国家行列，经济基础较为薄弱，国民经济也主要依靠农业。近年来，孟加拉国政府积极推行私有化政策，改善投资环境，以期吸引外国投资，创建出口加工区。2008 年，受国际金融危机影响，孟出口下降，GDP 增长率只有 6.21%。

（1）第一产业

农业是孟加拉国主要的经济产业，主要农产品有茶叶、稻米、小麦、甘蔗、黄麻及其制品、白糖、棉纱、豆油等。孟加拉国的气候极适于黄麻的生长，1971 年，孟加拉国独立之初，当地农民就大量种植黄麻。孟加拉国的黄麻不仅产量高，而且质地优良，纤维绵长柔韧而有光泽,尤其经过布拉马普特拉河清澈河水浸过的黄麻,色泽美观柔和,被誉为"金色纤维"。黄麻曾是孟加拉国的主要创汇产品,黄麻的生产是孟加拉国的经济命脉,平均年产量约占世界产量的1/3,出口收入一度占其出口总收入的80%。但是,从20世纪80年代起,各种合成纤维和人造纤维的出现和使用使得国际市场的黄麻需求大幅下降,孟加拉国的黄麻产业也因此受到巨大打击,产量和出口不断下降。如今,孟加拉国出口总收入中仅有5%左右是黄麻出口收入。据统计,孟加拉国是仅次于印度的世界第二大黄麻生产国,同时也是世界第一大黄麻出口国。2006—2007财政年度,孟加拉国黄麻原麻产量约为118.6万吨,占世界总产量的39%。黄麻原麻出口占世界出口总量的95%,黄麻制品出口占世界出口总量的65%。孟加拉国的黄麻原麻和黄麻制品在中东、欧洲、亚洲和美洲都拥有一定的市场份额。

（2）第二产业

孟加拉国重工业薄弱,制造业欠发达,工业从业人口约占全国总劳动力的8%。孟加拉国工业以原材料和初级产品生产为主,包括水泥、化肥、纸张等。

（3）第三产业

孟加拉国有丰富的旅游资源。在 UNDP 的帮助下,世界旅游组织（UNWTO）已经针对孟加拉国的旅游业制订了相应战略计划。该项战略计划是一个综合的旅游方案,它初步确定了孟加拉国将要被开发的旅游产品和各类旅游设施。该国政府借助国外先进技术来修正和更新这一方案,计划在全国各地设立旅游特区,为世界游客提供更好的服务。这些特区包括库克斯巴扎、桑达班和库卡塔。吉大港山旅游区则包括兰格马帝、库噶查、班达班三个地区,也将被发展成为一个旅游特区。达卡的五星级饭店索那港酒店也是国家带头投资的。另外,政府也是达卡喜来登饭店的主要股东。主要旅游景点包括达卡、兰格马帝、库噶查、孟哥达、希来特、库克斯巴扎等,这些地区的旅游设施主要是孟加拉国国家旅游组织 Parjatan(NTO) 投资建设的。

孟加拉国与世界上130多个国家和地区有贸易关系,主要出口市场有美国、德国、英国、法国、荷兰、意大利、比利时、西班牙、加拿大和中国香港。主要出口产品包括黄麻及其制品、皮革、茶叶、水产、服装等。主要进口市场有印度、中国内地、新加坡、日本、中国香港、韩国、美国、英国、澳大利亚和泰国。主要进口商品为生产资料、纺织品、石油及石油相关产品、钢铁等基础金属、食用油、棉花等。主要直接投资国为美国、英国、马来西亚、日本、中国、沙特阿拉伯、新加坡、挪威、德国、韩国等。

总体而言,如图6.1.2所示,孟加拉国的三大产业都处于上升趋势,第二产业的增幅处于领先位置,从2008年超过农业成为第一支柱产业,以后一直在迅猛发展,成为孟加拉国经济带动的重要引擎。目前的孟加拉国政府注重经济发展,推行私有化政策,着力改善投资环境,同时依靠劳动力资源优势,促进纺织服装等第二产业的快速发展,可以说是处于一个从农业大国向工业大国转型的道路上,整个国家对于工业的需求日益增长,而且孟加拉国地处南亚要冲,具有向印度洋发展的出海口,一段时间以来,由于孟加拉国高度依附印度,高度依靠陆路运输,从而忽视了其海洋运输,但从最近几年的发展来看,其工业化的道路一直在践行中,积极发展海运运输,国家的实力正在上升,虽然仍然属于贫穷国家,但在"一带一路"的带动下,发展的可能性非常大。

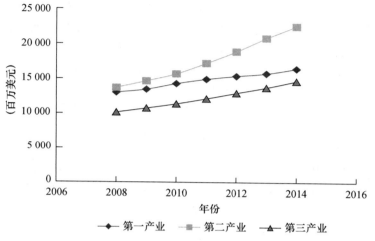

图 6.1.2　孟加拉国产业结构

资料来源:联合国数据库。

2. 城镇结构

孟加拉国的城镇化率在 50 年间有着显著提高,如图 6.1.3 所示。自从 1971 年孟加拉国脱离巴基斯坦的统治以来,独立的孟加拉国正式诞生,因此正式的孟加拉国"城镇化"进程应该是从 1971 年开始的。自此以后,大量的第一产业人口人民涌入城镇,成为第二产业或者第三产业的工人,越来越多的人民成为城镇居民,城镇人口的增加使得孟加拉国整体经济得到了快速的发展,但到 21 世纪初,孟加拉国的城镇人口才突破 20%。

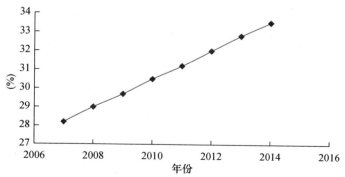

图 6.1.3　孟加拉国城镇结构

资料来源:世界银行数据库。

达卡是孟加拉国的首都和第一大城市,达卡专区首府,全国政治、经济、文化中心。达卡具有悠久的历史,始建于 15 世纪,20 世纪初成为孟加拉国的商业和学术中心,1947 年成为东孟加拉省省会,1956 年为东巴基斯坦首府。1971 年独立战争使其受到严重破坏,重建后成为新独立的孟加拉国的首都。达卡市区位于海拔 6—7.5 米的冲积阶地上,郊区是肥沃的三角洲平原。达卡产黄麻、稻米、甘蔗、油菜籽等,与其南 16 千米的河港纳拉扬甘杰相连,是全国最大工业中心和最大商品集散地。有棉纺、黄麻、食品加工、造纸等工业。传统产品有刺绣、丝织品、珠宝等。

达卡具有发达的交通体系,是全国铁路、公路和内河航运的重要交通枢纽,在航空方面与国内吉大港等地和国外都有联系。

吉大港是孟加拉国最大的港口城市,也是孟加拉国的人口第二大城市。距孟加拉湾东北岸、戈尔诺普利河下游右岸的希达贡达丘陵脊上河口 16 千米,是天然良港,始建于 16 世纪。吉大港有 28 个码头,泊位吃水深 6.4—8.5 米,拥有现代化的装卸设备,海轮可沿卡纳富利河入港,航道宽 198—274 米。吉大港具有发达的工商业,有棉纺、麻纺、茶叶加工、炼油、钢铁、造纸、人造纤维、玻璃、肥料等厂和水电站。1966 年吉大港大学设立,1981 年更是开辟了出口加工区。

(二)对外经济

1. 国际贸易

1971 年,孟加拉国独立建国,第二年便加入了"关贸总协定",1995 年自然转为 WTO 成员。孟加拉国自 20 世纪 80 年代开始以来就奉行贸易自由化政策,一直推行贸易自由化,大幅削减关税,逐渐取消非关税壁垒。孟加拉国对进口贸易无直接数量限制,关税是孟加拉国调整进出口贸易的主要手段。孟加拉国一般不对进出口贸易采取行政手段直接进行干预,而是以汇率、利率、开证保证金率、现金补贴、发展基金、附加税等经济手段对进出口贸易加以调整。虽然孟加拉国多年以来大幅削减关税和非关税壁垒,但其目前仍然保留相当水平的贸易壁垒。根据世界银行报告,2004 年,孟加拉国未加权平均进口关税税率(含海关关税和其他保护性进口税)达到 26.5%,高居南亚地区榜首,是世界贸易壁垒最高的国家之一。

孟加拉国政府鼓励投资、调整产业发展方向、调节进出口和国民收入的重要手段是税收政策。为了鼓励出口、投资(包括外国投资),孟加拉国政府通过工业政策、进口政策、出口加工区政策等多种渠道制定了一系列繁杂的税收减免优惠政策,包括对指定领域如纺织业、高附加值成衣业的新投资提供 4—10 年的免税期;对于不愿使用免税期的优惠政策的企业,则可享受快速折旧法;对已经享受免税期的企业,其扩展投资还可享受第二年 80% 折旧、第三年 20% 折旧的优惠;对 100% 出口导向企业,其资本机械和 10% 以内的零部件可以免税进口;对一般企业,其初期建设或现有工业项目的改造、更新或扩建所需进口的资本机械和 10% 以内的零配件只需交纳 7.5% 的进口税及一定的赔偿保证金(可退还);资本机械进口全部免缴增值税;成衣企业出口所得按 10% 的优惠税率缴纳;黄麻产品企业和纺织业出口所得按 15% 的优惠税率缴纳;外国贷款利息免税;特许权使用费、技术转让费和技术服务费等免税;聘用的外国技术人员免征三年所得税;外国人持有的股份向孟加拉银行外汇管理局完税后,可向本地股份持有者或投资者转让,其资本收入免税;电力项目 15 年内免除所得税。

2. 中孟双边贸易

中孟两国之间经济互补性较强,经济合作前景十分广阔。一方面,随着孟加拉国经济进程的逐渐加快,其市场潜力也开始逐步显现,从而吸引越来越多的中国企业进入,投资领域也逐渐从低端扩展到高端。另一方面,因为中国国内各种生产成本的增加,尤其是劳动力成本居高不下,导致产品价格也不断攀升,其中劳动密集型产业更是明显受到高价格和高成本的巨大压力,所以服装加工等劳动密集型产业从中国开始逐步转到孟加拉国等,同时也有更多的国外客户选择采购中国生产的高档面料,然后运到到孟加拉国去加工衬衣,即从中国出口大量的产品到孟加拉国,孟加拉国的工厂需要付汇给中国的卖家。

中孟贸易过去同时采用记账和现汇两种形式。在 1992 年召开的中孟经贸联委会第七次会议上,双方同意自 1993 年 1 月 1 日起将由记账和现汇双轨制改为单一的现汇贸易,并于同年 12 月签署了新的贸易协定,此后将全部采用现汇支付。近几年来,两国贸易发展顺利。根据我国海关统计数据,2008 年双边贸易额达到 6.87 亿美元,同比下降 8.4%,其中我国出口 6.61 亿美元,同比下降 5.1%,进口 0.26 亿美元,同比下降 51.3%。2012 年,中孟贸易为 7.15 亿美元,同比增长 4.1%;其中出口 7.01 亿美元,同比增长 6.1%,进口 0.14 亿美元,同比下降 46%。

中国对孟加拉国出口商品的主要类别包括:棉花;锅炉、机械器具及零件;电机、电气、音像设备及其零附件;化学纤维短纤;化学纤维长丝;肥料;针织物及钩编织物;车辆及其零附件,但铁道车辆除外;特种机织物;簇绒织物;刺绣品等;钢铁制品。中国从孟加拉国进口商品的主要类别包括:其他植物纤维;纸纱线及其机织物;非针织或非钩编的服装及衣着附件;针织或钩编的服装及衣着附件;其他纺织制品;矿砂、矿渣及矿灰;塑料及其制品;生皮(毛皮除外)及皮革;鱼及其他水生无脊椎动物;光学、照相、医疗等设备及零附件;棉花。[①]

2014 年双边贸易额达到 125.47 亿美元,同比增长 21.98%,其中中国出口额 117.85 亿美元,进口额 7.62 亿美元。2015 年 1—11 月,中孟双边贸易额 133.64 亿美元,同比增长 19.2%,更多信息可参见 6.1.4 和图 6.1.5。作为中国主要受援国之一,

---

① 中国商务部:孟加拉国际贸易常见问题解答,http://www.mofcom.gov.cn/article/i/jshz/new/201609/20160901390273.shtml。

孟加拉国也是中国在南亚对外承包工程的传统市场。截至 2015 年 11 月,中国对孟直接投资 1.85 亿美元,孟对华实际投资达 4 114 万美元。

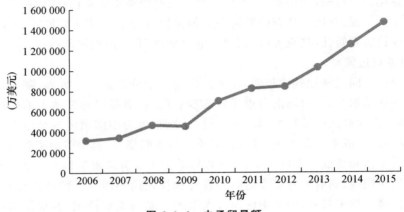

图 6.1.4　中孟贸易额

第二节　印　　度

一、地理历史背景

作为世界四大文明古国之一,印度拥有悠久的历史。公元前 2500—前 1500 年,印度河文明出现。这之后,中亚的原住民雅利安人的一支进驻南亚次大陆,在征服当地土著后,创立婆罗门教。公元前 4 世纪,崛起的孔雀王朝统一印度。一百年之后,印度在阿育王统治时期达到鼎盛,佛教被定为国教。1947 年 6 月,英国通过"蒙巴顿方案",将印度分为印度和巴基斯坦两个自治领域。同年的 8 月 15 日,印度独立。1950 年 1 月 26 日,印度成立共和国,印度宪法正式生效,同时仍为英联邦成员。多元的历史也成就了多元化的印度。

印度全境约 298 万平方千米(不包括中印边境印占区和克什米尔印度实际控制区等),森林覆盖率为 20.6%。印度与中国、不丹、尼泊尔、缅甸、巴基斯坦接壤,海岸线长 5 560 千米。印度国土面积排在世界第 7 位,但是其人口在 2014 年就达到了 12.95 亿,居世界第 2 位。印度是一个多民族国家,共有一百多个民族,其中印度斯坦族人数最多,约占总人口的 30%。

二、经济发展状况

(一)国内经济

1947 年,印度正式宣布独立。自印度独立后,印度经济共经过了三种发展模式,分别为1947年至20世纪60年代末的尼赫鲁模式、20世纪70年代至80年代末的混合发展模式、20世纪90年代至今的市场经济发展模式。独立之初，印度经济落后，各产业发展停滞，失业人口数量庞大。尼赫鲁政府在借鉴了苏联的经济发展模式之后，优先发展公营经济，尤其是基础工业及重工业，称为尼赫鲁模式。尼赫鲁模式在大力发展了工业、推动工业体系完善的同时，也对轻工业、农业造成了致命性打击。最终，尼赫鲁模式随着尼赫鲁的去世而终止。甘地上台后，对尼赫鲁模式进行了调整，对国有企业进行了改革，推动公营经济与私营经济混合发展，将农业和工业作为同样的重点发展对象，印度经济进入混合发展模式。20世纪80年代末，甘地实施取消控制价格、放宽本国投资限制等措施，企图刺激本国经济增长，但在苏联解体、波斯湾战争爆发的国际背景下，印度政府面临破产危机。国际货币基金组织以印度经济改革为要求向印度政府提供了18亿美元的紧急贷款，印度经济混合发展模式至此停止。20世纪90年代初，印度进行了经济改革，提出自由化、私有化和全球化的目标，国企私有化，放宽对部分国企的管制，让市场来调节，降低政府干预的频率，并从原来的出口导向转变为进口导向。印度的经济因此出现了较为显著的增长，农业由原来的严重不足转变为基本可以自给自足，工业逐渐形成完整的体系，不过于依赖进口，第三产业取得了长足的进步，其产值在国民经济中占比逐年上升。

21世纪以来，印度经济增长迅速。连续多年出现7%以上的增速，2010年GDP增速达到了10.26%。2014年GDP为2.2万亿美元（2010年不变价美元），较2013年增长7.24%。2015年印度GDP为2.36万亿美元（2010年不变价美元），同比增长7.57%（图6.2.1）。世界银行曾预测，2016年印度GDP仍保持在7%以上的增速，并有望于2016年或2017年超过中国，成为增长最快的主要经济体。

1. 产业结构

（1）第一产业

印度是一个传统的农业国家，属于典型的热带季风气候，雨水充沛，全年均可耕种。尽管如此，印度由于耕作技术较落后，主要是人工耕种，且人口过多，粮食严重不足，依赖于进口。印度独立后，进行了土地所有制改革，但成效甚微。1965—1967年，印度东部出现粮食危机，此时印度政府开始采取名为"绿色革命"的农业发展战略，即种植高产农作物，结合农业技术的革新，发展现代化农业。"绿色革命"的实施极大提高了印度农业生产效率，印度由一个纯进口的国家转变为净出口国家。截止到2013年，印度农业用地面积为180万平方千米，占总土地面积的60.64%。2015年农村人口为8.8亿，占总人数的67.3%，农业就业人数占总就业人数的17.4%。印度的主要粮食作物为稻米、豆类、粗粮、油料，甘蔗是其主要的经济作物，2014年产量为354.95万吨，更多信息可见表6.2.1。

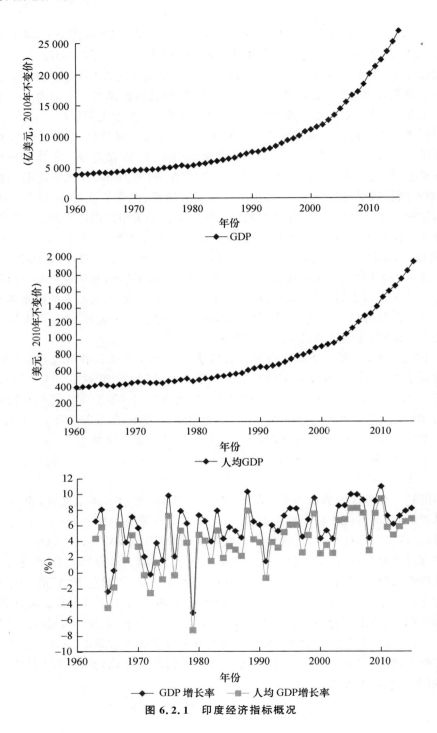

图 6.2.1 印度经济指标概况

表 6.2.1　2012—2014 年主要农副产品产量　　　　　（单位：百万吨）

	2012 年	2013 年	2014 年
粮食总产量	257.13	265.57	257.07
稻米	105.24	106.65	103.04
豆类	18.34	19.78	18.43
粗粮	40.04	42.70	39.83
油料	30.94	32.75	29.83
甘蔗	341.22	348.00	354.95
棉	34.22	36.50	35.15

(2) 第二产业

印度拥有丰富的自然资源，其中云母产量排名世界第一，重晶石、煤的产量排世界第三。目前可采资源储量为：天然气 10 750 亿立方米，石油 7.56 亿吨，黄金 68 吨，煤 2 533.01 亿吨，锌 970 万吨，铬铁矿 9 700 万吨，铅 238.1 万吨，铝土 24.62 亿吨，铜 529.7 万吨，铁矿石 134.6 亿吨，锰矿石 1.67 亿吨，磷酸盐 1.42 亿吨。印度传统的工业部门包括纺织、化工、制药、食品加工、水泥、钢铁、采矿、石油和机械制造业等（表 6.2.2）。同时，汽车、电子产品制造、航空等新兴工业近年来取得了长足的进步。2014 年，工业总产值占国民经济的比重为 30%。

表 6.2.2　2011—2014 年主要工业产品产量　　　　　（单位：万吨）

	2011 年	2012 年	2013 年	2014 年
煤	42 040	58 310	60 982	61 000
原油	3 819	3 810	3 778	—
钢材	6 957	8 280	83 253	86 500
铁矿砂	2 080	1 673	—	
发电量（百万千瓦/时）	1 051.4	1 108.5	1 175.6	1 256.0

(3) 第三产业

印度的第三产业在国民经济中占有主导地位，2014 年第三产业产值占国民经济的比重达到了 72.4%，服务业是为印度吸引外资、解决就业的关键产业。2014 年，印度的服务业增长了 6.8%，占 GDP 的 57%。在服务业中，酒店贸易服务业、金融类服务业、社会服务业以及建筑业占 GDP 比重分别为 24%、18.5%、14.5%、7.8%，较上年分别增加了 4.5%、10.9%、5.6%、1.6%。

印度的旅游业也是印度政府重点发展的产业，对印度吸引外资、解决就业有着举足轻重的重用。近年来，印度入境旅游人数逐年递增，2014 年入境旅游人数为 767 万，较 2013 年增长 10.2%，远高于国际平均水平，旅游收入也随之不断增加。2012 年印度旅游业收入占 GDP 的 6.89%，对全国就业的贡献率为 12.4%，更多信息可参见表 6.2.3。印度主要旅游景点为德里、阿格拉、昌迪加尔、那烂陀、迈索尔、果阿、海德拉巴、特里凡特琅等。

表 6.2.3 印度外国游客人次和创造外汇量

	2010 年	2011 年	2012 年	2013 年	2014 年	2015 年
外国游客(万人次)	577.5	630.9	657.7	696.7	770.3	800.0
同比增长率(%)	11.8	9.2	4.3	5.9	10.6	3.8
创造外汇(百万美元)	14 193	16 564	17 737	18 445	19 657	19 700
同比增长率(%)	27.5	16.7	7.1	4.0	6.6	0.2

总体来说,从产业结构看,印度还未完成产业结构转型,其产业结构变化是符合库兹涅茨特征事实的。如图 6.2.2 所示,印度农业的生产总值占国民经济的比例从 1960 年的 42.6% 逐年降低,2014 年为 17.4%,但农业的产量并没有随之降低,农业生产效率提高,释放出的劳动力转移到第二、第三产业中,推动了工业和服务业的发展。1960 年,工业产值占国民经济的比重为 19.3%,2014 年为 30%,工业取得了较大的增长。20 世纪下半叶,第三产业生产总值在国民经济中的占比在 40% 浮动,2014 年达到 52.6%,是印度国民经济的主导产业。

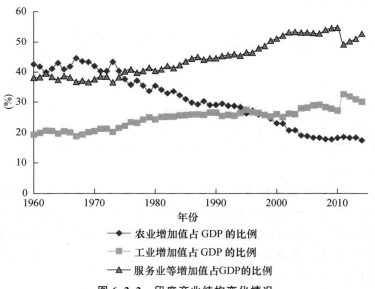

图 6.2.2 印度产业结构变化情况

2. 城镇结构

在独立之前,印度一直处于英国的压迫之下,国民经济基础薄弱,但 19 世纪后期,英国对印度进行了大量投资,并修建了港口、矿产区铁路等,推动了印度城镇化发展。

印度到1950年共和国正式成立,城镇人口占总人口的比例为17.3%,高于发展中国家平均城镇化率17.0%与亚洲平均城镇化率16.4%的水平。[①] 城市化是工业发展的产物,在印度独立后,工业得到了大力发展,工业体系日臻完善,城市化开始加速,如图6.2.3所示。

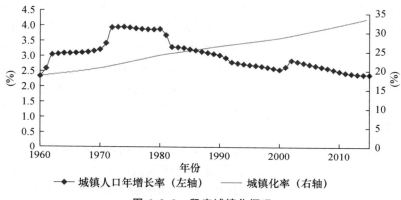

图6.2.3 印度城镇化概况

表6.2.4列出了印度主要城市的概况。

表6.2.4 印度五大城市

城市	2016年人口总量	城市描述
孟买	12 691 836	印度最大城市和最大海港
德里	10 927 986	首都
班加罗尔	5 104 047	重工业的中心、亚洲的硅谷
加尔各答	4 631 392	印度东部恒河三角洲地区
金奈	4 328 063	以其文化遗产而著称

资料来源:World Population Review。

孟买,马哈拉施特拉邦的首府,是印度最大城市和最大海港,亚洲重要的贸易中心。孟买曾为葡萄牙、英国的殖民地,现在是印度的金融中心,诸多金融机构将总部设立于此,如印度储备银行、孟买证券交易所、印度国家证券交易所等。丰富的就业机会,较高的生活水平,都使得印度居民乐于在此居住。

德里是印度首都,由新、旧德里组成。在旧德里,还保留着颇具历史的建筑,有不少的寺庙、古建筑物和纪念碑;新德里位于德里南部,建于1911年,充满现代化气息。

班加罗尔,卡纳塔克邦的首府,印度第三大城市,位于印度南部的德干高原,面积

[①] 中国商务部:孟加拉国际贸易常见问题解答,http://www.mofcom.gov.cn/article/i/jshz/new/201609/20160901390273.shtml。

174.7平方千米,人口510万。班加罗尔是印度的重工业中心,同时也是印度的高科技中心,被誉为"亚洲的硅谷"。班加罗尔融合了坎纳达、德卢固与泰米尔文化,也是印度的文化中心,设有班加罗尔大学、印度科学院、印度科学研究所、农科大学、国家动力研究所等。市内还保留有1761年所建的石造城和古寺院等历史遗迹。

加尔各答,西孟加拉邦首府,位于恒河三角洲地区、胡格利河的东岸,是印度第四大城市,近代教育、科学文化中心。在印度英属殖民地时期,加尔各答为其首都。印度于1947年独立后,加尔各答经历了长期的经济停滞。但21世纪后,该市经济开始复苏。

金奈,泰米尔纳德邦首府,位于印度的东南部,濒临科罗曼德尔海,面积为130平方千米,是印度第五大城市。金奈是印度的大型商业和工业中心。大部分居民使用泰米尔语,兼有英语、泰卢固语和马拉雅拉姆语。城市西南部是该市的富人区,北部则为工业区。

3. 消费与支出

居民的消费支出随着印度经济水平变化而变化。如图6.2.4所示,20世纪下半叶,印度经济处于较低水平,居民的消费也稳定在较低的水平。21世纪后,印度经济快速增长,居民消费水平也开始迅速上升。而且印度的人口也在不断增长,1990年印度人口总数为4.5亿人,随后的25年中迅速上升,2015年印度人口为13.11亿,在全世界排名第二。从印度的经济结构看,印度是一个发展中国家,现处于工业化的前期,劳动力水平高,劳动人口占总人口的比例在40%左右浮动,农业就业人口占总就业人口比例仍较高,2013年为49.7%;工业就业人数在逐渐增加,1994年为15.7%,2013年为21.5%;第三产业就业人数则较稳定,1994年为22%,2013年为21.5%。

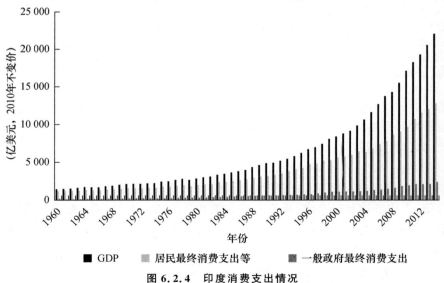

图6.2.4　印度消费支出情况

(二) 对外经济

1. 国际贸易

据印度商务部统计，印度2015年对外贸易总额为6583亿美元，同比2014年下降了15.6%，其中进口3916亿美元，同比上年下降15.1%，出口2667亿美元，同比上年下降了17.1%，如表6.2.5所示。2015年印度主要贸易伙伴为中国、美国、瑞士、阿联酋、英国、新加坡、德国、沙特阿拉伯、孟加拉国、斯里兰卡和越南等。对外出口方面，印度最大的出口地区为美国，贸易金额为402.42亿美元，阿联酋紧随其后，金额为305.37亿美元。出口商品类别排名前五的分别为：贵金属及制品、纺织品及原料、化工产品、矿产品、运输设备。进口方面，印度的最大进口地区为中国，贸易金额为611.4亿美元，瑞士第二，金额为211.24亿美元，沙特阿拉伯紧随其后，金额为210.58亿美元。进口商品类别排名前五的分别为：矿产品、机电产品、贵金属及制品、化工产品贱金属及制品等，更多信息可参见表6.2.5至表6.2.9。

表6.2.5　印度对外贸易年度表　　　　　　　　　　　　　　　（单位：百万美元）

年份	总额	同比(%)	出口	同比(%)	进口	同比(%)	差额	同比(%)
2004	172 943	34.4	75 631	31.6	97 313	36.7	−21 682	58.0
2005	238 021	37.6	99 651	31.8	138 370	42.2	−38 719	78.6
2006	294 136	23.6	121 259	21.7	172 876	24.9	−51 617	33.3
2007	365 107	24.1	147 564	21.7	217 543	25.8	−69 978	35.6
2008	470 882	29.0	178 034	20.7	292 848	34.6	−114 814	64.1
2009	413 134	−20.0	163 167	−16.4	249 967	−22.2	−86 800	−31.3
2010	551 907	30.5	223 176	35.1	328 731	27.6	−105 555	14.2
2011	772 162	14.2	307 086	14.3	465 076	14.0	−157 990	49.7
2012	780 469	1.1	291 187	−5.1	489 282	5.2	−198 095	5.8
2013	780 028	0.1	312 470	5.1	467 558	−4.7	−155 088	−21.7
2014	779 660	−0.4	319 546	1.4	460 114	−1.7	−140 568	−8.1
2015	658 365	−15.6	266 711	−17.1	391 654	−15.1	124 943	−11.1

表6.2.6　2015年印度对主要贸易伙伴出口额　　　　　　　　（单位：百万美元）

国家和地区	金额	同比(%)	占比(%)
总值	266 711	−17.1	100.0
美国	40 242	−5.1	15.1
阿联酋	30 537	−7.9	11.5
中国香港	12 167	−11.0	4.6
中国内地	9 694	−27.2	3.6
英国	8 893	−8.0	3.3

续表

国家和地区	金额	同比（%）	占比（%）
新加坡	7 818	−24.1	2.9
德国	7 034	−9.2	2.6
沙特	6 979	−44.8	2.6
孟加拉国	5 761	−15.6	2.2
斯里兰卡	5 534	−14.0	2.1
越南	5 336	−18.0	2.0
比利时	5 013	−15.4	1.9
马来西亚	4 945	3.3	1.9
荷兰	4 935	−28.5	1.9
法国	4 775	−4.1	1.8

表 6.2.7　2015 年印度主要出口商品构成（类）　　（单位：百万美元）

海关分类	HS 编码	商品类别	2015 年	上年同期	同比（%）	占比（%）
		总值	266 711	321 740	−17.1	100.0
第 14 类	71	贵金属及制品	38 824	42 119	−7.8	14.6
第 11 类	50—63	纺织品及原料	37 201	38 664	−3.8	14.0
第 6 类	28—38	化工产品	38 229	37 113	3.0	14.3
第 5 类	25—27	矿产品	35 042	67 915	−48.4	13.1
第 17 类	86—89	运输设备	22 303	26 056	−14.4	8.4
第 15 类	72—83	贱金属及制品	21 414	25 553	−16.2	8.0
第 16 类	84—85	机电产品	21 263	22 683	−6.3	8.0
第 2 类	06—14	植物产品	15 708	20 651	−23.9	5.9
第 1 类	01—05	活动物、动物产品	9 341	11 046	−15.4	3.5
第 7 类	39—40	塑料、橡胶	7 377	8 167	−9.7	2.8
第 4 类	16—24	食品、饮料、烟草	5 725	6 525	−12.3	2.2
第 8 类	41—43	皮革制品；箱包	3 526	3 919	−10.0	1.3
第 12 类	64—67	鞋靴、伞等轻工产品	3 106	3 312	−6.2	1.2
第 13 类	68—70	陶瓷；玻璃	2 934	2 882	1.8	1.1
第 18 类	90—92	光学、钟表、医疗设备	2 439	2 444	−0.2	0.9
		其他	2 281	2 692	−15.3	0.8

表 6.2.8　2015 年印度自主要贸易伙伴进口额　（单位：百万美元）

国家和地区	金额	同比(%)	占比(%)
总值	391 654	−15.1	100.0
中国	61 140	4.9	15.6
瑞士	21 124	−0.2	5.4
沙特	21 058	−35.4	5.4
美国	20 676	−3.3	5.3
阿联酋	20 455	−24.9	5.2
印尼	13 997	−7.0	3.6
韩国	13 116	−3.0	3.4
德国	11 893	−7.7	3.0
伊拉克	11 322	−29.7	2.9
尼日利亚	10 220	−34.8	2.6
卡塔尔	9 671	−41.3	2.5
日本	9 646	−3.4	2.5
马来西亚	9 564	−12.9	2.4
澳大利亚	9 477	−5.4	2.4
比利时	8 362	−25.9	2.1

表 6.2.9　2015 年印度主要进口商品构成(类)　（单位：百万美元）

海关分类	HS 编码	商品类别	2015 年	上年同期	同比(%)	占比(%)
		总值	391 654	461 363	−15.1	100.0
第 5 类	25—27	矿产品	113 752	187 065	−39.2	29.0
第 16 类	84—85	机电产品	67 502	63 111	7.0	17.2
第 14 类	71	贵金属及制品	59 705	60 195	−0.8	15.2
第 6 类	28—38	化工产品	41 973	42 125	−0.4	10.7
第 15 类	72—83	贱金属及制品	26 675	26 807	−0.5	6.8
第 7 类	39—40	塑料、橡胶	14 275	15 181	−6.0	3.7
第 17 类	86—89	运输设备	13 575	14 018	−3.2	3.5
第 22 类	98	其他特殊商品	10 882	10 646	2.2	2.8
第 3 类	15	动植物油脂	10 488	10 657	−1.6	2.7
第 2 类	06—14	植物产品	8 248	6 619	24.6	2.1
第 18 类	90—92	光学、钟表、医疗设备	7 528	7 390	1.9	1.9
第 11 类	50—63	纺织品及原料	5 859	5 884	−0.4	1.5
第 10 类	47—49	纤维素浆；纸张	4 465	4 687	−4.8	1.1
第 20 类	94—96	家具、玩具、杂项制品	2 457	2 142	14.7	0.6
第 9 类	44—46	木及制品	2 442	2 716	−10.1	0.6
		其他	1 828	2 119	−13.8	0.5

2. 国际投资

早先,印度并没有专门的外资吸引政策,仅是将外资投资的企业与本国企业同等对待,并与国内企业一样在政府扶持领域享受优惠。但近年来,随着印度经济趋缓,为了推动经济持续增长,解决失业问题,印度逐渐放宽了外资投资领域限制,具体包括:外商可以持有印度的电缆电视公司、广播卫星电视公司、免税商店和有限责任合伙企业全部股权,最多持有49%新闻电视台和电台的股权,最多持有地方私人银行74%的股权,无需政府审批可最多持有国防企业和支线航空公司49%的股权等。

表6.2.10和表6.2.11分别是对印度投资国家与外商投资部门情况,截止到2015年,对印度投资国家排名靠前的分别为新加坡、荷兰、日本、美国、英国、德国、法国、塞浦路斯和阿联酋等。从增长趋势上看,大部分国家对印度投资呈增长的趋势,尤其是新加坡、荷兰、日本、德国等国家,而英国在2007年曾是印度最大投资国家,但近年来投资逐渐降低。从外商投资部门上看,服务业一直是投资的重点领域,电信及车辆行业在近年来迅速上升,已超过计算机行业。

表6.2.10 印度投资国情况 （单位:百万美元）

年份	新加坡	荷兰	日本	美国	英国	德国	法国	塞浦路斯	阿联酋
2015	6 742	3 436	2 084	1 824	1 447	1 125	635	598	367
2010	2 379	899	1 183	1 943	657	626	303	1 627	629
2007	578	644	85	856	1 878	120	117	58	260

表6.2.11 印度外商投资部门结构变化 （单位:百万美元）

年份	服务	电信	车辆	计算机	建筑	电力
2015	4 443	2 895	2 726	2 296	769	707
2010	4 176	2 539	1 236	872	2 852	1 272
2007	4 664	478	276	2 614	985	157

1991年,印度开始经济改革,降低外资准入门槛,积极吸引外资。2011/2012财年,印吸收外商直接投资329.5亿美元,2013/2014财年,吸收外商直接投资约364亿美元,对印投资前三位的国家分别是毛里求斯、新加坡和英国,吸引外资较多的行业包括制造业、建筑业和服务业等。2014年4月至11月,印度吸引外商直接投资277亿美元。2015年4月至11月,印度吸引外商直接投资约348亿美元。2015/2016财年（截至2015年11月）,印度吸引外商直接投资约248亿美元,其中60%的投资来自小国,排名前几位的分别是新加坡、毛里求斯、荷兰、美国,主要投资领域包括计算机、服务业、贸易等。从外商直接投资和对外直接投资占GDP的比例看,如图6.2.5所示,自1980年起,印度吸引外商直接投资占GDP总量持续上升,外商投资成为印度经济

重要组成部分。2008年全球金融危机后,大幅下跌。自2010年后,呈现浮动提升,到2015年外资直接投资占印度经济总量的2%。而同期的对外直接投资自2008年后持续下跌,对外投资不足0.5%。

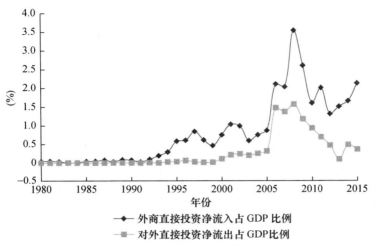

图 6.2.5 印度国际投资情况

近年来,中国与印度的贸易关系不断增加。据印度商业信息统计署与印度商务部统计,2015年中国与印度进出口总额为708.3亿美元,较上年下降1.1%。其中,印度对中国出口金额为96.9亿美元,较上年下降27.2%,占印度出口总额的3.6%;印度从中国进口金额为611.4亿美元,较上年增长4.9%,占印度进口总额的15.6%。印度对中国出口的前五大类商品为棉花、铜及制品、有机化学品、建筑材料和矿物燃料。印度从中国进口的前五大类商品为机电产品、机械设备、有机化学品、肥料和钢材。截止到2014年年底,中国是印度的第四大贸易伙伴,是印度进口最多的国家。在印度的前十大类进口商品中,中国生产的纺织品、机电产品、家具、金属制品、光学仪器和陶瓷等在同类商品中占有较明显的优势地位;但中国生产的运输设备、化工品、贵金属制品、钢材等方面仍面临着来自美国、欧洲各国和日本等发达国家的竞争。

第三节 巴 基 斯 坦

一、地理历史背景

巴基斯坦位于南亚次大陆,独立前与印度同为一个国家,1947年独立后,巴基斯坦占地80多万平方千米,人口达1.5亿,大多信仰伊斯兰教。巴基斯坦南濒阿拉伯海,从其1046千米长的海岸线最西端到阿曼首都马斯喀特,海上直线距离仅390千米,所以巴基斯坦在海湾战略中有着重要影响。巴基斯坦国土略呈矩形,领水面积25 220平方千米。东邻印度,共同边界长达1 610千米;东北与中国接壤,有共同边界595千米;西北与阿富汗的共同边界长2 430千米,经过阿富汗16—19千米宽的"瓦罕走廊",便可到达中亚的塔吉克斯坦;西南与伊朗毗邻,有共同边界805千米。

二、经济发展状况

(一) 国内经济

根据世界银行提供的历史数据,除了2009年受世界经济危机影响出现小幅下降外,巴基斯坦的国内生产总值呈现稳定增长态势,在主要发达国家经济恢复乏力、全球经济增长放缓的背景下,这种增长态势尤为突出。国际货币基金组织2014年的数据显示,巴基斯坦人均国内生产总值为1 343美元,在世界经济体中排第152位,属于中低收入国家;但同年巴基斯坦GDP总量为2 468.76亿美元,在世界排第43位,表现好于同类型的发展中国家。稳定的经济增速和较大的经济总量,给巴基斯坦未来的经济发展创造了无穷潜力。更多信息可参见图6.3.1。

世界银行最新报告对巴基斯坦经济发展前景持较乐观态度,认为随着巴营商环境向好,安全形势改善,中巴经济走廊建设推进和能源不足问题得到缓解,各国对巴投资将出现增长,巴经济增速将加快。报告分析称,从近中期来看,三驾"顺风车"将帮助巴基斯坦经济在2016—2017财年获得约5.5%的年均经济增长率:一是随着中巴经济走廊建设推进,来自中国的投资大量增加;二是随着国际社会取消对伊朗的经济制裁,伊朗重回世界经济舞台将推动其与巴基斯坦的能源合作再上新台阶;三是国际油价持续低迷,对投资者和消费者产生双重利好。

1. 产业结构

(1) 第一产业

巴基斯坦是一个发展中的资本主义国家,以农业为主的经济中,农业产值为国内生产总值的25%,粮食基本自给自足,大米、棉花还有出口,巴基斯坦是世界第五大产棉国,棉花产量占世界总产量的5%。由于地处亚热带,巴水果资源非常丰富。

(2) 第二产业

巴基斯坦的工业规模不大,门类不齐全。主矿藏储备有4 920亿立方米天然气、1.84亿桶石油、1 850亿吨煤、4.3亿吨铁、7 400万吨铝土等。

自1947年独立起,巴基斯坦经历了1947—1959年的鼓励私人投资和优先发展轻工业、1972—1976年的实行工业企业国有化和1977年至今的工业非国有化自由发展,在今天巴基斯坦的工业构成还是非耐用消费品工业和轻工业。

目前工业产值占国民经济总值的24%,其中,棉纺织业是巴国民经济的支柱产业。能源、IT业和中小型工业则发展最快。巴主要进口石油及石油制品、机械和交通

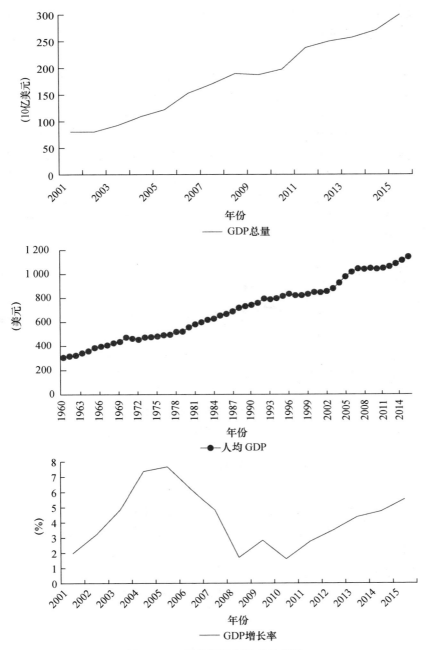

图 6.3.1 巴基斯坦经济总体指标

设备、钢铁产品、化肥和电器产品,主要出口棉花、纺织品、大米、水果、渔产品、皮革制品、体育用品、医疗器械和地毯。

(3) 第三产业

近年来,巴基斯坦的信息技术行业发展迅速,目前信息技术公司超过了1500个,每年有1万名计算机专业人才进入市场,2015年程序员市场规模居世界第三。

总体来说,20世纪50年代起巴基斯坦开始转型升级,目前仍处于转轨期。从产业结构变化情况上看,如图6.3.2所示,巴基斯坦农业占国民经济的比重在逐年降低,2015年农业占国民经济的比重为25.1%,但巴基斯坦农业效率低下,农业占比仍较高,占据了过多的劳动力。巴基斯坦工业基础薄弱,占国民经济的比重一直低于农业与第三产业,增长乏力,对经济推动力不足。巴基斯坦服务业是主导产业,1968年,服务业占国民经济的比重就超过了农业,目前服务业发展已遥遥领先于农业与工业,是推动巴基斯坦经济发展的主要来源。

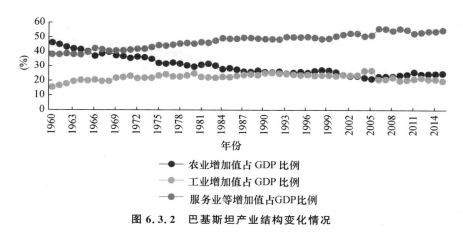

图6.3.2 巴基斯坦产业结构变化情况

2. 城镇结构

巴基斯坦早期国民经济基础薄弱,作为城镇化主要推动力的工业发展落后,巴基斯坦城镇化发展缓慢,同时受到战争等因素的影响,巴基斯坦城镇化呈现滞后型城镇化的特点,即城镇化的发展与经济、工业发展不匹配。近年来,巴基斯坦开始吸引外资投资,接受外国援助,城镇化率一直稳步上升,如图6.3.3所示,从1960年的22.1%上升到了2015年的38.7%,是南亚地区城镇化率最高的国家之一。

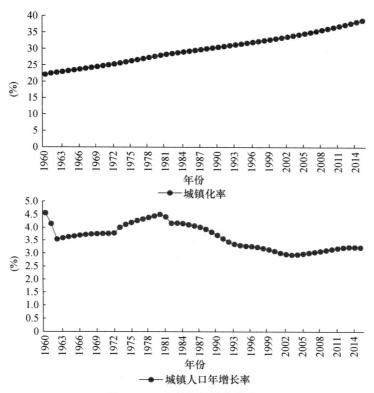

图 6.3.3　巴基斯坦城镇化情况

资料来源:世界银行数据库。

表 6.3.1 列出了巴基斯坦城市的概况。

表 6.3.1　巴基斯坦五大城市

城市	2016 年人口总量	城市描述
卡拉奇	11 624 219	巴基斯坦第一大城市
拉合尔	6 310 888	花园城市、文化与艺术中心
费萨拉巴德	2 506 595	纺织工业中心
拉瓦尔品第	1 743 101	曾作为临时首都
木尔坦	1 437 230	历史古城

卡拉奇是巴基斯坦第一大城市,信德省的首府,位于巴基斯坦南部海岸、印度河三角洲西北部,居莱里河与玛利尔河之间的平原上,南濒临阿拉伯海,面积 3 527 平方千米,其中城区面积 1 821 平方千米,人口 1 162.4 万。卡拉奇是印度河流域的主要港

口,是英属印度的最大粮食出口港。随着第一次世界大战的结束,卡拉奇开始了制造业和服务业的发展。1924年卡拉奇建成了首座机场——真纳国际机场,更成为进入印度的主要航空港之一。

拉合尔是巴基斯坦的文化和艺术中心,有两千多年历史,曾是莫卧儿帝国首都,素有"花园城市"之称,公元630年中国唐代高僧玄奘曾来此访问。1947年巴基斯坦独立后,拉合尔成为最富裕的旁遮普省的省会,经济迅速发展,现在已经建设成为拥有1000万人口的巴基斯坦第二大城市和重要工业中心。

费萨拉巴德,旧名"莱亚尔普尔",是巴基斯坦第三大城市,位于巴基斯坦东北部,纺织工业中心。郊区为棉花和小麦主要产区,还是农产品集散地,并有农业大学、棉花研究所、农业科学研究所等。工业以纺织和食品加工为主。市内有大型纺织厂多家,也有中、小型纺织厂和作坊,还有化肥、罐头食品等工厂。费萨拉巴德为巴基斯坦铁路、公路枢纽,与全国重要城镇连接。

拉瓦尔品第是巴基斯坦旁遮普省城市,位于博德瓦尔高原,伊斯兰堡西南14千米处,海拔526米,人口174万。城市建在古代习演瑜伽的拉瓦尔部族村落的遗址上,1849年被英军占领后,因位于印度西北的防御要冲而受到重视。1959—1967年,在新首都伊斯兰堡修建期间,曾作为临时首都。城东北的新首都伊斯兰堡的建成,使两者连为一体,构成伊斯兰堡—拉瓦尔品第大城市区。市区内随处可见英国统治时期的遗迹,与充满东方风格的拉贾巴沙地区形成强烈对比。有利亚卡特花园、阿尤布国家公园以及旁遮普大学的6所学院。整个城市分新城和老城,新城原为英国殖民军的兵营,多为老式庭院住宅,现为政府高级官员和富商居住之地,市场繁华,交通便利。老城为平民住宅区,拥挤杂乱。拉瓦尔品第为木材、家畜的集散地,拥有纺织、食品、化学、金属等工业,是巴基斯坦重要的工商业区。作为交通枢纽,拉瓦尔品第是通往克什米尔通道的起点,有拉合尔—白沙瓦铁路通过,与阿富汗、斯利那加、拉合尔之间有公路相通,设有飞机场,是喜马拉雅山与恒河平原间的交通要冲。

木尔坦是巴基斯坦东部城市,纺织工业中心,木尔坦专区、县行政中心,位于杰纳布河下游,人口143万,是一个有2500年历史的古城。木尔坦工业发达,以棉纺业为主,其中科罗尼纺织厂为全国第二大厂,还有全国规模最大的阿拉伯化肥厂,建有天然气发电站。其他工业包括玻璃、制糖、榨油等。手工业以陶器、象牙、制革、地毯等著名。郊区产棉花、小麦、稻米、甘蔗等。木尔坦也是巴基斯坦的交通枢纽,能通往全国主要城镇。木尔坦著名建筑有中世纪清真寺、城堡建筑。

如图6.3.4所示,近年来巴基斯坦的经济稳步上升,居民消费水平也随之增加,但由于政局不稳,政府支出变动不大。受经济与安全的影响,巴基斯坦的人口增长较慢,从1990年开始,人口总数为1.07亿,在随后的近25年中变化不大,2015年巴基斯坦人口总数为1.89亿。巴基斯坦劳动力占比较低,2014年劳动人数仅占总人口的35.3%。从各产业就业人数占比上看,尽管农业劳动力占比逐年降低,但仍吸收了巴基斯坦近一半的劳动力,而工业吸收劳动力能力最差,远低于农业和服务业,更多信息可参见图6.3.5。

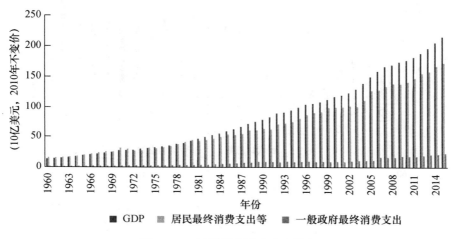

图 6.3.4　巴基斯坦消费支出情况

(二) 对外经济

1. 国际贸易

巴基斯坦一直是关税总协定以及世界贸易组织的创始成员之一,与多国签订了贸易协定。近年来,为了促进经济增长,推动结构转型,巴基斯坦通过一系列法律条款放宽了多项外商投资限制,并给外资企业提供一定的优惠,具体包括:对投资于巴基斯坦鼓励行业的企业实施免除政府审批,允许资本、利润、股利的汇回,对外商投资股权比例不设限,减免设备进口关税,给予税收优惠等,并对外商投资于巴基斯坦鼓励地区的企业给予一定的优惠等。

在国际市场上,巴基斯坦出口产品的市场占有率较低,且主要出口未经加工或者经过简单加工的农产品和纺织产品,技术含量较低,工业水平不高。以2014年巴基斯坦出口产品的数据为例,国际市场占有率超过10%的共有8种产品,全部为农产品和纺织产品,且都在20%以下。

在货物和服务方面,巴基斯坦较为依赖进口,货物和服务进口额在国民经济的比重大于出口,如图6.3.6所示。

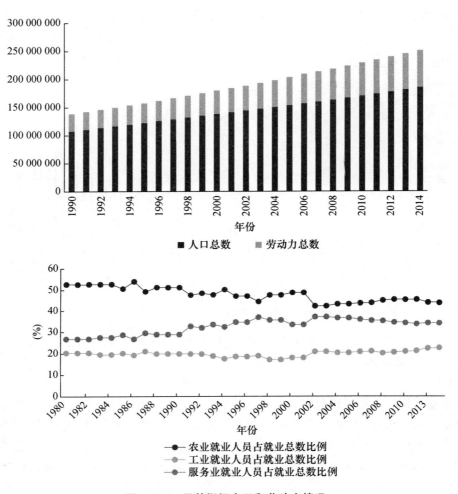

图 6.3.5 巴基斯坦人口和劳动力情况

2. 国际投资

从国际投资上看,巴基斯坦几乎不对外投资,对外投资占国民经济的比重仅为 0.01%,相反,巴基斯坦主要依赖于外国投资,如表 6.3.2 和图 6.3.7 所示。

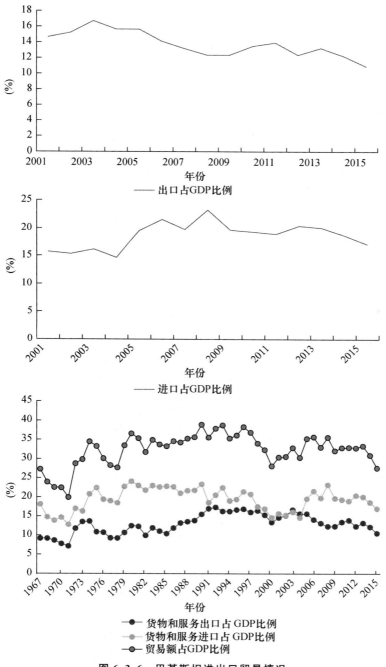

图 6.3.6 巴基斯坦进出口贸易情况

表 6.3.2　巴基斯坦外商直接投资情况　　　　　　　　　　（单位：百万美元）

年份	外商直接投资
2013	1 456.5
2012	820.6
2011	1 634.7
2010	2 150.8
2009	3 719.9
2008	3 719.1
2007	5 152.8

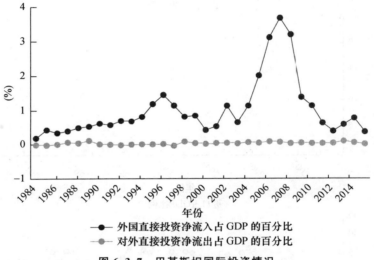

图 6.3.7　巴基斯坦国际投资情况

中国与巴基斯坦的贸易往来关系较好,2015 年中巴双边贸易总额为 189.3 亿美元,同比增长 18.2%。中国对巴基斯坦出口 164.5 亿美元,增长 24.17%;我自巴进口 24.77 亿美元,下降 10.26%;贸易差 139.73 亿美元,增长 104.9%。我国与巴基斯坦投资往来方面,2015 年我国对巴基斯坦非金融类直接投资 2.10 亿美元,同比下降 79.2%;2015 年,巴基斯坦对我国直接投资项目 66 个,与上年投资项目数相同;实际资金 65 万美元,同比减少 97.2%。截至 2015 年 12 月底,巴基斯坦对我国直接投资项目高达 510 个,项目金额达到了 1.11 亿美元,主要来自我国企业承包巴基斯坦工程。我国在 2015 年中国内企业新签合同额 121.80 亿美元,同比增长 377.6%,营业额 51.63 亿美元,同比增长 21.6%。截至 2015 年 12 月底,我国企业累计在巴基斯坦签订承包工程合同额 454.48 亿美元,营业额 330.79 亿美元。

第四节 斯里兰卡

一、地理历史背景

斯里兰卡民主社会主义共和国,简称斯里兰卡,旧称锡兰,是个热带岛国,位于印度洋海上,属于英联邦成员国。中国古代曾经称其为狮子国、师子国、僧伽罗。

农业是斯里兰卡的主要经济产业。该国亦为世界三大产茶国之一,锡兰红茶是其最重要的出口产品,因而国内经济深受产茶情况的影响。丰富的矿业和优越的地理位置是斯里兰卡最大的优势,它是一个宝石富集的岛屿,世界前五名的宝石生产大国,被誉为"宝石岛"。在经济初期阶段,矿业让它获取不少发展优势,每年宝石出口额可以达 5 亿美元,其中红宝石、蓝宝石及猫眼最出名。

斯里兰卡有历史悠久的国际参与经历,是南亚区域合作联盟的创始成员,联合国成员,还加入了英联邦、G77、不结盟运动。它是目前唯一在人类发展指数上被评为"高"的南亚国家。

二、经济发展情况

(一)国内经济

如图 6.4.1 所示,斯里兰卡的 GDP 和人均 GDP 都呈现稳定增长态势,即使在经历全球经济增长放缓的背景下,总量的增长态势仍然十分突出。数据显示,到 2015 年,其经济总量达到 823 亿美元,而人均 GDP 达到 3 930 美元,处于中低收入国家水平。斯里兰卡近 20 年经济增长率相对浮动,但幅度不大,均保持在 4% 以上。

1. 产业结构

(1)第一产业

斯里兰卡作为一个农业国家,具有发展农业经济的良好条件,土地肥沃、气候条件优越、盛产热带经济作物,种植园经济是其主要经济模式。同时斯里兰卡还具有十分丰富的森林资源,主要出产红木、黑檀、柚木等珍贵木材。茶叶、椰子和橡胶是斯里兰卡农业经济收入的三大支柱,也是出口创汇的重要组成部分。

(2)第二产业

纺织、服装、皮革、食品、饮料、烟草、造纸、木材、化工、石油加工、橡胶、塑料和金属加工及机器装配等是斯里兰卡的主要工业,且大多集中于科伦坡地区。由于工业资源的匮乏,斯里兰卡工业基础相对薄弱,大量工业原材料需从国外进口,所有石油、煤等能源均依靠进口,资金技术密集型工业尚未形成,几乎没有重工业。斯里兰卡政府十分重视对资源和环境的保护,严格限制矿产资源的开采。

(3)第三产业

斯里兰卡服务业主要包括批发零售业、酒店、餐饮业、交通运输、仓储、通信、旅游、

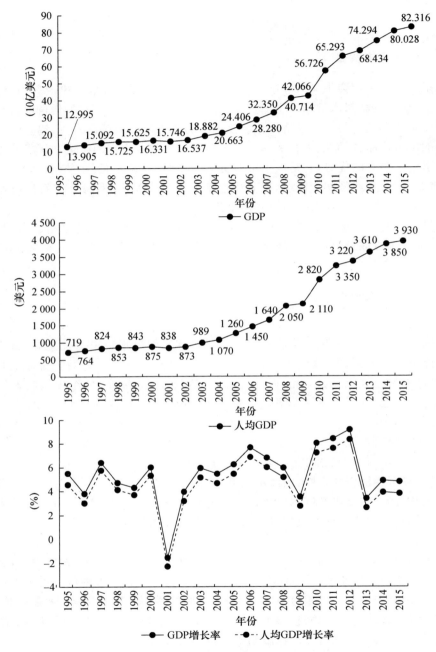

图 6.4.1 斯里兰卡经济指标概况

资料来源：世界银行数据库。

金融服务、房地产等。近年来,斯里兰卡国民识字率高、劳动技能训练有素,政府利用这些相对优势,正努力把本国经济打造成为服务业导向型经济。现如今,服务业成为斯里兰卡经济增长的主要驱动力。更多信息可参见图6.4.2。

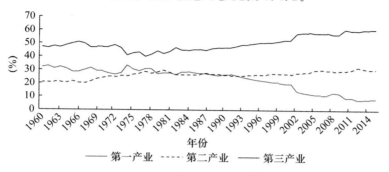

图 6.4.2　斯里兰卡产业结构

资料来源:联合国数据库。

2. 城镇结构

2009年,斯里兰卡结束了长达26年的国内武装冲突,正式进入和平发展时期,安全形势的明显好转促使其经济保持较快增长。近年来,政府大力加强对基础设施的投入,建设了一大批重点工程,其中包括电力能源、航空航运、交通运输、水利水务、通信等领域。全国高速公路网路已经初见雏形,地方道路运输能力大大提升,能源结构也得到了进一步的完善,斯里兰卡如今已经成为南亚地区唯一告别电荒的国家。

如图6.4.3所示,斯里兰卡城镇化率总体呈小幅下降的趋势,截止到2015年的20年间,其城镇化水平保持在18.35%—18.60%之间,这与斯里兰卡农业经济为主要产业有关。基础设施建设相对落后,制约了城镇化进程。

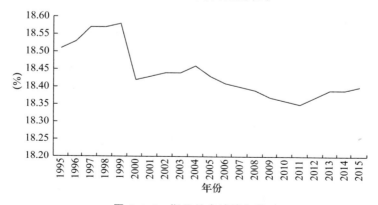

图 6.4.3　斯里兰卡城镇化率

资料来源:世界银行数据库。

表 6.4.1 列出了斯里兰卡主要城市的概况。

表 6.4.1　斯里兰卡五大城市

城市	2016 年人口总量	城市描述
科伦坡	648 034	首都,海港,全国政治、经济、文化和交通中心
莫勒图沃	185 031	旅游城市,位于西南部印度洋沿岸,风景优美
贾夫纳	167 102	旅游城市,有丰富旅游资源
尼甘布	137 223	重要渔港,盛产对虾和蟹
康提	111 701	旅游城市,佛教徒的朝圣之地

科伦坡位于斯里兰卡岛西南岸、濒临印度洋,是印度洋重要港口,世界著名的人工海港,也是斯里兰卡政治、经济、文化和交通中心,是进入斯里兰卡的门户,素有"东方十字路口"之称。

贾夫纳是政府军与猛虎组织多年战斗的地区。长年的战乱使得这里的经济已经完全瘫痪,居民生活也十分艰难,就业更是没有保障。猛虎组织被彻底消灭后,政府对贾夫纳地区的经济发展进行了重新规划。

康提位于斯里兰卡南部中央,历史上是斯里兰卡的行政和宗教中心,以佛教圣地闻名于世,是辛哈拉国王统治时期的最后一个首都。康提的佛牙寺是著名的历史建筑物,也是佛教徒的朝圣之地。

3. 政府支出

2009 年内战结束后,政府不断加强基础设施建设,积极营造有利于投资和经济增长的政策环境,因此从 2009 年之后,消费和 GDP 开始持续增长,如图 6.4.4 所示。

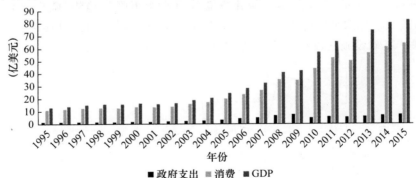

图 6.4.4　斯里兰卡政府支出与消费

(二) 国外经济

1. 国际贸易

斯里兰卡的国际收支长期处于不平衡状态,可参见图 6.4.5,其主要的外汇来源是国际劳务收入和旅游收入,资金的缺乏也成为制约其经济发展的主要瓶颈,斯里兰卡政府迫切希望通过吸引外资，推动支柱性出口产业快速发展，为经济持续快速发展打造强有力的引擎。

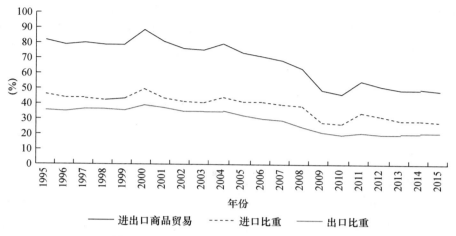

图 6.4.5　斯里兰卡进出口贸易占 GDP 比重
资料来源：世界银行数据库。

净易货贸易条件指数是出口单位价值指数与进口单位价值指数的比率，将 2000 年设置为基年度量，2000 年记为 100。净易货贸易条件指数增加意味着出口同样多的商品可以交换到更多的进口货物，贸易对本国有利；反之，假如出口货物的单位价格下降，进口货物价格上升（或下降速度较出口物品价格慢），则出口同样多的商品只能交换到更少的进口货物，贸易对本国不利。如图 6.4.6 所示，斯里兰卡该指数基本围绕 100 上下涨跌，说明其在进出口贸易中大致是平衡状态，但是自 2012 年之后指数开始走上涨趋势，之后的贸易对本国可能会越来越有利。

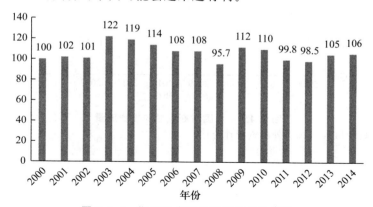

图 6.4.6　斯里兰卡净易货贸易条件指数
资料来源：世界银行数据库。

2. 国际投资

2009年之后,斯里兰卡开始进入和平发展时期,政府通过大量公共投资,着重改善基础设施和投资环境,并且出台大量公共投资,积极组织境外招商活动,大力引进外资以期促进本国经济发展。而且斯里兰卡拥有得天独厚的便利地理条件,地处印度洋,紧邻亚欧国际主航线,现已成为亚太地区最具吸引力的投资国之一。更多外资相关数据可参见图6.4.7和图6.4.8。

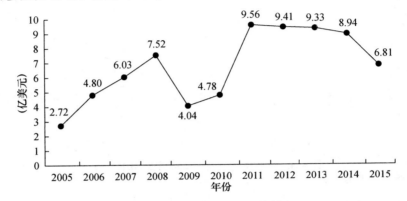

图6.4.7 斯里兰卡吸引外资情况

资料来源:世界银行数据库。

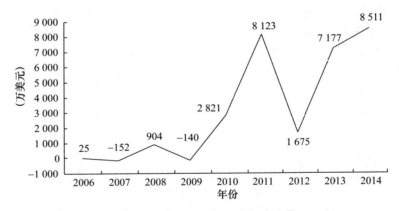

图6.4.8 中国对斯里兰卡投资流量

资料来源:2014年中国对外投资统计公报。

第七章 中亚地区

中亚五国位于欧亚大陆腹地,贯穿东西,是连接欧亚的桥梁,也是丝绸之路经济带的核心区域,五国总国土面积400.79平方千米,总人口6 865.53万,各国均为多民族国家,东西方文化在此交融,其中伊斯兰文化较为盛行。哈萨克斯坦是世界上最大的内陆国、世界第九大国家,国土面积为该区域的67.99%;乌兹别克斯坦和哈萨克斯坦人口最多,占五国总人口的71.14%,更多信息可参见表7.0.1。

表7.0.1 中亚五国国家背景

国家	国土面积(万平方千米)	人口(万)	民族数量(个)
哈萨克斯坦	272.49	1 754.41	125
吉尔吉斯斯坦	19.99	595.69	84
塔吉克斯坦	14.3	848.19	120
乌兹别克斯坦	44.89	3 129.89	134
土库曼斯坦	49.12	537.35[①]	

由于特殊的地理位置和气候条件,丰富的自然资源使得五国的经济发展都较为依赖资源的开发,均为资源型国家,但由于开发程度的不同,五国的经济发展水平差异很大,按照联合国的分类,哈萨克斯坦和乌兹别克斯坦为中高等收入国家,而剩余三国为中低等收入国家,五国中最为贫困的塔吉克斯坦的人均GDP不及最为富裕的哈萨克斯坦人均GDP的1/10,如表7.0.2所示。在后金融危机时代全球经济放缓、外部需求疲软、国际能源价格处于低位的情况下,五国都在积极推进经济改革,推动经济转型,而如何在丰裕的自然资源基础上大力发展工业,实现国家工业化,是各国经济发展面临的关键问题。

---

① 资料来源:World Bank 2015,空缺为数据缺失。

表 7.0.2　中亚五国经济发展情况

国家	GDP（亿美元）	GDP 增长率（%）	人均 GDP（美元）	人均 GDP 增长率（%）
哈萨克斯坦	1 850.31	1.20	10 508.30	-0.27
吉尔吉斯斯坦	60.59	3.47	1 017.16	1.36
塔吉克斯坦	7 778.51	4.20	917.08	1.91
乌兹别克斯坦	581.14	8.00	1 856.72	6.13
土库曼斯坦	372.54	6.50	6 932.84	5.19

五国整体的产业结构中,第三产业都占了较大比重,且有逐年上升的趋势,而第二产业大都和石油和矿产资源的开采和加工有关,但与经济发展水平和自然条件相对应,五国之间产业结构的差异还是较大的,境内 60% 地区为沙漠和半沙漠地区的哈萨克斯坦第一产业比重只有 5%,而最贫困的塔吉克斯坦的第一产业比重高达 27.4%,如表 7.0.3 所示。

表 7.0.3　中亚五国产业结构

国家	第一产业比重(%)	第二产业比重(%)	第三产业比重(%)
哈萨克斯坦	5.01	33.23	61.76
吉尔吉斯斯坦	15.90	25.90	57.10
塔吉克斯坦	27.40	21.75	50.80
乌兹别克斯坦	18.26	34.63	47.11
土库曼斯坦			

中亚五国的对外贸易均依赖能源和原材料,出口产品结构较为单一,受外部环境影响较大,如表 7.0.4 所示,除哈萨克斯坦外,吉尔吉斯斯坦、塔吉克斯坦、乌兹别克斯坦均为贸易逆差,贸易竞争力指数为负,贸易竞争力较弱。在吸引外资方面,五国的表现也乏善可陈。

表 7.0.4　中亚五国对外贸易状况

国家	进口额（亿美元）	出口额（亿美元）	贸易竞争力指数	FDI（亿美元）
哈萨克斯坦	301.86	518.36	0.26	148.29
吉尔吉斯斯坦	40.70	25.12	-0.24	8.19
塔吉克斯坦	34.00	11.52	-0.49	
乌兹别克斯坦	147.97	137.91	-0.04	
土库曼斯坦				

从地缘的角度看,中亚五国位于欧亚大陆的腹地,是丝绸之路经济带上的核心区域,贯通东西,居咽喉之位。这条经济大走廊贯穿欧亚,是中国商品"西进"的主要销售市场和投资密集区之一,在经贸往来上成为我国西部地区经济增长新动力。目前中亚国家均进行经济改革,处于大量产业升级和基础设施建设时期,与"一带一路"愿景利益相契合,与中国的经贸合作有利于促进经济要素在欧亚大陆国家和地区间的有序自由流动、高效配置和深度融合。中亚五国是与中国西部边界山水相连、陆路相通、民族跨界而居的地区,在文化上也是与中国最为密切的地区。这里是伊斯兰文化与中国文化的交汇处,民族之间交错杂居,文化之间相互融合。中亚五国地区局势与中国西部边疆的稳定和发展紧密关联,在外交和国防战略上的意义尤为突出。2013年,共建"丝绸之路经济带"的倡议就在这里提出。以创新的合作模式,以点带面,从线到片,逐步形成区域的大合作,相信中亚繁荣之幕会就此开启。

第一节 哈萨克斯坦

一、地理历史背景

哈萨克斯坦面积272.49万平方千米,是世界最大的内陆国、世界第九大国家、中亚第一大国,西濒里海(海岸线长1 730千米),北邻俄罗斯,东连中国,南与乌兹别克斯坦、土库曼斯坦、吉尔吉斯斯坦接壤。哈萨克斯坦境内多平原和低地,全境处于平原向山地过渡地段,最北部为平原,中部为哈萨克丘陵,西南部多低地,东部多山地,境内60%的土地为沙漠和半沙漠。哈萨克斯坦约有15%的土地为欧洲部分。

哈萨克斯坦于1991年自苏联独立,成为独联体成员国。哈萨克斯坦是一个多民族国家,共有125个民族,主要有哈萨克族、俄罗斯族、乌兹别克族、乌克兰族、维吾尔族等。民众普遍信仰宗教。主体民族哈萨克族信仰伊斯兰教,属逊尼派,约占人口总数的69%,为哈萨克斯坦第一大教派。东正教是哈第二大宗教,信徒约占总人口数的30%,主要为俄罗斯族。哈萨克斯坦实行世俗化的治国方针,奉行政教分离的政策。

哈萨克斯坦是资源型国家,石油和矿产资源非常丰富。据《BP能源统计2015》,哈已探明石油储量300亿桶,居世界第11位、独联体第2位。2014年产量为170万桶/日,储产比48年。此外,里海地区将是哈石油增长潜力最大的地区。里海盆地是当今世界油气储量最丰富的地区之一,被称为"第二个中东"。据估算,该地区石油总储量可达到2 000亿桶,天然气储量约为458.8万亿立方米。哈萨克斯坦境内有90多种矿藏,1 200多种矿物原料,已探明的黑色、有色、稀有和贵重金属矿产地超过500处。不少矿藏储量占全球储量的比例很高,如钨超过50%,铀25%,铬矿23%,铅19%,锌13%,铜和铁10%,许多品种按储量排名在全世界名列前茅。

二、经济发展状况

哈萨克斯坦是独联体第二大经济体,是中亚地区经济发展最快、经济实力最强的国家,其经济总量相当于中亚其他四国之和,是世界银行分类中的中高等收入国家。

(一)国内经济

自 1991 年独立以来,哈萨克斯坦在经历起伏曲折的发展阶段后,于 2000 年开始进入稳定发展阶段,经济实力和产业竞争力明显提高,实际 GDP 从 2000 年的 668 亿美元增加到 2015 年的 1 850 亿美元。

2015 年哈萨克斯坦经济遭遇"寒冬",主要指标均创近年新低。GDP 增长率由 2013 年的 5.8% 下降至 2015 年的 1.2%,与 2009 年金融危机后的增长率持平。人均 GDP 由 2013 年的 14 310 美元下降至 2015 年的 10 508 美元。2015 年,哈萨克斯坦工业品出厂价格指数(PPI)同比下降 4.8%,2016 年第一季度继续下降 1.9%。更多信息可参见图 7.1.1 至图 7.1.3。PPI 是衡量工业企业产品出厂价格变动趋势和变动程度的指数,是反映某一时期生产领域价格变动情况的重要经济指标,也是制定有关经济政策和国民经济核算的重要依据。PPI 持续下降,会使企业利润受损,进而引发生产萎缩。

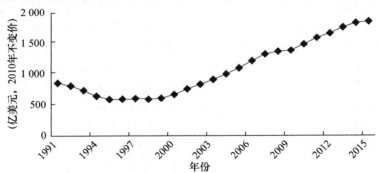

图 7.1.1 哈萨克斯坦 GDP

资料来源:世界银行。

2015 年,哈萨克斯坦的货币坚戈严重贬值。2015 年 8 月 20 日,哈萨克斯坦央行启用汇率自由浮动机制,当日美元汇率即从 1 美元兑 188.38 坚戈飙升至 1 美元兑 255.26 坚戈。① 2015 年 1 月到 2016 年 2 月,坚戈累计贬值高达 91.83%。从图 7.1.4 可以看出,坚戈此次贬值幅度高于 2008 年经济危机时期,是自 2000 年以来最大幅度的贬值。

---

① 中国商务部,俄罗斯和中亚国家货币急剧贬值,http://www.mofcom.gov.cn/article/jyjl/e/201601/20160101234691.shtml。

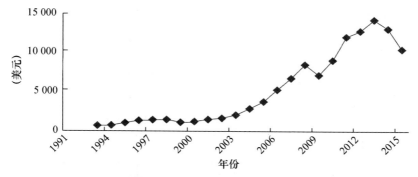

图 7.1.2 哈萨克斯坦人均 GDP

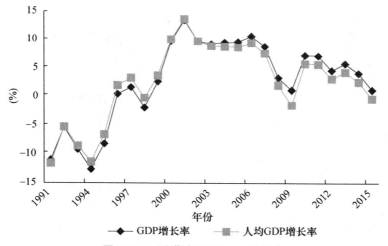

图 7.1.3 哈萨克斯坦 GDP 增长率

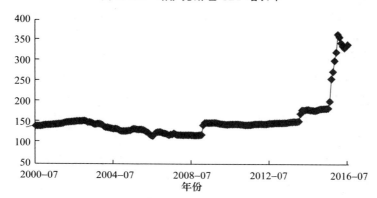

图 7.1.4 坚戈/美元加权平均汇率(月度)

资料来源:哈萨克斯坦共和国国家银行。

1. 产业结构

总体来看，哈萨克斯坦产业结构不断升级，第一产业比重从 2000 年的 8.69% 下降到 2015 年的 5.01%；第二产业比重从 2000 年的 40.46% 下降到 2015 年的 33.23%；第三产业比重从 2000 年的 50.85% 上升到 2015 年的 61.76%，如图 7.1.5 所示。从 2010 年以来，产业结构升级尤为显著。

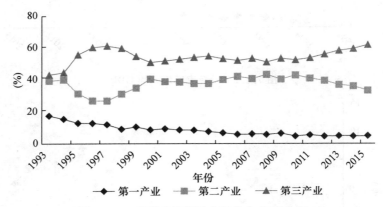

图 7.1.5 哈萨克斯坦三大产业占 GDP 比重

资料来源：世界银行。

(1) 第一产业

哈萨克斯坦是世界上面积最大的内陆国家，大部分领土为平原和低地，气候温和，具有发展农业的良好条件。全国可耕地面积超过 2 000 万公顷，耕地大部分种植以春小麦为主的粮食作物，还盛产棉花、甜菜、烟草等。哈萨克斯坦是中亚地区最大的粮食生产国，农业发展的资金缺口大，农业生产效率相对较低。在农业内部结构中，种植业产值增速较快，且已经超过了畜牧业产值。在农业政策方面，国家积极支持农业发展，出台了减税政策。自 2010 年同俄罗斯、白俄罗斯建立关税同盟以来，哈萨克斯坦肉类和肉制品及大量瓜果蔬菜在俄罗斯市场所占份额迅速扩大。

目前哈萨克斯坦农业主要面临的问题是政府虽然为农业发展注入了大量资金，但仍远远不够，需要继续吸引投资。同时哈萨克斯坦农业生产率相对较低，导致人们收入水平偏低。

(2) 第二产业

哈萨克斯坦矿产品、贱金属及制品、化工产品具有明显的比较优势，是其主要出口商品。轻工业基础薄弱、发展缓慢。石油开采业已经成为其支柱产业，几乎世界上所有的著名石油公司都已进入哈石油开采领域。汽车及零部件产业是哈经济新兴产业，占机械制造业的比重较大。在工业政策方面，哈萨克斯坦推进工业化进程，提出了《加快工业创新发展国家纲要》及"哈萨克斯坦 2050"战略,旨在于 2050 年前把哈萨克斯坦打造成为世界最发达的 30 个国家之一,使哈萨克斯坦成为工业化国家,为此,哈提出优先发展冶金、化工、石化、机械、建材和食品等六个行业。

目前哈萨克斯坦工业发展的主要问题是工业结构内部失衡,创新能力不足,中小规模工业创新型企业数量较少,从而导致工业产品的竞争力较弱。轻工业发展基础薄弱,发展缓慢,在制造业中占比不足 1%,在整个工业中占比为 0.34%。目前,虽然轻工业生产稳定增长,但进口额依然超过 20 亿美元。

(3) 第三产业

哈萨克斯坦服务业发展较为迅速,第三产业占 GDP 比重高于第一产业和第二产业。手机通信服务业、互联网服务业的产值较高。

2. 人口与主要城市

哈萨克斯坦每位妇女平均生育 2.41 个孩子,这是一个非常高的数字,也是哈人口增长率高的原因。根据 2012 年估算,哈人口增长率约为 1.24%,在出生率下降之前,哈未来人口会继续维持高增长。[①] 根据世界银行数据,哈萨克斯坦 2015 年总人口为 1 754 万。从图 7.1.6 可以看出,在 1991—2001 年期间,哈萨克斯坦人口逐年下降,2002 年起人口逐年增加。

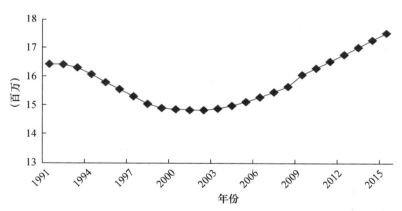

图 7.1.6　哈萨克斯坦总人口

资料来源:世界银行数据库。

2016 年哈萨克斯坦人口排名前五的城市如下表 7.1.1 所示。

---

① 资料来源:World Population Review。

表 7.1.1　哈萨克斯坦人口五大城市

城市名称	人口
阿拉木图	2 000 900
卡拉干达	451 800
奇姆肯特	414 032
塔拉兹	358 153
阿斯塔纳	345 604

资料来源：World Population Review。

阿斯塔纳是哈萨克斯坦的首都，位于哈萨克斯坦中部，伊希姆河右岸，是哈萨克斯坦政治、文化教育、经济贸易和旅游中心，也是工农业的主要生产基地、全国铁路交通枢纽。

阿拉木图位于哈东南部、外伊犁阿尔泰山北侧山麓，是哈萨克斯坦经济、文化中心，也是哈萨克斯坦公路枢纽、航空要站和最大的工业中心。阿拉木图是中亚第一大城市，中亚的金融中心，也是中亚最大的贸易中心。阿拉木图在1929年到1991年之间作为哈萨克苏维埃社会主义共和国的首府，1991年举世瞩目的苏联解体宣言在此发表，而后在1991年到1997年之间成为哈萨克斯坦共和国的首都。

阿特劳位于乌拉尔河口，阿拉木图以西2 700千米。阿特劳以炼油工业和渔业加工闻名于世，阿特劳炼油厂在哈萨克斯坦同行业中占据着举足轻重的地位。阿特劳市还有机械制造业、食品工业和轻工业。

（二）对外经济

1. 国际贸易

哈萨克斯坦属于能源、原材料出口型国家，受外围市场拖累，哈萨克斯坦外贸额大幅缩水。2015年，哈外贸总额820亿美元，同比大幅下降35.3%，其中出口518亿美元，下降39.4%，进口302亿美元，下降26.9%，如图7.1.7所示。从哈萨克斯坦近20年指标来看，其贸易竞争力总体呈上升趋势，但是波动幅度较大，如图7.1.8所示。

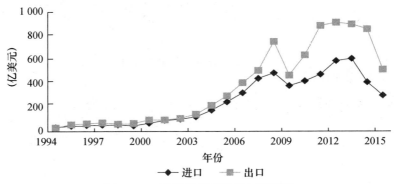

图 7.1.7　哈萨克斯坦进出口贸易额

资料来源：世界银行数据库。

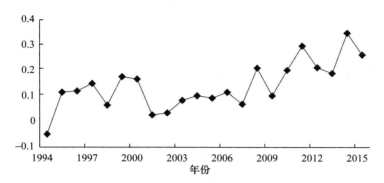

图 7.1.8　哈萨克斯坦贸易竞争力指数

资料来源：根据世界银行数据计算。

2011 年以来，中国成为哈萨克斯坦第二大贸易伙伴和最大出口市场，哈萨克斯坦也是中国在中亚国家中最大的贸易伙伴。在中哈双边贸易中，2010—2013 年，中国一直处于贸易逆差状态，长期逆差表明中国对哈萨克斯坦的商品存在一定的依赖性，哈萨克斯坦对中国市场的依赖性也较强。

从双边贸易结构来看，双方贸易互补性较强。哈萨克斯坦从中国主要进口机电产品、贱金属及制品和纺织品及原料等轻工产品。哈萨克斯坦向中国出口以能源、资源等初级产品为主。从双边贸易方式来看，在哈萨克斯坦独立初期，两国主要通过简单的边境运输进行贸易合作，之后逐渐向加工贸易、租赁贸易转变，如今双边贸易方式向多元化发展，包括产品展销会、旅游购物、寄售贸易等。

2. 国际投资

中亚国家均存在私人储备不足的情况，大力吸引外资是各国快速积累生产资料的必要手段，但是受到国际资本回流发达市场的影响，哈萨克斯坦的引资工作并不顺畅。根据哈央行数据，截至 2015 年年底，外国对哈萨克斯坦直接投资存量为 1 198.3 亿美元。2012—2015 年，FDI 呈现下降趋势，2015 年下降尤为严重，降至 148.3 亿美元，如图 7.1.9 所示。

哈萨克斯坦政府高度重视吸引外国投资。2014 年 6 月 12 日，纳扎尔巴耶夫总统召开隶属于总统的外国投资者理事会第 27 次会议，现场签署了《哈萨克斯坦共和国关于就完善投资环境问题对一些法律法规进行修订和补充的法律》，对吸引外资政策做出重大调整，旨在进一步改善投资环境和鼓励对经济优先领域的投资。此次调整无论是规模还是范围均是哈历年来力度最大的一次。①

---

① 资料来源：商务部对外投资合作国别指南。

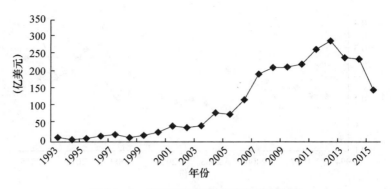

图 7.1.9 哈萨克斯坦外商直接投资存量

资料来源：哈萨克斯坦共和国国家银行。

如表 7.1.2 所示，在 2005 年、2010 年和 2015 年的外商直接投资流量中，服务业始终占据最大的比例，其次是采矿业和采石业，制造业占比排在第三，农林渔业的外资占比基本为零。在服务业中，外商直接投资占比最高的是专业、科学和技术活动，2005 年投向专业、科学和技术活动领域的外商直接投资为 54.97 亿美元，占服务业外商直接投资的 63.74%。[①]

表 7.1.2　外商直接投资流量行业结构变化　　　　　　　　　　（单位：百万美元）

年份	流量总额	农业、林业和渔业	采矿业和采石业	制造业	服务业
2005	7 915.8	1.3	1 930.1	346.6	5 637.9
2010	22 245.6	6.0	5 982.2	2 243.8	14 013.6
2015	14 829.4	71.8	3 498.5	2 556.9	8 624.4

资料来源：哈萨克斯坦央行。

如表 7.1.3 所示，截至 2015 年 12 月 31 日，对哈萨克斯坦直接投资存量前十名的国家/地区占外国对哈萨克斯坦直接投资存量的 92.92%。其中，对哈萨克斯坦直接投资存量最多的国家是荷兰，中国在外国对哈萨克斯坦直接投资存量排行榜上排第 6 位。哈萨克斯坦直接投资主要来源于发达国家，其中以欧美国家居多。

表 7.1.3　2015 年外国对哈萨克斯坦直接投资存量主要国别来源

排名	国家/地区	存量(亿美元)	占比(%)
1	荷兰	600.2	50.09
2	美国	209.6	17.49

---

① 资料来源：哈萨克斯坦央行。

(续表)

排名	国家/地区	存量(亿美元)	占比(%)
3	法国	120.8	10.08
4	日本	53.5	4.46
5	俄罗斯	32.2	2.69
6	中国	28.5	2.38
7	维尔京群岛(英)	26.3	2.19
8	瑞士	17.3	1.44
9	韩国	14.9	1.24
10	奥地利	10.2	0.85

资料来源:哈萨克斯坦共和国国家银行。

如表7.1.4所示,2005年、2010年和2015年对哈萨克斯坦直接投资流量均位居前十的国家有荷兰、美国、法国、英国、日本、俄罗斯、中国、瑞士、韩国,国别来源较为稳定,且以欧美国家为主。

表7.1.4　外国对哈萨克斯坦直接投资流量主要国别来源　　(单位:百万美元)

排名	2005年		2010年		2015年	
1	荷兰	1944.1	荷兰	7310.3	荷兰	5758.3
2	美国	1181.1	美国	1810.9	美国	2780.9
3	法国	774.9	中国	1717.6	瑞士	1880.7
4	英国	603.7	法国	1561.4	法国	963.6
5	日本	335.0	英国	1098.0	比利时	693.0
6	俄罗斯	226.8	俄罗斯	951.6	俄罗斯	565.7
7	中国	216.5	日本	619.3	中国	442.7
8	瑞士	112.2	瑞士	547.3	韩国	396.1
9	德国	86.5	比利时	422.1	日本	391.8
10	韩国	58.0	韩国	300.6	英国	391.0

资料来源:哈萨克斯坦共和国国家银行。

如图7.1.10所示,中国从1993年开始对哈萨克斯坦进行直接投资,起初规模较小,仅有500万美元。2000年以前,除1997年外,中国对哈萨克斯坦的直接投资各年投资额均不足1亿美元,且增幅波动较大,极不稳定;2001年上海合作组织成立至2012年,两国的经济合作迎来新的契机,中国不断加大对哈萨克斯坦的投资力度,2003年以后开始快速增长,且投资增幅较为稳定。然而从2012年以来,中国对哈直接投资流量大幅下降,由 2012 年的 24.1 亿美元降至 2015 年的 4.4 亿美元。截至 2015 年年底,中国对哈萨克斯坦直接投资存量为 28.5 亿美元。

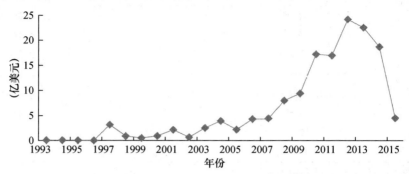

图 7.1.10　中国对哈直接投资流量
资料来源:哈萨克斯坦共和国国家银行。

(三) 经济制度改革

为走出经济"寒冬",哈萨克斯坦围绕五大改革目标及时推出"百步计划",其中一半篇幅涉及经济制度改革,希望以此全面推动经济现代化和产业多元化。主要措施包括以下几点:一是挖掘农业潜力;二是简化海关手续,缩短通关时间;三是改进税收服务;四是规范建筑行业标准,采用欧标,提升哈本土建筑企业竞争力;五是扩大市场开放度,建立符合经合组织标准的自由竞争市场者,为哈产品进入国际市场打下基础,使哈企业及时获取国际商业信息,推广阿斯塔纳航空公司、田吉兹雪佛龙公司等合资模式,在旅游、基建、乳液、肉类、能源等领域大力吸引外资;六是重视科技创新;七是打通经济走廊,积极建设"欧亚大陆桥"多式联运交通走廊,争取亚投行的投资;八是打造阿斯塔纳金融中心,金融中心将借鉴迪拜模式,使用英式法律和英语,目标是成为中亚和国际资本市场的金融桥梁。[1]

第二节　吉尔吉斯斯坦

一、地理历史背景

吉尔吉斯斯坦地处亚洲中部、西欧和东亚的连接点,属内陆国家。北部与哈萨克斯坦毗邻,南部与塔吉克斯坦相连,西南部与乌兹别克斯坦交界,东部和东南部与中国接壤,边界线全长 4 170 千米,其中与中国的共同边界长 1 096 千米。国土面积 19.99 万平方千米。吉尔吉斯斯坦是一个多民族国家,全国有 84 个民族,其中吉尔吉

---

[1]　中亚黄皮书:哈萨克斯坦 2015 国情报告[M].北京:社会科学文献出版社,2015.

斯族占 71%。吉尔吉斯斯坦拥有一些世界级的大型矿床,目前,得到工业开发的仅是吉尔吉斯斯坦矿产资源的一部分,许多资源的储量和分布情况有待进一步探明,以确定开发前景。境内共发现 70 处煤矿床和矿点,探明储量和预测资源量总计为 67.3 亿吨。吉尔吉斯斯坦境内河流湖泊众多,水资源极其丰富,蕴藏量在独联体国家中居第三位,仅次于俄罗斯和塔吉克斯坦,潜在的水力发电能力为 1 420.5 亿千瓦时,目前仅开发利用了 9%—10%。

二、经济发展状况

(一)国内经济

吉尔吉斯斯坦是一个以农牧业为主的国家。21 世纪初,吉调整经济改革方针,稳步向市场经济转轨,推行以私有化和非国有化改造为中心的经济体制改革,工业生产实现了恢复性增长,物价相对稳定。吉经济依赖型特征十分明显。其中,库姆托尔金矿是吉经济增长的发动机。特别是库姆托尔金矿所附属的加工业、建筑、交通、通信业都是拉动经济增长的主要部门。

2015 年吉尔吉斯斯坦名义 GDP 为 6 572 亿美元,同比增长 3.5%。人均 GDP 为 1 103 美元,同比增长 1.4%。从图 7.2.1 到图 7.2.3 可以看出,自 1997 年以来,吉尔吉斯斯坦 GDP 增长率波动幅度较大,最高达 10.9%(2013 年),但在多个年份却是负增长,这也反映了吉尔吉斯斯坦经济的脆弱性。

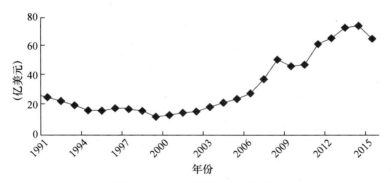

图 7.2.1　吉尔吉斯斯坦名义 GDP

1. 产业结构

如图 7.2.4 所示,总体来看,吉尔吉斯斯坦工业产值偏低,农业、服务业发展良好,第三产业占 GDP 比重最高且逐年增长,2015 年达到 57.1%;第一产业占 GDP 比重最低,2015 年为 15.9%;2015 年第二产业占 GDP 比重为 25.9%,工业基础比较薄弱。

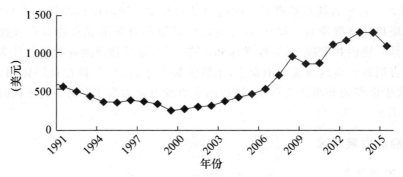

图 7.2.2 吉尔吉斯斯坦人均名义 GDP

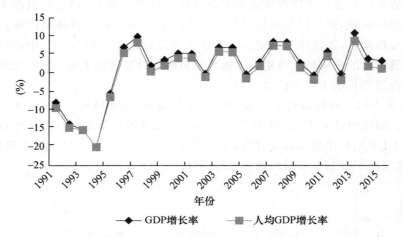

图 7.2.3 吉尔吉斯斯坦 GDP 增长率

资料来源:世界银行数据库。

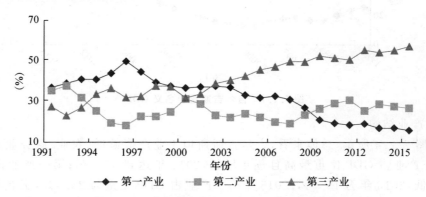

图 7.2.4 吉尔吉斯斯坦三大产业占 GDP 比重

资料来源:世界银行数据库。

吉尔吉斯斯坦工业由采矿业、加工业、供电、供气、供热以及供水及废料加工处理回收业等组成。2015年,工业总产量为1 751.64亿索姆,同比下降4.4%。其中,采矿业产量为79.9亿索姆,同比增长63.8%,供水及废料加工处理回收为15.9亿索姆,同比增长3.5%。与此相反,加工业及供电、供气、供热业产值呈下降趋势。其中,加工业为1 348.3亿索姆,同比下降7.8%;供电、供气及供热的产量为307.5亿索姆,同比下降2.8%。① 得益于风调雨顺的气候,2015年吉农业取得大丰收。

（二）对外经济

1. 国际贸易

2015年8月12日,吉尔吉斯斯坦正式加入欧亚经济联盟,成为继哈萨克斯坦、俄罗斯、白俄罗斯、亚美尼亚之后的第五个联盟成员国。由于吉经济总量较小,对正式入盟产生的负面影响抵御能力较弱,占吉经济较大份额的转口贸易受到冲击,但从制度安排角度看,与联盟其他成员国平等地进行商品、服务、资本和劳动力的自由流动,对经济发展可以起到一定促进作用。如图7.2.5和图7.2.6所示,1994年以来,进口额始终大于出口额,贸易竞争力指数一直为负数,贸易竞争力较弱。吉尔吉斯斯坦2015年进口额下降41.6%。

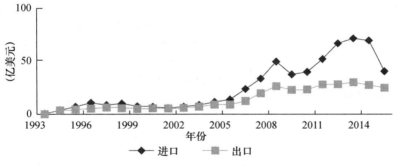

图7.2.5　进出口贸易额

资料来源:世界银行数据库。

2. 国际投资

吉外商直接投资自2005年以来波动增长,但是总量较小,如图7.2.7所示。中国对吉直接投资占吉外商直接投资总量的比重较大。侨汇是吉外汇收入的主要来源。2015年受到俄经济下滑、乌克兰危机、哈萨克斯坦货币贬值的影响,吉侨汇收入大幅减少,如图7.2.8所示。

---

① 中亚黄皮书:吉尔吉斯斯坦2015国情报告[M].北京:社会科学文献出版社,2015.

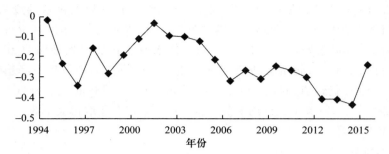

图 7.2.6 贸易竞争力指数

资料来源:根据世界银行数据计算。

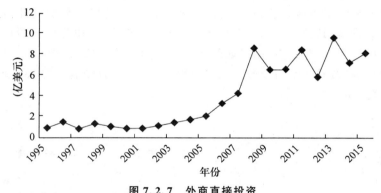

图 7.2.7 外商直接投资

资料来源:吉尔吉斯斯坦国家统计委员会。

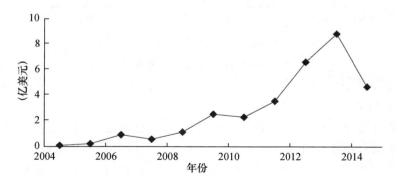

图 7.2.8 中国对吉直接投资

资料来源:吉尔吉斯斯坦国家统计委员会。

第三节 塔吉克斯坦

一、地理历史背景

塔吉克斯坦共和国是中亚东南部的内陆国家,国土面积14.3万平方千米,是中亚面积最小的国家。境内多山,山地约占国土面积的93%。其东部、东南部与中国新疆接壤(边境线430千米,首都杜尚别至中国边境口岸距离1 009千米),南部与阿富汗交界,西部与乌兹别克斯坦毗邻,北部与吉尔吉斯斯坦相连。塔吉克斯坦是个多民族国家,有120个民族。塔吉克族人口最多,约占全国人口总数的80%。水力资源丰富,占整个中亚的一半左右,居世界第八位,人均拥有量居世界第一位,但开发量不足实际的10%。其水源主要来自冰川,有三大水系,分别属阿姆河流域、泽拉夫尚河流域和锡尔河流域。塔吉克斯坦矿产资源丰富,种类全、储量大。已探明有铅锌、铋、钼、钨等贵金属,油气和石盐、硼、煤、萤石、石灰石、彩石等50多种矿物质,其中有30处金矿,总储量达600多吨;银矿多与铅、锌伴生,储量近10万吨,有世界上第二大银矿区,即大卡尼曼苏尔银矿区;锑矿在亚洲排第三位,仅次于中国和泰国。塔吉克斯坦有储量为1.2亿吨的石油和8 800亿立方的天然气,但无法得到有效开发,原因在于:一是资源埋藏较深,多为7 000米以下;二是缺少战略投资商,因此,95%以上的石油及天然气仍然依赖进口。此外,塔吉克斯坦煤炭资源较丰富,探明储量共计46亿吨。

二、经济发展状况

(一)国内经济

塔吉克斯坦国内经济基础薄弱,结构单一,曾是苏联最贫困的加盟共和国之一,独立后多年内战又使其经济雪上加霜。1999年,塔吉克斯坦83%的居民生活在贫困线以下。为走出经济困境,塔吉克斯坦政府制定了"实现能源独立"、"摆脱交通困境"、"保障粮食安全"三大国家发展战略,以其丰富而亟待开发的水资源为突破口,制订了水电兴国计划,推出中小水电站路线图;大力发展公路、铁路等基础设施,改善交通通信基础设施;开展粮食育种合作,改善农业种植和灌溉技术。

从图7.3.1至图7.3.3可以直观地看出,从1991年独立至1997年内战期间,塔吉克斯坦经济一直是负增长,加剧了贫困。从2000年民族和解进程结束至2008年金融危机,经济保持平稳较高速增长。近几年,塔吉克斯坦经济保持平稳发展态势,实际GDP和人均GDP都保持逐年增长,居民收入有所增加,贫困人口比重已大幅下降,各领域经济成就斐然。2015年,塔吉克斯坦经济形势总体稳定。2015年实际GDP为77.8亿美元,GDP增长率为4.2%。

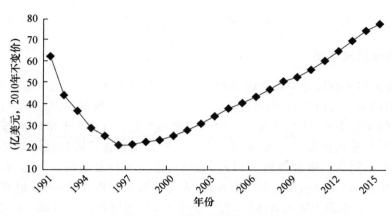

图 7.3.1　塔吉克斯坦 GDP

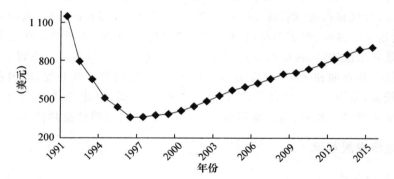

图 7.3.2　塔吉克斯坦人均 GDP

资料来源：世界银行数据库。

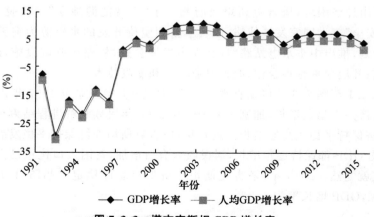

图 7.3.3　塔吉克斯坦 GDP 增长率

1. 产业结构

如图7.3.4所示,2000年以来,塔吉克斯坦产业结构不断优化,第三产业占GDP比重从2000年的33.7%增长至2013年的50.8%,远远高于第一产业(27.4%)和第二产业(21.75%)。2000年,塔吉克斯坦工业占GDP比重首次超过农业,并在接下来的十年内大幅超过农业对经济总量的贡献。而自2011年后,塔吉克斯坦的农业占GDP比重重新超过其工业占比。近十年内,农业产值增长了一倍。2013年农业产值占GDP的比重达到27.4%。近15年内,塔吉克斯坦在农业领域落实了42个项目,总投资额37亿多索莫尼。目前,塔吉克斯坦正在农业领域落实9个国家项目,总投资额15亿索莫尼。政府通过了2016—2020年园艺业和葡萄种植业的发展计划,未来5年内将开发2万公顷的产业园。通过引进技术和加大投资,塔吉克斯坦的工业产值不断提高。2015年,煤炭开采量超过100万吨,10年内提高了9倍。开采业和加工工业帮助塔吉克斯坦摆脱了对煤炭、水泥等建材的进口依赖,并转变为对外出口国。独立以来,塔吉克斯坦在能源领域共投入了120多亿索莫尼。

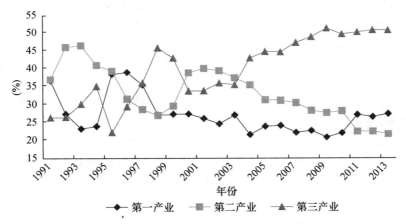

图7.3.4 塔吉克斯坦三大产业占GDP比重

资料来源:世界银行数据库。

2. 城镇结构

根据世界银行统计,塔吉克斯坦城镇人口占总人口的比重在塔内战期间大幅下降,内战结束后这一比重基本维持在26%—27%的较低水平,如图7.3.5所示。

塔吉克斯坦的人口集中分布在西南和西北地区,这是因为塔东部多山,海拔较高,西南和西北海拔较低,海拔较低的地区刚好对应人口密集区域。

首都杜尚别是塔人口最多的城市。杜尚别是十月革命后建立起来的一个新兴城市,是国家政治、工业、科学及教育文化的中心,工业总产值占全国的1/3。

胡占德是中亚最著名的文明古城之一,曾是"古丝绸之路"重镇,是塔吉克斯坦重

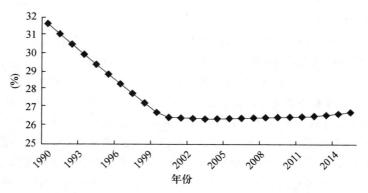

图 7.3.5 塔吉克斯坦城镇人口占总人口比重
资料来源:根据世界银行数据计算。

要交通枢纽,政治、经济、文化和教育科研中心,有中亚规模最大的集市之一班沙姆别巴扎,有轻工、食品、机器制造、金属切削、家具制造等工业。

霍罗格位于塔吉克斯坦与阿富汗交界处。主要经济部门是农业,因为依靠灌溉,主要集中在西帕米尔,种植业包括谷物、蔬菜、瓜类作物和马铃薯,还有园艺业和养蚕业。东帕米尔则以畜牧业为主。

(二) 对外经济

1. 国际贸易

2003 年以前,塔吉克斯坦对外贸易非常不发达,进出口贸易总额不足 20 亿美元。2003 年以来,随着国内生产能力提高,塔出口额小幅上涨,但仍远远低于进口额,经济严重依赖于进口。贸易竞争力指数自 2002 年以来始终小于 0 且呈逐年下降态势,2014 年低至 -0.58,2015 年小幅提升至 -0.49,但这主要是由于经济下行导致进口额下降,所以总体来看塔吉克斯坦贸易竞争力较为薄弱。具体来看,2015 年的外贸情况也不乐观,进口额下降 31%,出口额下降 10%。

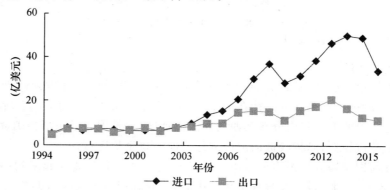

图 7.3.6 塔吉克斯坦进出口贸易额
资料来源:世界银行数据库。

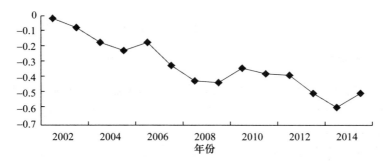

图 7.3.7 塔吉克斯坦贸易竞争力指数

资料来源:根据世界银行数据计算。

中国对塔出口主要商品有机械设备、纺织品、电机电器、鞋类、车辆及零备件等;中国自塔进口主要商品有矿砂矿渣、棉花、生皮及皮革、食用水果及坚果等。

2. 国际投资

塔吉克斯坦吸引投资很少,最高值仅为7.2亿美元,中国对塔直接投资最高值不足1亿美元,更多信息可参见图7.3.8和图7.3.9。

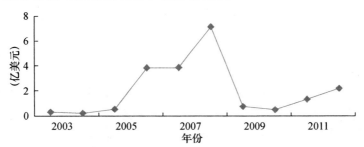

图 7.3.8 塔吉克斯坦外商直接投资

资料来源:塔吉克斯坦国家银行。

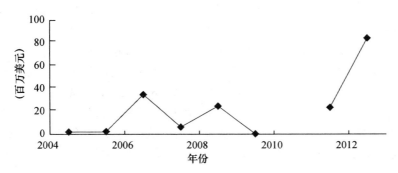

图 7.3.9 中国对塔直接投资

资料来源:塔吉克斯坦国家银行。

第四节 土库曼斯坦

一、地理历史背景

土库曼斯坦1992年独立,并加入独联体。1992年加入联合国,同年第50届联大通过决议,承认土库曼斯坦为永久中立国。2005年8月,土库曼斯坦宣布退出独联体,只保留联系国地位。

土库曼斯坦位于中亚西南部,科佩特山以北,为内陆国家。东接阿姆河,北部和东北部与哈萨克斯坦、乌兹别克斯坦接壤,西濒里海与阿塞拜疆和俄罗斯隔海相望,南邻伊朗,东南与阿富汗交界。国土面积49.12平方千米,约80%的国土被卡拉库姆大沙漠覆盖。

土库曼斯坦矿产资源丰富,主要有石油、天然气、芒硝、碘、有色金属及稀有金属等。另有少量天青石、煤、硫磺、矿物盐、陶土、膨润土等矿产资源。天然气远景储量为26.2万亿立方米,居世界第四位;石油远景储量为208亿吨。石油和天然气工业储量分别为2.13亿吨和2.7万亿立方米,居世界前列。土库曼斯坦还储备着苏联境内70%的碘和溴,以及硝、锶、钾盐、食用盐和硫酸钠等。[①]

二、经济发展状况

(一)国内经济

2015年,在欧亚地区经济整体增长减速、国际能源价格处于低位的大背景下,土库曼斯坦通过发展民族工业、加大基础设施投资力度、改善经济结构等多项措施,经济依然保持较为高速发展。2015年全年国内生产总值增长率达到6.7%,增速在中亚五国中位居次席,仅次于乌兹别克斯坦。6.7%的增幅虽然较2014年10.3%的增幅有所放缓,但客观地说,作为一个以能源为基础产业、经济严重依赖油气生产的国家,在国际能源处于低价位的情况下,土库曼斯坦依然能保持较高的经济增长势头,实属不易。更多信息可参见下面的图7.4.1至图7.4.3。

在2015年年初,受俄罗斯经济不景气、世界能源价格走低等多重负面因素影响,中亚地区已经显露出经济下行的端倪,土经济形势不免受其影响。例如,受俄罗斯卢布、哈萨克斯坦坚戈等周边货币大幅贬值因素影响,2015年的第一天,美元与土货币马纳特的汇率由1∶2.84下降至1∶3.5,马纳特贬值率达到23%。土国内物价,特别是与民众生活密切相关的食品价格出现了快速上涨。在2015年1月12日的政府扩大会议上,土总统要求振兴民族工业,加大进口商品替代品的生产力度,并扩大国内产

---

① 资料来源:商务部国别投资指南。

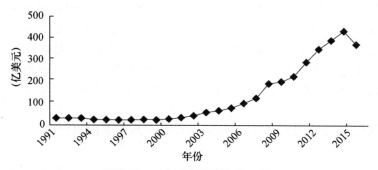

图 7.4.1　土库曼斯坦名义 GDP

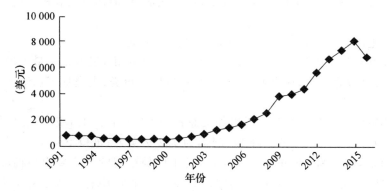

图 7.4.2　土库曼斯坦人均 GDP

资料来源：世界银行数据库。

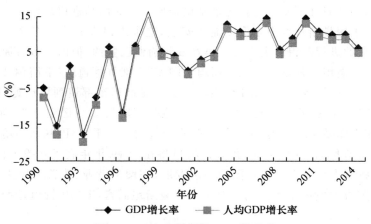

图 7.4.3　土库曼斯坦 GDP 增长率

品的出口,制订并下发了《国家扩大本国生产产品出口量计划》和《国家组织生产进口替代产品计划》,注重工业行业可持续发展、创新发展,重点发展加工业、服务业、交通通信行业,减少经济发展对能源出口的依赖,使民族经济具有强大竞争力。

首都阿什哈巴德是土库曼斯坦政治、经济、文化和科研中心。该市工业有机械制造、电机、玻璃、纺织和食品加工等,阿什哈巴德也是土库曼斯坦乃至中亚地区的重要交通枢纽。

土库曼纳巴特是列巴普州首府,位于土库曼斯坦东部阿姆河畔,中亚铁路和外里海路在此交汇。

达绍古兹是达绍古兹州首府,土库曼斯坦北部城市,位于阿姆河下游达绍古兹绿洲,在中亚地区通往俄罗斯的铁路干线上,建有轧棉、榨油、制毯、农机修配厂和食品加工厂等。

马雷是土库曼斯坦铁路枢纽和河港,纺织工业中心。

土库曼巴希位于巴尔坎州,土库曼斯坦西部最大城市,里海东岸最大港口,附近盛产石油,建有大型炼油厂,还有船舶修理厂、热电厂及鱼类、肉类加工厂等。

(二)对外经济

在外贸领域,2015 年土库曼斯坦外贸总额较 2014 年的 364 亿美元下降 28%,降至 262 亿美元;其中出口总额下降 38.5%,为 122 亿美元;进口下降 15.5%,为 140 亿美元。[①] 出口总额大幅下降的原因在于:一是土库曼斯坦的最主要出口商品——石油与天然气的价格偏低;二是传统的天然气出口对象(除中国外)减少了对土天然气的进口量,俄罗斯更是完全叫停了从土库曼斯坦进口天然气。此外,土库曼斯坦实施《生产进口替代产品和民族产品出口国家纲要》,扩大进口替代产品的生产,降低食品等商品的进口依赖,加强对外汇支出监控等措施也降低了国家商品进口总额。

近年来,土库曼斯坦致力于保障能源安全,追求出口多元化。在 2015 年年底,能源出口多元化的进程获得巨大突破。早在 5 年前便已签约,但由于各方原因迟迟未能动工的"土库曼斯坦—阿富汗—巴基斯坦—印度"天然气管道(以下简称 TAPI 管道),正式破土动工。根据规划,TAPI 管道起自土库曼斯坦东部道列塔巴德气田,途经阿富汗、巴基斯坦,最后抵达印度,管线设计产能每年输气 330 亿立方米,全长约 1 814 千米,其中在土库曼斯坦境内 214 千米,阿富汗境内 735 千米,巴基斯坦境内约 800 千米。管道的总造价为 76 亿美元,预计该项目将在 2019 年年底正式投入使用。TAPI 管道的建设将有力地带动沿线各国的经济发展,在增加就业、改善人民生活以及保障地区和平稳定方面发挥重要作用。对于土库曼斯坦而言,TAPI 管道是增加天然气出

---

① 中国商务部:土库曼斯坦 2015 年外贸额下降 28%,http://www.mofcom.gov.cn/article/i/jyjl/e/201602/20160201259684.shtml。

口收入、提高国家经济发展水平、实现能源出口多元化的重大举措;对阿富汗而言,能源管道过境将会创造5 000个就业岗位,同时每年带来超过3亿美元的收入;对于巴基斯坦和印度而言,来自土库曼斯坦的天然气将填补南亚地区能源缺口,为经济发展增加动力。同时,TAPI管道还有助于促进国际能源体系建设和保障全球能源安全。未来TAPI管道建设主要面临的风险将会来自以下方面。一方面,管道的投资资金以及投资主体缺乏保障。为建设TAPI管道,土、阿、巴、印四国以国有资本成立了管道建设财团,拒绝了雪佛龙、埃克森美孚等国际能源巨头的参与意愿,选择以土天然气康采恩作为项目的主导牵头人。但土天然气开采缺乏足够资金以建设这一长达近2 000千米、横跨四国的宏伟管道工程,同时也缺少组织建设和运营跨国管道的经验。另一方面,当前阿富汗安全形势仍然不容乐观,"伊斯兰国"势力渗入,进一步破坏了阿安全局面,发生武装袭击、冲突事件的频率增高。在阿富汗境内长达735千米的输气管道显然将会成为武装分子破坏的目标,这也给TAPI管道的未来增加了变数。[①]

土库曼斯坦的传统天然气贸易对象主要是俄罗斯、伊朗以及中国。俄罗斯在制裁的背景下,必然会增大产量并快速重启天然气出口。伊方未来对于土库曼斯坦天然气的需求量也必然急剧减少,甚至可能成为国际能源市场上土库曼斯坦的主要竞争对手,目前伊朗正在寻找开采和出口该国丰富的天然气资源的新途径。在这种情况下,中国将在未来一段时间内成为土库曼斯坦天然气唯一的进口国。因此,土方加快了能源出口多元化的步伐,不断拓展与欧洲、亚洲、东南亚国家间的能源对话,加深与世界一流能源企业的联系,与外国投资方签署了一系列油气领域的勘探、开采和深加工合作协议,加快管道运输基础设施建设。[②]

第五节 乌兹别克斯坦

一、地理历史背景

乌兹别克斯坦是地处中亚腹地的"双内陆国",其五个邻国均无出海口。北部和东北与哈萨克斯坦接壤,东部、东南部与吉尔吉斯斯坦和塔吉克斯坦相连,西部与土库曼斯坦毗邻,南部与阿富汗接壤。乌兹别克斯坦人口集中分布在东部、东南部和西南部。国土面积44.89万平方千米。乌兹别克斯坦共有134个民族,乌兹别克族占78.8%。乌资源丰富,现探明有近100种矿产品,矿产资源储量总价值约为3.5万亿美元。其中,黄金探明储量3 350吨,排世界第四,石油探明储量为5.84亿吨,凝析油已探明储

[①] 王海燕.土库曼斯坦天然气多元化出口战略(1991—2015):一项实证主义分析[J].俄罗斯学刊,2015,5.
[②] 中国驻土库曼斯坦使馆经商参处:土库曼斯坦总统称,中土天然气管道D线项目将保障各参与国的实际经济利益,http://smfws.mofcom.gov.cn/article/i/jyjl/e/201510/20151001132127.shtml.

量为1.9亿吨,已探明的天然气储量为2.055万亿立方米,煤储量为18.3亿吨,铀储量为18.58万吨,排世界第七,铜、钨等矿藏也较为丰富。乌兹别克斯坦拥有丰富的太阳能、风能等绿色可再生资源,发展光伏产业潜力巨大。

二、经济发展状况

(一) 国内经济

乌兹别克斯坦国内经济仍保持稳定增长,2004—2015年GDP增速始终高于7%,2015年乌兹别克斯坦GDP增幅为8%,居中亚国家首位。在全球贸易增长速度放缓、外部需求减弱、重要出口商品价格下跌的背景下,乌兹别克斯坦能保持高速的经济增长实属不易。如图7.5.1至图7.5.3所示,2003年以来,乌名义GDP、实际GDP、人均GDP均稳定增长。

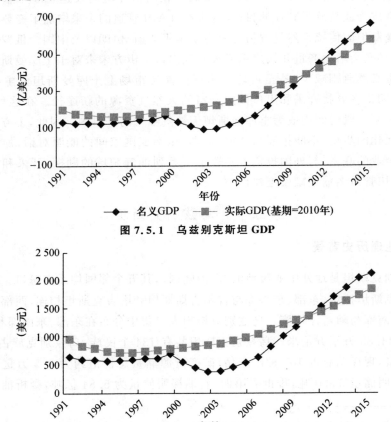

图7.5.1 乌兹别克斯坦GDP

图7.5.2 乌兹别克斯坦人均GDP

第七章 中亚地区

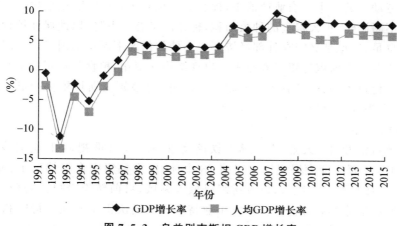

图 7.5.3 乌兹别克斯坦 GDP 增长率

资料来源：世界银行数据库。

在推行私有化改革方面，乌兹别克斯坦将国有股份公开出售，包括一些大型国企，完成了 52 家国企私有化。乌陆续启动若干大型建设项目，如改善交通和通信基础设施，利用特别经济区吸引外资，发展高新科技等领域的项目。除继续推进纳沃伊自由经济区和安格连自由经济区建设外，乌还在世界银行等国际金融组织的资金支持下，实施了一系列大项目，对改善民生、推动偏远地区经济发展起到十分重要的作用。

1. 产业结构

2003 年以来，乌兹别克斯坦产业结构不断升级，2006 年之后第二产业占 GDP 比重超过第一产业占 GDP 比重，如图 7.5.4 所示。

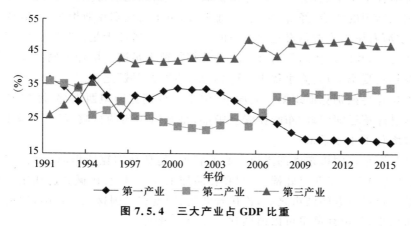

图 7.5.4 三大产业占 GDP 比重

（1）第一产业

农业是乌兹别克斯坦的基础经济部门，产值占国内生产总值的 1/3，就业人口大

295

约为全部劳动力的一半。农业产值中,棉花的比重较大,常年占比达 40%。乌对农业种植结构不断调整,扩大粮食的种植面积,棉花产量有所下降,以此保证粮食需求基本实现自给自足,这也是乌能在外部经济环境不佳的情况下保持本国经济稳定的重要原因之一。乌兹别克斯坦近年来农业领域出现结构性变化,粮食与棉花的生产比重在不断调整后变化较大,农产品获得大丰收。2015 年,乌兹别克斯坦粮食产量达到 750 万吨,棉花产量为 350 万吨。

(2) 第二产业

乌重视石油化工、天然气、机械、铁路等重工业,也重视轻工业的发展,制定《2015—2019 年轻工业发展规划》,实施 78 个项目,主要集中在籽棉加工、成衣制造、鞋袜生产、牛仔与混合纱织造,以及纺织机械等领域,目前纺织、建材、制药、家具生产等行业的发展形势都非常喜人。两大工业特区——纳沃伊工业经济特区和安格连工业特区发展良好。同时开发大型工业项目,计划耗资 7 亿美元建设 3 座太阳能电站,分别位于撒马尔罕州、纳曼干州和苏尔汉河州。

(3) 第三产业

乌兹别克斯坦重点发展的领域包括汽车工业、能源工业、通信产业等。近年乌汽车产量大幅增加,已形成本国的汽车产业,有大型合资汽车工厂 5 家。保险业增幅稳定,有长足发展,保险业投资主要用于储蓄存款和购买有价证券。此外家电业的兴起也对乌经济有很大的促进作用,外资投资生产的冰箱、电视、空调等家用电器产量不断上升。

2. 主要城市

首都塔什干是中亚最大,独联体内仅次于莫斯科、圣彼得堡和基辅的第四大城市,是乌兹别克斯坦的政治、经济、文化、交通中心,位于乌兹别克斯坦东部、恰特卡尔山脉西面、锡尔河右岸支流奇尔奇克河谷地的绿洲中心。塔什干是古"丝绸之路"上重要的商业枢纽之一,我国古代的张骞、法显、玄奘都曾留下足迹。塔什干属于温带大陆性气候,冬季温和,夏季炎热,降水稀少,日照充足,有"太阳城"之称。

布哈拉是乌兹别克斯坦第三大城市,位于乌兹别克斯坦西南部,泽拉夫尚河三角洲上的沙赫库德运河河畔,布哈拉绿洲中部,是布哈拉州的行政、经济和文化中心,东北距首都塔什干 434 千米。

撒马尔罕市在国境东南部泽拉夫尚河谷地,是乌兹别克斯坦第二大城市,著名旅游城市、文化中心。工业以轧棉、丝织和食品加工为主,还有机械制造和化学工业。撒马尔罕是中亚最古老的城市之一,连接着波斯、印度和中国这三大帝国,丝绸之路上重要的枢纽城市,其记载最早可以追溯到公元前 5 世纪。

(二) 对外经济

乌兹别克斯坦 2002—2013 年贸易额逐渐增大,2013—2015 年进出口额略有下降,其中 2015 年进口额 148 亿美元,出口额 138 亿美元。贸易竞争力指数在 0 附近上下波动,说明乌兹别克斯坦进口额和出口额基本持平。更多信息可参见图 7.5.5。

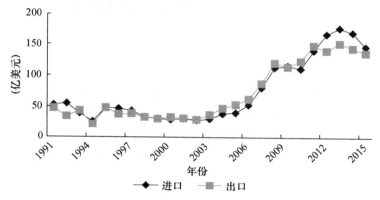

图 7.5.5　乌兹别克斯坦进出口贸易额

资料来源:世界银行数据库。

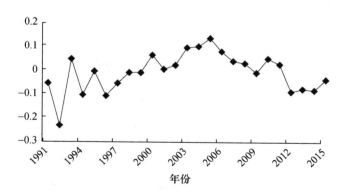

图 7.5.6　乌兹别克斯坦贸易竞争力指数

资料来源:根据世界银行数据计算。

第八章 西亚与北非地区

西亚北非处于三洲两洋的交通要冲,石油资源丰富,经济支柱为石油加工出口。西亚北非15国包括阿拉伯联合酋长国、巴林、埃及、伊朗、伊拉克、以色列、约旦、科威特、黎巴嫩、尼泊尔、阿曼、卡塔尔、沙特阿拉伯、土耳其和也门。人口约4.2亿,占"一带一路"国家的9%,各国家人口均未超过1亿。居民以阿拉伯人为主,主要信奉伊斯兰教。

从经济总体情况看,2015年西亚北非15国GDP共约3.1万亿美元,占"一带一路"国家比重为13.6%,占世界比重为4.2%。2000—2015年GDP平均增速为5.1%。作为世界主要的石油出口地区之一,西亚北非地区人均GDP水平显著高于"一带一路"国家均值,接近世界均值,2015年约为7 382美元,属于中等偏上收入地区。贸易依存度适中,长期存在贸易顺差。

该地区经济特点可分为两种经济类型,即石油输出国和非石油输出国。石油输出国大多数国家属外向型经济,包括沙特阿拉伯、阿拉伯联合酋长国、卡塔尔、巴林、科威特、伊拉克、伊朗和阿曼等8国。石油是各国经济命脉,石油业在国民生产总值、国民收入和出口中的比重都占绝对优势,且以石油产业带动的建筑业、运输业、加工业和商业都发展非常迅速,人均GDP居世界前列。但是,以石油带动的国民经济结构单一,常受国际市场,特别是能源市场的影响,世界性的金融危机爆发会给处于国际分工边缘位置的西亚北非以重创,因为世界对石油的需求递减,西亚北非的经济安全得不到保障。经济安全受到了威胁,使得西亚北非的政治相对不稳定。为此,西亚北非各国正在调整经济发展战略,逐步向多样化发展。该地区劳动力资源不足,每年从国外进入大量外籍工人和技术员,成为世界重要劳务市场。非石油输出国经济多以农牧业为主,采矿业、加工业均较薄弱,但它们发挥地理位置优势和劳动力优势,为该地区石油国输出劳动力。

第一节 巴　　林

一、地理历史背景

若论国土面积,巴林是个名副其实的"小国",国土面积740余平方千米,相当于中国一个区县的大小。若说国民经济,巴林又是一个实实在在的"大国",人均GDP超20 000美元,位列中东产油国前列。巴林是一个位于波斯湾西南部的岛国,首都麦纳麦,国土面积741.4平方千米。该国大部分土地是较低的沙漠平原,国土中部缓慢抬升为低平的断崖。气候属热带沙漠气候,终年晴多雨少。原拥有33座岛屿,面积最大的岛为巴林岛,但近年来进行的"填海造陆"行动使巴林岛屿数量急剧增加。"巴林"在阿拉伯语中的意思是"两海"。据说早先巴林岛两侧的海水因深浅不同而呈两种颜色,巴林岛位于颜色不同的两海之间,故名"两海之国"。沙特阿拉伯位于巴林西部,并经由法赫德国王大桥与巴连接,伊朗则位于巴林北方200千米处,卡塔尔半岛位于巴林湾东南侧。巴林为迪尔蒙文明发源之处,公元前3000年就建有城市。公元前1000年,腓尼基人到此定居。公元7世纪成为阿拉伯帝国的一部分。经过一段时间的阿拉伯人统治后,葡萄牙于1521年占领巴林,而后于1602年被波斯王朝的阿拔斯大帝驱逐。1783年,巴尼乌巴族从卡扎尔王朝夺取巴林,并由阿勒哈利法家族建立王朝并统治至今。19世纪,英国强迫巴林签订波斯湾和平条约,并逐步使之成为英国的保护国。1971年,巴林宣布独立,成为一个酋长(埃米尔)国,而后于2002年宣布改为王国。自2011年起,受到"阿拉伯之春"的鼓舞,该国持续发生以什叶派民众为主的抗议运动。

在巴林诸岛上共生活着147万余人口(2016年),本国人口与外籍人口各占一半。人口密度在全球220多个国家和地区中排名第七。伊斯兰教为巴林国教,全国70%的人口为穆斯林,25%的人信奉基督教和印度教。[1]

巴林是中东海湾地区受教育程度最高的国家。巴林的文盲率为4.35%[2],15—25岁青年的受教育率达99%。这得益于巴林公共教育政策:巴林国民在公立学校读书不仅免除学费,而且可以使用教育部免费提供的教科书。巴林国内有两所知名大学为巴林大学和阿拉伯海湾大学,分别建成于1978年和1987年。

巴林首都麦纳麦是该国最大的城市,在巴林岛的东北部,濒临波斯湾,也是全国政治、经济、交通、贸易和文化中心,享有"波斯湾明珠"的美誉。该市于2012年被阿拉伯

---

[1] 资料来源:巴林2010年度人口普查所预估,Census Summary Result 2010。
[2] 资料来源:巴林中央信息局(Central Information Organization)。

国家联盟指定为阿拉伯文化首都。麦纳麦占地面积 30 平方千米,人口约 15 万[①],都会区则有 32 万人以上,约占巴林总人口的 1/4。在巴华人 2 000 人多居于此地。

二、经济发展状况

（一）国内经济

巴林是海湾地区发展较早的国家。20 世纪 30 年代发现石油并展开开采,石油与石化成为其支柱产业,探明石油储量 2 055 万吨,天然气储量 1 182 亿立方米。[②] 虽然巴林油气资源丰富,但巴林深知资源依赖型经济不是长久之道。70 年代末,巴林开始经济改革,推行自由开放的经济政策,推进经济多元化发展。目前巴林已成为海湾地区金融中心之一,贸易、旅游、会展等产业也较为发达。

不同于同处中东的约旦,巴林是该地区失业率极低的国家之一,2014 年巴林人口的失业人数为 7 414 人,失业率 3.7%。[③] 此外,根据联合国开发署发布的 2015 年度《联合国人类发展报告》,巴林的人类发展指数在 187 个国家中排名第 45 位,在中东国家中位于沙特和阿联酋之后。

人均 GDP 方面,如图 8.1.1 所示,从 1994 年起巴林人均 GDP 就突破了 10 000 美元大关。也可以明显看到,受国际油价调整以及 2008 年金融危机等影响,巴林的人均 GDP 并不是一直保持增长势头。虽然 2015 年巴林人均 GDP 高达 23 395 美元,但从严格意义上讲,巴林并不算是发达国家俱乐部的一员。根据国际货币基金组织在 2016 年发布的数据[④],巴林虽然属于高收入国家,但仍归于发展中国家之列,原因在于国际社会普遍认为发达国家是在经济、科技、社会服务等方面全面发展的,借由开发自然资源也可以达到较高的人均 GDP 和人类发展指数,但未必属于发达国家。在新世纪到来之际,巴林开始推动经济多元化发展的计划,以迎接后石油时代。

如图 8.1.2 所示,虽然石油部门的 GDP 产出值在不同年份有所震荡,但非石油部门的产出值自 2009 年起一直稳步递增,带动巴林 GDP 总量实现增长。详细到具体产业部门(图 8.1.3),目前石油天然气行业仍占其 GDP 最大比例(25%),其次为金融业(15%)、制造业(15%)及交通通信业(7%)。

---

① 资料来源:巴林 2010 年度人口普查所预估,Census Summary Result 2010。
② 资料来源:中国外交部网站。
③ 资料来源:巴林中央信息局,Bahrain in Figures 2014。
④ 国际货币基金组织,*World Economic Outlook*,第 188 页。

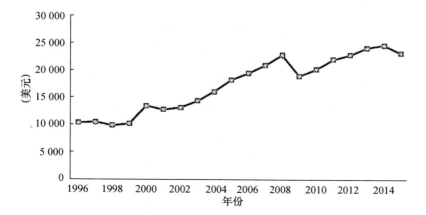

图 8.1.1　巴林人均 GDP 走势图

内容来源：中国外交部网站。

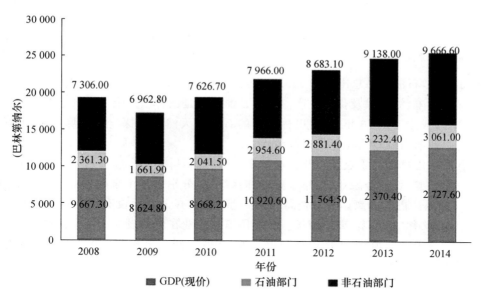

图 8.1.2　近年来巴林石油与非石油生产部门占 GDP 比重图

资料来源：巴林信息和电子政务局，www.data.gov.bh。

1. 产业结构

首先介绍的是油气产业。石油和天然气是巴林最重要的自然资源，从 GDP 构成上看油气产业仍是巴林经济的重要支柱。2014 年巴林国内开采石油 7 388 万桶，炼油

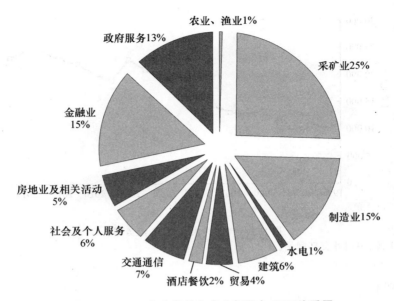

图 8.1.3　2014 年来巴林各产业部门占 GDP 比重图
资料来源：巴林信息和电子政务局，www.data.gov.bh。

10 023 万桶，石油产品总出口额 145.6 亿美元；同年开采天然气 7 284.25 亿立方英尺，用于国内发电、海水以及化工生产。巴林石油公司是巴林国内唯一由政府全资拥有的石油企业，成立于 1976 年，负责巴林国内的石油和天然气勘探、生产、炼制和销售，每年为巴林政府贡献较大比例的财政收入。

其次是巴林近年重点关注与发展的金融行业。具体而言，巴林国内的金融业可以分为三个分支：普通金融业、离岸金融业和保险业，分别占整个金融行业产值的 29%、40% 和 31%。巴林的离岸金融业属巴哈马型，是只有记账而没有实质性业务的离岸金融中心，又称"逃税型"离岸市场。许多国家和企业在巴林设立离岸金融业务的原因就在于巴林无营业税、个人所得税和增值税，在巴林开展金融业务可以合理逃避银行利润税以及营业税。

（二）对外经济

巴林经济发展委员会是该国负责投资推广的主要机构，一直维持开放的监管架构，为外国投资者提供一个进入海湾市场的门户。

巴林向大部分进口货品征收 5% 的进口税，对食品、机器设备及发展项目所需的原材料则予以免征。巴林是大阿拉伯自由贸易区（GAFTA）的成员，所有成员国之间互享免税优惠。巴林亦分别与美国、新加坡及欧洲自由贸易联盟（EFTA）签订自由贸易协定。此外，自 1990 年 7 月中巴两国签订《中巴经济、贸易、技术合作协定》起，中巴相继签署了诸多重要协定。中巴双方在 1993 年、1996 年和 2002 年召开了经济、贸易、技术联委会会议,于 1999 年签署了《鼓励和互相保护投资协定》。2002 年,两国政府签署了《关于避免对所得双重征税和防止偷漏税的协定》。[①]

中巴两国自 20 世纪 50 年代建立贸易关系,经贸关系稳步发展。2014 年,中巴双边贸易额为 14.16 亿美元,比上年下降 8.3%,其中中国向巴出口 12.32 亿美元,较 2013 年下降 0.6%,主要集中在机电产品、钢铁、纺织服装方面;中国从巴进口 1.84 亿美元,比 2013 年下降 39.7%,主要是石油气、铁矿砂、铝等。

2014 年,巴林的累计外商直接投资额达 188 亿美元。同年,中国对巴林的累计投资总额达 380 万美元。

第二节 埃 及

一、地理历史背景

埃及是一个发展中大国,同时也是阿拉伯民族地区、非洲地区以及伊斯兰文化国家中的大国。埃及位于北非东部,跨亚、非两大洲,领土还包括苏伊士运河以东、亚洲西南端的西奈半岛,国土面积为 100.1 万平方千米。埃及西连利比亚,南接苏丹,东临红海并与巴勒斯坦、以色列接壤,北濒地中海,既是亚、非之间的陆地交通要冲,也是大西洋与印度洋之间海上航线的捷径,海岸线长约 2 900 千米,战略位置十分重要。埃及是中东人口最多的国家,约为 8 670 万(2014 年 7 月),也是非洲人口第二大国,四大文明古国之一。伊斯兰教为埃及国教,其教规是共和国立法的主要根据,信徒主要是逊尼派,占总人口的 84%。除穆斯林外,埃及还有大约 900 万人信仰科普特教,他们是古埃及人后裔,是希腊东正教的支派。但埃穆斯林和科普特人甚至犹太人均为享受平等权利的公民,享有宗教信仰自由,在社会地位和就业方面并无区别。政府在处理穆斯林、科普特人或犹太人问题时不会采取歧视政策。在上埃及科普特人聚居的地区仍保留有他们的民族传统和文化古迹。

埃及具有独特的地理位置优势,地处中东地区中心,紧邻阿拉伯、非洲和欧洲市场,拥有被誉为世界贸易黄金航道的苏伊士运河,同时还与欧盟、美国、阿拉伯国家和非洲国家签署了多个自由贸易协定,对中东、非洲市场具有一定的辐射力,也是非洲进入欧洲市场的重要枢纽。埃及主要资源是石油、天然气、磷酸盐、铁等。已探明的储量为:石油 44.5 亿桶(2013 年 1 月),天然气 2.186 万亿立方米(2012 年 1 月),磷酸盐约 70 亿吨,铁矿 6 000 万吨。此外还有锰、煤、金、锌、铬、银、钼、铜和滑石等。平均原油日产量达 71.15 万桶,天然气日产量达 1.68 亿立方米,国内消耗的天然气数量占天然

[①] 资料来源:商务部,《对外投资合作国别(地区)指南——巴林》。

气总产量的 70%,其余 30% 供出口。

二、经济发展状况

(一) 国内经济

埃及是非洲第三大经济体,属于开放型市场。在海湾危机结束后,其政治立场受到西方各国及海湾国家赞赏,对其减免了大量债务,并增加援助。埃及国内制订的经济增长计划包括加快私有化进程、吸引外资、扩大出口,并采取了一些措施,在调整经济结构、改善投资环境方面起到一定作用,使其经济总量从 90 年代后期开始进入增长状态。而 2011 年年初开始的动荡局势对国民经济造成严重冲击。塞西总统上台后,埃及政府采取措施恢复生产,增收节支,改善民生,多方寻求国际支持与援助,以渡过当前经济困难,埃及国内经济增长虽然在 2011 年有大幅度跌落,从 2012 年后开始有小幅提升(图 8.2.1)。

1. 产业结构

(1) 第一产业

埃及是传统农业国,农业产值约占 GDP 的 18%,1/3 以上的职业人口从事农业,农村人口占全国人口的 52%,但随着经济的发展,农业产值占 GDP 比重一直在稳步下降。埃及耕地面积仅占国土的 4.5%,绝大部分为灌溉地。耕作集约,年可二熟或三熟,是非洲单位面积产量最高的国家。主产长绒棉和稻米,产量均居非洲首位,玉米、小麦居非洲前列,还产甘蔗、花生等。

(2) 第二产业

埃及是非洲工业较发达国家之一,工业产值占 GDP 39%。其中国营公司产值占工业产值 70%。拥有初具规模的工业体系,机械制造业主要以装配为主。纺织和食品加工业是埃及的传统工业部门,占工业总产值的一半以上。近年来石油、钢铁、电力、化肥、水泥、机械等重工业也有较大发展,石油工业发展尤为迅速,占 GDP 的 21%。石油产量 6 400 多万吨,为非洲第四大产油国,出口额达 25 亿美元。成衣及皮制品、建材工业、水泥生产、肥料、药品等发展较快。轻工业以纺织较为完善,占埃及 GDP 比重 3%,占制造业总值的 27%。工业产品出口约占商品出口总额的 60%,工业从业人员 274 万,占全国劳动力总数的 14%。

(3) 第三产业

从三次产业结构的变化来看,服务业一直在埃及的国民经济份额中占比较高,从 1965 年的 44.5% 缓慢上升到目前的全国经济总量一半左右。埃及历史悠久,名胜古迹众多,具有发展旅游业的良好条件,政府也非常重视发展旅游业。2011 年埃及动荡局势对旅游业影响较大,赴埃旅游人数、饭店房间价格、旅游投资均明显下降。2012 年旅

第八章 西亚与北非地区

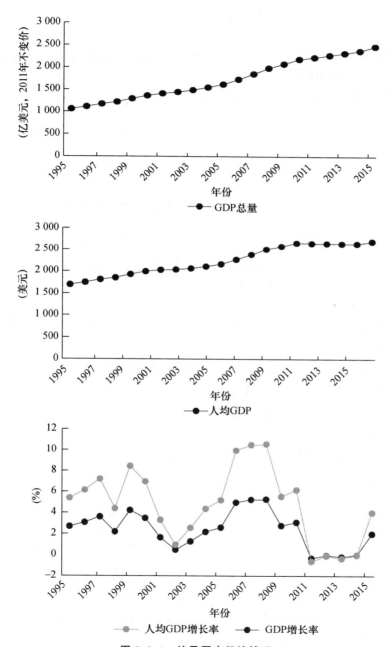

图 8.2.1 埃及国内经济情况
资料来源：世界银行数据库。

游收入约100亿美元,旅游业产值对GDP贡献约为11%。更多信息可参见图8.2.2。

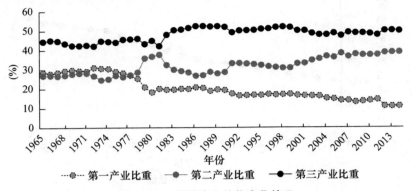

图 8.2.2　埃及产业结构变化情况

资料来源:世界银行数据库。

石油在埃及的国民经济中扮演着极其重要的角色,是最重要的外汇来源之一,其GDP的10%和出口收入的40%都来自石油及其制品,埃及已成为世界上天然气资源最丰富的国家之一,其天然气储量在阿拉伯国家中居第6位,在全球探明有天然气的102个国家中排名第18位。但埃及的石油产量和后备储量方面都已经达到极限,近年来开始走下坡路。

就埃及分项的经济部门数据来看,如图8.2.3所示,首先看农林牧渔业(A—B),从20世纪70年代初开始就一直处于下降的趋势,这主要是埃及经济发展的结果。

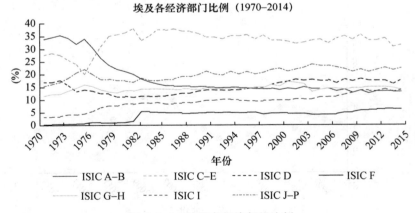

图 8.2.3　埃及各经济部门比例

资料来源:世界银行数据库。

从制造业的占比(D)来看,近几十年来,埃及的制造业份额有所增长,但整体变动不大,以纺织和食品加工等轻工业为主,其制造业基础依然较为薄弱。

但从大类的工业(C—E)来看(包括了D),其国内份额自1975年后增长迅速,从1980年开始一直占国内经济总量的35%左右,由于大类的C—E除了制造业外,还有很大一部分为采掘业,因此可以知道,埃及二产的一大部分还是以出口资源为主,事实上,埃及目前平均原油日产量达71.15万桶,天然气日产量达1.68亿立方米,国内消耗的天然气数量占天然气总产量的70%,其余30%供出口,石油收入是其外汇收入的重要部分。

此外,埃及的运输业(I)一直在稳步上升,这一方面是由于国内对交通运输的大力投资,另一方面也是由于旅游业的需求旺盛所致。

2. 城镇结构

埃及的城镇化率在20年间有着显著提高,但城镇化指数依然很低,未超过44%,如图8.2.4所示。这与埃及仍然依赖农业有关。埃及城市基础设施建设水平落后,劳动力不集中且占人口比重很低,阻碍了经济增长。尽管基础社会面临老旧问题,但就整个非洲而言,埃及的总体基础设施建设较为完善,截至2014年,拥有22个机场及10个国际航空港,铁路线路总长5 195千米,拥有64万千米的公路,基本覆盖城乡。作为非洲地区的国际商业和海运中心,拥有15个商业港口。电信基础设施建设方面,固定电话用户630万,宽带使用300多万。

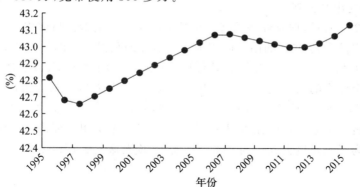

图 8.2.4　埃及城镇化率

资料来源:世界银行数据库。

表8.2.1列出了埃及主要城市的概况。

表 8.2.1　埃及五大城市情况

城市	2016年人口总量	城市描述
开罗	7 734 614	首都,非洲乃至中东第一大城市
亚历山大	3 811 516	港口,埃及和非洲第二大城市
吉萨	2 443 203	吉萨金字塔,旅游胜地
塞得港	538 378	港口,非洲和亚洲、地中海和红海的交接点
苏伊士	488 125	东北部港口,运河

资料来源:World Population Review。

首都开罗坐落于尼罗河三角洲顶点以南约14千米处,面积3 085平方千米。按行政区域划分,开罗也是一个省,与吉萨省和盖勒尤比省同属开罗区,通称大开罗,大开罗面积17 393平方千米。开罗是非洲和中东第一大城市,是世界上最古老的城市之一。目前开罗已是一座现代化大都市,是集埃及政治、经济、军事、文教、艺术、交通、旅游等各个领域为一体的中心。但人口过度密集、城市基础设施相对落后、卫生状况差、交通堵塞等问题也影响着开罗的经济发展。

亚历山大是埃及和非洲第二大城市,是埃及和东地中海最大港口,位于尼罗河口以西距首都开罗约200多千米。城市东西长30多千米,南北最窄处不足2千米,面积2 300平方千米。

塞得港是埃及主要港口城市之一,地处非洲和亚洲、地中海和红海的交接点。面积1 351平方千米。塞得港如今发展民用工业,是埃政府特许的自由区。2002年1月埃政府宣布将在5年后取消塞得港的自由区地位,将发展成以生产成衣为主的工业区。

吉萨在尼罗河下游左岸,同开罗隔河相望,有大桥连接,是埃及第三大城市。该地区金字塔聚集,旅游为其带来很大收益。

3. 政府支出与消费

如图8.2.5所示,埃及经济的持续增长提高了居民消费。目前埃及大部分必需品依赖进口。埃及大约95%的国土面积为无法居住的荒漠,因此,埃及人口近一半集中在面积约2.4万平方千米的埃及最富庶的尼罗河三角洲地区,人口居住高度集中,仅首都开罗一个城市的人口就超过700万。近几年,埃及人口增长较快,2005年埃及总人口7 500万,在此后不到10年时间里增加到将近9 000万。如图8.2.6所示,埃及劳动力人数占全国总人口的比重很低,而人口问题带来突出的能源供求问题和严重的贫困问题。为了满足庞大人口的基本生活需求,埃及政府长期以来实施食品和能源补贴政策。

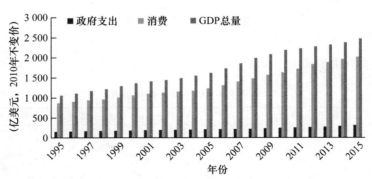

图8.2.5 埃及政府支出与消费情况

资料来源:世界银行数据库。

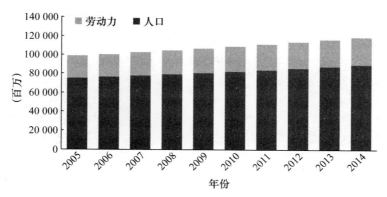

图 8.2.6 埃及总人口增长情况

资料来源：UNCTADstat 2016。

(二) 对外经济

1. 国际贸易

埃及同 120 多个国家和地区建有贸易关系,主要贸易伙伴是中国、美国、德国、意大利、沙特阿拉伯、印度、土耳其、乌克兰、俄罗斯和阿联酋等。埃及贸易政策活跃,签订了多个双边及多边贸易协议。1995 年加入世贸组织后,与多国签署了自由贸易协定。埃及加入的区域协议如表 8.2.2 所示。

表 8.2.2 埃及加入的区域协议

协议	年份	内容
埃及—欧盟伙伴关系协议	2001	根据不同阶段,埃及输出欧盟工农业产品将享受优惠待遇甚至免税
合格工业区协定	2004	美国、以色列、埃及三国签订
埃及—土耳其自由贸易协定	2005	部分工农业产品在两国间流动享有免税或减税待遇
东南非共同市场自由贸易区	2000	
阿加迪尔协定	2001	埃及、突尼斯、摩洛哥和约旦四国,部分产品免关税
发展中八国集团	2014	穆斯林八国,自由贸易安排

为扩大对外出口,减少贸易逆差,埃及政府采取了以下措施:发展民族工业,争取生产更多的进口替代商品;限制进口,特别是消费性制成品的进口;争取扩大出口,特别是原油、原棉以外的非传统性商品的出口。埃及主要进口的商品是机械设备、谷物、电器设备、矿物燃料、塑料及其制品、钢铁及其制品、木及木制品、车辆、动物饲料等。主要出口产品是矿物燃料(原油及其制品)、棉花、陶瓷、纺织服装、铝及其制品、钢铁、谷物和蔬菜。埃及出口商品主要销往阿拉伯国家。

从埃及近20年指标来看,如图8.2.7所示,其贸易竞争力逐年提高。石油作为该国核心支柱产业,具有一定的出口竞争优势。

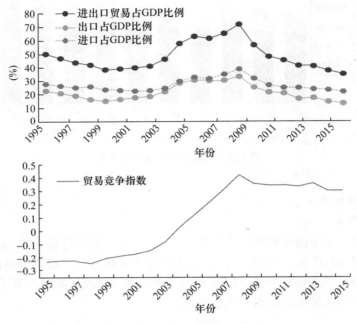

图8.2.7 埃及进出口贸易情况

资料来源:世界银行数据库。

2. 国际投资

自20世纪90年代中期以来,埃及吸引外商直接投资的速度加快。如图8.2.8和表8.2.3所示,2011年年初和2013年6月底、7月初的动荡局势导致外国在埃投资额持续下降。2014年下半年以来,埃及局势逐步趋稳,投资环境得以改善。据联合国贸发会(UNCTAD)统计,2016年埃及吸引外国直接投资达81亿美元,同比增长17%,居北非地区之首。[①] 2012年前,沙特、阿联酋及英国是埃及的主要投资国。根据阿拉伯投资与出口信保公司(the Arab Investment and Export Credit Guarantee Corporation)报告[②]显示,近五年埃及吸引外资的主要来源地为中国、沙特、阿联酋等,主要流向领域为石油天然气、通讯技术、食品和房地产。

---

① 中国驻埃及使馆经商处网站 http://eg.mofcom.gov.cn/article/jmxw/201706/20170602599860.shtml.
② 中国商务部网站 http://www.mofcom.gov.cn/article/i/jyjl/k/201707/20170702611061.shtml.

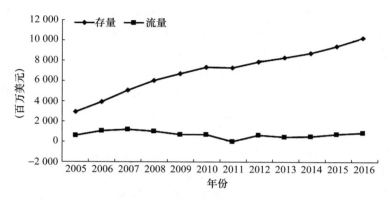

图 8.2.8 埃及吸引外资情况

资料来源:世界银行数据库。

表 8.2.3 埃及外商直接投资年度数据　　　　（单位:10 亿美元）

年份	数额
2003/2004	2.1
2004/2005	3.9
2005/2006	6.1
2006/2007	11.1
2007/2008	13.2
2008/2009	8.1
2009/2010	6.8
2010/2011	2.2
2011/2012	4.0
2012/2013	3.8
2013/2014	4.1
2014/2015	1.8

资料来源:埃及中央银行。

　　据埃及投资和自由区总局统计,从 2007/2008 财年到 2011/2012 财年,埃及吸收外资总额分别为 132 亿、81 亿、68 亿、22 亿和 40 亿美元,连续 4 个财年持续下滑。2008/2009 财年、2009/2010 财年外资连续下降的主要原因是受国际金融危机影响,来自欧美等传统外资来源地的投资大幅减少;2010/2011 财年、2011/2012 财年外资急剧下跌的主要原因是自 2010 年年底以来,西亚北非地区局势出现重大变化,"阿拉伯之春"蔓延至部分海湾阿拉伯国家,埃及政局 2011 年 1 月发生剧变后持续动荡,经济坏境不断恶化,外资对埃及的信心受到重挫,加之欧洲主权债务危机不断扩散,使得埃及吸收外资不断下滑。2013年临时政府成立后,埃及局势趋稳,但国际市场仍未对埃及恢复信心,2012/2013财年埃及投资额同比下降3.7%,吸引净外商直接投资30亿美元,同比减少24.6%。欧盟、美国、阿拉伯国家为埃及的主要投资方,投资规模分别为50亿美元、21亿美元和14亿美元。据联合国贸发会议发布的2014年《世界投资报告》,2013年,埃及吸收外资流量为55.5亿美元;截至2013年年底,埃及吸收外资存量为850.5亿美元。

根据埃及中央银行的统计,截至2011/2012财年年底,埃及吸收外资排名前三位的是:石油和天然气吸收外资达到7101亿美元;通信和信息技术吸收外资13.91亿美元;工业吸收外资7.33亿美元。外资投资的其他领域包括服务业、金融业、建筑业、房地产地、农业和旅游业。就不同领域来看,主要是建立新公司和现有企业扩张产生的外商投资增长占比较大,常年构成扩张的主要原因,但在2010年来有下降趋势,石油领域的资本注入连年上升,如表8.2.4所示。

表8.2.4 埃及2010—2014年不同领域外商直接投资增长情况 (单位:%)

	2010/2011	2011/2012	2012/2013	2013/2014
建立新公司和现有企业的扩张	102.0	52.8	79.9	54.1
对非本地居民的房地产销售	0.9	42.2	9.4	3.2
石油领域的资本注入	−8.7	3.3	8.7	39.5
房地产	6.1	1.8	2.1	3.2

资料来源:埃及中央银行。

从外资来源地看,欧盟和阿拉伯国家是埃及外资的主要来源地。据埃及投资和自由区总局统计,截至2012年年底,沙特、阿联酋、英国是埃及前三大外资来源国,在埃及投资存量分别为58亿、52亿、43亿美元。

近几年中国的企业开始在埃及投资,主要集中在石油天然气冶炼、纺织和建材(石材加工)等行业。在石油方面,埃及既进口成品油又出口原油,油价上涨有利有害。中国与埃及的贸易逐年提高,随着埃及的贸易自由化,对中国来讲还有很大潜力。

中国向埃及出口的主要商品包括机械器具、电器设备、针织或钩编的服装及衣着附件、车辆及其零件、船舶及浮动结构体、钢铁制品、塑料及其制品、化学纤维长丝、有机化学品、化学纤维短纤等;自埃及进口的主要商品包括矿物燃料、泥土及石料、棉花、塑料及其制品、无机化学品、铜及其制品、其他植物纺织纤维等。

中国企业在埃及投资合作应注意以下事项。

投资方面:

① 投资要有长远目标,注重互利双赢,中国企业投资劳动密集型企业,要充分利

用当地劳动力,降低生产成本,扩大当地人就业机会,从而实现经济效益和社会效益的双重目标。埃及政府支持出口企业,所以中国企业在埃及可投资兴办出口导向型加工企业,尽量扩大出口,积极开拓埃及周边国家市场。投资项目的起点最好相对高一些,一旦决定投资,其生产设备、研发水平、管理水平均应保证处于国内中上游水平,先从小项目起步,力争成功。在埃及投资办厂的同时,还应兴建一些服务设施,改善当地居民的生活条件。合资企业要注意实行属地化管理,培养当地企业技术人才和管理人才。

② 中资企业要充分了解埃及投资政策、投资环境等信息,对埃及政府出台的一系列政策与法规信息进行收集和分析,以便做出正确的决策,避免盲目性。合资企业要慎重选择合作伙伴。埃及鼓励中小企业的发展,中小型和个体公司所占比例较大,资信参差不齐。在进入埃及市场前,应做好可行性研究,选择信誉过硬的合作伙伴,确保顺利建厂投产,避免造成损失。要充分了解市场需求结构及其变化趋势。有些企业在投资时未对市场的需求趋势做出正确预测以致生产出的产品不符合市场需求,无销路,造成亏损。

贸易方面:

虽然中埃两国贸易规模逐年攀升,但仍存在诸多问题和挑战。

① 埃及对中国贸易逆差显著。受制于资源禀赋和产业结构状况情况,埃及出口产品种类少且多为初级产品,长期处于逆差状态。2006—2012 年,中埃贸易逆差由 27.6 亿美元扩大到 69.04 亿美元,涨幅为 150%。2013 年,虽受大宗商品交易影响,前 9 个月埃及出口同比增长 113.3%,进口下降 3.2%,但逆差问题长期突出存在,已引发埃及业界不满。

② 中国部分输埃产品存在质量问题。为保障输埃产品质量,中埃两国政府自 2009 年起实施出口埃及工业品装船前检验检疫认证,并于 2011 年开展对非打假保知专项行动,收效良好,但仍有部分中国产品,特别是化工类产品,易出现假冒伪劣问题。

③ 贸易摩擦逐渐增多。由于埃及政局动荡,经济发展陷入困境,埃及政府频出贸易保护措施,加重了中埃贸易摩擦。

第三节 阿拉伯联合酋长国

一、地理历史背景

阿联酋,全称为阿拉伯联合酋长国,是海湾地区第二大经济体和世界上最富裕的高收入国家之一,也是中东地区最具吸引力的国家之一,在海湾国家和阿拉伯世界中的作用日益突出。从地理位置看,阿联酋位于阿拉伯半岛东南部,东与阿曼毗邻,西北与卡塔尔接壤,西部和南部与沙特阿拉伯为邻,北濒波斯湾,与伊朗隔海相望,海岸线长734千米,是扼波斯湾进入印度洋的海上交通要冲。从自然条件看,阿联酋境内绝大部分是海拔200米以上的沙漠和绿地,沙漠占阿联酋总面积的65%,境内无淡水河流和湖泊。气候上属热带沙漠气候,夏季(5—10月)炎热潮湿,气温40—50℃,冬季(11月—翌年4月)气温7—20℃,偶有沙暴,年平均降水量约100毫米,多集中于1—2月间。从历史上看,阿联酋在公元7世纪隶属阿拉伯帝国,16世纪开始,葡萄牙、荷兰、法国等殖民主义者相继侵入,19世纪初,英国入侵波斯湾地区,阿联酋1820年沦为英国的保护国。1971年,英国宣布终止保护条约,同年12月,阿拉伯联合酋长国宣告成立,由阿布扎比、迪拜、沙迦、富查伊拉、乌姆盖万和阿治曼6个酋长国组成联邦国家。1972年,哈伊马角加入联邦。2015年全国人口为916万,外籍人口占88.5%,主要来自印度、巴基斯坦、埃及、叙利亚、巴勒斯坦等国。在宗教上,阿联酋国教是伊斯兰教,居民大多信奉伊斯兰教,80%属逊尼派。阿拉伯人占87%,阿拉伯语为官方语言,通用英语。

阿联酋石油和天然气资源丰富,已探明石油储量978亿桶,天然气储量6.09万亿立方米,均居世界第七位,硫磺、镁、石灰岩等矿产资源和水产资源丰富。在发展石化工业的同时,政府大力推进经济多样化,加强基础设施建设,积极发展水泥、建筑材料在内的工业和旅游、会展等现代服务业,已逐步成为中东地区的金融、商贸、物流、旅游中心和商品集散地。2015年阿联酋全球竞争力排名第17位,2020年世博会也将在阿联酋举办。近年来阿联酋积极参与地区事务和国家合作,是海湾合作委员会及大阿拉伯自由贸易区(GAFTA)成员,在中东北非地区局势持续动荡的大环境下,其地区性贸易、金融、物流的枢纽地位愈加突出。

二、经济发展状况

(一)国内经济

同其他中东石油国家类似,阿联酋的石油开采及石化产业为其带来了长期的经济增长,但对石油的依赖也导致其宏观经济受油价波动影响较大。如图8.3.1和图8.3.2所示,2015年阿联酋GDP总量为3 703亿美元;人均GDP为40 438美元,远远高于联合国12 736美元的高收入国家门槛,在中东与北非地区排名第二,仅次于卡塔尔。

1. 产业结构

从三次产业结构上看,如图8.3.3所示,2015年阿联酋农业、工业、服务业占比分别为0.7%、55.0%、44.3%,工业在国民经济中占据主导地位,现代服务业近年来也发展迅速。

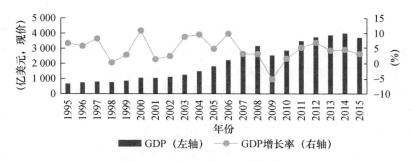

图 8.3.1 阿联酋 GDP 增长情况

资料来源：世界银行数据库。

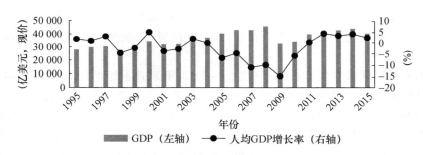

图 8.3.2 阿联酋人均 GDP 增长情况

资料来源：世界银行数据库。

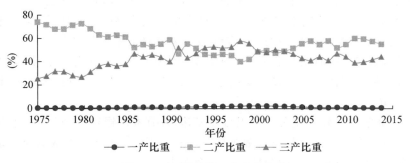

图 8.3.3 阿联酋三次产业结构

资料来源：世界银行数据库。

由于自然条件的限制，农业对阿联酋 GDP 贡献微小。全国可耕地面积 32 万公顷，已耕地面积 27 万公顷。目前，阿联酋粮食和主要肉类产品依赖进口，渔产品和椰枣可满足国内需求，畜牧业规模很小。近年来，政府采取鼓励务农的政策，向农民免费提供种子、化肥和无息贷款，并对农产品全部实行包购包销，以确保农民收入，阿农业得到一定发展。

在工业方面,石油产业在阿联酋经济中发挥重要作用。现阶段阿联酋石油产量约为 280 万桶/天,计划到 2017 年日产量增加到 350 万桶。阿联酋中央银行的数据显示,2015 年阿联酋非石油产业的名义 GDP 为 1.041 万亿迪拉姆(约 2 844 亿美元),占名义 GDP 的比重为 76.5%,预计 2016 年将上升到 83%。阿天然气储量同样丰富,已探明储量为 6.09 万亿立方米,居世界第七位。但由于国内天然气需求量大,开采难度高,且大部分用于回灌采油,所以阿联酋目前仍采取天然气进口政策,通过海豚计划从卡塔尔进口天然气。在具体生产上,阿联酋的石油和天然气生产主要依靠阿布扎比国家石油公司,其产油量占阿全国的 96%,两大海上油气公司和陆上石油开采也由该公司控制。

目前阿联酋正着力推动石化冶金、加工制造、新能源、金融、旅游等产业的发展,非石油产业在经济增长中的比重不断提高,其地区性贸易、金融、物流枢纽的地位进一步加强。

炼铝业是阿联酋主要非石油产业之一,2013 年兼并重组的阿联酋酋长国环球铝业公司全球第五大生铝制造商,总资产约 150 亿美元。从生铝销售看,约 20% 的本地产原铝被海湾国家内部消耗,同时 50% 的本地二手铝经过次级加工出口海外市场。

航空业也是阿联酋非石油产业的亮点之一。在全球航空公司的竞争排序中,阿联酋航空公司居阿拉伯国家首位。阿联酋目前有包括迪拜国际机场、阿布扎比国际机场在内的 7 座国际机场,已同包括中国在内的 155 个国家和地区签订了双边航空协定,世界各地的 109 个航空公司有定期航班飞往阿各机场。据阿联酋民航总局的数据,2014 年阿联酋各机场接送旅客数量 1.01 亿人次。其中,2014 年迪拜机场取代希斯罗机场成为世界最繁忙的机场,2015 年继续保持了世界最繁忙机场的桂冠,输送了超过 7 800 万国际旅客。同时,根据国际民航组织(ICAO)"全球航空安全计划"的审查结果,阿联酋也是全球民航运行最安全国家。2016 年,阿联酋航空被 Skytrax 评为全球最佳航空公司。

阿联酋金融体系较为完善。阿银行业发达,现有本国银行 23 家、843 家分行及 89 个办事处,还有外国银行及其他金融机构 115 家。其中,迪拜已经成为继伦敦、纽约、新加坡、香港、法兰克福之后的全球第六大金融中心。

旅游业也是阿联酋知名度较高的产业之一,阿联酋是中东地区航空和旅游业最发达的国家,全世界排名第八。据世界旅游业理事会数据,2015 年阿联酋旅游业收入约 1 340 亿迪拉姆,占 GDP 的 8.7%。其中,迪拜拥有世界第一高楼、第一家七星级酒店、全球最大购物中心、世界最大室内滑雪场等,吸引着世界各地的游客。

2. 城镇结构

在城市化方面,阿联酋与大部分海湾国家类似,居民大多居住在城市,如图 8.3.4

所示,2015年城镇化率达85.6%。其中,阿布扎比和迪拜是最主要的两座城市,集聚了大部分人口,也成为中东地区的区域性经济、金融、旅游中心和交通枢纽。表8.3.1列出了阿联酋主要城市的概况。

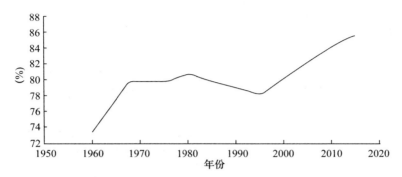

图8.3.4　阿联酋城镇化率

资料来源:世界银行数据库。

表8.3.1　阿联酋主要城市一览

城市	城市描述
阿布扎比	位于阿联酋的中西边海岸,首都,也是阿布扎比酋长国的首府
迪拜	位于阿拉伯半岛中部、阿拉伯湾南岸,面积3980平方千米,是阿联酋人口(262万,2014年)最多的城市,中东地区最富裕的城市,也是中东的经济、金融、旅游、交通中心,被称为中东北非地区的"贸易之都"
沙迦	中东地区历史文化名城,重要的国际交通枢纽

资料来源:根据公开资料整理。

阿联酋基础设施十分完善。在交通基础设施方面,公路总长约4080千米,道路质量位居世界前列;水运有10个主要海港,年货物吞吐量达96003万吨,2013年集装箱吞吐能力为每年2350万个标准箱,其中迪拜杰拜勒·阿里港是全球最大的人造港和中东地区最大的港口;空运上保持强势。在电信基础设施方面,截至2014年上半年,阿手机保有量达1750万部,固定电话超过210万部。互联网接入用户超过110万户,其中宽带用户超过100万户。

在公共服务提供上,阿联酋是典型的高福利国家。阿联酋对本国公民实行免费医疗政策,建有较为完善的全国城乡医疗保健系统,全国共有医院、初级医疗中心和诊所等医疗机构1162家。到2014年,阿联酋出生人口预期寿命达77.4岁,在中东地区排名居前。在教育上,政府重视发展教育事业和培养本国科技人才,实行免费教育,倡导女性和男性享有平等的教育机会。共开设公立学校1259所,在校学生超过80万人,教师2.5万余人。

(二) 对外经济

外贸在阿联酋经济中占有重要位置,1995年加入世界贸易组织。在进出口商品种类上,阿主要出口石油、天然气、石油化工产品、铝锭和少量土特产品,主要进口粮食、机械和消费品。在贸易伙伴方面,中国在内的亚太地区为阿第一大贸易伙伴,欧洲为第二大贸易伙伴,再次为中东北非地区。

同时,阿联酋也积极对外投资。根据《金融时报》下属组织(FDI Intelligence),在全球商品输出国中,阿联酋多元化对外直接投资指数排名第八,地区内排名第一。在吸引外资方面,阿联酋凭借其丰富的自然资源、优越的地理位置、发达的基础设施和较高的经济开放度,成为海湾和中东地区最具投资吸引力的国家之一。世界银行的数据显示,2015年,阿联酋的外商直接投资净流入达109.8亿美元,在中东与北非地区仅次于以色列(115.1亿美元)。据阿拉伯投资和出口信贷担保公司的数据,2003—2013年,阿联酋吸引外资项目3 437个,占阿拉伯国家吸引外资项目总量的35.6%;阿境内设立外资公司3 246家,占阿拉伯国家成立外资公司总数的36%。更多信息可参见图8.3.5。

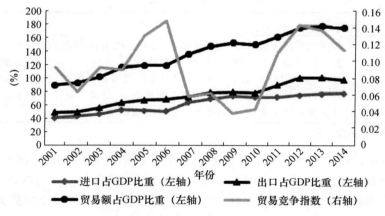

图8.3.5 阿联酋进出口贸易情况

资料来源:世界银行数据库。

第四节 伊 拉 克

一、地理历史背景

伊拉克是人类文明发源地之一。在这块神秘的土地上,孕育了世界最古老的两河流域文明和中世纪的伊斯兰文明。伊拉克不仅拥有人类最悠久的文明史,五千多年的文明源远流长,光耀于世,还有丰富的水资源和储量巨大的石油资源。从1980年到

2003年,伊拉克连续发生了三场举世瞩目的战争——两伊战争、海湾战争和伊拉克战争,严重地摧毁了这个昔日繁荣富庶的国家,耗尽了其国力。

伊拉克位于亚洲西南部,阿拉伯半岛北部,小亚细亚半岛和伊朗高原之间,它与6个国家接壤,东邻伊朗,西毗约旦和叙利亚,北接土耳其,南连科威特和沙特阿拉伯,东南临波斯湾(即阿拉伯湾)。伊拉克地处北半球温带,亚洲、非洲和欧洲三大洲交会处,地理位置十分重要,还处在印度洋和地中海之间陆路距离最短的地带,从而成为沟通南欧和南亚之间的陆路桥梁,属世界重要的交通枢纽地区之一。伊拉克地处五海(里海、黑海、地中海、阿拉伯海和红海)环绕的地区,但它仅与通过波斯湾的阿拉伯海相连,海岸线长约60千米,陆地边界约3631千米。伊拉克国土面积44.1814万平方千米,其中包括924平方千米领水水域和伊拉克—沙特阿拉伯两国共有中立区一半的面积(3522平方千米)。

目前伊拉克总人口约3101万,其中阿拉伯人最多,约占全国总人口的73%。伊拉克是一个伊斯兰国家,伊斯兰教为国教,全国95%的人信奉伊斯兰教,其中什叶派穆斯林占54.5%、逊尼派穆斯林占40.5%。仅有少数人信奉基督教或犹太教。由于邻国伊朗是什叶派穆斯林统治逊尼派穆斯林,两国边境常常因为派别不同引发矛盾。

二、经济发展状况

(一) 国内经济

伊拉克拥有丰富的自然资源。伊拉克的石油、天然气等能源资源非常丰富。目前伊拉克已探明原油储量为1431亿桶,占世界已探明石油总储量的9.8%,位居世界第五位;天然气已探明储量3.17万亿立方米,占世界已探明总储量的1.7%。同时伊拉克还拥有丰富的矿产资源。伊拉克的磷酸盐储量约100亿吨,居世界第十位。伊拉克农业较发达。两河平原的灌溉农业已有数千年历史。伊拉克的主要农产品有小麦、黑麦、大麦、稻米、棉花、烟草、温带水果与椰枣等,其中椰枣出口量居世界首位。同时,伊拉克的畜牧业主要分布在东北地区,养殖牛、马、羊、驴等,此外,西南部干旱高原上还有游牧业。

伊拉克经济恢复势头良好,但存在一定的隐患。随着石油工业的复苏,伊拉克近年来保持良好的上升势头。如图8.4.1和图8.4.2所示,2007年伊拉克GDP总量不足100亿美元,到2013年伊拉克GDP总量已超过200亿美元,年增长率超过5%。2014年因国内安全形势的持续恶化以及石油价格的大幅下跌,伊拉克经济下滑幅度较大,2014年伊拉克GDP出现了负增长,为-2.4%,人均GDP有一定程度的下滑。目前其人均GDP已超过6000美元。同时,CPI的变化也趋于平稳。

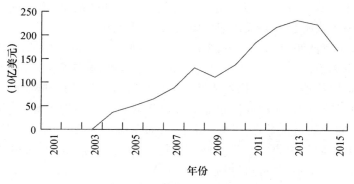

图 8.4.1 伊拉克 GDP 情况

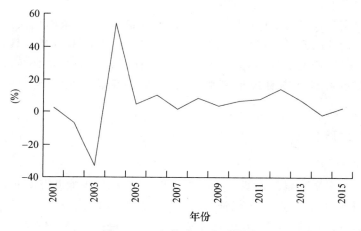

图 8.4.2 伊拉克 GDP 增长率

1. 产业结构

伊拉克以第二产业为主,石油开采仍是伊拉克国民经济的支柱。随着伊拉克战后重建进程的推进,伊拉克的产业结构也在逐渐地改善。2004 年第一产业总产值占 GDP 的比重接近 10%,第二产业总产值占 GDP 的比重高达 86.5%,其中石油等矿产资源开采业占 GDP 的比重达 84.7%。伊拉克战后初期社会治安问题突出,不利于服务业发展,因而服务业总产值占 GDP 的比重不足 4%。随着伊拉克国民经济的恢复,伊拉克第三产业占 GDP 的比重逐渐提高。

2. 城镇结构

伊拉克人力资源缺乏,人口密度为每平方千米 55 人,但人口地域分布不均匀,城乡分布不均匀,其特征是人口集中在大城市,主要分布在首都巴格达(600 万)、北部城市摩苏尔(150 万)和南部城市巴士拉(144 万),其他城市人口相对较少。

(二) 对外经济

伊拉克对外贸易发展迅速。2004年伊拉克出口总额仅为178亿美元。随着伊拉克石油工业的恢复及石油价格的大幅上涨,伊拉克对外贸易也在逐渐增长。2008年伊拉克出口额已超过600亿美元,到2012年超过900亿美元。随着石油价格的大幅下滑,伊拉克石油出口收入有了一定程度的下降。2012年伊拉克石油出口收入达940.2亿美元。2013年全年伊拉克石油出口量239万桶/日,石油出口收入892.2亿美元。2014年伊拉克日均出口石油245万余桶,全年出口石油约9.18亿桶,创收约842.15亿美元。2013年和2014年伊拉克的出口总额均没有超过900亿美元,在伊拉克出口增长的同时,伊拉克进口也在大幅度增长,不过,伊拉克进口增长速度慢于出口增长速度。2004年伊拉克进口为213亿美元,2012年超过600亿美元。伊拉克主要进口各种生产资料、粮食等生活必需品。过去几年,伊拉克一直采用食品定量分配系统,随着国际粮价节节蹿升,加上国内粮食减产,伊拉克基本食品供应受到严重影响。近几年小麦产量已减产至150万吨,但每年国内需求是500万吨。大米是伊拉克人的主食之一,每年须有100多万吨才能满足需要,但大米产量已从30万吨降至15万吨,更多信息可见图8.4.3至图8.4.5。

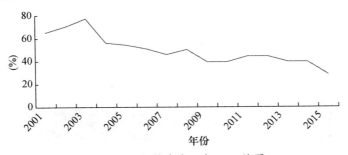

图 8.4.3　伊拉克出口占 GDP 比重

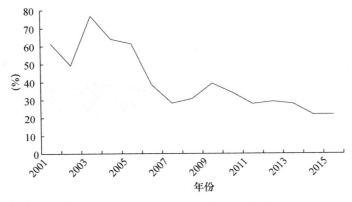

图 8.4.4　伊拉克进口占 GDP 比重

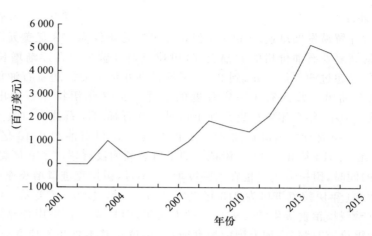

图 8.4.5　伊拉克外商直接投资净流入

第五节　以　色　列

一、地理历史背景

以色列的历史,从其国旗可窥一斑(图 8.5.1)。以色列国旗上下呈现蓝白两色条纹,象征着犹太教僧侣披肩的颜色;中间镶嵌"大卫之星",代表着国王大卫的盾牌,更是犹太教传统文化的象征。

图 8.5.1　以色列国旗

以色列(迦南地区)是犹太人的发祥地,公元前 1000 年以色列大卫王占领了耶路撒冷,加上外约旦在内的大部分迦南地区,开创了以色列王国。在大卫的儿子所罗门死后,以色列王国分为犹大和以色列。然而战争的失败使犹太人流离失所:公元前722年亚述人攻占了以色列,公元前586年巴比伦人占领了犹大,耶路撒冷的所罗门圣殿被焚毁。从此耶路撒冷被多次易手,犹太人流离失所,散落到世界各个地方。在离开故土的漫长时光里,犹太人从未忘记这片迦南土地。直到1948年,以色列建国,犹太人流离失所的灰暗日子终于成为历史。

现在的以色列的地理位置并不同于历史中记载的那样,其位于西亚黎凡特,地处地中海的东南方向,北靠黎巴嫩,东濒叙利亚和约旦,西南边则是埃及。2014年1月以色列人口已超过813万,其中犹太人将近80%,是世界上唯一以犹太人为主体民族的国家。

在以色列的国土上,自然资源普遍比较贫乏,主要资源是死海中含有的较丰富的钾盐、镁等矿产。近年,以色列在地中海海域连续开发了多个大型天然气田。水资源供给较缺乏,主要来自约旦河、加利利湖和一些河流支脉,但凭借该国高效的水资源利用效率,水资源供需尚为平衡。

以色列首都耶路撒冷是以色列中央政府所在地,也是政治、经济、文化和交通中心。该国法定货币为新谢克尔,外汇实行浮动汇率制度。

二、经济发展状况

(一)国内经济

回顾以色列最近30年的经济发展历程,可分为特点鲜明的两个阶段。

(1) 20世纪90年代——移民经济

20世纪90年代,以色列接纳了100万来自苏联的犹太移民(图8.5.2),其中很多是教育程度高、充满创业精神的高科技人才。在这一阶段移民浪潮的带动之下,以色列经济整体发展很快。1990年和1991年GDP增长率提高到5.1%和5.2%,1994—1996年的增长率达6%以上,1997—1999年增长率有所放缓。1997—1998年的经济萧条缘于移民人数的减少和世界贸易增长速度放慢,人口减少直接影响了耐用消费品及房地产投资。所幸的是由于其宏观经济的稳定,1997—1998年的亚洲金融风暴没有影响到以色列。1999年的经济形势在第一季度的惯性下降后,开始强劲反弹。

(2) 21世纪——创新经济

21世纪初,以色列GDP的年增长率约为7.5%,几乎是发达国家的两倍;2001年和2002年,以色列的GDP增长受世界市场波及呈现负数。2003年以来,政府计划实施紧急经济,当年GDP增长2.3%,2004—2007年经济增长分别达5.2%、5.3%、5.2%和5.3%。此后的2008年和2009年,受到全球金融危机的影响,以色列出口不振且内需水平走低。2010年,政府实行连续的刺激政策,全年经济增长率高达4.6%。2011年,经济增长呈现"前高后低"趋势。2012年,受全球经济不景气等因素影响,经济增长率下降到3.3%,2013年经济增速与2012年持平。2014年GDP同比增长

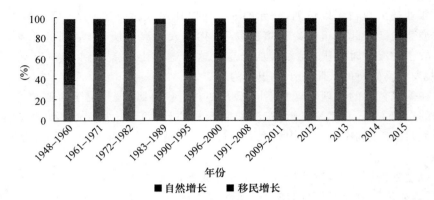

图 8.5.2 以色列人口增长来源

资料来源：以色列中央统计局，Israel in Figures2016。

2.8%，较 2013 年增速有所下降。

这一阶段以色列的经济发展动力主要来自知识和技术密集型产业。在 800 万余的人口（2014 年）中，包含着 3.8 万名科学工作者，高科技行业贡献了总就业的 10%、经济总量的 15%，以及出口的 50%。以色列的研发经费支出占当年该国 GDP 的 4.2%，雄踞全球第一。

1. 城镇结构

以色列属于中东地区城市化水平最高的国家，如图 8.5.3 所示，1995 年城镇化率为 90.9%，到 2015 年为 92.1%。具体来看，以色列的城市化伴随着两个特点。

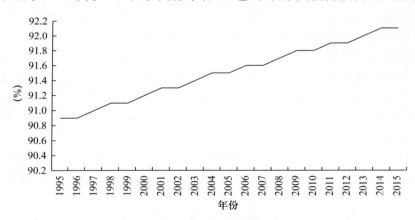

图 8.5.3 以色列城镇化率

资料来源：世界银行数据库。

（1）城市人口总量增加，城市人口比重节节攀升。随着以色列国家的建立，大量移民纷至沓来,1950—2005年,以色列人口从137万增至690万,而城市人口也从1950年的81.3万急剧增加到2005年的613.2万,增长了7.5倍。与此同时,乡村人口从1950年的44.5万增加到2005年55.3万,仅增加了20%。

(2) 城市数量增加、规模日益扩大。以色列城市数量不断增长,城市规模逐渐扩大。据统计,1948—1984年新增城市36座,1985—1995年又新增130多座(包括卫星城)。在以色列城市数量剧增的同时,原有城市规模也不断扩大。以色列建国前人口超过10万的城市仅有特拉维夫,而到2003年人口超过10万的城市跃升至14座,其中有5座超过20万。另该国的前五大城市如表8.5.1所示。

表8.5.1 以色列五大城市情况

城市	2016年人口总量	城市描述
耶路撒冷	801 000	首都,政治经济文化交通中心,圣城
海法	267 300	巴勒斯坦地区最大海港
特拉维夫	250 000	中东生活费用最昂贵的大城市
阿什杜德	224 656	第二大港
里雄莱锡	220 492	第四大城市

资料来源:World Population Review。

作为一个沙漠上建立的国家,以色列高度城市化的现状与该国的高等教育水平、农业经济的高效发展颇有关联。

在以色列的846万人口中,79%为犹太人(多数是德系犹太人),有68%的犹太人在以色列出生,通常是第二代或第三代以色列人,而其他在外国出生的32%中则有22%来自欧洲、10%来自亚洲和非洲,包括了阿拉伯世界在内。目前,以色列男女性别比例为100:101.7,65岁以上人口占国民总人口的比例为11.1,初步步入老龄化社会,更多信息可参见表8.5.2。

表8.5.2 以色列人口性别比与年龄结构(2015年年底)

	总人口	犹太人与其他		阿拉伯人
		总人口	犹太人	
总人口	8 463 400	6 705 600	6 334 500	1 757 800
男性	4 195 200	3 306 400	3 136 600	888 800
女性	4 268 200	3 399 200	3 198 000	869 000
年人口增长率	2.0%	2.0%	1.9%	2.2%
0—18岁人口占比	34.6%	32.4%	32.9%	42.9%
19—64岁人口占比	54.3%	54.8%	54.1%	52.7%
65和65岁以上人口占比	11.1%	12.8%	13.0%	4.4%
城镇人口占比	91.2%	90.3%	90.0%	94.5%

资料来源:Israel in Figures 2016。

除了生活在以色列本土的居民,有超过 35 万名以色列公民住在约旦河西岸(巴勒斯坦)地区的定居点(屯垦区)内。有的定居点已经形成了城市规模,其中有 3 个人口已经在 3 万以上,获得了城市地位。

兴师重教是以色列最宝贵的传统之一。在犹太人的传统概念中,他们崇敬教育,热爱知识,以色列人尊重传统,把教育视为以色列社会的一种基本财富以及开创未来的关键。教育体制的目标是把儿童造就成这个不同民族、宗教、文化和政治背景的人共处的民主多元社会中富有责任感的成员。以色列的教育是以犹太人价值观、热爱祖国、自由与宽容原则为基础,设法向学生传授高层次的知识,并着重传授对国家的持续发展至关重要的科学技术技能。如图 8.5.4 所示,24% 的以色列劳动人口拥有大学学历,这使以色列成为工业国家里学历程度第三高的国家,仅次于美国和荷兰。12% 的人口拥有大学以上的学历。基于对个人的尊崇,以色列人建立了中东地区管理最好、对财产权利保护最佳的经济体制。总体来看,优质大学教育为全国的高科技繁荣和经济快速发展奠定了良好的基础。

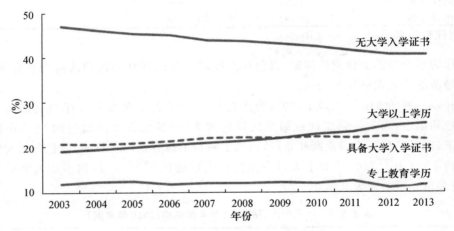

图 8.5.4　以色列人口高等教育率

资料来源:以色列财政部,The Israeli Labor Market 1999—2014。

2. 收入水平与政府财政

根据联合国《人类发展报告 2015》的数据,以色列的人类发展指数为 0.894,居世界第 18 位,中东第一位。

人均薪酬方面,根据以色列"薪金和收入调查"的统计数据,2015 年,以色列全体劳动者各个岗位的平均月薪为 9 576 新谢克尔(约合 2 639 美元)。近年国民储蓄率平均在 10% 左右,如图 8.5.5 所示,与世界 2014 年平均水平(11.17%)相仿。

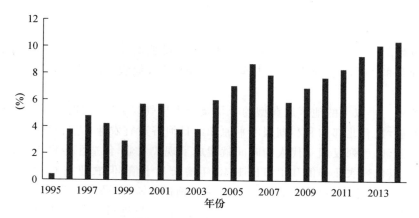

图 8.5.5 以色列国民储蓄率

资料来源:世界银行数据库。

政府财政方面,2015 年以色列内阁通过 2015—2016 财政预算,2015 年的总财政预算为 3 295 亿谢克尔,2016 年将增加 138 亿,更多信息可参见图 8.5.6。

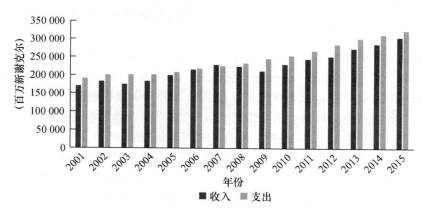

图 8.5.6 以色列政府收入与支出

资料来源:以色列中央统计局。

近年来,以色列政府一方面实施经济刺激计划,克服国际经济疲软的影响,推动经济复苏;另一方面,加大政策扶持,着力培育经济长期竞争力,例如加大研发投入,出台高新技术产业补贴政策;推动垄断行业改革,采用国家财政担保的方式,鼓励私人企业参与行业竞争;设立专项资金扶持阿拉伯人和宗教人士就业;加强基础设施建设,着手建设多个抽水蓄能电站、燃气电站以保证电力供应。

3. 产业结构

(1) 第一产业

以色列国土面积约为2.1万平方千米,而可耕地面积只有4370平方千米,大约为国土面积的20%;农业人口仅占全国人口的3%,但农民人均年收入却超过2万美元。

以色列一半以上的地区属典型的干旱及半干旱气候,其余的地区大部分被丘陵及森林所覆盖,只有北部加利利湖周围平原和约旦河谷适宜农业。然而就在这块贫瘠缺水的土地上,以色列仅用一代人的时间就建成了现代农业,创造了令世人惊讶的奇迹。迄今为止,以色列农业产值和出口比1948年增长几十倍,但农业在GDP中的比重不断下降,从20世纪60年代的30%有余降为目前的8%,农民占总劳动力比重由70%降为3%,以色列农产品自给率达95%,还大量出口,只进口部分粮油、咖啡、茶等,进出口相抵,净出口近2亿美元。

目前,以色列国际合作项目的1/3是农业项目,每年有3000多名农业专家在国外讲学,世界60多个国家的人员从世界各地到以色列接受培训。如果全世界都按照以色列的农业水平生产,地球可以养活3倍于现在的人口。

以色列的农业奇迹得益于正确的发展战略,在此过程中以色列积累了丰富的经验。

一是建立了农业合作组织这一农业产业化经营的组织基础。以色列的农业合作组织有三种形式,即基布兹(kibbutz)、莫沙夫(Moshav)、公社莫沙夫(Mos. shitufi),这三种形式的农业合作组织为农村居民提供了若干可供选择的生活和生产方式。正是依靠这些各具特色的村落经济合作组织,以及建立在合作组织基础上的农业产业化经营,才使得以色列农业能够跻身世界最发达国家的行列。

二是制定并遵循了农业产业化经营的运行原则,即以市场为导向,以农业科技为支撑,以提高农业经济效益和农业生产经营者收入为动力,以农业合作组织、经济合同和农业法制为保障的运行原则,建立了综合农业技术体系,健全了农业产业化经营的利益分配和转变机制。

三是创建了农业产业化经营的组织形式——合约型农业产业化经营,包括:公司＋合作经济组织(基布兹、公社莫沙夫);公司＋合作经济组织(莫沙夫)＋农户;公司＋农户(主要是个体农场);企业型农业产业化经营;混合型农业产业化经营。

四是建立健全了以色列农业产业化经营的利益保障机制,即组织保障(农业产销委员会和专业协会)、合同保障和法制保障,从而实现了农民组织化、经济契约化、市场法制化的农业产业化运行模式。

(2) 第二产业

以色列属于混合型经济,工业化程度较高,以知识密集型产业为主。以色列的高新技术产业举世闻名,其在军事科技、电子、通信、计算机软件、医疗器械、生物技术工程、农业、航空等领域具有先进的技术水平。

以色列政府鼓励工业研发投资并且通过法律支持工业研发和项目开发。政府对工业研发的支持主要体现在以下方面:安排专门预算扶持技术研发相关行业;为科学技术劳动力创造就业机会;通过增加高科技产品出口减少进口,促进国际收支平衡。2012 年,民用研发投资总额达 384 亿谢克尔(约合 99.5 亿美元),占 GDP 的比例达 4.0%,其中政府对各类民用研发投资的资金扶持为 7.6 亿谢克尔(约合 2.0 亿美元)。此外,以色列还参加了 29 个国际和国家(地区)间工业研发活动,其中美国 3 个,欧盟 3 个,与加拿大和印度合作 2 个,与加拿大、德国、中国内地、法国、比利时、意大利、爱尔兰、土耳其、中国香港、英国、希腊、中国台湾、新加坡、西班牙、葡萄牙、韩国、瑞典、芬兰以及荷兰各有 1 个合作项目。

(3) 第三产业

目前,以色列的经济结构正在经历从传统农业和制造业向服务业的转变。GDP 和就业占比两个指标都显示了服务业扮演着越来越重要的角色,更多信息可参见图 8.5.7。根据以色列中央统计局的最新统计数据,2010 年,以色列第一产业占 GDP 的比重为 2.5%,第二产业占 GDP 的比重为 21.4%,第三产业占 GDP 的比重为 76.1%。

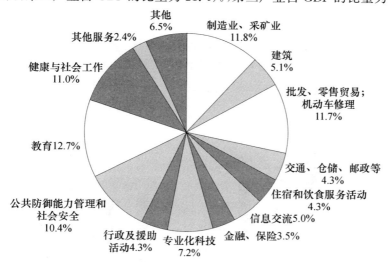

图 8.5.7　以色列 2015 年分产业劳动力结构

资料来源:Statistical Abstract of Israel 2016。

第三产业在以色列经济中具有举足轻重的作用。犹太居民崇尚多姿多彩的文化生活,以色列国内居民重视文娱消费,一个典型以色列家庭每月文娱支出中,会有

40%用于体育、演出、音乐表演等方面,如图8.5.8所示。

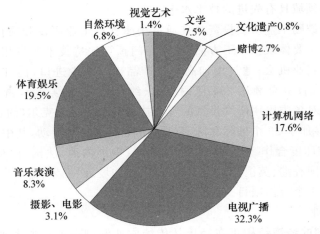

图 8.5.8 典型以色列家庭在文娱体育方面的消费情况

资料来源:Israel in Figures 2016。

(二) 对外经济

(1) 国际投资

以色列素有"世界第二硅谷"的美誉,这片历史悠久的土地上林立着希伯来、海法等全世界最著名的跨国公司、工业园区、高技术孵化区,而且其资本和金融市场发育成熟,货币管制较松,知识产权保护体制较为完善,再加上以色列可以充当通向整个中东地区发展项目的跳板,因此对外资吸引力非常大,相关数据可见图8.5.9。

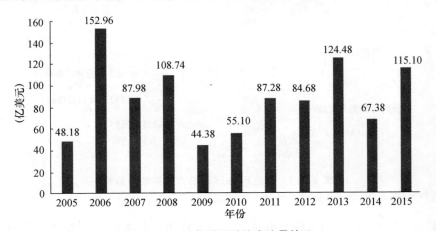

图 8.5.9 以色列吸引外资流量情况

资料来源:世界银行数据库。

以色列政府为有意在该国投资的企业提供了一定的政策援助。为了吸引外商直接投资,政府向工业、旅游业及房地产业提供各种优惠,特别是高科技公司及研发活动。根据以色列《资本投资鼓励法》,优惠措施可以分为两大部分:拨款计划及自动税收优惠计划。近年来,以色列在高新技术产业的创新企业不断涌现,外资频频出手。

（2）国际贸易

以色列是世贸组织和经合组织成员国之一,进出口贸易对其经济非常重要,相关数据可参见图 8.5.10,最大的贸易伙伴和最大单一贸易伙伴国分别为欧盟和美国。

以色列的高科技产品在国际市场上极具竞争力,出口对以色列的经济增长具有重要作用,进口则主要是原材料和投资性商品,其贸易指数信息可参见图 8.5.11。

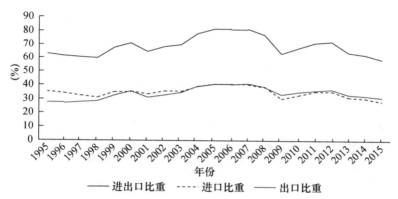

图 8.5.10　以色列进出口贸易占 GDP 比重

资料来源:世界银行数据库。

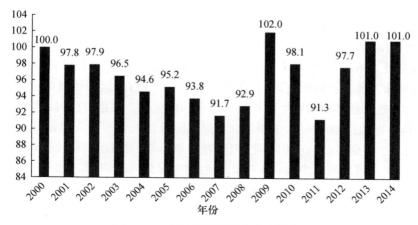

图 8.5.11　以色列净易货贸易条件指数

资料来源:世界银行数据库。

(3) 中以贸易

中国是以色列在亚洲第一大、全球第三大贸易伙伴。2016 年,双边贸易额 113.5 亿美元,其中我国出口 81.7 亿美元,同比下降 5.1%,我国进口 31.8 亿美元,同比增长 13.4%,更多往年贸易数据可参见表 8.5.3。两国现有中以创新合作联委会和中以政府间经济技术合作机制两个合作平台。

表 8.5.3 中以近年双边贸易额 （单位:亿美元）

年份	进出口总额	同比(%)	中国出口	同比(%)	中国进口	同比(%)
2010	76.5	47.9	50.4	37.9	26.1	70.9
2011	97.8	27.9	67.4	33.8	30.4	16.5
2012	99.1	9.3	69.9	3.7	29.2	−3.8
2013	108.3	9.3	76.5	9.4	31.8	8.9
2014	108.8	0.5	77.4	1.2	31.4	−1.3
2015	114.2	5.0	86.2	11.3	28.0	−10.8

资料来源:中国海关。

政府层面上,中以两国于 2015 年签署了《中以创新合作三年行动计划》。按照该计划约定,双方将继续加强重大战略优先方向前沿性、原创性联合研究,确定了脑科学、土壤和水资源、纳米技术、打印、生物医药、清洁与可再生能源、农业科技、先进生物成像技术、信息化教育技术、计算机科学、服务于老年人的创新科技、智慧城市和可持续发展等 12 个优先合作领域。双方明确,支持两国研究机构共建联合实验室和联合研究中心,构建长期、稳定、深入的合作关系。根据现有基础,近期考虑共建的联合研究中心包括:清华大学—特拉维夫大学交叉创新中心、脑科学联合研究中心、科技联合研究中心等。双方同意,进一步加强双边联合研究计划资助力度,启动联合研究旗舰项目,支持两国机构产学研联合,围绕重大关键问题开展联合研究。将农业科技联合研究计划变更为年度计划,在未来 5 年内每年联合资助 10 个联合研究项目。

以色列商人曾言:"用钱去敲门,没有敲不开的。"现在,这句话越来越被中国企业资本所领悟,越来越多中国资本正在敲开以色列的大门。根据以色列风险投资研究中心(IVC)提供的数据,2016 年,中国在以色列风险投资基金的投资量预计将增长 18% 至 10 亿美元。中国科技巨头如百度、阿里和小米等,都对以色列科技公司以及创投基金进行过投资。越来越多中国资本把赴以色列考察列入行程,其中医疗设备、机器识别、人工智能、VR、AR 技术关注度颇高。

(4) 与中国合作方向

借助"一带一路"倡议,中国与以色列开展合作的空间广泛:可再生能源、生物技术、信息通信、水资源利用等产业与我国重点扶持行业有较大的匹配空间。

以色列表示希望对"一带一路"的成功实施做出有意义的贡献,其中一个领域就是水处理。"一带一路"倡议强调创新、自然保护和合作的重要性,而水处理领域正是一个良好的切入点。现在就水资源为例,具体探讨中以合作的模式。

在以色列国内,水资源变得越来越稀缺,因为以色列的用水需求主要是依赖地下水和雨水。以色列的水资源利用体系重点在于以下两个方面。

一是污水回收技术。以色列是世界上唯一以废水再利用为国家重点的国家,其86%的废水和55%的灰水都是再生水。排在以色列后面的是西班牙,但西班牙废水再利用的程度只达到16%。相比之下,美国目前的回收水量还不到1%。

二是海水淡化(脱盐)。该项技术提供了超过25%的以色列的总用水需求。过去十年,以色列新建了4个海水淡化厂。以色列最南边的城市埃拉特100%的淡水用水都是通过脱盐海水得到的。此外,以色列在特拉维夫城外新建的海水淡化厂已于2013年完工,现已达到全部生产能力并满负荷运行。世界上最大的海水淡化厂——索利克反渗透海水淡化厂预计每年可生产400亿加仑淡水供以色列使用,而且还有可能惠及邻国。

根据《中国水资源利用现状及污染状况报告》,中国是一个水资源总量大人均少的干旱缺水国家。淡水资源总量居世界第四位,但人均只有2303立方米,仅为世界平均水平的1/4,是全球13个人均水资源最贫乏的国家之一。

2015年,以色列与山东省寿光市合作建立"示范水城",其特点就是利用以色列水资源管理经验,采取经济、法律法规等各种手段,提高水资源配置效率,结合运用以色列脱盐、污水治理、灌溉、供水和污水净化等技术,探索用水、节水、污水处理、水循环利用的新模式,并在试验取得成功的基础上进行推广复制。

以色列在节水、高效用水中实现输水管道化,输水系数达95%,而我国目前渠道输水系数仅为30%至50%。因此,解决水资源短缺,发展节水农业,在技术选择上应将发展管道输水和采用有效渠道防渗技术放在首位,通过借鉴学习,预计可将输水系数提高到60%,这将从总体上有效缓解我国水资源紧张的局面。

第六节 约 旦

一、地理历史背景

这个全称为约旦哈希姆王国的国家坐落于阿拉伯半岛西北部,西邻巴以,北接叙利亚,东部与伊拉克和沙特阿拉伯相连。国土面积89 000余平方千米,但东南部的沙漠足足占据了其中的78%。全国共划分为12个省,亚喀巴省的亚喀巴港是约旦的唯一出海口。约旦所处的位置十分优越,自古以来就是中东商贾往来的要道,"中东的和平绿洲"正是世人对它的美誉。

但如同它的邻国巴勒斯坦一样,约旦并不是一个资源富集的国家,境内尚未发现具有大规模商业价值的煤矿和有色金属资源,已知的主要化石能源是储量相对丰富的油页岩。目前,约旦的油页岩探明储量 700 亿吨,并且分布较广,这使得该国跻身世界油页岩储量最丰富的五个国家之一。而且约旦油页岩品位较高,平均含油率约 10%,可提炼出成页岩油约 60 亿吨。[①] 约旦努力开发利用国内油页岩资源,但由于国内技术落后,开采成本较高,约方已经与多家公司签订了协议,以对其国内油页岩资源开展评价研究工作。此外,约旦还是世界上磷酸盐资源最丰富的国家之一。约旦境内有 4 个磷矿,磷矿储量约达 17 亿吨,仅在 2007 年,其磷矿石的产量就居世界第六位,出口量是世界第二位。[②] 成立于 1949 年的约旦磷酸盐公司是约旦唯一经营磷矿的公司,也是约旦最大的生产型企业。据考古发现,石器时代以来,约旦地区就是人类文明的主要发源地之一。中古时代的伊斯兰时期,约旦国土几度易手。16 世纪初期,约旦地区成为奥斯曼帝国的一部分,这段统治时期一直延续到第一次世界大战结束。

现在的约旦原是巴勒斯坦的一部分,直至 1921 年英国以约旦河为界,把巴勒斯坦一分为二,河岸以西仍称巴勒斯坦,以东建立外约旦酋长国,但仍属于英国委任统治状态。1946 年 3 月 22 日,英约双方签署《英约同盟条约》,英国承认外约旦独立。同年 5 月,约旦宣布成立一个君主立宪国家,国王阿卜杜拉正式登基。1967 年第三次中东战争爆发,以色列出动部队很快占领了约方控制的加沙地带和约旦河西岸全境。同期,约旦与巴勒斯坦的关系也急剧恶化,冲突不断,国内政局也动荡不堪,更迭频繁。70 年代,约旦实施经济开放和贸易自由化,鼓励私人投资和吸引外资。1988 年巴勒斯坦宣布独立,约旦宣布中断同西岸的法律和行政联系。1994 年,约以双方签订和平条约,之后约旦国内国际局势逐步平稳下来。

二、经济发展状况

约旦系发展中国家,是中东地区相对发达的小型经济体之一。该国由于资源较贫乏,耕地较少,经济基础长期以来较为薄弱,许多产品依赖进口。国民经济主要支柱为侨汇、旅游和国外援助等。自国王阿卜杜拉二世执政后,大力推行经济改革,改善投资环境,积极寻求外援,扭转了约旦经济长期负增长或零增长的局面。

该国于 1999 年约加入世界贸易组织,国内流通的货币为约旦第纳尔,约旦货币第纳尔与美元挂钩,目标汇率为 0.709 第纳尔兑 1 美元。

[①] 侯吉礼、马跃、李术元、藤锦生.世界油页岩资源的开发利用现状[J].化工进展,2015,34(5):1183—1190.

[②] 资料来源:驻约旦大使馆经济商务参赞处。

（一）国内经济

在世界银行的分类中,约旦属于中上等收入国家。2015年的GDP总量为375亿美元。21世纪初,约旦GDP曾呈现较好的增长速度,2004—2008年经济增长率超过8%。2009年以来,受国际金融危机影响及西亚北非地区局势动荡冲击,约旦经济增长速度下滑,政府随之加大对经济调控力度,并在金融、基建、招商引资、争取外援等方面采取相应措施,取得一定成效。世行预计,2016年约旦的GDP增速约为3%。

人均GDP方面,约旦人均GDP经历过大起大落,在整个70年代增长了351%,在80年代又下跌了30%,90年代再度增长36%。2015年约旦人均GDP为4 940美元,创历史最高值。另外,该国2011年基尼系数为35.4,属中等水平,反映出国民收入差距相对合理。

近年来,约旦已成为叙利亚难民逃离国内战火的庇护所。至今已有约140万名叙利亚难民逃往约旦,预计约旦政府每年须为收容难民支出20亿美元。大批叙利亚难民涌入,加重了约旦的经济负担,不过约旦经济于2015年仍能增长2.4%,离不开约旦在水电、金融保险及采矿采石等行业的投资带动。

1. 产业结构

从产业构成来看,农业在约旦经济中所占比重最低,约为国内生产总值的3%;服务业占比最高,约占GDP的67%;工业则占GDP的30%,其主要的制造业是纺织品和服装制造。[①] 下面是约旦国各经济部门的介绍。

农业。受制于地理环境影响和水资源短缺,约旦可耕作土地较少,面积仅占国土面积的7.8%,多集中在约旦河谷,全部私人经营。全国总农耕面积22.4万公顷,其中粮食作物7.2万公顷,蔬菜3.3万公顷,果树11.9万公顷。农业人口11.04万,约占劳动力的12%。目前建有10个主要水坝,总容量3.27亿立方米。橄榄是该国农业的特色产业,目前在约旦境内共有2 000万株橄榄树,相关产品年产值约1亿约第(约合1.41亿美元),为世界第八大橄榄生产国。[②]

工矿业。约旦主要有磷酸盐、钾盐、炼油、水泥、化肥这5个规模较大的产业,其他多属轻工业和小型加工工业,如食品加工、制药、玻璃、纺织、造纸等。约旦磷酸盐公司是约旦境内最大的化工企业和世界第六大磷矿石生产商,拥有该国磷矿的独家开采权。其经营内容主要是磷矿开采、化工和化肥生产。约旦磷酸盐公司还与印度和日本成立了合资企业,生产化肥与化工产品。

纺织业。纺织品和服装业对约旦经济十分重要,占该国出口收入的1/3,创造了6万个就业机会。美国在约旦境内设立的14个合格工业区就主要面向美国市场出口

---
① 资料来源:香港贸发局。
② 资料来源:中国驻约旦经商参处网站。

服装。约旦现正逐步发展为众多国际品牌的服装制造中心,这些成衣被运往美国等海外市场,2014年,美国从约旦进口了价值10亿美元的服装。①

旅游业。旅游业是约旦的一项重要财政收入来源,旅游业的发展为约旦经济做出了重要贡献,该产业的发展也带动了航空业、房地产业、酒店业、医疗业以及其他行业的发展,因此约旦政府十分重视旅游业的推广,约旦旅游局开通了约旦旅游专题网站,并提供英语、中文、韩语等多种语言。总体来说,约旦政局稳定,社会安定,旅游资源丰富,吸引了大批来自海湾、欧洲和美国等地的游客。该国主要景点有安曼、死海、杰拉什、佩特拉、阿杰隆古堡、亚喀巴等。

外国援助。外国援助是约旦经济主要来源之一。海湾战争前,约旦外援主要来自美国等西方国家以及海湾阿拉伯国家。由于在海湾危机中,约旦采取同情伊拉克的立场,致使主要援助国中断了对约旦援助,约旦经济形势恶化。后来约旦逐渐调整对伊政策,改善与美及海湾阿拉伯国家关系,主要援助国恢复了对约旦援助。2003年由于伊拉克战争,国际社会向约旦提供了高达19亿美元的贷、赠款。2012年约旦获外援4.6亿美元。2013年5月,世界银行决定提供1.5亿美元帮助约旦接纳叙利亚难民。2014年,世界银行将对约旦贷款年度上限从3.5亿美元上调至5亿美元,并同意向约旦发放2亿美元贷款。同年,约旦从欧盟获得1.8亿美元贷款。②

2. 城镇结构

由于约旦国土的78%是荒漠,少数优良的土地上正不断聚集越来越多的人,所以约旦人口的城镇化率极高。从图8.6.1可以看出,近20年来约旦城镇化率稳步增长,自2001年起就突破了80%大关。伴随着这个过程,两个对约旦意义非凡的大城市也逐步形成。

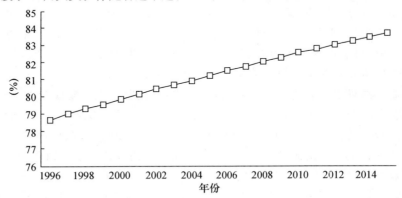

图 8.6.1 约旦近20年城镇化率变化图

资料来源:世界银行数据库。

---

① 资料来源:中国商务部《对外投资合作国别(地区)指南——约旦》。
② 资料来源:中国外交部网站。

安曼是约旦的首都,也是约旦最负盛名的城市。因建立在7个山头之上,故有"七山之城"之称,也被誉为"最西方化的阿拉伯城市"。这个坐落在该国中央偏北地区的城市集经济、政治、文化中心等数项职能于一身,约旦国政府也驻于此地。安曼城市人口超过400万,陆地面积1 600余平方千米。此外,安曼还有众多古迹和新建的现代化建筑,城市景观别具特色,这使它成为许多欧洲及阿拉伯游客的首选目的地。

亚喀巴对于约旦来说具有非常重要的战略意义,是约旦唯一的海港。该市坐落在约旦的最南端,是亚喀巴省首府,拥有人口18万余,陆地面积375平方千米。今天的亚喀巴对约旦的经济发展贡献巨大,以潜水和海滩度假而闻名于世。此外工业生产在这一地区的产业结构中也非常重要,该市也是磷酸盐化肥和一些海产品的输出港。亚喀巴港属于海湾港,港内也设有自由贸易区。①

(二)对外经济

1. 国际贸易

约旦与世界100多个国家和地区有贸易往来。主要进口原油、机械设备、电子电器、钢材、化学制品、粮食、成衣等,主要进口国为沙特、中国、美国、德国和埃及。主要出口服装、磷酸盐、钾盐、蔬菜、医药制品和化肥等,主要出口国为美国、伊拉克、印度、沙特、叙利亚和阿联酋。其中美国是约旦最大出口市场,2014年约旦向美国出口的货物和服务总额达120亿美元。2015年,约旦对外贸易总额为286亿美元,其中进口额为206亿美元,同比下降11.3%,出口额为80亿美元,同比下降6.6%,贸易逆差126亿美元,较2014年减少了14%。

在贸协定方面,约旦已经与美国、加拿大、土耳其、南方共同市场(包括阿根廷、巴西、巴拉圭及乌拉圭)、埃及、摩洛哥及突尼斯、欧洲自由贸易区国家(包括瑞士、挪威、冰岛及列支敦士登)以及新加坡签署自由贸易协定。此外,约旦是《泛阿拉伯自由贸易区条约》的成员国,除约旦外,其他成员国包括埃及、阿联酋、巴林、突尼斯、沙特阿拉伯、苏丹、叙利亚、伊拉克、阿曼、巴勒斯坦、卡塔尔、科威特、黎巴嫩、利比亚、摩洛哥和也门。上述各项条约均已生效。②

1979年5月,中约两国签订贸易协定。近年来,双边贸易合作快速增长。目前中国是约旦第三大贸易伙伴。2014年双边贸易额达36.28亿美元,同比增长0.7%,其中中方对约旦出口额为33.65亿美元,同比下降2.0%,中国从约旦进口额为2.63亿美元,同比增长54.9%,更多信息可参见表8.6.1。中方对约旦主要出口机电产品、通信器材、纺织服装;从约旦主要进口钾肥。

---

① 部分城市数据引用自维基百科。
② 资料来源:香港贸发局。

表 8.6.1　中国对约旦的直接投资总额　　　　　　　（单位：百万美元）

2012 年	2013 年	2014 年
9.83	0.77	6.74

资料来源：《2014 年度中国对外直接投资统计公报》。

2. 国际投资

近年来，约旦进一步开放经济吸引外商直接投资。其《投资促进法》规定，海外投资者可享有固定资产免税 3 年，以及进口原材料免缴关税的优惠。新的投资法也将为投资者进行网上注册提供电子门户，约旦也一直致力于消除外国投资者遇到的障碍。此外，约旦政府正积极建设包括亚喀巴经济特区在内的经济开发区。在开发区内，企业可以享受 5% 的所得税税率，以及出口所得税、销售税、进口税、股息红利税零税率的优惠措施。①

虽然地区局势紧张，但是约旦近年仍陆续得到稳定的外资投入。截至 2014 年年底，约旦吸收的外商直接投资累计达 287.3 亿美元，较 2013 年的 266.7 亿美元上升 7.5%。土耳其、美国和法国是约旦主要的外商直接投资来源。截至 2014 年年底，中国在约旦的直接投资累计达 3 100 万美元，更多信息可见表 8.6.2。

表 8.6.2　2003—2013 中约双方贸易总额表　　　　　　　（单位：亿美元）

年份	进出口总额	同比（%）	对约出口	自约进口
2003	5.20	46.50	4.60	0.60
2004	7.10	36.54	6.23	0.87
2005	9.11	28.31	8.32	0.79
2006	10.31	13.17	9.78	0.53
2007	11.86	15.03	11.04	0.82
2008	19.20	61.89	18.00	1.20
2009	25.08	30.63	23.40	1.68
2010	23.27	−7.22	21.07	2.20
2011	28.44	22.22	25.58	2.86
2012	32.60	14.63	29.60	3.00
2013	36.02	10.52	34.33	1.70

资料来源：中国商务部网站。

---

① 资料来源：约旦投资委员会（JIC）。

第七节 黎 巴 嫩

一、地理历史背景

黎巴嫩位于地中海东岸,亚欧两大洲边界腹地,是腓尼基文明和楔形文字的发源地,历史悠久、文化多元、商贸发达,是古丝绸之路的重要途经之地。早在两千多年前,腓尼基人就生活在这片土地上,后来古罗马占领了黎巴嫩,并修建了举世闻名的巴尔贝克神庙,该神庙是世界上保存最为完整的、最大的罗马古建筑之一。7 世纪至 6 世纪初,黎巴嫩成为阿拉伯帝国一部分。黎巴嫩国土面积 10 452 平方千米,拥有 225 千米长的海岸线,东部和北部与叙利亚接壤,南部与以色列接壤。黎巴嫩和叙利亚边界绵延 375 千米,黎巴嫩和以色列边境长达 79 千米。由于近年来叙利亚战事频繁,叙利亚国内危机对黎巴嫩造成了较大的冲击。

黎巴嫩总人口约 618 万,绝大多数为阿拉伯人。阿拉伯语为官方语言,通用法语、英语。居民 54% 信奉伊斯兰教,主要是什叶派、逊尼派和德鲁兹派;46% 信奉基督教,主要有马龙派、希腊东正教、罗马天主教和亚美尼亚东正教等。[1]

首都贝鲁特位于黎巴嫩海岸线中部突出的海岬上,面朝地中海、背靠黎巴嫩山脉,是地中海东岸最大的港口城市。城市面积 67 平方千米,城内建筑风格独特,人口约 190 万。[2] 贝鲁特是黎巴嫩的政治和经济中心,也是中东著名的商贸、金融、交通、旅游和新闻出版中心,人称"中东小巴黎"。

黎巴嫩是中东地区阿拉伯国家中教育普及率最高的国家之一,多数人会说英语和法语。仅在 2009 年,该国小学或初中的净入学率就高达 99.2%。[3] 黎巴嫩大学是该国唯一一所公立综合大学,创建于 1953 年,自 2007 年起接受中国政府派出的留学生。黎巴嫩是中东地区最西方化的国家。世界文坛巨匠纪伯伦也让黎巴嫩人民引以为豪。黎巴嫩思想文化的自由程度很高,一些在其他阿拉伯国家遭禁的出版物在黎巴嫩就可以出版。宽松的审查制度使黎巴嫩的出版业十分发达。在阿拉伯国家中一直流传着这样一句话:"埃及人写书,伊拉克人读书,黎巴嫩人出书。"此外,它还是阿拉伯世界学术研究的中心。由于它学术氛围自由,有许多财团愿意出资赞助学术活动,因此贝鲁特经常召开一些与阿拉伯文化有关的国际性学术会议。

---

[1] 资料来源:CIA, *The World Factbook*,人口数为 2015 年估计数据。
[2] 资料来源:中国商务部《对外投资合作国别(地区)指南——黎巴嫩》。
[3] 资料来源:黎巴嫩中央统计局(CAS),Multiple Indicators Cluster Survey 2009。

二、经济发展状况

(一)国内经济

2006年的黎以冲突之后,黎巴嫩国内政局渐稳,经济稳中有升。由于黎巴嫩采取保守的金融政策,因而成为为数不多的几个在金融危机中受正面影响的国家。2010年GDP同比增长7%,增幅位居世界前列。另受世界经济不景气和叙利亚局势的影响,2011年和2012年GDP增速下滑至3.0%和1.4%,如图8.7.1所示。

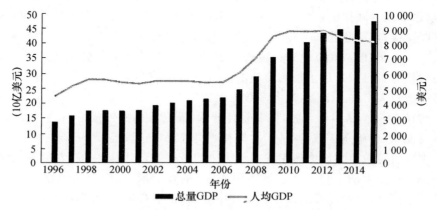

图8.7.1 黎巴嫩总量GDP及人均GDP增长情况

资料来源:世界银行数据库。

根据联合国的《人类发展报告》,2015年黎巴嫩的人类发展指数评级为高,位列世界第67名。[①] 另外按照黎巴嫩的贫困标准,2012年,黎境内有27%的人处于贫困线以下(每日生活费不足8.7美元),8%的人处于极度贫困,无法满足基本营养需求。[②]

1. 产业结构

如图8.7.2所示,黎巴嫩是服务型经济,服务业占黎巴嫩GDP约70%,其次是工业(25%)和农业(5%)。服务业中金融业占GDP总量的比例保持在10%左右。由于实行自由市场制度及银行业保密法,该国成为中东地区的金融中心。据IMF统计,2011年年末,黎巴嫩商业银行存款余额相当于其GDP的3倍左右,居全球第五位。

[①] 资料来源:联合国开发计划署,Human Development Report 2014。
[②] 资料来源:黎巴嫩中央统计局与世界银行,Snapshot of Poverty and Labor Market outcomes in Lebanon。

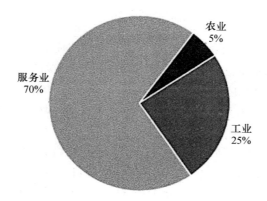

图 8.7.2　黎巴嫩各经济部门对 GDP 的贡献对比
资料来源：CIA,*The World Factbook*,2015 年。

虽然有着巴尔贝克神庙、比布鲁斯、提尔、加底沙峡谷等世界遗产,但服务业中的另一个增长动力旅游业受叙利亚内战的影响严重,2010 年至 2015 年到黎巴嫩的游客人数锐减 30%。此外,长期缺电亦进一步阻碍经济发展。[①]

黎巴嫩的农业欠发达。全国可耕地面积 24.8 万公顷,其中灌溉面积 10.4 万公顷。牧场 36 万公顷,林地面积 79 万公顷。农产品以水果和蔬菜为主。黎巴嫩境内果树品种繁多,东部的贝卡谷地是一片广阔的山间谷地,由于地势平坦、水资源丰富、土壤肥沃而成为黎主要农业区,可耕地面积占黎全国的 52%。黎粮食生产落后,主要靠进口,作物有大麦、小麦、玉米、马铃薯等。经济作物有烟草、甜菜、橄榄等。近年来,黎葡萄种植业发展很快,年产葡萄酒 600 万至 700 万瓶,出口额约 1 200 万美元。[②]

黎工业基础相对薄弱,以加工业为主。主要行业有非金属制造、金属制造、家具、服装、木材加工、纺织等。工业从业人数约 20 万,占黎劳动力的 7%,是仅次于商业和非金融服务业的第三大产业。

黎巴嫩是中东地区水资源比较充足的国家,拥有众多的河流,没有贫瘠的沙漠,积雪融水是黎巴嫩优质水源的来源之一,滋养着黎巴嫩山区及粮仓贝卡谷地。

著名的黎巴嫩雪松生长在海拔约 1 000 米的阴坡上,木质坚硬、挺拔秀美、清香四溢,是世界四大雪松之一,曾长期作为优质的建筑材料。数千年的砍伐致使雪松面积大量减少。据统计,黎巴嫩现有雪松面积约 1 700 公顷,仅占全国森林面积的 2.83%,目前黎巴嫩境内已设立多个雪松自然保护区。

黎巴嫩境内的矿产较少,仅少量开采铁、铅、铜等,制造业原料主要依赖进口。油气

---

① 资料来源：香港贸发局。
② 资料来源：中国商务部《对外投资合作国别(地区)指南——黎巴嫩》。

资源则相对丰厚,石油探明储量 6.6 亿—8.6 亿桶,天然气储量约 30 万亿立方英尺。

(二)对外经济

黎巴嫩是世界贸易组织和大阿拉伯自由贸易区的成员国。在中东及北非国家中,黎巴嫩的进口关税属最低之列,大部分产品低于 5%。该国已与欧盟、欧洲自由贸易联盟、海湾合作委员会和南方共同市场等贸易集团签订自由贸易协定。2016 年 4 月,黎巴嫩加入阿加迪尔自由贸易协定有利于其进入欧盟市场。该协定的其他成员国包括埃及、约旦、摩洛哥、突尼斯及巴勒斯坦。

近年来,中黎双边贸易情况进展平稳,呈逐年上升趋势,据中国海关统计,2014 年中黎贸易额 26.31 亿元,同比增长 3.7%,更多信息可参见表 8.7.1。中国对黎出口的商品主要包括机械设备、电气设备、家具、塑料制品、服装等,主要从黎巴嫩进口铜、铝制品、塑料、盐、硫磺、石料以及化纤、毛皮等。

表 8.7.1　近年来中黎贸易情况　　　　　　　　　　　　(单位:亿元)

年份	进出口总额	中国出口	中国进口
2010	13.52	13.24	0.27
2011	14.84	14.59	0.26
2012	17.12	16.92	0.20
2013	25.35	24.89	0.46
2014	26.31	26.05	0.26

资料来源:中国商务部网站。

第八节　巴勒斯坦

一、地理历史背景

世界三大亚伯拉罕宗教发源地巴勒斯坦地区坐落着两个国家,其中由犹太人建立的国家为以色列,由阿拉伯人建立的国家则是巴勒斯坦。巴勒斯坦全称巴勒斯坦国,国民主要信奉伊斯兰教,其中绝大多数为逊尼派穆斯林。巴勒斯坦国土分为约旦河西岸和加沙地带两个地区,彼此互不相连,其中加沙地区的面积较小,与埃及和以色列边境接壤,约旦河西岸则被约旦及以色列包围,更多信息可参见表 8.8.1。

表 8.8.1　巴勒斯坦两地区基本信息

地区	面积(平方千米)	人口	统治势力
约旦河西岸	5 655	2 935 368	法塔赫
加沙地带	365	1 881 135	哈马斯

资料来源:巴勒斯坦中央统计局(PCBS)人口信息,2016 年数据。

巴勒斯坦这种国土分离局面的形成经历了近一个世纪的洗礼。"在最后的国境之后,我们应当去往哪里?在最后的天空之后,鸟儿应当飞向何方?"正如巴勒斯坦民族诗人穆罕默德·达维希的诗中所吟,战乱冲突、经济疲软一直是该国绕不开的话题。政治方面,自1947年联大第181号决议以来,巴以双方的战争和冲突不断,两个民族对同一块土地提出了排他性的主权要求是根本原因。经济方面,邻国以色列2015年人均GDP已达到35 329.5美元,同期巴勒斯坦却仅为2 865.8美元,并伴有高达25.9%的失业率。这种局面的形成少不了该国内部因素和国际社会外部因素的影响。

二、经济发展状况

作为地处欧、亚、非三大洲的交通要冲,巴勒斯坦有着温和的气候和肥沃的土地,国民教育水平普遍较高,经济发展本身潜力巨大。然而受政治、社会、历史和资源条件等多方面的限制,巴勒斯坦经济发展相对缓慢,但并不在贫穷国家之列。

(一)国内经济

从图8.8.1和图8.8.2可以明显看出,1999年至2002年巴经济遭受了严重下挫,这直接源于2000年爆发的阿克萨起义。这次巴以冲突不仅造成大量的人员伤亡,而且使巴勒斯坦经济遭受重创,并带来连续三年的经济严重下行。直至2003年,巴国民生产总值略有增加,世界银行将其原因归结为"暴力程度的降低、宵禁的减少、可预见封锁的增加以及巴勒斯坦商贸对受制约的西岸经济的适应",这正印证了巴经济中以色列因素的深刻影响。人均GDP更能揭示这一现象,2014年的人均GDP只相当于1999年的同期水平。

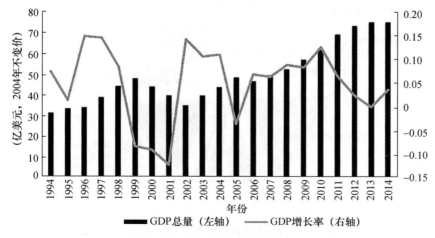

图8.8.1 巴勒斯坦GDP增长情况

资料来源:巴勒斯坦中央统计局。

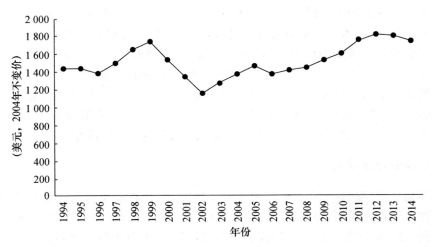

图 8.8.2 巴勒斯坦人均 GDP

资料来源:巴勒斯坦中央统计局。

1. 产业结构

2014 年巴勒斯坦各种经济活动产值占 GDP 的比例如图 8.8.3 所示。在其 GDP 中,服务业所占比重最大。另外由于巴勒斯坦资源匮乏,较少有外商投资,国际资本对该国 GDP 的贡献微乎其微。

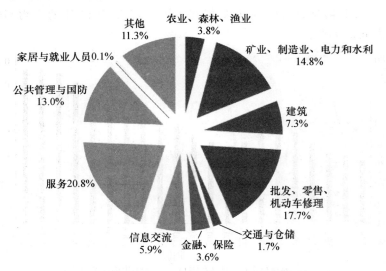

图 8.8.3 巴勒斯坦各经济活动对 GDP 的贡献百分比

资料来源:《Palestine in Figures 2015》,PCBS。

农业方面。巴勒斯坦四季分明,农产品丰富,可耕地面积为16.6万公顷。13.4%的人口从事农业生产。水果、蔬菜和橄榄(油)是巴外贸出口的重要部分,占出口产品的25%。2012年,巴农业总产值达3.3亿美元,占GDP的5%。

工业方面。巴工业水平很低,规模较小,主要是加工业,如塑料、橡胶、化工、食品、石材、制药、造纸、印刷、建筑、纺织、制衣、家具等。2012年,巴工业产值约为14亿美元,约占GDP的19%。截至2013年年底,巴共有各种工业企业5 400余家,外资企业仅25家。

旅游业是巴勒斯坦重要经济支柱。巴气候宜人,有大量的历史文化古迹,旅游资源丰富。

基础设施方面,巴勒斯坦有各类公路5 146.9千米。2000年以后,由于巴以爆发冲突,巴交通建设陷入停滞。2009年后,道路等基础设施建设有所恢复并得到一定发展。1996年巴勒斯坦组建民航机构。2000年9月巴以爆发冲突后,以军摧毁并关闭了加沙机场。巴勒斯坦航空公司属巴民族权力机构所有,总部设在埃及阿里什,现有2架支线客机。

货币方面。巴勒斯坦货币管理局成立于1994年。巴勒斯坦至今未发行本国货币,国内主要流通约旦及以色列货币。

2. 国际援助

国际援助是巴勒斯坦财政收入的主要来源之一。2010年年底,一份来自世界银行的报告认为,巴勒斯坦的经济已经达到建立独立国家水平。然而近两年以来,由于外部财政援助未能及时到位、以色列持续对巴封锁等原因,巴勒斯坦时常出现严重的财政困难。一直以来,美国和欧盟是巴勒斯坦的最大援助方。2011年,由于巴谋求加入联合国,美冻结部分对巴援助,巴全年仅获得9.83亿美元援助,财政缺口巨大。2014年加沙冲突后,加沙重建大会在埃及召开,参会各方承诺将为重建加沙提供54亿美元援助。

除了外国援助之外,巴勒斯坦吸纳的外商直接投资并不多。根据联合国贸易和发展会议的数据,2014年,巴勒斯坦吸纳的外商直接投资金额累计为24.5亿美元,与2013年比较变动甚微。中国在巴勒斯坦的直接投资甚少。

3. 教育概况

教育方面,2015年巴勒斯坦官方给出的各层次受教育人口占总人口的百分比统计数据如图8.8.4所示。总人口中受教育程度达到学士学位及以上的占13%,这些人才是巴勒斯坦社会发展的重要依靠,他们不仅是社会发展的高层次人力资源,也是巴勒斯坦社会不断突破困难,创造经济可持续发展的强大动力。

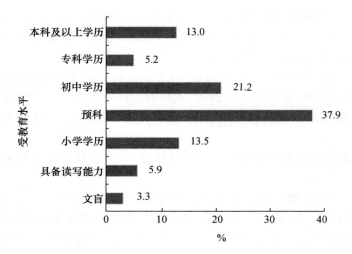

图 8.8.4　巴勒斯坦各教育层次人口占总人口比例
资料来源：巴勒斯坦中央统计局，Palestine in Figures 2015。

（二）影响巴经济发展的因素

同处一片区域，同处战乱之中，为什么巴勒斯坦与以色列两国的经济状况堪称天壤之别？这种特殊局面的形成与以下两点原因关联甚密。

第一，虽地处欧亚非的交叉地区，但比起它的邻国们，巴勒斯坦算不上一个资源丰厚的国家，人们赖以生存的水资源都处于寸土必争的地步。

第二，1967 年，第三次中东战争爆发，以军在短短六天的时间里夺取了巴方约旦河西岸和加沙地带的控制权，巴领土完全被以色列占领，1993 年巴宣布独立后，以色列的占领政策逐步转变为经济封锁。在这前后近 50 年的时间里，以方除了不断在巴方土地上安置"定居点"挤占巴有限的自然资源外，也凭借其经济优势及占领者身份将巴方的经济牢牢把控在自己手中。

资源布局是自然演化的结果，已无法改变，第二个原因却是可以通过巴国自身与国际社会的努力得以突破的地方。

（1）以色列的"定居点"政策

所谓"定居点"就是以色列在占领的巴方领土上建立的犹太人聚居区。这些聚居区主要集中在约旦河西岸地区。政府为那里提供优厚的资源和低廉的房价，并且为居住在聚居区的犹太人提供一定的特权。虽然这些聚居区被国际社会认定为非法，但居民数量却逐年稳增，如图 8.8.5 所示，2014 年"定居点"人口数已近 60 万，占据了约旦河西岸人口的 1/5，这些定居点所侵占的土地不仅包括巴勒斯坦人的住房，巴勒斯坦人的许多耕地也被以色列当局强占并提供给农业定居者。除此之外，那些为定居者修建的道路、水利以及通信等基础设施与生活用品供应基地也毁坏了巴勒斯坦的不少良田。因而有人将这些"定居点"称为新时期的"殖民区"、"屯垦区"。

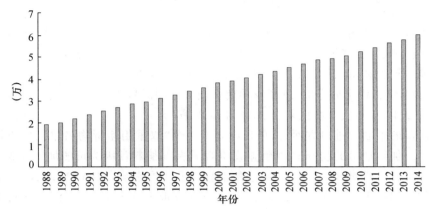

图 8.8.5　以色列"定居点"人口

资料来源：巴勒斯坦中央统计局。

至于中东地区本身就不富集的水资源，双方的争夺则更加激烈。控制约旦河西岸和加沙地带后，以色列当局将水资源的开发与使用权牢牢控制在自己手中。以水井控制为例，以方严格限制巴勒斯坦人挖掘水井的数量和深度，并规定在开掘新井之前必须向占领当局提交申请，但其申请几乎从来不被批准，已有的水井也大多被以色列人控制，这导致巴勒斯坦农民的用水量也受到严格限制，很难满足农业生产之所需，相反定居点则享有普通巴勒斯坦居民 6 至 8 倍的水量。

(2) 以色列的占领政策

自然资源的争夺。根据以色列占领当局的决议，约旦河西岸土地被划分为 A、B、C 三块区域。

以色列大面积的部分是区域 C，它是约旦河西岸面积最大的区划，占据了约总面积的 60%。约旦河西岸的平原地带以及土地上多数的自然资源都集中在此处。以色列最高法院通过的法案规定以色列企业有权开采约旦河西岸的自然资源，但对巴方的开采权却予以限制。

死海地处巴勒斯坦、以色列和约旦的交界处，其中属于巴勒斯坦的部分则完全划归在区域 C 之内。死海中的盐类和矿物十分富集，其最具经济价值的资源是碳酸钾、溴盐和镁。几十年来这些资源一直被以方所开采和利用，该国的跨国企业以色列化工有限公司（ICL）是这片资源最大的开发商。据 ICL 在 2011 年披露的信息，其在死海提炼生产碳酸钾和溴盐的成本普遍低于其他厂商。根据耶路撒冷应用研究所（ARIJ）

在 2015 年发布的报告《以色列占领巴领土对巴造成的经济损失》①估算,2014 年这些资源开采的产值约为 16.42 亿美元,相当于巴勒斯坦当年 GDP 的 12.9%,这对于巴经济而言无疑是一笔巨大的损失。

加沙地带的冲突。加沙由哈马斯控制,过去八年与以色列三度交战,导致失业率攀升,私营领域大幅萎缩,并对当地工业造成极大破坏。2014 年的战争迫使中产阶层逃离家园,导致逾 50 万人离开加沙,触发经济衰退,直接经济损失 27.59 亿美元。2015 年的重建工程十分零散,进度较预期缓慢。据国际货币基金组织估计,加沙经济最快要到 2017 年年底才能恢复至 2013 年度水平。

进出口的限制。进口方面,以色列设立了一个"双重用途货物名单",巴方许多进口至西岸及加沙地带的物资遭到管制,如化学药品与肥料就因为可能加工成为武器而被严格限制。此举对该区的制造业与农业造成了严重影响,据 ARIJ 统计,农业方面的直接与间接损失足有 9 500 万美元,而这项政策带来的全部损失有 2.15 亿美元之多。出口方面,以方对巴勒斯坦的进出口设置了繁琐的程序,使巴勒斯坦的贸易成本陡增。巴勒斯坦货物的通关时间约为以方货物的 2.6 倍②,这些无谓的延误每年带来的机会成本约为 3 885 万美元,故进出口限制每年为巴勒斯坦带来约 2.539 亿美元的损失,占 GDP 的 2%。

第九节　卡　塔　尔

一、地理历史背景

卡塔尔位于阿拉伯半岛中部,油气资源丰富,是世界上重要的石油、天然气生产和出口大国,同时卡塔尔政府也积极进行经济多元化和基础设施建设,2015 年人均 GDP 排名世界第一,全球竞争力居阿拉伯国家及中东国家首位,2006 年亚运会和 2022 年世界杯在此举办。从地理位置看,卡塔尔是一个半岛国家,位于波斯湾西南岸的卡塔尔半岛上,南面与沙特接壤,东、北、西三面环海,陆地面积 1 152 平方千米,海岸线长 550 千米。从历史沿革看,卡塔尔在 7 世纪是阿拉伯帝国的一部分,1517—1776 年先后被葡萄牙、荷兰和英国统治,1846 年萨尼·本·穆罕默德建立了卡塔尔酋长国,1882 年遭英国入侵,直至 1971 年才正式宣告独立。截至 2016 年 8 月,卡塔尔人口突破 240 万,其中卡塔尔公民约占 15%,外籍人口主要来自印度、巴基斯坦和东南亚国家。阿拉伯语为官方语言,通用英语。卡塔尔居民大多信奉伊斯兰教,多数属逊尼派中的瓦哈比教派,什叶派占全国人口的 16%。卡塔尔油气资源丰富,2015 年石油探明

---

① ARIJ, The Economic Costs of the Israeli Occupation for the Occupied Palestinian Territory.
② 巴方 125 小时,以方 49 小时。资料来源:世界银行数据库。

储量 257 亿桶,占世界总储量 1.5%,排名第 12 位;天然气探明储量为 24.5 万亿立方米,占世界总储量 13.1%,仅次于伊朗和俄罗斯位居世界第 3 位。近年来,政府大力投资开发天然气,将其作为经济发展的重中之重,卡塔尔已跃居世界第一大液化天然气生产和出口国。在大力发展能源产业的同时,卡塔尔于 2008 年推出了"2030 国家愿景"规划,大力发展经济多元化。2015 年,卡塔尔全球竞争力居阿拉伯国家及中东国家首位,在全球最富国家和地区排行榜中位列第一。

二、经济发展状况

(一)国内经济

与中东其他产油国类似,丰富的油气资源给卡塔尔带来了长期的经济高速增长。2015 年卡塔尔 GDP 总量为 1 669 亿美元,同比增长 3.6%,人均 GDP 为 74 667 美元,居世界首位。另一方面,卡塔尔政府致力于推动经济多元化发展,并已取得不俗成绩,航空等基础设施、加工制造业、金融、房地产等产业发展迅速,即使是遭遇 2008 年金融危机和近年来的油价大幅下跌,卡塔尔也保持着稳定发展趋势。2014 年年底,非油气领域产值首次超过油气领域,占 GDP 的 50.7%。丰富的油气资源、经济多元化的积极开展、较为完备的基础设施和对外资的特殊优惠政策,使得卡塔尔发展前景看好。2015 年卡塔尔全球竞争力排名第 14,居阿拉伯国家及中东国家首位;标准普尔将卡塔尔长期主权信誉评为"AA",前景稳定。其 GDP 基本情况如图 8.9.1 和图 8.9.2 所示。

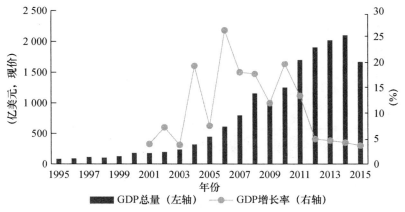

图 8.9.1 卡塔尔 GDP 增长情况

资料来源:世界银行数据库。

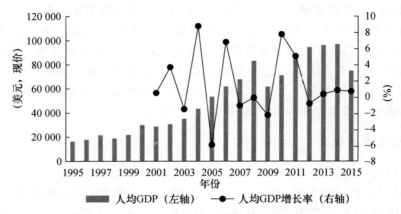

图 8.9.2　卡塔尔人均 GDP 增长情况

资料来源：世界银行数据库。

1. 产业结构

从三次产业结构看，卡塔尔呈现出二产主导、三产壮大、一产贡献微小的态势，如图 8.9.3 所示。2015 年三次产业结构为 0.1∶55.8∶44.1。同典型的油气资源国家类似，卡塔尔的工业在国民经济中占据主导地位，主要为石油和天然气部门、相关工业及能源密集型工业。近年来随着金融服务、房地产、旅游等现代服务业的发展，卡塔尔第三产业比重呈稳中上升趋势。

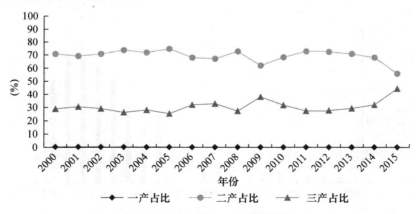

图 8.9.3　卡塔尔三次产业结构

资料来源：世界银行数据库。

从分行业增加值看，如表 8.9.1 所示，2014 年排名国民经济前五位的行业分别是：矿产开采，金融、保险、房地产和商业服务，制造业，政府服务，以及贸易、住宿和零售业。以油气为主的矿产开采业仍在国民经济中占据主导，2014 年占 GDP 比重为

51.1%;金融、保险、房地产和商业服务近年来稳步发展,2014年占比为13.23%;制造业占比10.13%,排名第三;政府服务所占比重不断攀升,由2007年的7.57%上升到2014年的9.56%;贸易、住宿和零售业占比为6.83%。

表8.9.1 卡塔尔分行业增加值占比 （单位:%）

	2007年	2008年	2009年	2010年
农林牧渔	0.11	0.12	0.12	0.12
矿产开采	51.70	54.89	44.80	52.64
制造	9.24	10.69	9.43	8.97
电力和水	0.63	0.49	0.50	0.46
建筑业	5.49	6.48	7.17	6.04
贸易、住宿和零售	7.19	5.58	8.38	6.92
仓储、物流和通信	3.00	3.52	4.55	3.97
金融、保险、房地产和商业服务	14.47	12.29	16.32	13.24
政府服务	7.57	6.28	9.02	8.21
社会服务	1.04	0.82	1.17	0.99
家庭服务	0.54	0.40	0.51	0.41
金融中间品	-2.32	-2.42	-2.85	-2.79
进口税	1.36	0.84	0.87	0.83
	2011年	2012年	2013年	2014年
农林牧渔	0.10	0.09	0.09	0.10
矿产开采	58.11	56.96	54.81	51.09
制造	9.35	10.33	10.02	10.13
电力和水	0.47	0.49	0.54	0.56
建筑业	4.58	4.44	5.22	6.14
贸易、住宿和零售	5.76	5.62	6.19	6.83
仓储、物流和通信	3.43	3.22	3.04	3.27
金融、保险、房地产和商业服务	11.37	11.06	11.83	13.23
政府服务	7.52	8.67	9.15	9.56
社会服务	0.83	0.79	0.89	0.93
家庭服务	0.33	0.34	0.37	0.42
金融中间品	-2.48	-2.49	-2.58	-2.69
进口税	0.53	0.48	0.43	0.44

资料来源:卡塔尔统计局。

作为石油经济国家,卡塔尔的支柱产业是石油天然气石化产业,主要产品有液化天然气、原油、汽油、甲醇等,产品绝大部分供出口,其中液化天然气出口量已跃居世界第一。

金融业是卡塔尔非能源产业中对国民经济贡献最多的部门。2015年卡塔尔银行业资产总额超过3 000亿美元,同比增长9.5%。其中,卡塔尔国民银行(QNB)2015年资产总额达1 470亿美元,连续第五年成为海湾地区最大银行。

卡塔尔航空是卡塔尔交通运输产业实力的体现。成立于1993年的卡塔尔航空,由卡塔尔政府100%控股,已开通约140条国际航线,是全世界7家Skytrax五星级航空公司之一。2015年卡塔尔航空货运量由2014年110.4万吨增长至152万吨,同比增长37.5%,成为世界第三大国际航空货运公司。

近年来旅游业在卡塔尔也发展迅速,便利的航空、良好的住宿和优美的风光对游客极具吸引力。根据世界旅游协会联盟(WTCC)报告,2015年,卡塔尔2015年吸引了293万游客,同比2014年增长3.7%。卡塔尔旅游业带来直接经济收入52亿美元,占GDP的2.8%。

2. 城镇结构

在城镇化方面,由于地域面积狭小、自然条件限制及经济增长,卡塔尔人口基本都分布在城市中,2015年城镇化率达99.2%,如图8.9.4所示。其中,多哈汇聚了全国约95%的人口,卡塔尔的主要城市如表8.9.2所示。

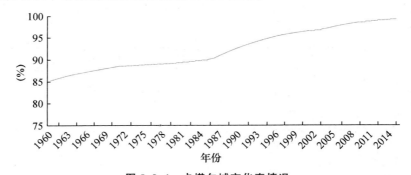

图8.9.4 卡塔尔城市化率情况

资料来源:世界银行数据库。

表8.9.2 卡塔尔主要城市一览

城市	城市描述
多哈	卡塔尔首都,全国第一大城市,政治、经济、交通和文化中心,波斯湾著名港口之一。位于卡塔尔半岛东海岸的中部,人口占卡塔尔全国总人口的95%,建有主要港口和国际机场,现代化的公路网已与国际公路网相连
阿尔拉扬	位于多哈北部10千米处,是首都以外最大的住宅区
阿尔豪尔	海滨城市,位于多哈北部57千米处,有港口和工业城
梅赛伊德	卡塔尔主要工业城市和港口,是石油和烃类产品的出口基地
阿尔瓦克拉	位于多哈和梅赛伊德之间,距离多哈15千米,有一个小型海港
杜坎	位于西海岸线中心,陆上石油生产基地

在交通基础建设上,卡塔尔无铁路,各主要城市之间由现代化公路网相连,全国公路总长为900千米。主要海港有多哈港、乌姆赛义德港和拉斯拉凡港,拉斯拉凡港是世界上最大的处理液化天然气的港口。卡塔尔有5个机场,多哈国际机场有连接欧洲和亚洲的20余条航线。

在公共服务提供上,卡塔尔是高福利国家。全国实行免费医疗,全国有主要医院4所,床位1 100多个,另有医疗卫生中心近20个。同时,政府重视发展教育事业,实行免费教育,为成绩优异的学生提供留学深造机会,并发给奖学金。

(二) 对外经济

卡塔尔也是经济高度外向的国家。如图8.9.5所示,2015年贸易额占GDP比重达90.9%,贸易长期顺差。主要出口产品是石油、液化气、凝析油合成氨、尿素、乙烯等,主要进口产品是机械和运输设备、食品、工业原材料及轻工产品、药品等。主要贸易伙伴有美国、日本及西欧国家。

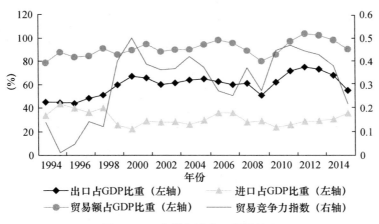

图 8.9.5　卡塔尔进出口贸易情况

资料来源:世界银行数据库。

在对外投资上,卡塔尔依托丰富的外汇储备,在全球寻觅机遇。在投资领域,2014年金融与保险、仓储运输和信息通信以及房地产分别占据38%、32%、19%的份额。至于投资国家,欧盟、海合会和其他阿拉伯国家、亚洲分居前四位。在吸引外资方面,卡塔尔出台了多项外资优惠政策,为外来投资提供了保障和实惠。在行业分布上,制造业吸引到了52%的投资,其次是与油气开发有关的矿石开采(38%),两者共吸收到90%的外来资金;资金来源上,美洲国家、欧盟和美国是卡塔尔外资的主要来源。更多信息可参见表8.9.3和表8.9.4。

表 8.9.3　卡塔尔对外投资的行业和国家分布　　　（单位：10 亿里亚尔）

	2012 年		2013 年		2014 年	
	存量	占比(%)	存量	占比(%)	存量	占比(%)
金融与保险	26.8	27	40.8	36	44.9	38
仓储运输、信息通信	42.6	42	39.5	35	37.0	32
房地产	22.0	22	24.7	22	22.1	19
欧盟	28.6	28	34.2	30	34.0	29
海湾合作委员会	34.5	35	31.6	28	30.5	26
其他阿拉伯国家	7.8	8	19.5	17	20.6	18
亚洲	18.8	19	11.5	10	12.3	11

资料来源：卡塔尔发展规划与统计部官网。

表 8.9.4　卡塔尔吸引外资的行业和国家分布　　　（单位：10 亿里亚尔）

	2012 年		2013 年		2014 年	
	存量	占比(%)	存量	占比(%)	存量	占比(%)
制造业	94.9	59	85.1	56	73.3	52
矿石开采	54.0	33	52.7	35	53.9	38
金融与保险	4.8	3	5.4	4	5.4	4
美洲国家（美国除外）	66.7	41	57.2	38	47.7	34
欧盟	51.8	32	47.5	31	46.5	33
美国	28.0	17	30.6	20	31.4	22
海外合作委员会	7.2	4	7.5	5	6.5	5

资料来源：卡塔尔发展规划与统计部。

第十节　沙特阿拉伯

一、地理历史背景

沙特阿拉伯是中东地区主要大国之一，在地缘政治、石油资源、民族与宗教等方面发挥着多重核心和关键作用，在经济、政治、文化上具有重要的国际影响力，是世界上最大的石油生产国和输出国，经济总量在中东地区排名第一，也是 G20 成员国中唯一的阿拉伯国家。从地理位置看，沙特阿拉伯位于西亚阿拉伯半岛，东濒波斯湾，西临红海，同约旦、伊拉克、科威特、阿联酋、阿曼、也门等国接壤，并经法赫德国王大桥与巴林相接，国土面积 225 万平方千米，海岸线长 2 448 千米。从自然条件看，阿拉伯地势西高东低,大部分土地为不宜居住的沙漠和荒野。除西南高原和北方地区属亚热带地中海型气候外,其他地区均属热带沙漠气候。夏季炎热干燥,最高气温可达50℃以上,冬季气候温和,年平均降雨不超过200毫米。从历史看,沙特阿拉伯最早可追溯至公元7世纪建立的阿拉伯帝国。8世纪阿拉伯帝国进入鼎盛时期,版图横跨欧亚非三洲,11世纪开始衰落,16世纪为奥斯曼帝国所统治。19世纪英国侵入,分裂为汉志和内志两部分。1924年内志酋长阿卜杜勒·阿齐兹·阿勒沙特兼并汉志,1932年统一了阿拉伯半岛,宣告建立沙特阿拉伯王国。2016年全国人口约为3174万,其中沙特公民约占67%,绝大多数居民都是阿拉伯民族,另有少数黑人、印度裔以及突厥人等其他民族居民。沙特是阿拉伯民族的摇篮和伊斯兰教的发源地,伊斯兰教为国教,逊尼派占85%,什叶派占15%,麦加和麦地那均为伊斯兰教圣地。在政治和司法方面,沙特是君主制王国,没有政党和宪法,以《古兰经》和先知穆罕默德的圣训为执法依据。

沙特阿拉伯凭借其独特的地理位置和原油储备资源,成为中东地区的中心。一方面沙特位于欧亚非三大洲结合处的枢纽位置,处于伊朗、伊拉克等国在内的海湾地区和以色列、约旦、黎巴嫩等国在内的黎凡特地区两大中东核心地区的汇聚点,临近霍尔木兹海峡和亚丁湾两大国际重要海上通道,是海湾合作委员会的领导核心。另一方面,沙特油气资源丰富,在国际能源体系中占有举足轻重的特殊地位。原油探明储量2660亿吨,占世界储量的16%,仅次于加拿大居世界第二位。天然气储量8.2万亿立方米,居世界第六位。此外,还拥有金、铜、铁、锡、铝、锌、磷酸盐等矿藏。同时沙特是世界上最大的淡化海水生产国,其海水淡化量占世界总量的20%左右。

二、经济发展状况

(一)国内经济

从经济总量上看,沙特阿拉伯凭借其丰富的油气资源和先进的石化工业,经济得到迅速发展。2015年沙特阿拉伯GDP为20 481.75亿美元,通货膨胀率为4.09%,经济总量在阿拉伯国家中排名第一,其GDP基本信息可参见图8.10.1和图8.10.2。全球竞争力排名第25。人均GDP为20 482美元,远远高于联合国12 736美元的高收入国家门槛,在中东与北非地区排名第一。石油和石化工业是沙特的经济命脉,因而沙特的宏观经济与石油价格波动密切相关。2003年石油价格快速攀升,沙特也随之进入经济发展"快车道",2003—2008年GDP平均增速高达7.1%,2009年受金融危机影响,沙特经济探底,但2010年之后随着石油价格回升、非石油产业表现超出预期、出口增长等一系列利好因素,沙特经济实现稳步增长。

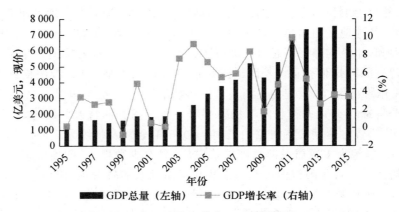

图 8.10.1 沙特阿拉伯 GDP 增长情况

资料来源：世界银行数据库。

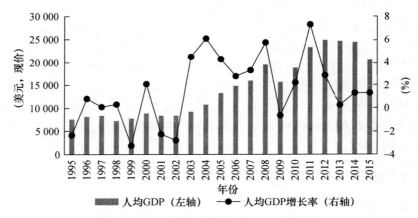

图 8.10.2 沙特阿拉伯人均 GDP 增长情况

资料来源：世界银行数据库。

1. 产业结构

从产业结构上看，如图 8.10.3 所示，近年来沙特产业发展呈现出二产主导地位略有下降、三产发展迅速、一产比重极低的基本态势，2015 年三次产业比重为 2.3：15.9：51.8。以石油和石化工业为主体的第二产业在沙特国内经济中长期扮演主导地位，油价最高的 2008 年，第二产业占 GDP 比重达 66.8%。为摆脱以石油为主的单一经济结构带来的种种弊端，沙特近年来积极扶持钢铁、炼铝、水泥、海水淡化、电力工业、农业和服务业等非石油产业，2015 年第三产业的比重甚至超过了第二产业。此外，由于自然条件的限制，农业和游牧业在国民经济部门中的作用相对较小，2015 年一产占比仅为 2.3%。

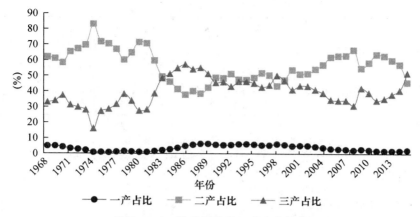

图 8.10.3　沙特阿拉伯三次产业结构
资料来源：世界银行数据库。

从分行业细分情况看，如表 8.10.1 所示，以原油和天然气开采为主的采矿业依然是沙特主导产业，2015 年占 GDP 比重为 25.42%，但其比重近年来逐步下降，一方面是由于石油价格下跌，另一方面也是非石油行业增长较快的结果。政府服务占比排名第二，2015 年占比 18.78%。制造业占国民经济比重位居第三，新世纪以来呈稳中有升状态，其中原油精炼占制造业比重由 2000 年的 30.9% 下降到 2015 年的 17.7%。电力、天然气和水占 GDP 比重长期在 1% 左右波动，这与沙特对水、电和能源进行补贴密切相关，市场化程度不高。农林牧副渔占 GDP 比重一直呈下降趋势，至 2015 年已下降至 2.26%。20 世纪 80 年代以来沙特政府致力于提高农产品自给率，但现阶段谷物自给率只有 20% 多，也是世界上最大的大麦进口国，年均进口约 600 万吨，水果自给率则达到 60%。随着政府产业多元化政策的实施，交通运输、仓储和通信，批发零售和餐馆住宿，金融、保险、房地产和商业服务等服务业在国民经济中发挥的作用越来越大。

表 8.10.1　分行业增加值占比　　　　　　　　（单位：%）

	2000 年	2001 年	2002 年	2003 年	2004 年	2005 年	2006 年	2007 年
农林牧副渔	4.92	5.17	5.08	4.50	3.90	3.22	2.95	2.77
采矿	36.92	33.34	33.32	36.34	39.67	46.47	47.46	47.14
制造	9.61	10.02	10.26	10.66	10.33	9.54	9.60	9.94
电力、天然气和水	1.76	1.90	1.86	1.79	1.65	1.36	1.24	1.19
建筑	5.87	6.25	6.29	5.82	5.52	4.74	4.58	4.77
批发零售和餐馆住宿	6.73	7.21	7.28	6.65	6.87	6.27	6.46	7.08
交通运输、仓储和通信	4.10	4.43	4.49	4.11	4.02	3.54	3.53	3.92

(续表)

	2000 年	2001 年	2002 年	2003 年	2004 年	2005 年	2006 年	2007 年
金融、保险、房地产和商业服务	10.72	11.42	11.54	10.61	10.01	8.80	8.66	8.78
政府服务	16.76	17.90	17.51	17.29	16.01	14.33	13.91	12.85

	2008 年	2009 年	2010 年	2011 年	2012 年	2013 年	2014 年	2015 年
农林牧副渔	2.32	2.85	2.38	1.92	1.81	1.85	1.90	2.26
采矿	52.74	37.83	41.57	48.41	47.65	44.17	39.98	25.42
制造	8.98	10.85	11.04	10.04	9.82	9.96	10.83	12.30
电力、天然气和水	0.94	1.34	1.33	1.13	1.09	1.10	1.15	1.45
建筑	4.09	5.00	4.60	4.26	4.31	4.82	5.41	6.73
批发零售和餐馆住宿	6.84	9.19	8.83	7.88	7.96	8.66	9.43	11.48
交通运输、仓储和通信	3.99	5.52	5.12	4.59	4.52	4.81	5.12	6.30
金融、保险、房地产和商业服务	7.86	10.65	9.24	7.77	8.45	9.67	10.36	12.81
政府服务	10.74	14.98	14.22	12.44	12.70	13.19	13.85	18.78

资料来源:沙特阿拉伯统计局。

工业是沙特第一大产业,其中石油和石化工业是沙特的经济命脉。如图 8.10.4 所示,2015 年沙特原油产量平均为 1 010.8 万桶/日,占 OPEC 比重长期处于 30% 水平,是世界上最大的石油生产国和输出国。丰富的石油资源给沙特带来了丰厚的利润。如图 8.10.5 所示,2015 年,石油部门增加值占 GDP 比重为 27.5%,石油收入占财政收入 72.3%。但石油部门收入受国际油价波动影响甚大,2003—2008 年国际油价持续攀升,沙特石油部门增长迅速,石油部门占比在 2008 年达到 55% 的峰值,但随着近年来石油价格下挫,石油部门波动加大,2015 年油价大幅下跌更使得石油部门占比由上一年度的 42.4% 降至 27.5%,政府财政更是入不敷出,财政赤字占 GDP 比重高达 17.5%。

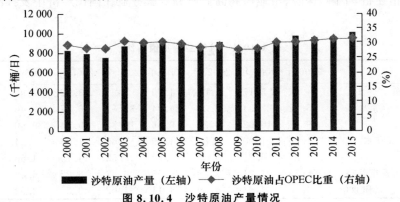

图 8.10.4　沙特原油产量情况

资料来源:OPEC Annual Report (2000—2015)。

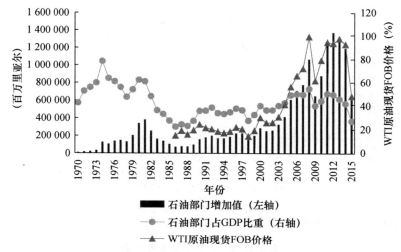

图 8.10.5 沙特石油部门收入

资料来源:沙特统计局;美国能源信息署(EIA)。

近年来,沙特政府充分利用本国丰富的石油、天然气资源,积极引进国外的先进技术设备,大力发展钢铁、炼铝、水泥、海水淡化、电力工业、农业和服务业等非石油产业,依赖石油的单一经济结构有所改观。在能源开采上,2013 年沙特阿拉伯提出新能源发展计划,大力发展太阳能、风能和核能等新能源产业。在矿业上,沙特依托黄金、铁矿、铜矿、铅矿等丰富的矿产资源,加快开发矿业和冶金、炼铝、化肥、建筑材料等产业。2015 年非石油部门占 GDP 比重已达 72.5%。但总的说来,沙特经济结构仍然严重依赖石油,产业升级任重道远。

在基础设施建设上,交通运输方面,公路运输是沙特的主要运输方式,道路总长 14.4 万千米,其中公路总里程为 5.5 万千米,国际公路网与约旦、也门、科威特、卡塔尔、阿联酋、巴林等国相通;共有机场 27 个,包括利雅得哈立德国王机场在内的 4 个国际机场,年运输旅客 1 890 万人次,飞行 55 895 航次,货物运输 38.2 万吨。沙特固定宽带用户约 687 万人,互联网普及率已突破 60%。

2. 城镇结构

在城镇化方面,由于自然条件限制,沙特大部分人口居住在城市中,2015 年城镇化率高达 83.13%,远高于阿拉伯国家和世界同期平均水平,如图 8.10.6 所示。在城市建设上,沙特阿拉伯主要为五大城市:利雅得、吉达、麦地那、达曼和达兰,更多信息可参见表 8.10.2。

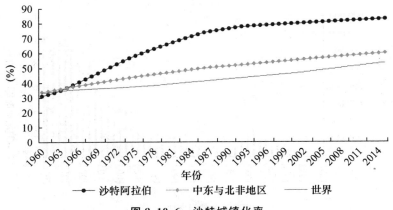

图 8.10.6　沙特城镇化率

资料来源：世界银行数据库。

表 8.10.2　沙特主要城市一览

城市	城市描述
利雅得	沙特第一大城市和政治、文化中心及政府机构所在地，位于沙特中部，人口约710万（2011年），城区面积1 219平方千米
吉达	沙特第二大城市，位于沙特西部海岸，属麦加地区管辖，沙特金融、贸易中心，红海沿岸重要港口，主要有钢铁、水泥和海水淡化等工业
麦地那	伊斯兰第二圣地
达曼	东部省省会城市，石油工业重镇，重要港口
达兰	沙特阿美石油公司总部所在地

（二）对外经济

1. 国际贸易

沙特实行自由贸易和低关税政策，是世界贸易组织、国际货币基金组织、世界银行、阿拉伯货币基金组织、海湾国家合作理事会、泛阿拉伯自由贸易区、石油输出国组织等国际组织成员国。出口以石油和石油产品为主，约占出口总额的85%，石化及部分工业产品的出口量也在逐渐增加。2015年，原油和天然气开采占总出口比重下降至64.3%，而化学制品生产则由2013年的9.3%增加至15.2%。主要进口机械设备、食品、纺织等消费品和化工产品。主要贸易伙伴是中国、日本、美国、印度、韩国等国家和地区。值得注意的是，2015年中国取代美国成为沙特第一大出口对象。2015年，中国占沙特出口总额的12.1%，出口产品主要为石油；占沙特进口总额的14.11%，位居世界第一，其中进口商品前三位分别是手机等无线通信设备、计算机等便携式数据处理设备和空调设备。由于大量出口石油，沙特对外贸易长期顺差，贸易竞争力指数长期为正。然而由于近年来石油价格的剧烈波动，沙特出口有所下滑。世界银行的数据显示,2015 年沙特进出口总额为 4 685 亿美元,出口额为 2 180 亿美元,进口额为 2 505 亿美元,几十年来第一次出现贸易逆差的情况。更多信息可参见图 8.10.7 以及表 8.10.3 至表 8.10.6。

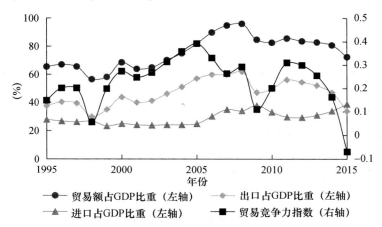

图 8.10.7　沙特进出口贸易情况

资料来源:世界银行数据库。

表 8.10.3　沙特主要进出口国家和地区(2015 年)

排名	进口	出口
1	中国大陆	中国大陆
2	美国	日本
3	德国	美国
4	日本	印度
5	韩国	韩国
6	阿联酋	阿联酋
7	印度	新加坡
8	法国	中国台湾
9	意大利	巴林
10	英国	法国

资料来源:沙特统计局。

表 8.10.4　沙特主要出口产品占比　　　　　　　　　　　(单位:%)

	2013 年	2014 年	2015 年
原油和天然气开采	78.63	73.59	64.32
化学制品生产	9.28	11.18	15.16
焦炭和精炼油生产	6.82	9.22	10.24

资料来源:沙特统计局。

表 8.10.5　沙特主要进口产品占比　　　　　　　　　　　　　　　　（单位：%）

	2013 年	2014 年	2015 年
汽车	14.16	13.69	14.63
机器设备	12.33	11.97	12.01
电子产品	11.89	11.80	9.94
基本金属	9.11	9.40	9.48
食品	8.39	8.70	8.57

资料来源：沙特统计局。

2. 国际投资

从外商直接投资看，由于近几年油价下跌，沙特国内经济增速放缓，FDI 流入呈下降趋势。2015 年沙特的外商直接投资净流入为 81.41 亿美元，占 GDP 比重为 1.26%。与此同时，沙特对外直接投资规模也相对较小，2015 年 FDI 流出为 55.2 亿美元，如表 8.10.6 和图 8.10.8 所示。

表 8.10.6　沙特外商直接投资流入和流出情况　　　　　　　　　（单位：亿美元）

年份	FDI 流入	FDI 流出
2010	292.33	39.07
2011	163.08	34.30
2012	121.82	44.02
2013	88.65	49.43
2014	80.12	53.96
2015	81.41	55.20

资料来源：《世界投资报告 2016》。

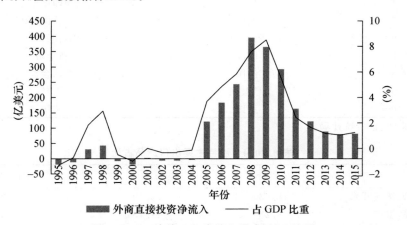

图 8.10.8　沙特 FDI 净流入及占 GDP 比重

资料来源：世界银行数据库。

第十一节 土 耳 其

一、地理历史背景

土耳其是一个横跨欧亚两洲的国家,北临黑海,南临地中海,东南与叙利亚、伊拉克接壤,西临爱琴海,并与希腊以及保加利亚接壤,东部与格鲁吉亚、亚美尼亚、阿塞拜疆和伊朗接壤。土耳其地理位置和地缘政治战略意义极为重要,是连接欧亚的十字路口。但土耳其为欧洲国家,在政治、经济、文化等领域均实行欧洲模式,是欧盟的候选国。宪法规定土耳其为民主、政教分离和实行法治的国家。土耳其外交重心在西方,在与美国保持传统战略伙伴关系的同时加强与欧洲国家的关系。土耳其是北约成员国,又是经济合作与发展组织创始会员国及二十国集团的成员。拥有雄厚的工业基础,为发展中的新兴经济体,也是全球发展最快的国家之一。

土耳其矿物资源丰富。主要有硼、铬、铁、铜、铝矾土及煤等。三氧化二硼和铬矿储量均居世界前列。土耳其森林面积广大,凡湖盛产鱼和盐,安纳托利亚高原有广阔牧场。水力资源亦较丰富,在主要河流的峡谷上筑水坝建水库,发展水电和灌溉事业。土耳其境内有石油及天然气,但产量无法自足,必须从国外进口,但于北安纳托利亚黑海沿岸东色雷斯伊斯肯德伦湾及南安纳托利亚地区近叙利亚及伊拉克边境发现油田,可望使自给率提高。

二、经济发展状况

(一)国内经济

土耳其近年来经济总量迅速扩大,已经成为中东第一大经济体。迅猛的发展势头、良好的发展前景使得土耳其成为继中国、俄罗斯、印度、巴西、南非等"金砖国家"之后又一新兴经济体,其平均GDP实际增长率在2003—2015年间达到4.6%,增速领先于智利、斯洛伐克、俄罗斯、波兰等国家,如表8.11.1所示。更多土耳其GDP信息可见图8.11.1。土耳其在生产农产品、纺织品、汽车、船只及其他运输工具、建筑材料和家用电子产品方面皆居领导地位。近年来,土耳其在私人部门已有显著发展,然而国有企业在工业、银行业、运输及通信产业仍有重要地位。

表 8.11.1 部分国家实际 GDP 年平均增长率(2003—2015) (单位:%)

国家	增长率
土耳其	4.6
智利	4.3
斯洛伐克	3.9

（续表）

国家	增长率
俄罗斯	3.9
波兰	3.7
韩国	3.2
巴西	3.1
罗马尼亚	3.0
南非	3.0
保加利亚	3.0
墨西哥	2.6
捷克共和国	2.5
美国	1.8
匈牙利	1.4
日本	0.7

资料来源：2016年4月国际货币基金组织《世界经济展望》；土耳其统计局。

1. 产业结构

（1）第一产业

土耳其境内的气候类型差异很大。东南部较干旱，中部安纳托利亚高原比较凉爽。一般来说，土耳其的夏季长，气温高，降雨少；冬季寒冷，寒流带来了降雪和冷雨。果园、麦田和水库储有充沛的雨水，葡萄园和海滩有充足的日照。气候多样性使得土耳其的农作物品种极为丰富。这里是世界上主要的烟草、开心果、葡萄干和多种水果蔬菜的重要产地之一。

农业占土耳其国内生产总值的近1/5，如图8.11.2所示，使用一半左右的劳动力。在一般情况下，土耳其的大多数粮食作物可以自给。大部分可耕地用来种植粮食作物，其中小麦和大麦的种植面积最大。经济作物（棉花和烟草）是重要的出口商品。狭窄海岸地区的低地得到大面积灌溉，生产榛子、无核小葡萄和柑橘、柠檬和甜瓜等，也种植蔬菜供应国外市场。在常年长草的牧场，可牧放绵羊、少量的牛和山羊。

（2）第二产业

土耳其工业基础好，主要有食品加工、纺织、汽车、采矿、钢铁、水泥、机电产品、石油、建筑、木材和造纸等产业。制造业使用大约1/10的劳动力，产值占国内生产总值的1/5。尽管生产率低，但由于在当地种植棉花，工人工资也低，纺织业（包括纱线、织物和地毯）仍然是20世纪七八十年代增长迅速的工业。土耳其的石化工业在80年代初发展很快。土耳其已成为中东地区主要的钢铁生产国。工程机械工业也发展迅速。

第八章 西亚与北非地区

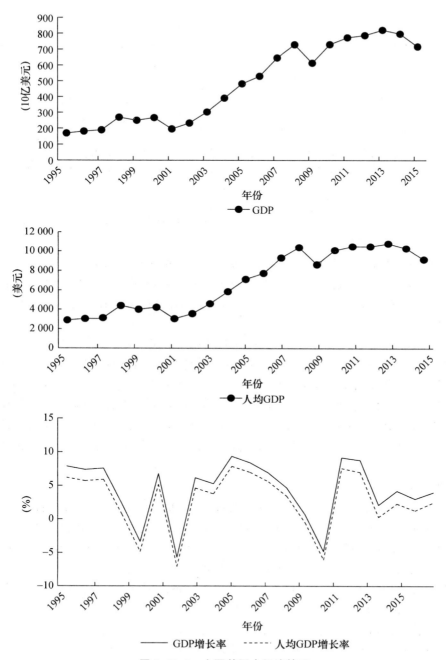

图 8.11.1 土耳其国内经济情况
资料来源：世界银行数据库。

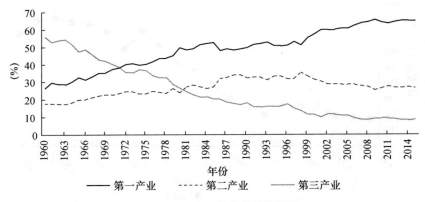

图 8.11.2 土耳其产业结构情况

资料来源:联合国数据库。

土耳其品牌 Beko 及 Vestel 为欧洲最大的家用电子产品与电器制造商,2005 年 1 月,这两个品牌共占有欧洲一半以上的市场。Vestel 电子是欧洲最大的电视机制造商,2007 年占欧洲市场的 21%。土耳其厂商的市场占有率随着土耳其与欧盟签订关税协定而增加。

从 20 世纪 60 年代起,汽车工业成为土耳其经济重要的一环,汽车制造厂多集中于马尔马拉地区,国内众多的汽车及零件公司,使土耳其在全球汽车制造分工链上扮演重要角色。2008 年,土耳其生产了 1 147 110 辆汽车,超越意大利成为欧洲第六大汽车制造国,并排名世界第十五。近年来,在政府大量引进整车制造和本地化生产政策的双重推动下,大批国外汽车生产商在土耳其设立工厂,或与土耳其零部件厂进行技术合作。由于发展迅猛,汽车业正在逐步取代纺织业成为土耳其新的龙头产业。

(3) 第三产业

在 2008 年金融危机中,土旅游业以其廉价、便捷的优势凸显更高的性价比,旅游收入实现逆市增长。2009 年,土耳其共接待游客 3 200 万人次,旅游收入 212.49 亿美元。2010 年,游客数量比 2009 年超出近 300 万人次。2011 年旅游业收入达 230 亿美元,与上年相比增幅达 10.6%。土耳其旅游业的净收入在弥补政府财政赤字、缩小贸易逆差方面发挥了重要作用。作为一个重要的旅游国家,土耳其除发展海滩旅游度假外,还将导入内陆游、生态旅游、健身旅游等。

2. 城镇结构

土耳其城镇化程度较高,近 20 年稳步增长,如图 8.11.3 所示。

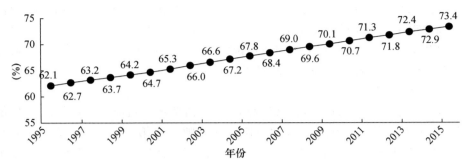

图 8.11.3 土耳其城镇化率情况

资料来源：世界银行数据库。

表 8.11.2 列出了土耳其主要城市的概况。

表 8.11.2 土耳其五大城市

城市	2016 年人口总量	描述
伊斯坦布尔	13 850 000	最大城市和港口,经济中心,欧亚交通要冲
安卡拉	4 970 000	首都,政治、经济、文化、交通贸易中心
伊兹密尔	4 010 000	旅游胜地,军事要塞,工业、商业、外贸、海运中心
布尔萨	2 690 000	旅游胜地,工业中心,汽车工业中心
阿达纳	2 130 000	综合工业中心,土耳其通往叙利亚、伊朗、伊拉克路线上重要的工商业城市

资料来源：World Population Review。

  伊斯坦布尔是全国最大城市,工业、运输、贸易、金融、文化中心,扼黑海出入门户,战略地位十分重要。

  首都安卡拉是全国第二大城市、政治中心。分为新城和老城,老城保留着奥斯曼时代的风貌,以一座小山丘上的古城堡为中心。新城环绕在老城东西南三面,大国民议会和政府主要部门都集中于南面。

  伊兹密尔是土耳其第三大城市,位于安纳托利亚高原西端的爱琴海边,是重要的工业、商业、外贸、海运中心之一,同时也是历史文化名城、旅游胜地和军事要塞。自古该城便是爱琴海沿岸农业区的中心,市区清洁整齐,高楼林立,还保留着众多的名胜古迹。

  布尔萨是土耳其西北部城市,布尔萨省省会,位于乌卢山北麓。在拜占廷帝国统治时,为军事要地。14 世纪,是当时宗教和文化中心。17 世纪,是奥斯曼帝国的三京之一,仅次于伊斯坦布尔的第二大城市。市内有许多伊斯兰教古迹。

  阿达纳是重要的综合性工业中心,有农业机械、棉纺织、人造纤维、烟草、橄榄油、皮革、水泥、木材等产业。人口约 77 万。阿达纳对外交通方便,轮船可自河口直达。有铁路通往地中海沿岸的梅尔辛港、伊斯坦布尔和安卡拉,长期为阿达纳平原农业区的农产品集散地,是安纳托利亚与阿拉伯国家进行贸易的重要场所,是土耳其通往叙利亚、伊朗、伊拉克铁路上的重要工商业城市。

3. 消费与支出

土耳其本地市场日趋扩大,民众消费能力强,消费观念超前。土耳其是世界第 16 大(基于购买力平价)经济体,在人均 GDP 方面则位居第 65 位。更多信息可参见图 8.11.4。土耳其是经济合作与发展组织的创始会员国及二十国集团的成员,还是欧盟海关同盟的一员。

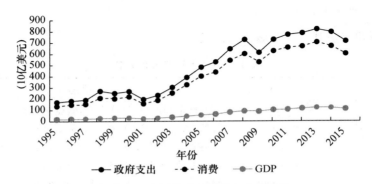

图 8.11.4　土耳其政府消费与支出情况

资料来源:世界银行数据库。

世界银行将土耳其归类为中高收入国家。美国中央情报局将土耳其分类为发达国家,但经济学家及政治学家常将土耳其认定为新兴工业化国家,美林证券及《经济学人》杂志则将其归类为新兴市场。

土耳其政府重点发展能源和交通行业,投资规模巨大。土耳其总统在 2015 年称,2023 年之前土耳其能源项目需要新增投资约 1 200 亿美元。政府在运输系统的投资集中于陆路运输,目前 95% 的乘客和 90% 的货物都是通过公路运输的。同时政府也大力抓铁路建设,计划通过铁路将沿海港口与一些重要省份实现连接。在空运方面,土耳其航空公司是欧洲发展最快的航空公司之一,在 2011—2014 年连续被评为欧洲最佳航空公司。水运方面,因为土耳其北、西、南三面环海,海上运输也颇有竞争力。

4. 人口与劳动力

土耳其居民中 99% 信奉伊斯兰教,大多数属逊尼派。1% 的人口为亚美尼亚东正教、希腊东正教、犹太教、天主教和其他宗教。土耳其劳动力供应十分充足,如图 8.11.5 所示,土耳其有大约一半的人口年龄低于 30.7 岁,劳动力素质也较好。

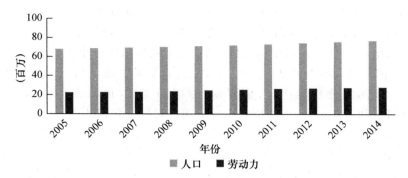

图 8.11.5　土耳其人口情况

资料来源：世界银行数据库。

(二) 对外经济

1. 国际贸易

总的来说，土耳其的进出口贸易相对均衡，其出口贸易主要是在电力、服装、食品、纺织品、金属制品、运输设备等产品方面，而其进口贸易主要是在电力、机械、石油、化学制品、半成品、燃料、运输设备等产品方面。在这些出口贸易所涉及的商品中，农产品和工业产品大致各占一半。土耳其出口贸易主要的合作国为德国、意大利和美国，其中从德国进口大量的机器和设备。

土耳其商务部统计数据表明，如表 8.11.3 所示，土耳其对外贸易额在 2015 年前 9 个月持续减少，货物贸易进出口额为 2 633.0 亿美元，比上年同期下降 11.6 个百分点。其中，出口 1 072.3 亿美元，下降 9.3%；进口 1 560.7 亿美元，下降 13.1%；贸易逆差 488.4 亿美元，下降 20.2%。纵向来看，3 月和 4 月进出口总额达到最高。

表 8.11.3　2015 年 1—9 月土耳其对外贸易月度统计　（单位：百万美元）

时间	总额	同比(%)	出口	同比(%)	进口	同比(%)	差额	同比(%)
2015 年 1—9 月	263 303	−11.6	107 232	−9.3	156 071	−13.1	−48 839	−20.2
其中：1 月	28 778	−9.1	12 302	−0.7	16 476	−14.4	−4 174	−39.2
2 月	29 103	−7.1	12 216	−6.5	16 886	−7.6	−4 670	−10.3
3 月	31 097	−10.2	12 476	−15.1	18 621	−6.5	−6 145	17.4
4 月	31 863	−6.4	13 403	0.3	18 460	−10.7	−5 058	−30.7
5 月	28 943	−16.2	11 080	−19.0	17 862	−14.4	−6 782	−5.6
6 月	30 228	−10.2	11 974	−7.0	18 254	−12.2	−6 281	−20.7
7 月	29 230	−11.9	11 099	−16.6	18 131	−8.7	−7 032	7.3
8 月	27 048	−12.3	11 048	−3.0	16 001	−17.7	−4 953	−38.5
9 月	27 013	−20.5	11 634	−14.0	15 379	−24.8	−3 745	−45.9

资料来源：土耳其商务部。

按国家和地区来看,2015年1—9月土耳其出口贸易额占前四位的国家分别是德国、英国、伊拉克和意大利,其出口额占比分别为9.1%、7.4%、6.0%和4.6%,其中英国涨幅较大,增长6.9%,而对德国、伊拉克和意大利出口则分别下降14.7%、19.7%和8.2%,四国出口共占出口总额的27.1%。进口贸易方面,如表8.11.4所示,占前四位的进口伙伴国分别为中国、俄罗斯、德国和美国,进口占比分别为11.8%、10.1%、10.1%和5.5%,在上述国家中从中国进口较往年基本持平,而从俄罗斯、德国和美国进口则分别下降18.4%、4.3%和11.0%。土耳其对中国、俄罗斯、德国、韩国和美国进出口贸易均为逆差,逆差分别占总额的34.0%、26.8%、12.3%、10.1%和7.9%;而与伊拉克、英国和瑞士进出口贸易为顺差,金额分别为62.1亿美元、38.2亿美元和29.1亿美元,其中对伊拉克贸易顺差下降20.2%,而对英国和瑞士贸易顺差分别增长26.2%和16 420.1%。

表8.11.4　2015年1—9月土耳其主要贸易伙伴进口额　　(单位:百万美元)

国家和地区	金额	同比(%)	占比(%)
总值	156 071	-13.1	100.0
中国	18 409	-0.3	11.8
俄罗斯	15 776	-18.4	10.1
德国	15 756	-4.3	10.1
美国	8 618	-11.0	5.5
意大利	7 861	-12.8	5.0
法国	5 914	-1.4	3.8
韩国	5 337	-2.8	3.4
伊朗	4 792	-36.8	3.1
印度	4 240	-18.9	2.7
英国	4 136	-6.4	2.7
西班牙	4 084	-9.9	2.6
乌克兰	2 633	-17.8	1.7
比利时	2 373	-17.8	1.5
日本	2 225	-4.4	1.4
波兰	2 193	-1.7	1.4

资料来源:土耳其商务部。

按照商品种类来比较,土耳其的主要出口商品为纺织品及原料、机电产品和运输设备,仅2015年前9个月,其出口占比分别为18.2%、14.1%和13.0%,金额为195.3亿美元、151.0亿美元和139.5亿美元,较上年同期下降12.6%、13.0%和7.4%。在上述出口商品主要大类中,贵金属及制品出口额逆势增长56.1%,是所有出口商品大类中唯一实现出口增长的。土耳其的主要进口商品大类为机电产品、矿产品和贱金属及制品,仅2015年前9个月进口额共计822.1亿美元,占进口总额的52.7%。土耳其进口总体呈下降态势,其中主要是矿产品进口额大幅下降,而运输设备进口则逆势增长,增长幅度为19.8%,是唯一的进口实现增长的大类商品。

2. 国际投资

土耳其横跨欧亚两大洲,位于两洲交界处,地理位置优越,港口、机场、公路、铁路等基础设施完善,是区域内产品、服务、人员、技术的重要集散地。土耳其战略性地理位置吸引了许多外国投资者。从流入土耳其的外商直接投资方式来看,以股权投资为主,其次是房地产投资,公司内部贷款方式占比较低,如表8.11.5所示。

表8.11.5 流入土耳其的外商直接投资(按年份统计)　　(单位:10亿美元)

	2011年	2012年	2013年	2014年	2015年
外商直接投资总额(净额)	16 182	13 284	12 384	12 523	16 957
股权投资(净额)	14 145	10 126	9 310	8 315	11 595
公司内部贷款	24	522	25	−113	1 206
房地产投资(净额)	2 013	2 636	3 049	4 321	4 156

资料来源:土耳其共和国中央银行。

据土耳其经济部发布的最新数据显示,2014年度土耳其外资流入净额达到86亿美元,与往期相比增长9.8%;新成立的外资企业2 800多家,共有外资企业40 500余家。这些投资主要分布在制造业、批发和零售、金融业、电力、天然气和水力等行业;投资主要来自德国和英国。此前,土耳其官方表示,由于土耳其储蓄率较低,难以保证每年5%的经济增长计划的兑现,从而吸引外资对土耳其的经济增长相当关键。图8.11.6是土耳其近年吸引外资流量情况。

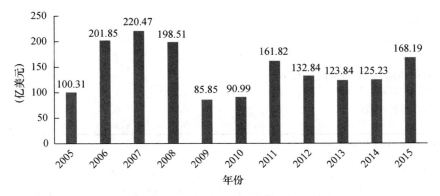

图8.11.6　土耳其吸引外资流量情况

资料来源:世界银行数据库。

从行业分布看,流入土耳其的外商直接投资中,工业行业和服务业占据首要地位,其次是金融及保险行业和制造业。纵向来看,2011—2015年工业行业和服务业投资趋势相同,前四年呈现下降趋势,在2015年有所上升,如表8.11.6所示。

表8.11.6 流入土耳其的外商直接投资(按行业统计)　　　(单位:10亿美元)

	2011年	2012年	2013年	2014年	2015年
农业	32	43	47	61	31
农业、林业和渔业	32	43	47	61	31
工业行业	8 040	5 480	4 757	4 230	5 613
采矿及采石业	146	188	717	365	202
制造业	3 599	4 519	2 209	2 731	4 148
电力、天然气、蒸汽和空调供应业	4 293	773	1 795	1 131	1 261
供水、排水设备、废物管理及整治行业	2	0	36	3	2
服务业	8 064	5 236	5 074	4 285	6 315
建筑业	301	1 427	178	232	83
批发及零售业	707	221	377	1 136	589
运输及仓储业	221	130	364	594	1 524
住宿及餐饮业	122	16	59	24	23
信息及通信服务业	36	133	110	214	150
金融及保险业	5 883	2 084	3 415	1 470	3 588
房地产活动	300	173	128	227	169
专业、科学和技术活动	103	78	87	94	53
行政及支持服务活动	55	234	185	21	42
公共管理与国防、义务社会保障业	0	0	0	0	0
教育	68	60	2	0	0
人类健康和社会工作活动	232	546	106	202	59
艺术、娱乐与休闲	13	81	5	15	23
其他服务活动	23	53	58	56	12
业主家庭的活动:无差别的商品和服务、自用家庭用品生产活动	0	0	0	0	0
域外组织及机构的活动	0	0	0	0	0
总计	16 136	10 759	9 878	8 576	11 959

资料来源:土耳其共和国中央银行。

自1971年中土建交以来,两国关系日益紧密,包括经济贸易等方面的合作发展顺利。中国企业越发看重对土耳其投资,投资热情显著提升,近年来投资流量如图8.11.7所示,其投资广度和深度也逐渐加大,已不仅局限于传统的矿业,而是逐渐向农业、制造业、交通、能源、电信、金融等领域扩展。

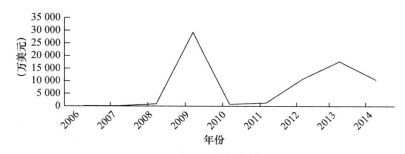

图 8.11.7　中国对土耳其投资流量

资料来源:2014 年《中国对外投资统计公报》。

第十二节　阿塞拜疆

一、经济发展状况

(一) 国内经济

阿塞拜疆是高加索地区三国之一,以丰富的石油资源闻名,更因其地缘战略位置而备受关注。1991 年独立以来,阿塞拜疆依托油气出口,获得高速经济发展。基于此,阿塞拜疆在继续实施石油战略的基础上,倡导"大丝绸之路"计划,努力将自身打造成欧亚大陆的能源、交通和信息枢纽,实现以阿塞拜疆为关键节点的"丝绸之路"梦。图 8.12.1 是阿塞拜疆的 GDP 基本情况,可以看出 1996 年以后,阿塞拜疆 GDP 和人均 GDP 保持正的增长速度,这是因为 1996 年是阿独立以来经济发展的第一个转折点,外资开始大量涌入,投向里海石油天然气资源开发。但 2004 年以前经济总体变化仍然不大,从 2004 年起开始快速增长,2006 年达到最高增速 33%,直到 2015 年则表现出下降的趋势。

1. 产业结构

从三产结构的变化来看,如图 8.12.2 所示,20 世纪 90 年代以来,阿塞拜疆的主要发展策略是发展第二产业,二产发展极为迅速,占比从 90 年代初期的 30% 增加了一倍,达到目前的 60% 多,这实际上与阿塞拜疆立国之初的"石油兴国"发展战略相关,目前,阿塞拜疆石油年产量约 5 000 万吨,天然气年产量约 300 亿立方米,经济借助石油美元保持高速发展。在这个过程中,第三产业的占比有所下降,但整体来看,下降不多,截至 2014 年占阿塞拜疆 GDP 的 35%。在阿塞拜疆发展过程中,下降最明显的是第一产业,从 1990 年的 30% 下降至目前的 10% 以下。

从阿塞拜疆细分经济部门的数据可以看出与三产占比相符的趋势,如图 8.12.3 所示,其大类工业(C—E)可以看作是国内经济的支柱产业,但值得注意的是,工业中制造业(D)的占比很低,基本在 10%,目前似乎还有所下降,这说明了阿塞拜疆的二产

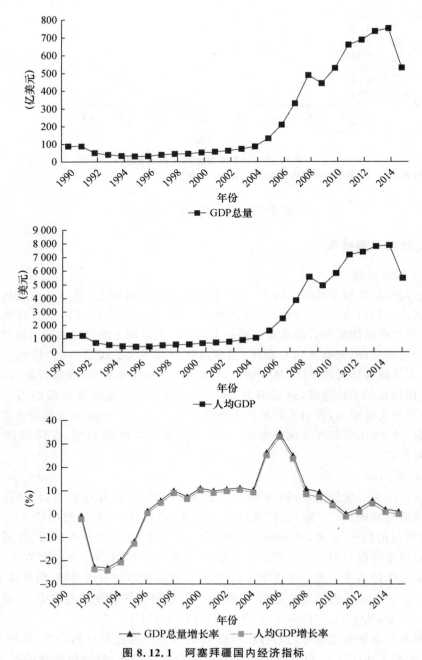

图 8.12.1 阿塞拜疆国内经济指标

资料来源:世界银行数据库。

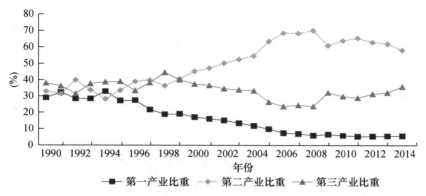

图 8.12.2 阿塞拜疆历年产业结构变化情况

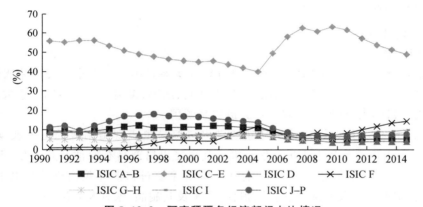

图 8.12.3 阿塞拜疆各经济部门占比情况

基本是依靠较为初级的能源出口,而并非高水平的工业技术水平支撑。同时,阿塞拜疆国内其他行业的发展都差不多,维持在10%左右,但由图中可以看出,阿塞拜疆的建筑业发展极为迅速,从90年代基本为零的状态,发展到目前占国内产出的15%。

2. 城镇结构

阿塞拜疆的城镇化率表现为波动上涨的趋势。如图8.12.4所示,第一个增长阶段为1969年到1988年,城镇化率从49.96%增长到54.09%,第二个增长阶段从1999年至今,城镇化率提高了3.43%。在2000年后全国政局稳定的背景下,其城镇化率逐步提升,直到2015年的54.62%。城镇化水平的变化与经济社会的发展息息相关,可以看到阿塞拜疆经济增长的大波动也影响了其城镇化的进程,GDP表现出负增长的1991年至1996年这一时间段内,城镇化也在不断下降,在经济恢复正向增长后,1999年城镇化率才开始慢慢上升。

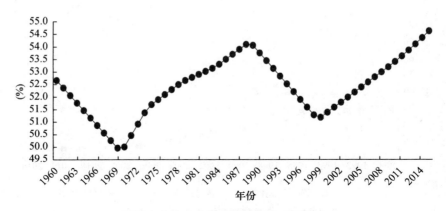

图 8.12.4　阿塞拜疆城镇化率情况

资料来源:世界银行数据库。

(二) 国外经济

1. 国际贸易

阿塞拜疆同 160 多个国家和地区建有贸易关系,2014 年阿前十大贸易伙伴为意大利、德国、印度尼西亚、俄罗斯、以色列、土耳其、法国、美国、英国、泰国。意大利为阿第一大出口目的国,俄罗斯为阿第一大进口来源国。

从图 8.12.5 可以看出,阿塞拜疆的进出口贸易也表现出明显的上下波动趋势,2005 年至今出口贸易额大于进口贸易额。其主要出口商品有原油及其产品、天然气、蔬菜和水果、动植物油、铝及其制品、化工产品。主要进口商品包括机械和电子设备、黑色金属、交通工具及其配件、药品、粮食、原木及其制品、家具及其配件。

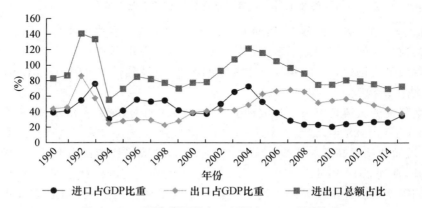

图 8.12.5　阿塞拜疆进出口贸易占 GDP 比重情况

资料来源:世界银行数据库。

图 8.12.6 是阿塞拜疆 1990 年至 2015 年的贸易竞争力指数,2005 年之前,阿塞拜疆在进出口贸易中竞争力较弱,长达 10 年的时间中贸易竞争力指数都为负。2005 年起,阿塞拜疆贸易竞争力逐步提高,2010 年后贸易竞争力指数有所下降,但仍保持为正。

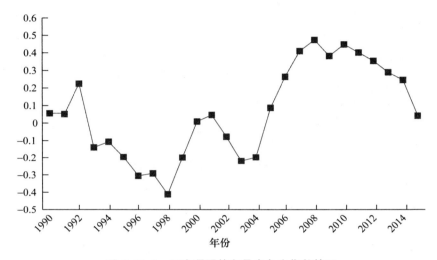

图 8.12.6　阿塞拜疆的贸易竞争力指数情况

资料来源:世界银行数据库。

2. 国际投资

从 1991 年起阿塞拜疆吸引外商直接投资量逐步增加,但 2003 年出现下降趋势,直至 2007 年,外商直接投资降至最低点,变为 47.49 亿美元,之后缓步恢复,如图 8.12.7 所示。2014 年阿塞拜疆外商直接投资存量达到 181.8 亿美元。阿塞拜疆的投资吸引力主要来自其稳定的政局、丰富的油气资源、快速增长的经济、不断改善的投资环境、持续增长的市场需求以及其连接欧亚的地理位置和较好的交通基础设施。投向阿塞拜疆国内的外资主要流向油气开采领域。目前,阿政府鼓励外资投向阿非油气领域,包括农业领域与农产品加工、食品加工、化工产品加工、建材生产、旅游业等领域。

中国对阿塞拜疆各类投资在阿塞拜疆利用外资总额中所占比例很小,但从 2003 年起,中国对阿塞拜疆投资缓步提升,2010 年中国对阿塞拜疆外商直接投资达到 12.38 亿美元,如图 8.12.8 所示。近年来,中阿两国在经济合作领域经过相互接触,了解逐步深入,总体合作程度明显提高,项目规模显著扩大(如中电工电站项目、四川机械进出口公司铝厂项目等),非石油领域合作项目不断增多,合作方式、内容都不断拓宽,华为、中兴都在阿塞拜疆开展业务。

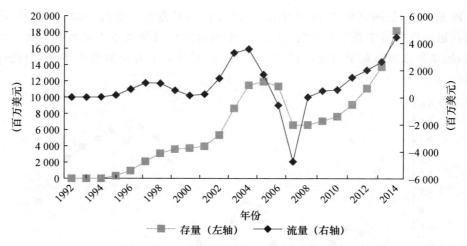

图 8.12.7 阿塞拜疆的外商直接投资情况

资料来源：UNTCD。

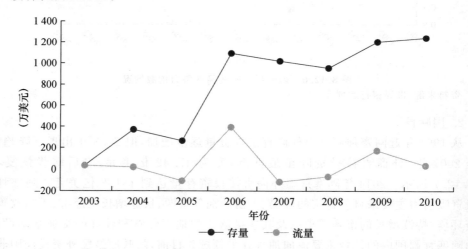

图 8.12.8 中国对阿塞拜疆投资情况

资料来源：中国经济与社会发展统计数据库。

第十三节 亚美尼亚

一、经济发展状况

（一）国内经济

亚美尼亚地处欧亚大陆腹地，是连接欧洲和亚洲交通的运输走廊和重要战略通道，也是连接里海和黑海、东欧和中亚的运输通道。其资源丰富，特别是石油和天然气储量极大。但由于受到地方分离主义、领土问题争端的影响，亚美尼亚的地区形势变得十分复杂。得益于国际货币基金组织、世界银行、欧洲复兴开发银行等国际金融机构及俄罗斯的帮助，亚美尼亚经济经历了一个长期高速增长的时期，如图 8.13.1 所示，其 GDP 总量从 1992 年的 12.73 亿美元增长到 2008 年的 116.62 亿美元。由于亚美尼亚对俄罗斯的依赖程度较高，在 2008 年美国次贷危机后，亚美尼亚经济下滑十分严重，GDP 总量下降了 13.89%，一度造成了国内形势的紧张。但由于亚美尼亚国内社会平均受教育程度较高，其经济在经历危机后可以较快恢复，2010 年 GDP 总量增长率恢复为正，开始缓慢增长。

1. 产业结构

从三产的结构来看，如图 8.13.2 所示，在近 20 年内，亚美尼亚的第一产业持续下降，从 1993 年最高的 50% 一直下降到目前的 20%，近十年都稳定在这个比例上。二产的发展波动较大，先是从 1995 年之后上升到 2005 年的 45% 左右，然后近十年又开始下滑，目前占国内产出的 30% 左右。第三产业则发展较好，从 1994 年之后基本维持了上升的趋势，占比从 1994 年最低的 20% 发展到目前的 50%。

从分行业的数据来看，如图 8.13.3 所示，亚美尼亚的制造业（D）和采矿业是工业产值的主要组成部分，建筑业（F）是亚美尼亚的支柱产业，自 1990 年以来发展迅速，但是受到全球经济危机影响，建筑业受到较大的冲击，近两年已经下降了 10 个百分点。同时，亚美尼亚餐馆旅馆、零售批发业（G—H）发展较为平稳，目前占到国内产出的 13% 左右。

2. 城镇结构

亚美尼亚的城镇化水平较高，如图 8.13.4 所示，从 20 世纪 60 年代起，其城镇化率逐年攀升，1988 年达到 67.71%。此后开始缓慢下降，这与苏联解体带来的社会形势不稳、经济发展动荡有关。亚美尼亚社会受教育程度很高，在苏联各加盟共和国中每千人接受高等教育的人数比例最高，其教育水平与众多发达国家水平相当。以 15 岁以上人口的识字率为例，20 世纪 80 年代末 90 年代初时，亚美尼亚的成人识字率就达到 98.75%，而同阶段中高收入国家的成人识字率仅有 79.93%；2010 年，高收入国家的识字率为 98.67%，而亚美尼亚 2011 年这一比例为 99.74%，仍保持高于高收入国家平均水平。同时，1991 年以前，亚美尼亚集中了苏联绝大部分的信息技术产业和庞大的专业人才队伍，亚美尼亚在科学和知识的创新、引进及推广能力方面处于世界平均水平之上。因而，虽然受到社会动荡的影响，亚美尼亚城镇化率下降并不显著，从 67.71% 的最高值下降到 2015 年的 62.67%。

一带一路 | The Belt and Road
区域与国别经济比较研究

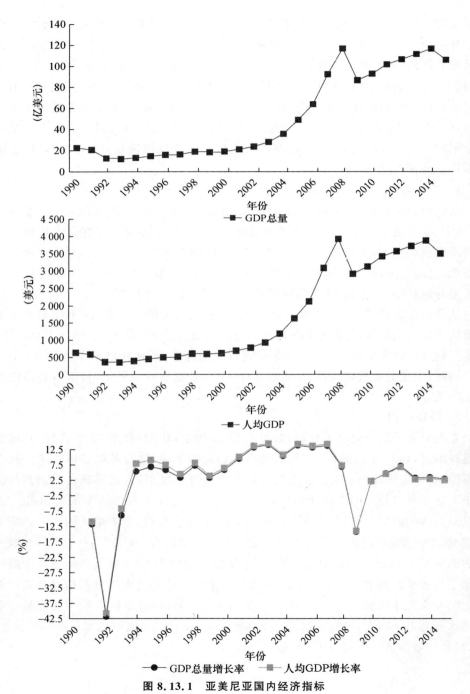

图 8.13.1 亚美尼亚国内经济指标

资料来源:世界银行数据库。

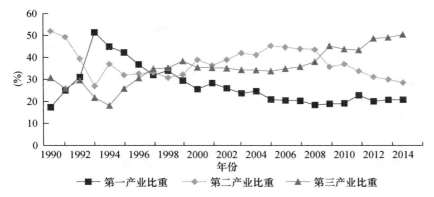

图 8.13.2 亚美尼亚产业结构变化情况

资料来源：世界银行数据库。

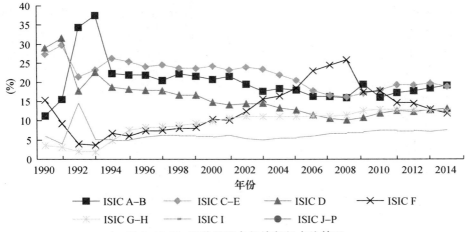

图 8.13.3 亚美尼亚各经济部门占比情况

资料来源：世界银行数据库。

(二) 对外经济

1. 国际贸易

亚美尼亚同 130 多个国家和地区建立外交关系，其主要贸易伙伴为俄罗斯、中国、德国、保加利亚、乌克兰、荷兰、比利时、美国、英国、伊朗、阿联酋等。从图 8.13.5 可以看出，亚美尼亚进口比重从 1997 年后保持相对稳定的水平，其出口比重 2008 年受美国次贷危机的影响略有下降，之后又缓慢上升。为了发展及扩大贸易，亚美尼亚于 2015 年 1 月 2 日加入以俄罗斯为首的欧亚经济联盟 (EAEU)，成为第四个成员国。除俄罗斯外，其他成员国为哈萨克斯坦、白俄罗斯和吉尔吉斯斯坦。自此，亚美尼亚产品可自由进入人口超过 1.7 亿的欧亚经济联盟单一市场。从 1990 年至今，亚美尼亚

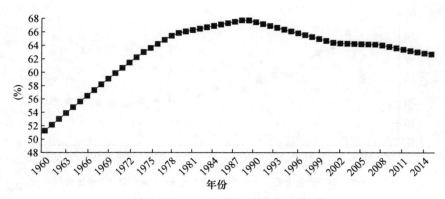

图 8.13.4 亚美尼亚城镇化率情况

资料来源:世界银行数据库。

的进口额始终大于出口额,贸易表现为逆差。但进出口总额占 GDP 比重有所下降,可以看出其外贸依存度下降。亚美尼亚主要出口产品为宝石及其半加工制品、食品、非贵重金属及其制品、矿产品、纺织品、机械设备等;主要进口产品为矿产品、食品、化工产品等。

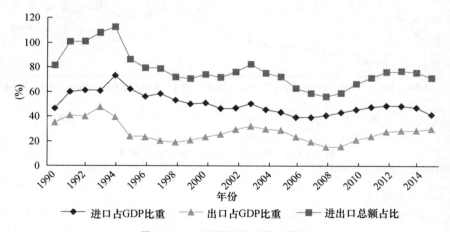

◆ 进口占GDP比重　▲ 出口占GDP比重　■ 进出口总额占比

图 8.13.5 亚美尼亚进出口情况

资料来源:世界银行数据库。

图 8.13.6 是亚美尼亚 1990 年至 2015 年的贸易竞争力指数,由于亚美尼亚始终是贸易逆差,其贸易竞争力指数小于零,可见亚在对外贸易中的竞争力较弱。但这二十多年间,尤其是 2009 年以后,亚美尼亚贸易竞争力指数逐渐趋近于零,竞争力缓步提升,2015 年其贸易竞争力指数为 -0.16。

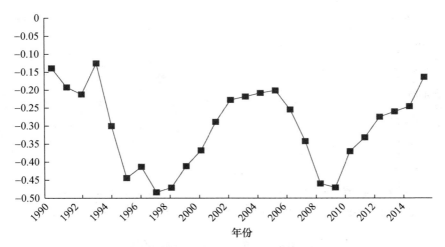

图 8.13.6 亚美尼亚贸易竞争指数

资料来源：世界银行数据库。

中国近年来逐年加强同亚美尼亚在经济、贸易和政治领域的合作关系,从 2009 年起中国成为亚美尼亚第二大贸易伙伴。据中国海关统计,2015 年中亚双边贸易额为 3.3 亿美元,同比增长 13.9%。其中,中国对亚出口 1.14 亿美元,同比下降 7.5%,中国自亚进口 2.17 亿美元,同比增长 29.5%。中国向亚美尼亚出口的商品主要有移动和固定通信器材、计算机及部件、钢材、毛皮制品、家具及备件等;自亚美尼亚进口商品主要有铜及铜精矿、酒类产品和钻石产品等。

2. 国际投资

为吸引外商投资,亚美尼亚政府实施投资优惠政策,包括对投资项目所进口的货物延期缴纳增值税,以及为期 5 年的"祖父条款"安排,即法例如有修订,容许外商投资者选择使用旧法或新法,为期长达 5 年。如图 8.13.7 所示,从 1992 年起,亚美尼亚吸引外资水平逐步提升,在 1998 年至 2003 年有所下降,之后又快速增长,2008 年达到最大值 9.44 亿美元,随后受美国次贷危机的影响,吸引外资水平又逐年下降。根据亚美尼亚国家统计局发布的最新统计数据,2015 年前三季度,瑞士成为亚最大的投资来源国,德国和卢森堡分列第二和第三名。

中国对亚美尼亚的投资规模相对较小,如图 8.13.8 所示,截至 2010 年年末的直接投资存量约为 132 万美元。截至 2016 年亚美尼亚有 5 家中资企业[①],分别为华为科技公司、中兴通讯公司、中国水电建设集团国际工程公司、西安西电国际工程有限责任

---

① 中国驻亚美尼亚大使馆经济商务参赞处:《亚美尼亚中资企业》。

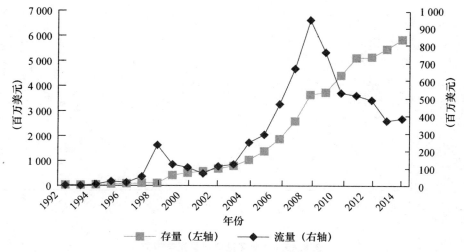

图 8.13.7 亚美尼亚外商直接投资情况

资料来源：UNCTAD。

公司和方恩医药发展有限公司,其中华为、中兴的产品技术服务项目投入运营,其余公司基本处于前期准备阶段。据中国商务部统计,2014 年中国企业在亚美尼亚新签承包工程合同一份,新签合同额 1 011 万美元,完成营业额 857 万美元。中国在亚美尼亚承包的工程主要集中在电站、通信领域。目前也有大型国有企业正在积极跟踪公路、铁路、电站等工程项目。这些项目多数为世行、亚行等国际金融机构或亚政府贷款项目。

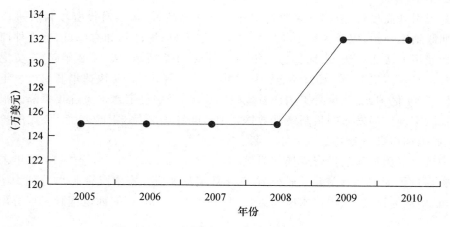

图 8.13.8 中国对亚美尼亚投资存量情况

资料来源：中国经济与社会发展统计数据库。

第十四节 格鲁吉亚

一、地理历史背景

格鲁吉亚位于外高加索中西部,地处欧亚交界,北接俄罗斯,东南和南部分别与阿塞拜疆和亚美尼亚相邻,西南与土耳其接壤。格陆地国际边界总长1461千米,其中与俄罗斯723千米、亚美尼亚164千米、阿塞拜疆322千米、土耳其252千米。国土面积6.97万平方千米,80%为山地、山麓或山前丘陵地带,50%国土在海拔1000米以上。格鲁吉亚自然资源较为丰富,主要有森林、矿产和水力资源等。格森林面积占国土面积的38.5%,木材总储量4.2亿立方米。矿产资源主要有锰、铜、铁、铅、锌等,其中有世界闻名的"齐阿土拉"锰矿区,该矿探明锰矿储量2.34亿吨,可开采量1.6亿吨。格鲁吉亚水力资源丰富,矿泉水闻名独联体及中东欧国家。拥有大小河流319条,水电资源理论蕴藏量1560万千瓦,是世界上单位面积水能资源最丰富的国家之一。

二、经济发展状况

(一)国内经济

格鲁吉亚在国际货币基金组织、世界银行和欧美国家指导及援助下,致力于推进经济改革,降低各种税率及关税,加快结构调整和私有化步伐,改善基础设施和投资环境,以增加吸引外资。格鲁吉亚经济保持良好发展态势,通过提高部分税种税率及加快私有化等方式增加财政收入。同时,推进与欧盟FTA和美国超普惠制待遇的谈判,利用国际援款和贷款加快基础设施建设,以拉动经济发展、打造欧亚运输走廊。

受2008年格俄战争和国际金融危机影响,2009年经济环境恶化,外贸额明显下降,外商直接投资大幅减少。2010年以来经济形势好转。2015年国内生产总值为147.7亿美元,同比增长2.88%。同期人均GDP达3973美元,处于中低收入国家水平,可参见图8.14.1。

1. 产业结构

如图8.14.2所示,从三产的结构来看,在1990年之前,格鲁吉亚三产结构一直较为稳定,其中第二产业和第三产业的比例接近,都在35%—40%范围内波动,第一产业维持在25%左右。1990年之后,格鲁吉亚的产业结构发生了较大的变化,其中,第一产业先是迅速增加,然后又快速下降,到目前为止,稳定在10%左右;第二产业也发生了较大的下滑,从1990年之前的40%下降到目前的25%左右,而第三产业快速增长,截至2014年,已经占据格鲁吉亚国内产出的70%左右。

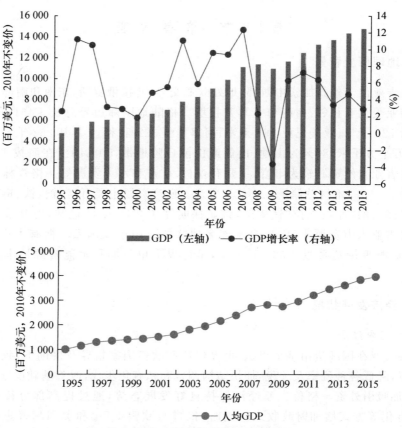

图 8.14.1 格鲁吉亚国内经济指标

资料来源：世界银行数据库。

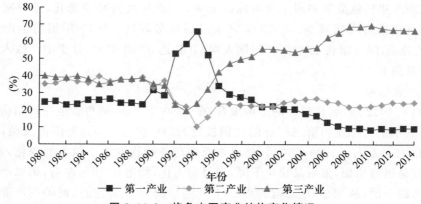

图 8.14.2 格鲁吉亚产业结构变化情况

资料来源：世界银行数据库。

从格鲁吉亚分项的经济部门数据来看,如图8.14.3所示,首先,格鲁吉亚的农林牧渔业(A—B)在1991年之后出现了较大的波动,然后开始平稳地下降,到目前占格鲁吉亚国内总产出的10%左右。从图中可以看出,酒店、零售业务(G—H)是格鲁吉亚产出的重要部分,基本在25%上下波动。从大类的工业(C—E)来看,格鲁吉亚的工业主要为制造业(D),制造业占比基本与大类工业的占比相近,且波动也基本完全一致。从图中也可以看出,自1990年之后,格鲁吉亚的建筑业(F)也开始迅速发展,从基本为零的状态上升到10%左右。

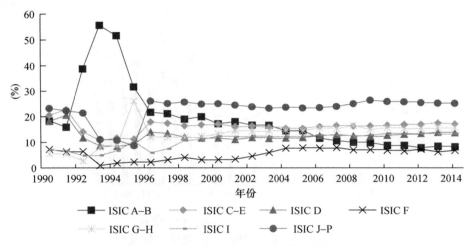

图 8.14.3　格鲁吉亚各经济部门比例

资料来源:世界银行数据库。

2. 城镇化率

格鲁吉亚城镇化率较高,一半以上人口来自城市,且自2003年后,该比率仍在上升,如图8.14.4所示。首都第比利斯,是全国政治、经济、文化和教育中心。其他主要经济中心城市有:巴统、库塔伊西、波季和鲁斯塔维等。

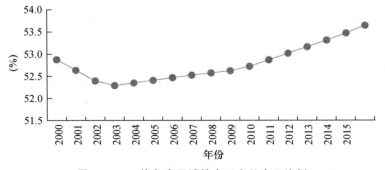

图 8.14.4　格鲁吉亚城镇人口占总人口比例

(二) 对外经济

1. 国际贸易

截至 2015 年,格鲁吉亚对外贸易基本呈增长趋势,只是 2008 年金融危机后,有较为明显的下滑。2009 年后,对外进出口贸易都增长。2014 年货物和服务进口贸易达到近 20 年的峰值 99.8 亿美元,出口达 70.8 亿美元。2015 年进出口都有小幅下滑,进口占 GDP 比重高于出口,更多信息可参见图 8.14.5。格前十大贸易伙伴依次是土耳其、阿塞拜疆、乌克兰、中国、德国、俄罗斯、美国、保加利亚、亚美尼亚和意大利。

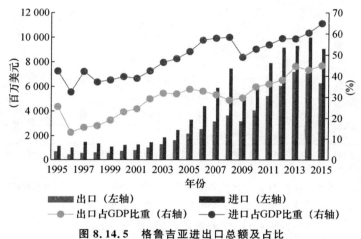

图 8.14.5　格鲁吉亚进出口总额及占比

2. 国际投资

格鲁吉亚吸引投资总额较低,但稳步增长,如图 8.14.6 所示。格鲁吉亚一直致力于改善投资环境,从而增强对外资的吸引力,被世界银行连续多年评为经济改革先锋。具体来说,格鲁吉亚具备一定的投资优势:地处欧亚之间优越的战略地理位置,并拥有黑海波季、巴统两个港口;相对稳定的宏观经济环境;有竞争力的贸易制度;低税赋;世界领先的自由劳动就业制度;简化的执照和许可程序;积极的私有化政策;自由的金融体制和政府坚决打击腐败的措施等。①

据格鲁吉亚国家统计局统计整理,阿塞拜疆为格鲁吉亚最大投资来源国,对格投资 5.5 亿美元,占格吸引外国投资总额的 35%。其次是英国和荷兰,投资额分别为 3.86 亿美元和 1.55 亿美元。中国为其第六大投资来源国,对格直接投资 6 700 万美元。交通通信业为外国最大投资领域,投资额 5.85 亿美元,占格吸引外资的 37%;其

---

① 中国驻格鲁吉亚大使馆经济商务参赞处同,《格鲁吉亚投资吸引力》。

次是金融业和社会卫生业,投资额为 1.79 亿美元和 1.40 亿美元,分别占比 11% 和 9%。

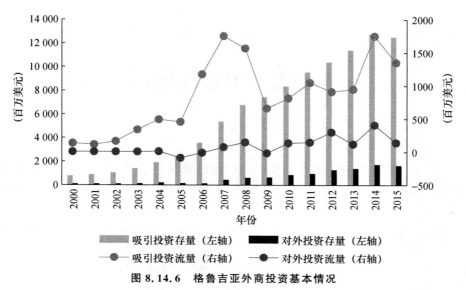

图 8.14.6　格鲁吉亚外商投资基本情况

第九章　中东欧地区

"一带一路"东欧区域包括俄罗斯、乌克兰、白俄罗斯、摩尔多瓦、波兰、捷克、斯洛伐克、匈牙利、罗马尼亚、保加利亚十个国家,东欧地形单一,除了俄罗斯横跨欧亚大陆以外,大部分东欧国家都位于东欧平原。

东欧国家历史上大多与苏联有着密切联系,自第二次世界大战以后,大部分东欧国家就被苏联吞并或成为苏联的附庸国,在经济上采用社会主义的计划经济并由共产党执政。大多数东欧国家主体民族为斯拉夫民族,包括俄罗斯、白俄罗斯、乌克兰、波兰、捷克、斯洛伐克。东欧国家宗教多元,包括天主教、东正教、伊斯兰教等,但多数信奉东正教,如保加利亚、俄罗斯、白俄罗斯等。

相比于拥有漫长航海线的西欧和北欧,东欧的经济发展一直处于欧洲的中下游位置,其海岸线有限且不适宜远洋。东欧剧变后,东欧西部尤其是波兰、匈牙利、捷克较早完成了计划经济到市场经济的转型,很快走出了低潮期,比如,匈牙利早在1997年,其经济体制转轨就基本完成,市场经济体制确立,并在1998年完成土地私有化改革,虽然在2009年由于金融危机的影响,匈牙利GDP下降了6.5%,但匈牙利实施了危机处理措施,并快速走出困境,2015年GDP增长2.94%,成为欧盟中经济复苏较快的国家之一。与东欧西部成功经济转型国家不同的是,东欧东部国家经济发展缓慢,以白俄罗斯、乌克兰、南联盟为代表的东欧东部国家自东欧剧变以来经济发展一直遇到阻挠。

由于地处温带大陆性气候,常年气候温和,雨水充沛,因此东欧国家往往拥有丰富的农业和矿产资源,以捷克为例,截止到2013年,捷克农业用地面积为4.22万平方千米,占总土地面积的54.62%,其主要出口的产品有大麦、猪肉、奶制品、啤酒花等;由于东欧国家土地面积广阔,蕴含丰富的能源和矿产资源,这些资源在其出口名单中名列前茅。以俄罗斯为例,2014年中国对俄罗斯投资6.34亿美元,主要投向矿产资源、能源、建筑、家电、通信与服务等行业,主要进口商品为原油及成品油、铁矿砂及其精矿、煤、木材等。

东欧国家的城市化水平普遍较高,但增长乏力且分布不均衡。以乌克兰为例,其 2001 年的城镇人口已经达到 67.2%,城镇化水平较高,但分布并不均匀,存在着严重的东西部差异,以乌克兰第聂伯河为界划分为东西部,东部地区是工业基地,西部则以农业和服务业为主,东部占经济总量的 2/3,成为国家经济的顶梁柱。再比如斯洛伐克,早在 90 年代初,其城镇化水平就超过了 50%,但是近 20 年来该国城镇化水平不仅没有提升,反而有小幅下降,其首都布拉迪斯拉发占据一半以上人口。再比如罗马尼亚,2015 年其城市人口所占比例约为 56.4%,农村人口所占比例约为 43.6%,其中布加勒斯特占据人口总量的 1/5。

由于东欧国家大多为苏联国家或附属国,其对华关系较为融洽,经贸互动紧密。以匈牙利为例,其致力于成为亚欧贸易桥梁,视中国、俄罗斯、印度为经济外交重点。再如白俄罗斯,中国是最早承认白独立的国家之一,是白第三大贸易伙伴,也是白在亚洲最大的贸易伙伴。

第一节 捷 克

一、地理历史背景

捷克斯洛伐克共和国成立于 1918 年 10 月 28 日,1991 年改名为捷克和斯洛伐克联邦共和国,前身是斯拉夫人向西迁到斯洛伐克地区后建立的大摩拉维亚帝国。次年的最后一天,捷克和斯洛伐克联邦共和国走向解体。在解体后的第二天(1993 年 1 月 1 日),捷克斯洛伐克分裂成捷克、斯洛伐克两个独立主权国家。捷克地处中欧北温带,是典型的温带大陆性气候,由 14 个州组成,首都布拉格与奥地利、波兰、德国等国接壤。捷克气候湿润气候分明,年平均降水量是 600 毫米左右。该国官方语言是捷克语,罗马天主教是主要宗教,其中 90% 以上都是捷克族,还有少量的德意志族、斯洛伐克族、吉普赛人、波兰族。

捷克有非常丰富的矿物资源,硬煤、褐煤和铀矿的贮藏非常丰富,褐煤储量世界第三,硬煤储量欧洲第五。但是其铁矿、天然气、石油却必须依赖进口。捷克的森林面积大约占总国土的 34%,在该国著名的伏尔塔瓦河上建有多座水电站。

二、经济发展状况

(一)国内经济

2006 年,世界银行将捷克正式确定为发达国家。捷克曾于 1958 年、1965 年、1976 年进行了三次经济改革,前两次均以失败告终。20 世纪 60 年代末,捷克第二次经济改革失败,加之国际市场震荡,捷克的经济低迷,1976 年,捷克再次实施经济改革。目前,捷克已经进入了经济结构转轨的后期,21 世纪以来,除 2009 年受金融危机影响外,经济出现了稳定的增长。2014年捷克GDP为2 121亿美元(2010年不变价美元),较上年增长1.98%。2015年GDP为2 211亿美元(2010年不变价美元),同比增长4.2%,如图9.1.1至图9.1.3所示。截至2016年5月底,通胀率0.4%,失业率4.9%。

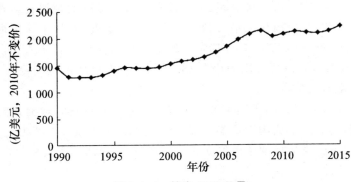

图9.1.1 捷克GDP总量

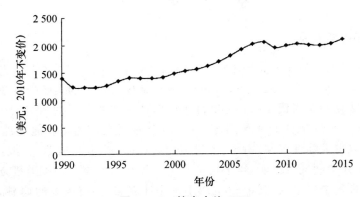

图9.1.2 捷克人均GDP

1. 产业结构

(1) 第一产业

捷克是典型的温带大陆性气候,常年气候温和,雨水充沛。20世纪90年代,捷克进行了土地所有制改革,有效提高了土地利用率。21世纪后,捷克实施农业企业现代化与转轨、农业现代化改革,大规模提高了农业生产效率。截止到2013年,捷克农业用地面积为4.22万平方千米,占总土地面积的54.62%。2015年捷克农村人口为284万,占总人口的27%,农业就业人数占总就业人数的2.38%。捷克主要粮食作物为谷物、豆类和马铃薯,甜菜是其主要的经济作物,2013年产量为374.4万吨,更多信息可见表9.1.1和表9.1.2。与捷克进行农业进出口贸易的国家为德国、斯洛伐克、波兰、奥地利、意大利、匈牙利、荷兰、中国等。捷克主要出口农产品为大麦、猪肉、奶制

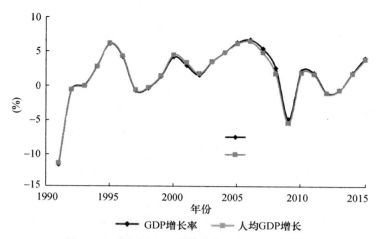

图 9.1.3 捷克 GDP 增长率与人均 GDP 增长率

品、啤酒花,主要进口农产品为大米、蔬菜、水果和坚果、植物油、鱼类、非酒精饮料、烟草、咖啡等。

表 9.1.1　2011—2013 年捷克主要农牧产品产量

	2011 年	2012 年	2013 年
甜菜(万吨)	389.9	386.9	374.4
马铃薯(万吨)	80.5	66.2	53.6
牛肉(万吨)	17.0	17.1	16.4
猪肉(万吨)	33.0	29.1	29.9
禽肉(万吨)	21.6	23.9	22.8
奶(百万升)	2 664	2 741	2 775
蛋(百万个)	1 272	1 150	1 233

表 9.1.2　2011—2013 年捷克主要农畜存栏数

	2011 年	2012 年	2013 年
牛(万头)	134.4	135.4	135.3
猪(万头)	174.9	157.9	158.7
羊(万只)	20.9	22.1	22.1
马(万匹)	3.1	3.3	3.4
家禽(万只)	2 125.0	2 069.1	2 326.5

资料来源:2014 年捷克统计年鉴。

(2) 第二产业

在奥匈帝国时期,捷克是重要工业区,拥有近70%的工业。传统工业部门为机械制造、机床及动力设备、化工、纺织汽车、船舶、军工、轻纺等部门。第二次世界大战后,捷克调整了原有工业结构,将发展重点放在钢铁工业、重型机械工业等重工业上。1993年,捷克和斯洛伐克联邦解体后,捷克主要生产钢坯和线材。20世纪90年代末,捷克经济低迷,钢铁行业出现下滑,捷克对该行业进行改革:一方面关闭生产效率低下的工厂,另一方面进行技术改革实现现代化,钢铁行业得到了稳定发展。汽车制造业是捷克的特色产业,具有较高的经济效益和出口能力,2003年销售收入达到了114亿美元,居制造业之首。2015年,工业总产值在国民经济中的占比为38.1%,更多信息可参见表9.1.3。

表 9.1.3　2011—2013年捷克主要工业产品产量

	2011 年	2012 年	2013 年
电(亿度)	876	875	870
净煤(万吨)	5 790	5 397	4 898
钢板(万吨)	146.1	153.2	154.7

资料来源:2014年捷克统计年鉴及经济公报。

(3) 第三产业

第三产业现在已经成为捷克国民经济的主导产业、支柱产业。2015年,第三产业生产总值占国民经济的比重为59.5%。21世纪以来,捷克政府将投资重点放在高新技术制造业、商业支持服务、研发中心上,对上述产业有一定的政策倾斜,推动第三产业向高附加值服务业转变。普华永道曾发布指数报告表示,捷克的服务业部门对外资吸引力指数为56,在新兴市场20强中排名第四。①

近年来,旅游业也是捷克经济收入的重要来源。2013年捷克旅游业产值达到了120亿美元。2014年,捷克入境旅游的人数为1 061.7万。旅游业就业人数已超过11万,占全国人口的1%。游客主要来自欧洲国家,以德国、荷兰、俄罗斯、英国、丹麦、西班牙等国家为主。主要旅游城市有布拉格、捷克克鲁姆洛夫、卡洛维伐利等。

从产业结构上看,捷克已经基本完成第三次经济改革中的产业结构转型。农业生产效率、劳动生产率显著提高,就业人员占比降低,释放了劳动力到第二、第三产业中,推动了二、三产业的长足发展。其中,农业的生产总值占国民经济的比例自20世纪

---

① 普华永道全球20个新兴市场的制造业与服务业评估指数排名。

90年代开始低于10%,并逐渐降低,工业产值占国民经济的比重在40%左右浮动,第三产业生产总值在国民经济中的占比超过半数,且近些年达到了60%,是捷克国民经济的主导产业,如图9.1.4所示。

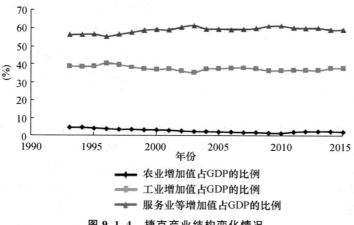

图9.1.4 捷克产业结构变化情况

2. 城镇结构

捷克在完成工业化后,城镇化率一直稳步下降,1990年城镇化率出现负值。这与工业化后去城市化的事实相符。直至2008年金融危机后,城镇化率开始缓慢上升,其城镇人口增长率如图9.1.5所示。

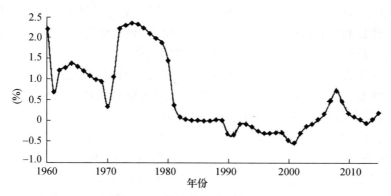

图9.1.5 捷克城镇人口年增长率

表9.1.4列出了捷克主要城市的概况。

表 9.1.4　捷克五大城市

城市	2016 年人口总量	城市描述
布拉格	1 165 581	首都,最大的城市
布尔诺	369 559	最重要的工业城市,铁路枢纽
俄斯特拉发	313 088	"共和国钢都"
皮尔森	164 180	西部的经济、文化和运输中心
奥洛穆茨	101 268	交通运输枢纽、旧手工业中心

资料来源：World Population Review。

　　布拉格是捷克的首都和最大的城市,是捷克的经济文化政治中心,建于公元 9 世纪,位于欧洲大陆的中心,伏尔塔瓦河两岸,面积为 496 平方千米,人口为 116 万。该市是捷克的交通枢纽,也是欧洲各国进行交流的枢纽,位于柏林与维也纳两市中间。布拉格因其多样的建筑、优美的风景吸引了众多游客,被誉为"欧洲最美丽的城市之一"、"千塔之城"、"金色城市"等。

　　布尔诺是捷克的第二大城市,人口 36.95 万,捷克南摩拉维亚省首府,位于捷克—摩拉维亚高地东麓,斯夫拉特卡河和斯维塔瓦河在此交汇。它是捷克最重要的工业城市和交通枢纽。该市会定期举行布尔诺国际机械工业博览会。布尔诺科研也毫不逊色,生物学家孟德尔著名的豌豆遗传实验就是在此进行。

　　俄斯特拉发是捷克第三大城市,摩拉维亚—西里西亚州的首府,面积为 214 平方千米,人口 31.3 万。2015 年,俄斯特拉发成为欧洲文化之都的候选城市,同时它还是享有更多法律权利的自治市的行政中心。在历史上,该市的优质黑煤开采与再加工对其经济发展有很重要的推动作用,被誉为"共和国钢都"。

　　皮尔森建于公元 10 世纪,1292 年设市,西捷克州首府,捷克第四大城市,位于首都布拉格的西南处,皮尔森盆地中心,是捷克西部重要的经济、文化和运输中心。15 世纪左右,皮尔森是该国的手工业和商业重要地区。

　　奥洛穆茨曾为大摩拉维亚国中心,后成为首都至 1641 年,位于捷克东部,摩拉瓦河畔,是捷克的交通运输枢纽。目前工业主要有钢铁行业、化工、机械工业、食品加工等。该市历史悠久,有 11 世纪的古建筑及 1569 年创办的大学。2000 年,奥洛穆茨上城广场的圣三柱被联合国教科文组织列入世界文化遗产名录,称赞其为"中欧巴洛克艺术高峰时期最优秀例子之一"。

3. 消费与支出

　　居民的消费支出随着捷克经济变化而变化,如图 9.1.6 所示,进入 20 世纪 90 年代后,捷克经济开始增速,居民消费水平稳步上升。捷克人口变动呈稳定上升趋势,如

图 9.1.7 所示,从 1960 年开始,人口总数为 960 万,在随后的 54 年,人数略有上升,2014 年捷克人口为 1 055 万。从捷克经济结构上看,捷克已经是一个发达的工业化国家,现处于后工业化时期,劳动力水平高,劳动人口占总人口的比例在 50% 上下浮动,农业就业人员占总就业人员比例低于 10%,工业就业人数在逐渐下降,第三产业就业人数则稳步上升。

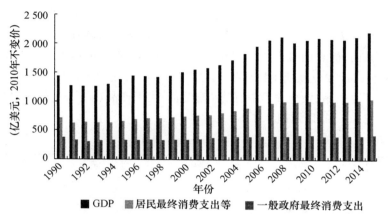

图 9.1.6 捷克 GDP 及居民和一般政府最终消费支出

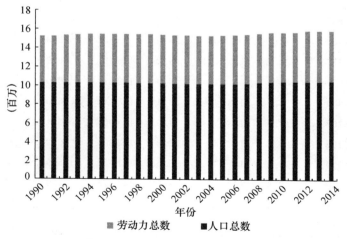

图 9.1.7 捷克人口及劳动力总数

(二) 对外经济

1. 国际贸易

据欧盟统计局统计,捷克2015年对外贸易总额为2986亿美元,同比2014年下降了9.3%,其中进口1404亿美元,同比上年下降8.9%,出口1581亿美元,同比上年下降了9.6%。2015年捷克主要贸易伙伴为德国、斯洛伐克、法国、奥地利、荷兰、意大利、白俄罗斯、美国、瑞士和瑞典等。对外出口方面,捷克的最大出口国家为德国,贸易金额为510.76亿美元,斯洛伐克紧随其后,金额为141.13亿美元。出口商品类别排名前五的分别为机电产品、运输设备、贱金属及制品、塑料和橡胶、家具、玩具和杂项制品。进口方面,捷克的最大进口贸易国家也是德国,贸易金额为418.7亿美元,波兰第二,金额为124.92亿美元,中国第三,金额为116.73亿美元。进口商品类别排名前五的分别为机电产品、贱金属及制品、运输设备、化工产品、矿产品等,更多信息可参见表9.1.5至表9.1.9,以及图9.1.8。

表 9.1.5 捷克对外贸易情况　　　　　　　　　　　　（单位:百万美元）

年份	总额	同比(%)	出口	同比(%)	进口	同比(%)	差额	同比(%)
2001	69 588	14.6	33 313	15.1	36 275	14.1	−2 962	4.4
2002	79 182	13.8	38 480	15.5	40 702	12.2	−2 222	−25.0
2003	100 590	27.0	48 752	26.7	51 838	27.4	−3 086	38.9
2004	138 859	38.0	68 940	41.4	69 919	34.9	−980	−68.3
2005	154 308	11.1	77 976	13.1	76 332	9.2	1 644	−267.8
2006	188 406	22.1	95 053	21.9	93 352	22.3	1 701	3.4
2007	241 257	28.1	122 777	29.2	118 481	26.9	4 296	152.6
2008	289 427	20.0	147 214	19.9	142 213	20.0	5 001	16.4
2009	218 415	−24.5	113 168	−23.1	105 247	−26.0	7 921	58.4
2010	259 758	18.9	133 090	17.6	126 668	20.4	6 422	−18.9
2011	315 192	21.3	162 989	22.5	152 203	20.2	10 786	68.0
2012	298 919	−5.2	157 292	−3.5	141 627	−6.9	15 664	45.2
2013	306 739	2.6	162 364	3.2	144 375	1.9	17 990	14.8
2014	329 281	7.3	175 033	7.8	154 247	6.8	20 786	15.5
2015	298 613	−9.3	158 155	−9.6	140 457	−8.9	17 698	−14.9

表 9.1.6　2015 年捷克对主要贸易伙伴出口额　　（单位：百万美元）

国家	金额	同比(%)	占比(%)
总值	158 155	-9.6	100.0
德国	51 076	-8.3	32.3
斯洛伐克	14 113	-3.5	8.9
波兰	9 173	-11.7	5.8
英国	8 362	-5.7	5.3
法国	8 014	-9.2	5.1
奥地利	6 462	-14.2	4.1
意大利	5 871	-7.0	3.7
匈牙利	4 576	-5.9	2.9
荷兰	4 411	-7.4	2.8
西班牙	4 130	-0.5	2.6
美国	3 654	-4.8	2.3
比利时	3 599	-15.6	2.3
俄罗斯	3 169	-41.8	2.0
瑞士	2 477	-8.7	1.6
瑞典	2 365	-7.6	1.5

表 9.1.7　2015 年捷克主要出口商品构成（类）　　（单位：百万美元）

海关分类	HS 编码	商品类别	2015 年	上年同期	同比(%)	占比(%)
类	章	总值	158 155	175 033	-9.6	100.0
第 16 类	84—85	机电产品	56 421	62 884	-10.3	35.7
第 17 类	86—89	运输设备	32 718	34 744	-5.8	20.7
第 15 类	72—83	贱金属及制品	14 436	16 910	-14.6	9.1
第 7 类	39—40	塑料、橡胶	9 182	10 529	-12.8	5.8
第 20 类	94—96	家具、玩具、杂项制品	8 378	8 705	-3.8	5.3
第 6 类	28—38	化工产品	7 023	8 636	-18.7	4.4
第 5 类	25—27	矿产品	5 002	5 061	-1.2	3.2
第 4 类	16—24	食品、饮料、烟草	3 982	4 187	-4.9	2.5

(续表)

海关分类	HS 编码	商品类别	2015 年	上年同期	同比(%)	占比(%)
第 11 类	50—63	纺织品及原料	3 879	4 321	−10.3	2.5
第 18 类	90—92	光学、钟表、医疗设备	2 898	3 062	−5.4	1.8
第 13 类	68—70	陶瓷;玻璃	2 885	3 340	−13.6	1.8
第 10 类	47—49	纤维素浆;纸张	2 703	2 974	−9.1	1.7
第 2 类	06—14	植物产品	2 087	2 041	2.3	1.3
第 9 类	44—46	木及制品	1 896	2 254	−15.9	1.2
第 1 类	01—05	活动物;动物产品	1 597	1 953	−18.2	1.0
		其他	3 068	3 430	−10.5	1.9

表 9.1.8　2015 年捷克自主要贸易伙伴进口额　　（单位:百万美元）

国家	金额	同比(%)	占比(%)
总值	140 457	−8.9	100.0
德国	41 870	−8.6	29.8
波兰	12 492	−4.6	8.9
中国	11 673	23.6	8.3
斯洛伐克	9 162	−12.0	6.5
荷兰	6 976	−20.1	5.0
奥地利	5 793	−9.8	4.1
意大利	5 459	−9.3	3.9
法国	4 224	−13.1	3.0
匈牙利	3 834	−7.7	2.7
英国	3 765	−3.4	2.7
俄罗斯	3 540	−35.8	2.5
比利时	3 299	−11.2	2.4
韩国	2 583	21.9	1.8
西班牙	2 208	−7.0	1.6
美国	2 102	−16.0	1.5

表 9.1.9　2015 年捷克主要进口商品构成(类)　　　（单位:百万美元）

海关分类	HS 编码	商品类别	2015 年	上年同期	同比(%)	占比(%)
类	章	总值	140 457	154 247	−8.9	100.0
第 16 类	84—85	机电产品	50 113	52 170	−3.9	35.7
第 15 类	72—83	贱金属及制品	15 566	17 412	−10.6	11.1
第 17 类	86—89	运输设备	14 246	15 107	−5.7	10.1
第 6 类	28—38	化工产品	10 984	12 438	−11.7	7.8
第 5 类	25—27	矿产品	10 221	14 165	−27.8	7.3
第 7 类	39—40	塑料、橡胶	10 194	11 380	−10.4	7.3
第 11 类	50—63	纺织品及原料	4 728	5 281	−10.5	3.4
第 20 类	94—96	家具、玩具、杂项制品	4 347	4 347	0.0	3.1
第 4 类	16—24	食品、饮料、烟草	4 001	4 383	−8.7	2.9
第 18 类	90—92	光学、钟表、医疗设备	3 464	3 590	−3.5	2.5
第 10 类	47—49	纤维素浆;纸张	2 628	2 944	−10.8	1.9
第 2 类	06—14	植物产品	2 446	2 396	2.1	1.7
第 1 类	01—05	活动物;动物产品	2 035	2 393	−15.0	1.5
第 13 类	68—70	陶瓷;玻璃	1 532	1 816	−15.6	1.1
第 9 类	44—46	木及制品	978	1 107	−11.6	0.7
		其他	2 976	3 319	−10.3	2.1

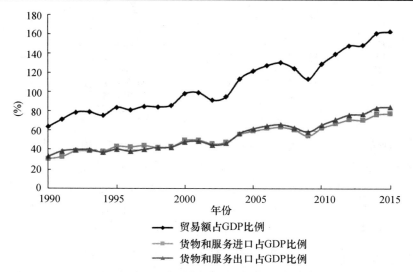

图 9.1.8　进出口贸易占捷克国内经济比重

2. 国际投资

2006年,捷克正式加入发达国家行列,吸引外资在东欧地区排名靠前。21世纪以来,捷克政府将投资重点放在高新技术制造业(电子、电机工程、航空航天、高端设备制造、高技术汽车制造、生命科学、纳米技术、制药、生物技术和医疗设备、可再生能源资源和清洁技术等)、商业支持服务(软件开发中心、专家解决方案中心、地区总部、客户联系中心、高技术维修中心和共享服务中心等)、研发中心(创新活动、应用研发等)上,对上述产业有一定的政策倾斜。捷克为吸引外资还颁布了《投资鼓励法》,于2000年5月1日实施。2014年捷克吸收外资流量为59.1亿美元,吸收外资存量为1215.3亿美元,更多信息可参见图9.1.9。外资主要投向捷克金融中介业、修理业、房地产、汽车、电力等行业。

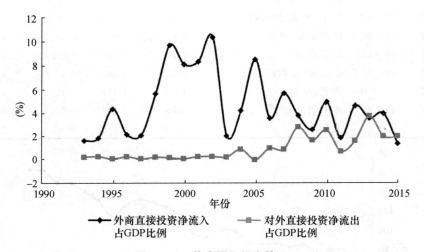

图9.1.9 捷克国际投资情况

中国与捷克的贸易关系近年来不断增进,在东欧16国中,捷克是中国的第二大交易伙伴,仅次于波兰。据捷克统计局统计,2015年中国与捷克进出口总额为7.34万亿克朗(按当时汇率折合约2986亿美元),其中捷克出口额为3.88万亿克朗(约合1581亿美元),捷克进口额为3.45万亿克朗(约合1405亿美元),较上年而言,中国与捷克的进出口额增加了7.6%,其中出口增加了7.2%,进口增加了8.0%。捷克从中国进口的前五类商品为船舶及浮动结构体、皮革制品、旅行箱包、动物肠线制品、机械器具及零件;捷克向中国出口的前五类商品为电机、音像设备及其零件、机械器具及零件、光学照相医疗等设备及其零件、塑料及其制品。[①] 中国若在欧洲寻找合作生产平台,捷克是一个不错的选择,尤其是那里劳动成本相对低廉:2015 年捷克的劳动力成本为 9.4 欧元/小时,而欧盟平均劳动力成本为 25.6 欧元/小时。

第二节　爱沙尼亚

一、地理历史背景

爱沙尼亚共和国位于波罗的海东岸,东接俄罗斯,南与拉脱维亚相邻,北临芬兰湾,与芬兰隔海相望,西南濒里加湾,属于海洋性气候。其边界线长 1 445 千米,海岸线长 3 794 千米。爱沙尼亚是北欧波罗的海三国之一,其国土面积 45 339 平方千米,首都塔林。塔林市位于爱沙尼亚西北部,濒临波罗的海,塔林港是爱沙尼亚最大的港口,历史上曾一度是连接中东欧和南北欧的交通要冲,被誉为"欧洲的十字路口"。爱沙尼亚整体自然资源匮乏。主要矿产有油页岩(已探明储量约 60 亿吨)、泥煤(储量约 40 亿吨)、磷矿(储量约 40 亿吨)、石灰岩等。爱沙尼亚森林面积 222.2 万公顷,森林覆盖率达 48%,森林蓄积量 4.66 亿立方米。以畜牧业和种植业为主,其中畜牧业主要饲养奶牛、肉牛和猪,主要农作物有小麦、黑麦、马铃薯、蔬菜、玉米、亚麻和饲料作物。

爱沙尼亚地区史前先民是属于芬兰—乌戈尔的爱沙尼亚族人,形成于 12—13 世纪。1991 年 8 月 20 日,爱沙尼亚脱离苏联,宣布恢复独立。爱沙尼亚于 1991 年 9 月 17 日加入联合国,2004 年 3 月 29 日加入北约,5 月 1 日加入欧盟,2007 年 12 月 21 日加入申根区,2011 年 1 月 1 日加入欧元区。

爱沙尼亚人口约为 131.3 万。主要民族有爱沙尼亚族、俄罗斯族、乌克兰族和白俄罗斯族。其官方语言为爱沙尼亚语,英语、俄语亦被广泛使用。爱沙尼亚人主要信奉基督教路德宗、东正教和天主教。

二、经济发展情况

(一) 国内经济

世界银行将爱沙尼亚列为高收入国家。由于其高速增长的经济,爱沙尼亚经常被称作"波罗的海之虎"。1929 年,爱沙尼亚建立了一种稳定的货币——爱沙尼亚克朗。该货币由中央银行——爱沙尼亚银行发行。当时爱沙尼亚贸易集中于当地市场和

---

① 资料来源:中国海关。

西方,尤其是德英两国,商务活动中仅有 3% 是与苏联达成的。第二次世界大战以前,爱沙尼亚是个农业国。其生产的黄油、牛奶和奶酪在西欧市场声名卓著。苏联在 1940 年的强行吞并以及后来二战中纳粹德国和苏联的相继占领削弱了爱沙尼亚的经济。战后,社会主义化使爱沙尼亚的经济和工业融入苏联的中央计划经济体制之中。

1999 年,爱沙尼亚经济遭受自 1991 年独立以来最严峻的危机,主要原因为 1998 年 8 月的俄罗斯金融危机。爱沙尼亚于 1999 年 9 月加入世界贸易组织。能源供应、电信、铁道等国营单位私有化仍在进行中。爱沙尼亚于 2004 年 5 月 1 日加入欧盟。当前爱沙尼亚经济发展迅速,资讯科技较发达。一些芬兰公司将部分运营搬入爱沙尼亚,促进经济发展。2011 年 1 月 1 日,爱沙尼亚正式加入欧元区,成为欧元区第 17 个国家。更多关于爱沙尼亚的 GDP 增长情况可参见图 9.2.1 至图 9.2.3。

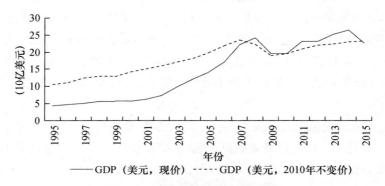

图 9.2.1　爱沙尼亚 GDP 增长情况

资料来源:CEIC 数据库。

图 9.2.2　爱沙尼亚人均 GDP 增长情况

资料来源:CEIC 数据库。

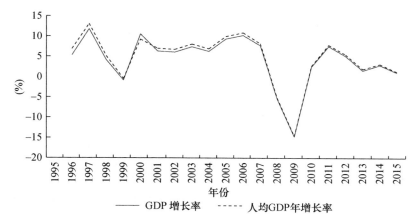

图 9.2.3 爱沙尼亚 GDP 增长率

资料来源：CEIC 数据库。

1. 产业结构

爱沙尼亚的工业与农业十分发达，早在加入苏联的时候，爱沙尼亚在苏联的国民经济中就已经占据了领先的地位。在 1989 年时，其人均国民生产总值和人均国民收入均列苏联的第一位。更多关于爱沙尼亚的三产信息可参见图 9.2.4 和图 9.2.5。

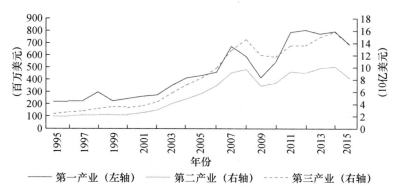

图 9.2.4 爱沙尼亚三产业产值

资料来源：CEIC 数据库。

（1）第一产业

爱沙尼亚农业占 GDP 的比重大约在 4% 左右，近些年其占 GDP 的比重不断下降，但也较为稳定。爱沙尼亚农业在农林牧渔业中以畜牧业和种植业为主，畜牧业主要饲养奶牛、肉牛和猪，主要农作物有小麦、黑麦、马铃薯、蔬菜、玉米、亚麻和饲料作物。2009 年爱沙尼亚农林牧渔业总产值为 12.6 亿美元，实现增加值约为 4.5 亿美

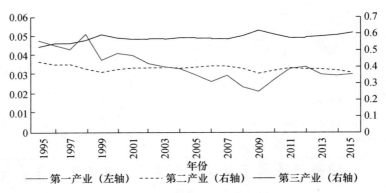

图 9.2.5　爱沙尼亚三产比重变化

资料来源：CEIC 数据库。

元，占 GDP 的 2.5%。其中农牧业实现增加值 2.7 亿美元，林业实现增加值 1.4 亿美元，渔业实现增加值 0.3 亿美元。

(2) 第二产业

爱沙尼亚主要工业部门有机械制造、木材加工、建材、电子、纺织和食品加工业。据爱沙尼亚统计局初步统计，自 1995 年以来，爱沙尼亚总体工业产值趋于平稳，波动较小，经济危机之后，2007—2010 年工业产值迅速回落，2010 年以后平稳回升，2013 年工业总产值约为 106 亿欧元，同比增长 1%。其中电力、电气、热水供应同比下降 5%，采矿业同比下降 4%。

(3) 第三产业

从三次产业结构的变化来看，服务业一直在爱沙尼亚的国民经济份额中占比较高，爱沙尼亚是传统农业工业国，但随着经济的发展，农业产值占 GDP 比重一直在稳步下降，二产在全国经济中的占比也呈下降趋势，与此同时，服务业在经济体中的比重快速上升。但是从出口的角度来看，由于爱沙尼亚人口数量的限制及其不断减少的趋势，服务业的出口增速并没有货物出口增速快，爱沙尼亚新创的服务业产品大多被国内所消化。

2. 城镇结构

爱沙尼亚的城市化一直处于较高的水平，如图 9.2.6 所示，从 1960 年开始就一直处于 50% 以上。进入 90 年代，与爱沙尼亚人口数量锐减几乎同时发生的，是爱沙尼亚城镇化率的下降。城镇化率缓慢下降和爱沙尼亚步入高收入国家行列有关。

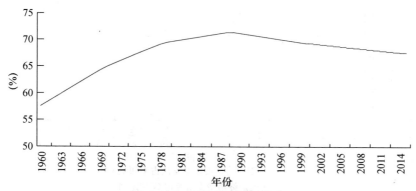

图 9.2.6　爱沙尼亚城镇化率

资料来源：CEIC 数据库。

表 9.2.1 列出了爱沙尼亚主要城市的概况。

表 9.2.1　爱沙尼亚五大城市

城市	2016 年人口总量	城市描述
塔林	394 024	首都，欧洲文化之都
塔尔图	101 092	南部知识和文化中心
纳尔瓦	66 980	历史文化重要城市
科赫特拉—耶尔韦	46 060	东北部工业城市
派尔努	44 192	西南部城市，度假胜地

资料来源：World Population Review。

3. 收入水平

爱沙尼亚收入情况的特点是水平高和分配均。近些年，爱沙尼亚的人均收入普遍保持了一个较快的增长速度。在原来的苏联地区国家中，2011 年达到高人均国民收入水平的国家只有爱沙尼亚。从收入分配的角度来看，爱沙尼亚是一个收入分配较为平均的国家，基尼系数一直低于 0.40 的国家警戒线水平。收入分配的平均也在一定程度上带来了爱沙尼亚国内较高的消费率。爱沙尼亚的居民消费支出保持在一个中等偏上的水平，在 GDP 中占比始终高于 50%，远高于 2014 年中国的 37.5%，对经济发展与增长产生了积极的影响。更多信息可参见图 9.2.7 和图 9.2.8。

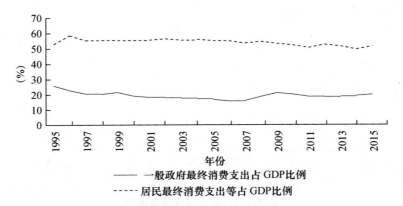

图 9.2.7 爱沙尼亚政府与居民最终消费支出

资料来源：CEIC 数据库。

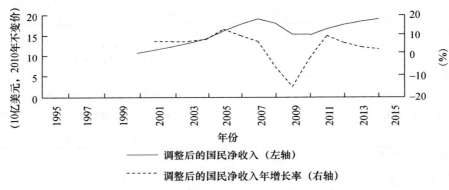

图 9.2.8 爱沙尼亚国民净收入及增长率

资料来源：CEIC 数据库。

(二) 对外经济

1. 国际贸易

2009 年爱沙尼亚进出口额为 191.3 亿美元，同比下降 29%，其中出口额为 90 亿美元，同比下降 24%，进口额为 101.3 亿美元，同比下降 33%，爱贸易逆差为 11.3 亿美元，同比减少 66%，为 15 年以来最低。更多信息可参见图 9.2.9 至图 9.2.11。

芬兰、瑞典、拉脱维亚、俄罗斯和德国是爱沙尼亚五大出口市场，2009 年爱沙尼亚对上述五国分别出口 16.6 亿美元、11.3 亿美元、8.8 亿美元、8.4 亿美元和 5.5 亿美元。进口方面，2009 年爱沙尼亚自芬兰、立陶宛、德国、拉脱维亚和俄罗斯进口 14.7 亿美元、11.1 亿美元、10.6 亿美元、10.4 亿美元和 8.9 亿美元。

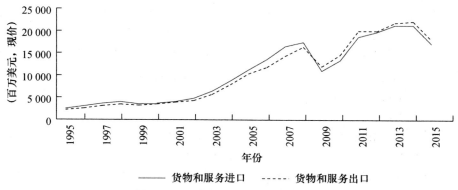

图 9.2.9 爱沙尼亚进出口总体情况

资料来源：CEIC 数据库。

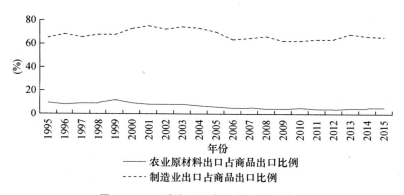

图 9.2.10 爱沙尼亚出口商品分布情况

资料来源：CEIC 数据库。

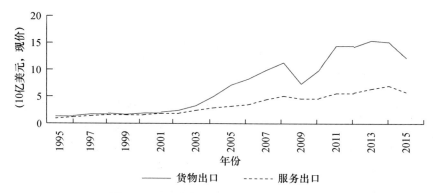

图 9.2.11 爱沙尼亚货物与服务出口情况

资料来源：CEIC 数据库。

机械设备、矿产品、农产品和木材及制品是爱沙尼亚主要出口商品,2009年出口额分别为17.7亿美元、15.2亿美元、9.1亿美元和7.7亿美元,分别占出口额的20%、17%、10%和9%,四类产品合计占爱沙尼亚出口总额的56%。矿产品、机械设备和农产品是爱沙尼亚的主要进口商品,2009年分别进口20.5亿美元、19.6亿美元和12.9亿美元,各占进口额的20%、19%和13%。

2. 国际投资

近些年,爱沙尼亚吸引外资的情况如图9.2.12所示,受到2008年金融危机的影响,爱沙尼亚外商直接投资在2008年开始波动下降,2009年吸引外商直接投资17.4亿美元。在爱投资最多的国家包括瑞典、荷兰、芬兰等,主要集中在金融、房地产、通信、交通运输等行业。

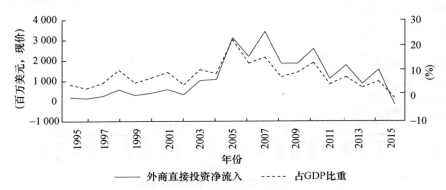

图9.2.12 爱沙尼亚国内总储蓄占GDP比重变化情况

资料来源:CEIC数据库。

2009年爱对外投资14.9亿美元,主要投资国家是拉脱维亚、立陶宛等,主要投资领域为金融、房地产、租赁及经营。

第三节 匈 牙 利

一、地理历史背景

匈牙利地处中欧,典型大陆性气候,年降雨量约588毫米,夏季湿润凉爽。边境线2 246千米,与斯洛伐克、奥地利、乌克兰、罗马尼亚、克罗地亚、塞尔维亚和斯洛文尼亚接壤,国土面积93 030平方千米,拥有987.7万人口。匈牙利主要民族为马扎尔族,大约占到90%。少数民族有斯洛文尼亚、克罗地亚、罗马尼亚、塞尔维亚、德意志、斯洛伐克等族。匈牙利语是官方语言。主要宗教是天主教(约占66%)和基督教(约占18%)。

匈牙利的成立也经历了诸多阶段。最早由马扎尔游牧部落在公元896年从伏尔加河湾和乌拉尔山西麓一带迁徙到多瑙河盆地。随后,圣·伊什特万在公元1000年成为匈牙利的第一位国王,建立了封建国家。526年之后,由于土耳其入侵,该封建国家解体。1848年,匈牙利爆发了自由革命斗争。次年4月匈牙利共和国成立。1867年,奥匈二元帝国成立。1919年3月,匈牙利苏维埃共和国成立。1949年8月20日,匈牙利人民共和国宣布成立,同时颁布了宪法。1956年10月爆发了匈牙利事件。1989年10月23日,国名改为匈牙利共和国。2012年1月,在通过新宪法之后,正式变更国名为匈牙利。匈牙利首都是布达佩斯,此外还有19个州和24个州级市。匈牙利自然资源较为贫乏,森林覆盖率为20.6%,主要矿产资源是铝矾土,储量排在欧洲第三位,除此之外还有少量铀、石油、铁、褐煤、天然气等。

二、经济发展状况

(一)国内经济

1997年,匈牙利经济体制转轨基本完成,市场经济体制确立。1998年,匈牙利土地私有化基本结束。匈牙利总体经济增长迅速,如图9.3.1至图9.3.3所示,1997年以前,GDP的增长率持续为负,1997年GDP总量为950亿美元(2010年不变价美元),较上年增长率为3.43%,1998年GDP总量为990亿美元(2010年不变价美元),增长率为4.2%,并在随后的近10年内保持3%—4%的GDP增速。2005年,匈牙利被世界银行列入发达国家行列。2009年,匈牙利受到全球金融危机的影响,GDP较2008年下跌6.56%,但匈牙利实施了危机处理措施,恢复民众的信心,如增加对大型工程的投入、削减财政开支、鼓励就业等。截止到2015年,匈牙利GDP增速为2.94%,失业率下降至6%,成为欧盟中经济复苏较快的国家之一。

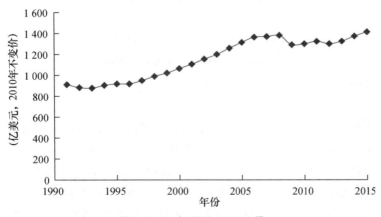

图9.3.1 匈牙利GDP总量

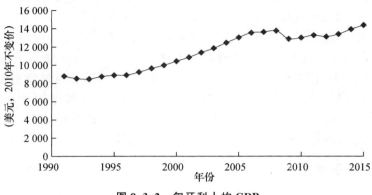

图 9.3.2 匈牙利人均 GDP

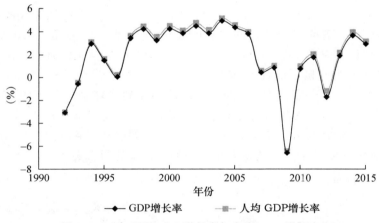

图 9.3.3 匈牙利 GDP 增长率与人均 GDP 增长率

1. 产业结构

（1）第一产业

匈牙利在社会主义国家时期就是一个农业大国，匈牙利的农业用地面积是世界农业用地的 0.14%，但它生产出来的农产品却占了世界农产品总产量的 0.8%。同时，匈牙利的人均粮食占有量可与美国相比较，单位面积的产值为每公顷 610 美元，因此除了本国居民的粮食供应外，匈牙利还能将 25% 的农产品和食品出口到国外。[①] 20 世纪 80 年代末、90 年代初，匈牙利进行了土地私有化改革，改革后私人拥有的土地面

---

① 中国驻匈牙利使馆经商处。

积占匈牙利面积的63.6%,改革前仅为7.3%。土地私有化改革有效提高了土地利用率,加之后来的农业大规模机械化,农业生产效率得到了极大提高。截止到2013年,匈牙利的农业用地面积为5.34万平方千米,占总土地面积的58.99%。2015年农村人口为283万,占总人数的28.77%。匈牙利主要粮食作物为小麦、玉米、马铃薯,主要的经济作物为甜菜。2013年粮食总产量为1361万吨,较上年增加17%,小麦平均每公顷产量4640千克,玉米5420千克,甜菜52660千克,马铃薯21700千克,更多信息可参见表9.3.1。

表 9.3.1　2011—2013 年匈牙利主要农、畜产品产量　　　　　　　（单位:万吨）

	2011 年	2012 年	2013 年
小麦	410.7	401.1	505.8
玉米	799.2	476.3	675.6
甜菜	85.6	88.2	99.1
马铃薯	60.0	54.8	48.7
水果	51.3	82.2	85.0
肉牛	7.8	7.5	7.1
肉猪	54.8	53.0	51.4
肉羊	1.8	1.8	1.8
肉禽	69.1	70.2	67.8
鱼	1.9	1.9	—
牛奶(亿升)	16.9	17.7	17.1
鸡蛋(亿个)	24.9	24.1	25.0

(2) 第二产业

经济体制转轨后,匈牙利的工业受到了较大的影响,工业产值下降明显。1988—1992年累计下滑45%。1992年,工业生产总值在国民经济中的占比仅为23%。匈牙利政府采取了应对措施,如改变工业企业管理架构等。近些年,匈牙利工业稳步发展,2013年工业生产总值增长1.4%,其中加工工业占94%,电力工业占3.9%,矿产工业占0.4%。2014年,工业生产总值在国民经济中的占比为31.2%。汽车工业是外资对匈牙利的投资重点,并取得了长足的发展。2014年,汽车工业产值为217亿欧元,较上年增长了23%,汽车工业的就业人数较上年增加了15%,出口汽车数量较上年增加21%,其他主要工业品产量可参见表9.3.2。

(3) 第三产业

第三产业现在已经成为匈牙利国民经济的主导产业、支柱产业。2015年,匈牙利第三产业生产总值占国民经济的比重为64.36%,2007年服务业就业人数达59万,占全国就业人数的15%。旅游业是其第三产业中的核心产业,增长速度是国民经济增长速度的两倍,生产总值约占GDP的10%,提供了30多万个就业岗位,在国民经济中占有重要的位置。2014年,匈牙利入境旅游的人数为1 214万。主要旅游景点为布达佩斯、巴拉顿湖、多瑙河湾、马特劳山等地。

如图9.3.4所示,从产业结构上看,匈牙利已经基本完成产业结构转型。土地私有化和农业现代化后,农业生产效率、劳动生产率显著提高,就业人员占比逐渐下降,释放了劳动力到第二、第三产业中,推动了二、三产业的长足发展。其中,农业的生产总值占国民经济的比例自20世纪90年代末开始低于10%,并逐渐降低,2015年为4.46%,工业产值占国民经济的比重在30%上下浮动,第三产业生产总值在国民经济中的占比超过了60%,是匈牙利国民经济的主导产业。

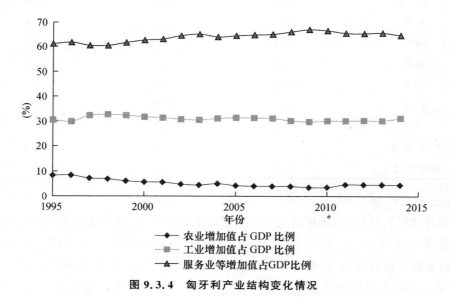

图9.3.4 匈牙利产业结构变化情况

2. 城镇结构

匈牙利在完成工业化后,城镇化率一直稳步下降,1989年城镇人口增长率出现负值,这与工业化后去城市的特征事实相符。

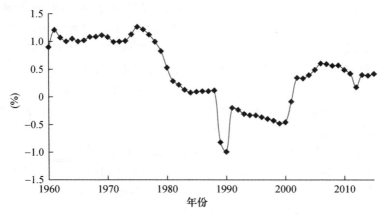

图 9.3.5　匈牙利城镇人口年增长率

表 9.3.2 列出匈牙利主要城市的概况。

表 9.3.2　匈牙利五大城市

城市	2016年人口总量	城市描述
布达佩斯	1 741 041	首都,最大的城市
德布勒森	204 124	经济和文化中心,蒂萨河以东匈牙利的最大城市
米什科尔茨	172 637	匈牙利东北部商业和交通中心
塞格德	164 883	轻工业发达,大学城
佩奇	156 649	艺术名城

资料来源:World Population Review。

布达佩斯是匈牙利首都和最大的城市,位于匈牙利中北部,多瑙河两岸,是匈牙利的政治、商业、运输中心。布达佩斯的前身是多瑙河对岸的两座城市——布达和佩斯,1873 年两市合并为布达佩斯。布达佩斯是典型的温带大陆性湿润气候,冬季温暖,夏季炎热。布达佩斯也是欧洲著名古城,市内有中世纪的建筑。

德布勒森建于公元 10 世纪,豪伊杜—比豪尔州首府,是匈牙利东部最大的城市,匈牙利重要的经济和文化中心。早期,德布勒森的市民从事农业生产,因此也被称为农业城市,直至 19 世纪末,该市才开始发展工业。

米什科尔茨建于 15 世纪,包尔绍德—奥包乌伊—曾普伦州首府,是匈牙利第三大城市。米什科尔茨位于匈牙利东北部,辛沃河两岸,海拔约 130 米。19 世纪,米什科尔茨开采褐煤和铁矿,交通便利,后成为匈牙利东北部的工业中心。传统工业为黑色冶金工业、水泥、纺织、玻璃、造纸,位于迪欧什吉厄尔的列宁冶金联合企业是全国大钢铁厂之一。米什科尔茨历史悠久,市内有建于 17 世纪的古老行政大厦和 13 世纪哥特式教堂。

塞格德是琼格拉德州首府,位于匈牙利的东南部,蒂萨河和穆列什河在此汇合。1879年塞格德遭到洪水的席卷,后重建。塞格德的轻工业较为发达,以食品、纺织为主导产业,兼有服装、家具、玻璃、橡胶等工业。该市郊区的"匈牙利民族历史纪念园"因公园内陈列的阿尔巴特大公率领匈牙利先民到此定居的环景画而著名,吸引了国内国外众多游客。塞格德也被誉为大学城,有着匈牙利著名的综合大学尤若夫·阿提拉大学和著名的医学学府圣·乔治·阿尔伯特医科大学等,还有许多生物学研究所、农学院和营养学院、音乐学校、艺术中学等。

佩奇始建于古罗马时代,巴兰尼州首府,位于匈牙利西南部。佩奇有着悠久的历史,1009年,圣伊斯特万国王在这里设立了教会,1367年,拉约什一世国王在这里创建了匈牙利的第一所大学。同时,佩奇也是一座艺术名城,其中包括被称为"匈牙利的梵高"的匈牙利画家琼特瓦利。

3. 消费与支出

如图9.3.6所示,进入20世纪90年代后,匈牙利经济增速加快,居民消费水平稳步上升,2008年后略有下降。匈牙利人口变动呈缓慢下降的趋势,1960年,人口总数为998万,2015年为984万。从经济结构看,匈牙利已经是一个发达的工业化国家,现处于后工业化时期,劳动力水平高,劳动人口占总人口的比例在45%上下浮动,如图9.3.7所示,农业就业人口占总就业人口比例低于10%,工业就业人口在逐渐下降,第三产业就业人口则稳步上升。

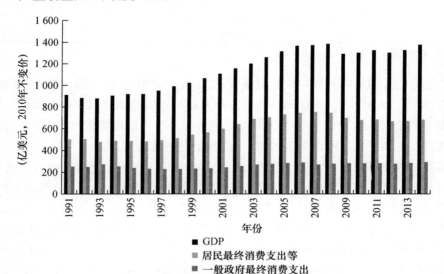

图9.3.6 匈牙利GDP与居民消费

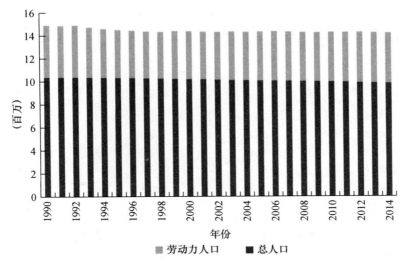

图 9.3.7 匈牙利总人口和劳动力人口增长情况

(二) 对外经济

1. 国际贸易

据欧盟统计局统计,匈牙利 2015 年对外贸易总额为 1912 亿美元,同比 2014 年下降 11.3%,其中进口 926.08 亿美元,同比 2014 年下降 11.7%,出口 986.6 亿美元,同比 2014 年下降 10.8%。2015 年匈牙利主要贸易伙伴为德国、中国、罗马尼亚、斯洛伐克、奥地利、法国、意大利等。对外出口方面,2015 年匈牙利的最大出口国家为德国,贸易金额为 276.04 亿美元,罗马尼亚第二,金额为 53.35 亿美元。出口商品类别排名前五的分别为机电产品、运输设备、化工产品、塑料和橡胶、贱金属及制品等。进口方面,匈牙利的最大进口贸易国家仍旧为德国,贸易金额为 237.69 亿美元,中国第二,金额为 61.37 亿美元,奥地利第三,金额为 60.85 亿美元。进口商品类别排名前五的分别为机电产品、运输设备、化工产品、矿产品、贱金属及制品等。更多信息可参见表 9.3.3 至表 9.3.7 和图 9.3.8。

表 9.3.3　2015 年匈牙利对外贸易情况　　　　　　　　　(单位:百万美元)

年份	总额	同比(%)	出口	同比(%)	进口	同比(%)	差额	同比(%)
2001	64 009	6.8	30 415	8.6	33 594	5.2	−3 178	−19.3
2002	72 255	12.9	34 490	13.4	37 765	12.4	−3 276	3.1
2003	91 108	26.1	43 196	25.2	47 912	26.9	−4 716	44.0
2004	116 031	27.4	55 559	28.6	60 472	26.2	−4 913	4.2
2005	129 206	11.4	62 801	13.0	66 405	9.8	−3 603	−26.7

(续表)

年份	总额	同比(%)	出口	同比(%)	进口	同比(%)	差额	同比(%)
2006	153 776	19.0	75 390	20.0	78 386	18.0	−2 995	−16.9
2007	191 327	24.4	95 593	26.8	95 735	22.1	−142	−95.2
2008	217 954	13.9	108 745	13.8	109 208	14.1	−463	225.0
2009	161 098	−26.1	83 197	−23.5	77 902	−28.7	5 295	—
2010	183 769	14.1	95 544	14.8	88 225	13.3	7 319	38.2
2011	214 788	16.9	112 330	17.6	102 458	16.1	9 872	34.9
2012	198 928	−7.4	103 665	−7.7	95 263	−7.0	8 402	−14.9
2013	207 679	4.4	107 532	3.7	100 147	5.1	7 385	−12.1
2014	215 534	3.8	110 630	2.9	104 904	4.8	5 725	−22.5
2015	191 268	−11.3	98 660	−10.8	92 608	−11.7	6 052	5.7

表 9.3.4　2015 年匈牙利对主要贸易伙伴出口额　（单位：百万美元）

国家	金额	同比(%)	占比(%)
总值	98 660	−10.8	100.0
德国	27 604	−11.1	28.0
罗马尼亚	5 335	−13.2	5.4
斯洛伐克	5 046	−9.2	5.1
奥地利	4 902	−21.4	5.0
意大利	4 696	−9.4	4.8
法国	4 644	−7.3	4.7
捷克	3 940	−7.9	4.0
英国	3 933	−4.2	4.0
波兰	3 827	−11.4	3.9
西班牙	3 309	10.9	3.4
荷兰	3 306	1.1	3.4
美国	2 702	−12.2	2.7
比利时	1 827	−9.7	1.9
克罗地亚	1 661	5.5	1.7
俄罗斯	1 651	−38.2	1.7

表 9.3.5　2015 年匈牙利主要出口商品构成（类）　（单位：百万美元）

海关分类	HS 编码	商品类别	2015 年 1—12 月	上年同期	同比(%)	占比(%)
类	章	总值	98 660	110 630	−10.8	100.0
第 16 类	84—85	机电产品	39 547	43 547	−9.2	40.1
第 17 类	86—89	运输设备	15 752	16 003	−1.6	16.0

(续表)

海关分类	HS 编码	商品类别	2015 年 1—12 月	上年同期	同比(%)	占比(%)
第 6 类	28—38	化工产品	8 959	9 715	−7.8	9.1
第 7 类	39—40	塑料、橡胶	6 230	6 913	−9.9	6.3
第 15 类	72—83	贱金属及制品	4 647	5 660	−17.9	4.7
第 4 类	16—24	食品、饮料、烟草	3 535	4 170	−15.2	3.6
第 18 类	90—92	光学、钟表、医疗设备	3 369	4 618	−27.1	3.4
第 20 类	94—96	家具、玩具、杂项制品	2 855	3 112	−8.3	2.9
第 2 类	06—14	植物产品	2 810	3 128	−10.2	2.9
第 5 类	25—27	矿产品	2 426	3 853	−37.0	2.5
第 1 类	01—05	活动物;动物产品	1 961	2 363	−17.0	2.0
第 13 类	68—70	陶瓷;玻璃	1 526	1 750	−12.8	1.6
第 11 类	50—63	纺织品及原料	1 467	1 770	−17.1	1.5
第 10 类	47—49	纤维素浆;纸张	1 142	1 280	−10.8	1.2
第 9 类	44—46	木及制品	715	824	−13.2	0.7
		其他	1 718	1 923	−10.6	1.7

表 9.3.6　2015 年匈牙利自主要贸易伙伴进口额　　　（单位:百万美元）

国家	金额	同比(%)	占比(%)
总值	92 608	−11.7	100.0
德国	23 769	−9.9	25.7
中国	6 137	−3.5	6.6
奥地利	6 085	−20.8	6.6
波兰	5 051	−6.5	5.5
斯洛伐克	4 910	−13.0	5.3
捷克	4 420	−7.0	4.8
荷兰	4 197	−1.3	4.5
意大利	4 178	−9.8	4.5
法国	3 986	−5.5	4.3
俄罗斯	3 636	−49.5	3.9
罗马尼亚	2 882	−13.8	3.1
比利时	2 105	−15.6	2.3
英国	1 736	−5.0	1.9
美国	1 733	−4.5	1.9
西班牙	1 436	−6.7	1.6

表 9.3.7　2015 年匈牙利主要进口商品构成（类）　　　　（单位：百万美元）

海关分类	HS 编码	商品类别	2015 年	上年同期	同比（%）	占比（%）
类	章	总值	92 608	104 904	−11.7	100.0
第 16 类	84—85	机电产品	35 061	37 798	−7.2	37.9
第 17 类	86—89	运输设备	10 883	11 110	−2.1	11.8
第 6 类	28—38	化工产品	8 985	9 655	−6.9	9.7
第 5 类	25—27	矿产品	7 754	12 729	−39.1	8.4
第 15 类	72—83	贱金属及制品	7 674	8 890	−13.7	8.3
第 7 类	39—40	塑料、橡胶	6 061	6 649	−8.8	6.6
第 4 类	16—24	食品、饮料、烟草	2 745	3 073	−10.7	3.0
第 11 类	50—63	纺织品及原料	2 319	2 594	−10.6	2.5
第 18 类	90—92	光学、钟表、医疗设备	2 030	2 139	−5.1	2.2
第 20 类	94—96	家具、玩具、杂项制品	1 786	1 925	−7.2	1.9
第 10 类	47—49	纤维素浆；纸张	1 504	1 757	−14.4	1.6
第 2 类	06—14	植物产品	1 377	1 478	−6.8	1.5
第 1 类	01—05	活动物；动物产品	1 138	1 430	−20.4	1.2
第 13 类	68—70	陶瓷；玻璃	1 047	1 170	−10.5	1.1
第 9 类	44—46	木及制品	590	637	−7.4	0.6
		其他	1 654	1 870	−11.5	1.8

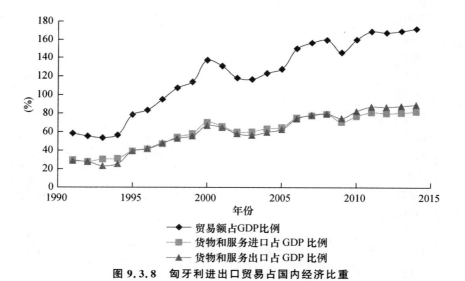

图 9.3.8　匈牙利进出口贸易占国内经济比重

2. 国际投资

匈牙利政府为了吸引外资,制定了一系列外资优惠政策,包括税收优惠、劳动补贴、欧盟转型补贴等,部分补贴可占到投资金额的50%左右。2014年匈牙利吸收外资流量为40.4亿美元,吸收外资存量为983.6亿美元。图9.3.9提供了更多信息。外资主要投向匈牙利零售业、金融业、汽车、通信、电子等行业,上述行业吸收外资的比例占外资总额的2/3,95%的汽车都是由外资汽车企业提供的。欧洲国家是匈牙利外资主要来源,其中德国不仅是与匈牙利贸易往来最多的国家,而且是向匈牙利投资最多的国家。

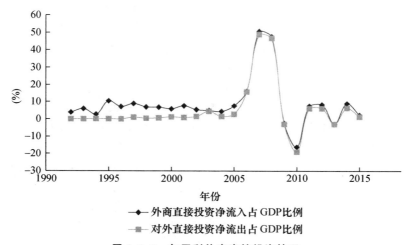

图9.3.9 匈牙利外商直接投资情况

近年来,中国与匈牙利的贸易关系也在不断增进。2015年,中国与匈牙利的双边货物贸易额为74.8亿美元,较上年下降8.6%。其中匈牙利对中国出口额为13.4亿美元,较上年下降26.7%,占匈牙利总出口额的1.4%,较上年下降了0.3%。匈牙利从中国进口额为61.4亿美元,较上年下降了3.5%,占匈牙利总进口额的6.6%,较上年增加了0.6%。机电产品在双边贸易中均是最重要的产品,2015年匈牙利对中国出口机电设备7.9亿美元,占总出口额的58%,机械设备、电机和电气产品、光学钟表医疗设备是前五大出口商品。2015年,匈牙利从中国进口机电产品50.3亿美元,占总进口额的81.9%,较上年下降5.8%。

第四节 波 兰

一、地理历史背景

波兰地处欧洲的中部,起源于西斯拉夫人中的波兰、东波美拉尼亚、西里西亚、维斯瓦、马佐维亚等部落的联盟,1772年、1793年和1795年三次被沙俄、普鲁士和奥匈帝国瓜分,于1918年11月11日恢复独立。

第二次世界大战后,波兰共产党建立了人民共和国,正式开始了社会主义建设。1956年,苏联最高领导人赫鲁晓夫提出"非斯大林化",给整个社会主义东方阵营带来了巨大的冲击,当时波兰就爆发了著名的"波兹南罢工"事件。

20世纪80年代东欧剧变时期,波兰的团结工会获得了政权,政治制度开始转向资本主义制度。1999年,波兰加入北约,2004年,波兰又加入欧盟。1997年波兰通过了新宪法,确立了三权分立的政治制度以及市场经济为主的经济体制。

波兰拥有31万平方米的国土面积,且75%的地区海拔低于200米,海岸线长528千米。波兰全年的气候较为温和,属于海洋性向大陆性气候过渡的温带阔叶林气候,春秋两季气候宜人,雨水充沛,夏季凉爽,冬季潮湿寒冷。波兰98%的人口均为波兰族,少数民族有白俄罗斯、乌克兰、俄罗斯、立陶宛、犹太等民族。

波兰北靠波罗的海,南邻捷克、斯洛伐克,西邻德国,东与俄罗斯、白俄罗斯、乌克兰、立陶宛等国接壤。波兰语是波兰的官方语言。90%的波兰人信奉罗马天主教。截止到2012年,波兰公路总长28万千米,铁路总长度为20 094千米,内地运河总长3 659千米,石油及其产品输送管道总长2 444千米。

波兰有着丰富的矿产资源和森林资源,其中矿产资源包括页岩气、硫磺、铜、锌、煤、铅、铝、银等。截至2012年年底,森林面积达到963.4万公顷,森林覆盖率为30.8%。页岩气预计储量可达到3 460亿—7 680亿立方米,且已探明硬煤储量为482.26亿吨,褐煤225.84亿吨,硫磺5.11亿吨,铜17.93亿吨,电解铜年产量58万吨。

二、经济发展状况

(一)国内经济

纵观波兰经济近30年的发展,按照GDP的增长周期,波兰经济的发展历程大致可分为三个阶段,可参考图9.4.1至图9.4.3。

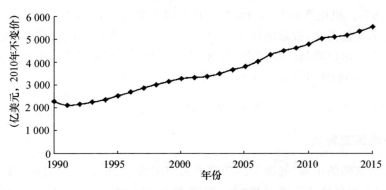

图9.4.1 波兰GDP总量情况

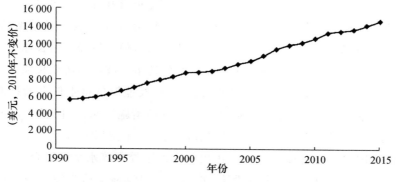

图 9.4.2 波兰人均 GDP 情况

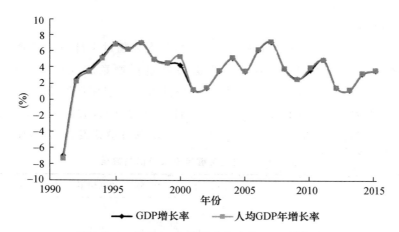

图 9.4.3 波兰 GDP 增长率与人均 GDP 增长率

资料来源:世界银行数据库。

第一阶段,20 世纪 80 年代末至 90 年代初。此时波兰正处于东欧剧变过程中,政治经济制度发生根本性改变。之后波兰新政府听取了美国经济学家杰弗里·萨克斯的建议,采取了"休克疗法"的经济改革方案,正是此种经济改革方法使得波兰经济萎靡不振。直到 1992 年,波兰经济才有所回暖。

第二阶段,1993 年至 21 世纪初。这个阶段波兰的经济增长较为迅速,但是到 2001 年时,由于国内消费和投资减少以及全球经济发展放缓的影响,波兰经济的增长也开始放缓。

第三阶段,2004 年至今。这个发展阶段开始的标志是波兰成为欧盟成员国,此后波兰的经济再次转向快速发展历程,2007 年 GDP 增长率达到了 6.5%。2008 年金融危机袭卷全球,波兰虽然受到了一定的影响,但却是欧盟中唯一一个保持经济增长的成员国。波兰也是唯一在2009年至2015年这六年期间GDP保持持续增长的欧洲国家,2010年GDP增长率为3.7%,2011年达到了5%,但其后经济增长速度开始放缓。但是2014年,波兰经济增速达到了上一年的两倍还多。波兰经济增长强劲,除因就业市场改善及投资活动增加巩固内部需求、农业丰收及能源价格走低有助抑制通胀外,还包括融资成本下降以及政府推出鼓励住房投资的措施。2015年,波兰的GDP增速为3.6%,达四年以来最快,国民经济总量在欧盟国家中位列第八。

目前波兰国内基尼系数为32.73,国民收入差距处中等水平。联合国人类发展指数为0.843,处极高水平,位居全世界第36名。该国流通货币为波兰兹罗提,外汇管理实行浮动汇率制度。

1. 人口与教育

波兰总人口4 000万,近十年来人口自然增长率未超过1且一度下滑。现在的波兰人口中有96.5%是波兰人,其余的少数民族包括德意志人(1.3%)、乌克兰人(0.6%)、白俄罗斯人(0.5%)等。其中61.8%的波兰人居住在城市。50%的国民年龄都在35岁以内。国民预期寿命77.3岁。性别结构方面,波兰男女人口比例约为100∶109。波兰的官方语言是波兰语。更多人口信息可参见表9.4.1和图9.4.4。

表9.4.1 波兰关键年份人口相关数据

	1980年	1990年	2000年	2010年	2015年
每千人					
出生	19.5	14.3	9.9	10.7	9.6
死亡	9.9	10.2	9.6	9.8	10.3
自然增长	9.6	4.1	0.3	0.9	−0.7
已婚	8.6	6.7	5.5	5.9	4.9
离异	1.1	1.1	1.1	1.6	1.8
分居	—	—	1.3	2.8	0.0
每千个新生婴儿死亡率	25.5	19.3	8.1	5.0	4.0

资料来源:Poland in Figures 2016。

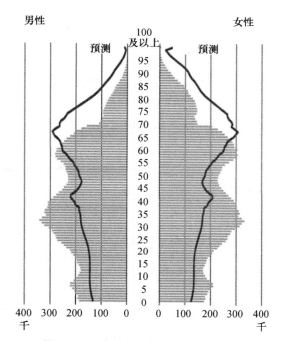

图 9.4.4 波兰人口年龄及性别结构图

资料来源：Poland in Figures 2016，图中实线表示波兰 2050 年人口计划预测的人口结构。

教育方面，波兰有着悠久的科学基础和科学传统，历史上诞生了居里夫人等科学巨匠，因此十分注重教育体系的建设。具体而言，波兰实行免费教育，且 18 岁之前为义务教育，管理部门为国民教育部和科学与高等教育部。2013 年，波兰用于国民教育体系的公共支出在 GDP 支出中占 4.47%，约 743 亿兹罗提，如图 9.4.5 所示。2014

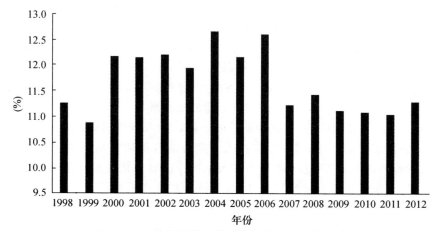

图 9.4.5 波兰教育支出占政府财政支出的比重

资料来源：联合国教科文组织统计研究所。

年,波兰共拥有高等院校 439 所,其中著名的高等学府有克拉科夫雅盖隆大学、华沙大学等。根据波兰国家统计局 2014 年统计数据,波兰高等教育入学率为 37.8%。

2. 城镇结构

如图 9.4.6 所示,第二次世界大战以后,波兰的城镇化历程与中国有着许多相似之处,同样是在 20 世纪中叶开始启动城镇化进程,又同样经受了城镇化进程中难以避免的许多阵痛,应该说波兰是我国城镇化进程发展很好的参考样本。

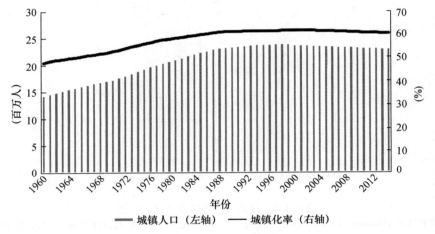

图 9.4.6　波兰人口数及城镇化率图

资料来源:世界银行数据库。

二战时的波兰遭受重创,整个国家都面临重建。同时根据战后协定,波兰的国家版图发生了重大变化,大量人口需要从东部往西部迁移。波兰的城镇化历程基本可以分为三个阶段。第一个阶段是国家的重建。二战后波兰百废待兴,在当时政府的指导下首要发展重工业,农村的劳动力开始涌向城市。中国同样也经历了这个过程,从而成为强大的工业国家。第二个阶段是农村人口开始有了接受优质教育的机会,波兰的社会构成因此发生了重大变化。1950 年波兰的城市人口只有 42%,但是到了 2000 年就已经超过了 62%。第三个阶段是 20 世纪 90 年代以后,更多接受了高等教育的人开始向城市集中,去寻求更好的工作和更舒适的居住环境。

2004 年 5 月 1 日,波兰正式成为欧盟的一员。加入欧盟后,波兰的城镇化成果更加显著,经济发展更加迅速,城市逐步扩大。经济的发展使得越来越多的写字楼群在波兰如雨后春笋般涌现,而这又进一步扩大了国家的城镇化成果。很多住房在工作区域附近新建,外来人员都有了新房居住,并且这个族群在不断扩大。

城镇化的发展同时也需要建设新的道路,波兰的交通运输系统也因此有了相应的发展。城镇化的结果就是越来越多的人来到城市寻找更好的工作,获取更高的工资,工资越高就意味着用于消费的钱越多,就需要更多的生产。波兰因此成为欧洲经济危机下的唯一绿洲。诚然,城镇化不只是给波兰带来了利益,也不可避免地伴随着相应的问题,比如环境的破坏、交通的拥挤、能源的消耗等。在波兰人看来,在城市发展的进程中,这些负面影响是无法避免的,最主要的是城市要有长远的规划目标,而不是只关注眼前的利益。

表 9.4.2 列出了波兰主要城市的概况。

表 9.4.2 波兰五大城市

城市	2016 年人口总量	城市描述
华沙	1 702 139	波兰首都,政治、经济和文化中心
罗兹	768 755	位于维斯瓦河与瓦尔塔河的分水岭,电影美术中心
克拉科夫	755 050	中欧最古老的城市之一,维斯瓦族的故乡
弗罗茨瓦夫	634 893	曾是德国重要的工商业与文化名城之一
波兹南	570 852	波兰最大的工业、交通、文教和科研中心之一

华沙是波兰的首都,马佐夫舍省的省会,波兰的政治、经济、文化中心,也是波兰的第一大城市。华沙位于波兰中部,占地面积为 512 平方千米,维斯瓦河从中穿过,城市人口达到 170 万,是欧洲各国的通商要道,波兰的主要航空港。从 15 世纪起,华沙就是非常繁华的地方。华沙属于温带大陆性气候,常年气候温和,宜居宜游。

罗兹位于波兰的中部,处于维斯瓦河与瓦尔塔河的分水岭上,是波兰重要的铁路、公路枢纽。罗兹建于 1798 年,是仅次于华沙的第二大城市。罗兹的地理位置优势使得其后来成为全国纺织工业中心。第二次世界大战后,罗兹的文化和科学事业也得到了迅速发展,市内建有 6 所高等院校,拥有歌剧院、图书馆、综合体育馆等各类文体设施。

克拉科夫是克拉科夫省首府,位于波兰东部。克拉科夫建于 700 年前后,是中欧最古老的城市之一,也是维斯瓦族的故乡。1320—1609 年曾作为波兰首都。2000 年,克拉科夫被定为欧洲文化之都。克拉科夫是旅游胜地,每年游客流量达 200 多万人,市内拥有丰富的古典建筑物,弥漫着中世纪的风情,被誉为波兰最美丽的城市。

3. 消费与支出

东欧剧变时,波兰采取的休克式经济改革致使经济萎靡不振,居民的消费水平也随之降低。结构转型后,波兰经济开始加速增长,居民消费水平开始稳步上升,如图 9.4.7 所示。波兰的人口变动也较为平稳,从 1990 年开始,人口总数为 3 811 万,在随后的近 30 年中变化不大。从波兰经济结构上看,波兰已经是一个发达的工业化国家,现处于后工业化时期,劳动力水平高,劳动人口占总人口的比例十多年来均维持在 48%,农业就业人数占总就业人数比例低于 10%,工业就业人数在逐渐下降,第三产业就业人数则稳步上升。

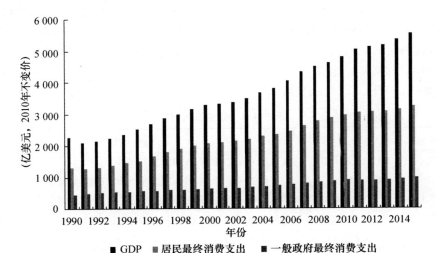

图9.4.7 波兰居民消费与政府支出

资料来源:波兰中央统计局。

4. 产业结构

(1) 第一产业

波兰是一个传统型农业国家,全年气候较为温和,春秋季气候宜人、雨水充沛,夏季凉爽,十分适合农作物的种植,波兰主要以私人家庭农场为耕种单位,生产效率较低,只有欧盟平均水平的13%,推行新技术、农业机械化均进展不佳。

由波兰中央统计局2016年公布的年鉴数据可知,波兰2015年农业用地面积为1 868.3万公顷,其中耕地占73.4%。2014年农业总产值达到1 053.4亿兹罗提,同比降低2.3%,占GDP的6.13%。波兰种植的主要农作物有小麦、黑麦、马铃薯、甜菜、油菜籽等,产量均居欧洲前十位,可见表9.4.3。肉制品、奶制品、苹果、洋葱、卷心菜和菜花等果蔬产量也居欧洲前列。

表9.4.3 2010—2012年波兰主要农产品产量 （单位:万吨）

	2010年	2011年	2012年
小麦	940.8	933.9	860.08
黑麦	285.2	260.1	288.8
大麦	339.7	332.6	418.0
燕麦	151.6	138.2	146.85
甜菜	997.3	1167.4	1235.0

(续表)

	2010 年	2011 年	2012 年
马铃薯	818.8	911.1	874.0
油菜籽	227.30	188.8	189.6

资料来源：2013年波兰统计年鉴。

近年来随着欧盟统一农业政策的实施,波兰农产品以其具有竞争力的价格和良好的品质,对欧盟其他国家的出口保持持续稳定增长水平,约3/4的农产品及食品销往欧盟,其中超过1/3销往德国。此外,波兰农副食品出口到俄罗斯、日本、韩国、中国等国家和地区。此外,欧盟也在农业方面向波兰提供了帮助,如给波兰农民就配额限制提供了直接补贴,粮食、油料、淀粉、烟草及畜牧等生产时若受到配额的限制,波兰农民将从欧盟获得直接补贴,其中欧盟提供40%,剩余部分由波兰政府自行解决。除对农产品直接补贴外,欧盟还设立了波兰农村落后地区发展基金,2004—2006年该基金总额将达18亿欧元。

(2) 第二产业

第二次世界大战以前,波兰的工业水平相对较低,仅为欧洲国家平均水平的20%。1946年,波兰实施工业国有化改革,将大中型企业及交通运输、银行等国民经济主要部门实行国有化,极大地提高了工业效率,1950年波兰工业增加值在国民经济中占到了24.3%。20世纪50至60年代,波兰开始社会主义工业化,将投资重点放在机器制造和运输、化工、电机工程、纺织等,1951—1979年,波兰工业总产值年均增长率高达10.2%,而同期世界各国的工业增长率仅为6.3%。波兰的传统工业部门包括煤炭、化工、纺织、机械和钢铁部门等。经济转型成功后,波兰的工业部门扩大到汽车制造、食品、航空与火车制造、通信和信息技术等部门。近年来一些主要工业产品产量见表9.4.4。总体而言,波兰目前工业总产值趋于缓慢下降,但工业产品质量和效益却在提升。

表 9.4.4　2010—2012 年主要工业产品产量

	2010 年	2011 年	2012 年
硬煤(万吨)	7 670	7 650	7 980
褐煤(万吨)	5 650	6 280	6 430
原钢(万吨)	799.3	877.6	854.3
硫磺(按纯量计)	51.7	65.7	67.6
发电量(亿度)	1 580	1 640	1 620
小轿车(万辆)	78.5	74.1	54.0
水泥(万吨)	1 580	1 899	1 590

资料来源：2013年波兰统计年鉴。

以汽车工业为例,波兰汽车工业的主要特点是外资企业居主导地位,整个汽车工业以汽车装配为主,汽车零部件生产商技术标准高、品种齐全、加工生产增长较快。目前,汽车已成为波兰重点产业、热门出口行业,产品种类多,品牌多且外需旺。但是波兰国内对新车需求不如二手车,近年来二手车销售是新车的两倍。从波兰中央统计局2016年数据来看,2014年波兰汽车业产值达到了1183.3亿兹罗提,同比增长4.8%,约占整体工业产值的9.1%。汽车行业员工总数达到约17.3万名,同比增长5.5%。汽车类产品出口额达到907.8亿兹罗提,占波兰出口总额的13.1%。2014年波兰乘用车产量47.3万辆,同比下降0.4%。

（3）第三产业

成功转轨后,波兰放弃了部分生产效率不高的农业作物的种植,转而依赖进口,从而将劳动力转移到第二、第三产业中,如图9.4.8和图9.4.9所示。近年来,波兰工业生产总值在GDP中占比以及工业就业人数占总就业人数的比例均缓慢下降,但其工业的生产效率、经济效益和产品质量有着显著的提升,这是波兰将工业结构从重工业向消费品工业转移并大力发展服务业等第三产业的结果。波兰的服务业,尤其是旅游业近年来保持良好的态势。2012年,波兰接待外国游客的人数达1244万,收入为231亿欧元,约占当年GDP的6%。集中旅游区域为首都华沙、沿海城市革但斯克以及东部的比亚沃维扎森林区等。游客大多来自欧洲国家,如德国、英国、意大利、丹麦、法国和美国等。

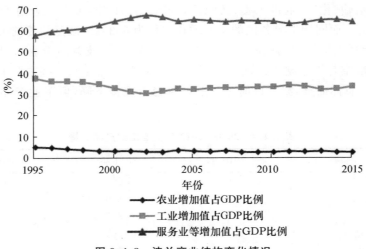

图9.4.8 波兰产业结构变化情况

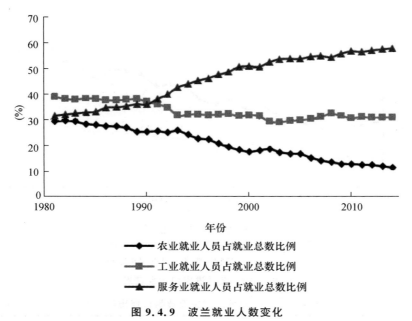

图 9.4.9　波兰就业人数变化

资料来源：世界银行数据库。

(二) 对外经济

1. 国际贸易

据商务部统计,波兰 2015 年对外贸易总额为 3 923 亿美元,同比 2014 年下降了 11.6%,其中进口 1982 亿美元,同比上年下降 9.9%,出口 1941 亿美元,同比上年下降了 13.2%,更多信息可参见图 9.4.10。2015 年波兰主要贸易伙伴为德国、英国、捷克、法国、荷兰、意大利、俄罗斯等,如表 9.4.5 所示。对外出口方面,波兰的最大出口国家为德国,贸易金额为 537.98 亿美元,英国、捷克次之,金额为 134.04 亿、130.99 亿美元。出口商品类别排名前五的分别为机电产品、运输设备、贱金属及制品、家具玩具和杂项制品、塑料和橡胶。进口方面,波兰的最大进口国家为德国,贸易金额为 536.41 亿美元,中国第二,金额为 145.12 亿美元。进口商品类别排名前五的分别为机电产品、运输设备、贱金属及制品、化工产品、塑料和橡胶等。

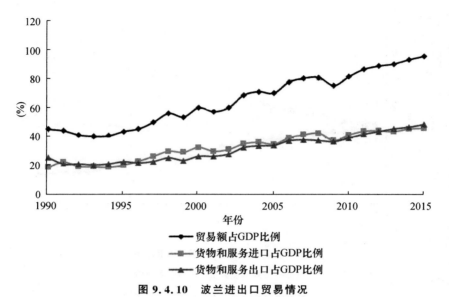

图 9.4.10 波兰进出口贸易情况

表 9.4.5　2015 年波兰对主要贸易伙伴出口情况

国家	金额(百万美元)	同比(%)	占比(%)
德国	53 798	−7.1	27.1
英国	13 404	−4.4	6.8
捷克	13 099	−7.8	6.6
法国	10 976	−10.6	5.5
意大利	9 449	−5.5	4.8
德国	53 641	−11.1	27.6
中国	14 512	3.8	7.5
俄罗斯	14 009	−38.4	7.2
荷兰	11 356	−9.8	5.9
意大利	10 113	−17.4	5.2

资料来源：2013 年波兰统计年鉴。

2. 国际投资

长期以来，波兰是东欧地区吸引外资最多的国家，加入欧盟后，吸引外资金额为原来的两倍。2001—2003 年，由于大规模私有化浪潮减弱，波兰吸引外资能力有所下降。2008 年，受金融危机影响，波兰吸引外资金额略有降低，但影响不大，如图 9.4.11 所示。2013 年，对波兰投资金额最高的国家为德国，达到了 387.2 亿美元，荷兰、法国、卢森堡、西班牙等紧随其后。外资存量方面，截止到 2014 年年底，波兰外资存量总额为 2 451.6 亿美元,外资流量总额为 138.8 亿美元。

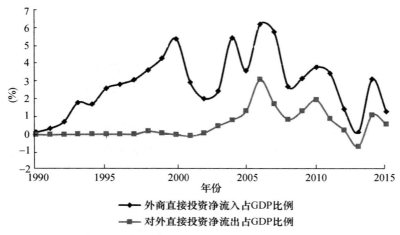

◆ 外商直接投资净流入占GDP比例
■ 对外直接投资净流出占GDP比例

图 9.4.11　波兰外商直接投资情况

资料来源:世界银行数据库。

第五节　拉　脱　维　亚

一、地理历史背景

拉脱维亚共和国位于欧洲的中部和东北部,是 1991 年独立的苏联加盟共和国之一。从地理位置上,它是苏联西部通往西欧的重要出海口,也是苏联波罗的海舰队司令部的所在地,战略地理位置极其重要,被称为"北欧人南下的大门"。拉脱维亚位于爱沙尼亚的南部,东邻俄罗斯与白俄罗斯,南邻立陶宛,西临波罗的海。

东欧平原是世界上著名的平原之一,其总面积为 400 万平方千米。东欧平原的西部和西北部以琥珀著名,被称作"琥珀海"或称"琥珀之乡",而拉脱维亚与爱沙尼亚及立陶宛共同称为"波罗的海三国"。拉脱维亚拥有较好的自然条件,有泥炭、石灰石、石膏、白云石、石英沙等少量矿产,1.4 万个野生物种。国内地势低平,大部分是平原,少部分为低地和低丘,其东部地势略高,西部滨海多沙滩。境内有许多河流和湖泊,海岸线长度达 307 英里,居波罗的海三国之首,使得拉脱维亚具有较可观的水力资源和海产资源。其充足的水资源也对农业和工业的发展产生了积极的推动影响。

因为其至关重要的地理位置及在两次世界大战受到的影响,拉脱维亚有着较为复杂的文化背景。拉脱维亚的官方语言为拉脱维亚语,属于印欧语系波罗的海语族。国内 95% 以上居民懂俄语,约 10% 居民懂德语、英语。拉脱维亚国内人口为 228 万,其中拉脱维亚族占 62%,俄罗斯族占 27%,白俄罗斯族占 3%,乌克兰占 2%,波兰族占2%。其国内居民主要信奉天主教和新教路德宗。

二、经济发展状况

(一) 国内经济

拉脱维亚自1991年独立后,便开始推行私有化和自由市场经济,按西方模式进行经济体制改革。图9.5.1向我们展示了1995年开始拉脱维亚的名义(实际)GDP与人均名义(实际)GDP的变化情况。2008年的金融危机重创了拉脱维亚的经济,使其GDP连续两年有大幅度下降。2009年拉脱维亚接受国际货币基金组织、欧盟委员会和瑞典等国75亿欧元贷款援助,经济于2010年开始缓慢复苏。2014年1月1日,拉脱维亚正式加入欧元区,成为欧元区的第十八个成员国。

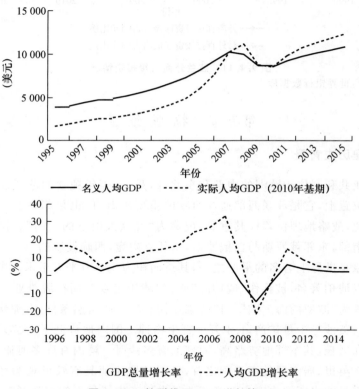

图9.5.1 拉脱维亚GDP增长情况

资料来源:CEIC数据库。

1. 产业结构

拉脱维亚的工业与农业十分发达,早在入盟苏联的时候,拉脱维亚在苏联的国民经济中就已经占据了领先的地位。1989年,其人均国民生产总值和人均国民收入均居苏联国家第二位,仅次于爱沙尼亚。其近 20 年来的三产情况可参见图 9.5.2 和图 9.5.3。

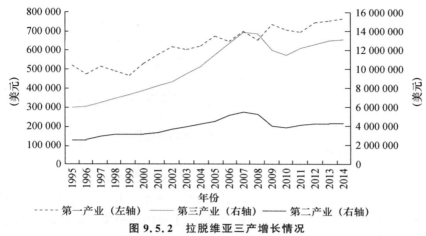

图 9.5.2　拉脱维亚三产增长情况

资料来源:CEIC 数据库。

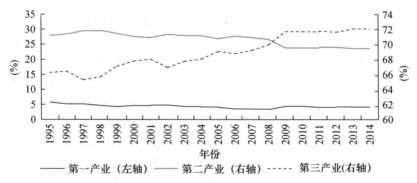

图 9.5.3　拉脱维亚三产所占比例变化情况

资料来源:CEIC 数据库。

(1) 第一产业

拉脱维亚是一个传统的农业大国,其农业占 GDP 的比重大约在 5% 左右,近些年该比重不断下降,但也较为稳定。其人均拥有的可耕地面积较大,拉脱维亚国土面积共 64 589 平方千米,2014 年其农业用地约占 38%,2014 年人均耕地拥有量为 0.6 平方千米(1 公顷),如图 9.5.4 所示。主要农作物以谷物和动物饲草为主。拉脱维亚对国外出口农产品,并且农产品的出口一直是拉出口创收的重要组成部分。目前对华出口农产品主要为冷冻浆果和木材,另外,近些年的中拉乳制品企业合作也预示着中国将成为拉农产品长期的主要出口市场。

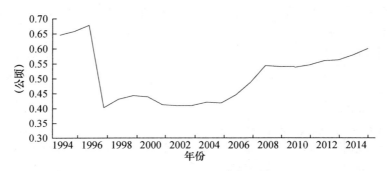

图 9.5.4 拉脱维亚人均耕地量

资料来源:世界银行数据库。

(2) 第二产业

拉脱维亚的工业十分发达,机器制造业和金属加工业是其工业的两大主导部门,主要集中在里加和陶格夫匹尔斯。除此之外,由于该国地理位置优越,港口条件良好,它的海运业相当发达。早在第二次世界大战前,拉脱维亚的工业就已经在苏联处于领先的地位,虽然第二次世界大战破坏了拉脱维亚的经济发展,但因为其雄厚的经济基础,二战后经济迅速回升。自 1995 年独立后,其工业部门仍保持较快的发展速度,1995—2007 年,拉脱维亚工业产值增加了近三倍。然而,全球金融危机影响了其工业部门的发展,2008—2010 年工业产值迅速回落,2010 年以后平稳回升。

拉脱维亚森林资源十分丰富,森林覆盖率高达 49.9%,远高于世界平均水平与欧盟平均水平,是世界平均水平的 1.6 倍。其木材储量达 6.31 亿立方米,每年的木材采伐量约为 1 000 万立方米。丰厚的森林资源使得木材加工业成为拉脱维亚重要的工业部门。近年来,林业企业市场竞争越来越剧烈,中小企业在林业企业中占主导地位,不断引进先进技术,更新设备,大型企业则主要生产建筑材料等高附加值产品。

拉脱维亚国内孕育了一批非常成功的农业企业。据拉脱维亚"企业"商业网站《2014 年拉脱维亚商业报告》统计,经营农药和化肥的 Uralchem 贸易公司以 11.23 亿欧元营业额成为 2013 年拉最大农业企业。

(3) 第三产业

从三次产业结构的变化来看,服务业业一直在拉脱维亚的国民经济份额中占比较高,并且从 1996 年的 66.4% 缓慢上升到 2014 年的 72% 左右。拉脱维亚是传统农业工业国,但随着经济的发展,农业产值占 GDP 比重一直稳步下降,二产在全国经济中的占比也呈下降趋势,与此同时服务业在经济体中的比重快速上升。但是从出口的角度来看,由于拉脱维亚人口数量的限制及其不断减少的趋势,服务业的出口增速并没有货物出口增速快,新创的服务业产品大多被国内所消化。

2. 城镇结构

拉脱维亚的城镇化一直处于较高的水平,如图9.5.5所示,从1960年开始就一直处于50%以上。进入90年代,与拉脱维亚人口数量锐减几乎是同时发生的,是拉脱维亚的城镇化率的下降。城镇化率缓慢下降,无疑与拉已步入高等收入国家行列有关。

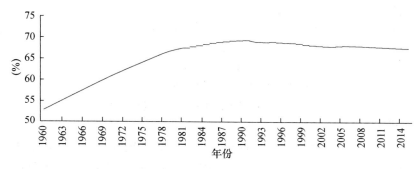

图9.5.5　拉脱维亚城镇化率情况

资料来源:世界银行数据库。

表9.5.1列出了拉脱维亚主要城市的概况。

表9.5.1　拉脱维亚五大城市

城市	2016年人口总量	城市描述
里加	742 572	首都,与中国苏州市是友好城市
陶格夫匹尔斯	111 564	第二大城市
利耶帕亚	85 132	第三大城市和重要的不冻港
文茨皮尔斯	42 644	波罗的海沿岸的终年不冻港
尤尔马拉脱维亚	54 088	著名的疗养地

资料来源:World Population Review。

3. 收入水平

拉脱维亚的收入情况以水平高、分配均为特点。近些年,拉脱维亚的人均收入普遍保持了一个较快的增长速度,如图9.5.6所示。在苏联国家中,2011年达到高人均国民收入水平的国家只有爱沙尼亚。但到了2012年,俄罗斯、拉脱维亚和立陶宛也加入其列,其中拉脱维亚上升了7位。从收入分配的角度来看,拉脱维亚是一个收入分配较为平均的国家,基尼系数一直低于0.40的国际警戒线水平。收入分配的平均也在一定程度上导致了拉脱维亚国内较高的消费率,对经济发展与增长产生了积极的影响。

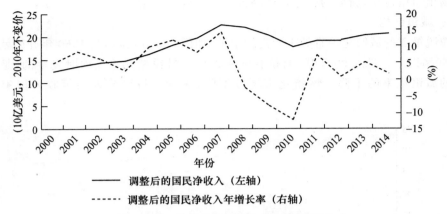

图 9.5.6 拉脱维亚国民净收入及增长率

资料来源:世界银行数据库。

如图 9.5.7 所示,拉脱维亚国内的储蓄率一直处于较低水平。根据瑞典银行私人金融学会发布的一份报告,只有 53% 的拉脱维亚人储蓄,而其邻国爱沙尼亚和立陶宛,则会有 83% 和 66% 的人选择储蓄。储蓄率较低导致资金更多地流向投资或消费的环节,也造成了拉脱维亚国内的高消费率,如图 9.5.8 所示。

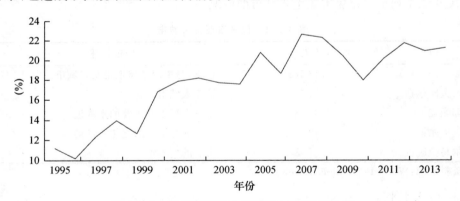

图 9.5.7 拉脱维亚国内总储蓄占 GDP 的比例

资料来源:世界银行数据库。

拉脱维亚的居民消费支出一直保持在比较高的水平,如图 9.5.8 所示,在 GDP 中占比始终高于 60%,远高于 2014 年中国的 37.5%。

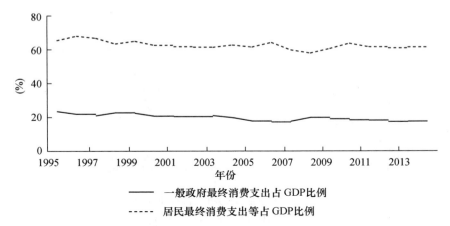

图 9.5.8 拉脱维亚居民消费支出与政府消费支出情况
资料来源:世界银行数据库。

(二) 对外经济

1. 国际贸易

拉脱维亚与世界 120 多个国家和地区有贸易关系。拉脱维亚的主要出口商品是木材及木制品、木炭、电机电气设备及零件、钢铁、矿物燃料、矿物油及其产品、机械器具及零件。其主要的进口商品是矿物燃料、矿物油及其产品、机械器具及零件、电机电气设备及零件、车辆及其零附件。2011 年,主要出口国家为俄罗斯(17.4%)、立陶宛(16.2%)、爱沙尼亚(12.6%)、德国(7.7%)、瑞典(5.5%)。主要进口国家为立陶宛(17.6%)、德国(11.7%)、俄罗斯(8.5%)、波兰(7.41%)、爱沙尼亚(7.04%)。

受国际金融危机影响,2008 年中国和拉脱维亚双边贸易大幅下滑,但 2011 年增长势头明显。根据中国海关统计,2012 年中拉贸易总额为 13.82 亿美元,同比增长 10.0%,其中中国向拉脱维亚出口 13.13 亿美元,增长 10.0%;中国从拉脱维亚进口 0.69 亿美元,增长 8.5%。拉脱维亚向中国出口商品主要是机械和电子设备、运输工具、金属制品、化工产品、木材及其制品等。其从中国进口商品主要是纺织品、机械设备和电子设备、金属制品等。

拉脱维亚的进出口情况和贸易竞争指数如图 9.5.9 至图 9.5.11 和图 9.5.12 所示,虽然其出口额一直低于进口额,但是近些年尤其是在 2008 年金融危机过后,其贸易竞争力指数迅速上升,接近于 0。

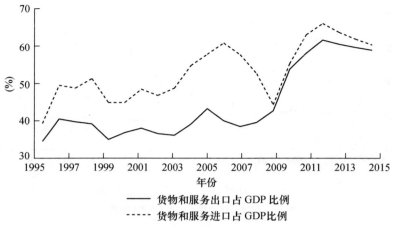

图 9.5.9 拉脱维亚进出口情况

资料来源：世界银行数据库。

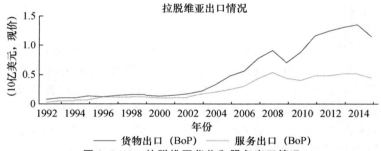

图 9.5.10 拉脱维亚货物和服务出口情况

资料来源：世界银行数据库。

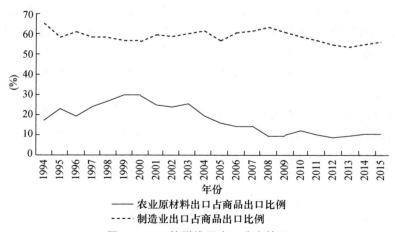

图 9.5.11 拉脱维亚出口分布情况

资料来源：世界银行数据库。

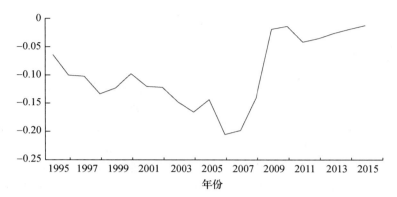

图 9.5.12 拉脱维亚贸易竞争力指数

资料来源:世界银行数据库。

2. 国际投资

如图 9.5.13 所示,受到 2008 年金融危机的影响,拉脱维亚外商直接投资在 2008 年开始出现急剧的下降。根据驻拉脱维亚使馆经商参处的报告,截止到 2015 年年底,在拉脱维亚直接投资最多的是欧元区国家,占 39.64%,欧元区以外的欧盟国家占 27.63%,独联体国家占 8.46%。直接投资存量来源前十大国家为瑞典(25.18 亿欧元)、塞浦路斯(11.6 亿欧元)、荷兰(9.66 亿欧元)、俄罗斯(9.2 亿欧元)、爱沙尼亚(7.28 亿欧元)、挪威(6.97 亿欧元)、德国(6.69 亿欧元)、丹麦(5.1 亿欧元)、立陶宛(4.29 亿欧元)和英国(4.1 亿欧元)。中国对拉脱维亚的投资存量达 578 万欧元。

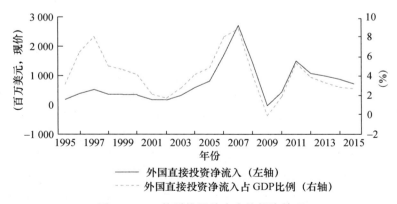

图 9.5.13 拉脱维亚外商直接投资情况

资料来源:世界银行数据库。

第六节 立 陶 宛

一、地理历史背景

立陶宛位于东北欧,首都维尔纽斯,1991年独立,是欧盟、北约、申根公约以及多个国际组织的成员。立陶宛位于波罗的海东岸,北接拉脱维亚,东连白俄罗斯,南邻波兰,西濒波罗的海和俄罗斯加里宁格勒州。国境线总长1644千米,海岸线长90千米。除以平原为主的地形外,还有西部不大的丘陵及东南部的高地。

在波罗的海三国中,立陶宛位处最南端,与拉脱维亚、爱沙尼亚在政治、经济、历史、地理、文化等众多方面有着密不可分的传统联系。从人口、领土面积及经济规模看,立陶宛是波罗的海最大的国家,近年来在吸纳中国直接投资方面也在波罗的海三国中居首位。立陶宛的克莱佩达是波罗的海最大的海港,可以建立东西方之间的海运联系,是"一带一路"的战略要地。

立陶宛盛产琥珀,有少量的黏土、砂石、石灰、石膏、泥炭、铁矿石、磷灰石及石油,所需石油和天然气靠进口,西部沿海地区发现有少量石油和天然气资源,但储量尚未探明。立陶宛森林和水资源丰富。森林面积217.7万公顷,覆盖率为33.4%。有722条河流,长度超过100千米的河流有21条,最长的涅穆纳斯河全长937千米。境内湖泊众多,水域面积超过880平方千米,面积超过0.5公顷的湖泊有2834个,其中最大的德鲁克夏伊湖面积4479公顷。

二、经济发展情况

(一) 国内经济

立陶宛独立以后致力于向西方政体和市场经济过渡。立陶宛领导人认为私有化是经济向自由市场经济转轨的关键,并且出台了指导国家经济转轨的重要文件《立陶宛私有化纲领》。除了2008年左右受到国际金融危机的影响之外,近年立陶宛经济持续增长。如图9.6.1和图9.6.2所示,2011年,立陶宛的GDP增长率达到了6.04%,人均GDP增速则达到了8.47%。然而,立陶宛的经济发展却存在外部需求不足、失业率高和银行业不良贷款率较高等问题。立陶宛于2015年正式加入世贸组织。自独立以来,立陶宛一直将加入世界贸易组织作为一项重要目标,全方位推行自由开放的经济政策。立陶宛曾被西方国家高度评价为"中欧地区最自由的市场经济国家",其经济自由开放程度甚至已经超过了捷克、波兰和匈牙利。

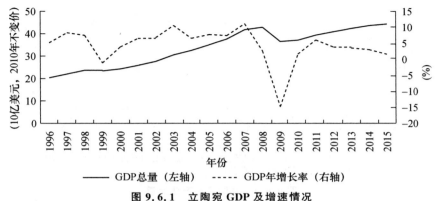

图 9.6.1 立陶宛 GDP 及增速情况

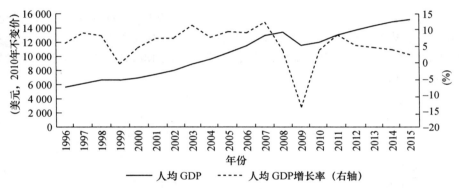

图 9.6.2 立陶宛人均 GDP 及增速情况

资料来源：世界银行数据库。

1. 产业结构

立陶宛现已基本完成市场经济的转型，另外也经历了由传统的工农业强国向服务业转型的过程。如图 9.6.3 所示，其农业增加值在 GDP 中所占的比例由 1996 年的 12.17% 下降到了 2014 年的 3.44%，工业增加值在 GDP 中的比例一直稳定在 30% 左右，而服务业占比由 57.7% 上升到了 66.02%。立陶宛在保住工业强国地位的基础上，正在向第三产业转型。

（1）第一产业

立陶宛的主要农产品有谷物、奶产品、饲料作物、工业原料作物、猪、牛、蔬菜、家禽、马铃薯、水果等，其中谷物和奶产品是立陶宛最主要的农产品。在立陶宛的农业经济中，私人农场和农户的农产品产量占总量的 68.8%，农业企业和公司的农产品产量占总量的 31.2%。近些年，立陶宛农业就业人员不断减少，人均耕地面积自 2001 年

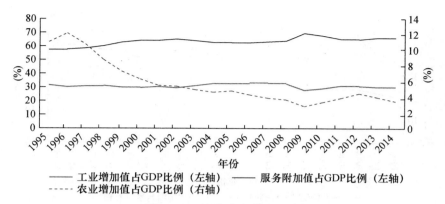

图 9.6.3 立陶宛三产业比重

资料来源：世界银行数据库。

低点之后稳步上升，如图 9.6.4 和图 9.6.5 所示。原因是农场日趋扩大并现代化，导致对人力需求减少。然而目前立陶宛农业仍存在生产单位规模偏小、缺乏国际竞争力、农民受教育程度偏低、农业现代化程度不高等诸多问题，这些都是其下一个发展阶段急需解决的问题。

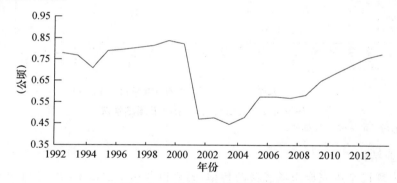

图 9.6.4 立陶宛人均耕地情况

资料来源：世界银行数据库。

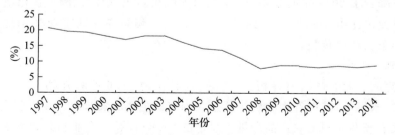

图 9.6.5 立陶宛农业就业人员占就业总数比例

资料来源：世界银行数据库。

(2) 第二产业

工业是立陶宛的支柱产业,立陶宛的工业门类比较齐全,以食品、木材加工、纺织、化工等为主,机械制造、化工、石油化工、电子工业、金属加工工业等发展迅速,生产的高精度机床、仪表、电子计算机等产品销往全世界 80 多个国家和地区。立陶宛的工业中心在其首都维尔纽斯,该市的工业产值占立陶宛工业总产值的 2/3 以上。近些年,立陶宛的工业产值保持稳定增长,据立陶宛统计局 2016 年 7 月 21 日数据,2016 年上半年国内工业产值达到 89.2 亿欧元,比 2015 年同期增长 2.7%,如扣除工作日因素的影响,增长率也达到了 2.3%。另外,为了减少对俄罗斯的能源依赖需求,立陶宛政府制定了积极的政策来应对。以建设新核电站等方式来努力提高能源产能,因此在未来的一段时间立陶宛对于中国核反应堆的需求也会较为旺盛,并且未来一个阶段会继续加大力度发展清洁能源,值得我国关注。

(3) 第三产业

服务业是立陶宛国民经济的重要组成部分,也是近些年发展最快的部门。在近 10 年中,立陶宛服务业在 GDP 中的占比由 57.7% 上升到了 66.02%,在服务业就业人员的比例也从 1997 年的 51.4% 上升到了 2014 年的 65.8%,如图 9.6.6 所示。但是从出口的角度来看,与拉脱维亚等国家相似,由于人口数量的限制及其不断减少的趋势等原因,服务业的出口增速并没有服务出口增速快,新创的服务业产品大多被国内所消化。

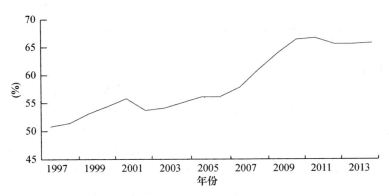

图 9.6.6　立陶宛服务业就业人员占就业总数比例

资料来源:世界银行数据库。

2. 城镇结构

立陶宛已基本完成了城市化进程,如图 9.6.7 所示,其城镇化率从 1960 年的 39.46% 上升到了 2014 年的 66.51%,近些年城镇化率稳定在大约 67% 的水平,并稍有下降。城市人口的移民倾向以及高收入水平都会在一定程度上导致逆城市化的进程。

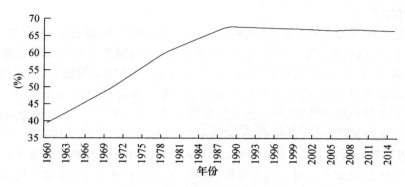

图 9.6.7　立陶宛城镇人口比例

资料来源：世界银行数据库。

表 9.6.1 列出了立陶宛主要城市的概况。

表 9.6.1　立陶宛五大城市

城市	2016年人口总量	城市描述
维尔纽斯	542 366	首都和最大城市，工业中心
卡纳斯	374 643	第二大城市和旧都
克莱佩达	192 307	位于波罗的海东岸的港口
希奥利艾	130 587	工业、贸易、交通和文化中心之一
帕涅韦日斯	117 395	农产品贸易中心

资料来源：World Population Review。

3. 消费与收入

立陶宛政府在面临危机时做出的回应手段也可以看出立陶宛是一个比较有发展潜力的国家。以 2008 年的金融危机为例，2009 年的立陶宛失业率高达 13.7%，高失业率导致了其对外移民数量增加，人口大量流失，工业产值也明显下降，投资、消费、进出口明显下滑，GDP 暴跌，财政赤字严重。立陶宛在面对危机时做出了有力的应对。政府首先着手解决财政赤字的问题，利用调整税收、缩减公务员工资等措施，增加了政府收入，减小财政赤字。另外，立陶宛政府还着手改善经济结构，将经济发展重心从工农业向第三产业转移，鼓励创新，这为立陶宛 2010 年之后的经济复苏打下了良好的基础。在波罗的海三国之中，立陶宛的国民净收入水平较高，仅次于爱沙尼亚，如图 9.6.8 所示。

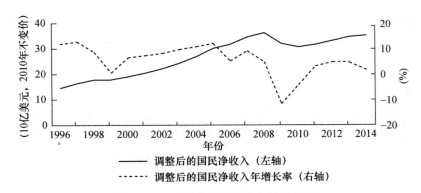

图 9.6.8　立陶宛国民净收入及增长率

资料来源：世界银行数据库。

从收入分配的角度来看，立陶宛分配也较为平均，通过基尼系数衡量的收入不平等水平较低，如图 9.6.9 所示，一直低于 0.38。然而当我们关注贫困人口比例的时候，我们发现立陶宛有大约 19% 左右的人生活在国家贫困线之下。最新的数据也显示，根据立陶宛统计局提供的数据，2015 年立陶宛 22.2% 的人口生活在贫困线以下，贫困人口数量约 64 万，这一数字远远高于拉脱维亚同年 5 月统计的贫困人口 58 875 人，占拉脱维亚全国居民比重为 2.97%。贫困人口无疑会对立陶宛的进一步经济发展产生负面影响。

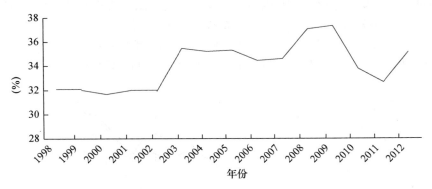

图 9.6.9　立陶宛基尼系数

资料来源：世界银行数据库。

如图 9.6.10 所示，立陶宛居民消费率也一直处于较高水平，虽然 2008 年之后消费率有所下降，但整体消费率依旧较高，内需动力比较充足。

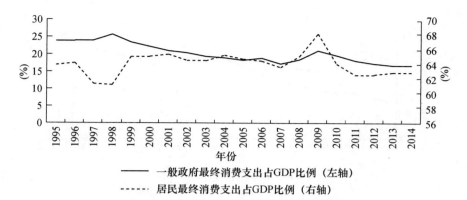

图 9.6.10　立陶宛居民消费率与政府消费率

资料来源：世界银行数据库。

(二) 对外经济

1. 国际贸易

立陶宛主要出口商品为矿产品、机电设备、电气设备、木材等，主要进口商品为矿产品、机电设备、电气设备、化工产品、蔬菜及水果等。2014年立陶宛产品最重要的出口国分别是：俄罗斯(占出口总额的21.7%，)、拉脱维亚(8.2%)、波兰(8.2%)和德国(7.2%)。同年，立陶宛最主要的进口国除俄罗斯依旧居于首位外，其余分别是：德国(10.8%)、波兰(9.5%)和拉脱维亚(6.7%)。据中国商务部资料统计，中国是立陶宛在亚洲最大的贸易合作伙伴。我国主要向立陶宛出口的产品有电子产品、通信技术产品、服装、船舶、钢材、核反应堆、电子信息设备、汽车钢铁制品等，我国从立陶宛主要进口仪器仪表、农产品、纺织用纱线、奶制品等。同时，我国每年从立陶宛进口大量木制品。

立陶宛总的进出口情况和贸易竞争指数如图9.6.11至图9.6.13所示，在2008

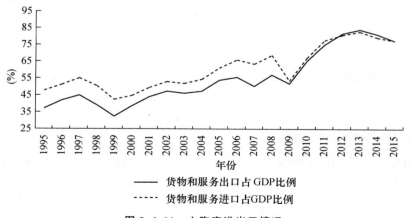

图 9.6.11　立陶宛进出口情况

资料来源：世界银行数据库。

年金融危机过后,其贸易竞争力指数有一个迅速的上升,由负变正,这主要与其进口数量的下降有关。

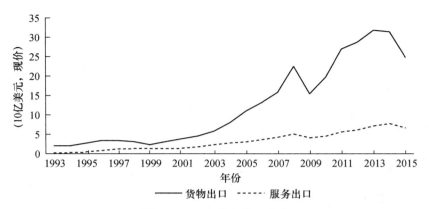

图 9.6.12　立陶宛出口情况

资料来源:世界银行数据库。

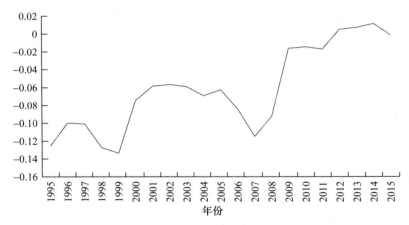

图 9.6.13　立陶宛贸易竞争力指数

资料来源:世界银行数据库。

2. 国际投资

随着立陶宛市场的开放及其企业私有化的进程,外商直接投资不断增长,如图 9.6.14 所示,特别是立陶宛 2004 年加入欧盟后,经济快速发展,投资环境趋于改善,吸引了大量外商投资。同时立陶宛推行了很多促进国外投资的优惠政策,比如免征关税、增值税,利润可汇出国外等,使得立陶宛拥有较多的外商直接投资。受到 2008 年金融危机的影响,外商直接投资在 2008 年开始急剧下降。然而在 2011 年左右,经济开始复苏,立陶宛又一次成为外商投资的青睐地点。截止到 2011 年,立陶宛主要投资国及所占份额依次为:瑞典 15.4%、波兰 11.5%、德国 10.4%、荷兰 8.8% 和俄罗斯 6.6%。外国投资主要集中在制造业、批发零售业、交通通信业及金融业等。值得指出的是,立陶宛在吸纳中国直接投资方面也在波罗的海三国中居首位。

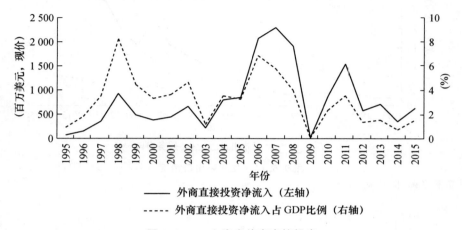

图 9.6.14 立陶宛外商直接投资

资料来源:世界银行数据库。

第七节 俄 罗 斯

一、地理历史背景

1917 年 11 月 7 日(俄历 10 月 25 日)俄国在列宁的领导下进行了十月革命,建立世界上第一个社会主义国家政权——俄罗斯苏维埃联邦社会主义共和国。1922 年 12 月 30 日,俄罗斯联邦、外高加索联邦、乌克兰、白俄罗斯成立苏维埃社会主义共和国联盟。1990 年 6 月 12 日,俄罗斯苏维埃联邦社会主义共和国最高苏维埃发表《国家主权宣言》,宣布俄罗斯联邦在其境内拥有"绝对主权"。1991 年 12 月 26 日,苏联最高苏维埃共和国院举行最后一次会议,宣布苏联停止存在,至此苏联解体,俄罗斯联邦成为完全独立的国家,并成为苏联的唯一继承国。1993 年 12 月 12 日,经过全民投票通过了俄罗斯独立后的第一部宪法,宪法规定国家名称为"俄罗斯联邦"。俄罗斯是联邦共和立宪制国家,由 21 个自治共和国、46 个州、9 个边疆区、4 个民族自治区、2 个联邦直辖市、1 个自治州组成。其中克里米亚、塞瓦斯托波尔于 2014 年 3 月通过全民公投决定加入俄罗斯联邦。俄罗斯位于欧亚大陆北部,地跨欧亚两大洲,与挪威、芬兰、爱沙尼亚、拉脱维亚、立陶宛、波兰、白俄罗斯、乌克兰、格鲁吉亚、阿塞拜疆、哈萨克斯坦、中国、蒙古、朝鲜是陆上邻国,国土面积为1 707.54万平方千米,东西最长9 000千米,南北最宽4 000千米,是世界上面积最大的国家,共194个民族,其中俄罗斯族占77.7%,主要少数民族有鞑靼、乌克兰、巴什基尔、楚瓦什、车臣、亚美尼亚、阿瓦尔、摩尔多瓦、哈萨克、阿塞拜疆、白俄罗斯等民族。俄语是俄罗斯联邦全境内的官方语言,各共和国有权规定自己的国语,并在该共和国境内与俄语一起使用。主要宗教为东正教,其次为伊斯兰教。

俄罗斯地形以平原和高原为主,西部处于东欧平原,向东为西西伯利亚平原、中西伯利亚高原、东西伯利亚高地。俄罗斯气候多样,以温带大陆性气候为主,部分地区处于寒带,有极地荒漠、苔原、森林苔原、森林、森林草原、草原带和半荒漠带等。俄罗斯北临北冰洋,西临大西洋,东临太平洋,湖泊占有世界约25%的淡水,其伏尔加河是欧洲第一长河,全长3 690千米,还有世界最深的湖泊贝加尔湖。俄罗斯是世界上矿产、森林和能源资源最丰富的国家,是石油和天然气的输出大国。森林覆盖面积居世界第一位,为880万平方千米,占国土面积51%;木材蓄积量821亿立方米。其他已探明资源储量包括:石油探明储量109亿吨,天然气已探明蕴藏量48万亿立方米(占世界探明储量的35%),煤蕴藏量2 016亿吨,铁蕴藏量556亿吨,铝蕴藏量4亿吨,铀蕴藏量占世界探明储量的14%,黄金储量1.42万吨,此外拥有占世界探明储量65%的磷灰石和30%的镍、锡。①

二、经济发展状况

(一)国内经济

在苏联解体前,苏联的经济一直处于世界的前列。1991年苏联解体后,以叶利钦为中心的政党进行了"休克疗法"经济改革,致使在之后的近10年中俄罗斯一直处于经济低迷。2000年,普京当选俄罗斯第三任总统后,实施了一系列全局性的经济振兴措施,俄罗斯经济开始复苏,经济总量开始进入高增长的状态。至2008年经济危机爆发时,失业率攀升,企业倒闭数不胜数,俄罗斯的经济受到了较严重的打击。但这依然影响不了俄罗斯经济复苏的势头,在2010年后,俄罗斯经济仍有所增长。更多信息可参见图9.7.1至图9.7.3。

---

① 资料来源:中国外交部官网,俄罗斯国家概况。

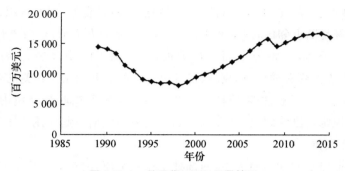

图 9.7.1　俄罗斯 GDP 总量情况

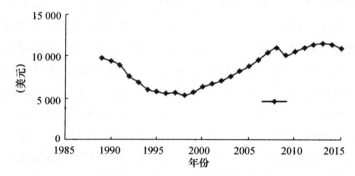

图 9.7.2　俄罗斯人均 GDP 情况

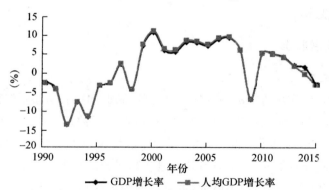

图 9.7.3　俄罗斯 GDP 增长率与人均 GDP 增长率

资料来源：世界银行数据库。

1．产业结构

（1）第一产业

俄罗斯拥有世界上最广袤的土地、多样的气候，是传统的农业大国。1917 年，俄罗斯第一产业的人口占总人口比例高至 82％。20 世纪 50 年代后，农业发展得到了苏联的重视,开始大规模开垦荒地,并推行农业机械化,加速了农业发展。俄罗斯耕地面积约有 1.25 亿公顷,人均耕地面积则达到了 0.84 公顷,主要农业区位于东西伯利亚、南西伯利亚、西部地区。水稻、玉米、大麦、小麦为主要粮食作物,甜菜、亚麻、向日葵为主要经济作物,其中粮食、葵花籽、马铃薯的产量均处于世界前列。更多信息可参见表 9.7.1。

表 9.7.1　2004—2007 年俄罗斯主要农作物产量表

品种	2004 年 产量（万吨）	2005 年 产量（万吨）	同比增幅（%）	2006 年 产量（万吨）	同比增幅（%）	2007 年 产量（万吨）	同比增幅（%）
粮食	7 810	7 820	0.1	7 860	0.5	8 175	4.0
甜菜	2 180	2 140	−2.0	3 090	44.4	2 880	−7.0
葵花籽	480	640	33.3	675	5.5	565	−16.3
马铃薯	3 590	3 730	3.9	3 860	3.5	3 660	−5.2
蔬菜	1 460	1 520	4.1	1 560	2.6	1 550	−0.7

资料来源:俄罗斯农业部网站。

(2) 第二产业

俄罗斯是以重工业为主的工业强国,工业在整个国民经济中占主导。1926 年开始,苏联进行了社会主义工业化,至 30 年代末基本完成。俄罗斯地大物博,有着丰富的矿藏和资源,为俄罗斯工业发展提供了原动力。铜的探明储量为 8 350 万吨,约占世界总储量的 10%,铅的储量为 920 万吨,居世界第三位,锌探明储量为 4 540 万吨,处于世界首位,占世界总储量的 15%,镍探明储量为 1 740 万吨,钴储量 73 万吨,钨储量 220 万吨,锡 35 万吨,钼 36 万吨,铌 500 万吨,均处于世界前列。在工业的各部门中,第一部类占有核心地位。机械制造业和金属加工业是俄罗斯传统的工业部门,约占 GDP 的 18%,从业人员达 850 万。在工业中,天然气工业占比最高,达到了 49%,天然气存量、开采量位于世界前列。石油、煤炭、核电和水电次之。

(3) 第三产业

俄罗斯经过结构转型后,第三产业成为主导产业,2015 年在国民经济中占比达到了 62.8%。其中,服务业在第三产业中占主要地位,2014 年服务业就业人员占总就业人数的 65.8%,如图 9.7.4 所示。在服务业中,零售批发业占据主要地位,最高一度超过 40%,房地产行业、金融业、教育行业、交通和通信行业、卫生行业均是服务业的重要组成部分。俄罗斯服务业对 GDP 的贡献率达到了 62.8%,于 1991 年超越工业成为国民经济的主导部门。

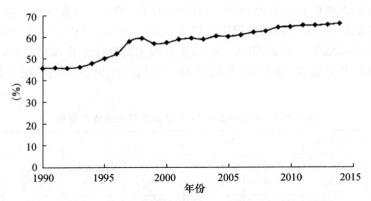

图 9.7.4 俄罗斯服务业就业人员占就业总数的比例

自 20 世纪 50 年代后,苏联大规模开垦荒地,并推行农业机械化,明显提高了农业的生产效率、劳动利用率,使得第一产业的劳动力可以释放出来,进入第二、第三产业,推动产业发展。从俄罗斯产业结构变化从图 9.7.5 中可以看出,1992 年后,农业占国民经济的比例稳定在 10% 以下。1992 年,第三产业首次超过工业占比,达到 49%,并在之后处于稳步上升的趋势,工业则开始缓慢下降。

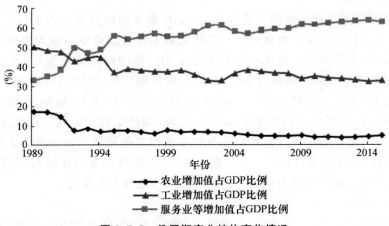

图 9.7.5 俄罗斯产业结构变化情况

2. 城镇结构

早期,俄罗斯城镇化发展缓慢,到十月革命前,俄罗斯城市人口有 2 800 万,城镇化率为 18%。十月革命后,俄罗斯开始大力发展工业,尤其是重工业,1940 年俄罗斯城镇化率就超过了世界平均水平,达到了 33%。20 世纪 60 年代,俄罗斯城镇人口首次超过农村人口,标志着俄罗斯从农业社会转型成工业社会。俄罗斯在完成工业化后，城镇人口增长率一直稳步下降，1989年为0.88%，1993年城镇人口增长率出现负值，这与工业化后去城市化的特征事实相符。直至2008年金融危机后，城镇人口增长率重新为正并缓慢上升。更多信息可参见图9.7.6和图9.7.7。

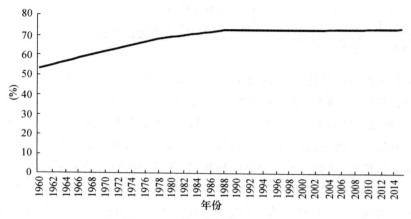

图9.7.6 俄罗斯城镇化率情况

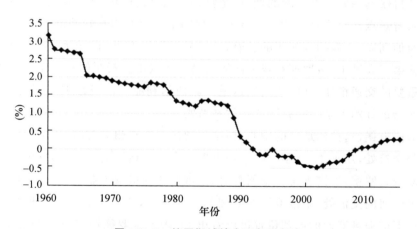

图9.7.7 俄罗斯城镇人口年增长率

资料来源：世界银行数据库。

俄罗斯国土面积很大，其中以表9.7.2中的五大城市为核心。

表9.7.2 俄罗斯五大城市

城市	2016年人口总量	城市描述
莫斯科	11 514 330	俄罗斯的政治、经济、文化中心，欧洲最大的城市
圣彼得堡	4 848 742	位于波罗的海沿岸、涅瓦河口

(续表)

城市	2016年人口总量	城市描述
新西伯利亚	1 473 737	西伯利亚最大的城市及经济、科技、文化中心
叶卡捷琳堡	1 350 136	乌拉尔山脉东麓，斯维尔德洛夫斯克地区中心
下诺夫哥罗德	1 250 615	机械工业中心，位于伏尔加河与其支流奥卡河的汇流处

资料来源：World Population Review。

俄罗斯首都莫斯科建于1147年，占地1 081平方千米，是俄罗斯的政治、经济、文化中心，欧洲最大的城市，也是国际大都市之一。截止到2016年，莫斯科有1 151万人，占俄罗斯总人口的8%。莫斯科市内有11个自然森林区、98个公园。莫斯科同时也是俄罗斯的交通枢纽，最具特色的是莫斯科的地铁站，全长277千米，每一个地铁站的设计都无与伦比，犹如一个个地下的博物馆，体现着俄罗斯的风土人情。

圣彼得堡位于俄罗斯的西北部，背邻波罗的海、涅瓦河口。圣彼得堡是仅次于莫斯科的第二大城市，建于1703年，曾经为俄国首都，该市由42个小岛、423座桥梁组成。圣彼得堡是一座适合旅游的城市，冬宫、夏宫、皇宫广场、圣伊萨克大教堂、斯莫尔尼宫等旅游景点比比皆是。1988年圣彼得堡与上海市结为友好城市。

新西伯利亚，新西伯利亚州的首府，位于俄罗斯的东部，面积为477平方千米，是俄罗斯的第三大城市、俄罗斯在亚洲区域的第一大城市。新西伯利亚建于1893年，是俄罗斯重要的交通枢纽，并因此发展迅速。新西伯利亚可以说是俄罗斯的文化中心，拥有俄罗斯最好的大学、图书馆、博物馆和歌剧院。

叶卡捷琳堡，乌拉尔地区的中心，斯维尔德洛夫斯克州的首府，位于俄罗斯欧洲与亚洲部分交接处，建于1723年。叶卡捷琳堡是乌拉尔地区的文化、体育中心。

下诺夫哥罗德，下诺夫哥罗德州首府，是俄罗斯的机械工业中心，位于伏尔加河与其支流奥卡河的交汇处，是俄罗斯在欧洲部分的中心，建于1221年，面积为334平方千米。从下诺夫哥罗德的地理位置可以看出，下诺夫哥罗德拥有极大的地理优势，是俄罗斯重要的河港、航空港。该市的主导产业为机械工业，制造汽车、船舶、飞机和军工产品等，占工业产值高达70%以上。下诺夫哥罗德拥有世界著名的汽车制造厂高尔基汽车，造船厂、飞机制造厂等也数不胜数。

如图9.7.8所示，普京上台前，俄罗斯的经济一直处于低迷状态，居民的消费水平也稳定在较低的位置，经过普京的改革后，俄罗斯经济明显开始复苏，居民消费水平也开始稳步上升。如图9.7.9所示，俄罗斯的人口变动也较为平稳，1990年人口总数为1.4亿人，在随后的近三十年间变化不大。俄罗斯地广人稀，居民居住较为分散，最大的城市莫斯科在 2010 年人口数为 1 150 万。从俄罗斯经济结构上看,俄罗斯已经是一个发达的工业化国家,现处于后工业化时期,劳动力水平高,劳动人口占总人口的比例十多年来均维持在 53%,农业就业人员占总就业人员比例低于 10%,工业就业人数在逐渐下降,第三产业就业人数则稳步上升,具体可参见图 9.7.10。

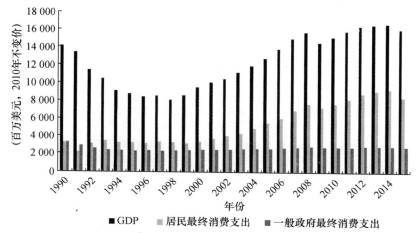

图 9.7.8 俄罗斯居民及政府消费支出情况

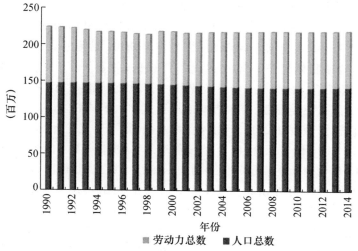

图 9.7.9 俄罗斯人口及劳动力情况

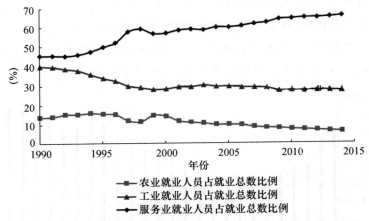

图 9.7.10 俄罗斯各个产业就业人员占就业总数比例

(二)对外经济

1. 国际贸易

1995年,俄罗斯启动加入世界贸易组织的工作,对关贸总协定进行谈判,并于2012年8月22日正式成为世界贸易组织的第156个正式成员国。2007年5月16日,经合组织邀请俄罗斯加入。2009年,俄罗斯与经合组织正式启动谈判流程。2014年,经合组织宣布因乌克兰事件推迟俄罗斯联邦加入的进程。2010年,俄罗斯、白俄罗斯、哈萨克斯坦关税同盟建立,这使得俄哈两国双边贸易额增加了30%。2011年,俄罗斯、白俄罗斯、乌克兰、哈萨克斯坦、吉尔吉斯斯坦、亚美尼亚、摩尔多瓦和塔吉克斯坦8个国家就独联体经济一体化达成一致意见,并签署了《独联体自由贸易区协议》。2014年俄罗斯、白俄罗斯、哈萨克斯坦三国总统就建立"欧亚经济联盟"的条约达成一致意见,随后亚美尼亚、吉尔吉斯斯坦正式加入了该联盟。

据商务部统计,俄罗斯2015年对外贸易总额为5 258亿美元,同比2014年下降了33%,其中进口1 824亿美元,同比上年下降36.4%,出口3 434亿美元,同比上年下降了31%。2015年俄罗斯主要贸易伙伴为中国、荷兰、意大利、德国、白俄罗斯、美国、乌克兰、日本、韩国等。对外出口方面,俄罗斯的最大出口国家为荷兰,贸易金额为408.2亿美元,中国其次,金额为286亿美元。出口商品类别排名前五的分别为矿产品、贱金属及制品、化工产品、机电产品、贵金属及制品。进口方面,俄罗斯的最大进口贸易国家为中国,贸易金额为349.4亿美元,德国第二,金额为204.3亿美元。进口商品类别排名前五的分别为机电产品、化工产品、运输设备、贱金属及制品、塑料和橡胶等,更多信息可参见图9.7.11和表9.7.3至表9.7.7。

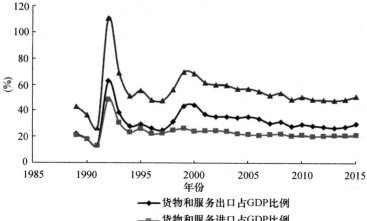

图 9.7.11 进出口贸易占俄罗斯经济比重

表 9.7.3 俄罗斯对外贸易情况 (单位:百万美元)

年份	总额	同比(%)	出口	同比(%)	进口	同比(%)	差额	同比(%)
2002	116 237	10.9	75 484	10.3	40 754	11.9	34 730	8.5
2003	146 157	25.7	95 611	26.7	50 546	24.0	45 065	29.8
2004	205 052	40.3	136 926	43.2	68 125	34.8	68 801	52.7
2005	276 398	34.8	184 916	35.0	91 481	34.3	93 435	35.8
2006	354 674	28.3	226 524	22.5	128 151	40.1	98 373	5.3
2007	469 343	32.3	279 724	23.5	189 619	48.0	90 104	−8.4
2008	623 147	32.8	367 573	31.4	255 574	34.8	111 999	24.3
2009	389 142	−37.6	233 936	−36.4	155 206	−39.3	78 730	−29.7
2010	559 967	43.9	348 528	49.0	211 439	36.2	137 088	74.1
2011	657 378	17.4	378 688	8.7	278 690	31.8	99 998	−27.1
2012	642 969	−2.2	352 537	−6.9	290 432	4.2	62 105	−37.9
2013	841 274	30.8	525 976	49.2	315 297	8.6	210 679	239.2
2014	784 503	−6.7	497 834	−5.4	286 669	−9.1	211 165	0.2
2015	525 830	−33.0	343 427	−31.0	182 404	−36.4	161 023	−23.7

资料来源:中国商务部网站。

表9.7.4　2015年俄罗斯对主要贸易伙伴出口额　　（单位：百万美元）

国家	金额	同比(%)	占比(%)
总值	343 427	−31.0	100.0
荷兰	40 826	−40.0	11.9
中国	28 606	−23.7	8.3
德国	25 353	−31.7	7.4
意大利	22 293	−37.6	6.5
土耳其	19 332	−22.5	5.6
白俄罗斯	15 206	−23.8	4.4
日本	14 499	−27.0	4.2
韩国	13 501	−26.1	3.9
哈萨克斯坦	10 686	−24.3	3.1
波兰	9 653	−39.5	2.8
美国	9 506	−10.6	2.8
乌克兰	9 295	−45.5	2.7
英国	7 475	−34.9	2.2
芬兰	7 094	−37.7	2.1
拉脱维亚	7 029	−45.2	2.1

资料来源：中国商务部网站。

表9.7.5　2015年俄罗斯主要出口商品构成（类）　　（单位：百万美元）

海关分类 类	HS编码 章	商品类别	2015年	上年同期	同比(%)	占比(%)
		总值	343 427	497 834	−33.1	100.0
第5类	25—27	矿产品	177 318	295 576	−40.0	61.7
第15类	72—83	贱金属及制品	33 014	40 429	−18.3	11.5
第6类	28—38	化工产品	17 959	21 256	−15.5	6.3
第16类	84—85	机电产品	12 136	14 186	−14.5	4.2
第14类	71	贵金属及制品	7 875	11 845	−33.5	2.7
第2类	06—14	植物产品	6 941	8 138	−14.7	2.4
第9类	44—46	木及制品	6 315	7 765	−18.7	2.2
第7类	39—40	塑料、橡胶	4 802	5 700	−15.8	1.7
第4类	16—24	食品、饮料、烟草	4 152	5 186	−19.9	1.5
第17类	86—89	运输设备	3 912	4 742	−17.5	1.4
第10类	47—49	纤维素浆；纸张	3 517	3 887	−9.5	1.2
第1类	01—05	活动物；动物产品	3 215	3 391	−5.2	1.1
第3类	15	动植物油脂	1 874	2 266	−17.3	0.7
第18类	90—92	光学、钟表、医疗设备	1 249	1 449	−13.8	0.4
第13类	68—70	陶瓷；玻璃	1 020	1 291	−21.0	0.4
		其他	58 129	70 727	−17.8	16.9

资料来源：中国商务部网站。

表 9.7.6 2015 年俄罗斯主要贸易伙伴进口额　　　（单位：百万美元）

国家	金额	同比(%)	占比(%)
总值	182 404	-36.4	100.0
中国	34 946	-31.3	19.2
德国	20 439	-38.0	11.2
美国	11 453	-38.1	6.3
白俄罗斯	8 662	-29.7	4.8
意大利	8 318	-34.6	4.6
日本	6 813	-37.6	3.7
法国	5 919	-44.5	3.3
乌克兰	5 671	-47.2	3.1
哈萨克斯坦	4 767	-35.6	2.6
韩国	4 560	-49.4	2.5
波兰	4 097	-42.1	2.3
土耳其	4 033	-39.4	2.2
英国	3 722	-52.3	2.0
荷兰	3 096	-41.5	1.7
巴西	2 915	-26.6	1.6

资料来源：中国商务部网站。

表 9.7.7 2015 年俄罗斯主要进口商品构成(类)　　　（单位：百万美元）

海关分类类	HS 编码章	商品类别	2015 年	上年同期	同比(%)	占比(%)
类	章	总值	182 404	286 669	-36.1	100.0
第 16 类	84—85	机电产品	55 258	85 846	-35.6	31.1
第 6 类	28—38	化工产品	23 580	31 232	-24.5	13.3
第 17 类	86—89	运输设备	16 961	34 413	-50.7	9.6
第 15 类	72—83	贱金属及制品	11 715	19 351	-39.5	6.6
第 7 类	39—40	塑料、橡胶	10 334	15 146	-31.8	5.8
第 2 类	06—14	植物产品	9 911	13 316	-25.6	5.6
第 4 类	16—24	食品、饮料、烟草	8 715	13 096	-33.5	4.9
第 11 类	50—63	纺织品及原料	8 296	12 372	-33.0	4.7
第 1 类	01—05	活动物；动物产品	6 766	12 251	-44.8	3.8
第 18 类	90—92	光学、钟表、医疗设备	5 434	8 408	-35.4	3.1
第 20 类	94—96	家具、玩具、杂项制品	4 885	8 121	-39.9	2.8
第 5 类	25—27	矿产品	4 788	7 161	-33.1	2.7

(续表)

海关分类	HS 编码	商品类别	2015年	上年同期	同比(%)	占比(%)
第10类	47—49	纤维素浆;纸张	2 857	4 489	−36.4	1.6
第12类	64—67	鞋靴、伞等轻工产品	2 531	3 950	−35.9	1.4
第13类	68—70	陶瓷;玻璃	2 240	3 704	−39.5	1.3
		其他	8 133	13 814	−41.1	4.5

资料来源:商务部网站。

2. 国际投资

俄罗斯吸引外资的基本原则就是让外资企业与本国企业享受同等待遇。《俄罗斯联邦外国投资法》明确规定:外资经营活动受俄国家法律保护,在俄可以进行任何合法的投资活动,外商有权购买有价证券、自然资源、房屋、建筑物以及其他不动产,参与俄私有化进程,并享有法律提供的各种优惠;俄政府保障外资重点项目在投资期内免受政策法令变更的影响;外资的权利与义务可以向第三方转让;外商财产不能被非法没收、征用和国有化,由于特殊原因发生上述情况,俄政府必须给予赔偿;外资依法纳税后,可以自由支配其收入(利润、股息、利息等),包括将收入汇出境外;外资在俄境内发生争议和诉讼时将得到公正待遇;外商有权将投资带入的资产、资料带出俄境外。①

表9.7.8和表9.7.9分别是对俄罗斯投资国家与外商投资部门情况,截止到2015年,对俄罗斯投资国家排名靠前的分别为爱尔兰、巴哈马群岛、英属维尔京群岛、瑞士、德国、法国、英国、荷兰、中国、新加坡、瑞典等。从增长趋势上看,大部分国家对俄罗斯投资呈增长的趋势,其中英属维尔京群岛、爱尔兰、中国、荷兰等国从依赖俄罗斯投资转为向俄罗斯投资。从外商投资部门上看,近年来俄罗斯的采矿与采石业是外商投资的重点领域,外商对制造业投资较为稳定,以科学与技术、其他服务业、信息与通信等为代表的第三产业则在近年来从接受外商投资转为向外国投资的主要部门。

表9.7.8 俄罗斯投资国情况

年份	非独联体国家	英属维尔京群岛	爱尔兰	巴哈马群岛	瑞士	德国	法国	英国	荷兰	中国	新加坡	瑞典
2015	4 890	884	1 528	1 320	825	506	501	452	393	294	130	−94
2010	15 957	−1 636	−6	478	−216	1 650	1 729	1 068	1 354	75	7	1 266
2008	12 719	−1 329	18	569	247	939	149	219	−17	−31	7	745

① 中国商务部《俄罗斯外商投资的相关政策》。

表 9.7.9 俄罗斯外商投资部门结构变化

年份	采矿与采石业	制造业	农业、林业和渔业	金融与保险活动	批发和零售贸易	科学与技术活动	其他服务活动	食宿服务活动	供水；污水处理、废物处理与回收活动	信息与通信	交通运输与仓储	房地产活动	建筑	电力、天然气、蒸汽与空调供应
2015	3 973	2 940	109	191	132	69	31	21	−35	−104	−179	−295	−538	−1 398
2013	−537	3 330	143	4 192	2 270	140	1 538	78	1	−2 146	−118	−238	248	466
2010	1 564	3 967	74	3 543	476	1 579	764	38	3	895	−480	1 874	902	1 058

如图 9.7.12 所示，2008 年爆发的金融危机对俄罗斯吸收外资和对外投资均有着较大的负面影响。为了改变这一局面，俄罗斯政府提出了"现代化战略"，即通过修改相关法律法规，推行国有资产私有化，降低外资投资门槛，设立直接投资基金等，以提升外资的投入。2014 年俄罗斯吸收外资流量为 2 096 亿美元，外国对俄非金融类的直接投资为 186 亿美元，同比上年下降 70%。外资投资下降的主要原因是俄罗斯受到西方联合制裁、乌克兰危机事件以及俄罗斯经济下行趋势明显。外资主要投向俄罗斯制造业、商业、交通工具和电器维修、金融、矿产开采和矿产资源开发等领域，投资额合计达 1 524 亿美元，占总外资投资额的 89.5%。如表 9.7.10 所示，2013 年，对俄罗斯投资金额最高的国家为塞浦路斯，达到了 226.8 亿美元，英国、卢森堡、荷兰、法国、德国、美国、爱尔兰、中国、日本紧随其后，上述国家对俄罗斯投资占其同期吸引外资总额的 68%。外资存量方面，截至 2014 年年底，俄罗斯外资存量总额为 3 785.4 亿美元，较 2013 年的 3 841.2 亿美元略有降低。

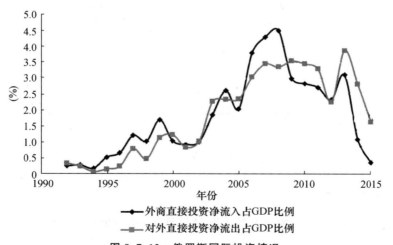

图 9.7.12 俄罗斯国际投资情况

表 9.7.10　2013 年俄罗斯外资主要来源地　　　　　　（单位：亿美元）

来源地	投资金额
塞浦路斯	226.8
英国	188.6
卢森堡	170.0
荷兰	147.8
法国	103.1
德国	91.6
美国	86.6
爱尔兰	67.6
中国	50.3
日本	26.2

注：上述国家对俄罗斯投资占其同期吸引外资总额的 68%。
资料来源：俄罗斯联邦统计局。

中国与俄罗斯的贸易往来关系一直较为良好。如表 9.7.11 所示，2014 年中国对俄罗斯投资 6.34 亿美元，主要投向矿产资源、能源、建筑、家电、通信与服务等行业。2014 年，中俄进出口贸易总额为 952.8 亿美元，较上年增长了 6.8%，其中中国从俄罗斯进口金额为 416 亿美元，较上年增长了 4.9%，主要进口商品为原油及成品油、铁矿砂及其精矿、煤、木材等；中国向俄罗斯出口金额为 536.8 亿美元，较上年增加 8.2%，主要出口商品为机械设备、服装及鞋类、电器及电子产品等。

表 9.7.11　中俄贸易统计　　　　　　　　　　　　　（单位：亿美元）

	2011 年	2012 年	2013 年	2014 年
中俄进出口总额	792.5	881.6	892.1	952.8
中国进口	403.5	441.0	396.2	416.0
中国出口	389.0	440.6	495.9	536.8
直接投资存量	37.6	48.9	75.8	87.0
直接投资流量	7.2	7.9	10.2	6.3

资料来源：中国商务部；中国海关。

第八节　乌　克　兰

一、地理历史背景

乌克兰一词的含义为"边界上的人"，最早见于《罗斯史记》(1187)。[①] 历史上乌克

[①] 资料来源：中国外交部国家概况。

兰是基辅罗斯的核心区域,这个封建公国曾在留里克王朝时期达到全盛。12 世纪至 14 世纪,基辅罗斯的政治、经济、文化中心向弗拉基米尔转移,进入了封建割据时代。14 世纪起,乌克兰人开始逐渐形成具有独特语言、文化和生活习俗的单一民族。乌克兰在第一次世界大战结束后建立了社会主义政权并加入苏联,1991 年乌克兰宣布独立,后苏联解体,乌克兰成为独立国家。乌克兰位于东欧与俄罗斯的十字路口,东接俄罗斯,西连波兰、斯洛伐克,南邻罗马尼亚、摩尔多瓦,地理位置十分重要,是欧洲面积第二大国,位居俄罗斯之后。乌克兰国土面积为 60.37 万平方千米,约为苏联面积的 3%,国土大部位于东欧平原。东西最长 1 300 千米,南北最宽 900 千米,最长的河为第聂伯河。全国有 24 个州,2 个直辖市(分别为首都基辅和塞瓦斯托波尔,其中塞瓦斯托波尔 2014 年 3 月 18 日加入俄罗斯),1 个自治共和国(克里米亚自治共和国,2014 年 3 月 18 日加入俄罗斯),共 27 个一级行政区(现在为 25 个)。

资源方面,黑土地是乌克兰的特色资源,国土面积的 2/3 为黑土地,约占世界黑土地总面积的 25%。[①] 乌克兰森林资源较为丰富,占全国领土面积的 14%。乌克兰境内蕴藏着 70 余种矿藏,有着沥青、无烟煤、铁、锰、铬、钛、铅、锌、铝、汞、镍和一定量的天然气和石油等优质资源。在全部燃料资源中,煤占 80%,其中顿涅茨是乌克兰最大的煤田,已探明储量为 488 亿吨。[②]

二、经济概况

(一)国内经济

乌克兰的经济形势较为波折动荡。自 2001 年以来,由于乌克兰进行了私有化改革及经济转型,乌克兰经济结构日趋完善,国民经济实现 8 年连续增长。在 2008 年发生的席卷全球的金融危机中,乌克兰没有幸免于难,经济急剧衰退,直至 2010 年呈现恢复性增长。2014—2015 年,乌克兰受政局动荡、克里米亚加入俄罗斯以及东部战争等因素影响,经济直线下跌,这是乌克兰自独立以来最严重的动荡,尽管新政权通过与国际货币基金组织达成中期贷款计划避免了金融崩溃,但是 2015 年乌克兰经济依然继续衰退,实际 GDP 下降 9.9%,外国投资资本从 2012 年的 80 亿美元下降到 2015 年的 29.61 亿美元[③],进出口贸易总额下降 28.67%[④],货币贬值严重。

如图 9.8.1 所示,乌克兰自 1991 年独立以来,GDP 经历了三轮下跌,第一轮是 1991—2000 年的经济转型时期,第二轮是 2009 年金融危机冲击之时,第三轮则是

---

① 资料来源:中国商务部。
② 资料来源:《对外投资合作国别指南——乌克兰》。
③ 资料来源:CEIC 数据库。
④ 资料来源:世界银行数据库。

2014—2015 年的动荡时期,第三轮动荡使乌克兰实际 GDP 由 2013 年的 1 437.5 亿美元下降至 2015 年的 1 210.7 亿美元(以 2010 年为基期)。名义 GDP 由 2013 年的 1 833.1 亿美元下降至 2015 年的 906.2 亿美元。如图 9.8.2 所示,2015 年乌克兰 GDP 增长率为−9.9%,2014 年为−6.6%,连续两年经济衰退。

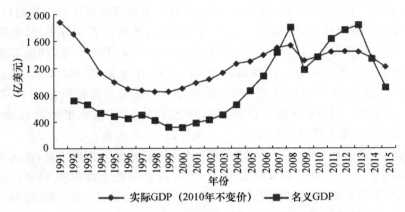

图 9.8.1　乌克兰自独立以来的国内生产总值
资料来源:世界银行数据库。

图 9.8.2　乌克兰 GDP 增长率
资料来源:世界银行数据库。

受到政治、经济、社会动荡的影响,2014 年和 2015 年乌克兰货币格里夫纳对美元汇率贬值 68%,核心通胀率 34.7%[①],居民消费价格指数急剧上涨,图 9.8.3 显示乌克兰 2015 年 CPI 为 181,2016 年为 206(均以 2010 年为 100),远高于 2010—2013 年的

---

① 资料来源:中国商务部对外投资合作国别指南。

平均水平。

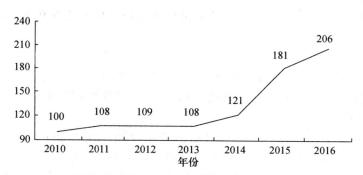

图 9.8.3　乌克兰 2010—2016 年居民消费价格指数（2010 年＝100）
资料来源：国际货币基金组织。

人均方面，乌克兰 2015 年人均 GDP 为 2 124 美元，处于中等偏下收入国家之列。如图 9.8.4 所示，1993 年以来乌克兰人均 GDP 总体呈上升趋势，但 2009 年、2014 年、2015 年有大幅下降，2015 年人均 GDP 约等于 2005 年的水平。

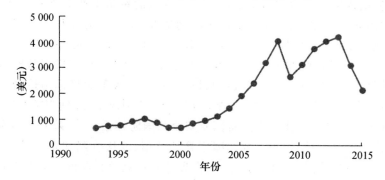

图 9.8.4　乌克兰人均 GDP

资料来源：CEIC 数据库。

乌克兰 2013 年基尼系数为 24.6，属于较低水平，表明国民收入分配相对平均。[①]
2015 年《联合国人类发展报告》指出，乌克兰的人类发展指数为 0.747，属较高水平，居世界第 81 位。

乌克兰国内存在着严重的东西部差异。乌克兰经济布局以第聂伯河为界划分为东西部，东部地区是工业基地，西部则以农业和服务业为主。东部地区占经济总量的 2/3，成为国家经济的顶梁柱；西部地区由于产业空心化而导致失业率居高不下，大量

---

① 资料来源：世界银行数据库。

劳动力被迫通过合法或非法渠道流向俄罗斯、波兰和德国。进入 21 世纪后，劳动流向欧盟国家的趋势更加明显。可以说，西部地区不仅在文化上亲近欧洲，在经济上更是离不开欧洲。①

1. 产业结构

乌克兰目的就业以农业和工矿业为主。苏联时期，乌克兰工农业就较为发达：农业有"欧洲粮仓"之称，工矿业由于自然资源丰富，是苏联时期的军事、重工业中心，科技实力占苏联的四分之一。

2013 年乌克兰农业用地面积为 4150 万公顷，其中可耕地面积 3250 万公顷。乌克兰中部和南部土壤肥沃，北部土壤相对贫瘠。同年乌克兰农业产值 320 亿美元，占 GDP 的 17%。乌克兰粮食总产量 6230 万吨，居世界第八位。农产品和食品出口总金额 170 亿美元，共计粮食出口 2680 万吨，占乌粮食总产量的 43%，亦占全球粮食出口量的 10%，是世界第五大粮食出口国。主要出口目的地有西班牙、中东和北非国家。2014 年前 9 个月，乌克兰向中国出口粮食总额为 1.54 亿美元。②

乌克兰是世界上第十大钢铁生产国，占世界钢铁总产量的 2%，其钢铁业主要依托国际市场，国内需求仅占产量的 20%。③ 乌克兰的军事工业非常发达，诸多企业和科研机构与国防工业相关，主要集中在机器制造业、燃料动力业和高技术部门。乌克兰在火箭、航天发动机、飞机、导弹、舰艇制造等方面有较为领先的技术储备。

2015 年，乌克兰总统波罗申科签署了《"乌克兰—2020"稳定发展战略》，该战略确定了国家的目标、方向、发展重点及达到目标的指标。改革的目标是达到欧洲生活标准和乌克兰在世界上应有的地位。该战略包括了 62 项改革，并确定了 25 个国家发展成功的关键指标。乌克兰将优先进行国家安全和国防体系改革、政府改组和反腐败改革、司法和执法体系改革、权力下放和国家管理改革、放松管制和企业发展、卫生系统改革、税务改革，将优先推行能源独立、向世界普及乌克兰和在世界信息空间推动乌克兰国家利益等计划。④

从三产的结构来看，如图 9.8.5 所示，近 20 年来，乌克兰第三产业发展迅速，从 1987 年的 30% 左右上升到 2014 年的 60%，第二产业的占比一直在下降，目前稳定在 25% 左右，第一产业近两年有所回升，目前占国内产出的 10%。

---

① 资料来源："一带一路"数据库，http://www.ydylcn.com。
② 资料来源：中国驻乌克兰经商参处。
③ 资料来源：中国商务部。
④ 资料来源：中国驻乌克兰经商参处。

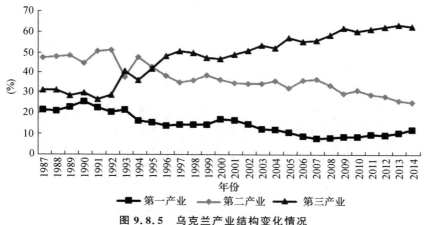

图 9.8.5　乌克兰产业结构变化情况

从各经济部门的分项数据来看,如图 9.8.6 所示,乌克兰国内的制造业(D)基础还是不错的,工业门类齐全,具有产量高、规模大的特点,基本维持在 15% 左右,这基于乌克兰继承了苏联境内众多发达的重工业。机械、化工、煤炭、军工已成为乌克兰工业的主导部门。同时乌克兰国内的采矿业等也较为发达,乌克兰是欧洲境内除俄罗斯外领土面积最大的国家,境内矿产资源丰富,蕴藏有大量的铁、锰矿石、煤炭、石油和天然气等资源。从图中数据可以看出,运输业(I)也是乌克兰经济中较为重要的部分,事实上,乌克兰境内基础设施完善,铁路、公路、河运以及海上运输发达。

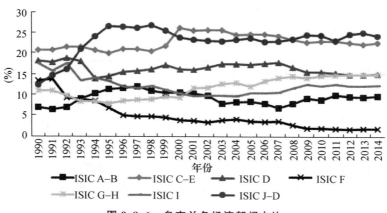

图 9.8.6　乌克兰各经济部门占比

2. 城镇结构

如图 9.8.7 所示,1991—2016 年乌克兰总人口,从 1991 年的 5 200.0 万下降到 2016 年的 4 519.8 万。2001—2015 年城镇人口占比逐年增加,从 2001 年的 67.2% 增

长到 2015 年的 69.7%，城镇化水平较高。

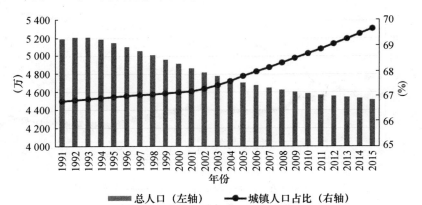

图 9.8.7　乌克兰总人口与城镇人口情况

资料来源：世界银行数据库。

表 9.8.1 列出了乌克兰主要城市的概况。

表 9.8.1　乌克兰人口排名前五的城市及人口数

城市	人口
基辅	2 797 553
哈尔科夫	1 430 885
第聂伯	1 032 822
顿涅茨克	1 024 700
敖德萨	1 001 558

资料来源：World Population Review 2017。

（二）对外经济

1. 国际贸易

2008 年，乌克兰成为世界贸易组织第 152 名成员。自此，外国企业在乌克兰市场遇到较少障碍。加入世贸为乌克兰带来重大裨益，特别是钢产品及纺织品可不受限制地进入欧盟市场，这一点尤为重要，因为欧盟近年已超越俄罗斯，成为乌克兰最重要的贸易伙伴。

乌克兰加入世贸组织后，在 11 个核心服务行业作出具体的开放承诺，涉及商业服务、通信服务、建筑及相关工程服务、分销、教育及环境服务、金融服务（保险及银行）、医疗保健及社会服务、旅游、康乐、文化及体育服务、运输服务，以及美容、理发、水疗及按摩服务等其他领域。2014 年，欧盟与乌克兰签订联系协定，包括建立深入全面的自由贸易区,旨在深化双方的政治及经济关系,并为该国逐步整合到欧盟内部市场开辟道路。为了吸引投资,乌克兰政府提供多项投资优惠,向从事婴儿食品制造、能源效益应用技术、酒店服务、轻工业、飞机/轮船建造业、农业、林木业和渔业、生物燃料制造、出版以及食品加工的企业提供税务优惠。

如图 9.8.8 所示,乌克兰 2014—2015 年的动荡使得其对外贸易额降低到比 2009 年金融危机后更低的水平。2015 年乌克兰对外贸易总额 961.65 亿美元,其中出口额 500.61 亿美元,进口额 461.04 亿美元,对外贸易总额比 2014 年下降 28.67%,2014 年又比 2013 年下降 24.48%。乌克兰主要进口和出口市场可参见表 9.8.2。

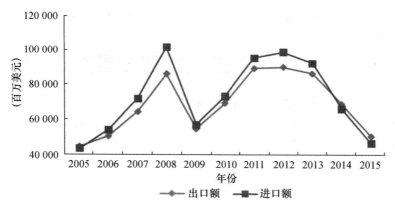

图 9.8.8　乌克兰进出口情况

资料来源:世界银行数据库。

表 9.8.2　2014 年乌克兰主要出口和进口市场

出口市场	出口占比(%)	进口来源	进口占比(%)
俄罗斯	18.18	俄罗斯	23.31
土耳其	6.61	中国	9.95
埃及	5.31	德国	9.86

资料来源:乌克兰国家统计局。

2. 国际投资

2015 年,乌克兰的外商直接投资流量为 425.23 亿美元,如图 9.8.9 所示,2014 和 2015 年外商直接投资流量均有所下降,由 2013 年的 581.57 亿美元下降至 2014 年的 457.44 亿美元。

由表 9.8.3 可知,在 2005、2010 和 2015 年三年中,乌克兰外商直接投资来源国始终位居前十的国家有塞浦路斯、德国、荷兰、奥地利、英国、俄罗斯、英属维京群岛,说明乌克兰的外商直接投资主要来源于欧洲。

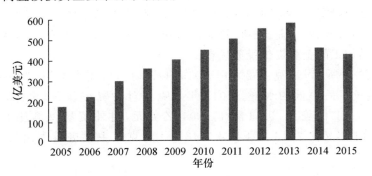

图 9.8.9　乌克兰 2005—2015 年外商直接投资流量

资料来源：CEIC 数据库。

表 9.8.3　乌克兰外商直接投资国别来源排名　　　　（单位：百万美元）

排名	2005 年		2010 年		2015 年	
1	德国	5 504	塞浦路斯	10 045	塞浦路斯	11 745
2	塞浦路斯	1 636	德国	7 083	荷兰	5 611
3	奥地利	1 440	荷兰	4 683	德国	5 414
4	美国	1 387	俄罗斯	3 403	俄罗斯	3 392
5	英国	1 175	奥地利	2 731	奥地利	2 402
6	荷兰	920	法国	2 368	英国	1 853
7	俄罗斯	836	英国	2 287	英属维京群岛	1 799
8	英属维京群岛	737	瑞典	1 711	法国	1 528
9	瑞士	456	英属维京群岛	1 452	瑞士	1 364
10	波兰	226	美国	1 158	意大利	972

资料来源：CEIC 数据库。

第十章 南欧地区

欧洲南部国家的主要特征是国土面积和人口数较小,主要的自然资源包括铁、铜等金属矿、动植物资源和石油、褐煤等。南欧部分国家的经济发展水平存在相当差距,表现为欧盟成员国希腊、克罗地亚、保加利亚经济发展水平领先于阿尔巴尼亚和波黑,从经济总量来看,2015年前三个国家的名义GDP总量分别达到1952亿美元、487亿美元和434亿欧元,而后两个国家不及前一个国家的一半;从人均GDP来看,希腊和克罗地亚属于发达国家,均超过11 000美元,阿尔巴尼亚和波黑为4 200美元;从进出口贸易总额来看,希腊等欧盟成员国进出口贸易总额在400亿美元以上,而阿尔巴尼亚和波黑都在140亿美元以下,值得注意的是,南欧国家主要贸易国集中为欧盟成员国,如德国和意大利,从经济增长来看,受2008年金融危机以及欧债危机影响,除保加利亚脱离经济衰退泥潭外,其他四国经济增长乏力;另从经济结构来看,南欧国家国民经济中第三产业占主导地位,其中希腊最高,达到80%。

南欧十国与中国建立了良好的外交关系和贸易伙伴关系。20世纪50年代,中国先后与阿尔巴尼亚、保加利亚建立外交关系并开展贸易活动;与希腊在70年代建交,与波黑和克罗地亚在90年代初期建交。外交新格局随着2012年"中国—中东欧国家合作机制"正式启动和"一带一路"推进逐步建立,目前中国已与阿尔巴尼亚合作阿尔伯里公路与波黑合作、中国波黑火电站等项目。

第一节 阿尔巴尼亚

一、地理历史背景

阿尔巴尼亚是位于欧洲东南部的一个小国,面积2.87万平方千米,相当于我国台湾省的3/4大小。

阿尔巴尼亚北部与黑山和塞尔维亚相接,东部与马其顿相邻,东南部是希腊,西边隔亚得里亚海与意大利相望,西南岸面对爱奥尼亚海,位置十分优越。阿境内多山地,少平原,山地、丘陵占总面积的77%,平原为23%。森林覆盖率为36%,可耕地面积占24%,牧场占15%。海岸线长达472千米。

资源方面,阿尔巴尼亚主要出口的矿产资源是铬矿和石油,其中铬矿储量有3 730万吨,居世界前列,石油储量约4.73亿吨。此外天然气、沥青、褐煤等资源在阿国也有较广的分布。

阿尔巴尼亚被称为"山鹰之国",这源自15世纪抵抗奥斯曼帝国入侵的领袖斯坎德培的印章,雄鹰是民族英雄斯坎德的象征。第二次世界大战中阿尔巴尼亚被意、德法西斯占领,直至1944年宣告解放,阿尔伯尼亚人民共和国1946年成立,并走向了社会主义道路。

二、经济发展情况

(一)国内经济

阿尔巴尼亚曾是一个封闭的市场,国家实行计划经济,近年来正在逐步朝着现代化市场经济发展。目前阿政府暂未提出全国性战略发展规划文件,但阿目前正在为加入欧盟、建设民主法治社会以及大力发展经济等目标努力。如图10.1.1所示,阿尔巴尼亚的经济自1997年开始经历了一段连续12年的高速增长期,2008年全球金融危机爆发后,阿尔巴尼亚的经济应势下行。2009—2014年经历了一段调整期,2015年出现了较大的跌幅。

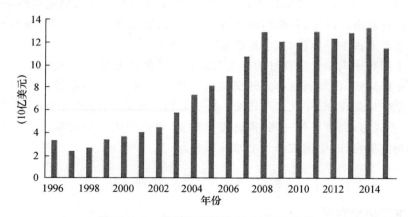

图10.1.1 阿尔巴尼亚近20年GDP总量

资料来源:世界银行数据库。

阿在贸易、侨汇、银行等方面与希腊和意大利关联甚密,这也正是2008年金融危机对阿经济造成巨大冲击的原因之一。以欧洲标准来讲,阿尔巴尼亚经济上比较落后,人均GDP为4 253美元,2013年基尼系数为34.5,处于中等水平。

1. 产业结构

从三产的结构来看,如图 10.1.2 所示,阿尔巴尼亚在 90 年代后,产业结构发生了较大的变化,第一产业从 50% 下降到 20%;第二产业从 80 年代的 40% 先下降到 1998 年的 10% 左右,然后又逐渐上升到目前的 25%;第三产业则在 1995 年后快速上升到国内产出的 50% 以上。总体来看,目前阿尔巴尼亚以三产占主导,近几年二产占比有所下滑,而一产略有上升。

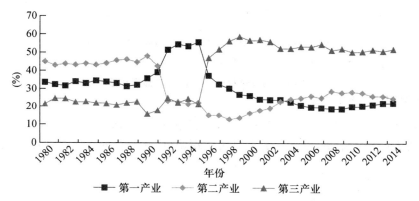

图 10.1.2　阿尔巴尼亚历年产业结构变化情况

资料来源:世界银行数据库。

从分行业的数据来看,如图 10.1.3 所示,1990 年之后阿尔巴尼亚国内的经济部门也发生了较大变化。工业大类占比发生较大的下滑,从制造业(D)占比来看,阿尔巴尼亚国内工业基础较差,商业贸易主要靠资源出口。近年来,阿尔巴尼亚政府将旅游业作为优先发展的产业,2014 年阿尔巴尼亚入境外国游客 367 万人次,同比增长 4.5%,零售、酒店业(G—H)目前基本占国内经济的 15%。阿尔巴尼亚的农林牧渔业(A—B)近两年也稳中有升,目前占国内产出的 20%。阿以发展有机农业为目标,农业得到了较为稳定的发展,2014 年阿农业产值约合 30.54 亿美元,同比增长 2%。

2. 人口与社会

阿尔巴尼亚在就业方面情况较为严峻。2015 年该国平均失业率为 17.3%,就业情况居世界第 161 位。从结构上看,就业结构状况也相对失衡。2014 年,农业占据了 41.8% 的劳动力,却仅贡献了 22.3% 的 GDP。这主要是因为该国手工耕种和家庭自给式的农业生产模式。

阿尔巴尼亚人口总数 289 万,其中阿尔巴尼亚族占 98.8%,如图 10.1.4 所示,近 20 年间阿尔巴尼亚人口一直呈现稳定下降趋势。2011 年阿尔巴尼亚国家统计部门的一份报告指出:大规模的移民和生育率下降是人口下降的主要原因。性别比例方面,阿尔巴尼亚人口中女性人口多于男性,每 1 名女性对应 0.98 名男性。人口结构方面,

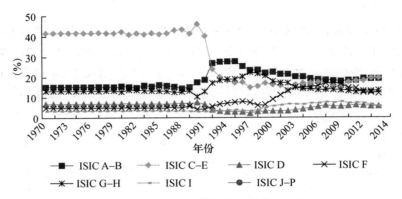

图 10.1.3　阿尔巴尼亚各经济部门比重

资料来源:世界银行数据库。

65 岁及以上人口占比 11.3%,阿已步入老龄化社会行列。城镇化方面,根据该国 2011 年的人口普查结果,53.7% 的人口居住在城市,46.3% 的人口居住在乡村。

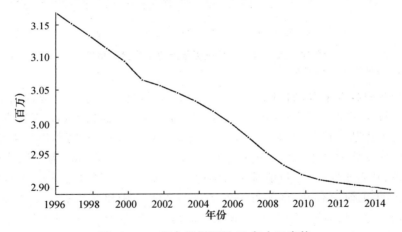

图 10.1.4　阿尔巴尼亚近 20 年人口走势

资料来源:世界银行数据库。

阿尔巴尼亚首都地拉那人口约 80 万,是全国第一大城市,也是阿尔巴尼亚政治、经济、文化中心。港口城市都拉斯是阿尔巴尼亚的第二大城市,拥有阿境内最大的海港,也是欧洲最古老的城市之一,工业有船舶制造、机车、食品加工、化学等,也是阿的海洋渔业生产基地。

(二)对外经济

2014 年,阿外贸进出口总额 77.43 亿美元,同比增长 7.8%。其中出口额 24.39 亿美元,同比增长 4.9%,进口额 53.04 亿美元,同比增长 9.2%,逆差 27.69 亿美元,同比增长 9.2%。出口商品主要为纺织品和鞋类,矿产品和燃料,建筑材料和金属,食品、饮料和烟草。进口商品主要为机械产品及零配件,食品、饮料和烟草,矿产品和燃料,化工产品和塑料制品,建筑材料和金属等。2014 年,阿尔巴尼亚前五大贸易伙伴为意大利、希腊、中国、土耳其、德国。2015 年中阿贸易量较上年增长 8.27%,阿尔巴尼亚与希腊贸易量较上年大幅下降 14.25%,中国超过希腊首次成为阿第二大贸易伙伴。

2014 年,阿尔巴尼亚吸收的外商直接投资总额为 11 亿美元。主要投资国为加拿大、瑞士、奥地利、希腊、意大利、土耳其等,主要集中在金融、保险、电信、建筑和矿业等领域。中国在阿尔巴尼亚的累计直接投资总额,由 2005 年近于零增至 2014 年的 700 万美元。为促进外商投资,阿尔巴尼亚税制对国内外投资者一视同仁。阿尔巴尼亚经济的未来发展仍在于吸引外商直接投资,重点是能源、旅游、农业及食品加工、采矿,以及资讯及通信科技等产业。

根据国际货币基金组织数据,阿尔巴尼亚不在国际货币基金组织和世界银行"重债穷国倡议"援助的国家之列。2000—2012 年,外国援阿总额约 47.4 亿欧元,其中 20.49 亿欧元为无偿援助,26.91 亿欧元为贷款。阿一直在积极申请加入欧盟。阿尔巴尼亚于 2009 年正式提出申请后,欧洲委员会于 2012 年 10 月推荐阿尔巴尼亚成为欧盟候选国,条件是阿尔巴尼亚须大举改革其司法及公共行政制度,同时须修订议会程序规则。2014 年 6 月,阿尔巴尼亚正式成为欧盟候选国。

2015 年 4 月,阿尔巴尼亚与中国合作发展阿尔布里公路项目,取得了巨大的成功。两国的公私营部门均表示有兴趣合作发展其他新基建和运输项目,包括亚得里亚海至爱奥尼亚海的高速公路、第八走廊及奥里库姆—帕拉萨隧道等。

第二节 保加利亚

一、地理历史背景

保加利亚位于欧洲东南部巴尔干半岛上,北与罗马尼亚隔多瑙河相望,西邻塞尔维亚和马其顿,南部与希腊和土耳其接壤,东部濒临黑海。巴尔干山将保加利亚分为北部的多瑙河平原和南部的色雷斯低地,西南部是罗多彼山脉,其中的穆萨拉峰是保加利亚也是巴尔干半岛的最高点,高 2 925 米,其国土面积 111 001.9 平方千米。保加利亚是一个中央集权的国家,首都是索菲亚,下分 28 个地区。保加利亚传统上是一个以农业为主的国家,其自然资源贫乏,金属矿产有铅、锌、铜、铁、铀、锰、铬以及其他稀有金属资源,其中铁矿石的储量最多,除此之外还有铅矿和铜矿。其煤、石油、天然气的储量都不大,其能源供应主要是以热量低的低质煤为主,因此主要依靠进口。保加利亚的森林面积约 412 万公顷,约占保国土面积的 33%。动植物资源十分丰富,植物数量约占到巴尔干半岛植物总数的一半多,其以中欧阔叶林为主、针叶林为辅,动物种类更是丰富,但也存在工业化导致动物灭绝的现象。

二、经济发展情况

(一) 国内经济

保加利亚在 1989 年东欧剧变前,90% 的国民收入靠进出口贸易来实现,进出口主要依赖于前经济互助委员会的国家。1989 年后保加利亚开始向市场经济过渡,发展包括私有制在内的多种所有制经济,优先发展农业、轻工业、旅游和服务业。1994 年经济开始恢复,但是在不充足的经济改革和不稳定的银行系统影响下,1996 年经济下滑。1997 年经济开始稳步提升,至 2004 年年底,保大部分国有资产已完成私有化。2001—2008 年保加利亚经济增长平均保持在 5% 以上。2009 年以来受金融危机影响经济有所衰退,2010 年经济逐步企稳回升。2015 年 GDP 434 亿欧元,同比增长 3.0%,人均 GDP 5 930 欧元。更多信息可参见图 10.2.1 至图 10.2.3。

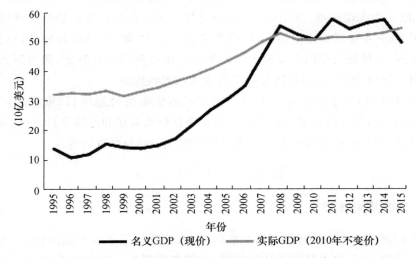

图 10.2.1 保加利亚近 20 年名义及实际 GDP 变化

资料来源:世界银行数据库。

1. 产业结构

保加利亚传统上是农业国,其玫瑰、酸奶和葡萄酒在国际市场上享有盛名。2014 年保加利亚农业产值 69.86 亿列弗。近年主要农产品有小麦、向日葵、玉米、土豆等。工业主要部门有机械制造、电子、冶金、食品、轻纺、造纸、化工等。20 世纪 90 年代以来,保加利亚的服务业保持快速发展,在近些年,保加利亚旅游业也有所发展,2014 年

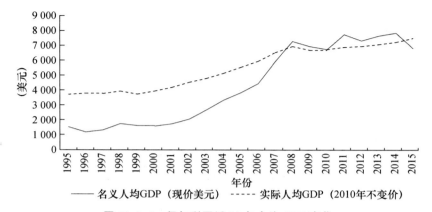

图 10.2.2　保加利亚近 20 年人均 GDP 变化

资料来源：世界银行数据库。

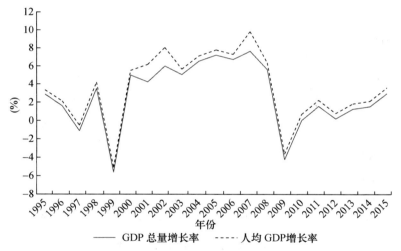

图 10.2.3　保加利亚近 20 年总量 GDP 及人均 GDP 增长率变化

资料来源：世界银行数据库。

接待外国游客 940.9 万人次,同比增长 2.4%。其更多三产信息可参见图 10.2.4。

（1）第一产业

保加利亚的农业十分发达,首先,保加利亚是世界上最大的玫瑰生产国和出口国,号称"玫瑰之邦"。保加利亚的玫瑰品质极高,玫瑰油产量和出口量都很高。在该国中心地区,有闻名世界的"玫瑰谷",这里气候和土壤都适合玫瑰的种植。保加利亚还是中东欧地区重要的粮食生产地,但是其农业转型,让农作物产量大幅下降。

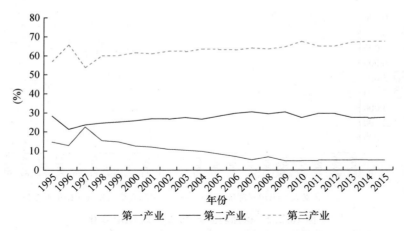

图 10.2.4 保加利亚三次产业增加值占比变化

资料来源：世界银行数据库。

如图 10.2.5 所示，农业原材料出口占保加利亚出口的比例较小且逐年下降。其制造业成为商品出口的主要来源。

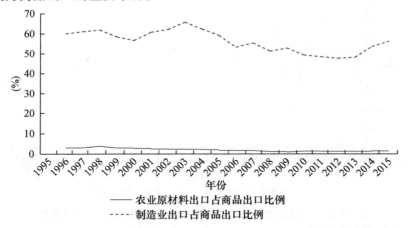

图 10.2.5 保加利亚农业原材料、制造业出口占比变化

资料来源：世界银行数据库。

（2）第二产业

保加利亚纺织工业具有悠久的历史，1834 年保加利亚人在斯利文市创办了第一家纺织厂。19 世纪保加利亚从土耳其的奴役下解放后，纺织工业和食品加工业成为保加利亚国家的工业形象。在经历了一段时间市场经济的摸索后，保加利亚大多数纺织企业已完成私有化，并分化、成立了很多新的中小型企业。保加利亚现有三个成熟的工业园区——鲁塞、维丁和斯维林格拉德,五个工业园区正处于规划发展初期——索非亚、布尔加斯、卡尔洛沃、普列文/雷里什和瓦尔纳西部。

(3) 第三产业

从三次产业结构的变化看,服务业一直在保加利亚国民经济份额中占比较大,保持在60%—70%,但是从出口的角度看,如图10.2.6所示,货物的出口远远大于服务出口,制造业出口仍然处于垄断的地位。

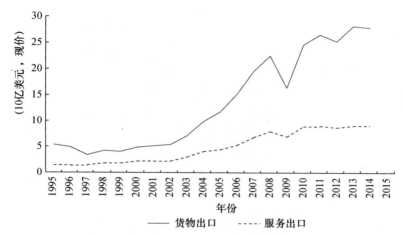

图 10.2.6　保加利亚货物、服务出口值变化

资料来源:世界银行数据库。

2. 城镇结构

保加利亚的城市化一直处于较高的水平,如图10.2.7所示,从1970年开始就一直处于50%以上,直至2014年保加利亚的城市化水平上升到70%以上。

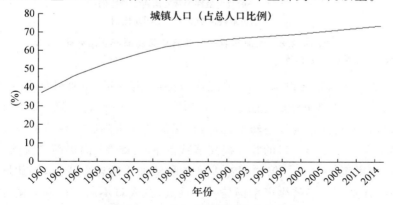

图 10.2.7　保加利亚城镇化率变化

资料来源:世界银行数据库。

保加利亚主要有五大城市，详细见表10.2.1，首都为索非亚。

表10.2.1　保加利亚五大城市

城市	2016年人口总量	城市描述
索非亚	1 152 556	首都
普罗夫迪夫	340 494	南部城市
瓦尔纳	312 770	第一大港口
布尔加斯	195 966	东南部城市，主要港口
鲁塞	156 238	建立现代化工业最早的城市

资料来源：World Population Review。

3. 消费与收入

如图10.2.8所示，保加利亚居民消费支出一直大于政府消费支出的比例，2000年之前产生较大的波动，在此之后缓慢下降。

图10.2.8　保加利亚一般政府与居民消费支出变化

资料来源：世界银行数据库。

保加利亚的收入情况以水平高、分配均为特点，近些年，保加利亚的国民净收入保持了一个较快的增长速度，波动也比较小，如图10.2.9所示。尽管保加利亚于2007年加入欧盟，且成功向市场经济转型，但当时保加利亚人均收入仅为欧盟平均水平的37%，在将全国700多万人口的收入提高至欧盟平均水平方面仍面临挑战。2008年，这一比例小幅增至41.8%。保加利亚人民急盼从加入欧盟中受益，渴望同样的生活水平，但提高保加利亚经济生产率仍是一项挑战，在人口不断减少和老龄化背景下尤为如此。保加利亚是一个收入较为平均的国家，基尼系数一直低于0.4的国际警戒线水平。收入分配的平均在一定程度上带来了保加利亚国内的较高消费率,对经济增长产生了积极的影响。

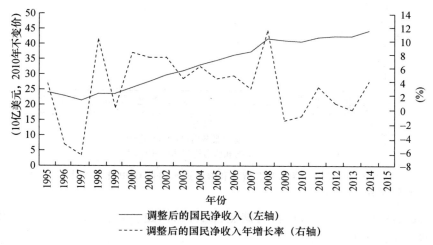

图 10.2.9　保加利亚调整后国民净收入变化
资料来源:世界银行数据库。

(二) 对外经济

1. 国际贸易

保加利亚 2007 年 1 月 11 日加入欧盟后,执行欧盟统一的对外贸易政策,2008 年保加利亚同世界上 200 多个国家和地区有贸易关系。2007 年贸易总额为 593.8 亿美元,其中出口 223.4 亿美元,进口 370.4 亿美元,贸易逆差 147 亿美元,其占 GDP 的比例可参见图 10.2.10。欧盟是保加利亚第一大贸易伙伴,保加利亚与欧盟成员国外贸额占其外贸总额的 60%。保加利亚主要出口产品为基础原材料(45%)、消费产品(24.2%)、投资产品(16%)、矿物油和电力(14.8%),主要进口产品分别为基础原材料(36.4%)、投资产品(27.7%)、矿物油和电力(19.5%)、消费产品(16.4%)。

2. 国际投资

近些年保加利亚吸引外资的情况如图 10.2.11 所示,受到 2008 年金融危机的影响,外商直接投资在 2008 年开始急剧下降。保加利亚的外资大约 90% 来自欧盟国家,其中主要来源于欧盟发达国家,排在前五位的国家依次是奥地利 20.1%、荷兰 16.5%、希腊 8.4%、英国 8.2%、德国 6.9%。外资在保加利亚所投资的行业相对集中,非生产性投资比例增大,房地产、制造业、金融、批发零售、水电气供应等六大行业最受外资的青睐,吸引的外资基本集中在这六大行业。从 1999—2008 年外资存量来看,排在前 8 位的行业分别是:房地产业占 22.8%,制造业占 17.9%,金融业占

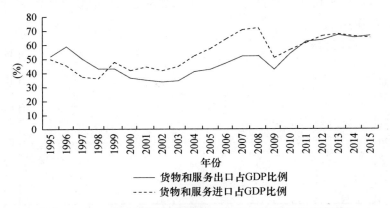

图 10.2.10　保加利亚货物和服务进出口占 GDP 比例变化

资料来源：世界银行数据库。

17.5%，批发零售占 14.3%，运输仓储业占 12.2%，建筑业占 7.8%，水电气供应占 3.8%，酒店宾馆业占 1.5%。

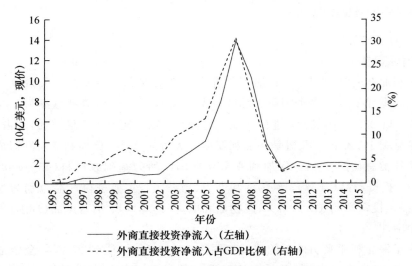

图 10.2.11　保加利亚外商直接投资净流入变化

资料来源：世界银行数据库。

第三节 克罗地亚

一、地理历史背景

克罗地亚位于欧洲中南部,巴尔干半岛的西北部。西北和北部分别与斯洛文尼亚和匈牙利接壤,东部和东南部与塞尔维亚、波斯尼亚和黑塞哥维那、黑山为邻,南濒亚得里亚海,岛屿众多,海岸线曲折,长1880公里。总面积56594平方公里。沿海为地中海式气候,内陆逐渐向温带大陆性气候过渡。特殊的地理使克罗地亚境内呈现两种不同的气候类型,沿海地区为地中海式气候,内陆地区则是四季分明的大陆性气候。克罗地亚森林和水力资源丰富,全国森林面积222万公顷,森林覆盖率为39.2%。此外,还有石油、天然气、铝等资源。克罗地亚是前南斯拉夫地区经济较为发达的国家,经济基础良好。旅游、建筑、造船和制药等产业发展水平较高。8世纪末和9世纪初,克罗地亚人曾建立早期封建国家。10世纪,克罗地亚王国建立。1918年12月,克罗地亚与一些南部斯拉夫民族联合成立塞尔维亚人-克罗地亚人-斯洛文尼亚人王国,1929年改称南斯拉夫王国。1945年,南斯拉夫各族人民赢得反法西斯战争胜利,同年11月29日宣告成立南斯拉夫联邦人民共和国,1963年改称南斯拉夫社会主义联邦共和国,克成为南联邦六个共和国之一。1991年6月25日,克议会通过决议,宣布脱离南斯拉夫社会主义联邦共和国独立。1992年5月22日,克罗地亚加入联合国。

二、经济发展状况

(一) 国内经济

克罗地亚作为前南斯拉夫地区经济较为发达的国家,经济基础良好。旅游、建筑、造船和制药等产业发展水平较高。克罗地亚北部平原和亚得里亚海沿岸蕴藏有较丰富的石油和天然气,但煤、铝等矿产资源已查明的蕴藏量不多。克罗地亚于1991年6月25日宣布脱离南斯拉夫联邦共和国,此后便与塞尔维亚人因为民族问题发起战争,克罗地亚战争到1995年11月12日以克罗地亚的胜利告终。此后克罗地亚的经济开始进入漫长的恢复过程。2004年克罗地亚被接纳为欧盟候选国,并于2013年7月1日正式成为欧盟成员国。2008年美国次贷危机之前,克罗地亚经济保持着较高增长率。2009年其GDP增长率最低,为-7.38%。随着危机后的缓慢恢复,2015年克罗地亚人均GDP达到11535.83万美元。图10.3.1至图10.3.3描绘了克罗地亚近20年的GDP变化情况。

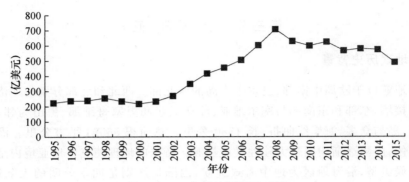

图 10.3.1　克罗地亚 GDP 变化

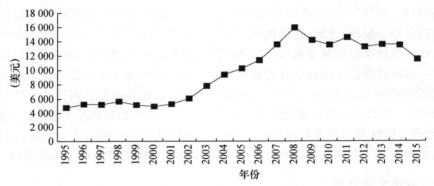

图 10.3.2　克罗地亚人均 GDP 变化

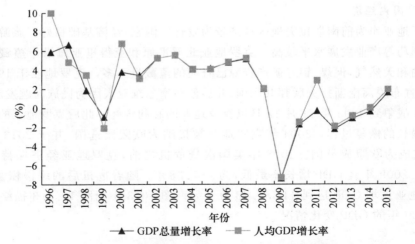

图 10.3.3　克罗地亚 GDP 与人均 GDP 增长率变化

资料来源：世界银行数据库。

1. 产业结构

从三产结构来看,如图10.3.4所示,克罗地亚的产业结构一直比较稳定,三产的占比近20年来基本没有大的变化,第一、第二产业略有下滑,第三产业略有上升,其中,第三产业是克罗地亚国内的主导产业,基本占据国内70%的产出。

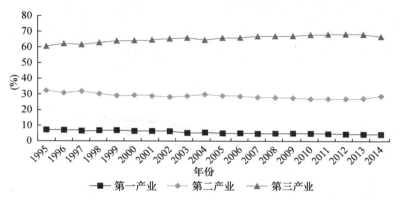

图 10.3.4　克罗地亚三次产业结构变化图

资料来源:世界银行数据库。

克罗地亚是前南斯拉夫地区经济较为发达的国家,经济基础良好。旅游、建筑、造船和制药等产业发展水平较高。从图10.3.5的分行业数据也可以看出这一趋势,基本都属于第三产业的J—P(包括金融、教育、社会服务等)发展迅速,基本占据了国内35%的经济份额。克罗地亚旅游业发达,是国民经济的重要组成部分和外汇收入的主要来源,餐饮、酒店、零售等行业(G—H)近20年来发展较快,从1990年的10%上升到目前的15%左右。工业在国内产出的占比略有下降,其中制造业(D)目前基本稳定在国内产出的13%左右。

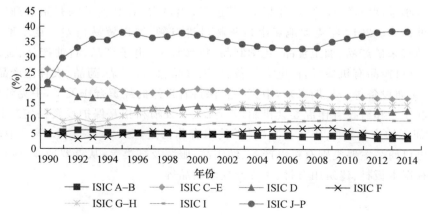

图 10.3.5　克罗地亚各经济部门占比

资料来源:世界银行数据库。

2. 城镇结构

20世纪60年代,克罗地亚的城镇化水平较低,仅为30.15%。但其城镇化的发展进程并未受到社会动荡的影响,如图10.3.6所示,始终保持着增长的趋势。到2015年,克罗地亚城镇化率达到58.97%。克罗地亚城镇化率不断提升与其产业结构有很大相关性,其经济以第三产业为主,旅游行业发展水平较高。截至2014年,克罗地亚境内铁路线总长达2604千米,与其国土面积56594平方千米的比值为0.046,同年美国这一比值仅为0.024,可以看出克罗地亚境内交通设施发达,这与其旅游业的发展息息相关。

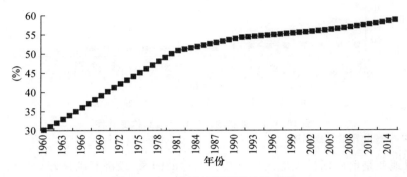

图10.3.6 克罗地亚城镇化率变化

资料来源:世界银行数据库。

(二)国外经济

1. 国际贸易

克罗地亚主要贸易伙伴包括意大利、德国、俄罗斯、斯洛文尼亚、波黑、奥地利、中国、法国、匈牙利和塞尔维亚。从图10.3.7可以看出,克罗地亚进出口比重在2008年之前保持小幅度波动,在2008年以后,其进口、出口占GDP比重均开始上升,对外贸易依存度提高。2012年克罗地亚出口额超过进口额,实现贸易顺差。克罗地亚主要进口产品有采矿产品、加工食品、化学制品、机械设备、电子产品、石油产品、金属制品等;主要出口产品有机械设备、电力设备、加工食品、金属产品、药品、农林渔产品、木材及家具、交通设备等。长期以来,中克一直保持着良好的经贸合作关系,中克政府间建有经贸混委会和科技合作混委会机制,签有《关于鼓励和相互保护投资协定》(1993年3月)、《海运协定》(1993年3月)、《科学技术合作协定》(1994年4月)等。中国对克罗地亚出口商品主要类别有机电产品、纺织品、服装及鞋类等;从克罗地亚进口商品主要类别有锯木板材、建筑用石材、牛皮及皮革制品等。

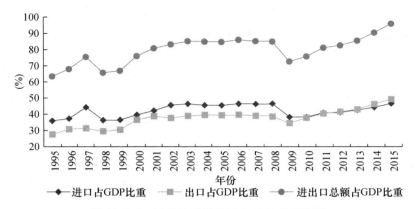

图 10.3.7　克罗地亚进出口占 GDP 比重变化

资料来源：世界银行数据库。

图 10.3.8 是克罗地亚 1995 年至 2015 年的贸易竞争力指数。2012 年之前克罗地亚贸易竞争力指数波动较大，最低为 1997 年的 -0.17，虽然是负数，但很接近于零。2012 年克罗地亚由贸易逆差转为贸易顺差，此后其贸易竞争力指数大于零，并逐年增长。可以看出，克罗地亚在贸易领域竞争力逐年增强。

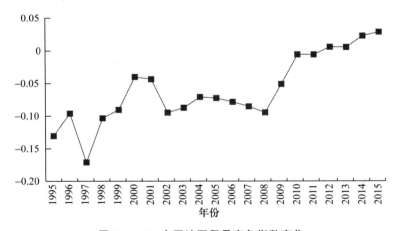

图 10.3.8　克罗地亚贸易竞争指数变化

资料来源：世界银行数据库。

2. 国际投资

克罗地亚战争结束后的 1995 年，其外商投资才开始迅速增长。如图 10.3.9 所示，1996 年外商投资为 4.85 亿美元，到 2008 年达到最高峰 52.97 亿美元。外资流入大幅度增加的主要原因之一是 20 世纪 90 年代末克罗地亚国内开始的大规模私有化。

私有化过程中,克政府将银行、电信、能源领域的大量国有企业出售给外国投资者。受金融危机的影响,克罗地亚吸引外商投资大幅下降,2010年全年吸引外商直接投资仅为11.33亿美元。克罗地亚的外商投资主要流入服务业,其次是房地产行业,集中于与旅游密切相关的餐厅、宾馆等领域。根据克罗地亚国家银行统计显示,奥地利是克罗地亚外商直接投资的最大来源国。

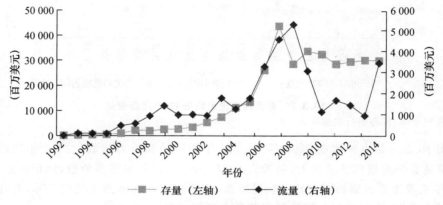

图10.3.9 克罗地亚外商直接投资额变化

资料来源:UNTCD。

2005年,中克两国确立了全面合作伙伴关系,2007年中国对克罗地亚投资存量由75万美元大幅增长至784万美元,如图10.3.10所示,之后保持小幅增长,截至2010年年末,中国对克罗地亚直接投资存量达813万美元。据中国商务部统计,2012年中国企业在克罗地亚新签合同额3294万美元。

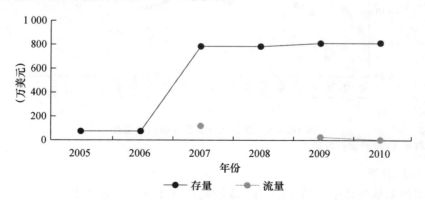

图10.3.10 中国对克罗地亚投资变化

资料来源:中国经济与社会发展统计数据库。

第四节 希 腊

一、地理历史背景

希腊是西方文明的发祥地、奥运会发源地,也是世界海运大国,位于巴尔干半岛最南端。希腊战略位置突出,发挥着欧洲门户的作用,是"一带一路"建设、打造亚欧海陆联运新通道的关键节点。在希腊131 957平方千米的国土面积中,岛屿占据了15%。

2015年希腊人口为1 112.04万,其中华侨华人将近2万,主要来自浙江、福建等地。在宗教上,希腊人多信仰东正教及伊斯兰教,其中东正教为国教。希腊语为官方语言,通用英语。

希腊矿产资源丰富,拥有褐煤、铝矾土、镍、铬、镁、石棉、铜、铀、金、石油、大理石等。希腊的褐煤主要产自马其顿等七个煤矿,产量居欧盟第一、世界第六。希腊已探明石油储量超过10亿桶,主要来自北爱琴海的油田,不过希腊与土耳其在爱琴海的争议成为其石油勘探的巨大障碍。除此之外,近年来希腊利用其太阳能和风能的优势,在新能源领域有突出的表现。

二、经济发展状况

(一)国内经济

虽然希腊是欧盟成员国之一,但其工业制造业基础相比其他国家而言薄弱。不过依靠得天独厚的地理优势,希腊海运业发达,同旅游、侨汇成为希腊外汇收入的三大来源。希腊农业较发达,工业主要以食品加工和轻工业为主。2008年以前,希腊经济增速高于欧盟平均水平,但2008年受到金融危机引致的欧洲主权债务危机的波及,希腊经济遭遇连年的衰退,名义GDP仅为1 821亿欧元。2009年年底以来,希腊深陷主权债务危机,经济增速放缓。2013年名义GDP为1 610亿欧元,消费、投资和净出口对GDP贡献率分别为87.2%、17.8%和-4.8%。更多关于希腊GDP的情况可参见图10.4.1至图10.4.4。政府债务危机制约着希腊的经济增长,截至2013年年底,希腊政府债务累计达到4 170亿欧元,如图10.4.5所示。目前,希腊政府正履行一系列结构性改革措施。

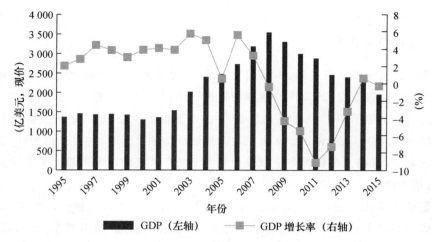

图 10.4.1 希腊 GDP 增长情况

资料来源：世界银行数据库。

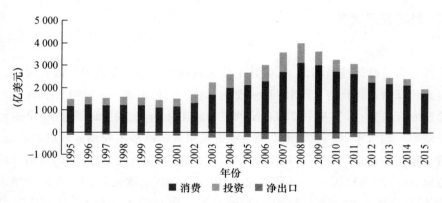

图 10.4.2 希腊 GDP 中的投资、消费、净出口分布

资料来源：世界银行数据库。

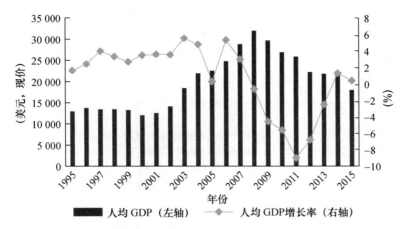

图 10.4.3　希腊人均 GDP 增长情况

资料来源：世界银行数据库。

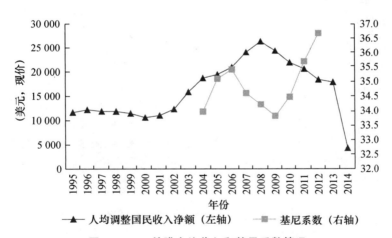

图 10.4.4　希腊人均收入和基尼系数情况

资料来源：世界银行数据库。

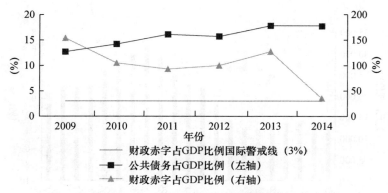

图 10.4.5　希腊公共债务、财政赤字情况

资料来源：希腊、欧盟统计局。

1. 产业结构

从产业结构上看，1995—2015 年，第三产业一直是希腊的支柱产业，在产业结构中所占比例超过 70% 并持续上升，在 2010 年超过 80%；第二产业占比则从 21% 降至 15%，第一产业比重由 16% 降至 4%。

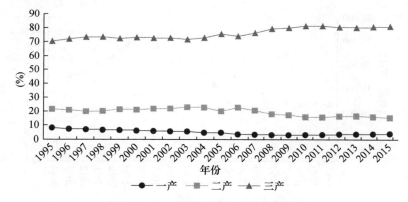

图 10.4.6　希腊三次产业结构情况

资料来源：世界银行数据库。

(1) 第一产业

在第一产业方面，希腊属丘陵地区，可耕种地面积占国土面积的 30%，其中灌溉农业面积占 37%。希腊主要农产品都能自给自足，水果蔬菜可批量出口欧洲等地，只进口少量肉、奶及调剂类农产品。希腊出口的农产品还有烟草、棉花、橄榄油、葡萄酒、水果和甜菜等。

(2) 第二产业

在第二产业方面，希腊的工业基础较薄弱，规模较小，技术较落后，主要工业有采矿、冶金、食品加工、纺织、造船、建筑等。

(3) 第三产业

旅游业是希腊获得外汇和维持国际收支平衡的重要经济部门。自20世纪60年代以来希腊旅游业发展迅速,入境游客人数连年增长。近年来,希政府将旅游业发展重心从增加游客数量转向提高游客消费水平,取得了较好的经济和社会效益。希腊主要旅游景点有雅典卫城、德尔菲太阳神庙、奥林匹亚古运动场遗址、克里特岛迷宫、埃皮达夫罗斯露天剧场、维尔吉纳马其顿王墓、圣山、罗得岛、科孚岛等。2004年雅典奥运会为希腊旅游业打下了良好的基础,特别是基础设施得到明显改善。2014年希腊入境旅游人数2203万人次,同比上升23%,其中中国游客为47482人次,同比上升67.6%。

希腊是世界航运大国,海运业是国家经济的重要支柱产业。2013年,希腊船队资产价值达到1010亿美元,占全球船队总资产的15%,为全球最大船东国。希腊商船总数达到3901艘,总运力达2.91亿载重吨,约占全球总运力的16%。希腊海运企业都是私营企业,在国际上具有相当高的地位。海运是中国和希腊经济技术合作最早的领域,两国在运输、造船、修船、船员劳务、船舶注册等领域开展了全面合作。2009年10月1日,中远集团全面履行希腊比雷艾夫斯集装箱码头35年专营权,标志着中希海运战略合作揭开新的一页。

2. 城镇结构

在城镇化方面,希腊城镇化程度较高,居民大多居住在城市,历年来持续呈现上升趋势。根据世界银行数据库统计,2016年城镇化率达78.33%。希腊有10万以上城市8座。然而,由于债务、失业、贫困希腊经济危机爆发,一部分的城市居民离开首都雅典,尝试到郊外去寻求价格更为低廉的生活方式,因此,城镇化增长率在逐年递减,从2012年后,城镇人口开始呈现负增长。雅典是最主要的城市,极集了大部分人口,位于东地中海各国航运与航空的中心,几乎全国的进出口贸易都在这里进行。市区已经连成了一片,组成了大雅典都市区。

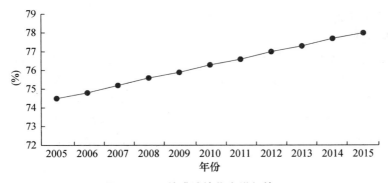

图 10.4.7　希腊城镇化率增加情况

资料来源:世界银行。

表 10.4.1　希腊主要城市一览

城市	城市描述
雅典	希腊的首都,也是最大的城市和工业中心;希腊的古文物中心,至今仍保存着很多古代文化遗址,以博物馆世界驰名。位于东地中海各国航运与航空的中心。全国53%的工业集中于此地区
塞萨洛尼基(又称萨洛尼卡)	希腊北部最大港市及第二大城市,塞萨洛尼基州首府。海陆交通枢纽,海上与东地中海各国港口均有航线联系。港口设有南斯拉夫专用港区。希腊北方工业重镇,又是整个巴尔干地区的商业中心
帕特雷	希腊第三大城市,是希腊西部通往意大利和伊奥尼亚诸岛的重要的港口城市。希腊最有名的大学城。西部希腊的工商业中心,主要工业有大理石、酿酒和农产品加工等
纳夫普里翁	食品加工业的发达,产品出口到北美、非洲、亚洲及澳洲等地
奥林匹亚	世界奥林匹克运动的发源地

资料来源:根据公开资料整理。

在基础设施方面,希腊政府利用筹备2004年奥运会的有利时机,加快高速公路、机场、桥梁及其他交通枢纽设施的建设,围绕奥运场馆的地铁、轻轨和城市主干道建设大量增加,城市交通状况明显改善。目前,希腊拥有各类型公路11.75万千米,其中高速公路2186千米;铁路2571千米,其中最重要的是贯穿希腊南北的连接帕特雷、雅典和塞萨洛尼基的干线;机场45个,其中15个是国际机场,奥林匹克航空公司是希腊国有大型航空公司;希腊拥有全球规模最大的商船队,运力约占世界总量的16%,各类港口444个,其中16个为国际港口,比雷艾夫斯港和萨洛尼卡港是巴尔干半岛最重要的港口。希腊移动语音普及率高达100%,宽带数据业务覆盖率低于欧盟平均水平,ADSL业务处于高速发展阶段。希腊近年来对电网加以改造和升级,一方面建立境内岛屿之间的互联及岛屿与大陆的互联,另一方面与周边国家的互联电力市场发展较快。

(二)国外经济

1. 国际贸易

希腊同100多个国家有贸易关系,欧盟成员国是其最大贸易伙伴,占其进出口总额的64%以上。德国、意大利、英国、保加利亚、俄罗斯和中国为其主要贸易伙伴。主要出口商品为食品、烤烟、石油产品、纺织品、橄榄油、水泥等。主要进口商品为原材料、石油及石油产品、天然气、日用品和交通运输设备等。希腊长期存在贸易逆差,贸易竞争力指数为负。更多希腊的外贸信息可参见图10.4.8和图10.4.9。

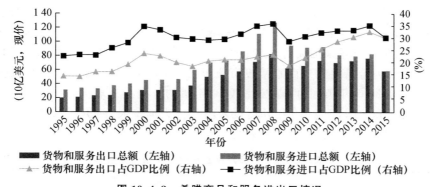

图 10.4.8　希腊商品和服务进出口情况

资料来源：世界银行数据库。

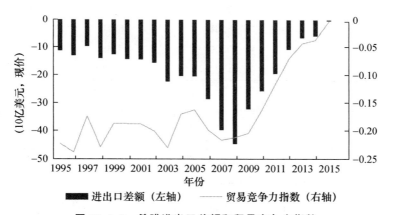

图 10.4.9　希腊进出口差额和贸易竞争力指数

资料来源：世界银行数据库。

2. 国际投资

希腊的主要外资来源国为德国、法国、英国、比利时、卢森堡和荷兰。外商投资领域集中在服务业，如通信、金融、贸易、房地产、旅游业等。此外，化工、机械等制造业也吸引了较多外资。根据希腊央行数据，2014 年希腊吸收的外商直接投资为 19.5 亿欧元，减少 6.36 亿欧元；截至 2014 年年底，希腊吸收外资存量为 196.42 亿欧元。

希腊的对外投资主要集中在保加利亚、罗马尼亚、马其顿和阿尔巴尼亚等邻国。截至 2014 年年底，希腊对华直接投资项目累计 130 个，实际投资额 9 606 万美元。

2005—2015 年希腊前十大外资流入国家及相应流入规模分别为：德国 124.06 亿欧元、法国 82.39 亿欧元、英国 38.38 亿欧元、荷兰 23.24 亿欧元、塞浦路斯 21.11 亿欧元、美国 16.4 亿欧元、瑞士 16 亿欧元、意大利 13.21 亿欧元、西班牙 8.74 亿欧元和加拿大8.71亿欧元,前十大投资国累计投资占总额的99.99%,可看出希腊吸引的外资大多来自欧盟国家。德国主要投资于通信领域,法国在债务危机前主要投资于希腊的银行。加拿大在近年来加大对希腊的投资,投资增速最为迅猛。根据表10.4.2,欧盟在2010年前为希腊主要外商直接投资贡献国,美洲在近年来加大对希腊的投资。根据表10.4.3,2005年英国、卢森堡、法国对希腊的外资投入较多,2010年前几位为法国、塞浦路斯和德国,而2015年外资投入前几位为加拿大、西班牙、德国和荷兰,其中加拿大对希腊的投资额达到6.41亿欧元。

表10.4.2　希腊外商直接投资规模占比　　　　　　　　（单位:%）

	2005年	2010年	2015年
欧盟	46.70	78.63	37.82
其他非欧盟欧洲地区	13.35	41.45	−4.18
美洲	38.38	−18.25	56.11
亚洲	0.29	5.40	11.31
非洲	1.29	−7.23	−1.06

资料来源:Bank of Greece 2016。

表10.4.3　希腊外商直接投资前十位国家和地区　　　　（单位:百万欧元)

2005年		2010年		2015年	
英国	259.0	法国	789.9	加拿大	640.9
卢森堡	256.8	塞浦路斯	340.3	西班牙	123.5
法国	235.5	德国	200.8	德国	114.1
美国	97.1	瑞士	29.7	荷兰	105.6
意大利	96.1	丹麦	19.5	意大利	90.3
奥地利	65.6	意大利	19.3	塞浦路斯	81.8
塞浦路斯	56.6	爱尔兰	14.3	英国	69.3
西班牙	45.9	中国香港	12.9	奥地利	58.3
瑞士	41.4	芬兰	6.5	中国香港	31.7
葡萄牙	38.1	瑞典	5.8	俄罗斯	20.2

资料来源:Bank of Greece 2016。

2005—2015年,外商投资活动主要集中于希腊的二产和三产领域,分别占比74%和24%。在制造业领域,根据表10.4.4,2005年FDI净流入前三大制造业细分行业为办公用品、金属制品、化学制品等;2010年为食品饮料、办公用品、石油制品精炼;2015年为石油精炼制品、化工制品、交通设备等,石油精炼等冶炼开发业务成为希腊近几年主要的 FDI 投向,可看出希腊正在从轻工业向重工业转型。在服务业领域,根据表 10.4.5,2005 年 FDI 净流入前三大服务业细分领域为金融服务、邮政通信服务和房地产;2010 年 FDI 投资的前三大领域为金融服务、房地产和计算机相关领域;2015 年投资的前三大领域为金融服务、房地产和其他商业领域。总体来看,金融和通信领域为 FDI 在服务业的主要流入去向。

表 10.4.4　希腊制造业细分行业 FDI 投资净流入　（单位:百万欧元）

2005 年		2010 年		2015 年		2005—2015 年累计占比（%）	
办公用品	102.1	食品饮料	294.1	石油制品精炼	131.4	化工制品	55
金属制品	23.9	办公用品	21.2	化工制品	19.1	食品饮料	18
化学制品	23.1	石油制品精炼	12.4	交通设备	0.1	机械设备	14
其他	18.3	橡胶塑料	8.6	办公用品	−0.3	金属制品	6
交通设备	17.4	印刷出版	7.9	橡胶塑料	−1.4	塑料制品	1
橡胶塑料	5.2	交通设备	5.9	化学制品	−2.5	交通设备	1
纺织服装	2.1	化学制品	−7.2	通信设备	−2.5	其他	5

资料来源:Bank of Greece 2016。

表 10.4.5　希腊服务业细分行业 FDI 投资净流入及相应规模　（单位:百万欧元）

2005 年		2010 年		2015 年		2005—2015 年累计占比（%）	
金融服务	542.6	金融服务	366.5	金融服务	582.1	邮政通信服务	32
邮政通信服务	227.19	房地产	83.2	房地产	228.9	金融服务	31
房地产	135.6	计算机相关	34.8	其他商业领域	178.6	房地产	12
其他商业领域	116.8	其他商业领域	23.9	交通存储	119.1	贸易	8
教育健康	95.2	其他服务业	22.6	贸易	45.5	其他商业服务	5
贸易	39.1	酒店运营	21.3	酒店运营	24.7	旅游	3
计算机相关	4	教育健康	10.3	其他服务业	15.8	其他	9

资料来源:Bank of Greece 2016。

希腊政府促进外商直接投资主要有三大策略:首先,鼓励海外"生产性投资"的基调,并提供较低的税费、海外管理及技术领域的高层次人才工作签证以吸引相关机构进驻希腊进行投资;其次,通过国际合作带动希腊外商直接投资的规模,希腊至今已与 46 个国家签署过双边投资协议(BITs),中国是与之签署该相关协议至今仍有效的 40 个国家之一,签署年份为 1993 年;最后相关法条确立了吸引战略、私人商业投资的外资策略,希冀通过该策略带动国内投资部门流动性的缓解。此外,希腊还在2014年设立了希腊企业联盟,以针对性地处理投资者相关事宜的洽谈。

第五节 斯洛文尼亚

一、地理历史背景

斯洛文尼亚共和国位于欧洲中南部,巴尔干半岛西北端。西接意大利,北邻奥地利和匈牙利,东部和南部与克罗地亚接壤,西南濒亚得里亚海。斯洛文尼亚处于阿尔卑斯山脉、迪娜拉山脉、多瑙河中游平原、地中海沿岸欧洲四大地理地区的交界处,国土面积为20 273平方千米,海岸线长46.6千米,首都是卢布尔雅那。斯洛文尼亚森林资源和水资源丰富,其中森林覆盖率为66%,森林覆盖程度在芬兰和瑞典之后,名列欧洲第三。相比之下,斯洛文尼亚矿产资源贫乏,主要有汞、煤、铅、锌等。其加工工业基础雄厚,电子、木材加工、食品、非金属矿产加工、有色金属、印刷等工艺水平较高。

斯洛文尼亚人口约为206.3万,其主要民族为斯洛文尼亚族,约占人口的83%。除此之外的少数民族有匈牙利族、意大利族和其他民族。官方语言为斯洛文尼亚语,属于南斯拉夫语支。斯洛文尼亚居民主要信奉天主教。

二、经济发展情况

(一)国内经济

斯洛文尼亚属发达国家,号称"东欧小瑞士",虽然资源匮乏,但却有着非常好的工业、科技基础。斯洛文尼亚从1991年独立开始,就将融入欧洲作为奋斗目标。2004年加入欧盟以来,斯洛文尼亚政府积极推行自由贸易政策,重点开拓欧盟及中欧市场,在这之后的5年,斯洛文尼亚表现突出,GDP年增长率连续多年保持在4%以上,人均GDP在新入盟国家中名列前茅,被誉为"欧盟优等生"。2007年,斯洛文尼亚加入欧元区,并在年底成为申根国家。2008年金融危机对斯洛文尼亚的破坏极大,主要是因为斯洛文尼亚有商业银行向房地产市场和亏损企业大量放贷,而许多贷款者无力还贷,银行因此出现大量坏账。近几年斯洛文尼亚的出口量明显下降,企业创新能力较弱,越来越多受过高等教育的劳动者失业,直到2014年斯洛文尼亚才有所好转,恢复了正的经济增长率,如图10.5.1和图10.5.2所示。

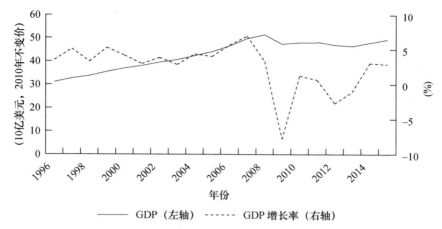

图 10.5.1　斯洛文尼亚 GDP 及增长率变化
资料来源：世界银行数据库。

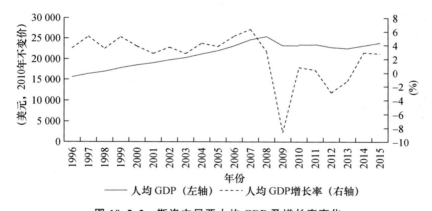

图 10.5.2　斯洛文尼亚人均 GDP 及增长率变化
资料来源：世界银行数据库。

1. 产业结构

斯洛文尼亚经济属于高度外向型，自然资源比较匮乏，但加工工业基础雄厚，电子、木材加工、食品、非金属矿产加工、有色金属、印刷等工艺水平较高，此外，化工、汽车、纺织、建筑、制革、橡胶等工业也较发达。如图 10.5.3 和图 10.5.4 所示，从 1995 年开始，斯洛文尼亚经济逐渐向服务业转型，第一产业占 GDP 的比重由 4.03% 下降到了 2.18%，第二产业的比重也有所下降，由 34.70% 下降到了 33.06%，与此同时服务业的占比由 61.01% 上升至 64.76%。

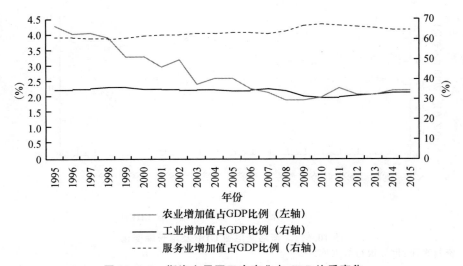

图 10.5.3　斯洛文尼亚三次产业占 GDP 比重变化

资料来源：世界银行数据库。

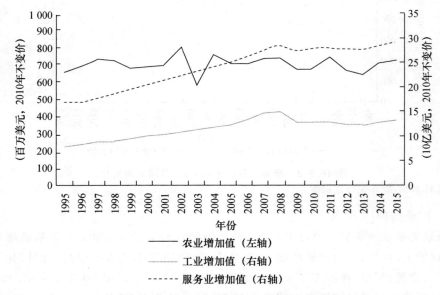

图 10.5.4　斯洛文尼亚三次产业增加值变化图

资料来源：世界银行数据库。

(1) 第一产业

斯洛文尼亚的农产品以马铃薯、谷物、水果为主,林、畜牧业在其农业经济中也十分重要,主要饲养牛、猪、马、羊、家禽等牲畜。农业在斯洛文尼亚国民经济中比重逐年下降,并且从事农业的劳动力占比也呈现下降趋势,如图10.5.5所示。斯洛文尼亚国内农产品不能满足本国需求,因此每年需从其他国家大量进口粮食等农产品。据斯通社2014年6月12日报道,斯洛文尼亚政府通过了直至2020年斯洛文尼亚农业和食品工业发展战略方针的决议,主要目标是确保稳定、安全、优质和廉价的粮食供应,同时提高农业和食品工业竞争力。为达到上述目标,斯政府提出确保35万公顷永久保护农地的目标,并且积极推广使用绿色技术。

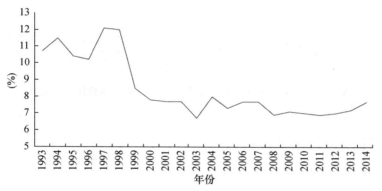

图 10.5.5　斯洛文尼亚农业就业人员占就业总数的变化
资料来源:世界银行数据库。

(2) 第二产业

斯洛文尼亚拥有良好的工业、科技基础,其化学、电子设备、机械制造、交通运输业贡献了制造业中45%的增加值,并且与金属制造一起构成斯洛文尼亚五大制造行业。汽车工业是斯洛文尼亚制造业的一个重要部门,也是优势产业之一。除此之外,汽车工业对GDP的贡献率约为10%,并且80%左右的汽车产品被出口,占斯洛文尼亚全部出口的21%。根据斯洛文尼亚《劳动报》排名,全国效益最好的二十大企业中,汽车产业占四家。金属加工业是斯洛文尼亚历史最为悠久的行业之一,产品主要出口市场为德国、法国、意大利、克罗地亚、爱尔兰、荷兰、瑞士和奥地利。虽然2008年的金融危机对斯洛文尼亚的制造业造成了比较大的冲击,但是2013年起斯制造业开始恢复,呈现正的增长率。

(3) 第三产业

服务业是斯洛文尼亚国民经济重要组成部分,包括批发和零售、修理、旅馆饭店、运输、通信、仓储、金融中介机构、房地产、租赁、企业服务、公共管理、教育、医疗保健、社会服务、其他社区或服务,如图10.5.6所示,其从业人口超全国人口总数的1/5,近些年也超过就业人数的60%。斯洛文尼亚正经历着向服务业转型的过程,服务业产品主要被本国消化。如图10.5.7所示,货物出口是斯洛文尼亚出口的主要来源,服务业的出口一直只占据很少的部分。

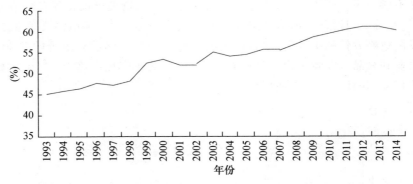

图 10.5.6　斯洛文尼亚服务业就业人员占就业总数比例的变化

资料来源:世界银行数据库。

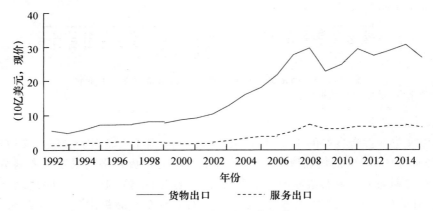

图 10.5.7　斯洛文尼亚出口情况

资料来源:世界银行数据库。

2. 城镇结构

斯洛文尼亚已基本完成了城市化的进程,如图10.5.8所示,其城镇人口的比例从1960年的28.2%上升到了1990年的50.5%,之后城市人口的比率大致上维持稳定,近期还稍有下降,甚至下降至低于50%。

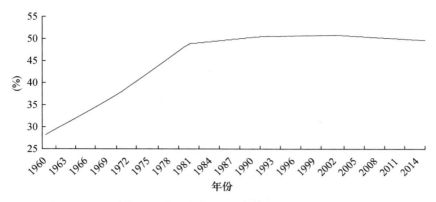

图 10.5.8　斯洛文尼亚城镇化率变化

资料来源：世界银行数据库。

表 10.5.1 列出了斯洛文尼亚主要城市的概况。

表 10.5.1　斯洛文尼亚主要城市基本情况

城市	2016 年人口总量	城市描述
卢布尔雅那	272 220	首都和政治、文化中心
马里博尔	95 171	第二大城市，重要的旅游和工业中心
采列	37 520	第三大城市，铁路交会点
克拉尼斯卡戈拉	36 874	重要的工业城市
韦莱涅	25 456	能源、金属开采制造业中心

资料来源：World Population Review。

3. 消费与收入

在 2008 年的金融危机中，斯洛文尼亚政府虽然不可能像一些大国那样拿出几千亿欧元救市，但是斯政府也承诺尽力保证本国金融市场稳定，尽量避免本国实体经济受到伤害，同时，政府还呼吁本国民众一起努力来渡过这场危机。虽然斯洛文尼亚本国人口较少，促进本国消费对于整体经济的影响不大，但我们看到无论是斯洛文尼亚私人消费率还是政府消费率在 2008 年左右都有一个显著的增长，如图 10.5.9 所示。然而近几年消费率不断下降，对经济的发展模式提出了挑战。另一方面，在房地产市场，新开工的建设项目不断增加，使得斯洛文尼亚的房地产市场完全变成了买方市场，如何有效消化这些房产也是斯经济面临的挑战之一。

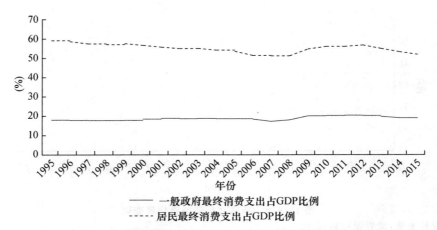

图 10.5.9 斯洛文尼亚一般政府、居民最终消费支出变化

资料来源:世界银行数据库。

在 2008 年金融危机之前,斯洛文尼亚的国民收入保持了一段时间又好又快的稳定增长,然而金融危机使得斯洛文尼亚老百姓的生活受到了明显影响,如图 10.5.10 所示,工资普降,家庭收入及消费水平随之降低,公共医疗服务质量和民众健康水平下降等现象相继出现。在金融危机之后,通过基尼系数衡量的收入不平等程度也有所上升,如图 10.5.11 所示。虽然近期的数据有所好转,但斯洛文尼亚的进一步经济发展仍需关注。

图 10.5.10 斯洛文尼亚国民收入及增长率变化

资料来源:世界银行数据库。

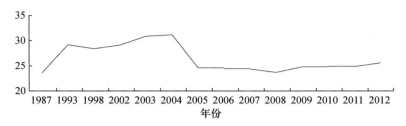

图 10.5.11　斯洛文尼亚基尼系数变化

资料来源：世界银行数据库。

（二）对外经济

1. 国际贸易

斯洛文尼亚自 2004 年加入欧盟以来，政府积极推行自由贸易政策，重点开拓欧盟及中欧市场，对外贸易逐年攀升，如图 10.5.12 所示，具有比较优势的产业主要是汽车产品、金属加工、化学与医药、电气电子产品和电信产品及服务、旅游业。其主要贸易伙伴是欧盟成员国，占全部出口的 70%，进口的 80%。另外斯洛文尼亚在逐步加大同非欧盟国家的贸易，尤其是前独联体国家中的俄罗斯和乌克兰以及美国、澳大利亚、中国、印度、日本等国家。

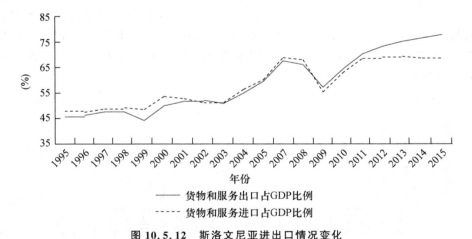

图 10.5.12　斯洛文尼亚进出口情况变化

资料来源：世界银行数据库。

斯洛文尼亚的贸易竞争指数如图 10.5.13 所示，从 2011 年开始斯洛文尼亚的贸易优势逐渐显现。然而，在接下来的发展过程中，斯洛文尼亚还是面临着一些影响贸易的不利因素，比如上升的劳动力成本会导致本国经济竞争力下降；国际石油价格的持续波动影响欧洲整体经济发展，使欧盟内部需求下降，影响斯洛文尼亚对欧盟的出口等。

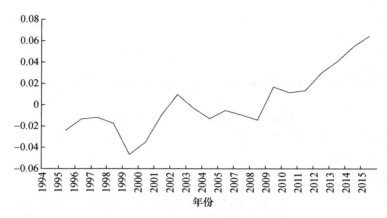

图 10.5.13　斯洛文尼亚贸易竞争力指数变化
资料来源：世界银行数据库。

2. 国际投资

据斯洛文尼亚国家统计局数据，斯洛文尼亚外商直接投资占本国 GDP 比例一直处于较低水平，如图 10.5.14 所示，截至 2013 年年底，斯洛文尼亚累计吸引外资 89.3 亿欧元。斯洛文尼亚的主要投资国包括奥地利、美国、瑞士、意大利和德国。从投资的行业分布看，外商投资最多的是金融服务，约占全部 FDI 的 16.7%，其次是零售业（车辆除外），约占 9.1%；批发业（车辆除外）占 8.9%，房地产 8.4%，医药制品 7.6%，汽车业 4.0%，电力供应 3.6%。

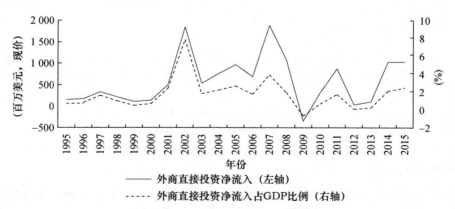

图 10.5.14　斯洛文尼亚外商直接投资净流入变化
资料来源：世界银行数据库。

根据世界银行发布的《2015营商环境报告》,斯洛文尼亚从第46位下降到第51位,尽管其在世界范围内排名有所下降,但其评分仍然有所上升,说明其营商环境得以改善。斯洛文尼亚政府也制定了很多政策以吸引外资,例如:政府执行"FDI成本优惠计划",对外资实行国民待遇,补贴外商投资;外资企业同样享受欧盟成员国之间关税减免等优惠政策;所有经济部门通过依法合资的形式对外资开放;外资可自由转让和回收投资资本。

参 考 文 献

Aitken, D. The Effect of the EEC and EFTA on European Trade: A Temporal Cross-section Analysis[J]. *The American Economic Review*, 1973, 63 (5): 881—892.

Chenery H. B., Robinson S., Syrquin M. *Industrialization and Growth: A Comparative Study*, 1986, Oxford University Press.

Chenery H. B., Syrquin M. *Patterns of Development*: 1955—1975, 1977, Oxford University Press.

Child J., Rodrigues S. B. TheInternationalization of Chinese Firms: a Case for Theoretical Extension, *Management and Organization Review*, 2005, 1(3), 381—410.

Dunning J. H., Lundan S. M. Multinational Enterprises and the Global Economy, *Edward Elgar Publishing*, 2008.

Humphrey J., Schmitz H. How does Upgrading in Global Value Chains Affect Upgrading in Industrial Clusters?, *Regional Studies*, 2002, 36(9), 1017—1027.

Kojima K. The "flying geese" Model of AsianEconomic Development: Origin, Theoretical Extensions, and Regional Policy Implications, *Journal of Asian Economics*, 2000, 11(4), 375—401.

Koopman R., Powers W., Wang Z. Give Credit Where Credit Is Due: Tracing Value Added in Global Production Chains, *National Bureau of Economic Research*, 2010.

Koopman R., Wang Z. and Wei S. J. Tracing Value-Added and Double Counting in Gross Exports, *The American Economic Review*, 2014, 104(2), 1—37.

Piketty T. *Capital in the Twenty-First Century*, The Belknap Press, 2014.

Stiglitz, J. E. Privatization, Information and Incentives [J]. *Journal of Policy Analysis and Management*, 1987(4): 567—582.

Verbeke, A., Dunning J. H. and Lundan, S. Multinational Enterprises and the Global Economy, *Journal of International Business Studies*, 2008, 39 (7): 1236—1238.

Wang M., Sunny M. C. What Drives Economic Growth? The Case of CrossBorder M&A and Greenfield FDI Activities[J]. *Kyklos*, 2009, 62: 316—330.

陈立泰. 中国企业海外直接投资的风险管理策略研究[J]. 中国流通经济, 2008(7): 48—51.

丁匡达. 中韩贸易结构与趋势特征及其对 FTA 谈判的启示[J]. 国际经济合作, 2013. (6):

69—74.

公丕萍,宋周莺,刘卫东.中国与"一带一路"沿线国家贸易的商品格局[J].地理科学进展,2015,(05):571—580.

韩师光.中国企业境外直接投资风险问题研究[D].吉林大学,2014.

韩永辉,罗晓斐,邹建华.中国与西亚地区贸易合作的竞争性和互补性研究——以"一带一路"战略为背景[J].世界经济研究,2015(3):89—98.

何茂春,田斌."一带一路"的先行先试:加快中蒙俄经济走廊建设[J].国际贸易,2016(12):59—63.

何茂春."一带一路"战略面临的障碍与对策[J].新疆师范大学学报,2015(3).

何文彬.中国—中亚—西亚经济走廊的战略内涵及推进思路[J].亚太经济,2017(1):29—40.

李艳芳,李波.孟中印缅次区域合作中的经贸关系分析[J].亚太经济,2014(6):80—85.

林莎,雷井生,杨航.中国企业落地投资与跨国并购的差异性研究——来自223家国内企业的经验分析[J].管理评论,2014(9):139—148.

刘国栋.企业风险防控管理浅析[J].企业改革与管理,2015(23).

刘琳.中国参与全球价值链的测度与分析——基于附加值贸易的考察[J].世界经济研究,2015(6).

刘伟,张辉,黄泽华.中国产业结构高度与工业化进程和地区差异的考察[J].经济学动态,2008(11).

牛顿.自然哲学的数学原理[M].北京:商务印书馆,2006.

王丝丝.一带一路背景下中国与中亚五国主要农产品贸易潜力研究[D].浙江工业大学,2015.

王苏琰.中国对"一带一路"沿线国直接投资的贸易效应研究[D].天津师范大学,2016.

王直,魏尚进,祝坤福.总贸易核算法:官方贸易统计与全球价值链的度量[J].中国社会科学,2015.

于吉.一带一路战略中的企业风险防控[J].企业管理,2015(12).

于津平.中国与东亚主要国家和地区间的比较优势与贸易互补性[J].世界经济,2003(5):33—40.

余劲松.国际投资条约仲裁中投资者与东道国权益保护平衡问题研究[J].中国法学,2011(2):132—143.

岳云霞.2008.中墨经贸竞争力比较研究[J].拉丁美洲研究,30(3):48—54.

张春萍.中国对外直接投资的贸易效应研究[J].数量经济技术经济研究,2012,(06):74—85.

张海英.基于引力模型的中国农产品出口贸易潜力研究[D].大连理工大学,2013

张英.基于引力模型的中俄双边贸易流量与潜力研究[J].国际经贸探索,2012(28,6):25—35.

赵雨霖,林光华.中国与东盟10国双边农产品贸易流量与贸易潜力的分析——基于贸易引力模型的研究[J].国际贸易问题,2008(12):69—77.

郑磊,刘亚娟.中国对外直接投资的贸易效应研究:基于对北美自贸区、欧盟、东盟投资的比较分析[J]. 数学的实践与认识,2014,(16):22—30.

郑蕾,刘志高. 中国对"一带一路"沿线直接投资空间格局[J]. 地理科学进展,2015(5):563—570.

周五七."一带一路"沿线直接投资分布与挑战应对[J]. 改革,2015(8):39—47.

邓洲,李灏. 马来西亚产业竞争力现状及中国与马来西亚产业合作展望[J]. 东南亚纵横,2015(11):35—40.